[第二版]

张其成全解周易

上册

张其成 著

华夏出版社
HUAXIA PUBLISHING HOUSE

图书在版编目（CIP）数据

张其成全解周易 / 张其成著 . -- 2 版 . -- 北京：华夏出版社，2018.10（2024.6 重印）
（张其成国学经典全解丛书）
ISBN 978-7-5080-9576-9

Ⅰ．①张… Ⅱ．①张… Ⅲ．①《周易》－研究 Ⅳ．① B221.5

中国版本图书馆 CIP 数据核字（2018）第 195053 号

张其成全解周易

作　　者	张其成
责任编辑	刘淑兰　裘挹红
出版发行	华夏出版社有限公司
经　　销	新华书店
印　　刷	三河市少明印务有限公司
装　　订	三河市少明印务有限公司
版　　次	2018 年 10 月北京第 2 版 2024 年 6 月北京第 11 次印刷
开　　本	787mm×1092mm　1/16
印　　张	45.25
字　　数	680 千字
定　　价	108.00 元（上下册）

华夏出版社有限公司　地址：北京市东直门外香河园北里 4 号　邮编：100028
网址：www.hxph.com.cn　　　　　电话：（010）64618981

若发现本版图书有印装质量问题，请与我社营销中心联系调换。

自 序

在我拿起笔准备写这篇序的时候，眼前立即浮现出"采菊东篱下，悠然见南山"的画面，挥之不去。这脍炙人口的千古名句出自东晋大诗人陶渊明的《饮酒》诗：

> 结庐在人境，而无车马喧。
> 问君何能尔？心远地自偏。
> 采菊东篱下，悠然见南山。
> 山气日夕佳，飞鸟相与还。
> 此中有真意，欲辨已忘言。

"采菊东篱下，悠然见南山"，多么超凡脱俗而又不失生趣的意境！对此很多人着眼于菊花，以此赞美陶渊明的品格就像菊花一样贞秀、高洁。我则赞赏陶渊明的那一种心境，那种令人不胜向往的、至美至真的心境。

读《周易》正需要这种心境，"心远地自偏"，心沉下来了，不急不躁，进入心灵的深处，就没有外在的干扰，没有车马的喧闹。如果把翻阅《周易》或者揲蓍玩占看成是"采菊东篱下"，是一种行动，是一种持守，那么前提就是"心远地自偏"，只有心远、神安，才能"悠然见南山"，观见、找到与你有所感应的卦象。实际上，"采菊东篱下"——翻阅《周易》已经不纯粹是一种行为了，其中蕴含着一种恬淡虚静的人生态度，到"悠然见南山"——观见卦象则是进一步的超越，是一种精神上的升华。"悠然"是一份从容，一份自得，是不受限制的心灵自由。只有到了"悠然见南山"的境界，才能走入卦象模拟的场景，领悟卦爻符号和文字的真谛。

我不敢说自己已经有了这一份心境。实际上这是人生的修炼过程，是在不断修炼中才能拥有的。仔细想一想，自己已经不像几年前，更不像三十年前，那时读《周易》，总不免有一份功利心、浮躁心。所以这本书一写就是十几年，写写停停，不急不躁，在这期间已经写了好几本有关《周易》的书了，这本书却始终没写成，一直拖到今天。有时候也着急过，怎么还没写完呢？可一想到"悠然见南山"，不禁汗颜,看来修为还不够,心境还不到啊。

如今这本书终于写成了,只能算是读《易》的一份感悟吧,对个人来说算是自己读《易》的一份总结,也可以说是个人的代表作。当然以后还会有新的感悟,那就不断修正吧。

回想读《易》的过程,我得感谢家父母。在我上小学的时候,我们家还藏有一些古书,其中就有《周易》,当时看到这些线装书,觉得特神秘,很好奇,虽然看不懂但很喜欢翻。后来,一位远房亲戚是一位道士,他看我喜欢翻古书,就教我演卦,教我很多易术。直到我上研究生时,有幸师从训诂大家钱超尘先生,当时做的硕士论文是《黄帝内经》训诂研究,发现《黄帝内经》中有不少象数内容,于是开始研究《易经》,由于有幼时的基础,加上有了文字训诂的训练,我很快走进并迷上了这两部经典。将这两部经典参照阅读,我发现了很多有趣的秘密。

20世纪80年代,研究生毕业后我来到南京,即开始编撰《易学大辞典》,那个时候查阅了大量解释《周易》的书籍,古今中外,著名的和不太著名的,都收集并粗粗阅读了,然后选取了有代表性的解释汇编在《易学大辞典》中。1992年华夏出版社出版了这本《易学大辞典》,作为第一部"易学"大型工具书,它很快得到了读者的认可,颇受欢迎。现在回想起来,整个编撰过程十分艰辛,心力交瘁,不堪回首。不过这为我全解《周易》打下了坚实的基础。

由于自知学养不足,所以又决定报考北京大学易学泰斗朱伯崑先生的博士生,原本朱先生已经不招生了,我给先生写信表达了这一愿望。朱先生曾在我编撰《易学大辞典》时给我指点,看我没有半途而废,或许觉得这个后生还有毅力,还可再造吧,于是特地允许我报考。这样我有幸成为朱先生的入室弟子,在先生身边苦读三年,受到先生的耳提面命,获益良多,终身受用。

在我编《易学大辞典》时,我就想自己注解《周易》,想吸取各家解《易》的精华,写一个标准文本。后来发现这一想法有问题,因为对《周易》的解释历来是见仁见智的,本来就没有统一的标准。易学也恰恰就是在不断地被解释中丰富发展起来的。但有一点需要强调的是,万变不离其宗,再怎么解释,原义是不能搞错的。而现在不少解《易》的书由于原义就搞错了,所以差之毫厘谬以千里,令人无法卒读。

要解《易》,首先要选择一个好的、通用的版本。我这次解读选的是《周易正义》本,这个版本收入《十三经注疏》中,三国魏王弼和东晋韩康伯作注,唐孔颖达正义,是历史影响最大的版本,同时参照了唐李鼎祚的《周易集解》、北宋程颐的《伊川易传》、南宋朱熹的《周易本义》等版本,尤其注意到1973年湖南长沙马王堆出土的帛书本、上海博物馆收藏的战国楚简本,这两个本子和通行本差别很大,必要时做了引用和对比。

然后就是解释,尽量用形训法,就是从文字出发,解释出它的本义,对其中的假借字则采用声训的方法。只有把握了文字的意思,才能理解原意。如果字面意思搞错了,那么越解释离本义反而越远了。

这本书中,我重点介绍了自己数十年来对《周易》实践运用的体会,我不求读者完全同意我的观点,如果能通过这种解读法给您以启发,并引出您更高明的见解,那正是我求之不得的。同时您对易学也做出了贡献,《周易》正是在不同的解读中才展现出它的魅力的。

学《易》三十余年,感慨良多。近几年数度率北京中易国学院诸位同修,心怀敬仰之情,拜谒伏羲、文王、孔子。同修们不远千里,相聚于先圣画卦、作传的圣地。每次祭拜时,鸣钟击鼓,进香献花,诵读祭文,齐唱颂歌,无不眼噙热泪,心灵震撼。

特将恭拟的《祭伏羲文》附后,以表心志。

祭伏羲文

卦台悠悠,渭水流长。华胥履足,生我羲皇。
结网渔猎,六畜是养。制瑟作乐,嫁娶礼当。
刻造书契,研制九针。造福百姓,万世景仰。
河图垂范,龙马呈祥。仰观天文,俯察地象。
中取人事,旁通万方。一画开天,八卦始创。
肇始太极,判列阴阳。文王演易,孔圣作传。
中华文明,从此辉煌。当今盛世,国富民强。
寻根问祖,上溯羲皇。易贯古今,道配天地。
易道主干,德合无疆。三教融合,四海归向。
中华复兴,易道弘扬。追思先皇,伏惟尚飨。

目 录

《周易》导读 001
　《周易》的文化地位 001
　《周易》的构成 002
　《周易》的时代与作者 003
　"周易"的含义 006
　《周易》的性质 009
　卦爻象：《易经》的符号系统 011
　卦爻辞：《易经》的文字系统 017
　卦爻象与卦爻辞 020
　《易传》的内容 022
　《易传》解《经》的方法 031
　太极与太极图 040
　阴阳与五行 044
　周易的占卜 060
　学《易》的方法——入静观象法 077
乾卦第一——龙马精神 083
坤卦第二——阴柔之美 123
屯卦第三——开创基业 140
蒙卦第四——启蒙教育 150
需卦第五——伺机而动 156
讼卦第六——停止争讼 163
师卦第七——用人之道 172
比卦第八——以和为贵 179
小畜卦第九——小有成就 188
履卦第十——小心行事 195
泰卦第十一——天地通泰 204
否卦第十二——不交不通 213

同人卦第十三——会同和谐 222
大有卦第十四——保持富有 230
谦卦第十五——谦虚之德 237
豫卦第十六——快乐之道 246
随卦第十七——择善而从 255
蛊卦第十八——解除困惑 263
临卦第十九——领导艺术 271
观卦第二十——观察之道 277
噬嗑卦第二十一——刑法严明 285
贲卦第二十二——文饰之美 292
剥卦第二十三——防微杜渐 298
复卦第二十四——万物复兴 305
无妄卦第二十五——不可妄为 312
大畜卦第二十六——蓄德养贤 319
颐卦第二十七——颐养之道 327
大过卦第二十八——改过纠错 334
坎卦第二十九——化险为夷 340
离卦第三十——美丽人生 347
咸卦第三十一——感应和合 354
恒卦第三十二——持之以恒 361
遁卦第三十三——急流勇退 368
大壮第三十四——强盛法则 376
晋卦第三十五——提拔晋升 382
明夷卦第三十六——韬光养晦 389
家人卦第三十七——治家有方 396
睽卦第三十八——化分为合 405
蹇卦第三十九——渡过艰险 414

解卦第四十——排忧解难	421	第八章	627
损卦第四十一——有舍有得	428	第九章	631
益卦第四十二——损己益人	436	第十章	636
夬卦第四十三——果断决策	444	第十一章	639
姤卦第四十四——相遇相知	452	第十二章	643
萃卦第四十五——会聚之道	458	系辞传下	647
升卦第四十六——顺势上升	466	第一章	647
困卦第四十七——困境求通	473	第二章	649
井卦第四十八——修己养人	482	第三章	654
革卦第四十九——革除旧弊	490	第四章	655
鼎卦第五十——破旧立新	497	第五章	656
震卦第五十一——警惕戒惧	504	第六章	662
艮卦第五十二——止欲臻善	513	第七章	664
渐卦第五十三——循序渐进	520	第八章	665
归妹卦第五十四——少女出嫁	527	第九章	667
丰卦第五十五——丰盛硕大	535	第十章	668
旅卦第五十六——行旅客居	542	第十一章	669
巽卦第五十七——柔顺谦逊	549	第十二章	670
兑卦第五十八——快乐之道	556	说卦传	673
涣卦第五十九——挽救涣散	562	第一章	673
节卦第六十——节制之礼	569	第二章	674
中孚卦第六十一——诚信立身	579	第三章	675
小过卦第六十二——小处可为	588	第四章	677
既济卦第六十三——谨慎守成	598	第五章	677
未济卦第六十四——事业未竟	606	第六章	681
系辞传上	613	第七章	682
第一章	613	第八章	683
第二章	618	第九章	684
第三章	619	第十章	685
第四章	620	第十一章	687
第五章	622	序卦传	694
第六章	625	杂卦传	708
第七章	626		

《周易》导读

《周易》的文化地位

在中华文化历史长河中,《周易》是源头的那一泓清泉,它以奔涌不息的生命之水,汇成了悠悠五千年的中华文明。

如果说《易经》《易传》与易学是中华文明进行曲的三个乐章,那么《周易》不仅仅是中华文化最古老、最重要的典籍,而且也是构成中华文明主旋律的基调。

在中国乃至世界文化史上,还没有哪一本书像《周易》这样引起人们如此长久、普遍的兴趣和针锋相对的争议,还没有哪一本书像《周易》这样派生出如此众多的诠释和研究著作。

纵观世界文化史和中国文化史,我们可以看到以下几点。

一、《周易》是人类"轴心期时代"唯一一本由符号系统和文字系统共同构成的书

雅斯贝尔斯在《历史的起源与目标》一书中,将公元前500年左右的时期,即公元前800年至前200年的精神过程期,称为世界历史的"轴心期时代"。在这个时期,古希腊诞生了《荷马史诗》、苏格拉底、柏拉图、亚里士多德等巨著和巨人,两河流域诞生了希伯来文化元典——《圣经》,古印度诞生了婆罗门教经典《梵书》、史诗《摩诃婆罗多》、哲学经典《奥义书》、佛教经典,中国则诞生了《易》《诗》《书》《礼》《春秋》《论语》《老子》等诸子百家的经典。在这些文化经典中,只有《周易》是由系统的卦爻符号与阐释性文字构成的。

二、《周易》是中国文化史上唯一一本为儒家和道家所共同尊奉的书

在先秦典籍中,只有《周易》为儒、道两家所共尊——儒家尊之为"六经之首",道家尊之为"三玄之一"。汉代以后,儒家说理几乎没有不依据《周易》的,董仲舒依据易理建构了天人感应、阴阳五行的儒学系统,北宋五子的代表作几乎

全是解《易》之作，南宋朱熹、陆九渊，以及明儒、清儒对易理均有发挥，可以说《四书》与《周易》是儒家的两大元典系统。汉代的道家著作如《淮南子》以及严君平的《老子指归》等都与《周易》有一定的关系，而兼综儒道的扬雄，其《太玄》则是"易"与"道"融合的产物。至于道教，从《周易参同契》开始，与《周易》的关系就更为密切。直到今天，在中华文化主干问题的大论争中，《周易》还仍然是两派争抢的对象。"儒家主干"论者坚持认为《周易》归儒家的传统，"道家主干"论者则找出《周易》属道家的理由。一本古书几乎被扯成两半。

三、《周易》是中国科学史上唯一一本对人文社会科学和自然科学、生命科学都产生重要影响的书

《周易》对中国传统人文社会科学的影响，从上述《周易》为儒道共尊中便可见一斑。确实，《周易》对汉代及以后的政治、伦理、宗教、文学、艺术乃至经济、军事等方面都有过重要的影响。中国传统的天文学、数学、历法学、音律学、医学、农学、化学、物理学等科目也都受到《周易》象数思维方式的影响。因此我们有理由说：《周易》是中华文化的"源头活水"，是"大道之源""生命之水"。

那么《周易》到底是本什么书？为什么它有如此强大、普遍而永恒的魅力？要回答这个问题，首先要搞清楚《周易》的结构、时代、作者等问题。

《周易》的构成

上古三代有三易，即夏代的《连山易》、商代的《归藏易》、周代的《周易》。《周礼·春官宗伯》中说："（太卜）掌三易之法，一曰连山，二曰归藏，三曰周易。"《山海经》、郑玄的《易赞》、《易论》均认为三易分别为三代之易。因《连山易》、《归藏易》早已失传，故称"易"一般都是指《周易》。

《周易》由两部分组成，一是经文部分，称为《易经》（狭义）；一是传文部分，称为《易传》。一般所称的《易经》都是广义的，包括了经文和传文，是对《周易》的尊称，因为《周易》是经典。本书所称的《易经》主要指狭义的经文。

经文——《易经》

《周易》的经文，即狭义的《易经》是由六十四卦卦符（又称卦画）、卦名、卦辞、三百八十六条爻辞组成的。

传文——《易传》

《周易》的传文即《易传》，由《彖》上、下，《象》上、下，《文言》，《系辞》上、下，《说卦》，《序卦》，《杂卦》等七种十篇构成，故又称"十翼"。

《周易》的时代与作者

传说上古之时，伏羲氏因风而生，草生月，雨降日。河汛时，龙马负图，"伏羲坐于方坛之上，听八风之气，乃画八卦"（《太平御览》卷九《王自年拾遗记》）。神农氏（炎帝）作耒耜以兴农业，尝百草而为医药，并作《连山易》，所以神农氏又称"烈山氏"、"连山氏"。轩辕氏（黄帝）败炎帝，战蚩尤，命大桡作甲子、容成造历法、伶伦造律吕、隶首作算数，令羲和占日、常仪占月、鬼臾区占星，并作《归藏易》，所以又称黄帝为"归藏氏"。

中古之时，周文王居岐山之下，为诸侯所拥戴。殷纣王一怒之下将他囚禁在羑里，文王日思夜想，终于将八卦推演成六十四卦，并作了卦辞、爻辞。

下古之时，孔夫子周游列国，四处碰壁，五十岁时开始学《易》，下过"韦编三绝"的工夫，并以超人的才智写成"十翼"。

这就是关于《周易》的时代和作者的美妙传说，东汉班固在《汉书·艺文志》中将它概括为"人更三圣，世历三古"。"三圣"与"三古"的美妙传说固然无从考证，但至少说明卦爻符号早于卦爻辞，卦爻符号和卦爻辞形成的历史与中国文化形成的历史是同步的。下面让我们来看一看古代历史学家的记述和现代学者的分析。

伏羲氏图

八卦的作者与时代

关于八卦的作者与时代主要有两种观点。

一、上古伏羲画八卦

《周易·系辞传下》："古者包牺（伏羲）氏之王天下也……于是始作八卦……"司马迁《史记·太史公自序》："余闻之先人曰：伏羲之纯厚，作易八卦。"班固《汉书·律历志》："伏羲画八卦。"古人多持此说。

二、殷商卜者作八卦

近人通过对殷墟遗址甲骨、四盘磨甲骨、张家坡甲骨、丰镐遗址甲骨以及商周金文和陶文的考察，发现其上有数字卦的雏形。因而多数学者认为其创立时间为殷商或西周，其作者为众多的卜者、筮者，非一人一时所作，古代圣贤可能参与了八卦的制作、整理，并起了重要的作用。

六十四卦的作者与时代

传统上主要有伏羲重卦、神农重卦、夏禹重卦、文王重卦等说法。《史记·周本纪》记述：文王囚羑里"益易之八卦为六十四卦"。《魏志·高贵乡公纪》说："包牺（伏羲）因燧皇之图而制八卦，神农演之为六十四卦。"《淮南子·要略训》说："然而伏羲为之六十四变。"

《周礼·春官·宗伯》记载了夏、商、周三代太卜掌三易之法，"其经卦皆八，其别卦皆六十四"，说明夏、商、周已用六十四卦符号，也就是说易卦符号至迟在夏代就已出现。不过《周礼》并没有进一步说明古三易六十四卦符号的

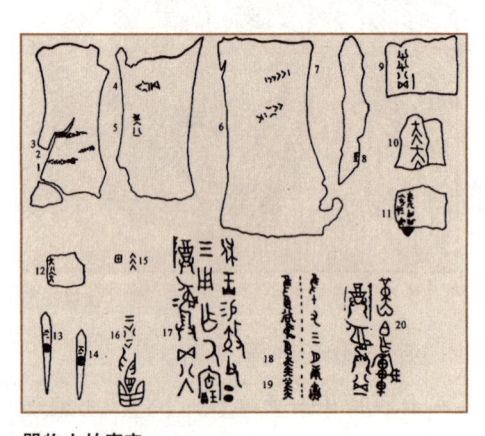

器物上的奇字

具体形态。后人也只能从书名上对《连山》和《归藏》的首卦排列进行推测，那就是《连山》可能是以"艮"卦为首（艮为山），《归藏》可能是以"坤"为首（坤为地，主藏）。现仅存的"三易"之一的《周易》，所记载的六十四卦符号已经十分完备，这种卦爻符号是否就是《连山》、《归藏》卦爻符号的原貌，已难以考证。近代学者一般认为是殷商或西周卜筮者所作。今人依据一些出土文物认为六十四卦直接由数字演化而成，六十四卦比八卦更早或两者同时，应当出现在周初（约公元前11世纪）。20世纪50年代、70年代在丰镐、周原遗址上发现了契刻于卜骨、卜甲、骨镞、陶器等器物上的奇字，经对新石器时代晚期的陶器、商周甲

骨和铜器、战国楚简等所做的统计,这种奇字有一百几十例。张政烺先生等人指出,这种奇字即契数,就是原始的易卦,或者说原始易卦是一种数字卦。张亚初、刘雨等人收集了关于这方面的大量材料。由此可知,在《周易》六十四卦符以前或同时还有另一种卦符。但这种"数字卦"是否就是《连山》、《归藏》的卦符,也同样无法认定。

卦爻辞的作者与时代

司马迁、班固等历史学家认为,卦爻辞是周文王所作。

这种观点在古代就有人反对。五四运动以后,学术界普遍认为《易经》非文王、周公所作,证据是卦爻辞中讲到的历史人物和历史事件有的出自文王、周公之后。不少学者认为《易经》是西周初叶掌卜筮之官所作。陈梦家认为是殷之遗民所作,郭沫若认为是楚人馯臂子弓所作,日本人本田成之亦认为是楚人所作,李镜池认为是周王室太卜、筮人所作。

文王像

关于《易经》的时代,顾颉刚认为是西周初期或前期;李镜池开始认为是西周初期,之后认为是西周晚期;陈梦家认为是西周;郭沫若认为是战国初期;本田成之认为是战国晚期。

近代大多数学者认为:《易经》卦爻辞的基本素材是西周初期或前期的产物,因所提到的历史人物和事件均不晚于西周初期,因而成书当不晚于西周前期。顾颉刚在《周易卦爻辞中的故事》一文中指出,晋卦卦辞中的"康侯"即卫康叔,乃周武王之弟,其事迹在武王之后,从而认为卦辞非文王所作,《周易》成书于西周初叶。持春秋说、战国说者均未将经文与传文分开考察。卦爻辞亦非出于一人之手,而是卜筮者长期探索积累的结果。

《易传》的作者与时代

《易传》传统上认为是孔子所作。

《史记·孔子世家》说:"孔子晚而喜《易》,序《彖》、《系》、《象》、《说卦》、《文言》。读《易》,韦编三绝,曰:假我数年,若是,我于易则彬彬矣。"《汉书·儒林传》说:孔子"盖晚而好《易》,读之韦编三绝,而为之传"。《汉书·艺文志》说:"孔子为之《彖》、《象》、《系辞》、《文言》、《序卦》之属十篇。"均以为《易传》是孔子所作。

宋代欧阳修《易童子问》始疑《系辞》非孔子作,清代崔述认为《彖》、《象》也非孔子所作。今人多数认为"十翼"均非孔子所作,但也有人坚持认为《易传》确为孔子所作。

孔子像

对《易传》各篇的时代、作者,至今尚有争议。郭沫若认为《说卦》、《序卦》、《杂卦》是秦代以前的作品;《彖》、《系辞》、《文言》是秦代的荀子门徒所作,《象》又在《彖》之后(《周易之制作时代》)。今人大致有两种意见:一是战国前期说,一是战国后期说。

我的老师朱伯崑先生主张《易传》为战国后期的著述,并认为依形成先后次序为:《彖》、《象》、《系辞》、《文言》、《说卦》、《序卦》、《杂卦》。朱先生的观点较符合历史事实。

《易传》成书时是独立的,未附于经文之后。西汉田何将"十翼"与经文各自为篇。费直开始把乾卦的《彖》、《象》、《文言》附合于经,以《彖》、《象》、《系辞》等传解经。东汉郑玄又以坤卦的《文言》和各卦的《彖》、《象》诸传附于经后。

《周易》流传下来最早的本子是魏晋时期王弼、韩康伯注本,唐代孔颖达《周易正义》为之作疏。南宋朱熹《周易本义》曾依程颐的意见,对系辞中的个别章节作了调整。今通行本将《彖》、《象》、《文言》附于各卦经文后,其余各篇附于全部经文之后。

"周易"的含义

"周"有四种解释

一、周为周代,是朝代名

郑玄《易赞》说:"夏曰《连山》,殷曰《归藏》,周曰《周易》。"唐代孔颖达

《周易正义》说："又文王作《易》之时，正在羑里，周德未兴，犹是殷世也，故题周别于殷，以此文王所演故谓之周易。其犹周书、周礼，题周以别余代。"朱熹《周易本义》说："周，代名也。"

二、周为周地，是地名

孔颖达《周易正义》说："连山、归藏并是代名，则周易称周取岐阳地名。《毛诗》云：'周原朊朊'是也。""周"地即岐阳（今陕西省岐山县）。

三、周为周普

郑玄《易论》说："周易者言易道周普，无所不备。"唐人陆德明《经典释文》说："周，代名地，周至也，遍也，备也，今名书，义取周普。"清人姚配中《周易姚氏学》以郑说为是，并举《周易·系辞传》"《易》与天地准，故能弥纶天地之道"、"知周乎万物"、"周流六虚"等语句为佐证。

四、周为周期、周环

我认为，从上古三易的名称看，"连山"和"归藏"二名中都没有出现朝代名称，而是以内容特征命名的（"连山"首为艮卦，象山出内气，山连山；"归藏"首为坤卦，为地藏万物，万物归于地）。由此可推知"周"也不是朝代名或地名，"周"当为周环、周旋、周期之义。"周易"就是周而复始的变易规律。从《周易》卦爻象与卦爻辞中可以得到证明。六十四卦从乾、坤开始到既济、未济结束，是一个运动周期（既济为本次周期的完结，未济为下次周期的开始）。又如卦爻辞中的复卦说"反复其道，七日来复"。循环、周期是《周易》揭示的宇宙生命的最根本规律。

"易"有七种解释

一、易为变易、易简、不易

《易纬·乾凿度》，郑玄《易赞》、《易论》说："易含三义，易简一也，变易二也，不易三也。"三义联系起来理解：易简，说明易卦阴阳变化规律本质的非神秘性和简明性；变易，体现宇宙万物永恒的运动本质；不易，说明事物运动可感知可认识的相对静止状态以及宇宙发展规律的相对稳定性。

二、易为日月

《易纬·乾坤凿度》说："易名有四义，本日月相衔。"郑玄《易论》说："易者，日月也。"东汉魏伯阳《周易参同契》说："日月为易，刚柔相当。"从字形上看，

"易"字是"日"和"月"的相合。"悬象莫大乎日月";"日月之道,贞明者也"(《周易·系辞传下》)。日是阳气最精者,月是阴气最精者,"易"象征阴阳的推移变化,带有抽象的哲学意味。

三、易为生生不息

《周易·系辞传上》说:"生生之谓易。"明代喻国人认为:"先儒解易为变易、为交易,总不如《系辞》'生生之谓易'五字为最确。"易言宇宙万物生生不息,变动不居,易为生命哲学。

四、易为逆数

《周易·说卦传》说:"《易》逆数也。"对此理解不一。三国虞翻注:"易谓乾,故逆数。"《乾凿度》云:"易气从下生。"郑玄注:"易本无形,自微及著。气从生,以下爻为始,故曰逆数也。"晋韩康伯注:"作易以逆睹来事,以前民用。"朱熹《周易本义》引邵雍语:"自乾至坤,皆得未生之卦,若逆推四时之比也。"李道平《周易集解纂疏》说:"乾坤初索震巽,再索坎离,三索艮兑,是逆数也。"从《易经》的卦爻看,每卦六爻为六个阶段,是从下往上发展的,这是"逆数",同时卦爻是用来逆推万物过去和未来的,这也是"逆数"。

五、易为卜筮

《管子·山权》中说:"易者,所以守成败吉凶者也。"《贾子·道德说》中说:"易者,察人之精德之理,与弗循而占其吉凶。"郑玄《周礼·春官·太卜》注:"易者,揲蓍变易之数可占也。"

六、易为蜥蜴

据东汉许慎《说文解字》说:"易,蜥蜴、蝘蜓、守宫也。象形。""易"即是"蜴"的本字,像蜥蜴之形。蜥蜴即四脚蛇一类的小动物,善变,故被古人视为测知刚柔消长、阴阳屈伸的神物。

七、易影射蚕和太阳

这是今人黎子耀《周易释名及其经纬》中的观点。

我认为"易"字的本义就是"变易"。"易"从

字形上看是蜥蜴，因蜥蜴善变，故引申为"变易"，此后"易"就专指"变易"。郑玄的三义说、毛奇龄的五义说（变易、交易、反易、对易、移易，载《仲氏易》）均是对"变易"的引申、发挥，是对变易形式的概括。

"周易"的含义

"周易"两字合起来说，则有三种含义。

1. 周代或周地的占筮。
2. 周代或周地的变化。
3. 周环或周期的变化。

我认为"周易"表层的含义是"周代或周地的占筮"，深层的含义是"周环或周期的变化"。

《周易》的性质

《周易》是本什么性质的书？围绕这一问题，古往今来，仁者智者，争议未决。

《周易》是卜筮书

宋代朱熹说："《易》本卜筮之书。"现当代一些学者认为，《周易》不过是占卜算命、远古巫术的资料汇编。郭沫若《中国古代社会研究》、高亨《周易古经今注》等书中均持有此观点。

李镜池说："《周易》是一部占筮书却是无容置疑的。"（《周易探源》）

刘大钧说："……归根到底，《周易》是一部筮书。"（《周易概论》）

《周易》是哲学书

庄子认为"《易》以道阴阳"。阴阳问题又是中国哲学的基本问题，据此，《周易》成了中国的哲学著作。

现代易学家李景春《周易哲学及其辩证法因素》，黄寿祺、张善文《周易译注》等书中均持此观点。

李景春说："《周易》不仅是中国古代一部最早的有系统的哲学著作，而且也是世界上最早的有系统的哲学著作之一。"

黄寿祺说:"冠居群经之首的《周易》,是我国古代现存最早的一部奇特的哲学专著。"

《周易》是历史书

近代学者章太炎先生认为《易经》讲的是人类文化、发展的历史,并以此观点解释了前十二卦。

近代史学家胡朴安先生系统论证了《周易》是史书,并著《周易古史观》一书。他认为:"乾、坤两卦是绪论,既济、未济两卦是余论。自屯卦至离卦,为蒙昧时代至殷末之史。自咸卦至小过一卦,为周初文、武、成时代之史。"

今人李平心提出:"《周易》基本上是用谐隐文体和卜筮外形写成的一部特殊史书。"

黎子耀提出:"《周易》是一部奴婢起义史。"

《周易》是科学书

当代学者冯友兰先生在1984年写给"中国周易学术讨论会"的贺信中提出:《周易》是一部宇宙代数学。《周易》是一种模式或框子,什么内容都可以往里套。冯先生的"宇宙代数"其实是"宇宙哲学"的含义,而当代"科学易"派则据之认为《周易》是一部科学书,并引证国外一些科学家的说法,如莱布尼茨说"中国的伏羲大帝已经发现了二进制"(事实上是莱布尼茨看出"伏羲六十四卦方位图、次序图"与他早就发现的二进制理论吻合),玻尔说太极图的对立原理即量子力学的互补原理,李约瑟、卡普拉等科学家均对《周易》有赞美之词。当代"科学易"派用现代科学的方法进一步发掘《周易》的科学内涵。

《周易》是百科全书

以《易大传》为代表的古代多数易著认为,《周易》是一部神圣的、内容无所不包的万世经典,为群经之首。

今有人进一步认为,《周易》是一部包罗万象的百科全书,中国乃至世界各门学科都可以从中找到源头、找到知识。

除此以外,还有不少观点:

《周易》是智能逻辑(尹奈);

《周易》是中国最古老的一部辞书（刘长允）；

《周易》是敌情之报告（徐世大）；

《周易》是上一次人类活动保存下来的精神文明（王锡玉）；

……

以上种种观点，虽各执一端，各据其理，但都犯了一个错误，即将《周易》的"经"和"传"不加区分地混为一谈。其实"经"和"传"是不同时代的产物，其性质完全不同，应该分开来论述。分而言之，《易经》（狭义）是一部占筮书，以占筮成分为主；《易传》是一部哲学书，以哲学成分为主。汉代将"经"、"传"合为一体，称为《周易》，尊为《易经》（广义），使《周易》具有占筮（巫术）、哲学、史学、科学等多层面的性质和成分，从而使《周易》的性质复杂化。对此只有采用历史的态度和分析的方法，才能把握《周易》的"经"和"传"的性质。

如果说《易经》是中华文化的源头（一切人文文化皆源于巫术文化），那么《易传》就是中华文化的活水。

《易经》从表面上看是占卜书，从本质上看是通过占卜来探索宇宙变化规律的书；《易传》则明确指出"易"是"天人之学"，是"开物成务，冒天下之道"、"与天地准，故能弥纶天地之道"、"广大悉备，有天道焉，有人道焉，有地道焉"的论"道"之学。也就是说，《易经》是带有哲学色彩的占卜书，《易传》是带有占卜色彩的哲学书。

卦爻象：《易经》的符号系统

卦爻象不仅是《易经》的符号系统，而且也是中华文化的"基因"。

所谓"基因"，本指生物遗传信息的载体，是 DNA（deoxyribonucleic acid, 脱氧核糖核酸）片断。生物遗传过程是通过染色体上的基因进行的，那么一个民族的文化要流传和发展也必然要由文化基因来决定。

什么是"文化基因"？有学者认为：那些对民族的文化和历史发展产生过深远影响的心理结构和思维方式，就是该民族的文化基因。我认为，这个定义是从形而上的抽象层面给出的。基因既然存在于细胞核的 DNA 之中，是染色体上定点部位的信息载体，那么它就是一种物质形态，就是一种形而下的东西，从这个意义上说，文化基因也应体现为一定形式的物质形态。我认为，卦爻符号无论是从

━━━ 阳爻
━ ━ 阴爻

形而上的意义还是从形而下的结构来讲,都称得上是中华民族的文化基因。

从某种意义上说,中华文化来源于卦爻符号,因为卦爻符号体现了中华民族先民的原始观念,中华文化可以说就是通过对卦爻的逐层解读才形成与发展的。不管是从形而下的层面还是从形而上的层面来看,以卦爻作为中华文化的基因都是合适的。

从形而下的层面看,卦爻是有形的符号;从形而上的层面看,卦爻以及对卦爻的解读体现了中华民族的传统思维方式和心理的深层结构。

神秘的卦爻符号

《周易》是神秘的,《周易》的符号更加神秘!

如果说《易经》、《易传》、易学是中华文明进行曲的三个乐章,那么《易经》符号就是构成这三个乐章的基本音符。

有人说,埃及金字塔、巴比伦空中花园只不过是有形的物质之谜,而《易经》符号则是无形的精神之谜。

从古至今,从中国到西方,多少能人贤士都在试图破译这个诱人的"谜"。

德国杰出数学家莱布尼茨(G. W. Leibniz)发现六十四卦符号竟然与二进制原理完全吻合。

丹麦著名物理学家玻尔(N. H. D. Bohr)发现太极图("阴阳符号")竟是量子力学互补性原理、并协原理的形象说明,并最终选定太极图作为他的族徽图案。

英国著名科学家李约瑟(J. Needham)终身选择中国科技史研究事业,对《易经》符号用于炼丹术倾注极大的兴趣。

美国当代物理学家卡普拉(F. Copra)认为卦象符号具有通过变化产生动态模式的观念,与现代物理中的 S 矩阵理论最为接近……

在国外学者不温不火地破译易符号时,中国人坐不住了。中国文化的奥秘岂能让位给外国人去破译?于是乎,不管是研究哲学的,还是研究科学的,人们纷纷把精力投向这些符号,各种"破译"的"谜底"随即纷至沓来——

卦爻是男女生殖器的符示;

卦爻是太阳、月亮的象征;

卦爻是我国最早的文字;

六十四卦就是六十四种遗传密码；

六十四卦蕴含二进制之理，是电子计算机之母；

八卦排列规律就是化学元素周期律；

八卦可以预测太阳系第十颗行星……

每种"破译"一出，就有轰动一时的新闻效应，或称之为"前所未有"的"重大发现"，或称之为"终于解开中国文化史的千古之谜"。

是耶？非耶？

我想，如果不从这些符号形成与发展的历史上、不从中国思想文化的特定背景上进行考察，那么就没有资格对易符号说三道四，当然也没有资格对以上种种"破译"进行客观公正的评价。

卦爻符号作为"不确定域"的"文本"，被儒、道两家和象数、义理两派不断地解读和重构。或以《易》为先导和工具，借《易》阐释各自的思想理念，以建立各自的理论体系；或以《易》为理论归宿，将各种新知新见导入易学，使易学的外延不断扩展，以至于形成无所不包的奇异文化现象。

通过多年的研究，我个人认为，易学符号——卦爻，既不是来源于某种单一的物象，也不是用来表征某种单一的物象。这就是说，现代人对易学符号的有关"破译"基本上都是不正确的，至少是不全面的！

易学符号来源于对宇宙万事万物的仰观俯察、抽象综合与逻辑归纳，又被用来模拟、说明万事万物——宇宙生命的本原、生成、变化、结构以及人的道德伦理、自我修炼……易学符号揭示的是宇宙万物总体的、普遍的、同一的结构和运动规律。

卦爻是中国人建构宇宙生命动态结构、运动变化统一规律的符号模型。这也正是现代的一些发明、发现都可用卦爻进行比附的根本原因。卦爻好比一个空的套子，它不仅可以填入特定的内涵，而且还有着可伸展的、不稳定的外延。这就使它具备了无与伦比的可解读性。事实上中国人就是利用它来建构宇宙世界与人文世界的。

卦爻还是中华民族的文化基因，它决定了中华文化的面貌和发展方向。我认为，一个民族的文化基因除了具备形而上意义外，还应具备一种形而下意义的物质形态，而卦爻正好具备了这两个条件：它是中华民族最早的、有形的符号，同时它本身以及对它的解读也体现了中华民族传统的思维方式和深层的心理结构。

爻与卦

爻

《周易》符号体系由八卦、六十四卦组成。而卦的基本组成要素是"爻"。

爻是《周易》最基本的符号,卦的最小构成单位。

爻分阳爻、阴爻。

阳爻符号为"—",阴爻符号为"--"。

爻的图象是仿效天下万物的变化运动而产生的。《周易·系辞传下》说:"爻也者,效天下之动者也","爻象动乎内,吉凶见乎外"。《周易·系辞传上》说:"爻者,言乎变者也。"三国虞翻注:"动,发也,谓三才为六画,则发挥刚柔而生爻也。"唐孔颖达疏:"每卦六爻,皆仿效天下之物而发动也。""言爻者,效此物之变动也。"

我认为,阴阳爻是古人综合考察宇宙万事万物而提炼、抽象出来的符号,经历了仰观、俯察的漫长过程。不是仅凭某一事物就创造出来的,当然亦非一人一时所作,更非凭空而造。爻的直接起源当与龟甲卜兆裂纹有关,兆纹虽有多种形状,但从总体上来说线条较直,一般没有曲线,从兆线的断连情况看,也只有断或连两种,易卦作者受此启发而发明阴阳爻。从先秦古籍如《周礼》、《左传》、《国语》等记载便可得知,卦爻符号在夏商周或西周时代就已经形成了。近来随着出土文物的陆续发现,已证明阴阳卦爻至迟在战国中期就已经出现,据悉上海博物馆从海外购置的战国楚简上的《易经》卦爻符号还是彩色的。

卦

卦,即易卦,是《易》的符号体系,由阳爻、阴爻组成。

易卦分为八卦、六十四卦两种。八卦由三根爻组成,六十四卦由六根爻组成。《周礼》称八卦为经卦,六十四卦为别卦。就《周易》经文而言,只有六十四卦,没有八卦。

《说文解字》:"卦,所以筮也,从卜,圭声。"

《周易正义》孔颖达引《易纬·乾坤凿度》说:"卦者,挂也。言悬物象以示于人,故谓之卦。"

《周易·说卦传》说,"观变于阴阳而立卦"。近代有人认为:卦为土圭,即以泥筑成的土堆,做测日影之用。长一尺五寸,立八尺之表以致日影;画其影而测之,以定方向、地位、时间。因而主张卦画是根据土圭测影而来。

卦在《易经》中主要用于占卜,后用以象征自然现象和人事变化,成为描述宇宙万物的模式符号。

爻的本质特征在于"效"和"动"。爻与卦的关系是"体"与"用"的关系，卦是物之体，爻是物之用。

卦自静态的角度观察，重在反映阴阳之物，反映物之象，物之形；爻自动态的角度观察，重在反映阴阳之动，反映物之变，物之化。

三爻与八卦

八卦亦称经卦、单卦、三爻卦、小成之卦。

八卦是《周易》的基本符号，是组成《易》的基本图象。

八卦由阳爻（—）、阴爻（--）由下而上叠合三次而成。按叠合排列公式为：$2^3=8$，可得出以下八种符号：

☰（乾）、☷（坤）、☳（震）、☴（巽）、☵（坎）、☲（离）、☶（艮）、☱（兑）。

朱熹《周易本义》中有"八卦取象歌"："乾三连，坤六断，震仰盂，艮覆碗，离中虚，坎中满，兑上缺，巽下断。"

八卦为何取三爻？

《易传》认为："立天之道，曰阴与阳；立地之道，曰柔与刚；立人之道，曰仁与义。"（《说卦传》）宇宙由天、地、人三才构成。易之道包括天道、地道、人道。

清代学者阮元说："圣人初画八卦，设刚柔两画，象二气也；布以三位，象三才也。"可见八卦之上爻为天，下爻为地，中爻为人。一卦蕴含天、地、人"三才"之道。

八卦三爻初爻代表地位、臣位、妻位……

中爻代表人位……

上爻代表天位、君位、夫位……

老子说："道生一、一生二、二生三、三生万物。"

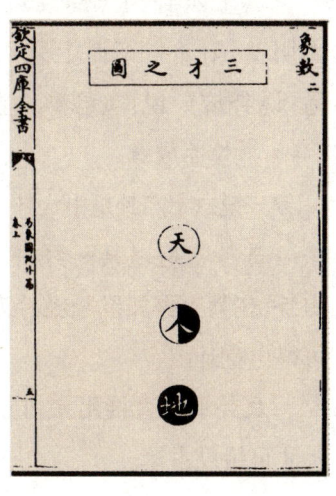

"一"为太极,"二"为阴阳,"三"为一卦三爻,三爻八卦产生宇宙万物。

现代哲学认为:宇宙本体不外乎由时间、空间、物质三者组成。一卦三爻是时、空、物三位一体。

八卦为何用"八",而不用"五"(五行)或"十"(天地数之最)?

从三爻组合上解释,阴阳二爻的三位组合为 $2^3=8$,只能是"八"。

从方位上解释,四正位(四正卦)加四隅位(四隅卦),也只能是"八"。

我们可以用八卦来表示卦象、卦位、卦序、卦时、卦数等诸要素(见下表)。

八卦要素表

卦名		乾	坤	震	巽	坎	离	艮	兑
卦符		☰	☷	☳	☴	☵	☲	☶	☱
卦象		天	地	雷	风	水	火	山	泽
卦序		父	母	长男	长女	中男	中女	少男	少女
卦位	先天	南	北	东北	西南	西	东	西北	东南
	后天	西北	西南	东	东南	北	南	东北	西
卦时	先天	夏至	冬至	立春	立秋	秋分	春分	立冬	立夏
	后天	立冬	立秋	春分	立夏	冬至	夏至	立春	秋分
卦数	先天	一	八	四	五	六	三	七	二
	后天	六	二	三	四	一	九	八	七

六爻与六十四卦

六十四卦,亦称别卦、重卦、六爻卦、大成之卦。

六十四卦为《周易》的符号体系。由阴爻、阳爻自下而上叠六次而成。《周易·说卦传》说:"《易》六画而成卦……《易》六位而成章。"

一说六十四卦是由八卦"重卦"而得。

重卦就是以某一经卦(三爻卦)为内卦,在其上再加以一经卦为外卦的原则,可得出重卦图。

八卦不能直接用来占筮,只有六十四卦才可用以占筮。

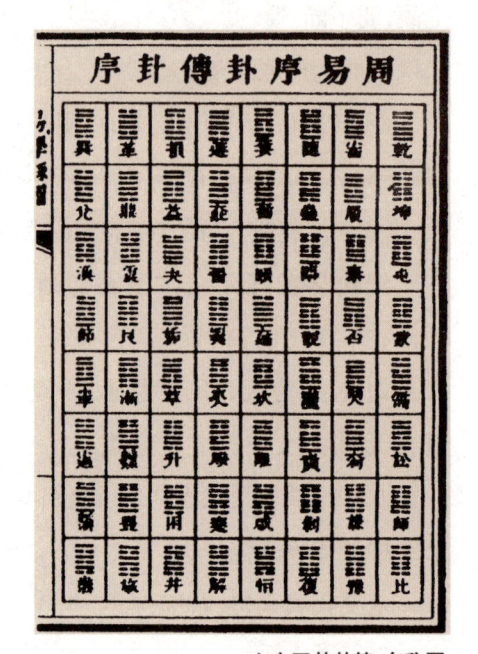

六十四卦卦符、名称图

上卦 下卦	☰乾 （天）	☱兑 （泽）	☲离 （火）	☳震 （雷）	☴巽 （风）	☵坎 （水）	☶艮 （山）	☷坤 （地）
☰乾（天）	乾	夬	大有	大壮	小畜	需	大畜	泰
☱兑（泽）	履	兑	睽	归妹	中孚	节	损	临
☲离（火）	同人	革	离	丰	家人	既济	贲	明夷
☳震（雷）	无妄	随	噬嗑	震	益	屯	颐	复
☴巽（风）	姤	大过	鼎	恒	巽	井	蛊	升
☵坎（水）	讼	困	未济	解	涣	坎	蒙	师
☶艮（山）	遁	咸	旅	小过	渐	蹇	艮	谦
☷坤（地）	否	萃	晋	豫	观	比	剥	坤

重卦图

卦爻辞：《易经》的文字系统

《易经》（《周易》经文）的文字系统由卦名、卦辞、爻辞组成，共有卦名六十四个、卦辞六十四条、爻辞三百八十六条。

卦名

卦名，即易卦的名称。它是对卦爻辞的高度概括，是对卦符的初次解读，体现特定的义理和思维方式。通行本《周易》八经卦的卦名为：乾、坤、震、巽、坎、离、艮、兑。六十四别卦的卦名为：乾、坤、屯、蒙、需、讼、师、比、小畜、履、泰、否、同人、大有、谦、豫、随、蛊、临、观、噬嗑、贲、剥、复、无妄、大畜、颐、大过、坎、离、咸、恒、遁、大壮、晋、明夷、家人、睽、蹇、解、损、益、夬、姤、萃、升、困、井、革、鼎、震、艮、渐、归妹、丰、旅、巽、兑、涣、节、中孚、小过、既济、未济。

有关卦名的来由，众说不一。

一、取象说

认为易卦来源于对物象的观察，因而以某种物象之名命名。如乾卦之象为天，乾本义为天；坤卦之象为地，坤本义为地。故名。

二、取义说

认为卦象代表事物之理，取其义理为卦名，如乾皆为阳爻，主刚健，乾即有刚健之义，故名。

三、筮辞说

近人高亨认为先有六十四卦的爻辞，后从爻辞中取出某一字或两字，作为该卦之名。如乾卦，取名于九三爻辞中的"乾"字。

四、占事说

认为卦名同所占问的事件即卦爻辞的内容有关。近人闻一多考证，"乾"本为"斡"，是北斗星的别名。龙象即龙星。龙星的出没表示四时节气的变化。此卦为占问节气变化，筮得☰象，故取名为乾。

八卦之名为何称乾、坤、震、巽、坎、离、艮、兑，而不直接称天、地、雷、风、水、火、山、泽？

这是因为八卦卦符象征性极广、极强，只有用象征性广、概括力强、包容量大，而且字形较为复杂的词才能满足卦象的需要。

传统认为，作卦的目的在于垂教百姓。

《周易·系辞传下》说：伏羲氏"作八卦，以通神明之德，以类万物之情"。说明伏羲、圣人作卦的目的在于垂教百姓，通神明，类万物。所以不采用天、地……这种字形简单、含义浅显的名称，而选用乾、坤这种概括性强、包容量大、象征性广的名称。

《六艺论》说："易者，阴阳之象，天地之所变化，政教之所由生。自人皇（即燧人氏）初起，历六纪九十一代至伏羲始作十言之教——乾、坤、震、巽、坎、离、艮、兑、消、息。"

卦辞

卦辞，即说明《周易》卦义的文辞。一般认为是卜筮者的记录，与甲骨文辞同类。共有六十四条卦辞，内容主要有：(1)自然现象变化；(2)历史人物事件；(3)人事行为得失；(4)吉凶断语。或分为象占之辞、叙事之辞、占兆之辞三类。

其通例为先举出暗示意义的形象，或举出用于譬喻的事例，然后写出吉凶的断语。具体可分为：先叙事而后断吉凶；单断吉凶而不叙事；叙事，断吉凶，再叙事，再断吉凶等不同体例。

涉及狩猎、旅行、经商、婚姻、争讼、战争、饮食、享祀、孕育、疾病、农牧等内容。还记载了西周初期以前的历史事件，如"高宗伐鬼方"、"帝乙归妹"、"康侯用锡马蕃庶"等故事。

爻名

《周易》六十四卦每一卦都有六个爻，每一爻都有一个名称。每一爻的名称都由两种数字组成，一种是表示位置的数，一种是表示性质的数。

六十四卦六爻的位置从下往上数，依次为"初"、"二"、"三"、"四"、"五"、"上"。六爻的性质只有两种，一是阳性，记为"九"；一是阴性，记为"六"。两者共同组成爻名。如乾卦六爻的名称分别为：初九、九二、九三、九四、九五、上九；坤卦六爻的名称分别为初六、六二、六三、六四、六五、上六。

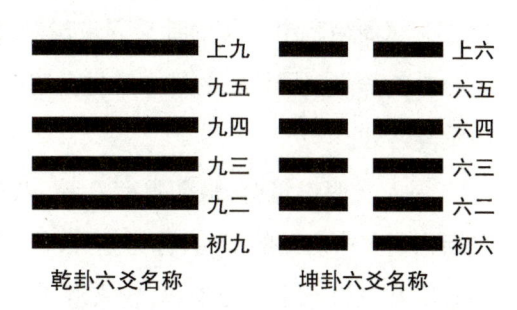

乾卦六爻名称：上九、九五、九四、九三、九二、初九

坤卦六爻名称：上六、六五、六四、六三、六二、初六

为什么阳爻记为"九"，阴爻记为"六"？

有人认为，取法于"大衍之数"揲蓍法，"大衍之数"揲蓍的结果为六、七、八、九，"九"为老阳（太阳）、"六"为老阴（太阴）。

有人认为，九为河图中5个生数中的3个奇数之和，六为2个偶数之和。朱熹说："其九者，一、三、五之积也。""其六者，生数二、四之积也。"

有人认为，阳之体（☰）为三画，阴之体（☷）为六画。阳可兼阴，故阳爻记为"九"；阴不可兼阳，故阴爻记为"六"。

我们认为，"九"、"六"本源于大衍揲蓍法之七、九、八、六四营之数。此四营之数分别对应四时之春、夏、秋、冬，对应四象之少阳、老阳、少阴、老阴。"七"为春、为少阳，过渡到"九"为夏、为老阳，阴阳性质未变，为不变之数；"九"为夏、为老阳，过渡到"八"为秋、为少阴，阴阳性质发生了变化，为可变之数；"八"为秋、为少阴过渡到"六"为冬、为老阴，阴阳性质未发生变化，为不变之数；"六"为冬、为老阴，过渡到"七"为春、为少阳，阴阳性质发生了变化，为可变之数。《易》讲变易，故取"九"、"六"两个可变之数代表阳爻、阴爻。

爻辞

爻辞，即说明爻义的文辞。《周易》六十四别卦，每卦六爻，共三百八十四爻，加上乾、坤两卦各有一用爻，总为三百八十六爻，故有三百八十六条爻辞。

每爻先列爻题，后为爻辞。爻题皆为两字，一个表示爻的性质，阳爻记为"九"，阴爻记为"六"；另一个表示爻的次序、位置，自下而上，分别记为"初"、

"二"、"三"、"四"、"五"、"上"。

爻辞是组成各卦内容的主要部分，其体例、内容、取材范围与卦辞相类似。

从卦爻辞的内容看，《易经》是部占筮书，是周人占筮的典籍。卦辞、爻辞分别是对卦象、爻象的解说。据《左传》记载，春秋时期的人占筮时，筮得某一卦，便查阅《周易》中该卦的卦爻辞，按其所讲的事情，推测所问之事的吉凶。卦爻象和卦爻辞是《周易》的基本素材。这些素材并非出于一时一人之手，其中有不少重复之处。

周人发明占筮时，最初只有八卦，以八种不同的形象判断所占之事的吉凶。判断占问某事吉凶的辞句，称为筮辞，是占问某事时的原始记录。《周易》六十四卦卦辞和三百八十四爻爻辞，皆来源于筮辞。筮辞并非某一个人的创造，而是不同时代的人长期积累的结果。

掌卜筮之人将多次占卜的结果（包括所得兆象和占断辞句）记录下来，然后加以整理、统计，将应验的兆象、辞句挑选出来，进行重新加工、编排。有的卦辞经反复修改、安排，仿若一首诗歌，并能体现出一个中心思想。如渐卦、剥卦、复卦、临卦、明夷卦等。编辑加工的目的，仍是为了占筮系统性的需要。不过，大多数卦辞、爻辞仍属于筮辞的堆砌，卦、爻辞之间并没有必然的联系。

卦爻象与卦爻辞

《周易·系辞传上》说："易有圣人之道四焉：以言者尚其辞，以动者尚其变，以制器者尚其象，以卜筮者尚其占。"认为《易经》由"辞"、"变"、"象"、"占"四道组成。后世有人认为《易经》由"象"、"数"、"理"、"占"四要素组成，也有人认为《易经》由"象"、"数"、"辞"、"义"或"象"、"数"、"辞"、"占"四要素组成，虽然所指不一，但都认为《易经》有四大要素。

我认为《易经》主要有两大要素，一是"象"，一是"辞"。"数"可以归入"象"，因为《易经》的"数"特指爻数，而爻数就是爻象，如"九四"就是指第四爻是阳爻，"六三"就是指第三爻是阴爻。"义"可归入"辞"，因为《易经》的"义"是通过卦爻辞表现出来的。至于"占"和"变"，则是就《易经》的用途而言的，与"象"、"辞"不在同一个层面上。因而从构成内容的层面看，《易经》的两大要素是"象"和"辞"，具体地说就是卦爻象与卦爻辞。

卦爻象与卦爻辞的关系

传统的看法认为，卦爻象和卦爻辞之间有着必然的联系，有着对应的逻辑关系。从春秋至清末民国，易学家们都在极力寻找这种逻辑关系，或通过对卦象的解释，或通过对卦爻辞的注释，将二者统一起来，以证明《周易》是神圣的典籍，是圣人之书。由此产生不同的解易流派，体现了各自的学术思想。

近代有人指出卦爻象和卦爻辞之间没有必然的联系。理由是占筮时筮得的卦象与卜问的事件、结果，完全是偶然的。如果认为每一卦的卦爻辞同其卦爻象都存在着逻辑的联系的话，则无法说明爻辞的重复问题，也无法解释其中的矛盾现象。

我们认为，卦爻象和卦爻辞之间最初的结合只是出于占筮的需要，但经过长期的整理、修正、加工，可看出编纂者有将两者逻辑化、条件化的企图。其中有的卦，两者的必然性、相关性强一些，有的卦相对弱一些。完全否定两者的关系或完全肯定以至于神化两者的关系，这两种倾向都是不可取的。

卦爻象与卦爻辞的意义

《易经》经过加工、编纂，体现了一定的意义和思想。

《易经》卦象和卦爻的符号系统是在长期的原始卜筮过程中，逐渐把数和象整齐化、有序化、抽象化的结果，具有稳定性、规范性。通过对立面的排列、组合，反映人的理性思维、逻辑思维。就八卦来说，分别由奇（—）偶（- -）对立两画，构成四个对立面。就六十四卦来说，又分别由八种对立的卦象构成，组成三十二个对立面。就卦序来说，六十四卦又是"二二相偶"，成为与对立的卦象相配合的系列。这种思维是承认卦象存在着对立面，并由对立面所构成，其变化表现在其中的基本要素——两画的配合上。它体现了以对立面的相互关系说明事物变化的思想萌芽，对后世哲学的发展产生了深刻的影响。

《易经》卦爻辞的文字系统，涉及宗教迷信、人生态度、伦理观念、宇宙认识等各个方面，反映了殷周之际奴隶制时代的社会生活和人们的精神风貌，以及当时所具备的历史、科学、政治学、伦理学知识，体现了初民以卜问形式、卦爻结构解释客观事物变易规律的企图和寻找宇宙因果联系的努力。

《易经》继承了原始的巫术文化传统，反映了殷周之际宗教思想的变革，

将当时以德配天的天命神学观念与卜筮相结合,构成了一个以天人整体观为理论基础的巫术操作系统,其迷信成分有所增加,但扬弃了原始占筮那种单纯根据蓍草排列以定吉凶的低层次的思维模式,在蓍与卦的外壳下蕴藏着一定的哲理。

《易经》具有朴素的辩证法观点——承认事物的对立面,承认事物发展到极点就会转向其反面……

《易经》反映了编纂者的世界观——天道和人事具有一致性,人的生活遭遇可以转化,人事的吉凶在一定程度上取决于个人的行为……

由上述分析可知,《易经》虽是一部占筮书,是巫术文化的产物,但并不是一般的迷信书,不像龟卜那样只简单地告知吉凶结果,而是增加了人为的因素,增加了趋吉避凶的价值选择因素。《易经》在言占筮中,还具有帮助人们安身立命、稳定情绪、安慰心理的作用,因而带有一定的人文色彩。

《易经》中的生活经验、人生智慧、忧患意识、理性思维等因素,成为中国哲学和中华人文文化的源头。

《易传》的内容

《易传》是战国以来解释《易经》(经文)的论文汇编。《易传》的最大贡献就是将《易经》从巫术转变为哲学,从迷信转变为理性认知。

作为一部解经之作,它不能破坏卦爻符号、卦爻辞的神圣,不能不从象数、义理两方面来阐发其意蕴。但作为一部哲学著作,它又必须突破其巫术的迷信因素,并建立起自己的思想体系。因此,可以将《易传》称为穿着卜筮外衣的哲学。

《易传》又称"十翼"。"翼"就是羽翼,意为辅助,说明《易传》七种十篇是对《易经》的辅佐、解释。

象传

《象传》又称《象辞》、《象辞传》。《象传》是解释卦义的,不涉及爻义。解释卦义包括解释卦名、卦象、卦辞,主要采用以下三种方法和体例。

一、以义理、德行释卦义

将六十四卦(别卦)还原为两个经卦,以经卦的德行、义理解释该别卦。如屯卦,为上坎下震,《彖传》说:"动乎险中,大亨贞。雷雨之动满盈。天造草昧,宜建侯而不宁。"所谓"动"是就震卦德行而言,"险"是就坎卦德行而言。从"动"上引申出"造",从"险"上引申出"昧",说明屯卦阴阳交而雷雨作,杂乱晦冥,故为屯难。

《彖传》解释卦名,多用声训、义训。如《比·彖》:"比,辅也。""比"为辅弼义,此为采用《说文解字》"比,密也。二人为从,反从为比"说。《师·彖》:"师,众也。"师为军队,军队必有众多的兵卒。《咸·彖》:"咸,感也。"从声韵上看,"感"从"咸"得声,古声韵均同,采用声训法。《需·彖》:"需,须也。""需"与"须"古声韵皆同,意为等待。

《彖传》解释卦名,还采用义界法、引申法。如《颐·彖》:"颐,贞吉,养正则吉也。观颐,观其所养也。自求口实,观其自养也。天地养万物,圣人养贤以及万民。颐之时大矣哉!"从"颐"的"养"义出发,引申出"养正"、"所养"、"自养"、"养万物"、"养贤以及万民"之义。《咸·彖》在训"咸"为"感"的基础上,进一步界说:"柔上而刚下,二气感应以相与。""感"是指刚柔二气的感应。

《彖传》解释卦辞,综合采用上述的各种方法。如《临·彖》:"临,刚浸而长,说而顺,刚中而应,大亨以正,天之道也。'至于八月,有凶',消不久也。"其中"刚浸而长",以卦体释卦名,说明临卦下二爻为刚爻,刚性渐长,又行正道,故"元亨利贞";以阳长而预示不久即阳消,解释"至于八月,有凶"。

二、以爻位释卦义

《彖传》采用"中"、"刚中"、"正"、"正位"、"当位"、"中正"、"应"、"乘"等术语,从爻的位次关系上解卦义。如:

《讼·彖》:"利见大人,尚(中正)也。"

《临·彖》:"说而顺,(刚中)而(应)……"

《观·彖》:"大观在上,顺而巽,(中正)以观天下。"

《夬·彖》:"柔(乘)五刚也。"

三、以形象释卦义

六十四卦中有少量卦符的形象与卦义有关,《彖传》对此作了分析。如:

《噬嗑·彖》:"颐中有物,曰噬嗑。"

《鼎·彖》:"鼎,象也。以木巽火,烹饪也。"

噬嗑卦（䷔）的形象为，口腮之中含有一物（第四爻），《象传》以口腮中含有食物解释噬嗑卦。

鼎卦（䷱）的形象为，像"鼎"的形状，下爻像鼎的两足，第五爻像鼎的两耳，上爻像鼎杠，中间三阳爻像鼎腹。鼎的作用是烹饪，《象传》从鼎的形象上解释鼎的卦义。

《象传》在解释卦义时，十分重视"时"、"位"。所谓"时"，指时机，即一卦所处的环境、背景和特定条件。《象传》多次赞叹"时大矣哉"。所谓"位"即一卦中每爻所处的位次。

鼎的形象

"爻位"与"卦时"密不可分，"爻位"从属于"卦时"，"爻位"又可反过来改变"卦时"。一般来说，"卦时"是决定卦的吉凶悔吝的最重要因素，各卦以其所居之"位"而适"时"变化。"时"是六爻变化的前提，是六爻变化的决定因素。

《象传》在世界观、自然观、人生观、生命观方面都有着丰富的思想。

象传

《象传》又称《象辞》、《象辞传》。《象传》是解释卦象、爻象的。解释卦象的为《大象传》，解释爻象的为《小象传》。

《大象传》共有六十四条，每条分两句。前一句通过分析卦象解释卦名，后一句讲"君子"等观象而得到的启示。如：

《乾·象》："天行健，君子以自强不息。"

《坤·象》："地势坤，君子以厚德载物。"

《屯·象》："云雷屯，君子以经纶。"

《蒙·象》："山下出泉，蒙。君子以果行育德。"

《无妄·象》："天下雷行，物与无妄。先王以茂对时育万物。"

《家人·象》："风自火出，家人。君子以言有物而行有恒。"

《大象传》对卦象的解释，是从经卦的取象入手的。六十四别卦由八经卦重合而成,其中乾、坤、震、巽、坎、离、艮、兑自身重合为八纯卦,其余五十六卦为不同的八经卦的重合。

《大象传》对八纯卦的解释是立足于经卦的取象,如以"天行"、"地势"解释乾、坤,乾取象为天,坤取象为地。对其余五十六卦的解释亦是立足于上下两经卦的取象,如"屯"卦由上坎下震组成,坎取象为水,为云,震取象为雷,故说"云雷屯"。后一句则以"君子以"开头(少数用"先王以"、"后以"开头),要求从卦象中得到政治、道德、行为规范的启发,后者是从卦象中合理引申出来的,因此也可看成是对卦名、卦象的补充和发挥。《大象传》的前句往往讲天道,后句往往讲人道。人道从天道而来,天道与人道有同一性,这种由天道而明人道的思维方式受到先秦道家的影响。

《小象传》共有三百八十六条,与《大象传》在解释方法上并不相同。《大象传》主要采用取象法,而《小象传》则主要采用爻位法和取义法,以解释爻象。如《小象传》对乾卦六爻的解释,从下爻到上爻依次为:"阳在下也"、"德施普也"、"反复道也"、"进无咎也"、"大人造也"、"盈不可久也",对用九爻的解释为:"天德不可为首也。"其中"阳在下也",是从爻位上进行解说,初九爻居最下位,故谓"潜龙勿用";其他则从义理入手进行解释。

对六爻之位,《小象传》的总体看法是:初爻为始、下、卑、穷,三、四爻为犹豫、疑惑、反复,二、五爻居中、中正、中道,上爻为终、上、亢、盈。与《象传》一样,《小象传》亦用"中"、"正"、"应"、"乘"、"承"等术语进行解释,只是《象传》用以解释卦辞,《小象传》用以解释爻辞。

文言传

《文言传》又称《文言》,是对乾坤二卦的解释,其他六十二卦则没有《文言传》。因为乾、坤二卦为纯阳、纯阴卦,为易之门户,故特意加以文饰——文饰乾、坤两卦之言。

《文言传》在对乾、坤二卦的卦爻辞进行逐字、逐句或重点词语的解释基础上,注重发挥卦爻辞的大义。

《文言传》虽没有对卦体的分析,但对卦象、爻位、卦德均作了说解。如《乾·文言传》解释初九爻辞"潜龙勿用"为:"下也","阳气潜藏","龙德而隐者也。不易乎世,不成乎名,遁世无闷,不见是而无闷。乐则行之,忧则违之,确乎其不可拔,潜龙也","潜之为言也,隐而未见,行而未成,是以君子弗用也"。其中"下"、"潜"、"隐"是就爻位而言,初爻为最下位。"阳气"、"龙德"是就卦象、卦德而言,乾取象为天、为龙、为阳气,德行为刚健中正,初九爻,德行为遁世、隐藏。从中引申出"不易乎世,不成乎名"的退隐思想,但隐藏是为了进取,故乾卦的总体思想是"刚健中正,纯粹精也"。

对坤卦的解释,也采用了爻位、卦象、卦德分析的方法。

系辞传

《系辞传》又称《系辞》,分为上、下篇,是对《易经》的通论。不仅总论占筮大义,而且诠释卦爻辞的观念,阐发《易经》的基本原理。将《易经》由一部占筮著作提升为哲学著作,是《易传》哲理思想的代表。

《系辞传》对《易经》的占筮原则作了阐发。通行本《系辞上传》记载了"大衍之数"的揲蓍求卦的具体操作过程(1973年马王堆帛书《易传》本没有此段记载),在下文"周易的占卜"中有详细的介绍。

《系辞传》认为这种"大衍之数"的方法,不仅能确定一卦之爻象,而且还"遂定天下之象"。《系辞传》还以"太极—两仪—四象—八卦"序列说明揲蓍画卦的过程:

是故《易》有太极,是生两仪,两仪生四象,四象生八卦……

认为《易经》六十四卦的根源是"太极",即大衍筮法中五十根蓍草混而未分之状态(一说指大衍五十之数中抽出的"一"数);"分而为二以象两",即四十九根蓍草任意分为两份,则为"两仪";"揲之以四以象四时"的四时——春、夏、秋、冬为"四象";四象经"十有八变"而成八卦。八卦的目的是"定吉凶"、"生大业"。

《系辞传》对卦爻辞、卦爻象的占筮意义也作了一些论述,但没有逐卦解释,而是提出了一些原则性问题,如认为爻位有贵贱

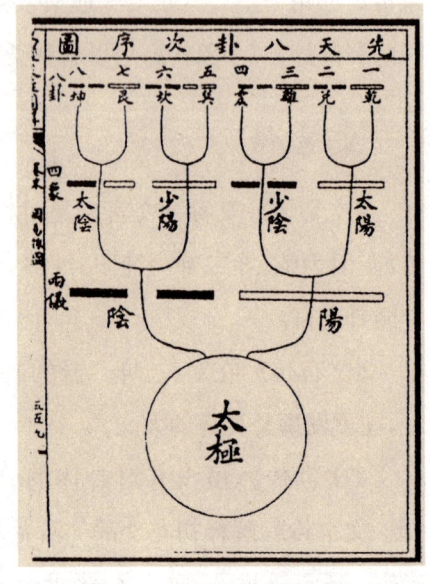

太极生两仪、四象、八卦图

之分——"列贵贱者存乎位",上、五爻一般为贵,其他爻为贱,"三多凶,五多功"、"二多誉,四多惧"。居中之爻一般为吉。

《系辞传》的最大贡献是借占筮论哲理,认为《易经》一书不仅讲"占",而且是讲圣人之"道"的经典。《系辞传》对《易》作了种种界说:

夫《易》广矣大矣,以言乎远则不御,以言乎迩则静而正,以言乎天地之间则备矣。

夫《易》,圣人之所以极深而研几也。惟深也,故能通天下之志;惟几也,故能成天下之务;惟神也,故不疾而速,不行而至。

夫《易》,圣人所以崇德而广业也。

夫《易》,开物成务,冒天下之道,如斯而已者也。

夫《易》,彰往而察来,而微显阐幽,开而当名辨物,正言断辞,则备矣。

它认为《易》不仅仅是彰明往事预察未来的占筮书,而且是圣人探讨天地变化规律、教化天下百姓、倡明道德修养、治理天下的典籍。

《易》是论"道"的,《易》之道"广矣大矣",它涵括远近、大小、天地间的一切事理、物理。《易》是圣人穷极深奥的原理、探究极其精微枢机的工具,所以能够通达天下人的思想,化成天下的具体事物。《易》是圣人用来提高自己德行、扩大自己业绩的依据。《易》的作用在于揭开事物的内在道理,判定事物的业绩。《易》概括了天下万物的规律,具体地说,包括了天、地、人三极之道,又具有圣人之四"道":辞、变、象、占。

经过《系辞传》的阐释,《易》已经远远超出了占卜吉凶的原始功能,成为探讨宇宙万物变化规律、教化人们修养道德的著作,从而使《易》的性质发生了根本性的转变,将《易》由一本占筮书变成了哲学书,由迷信书变成了理性书。

说卦传

《说卦传》又称《说卦》,它解说八卦的性质、功能、方位、取象特征及所取的物象。

《说卦传》对八卦的性质功能作了归纳:

乾,健也;坤,顺也;震,动也;巽,入也;坎,陷也;离,丽也;艮,止也;兑,说也。

八卦的性质说,《象传》已有论及,唯"坎,陷也"是《说卦传》首次总结的。《说卦传》还对八卦的各种取象作了分类总结,认为八卦的基本取象是:

乾为天,坤为地,震为雷,巽为风,坎为水,离为火,艮为山,兑为泽。

并在此基础上,归纳出八卦所象征的动物之象:

乾为马,坤为牛,震为龙,巽为鸡,坎为豕,离为雉,艮为狗,兑为羊。

八卦所象征的人身之象:

乾为首,坤为腹,震为足,巽为股,坎为耳,离为目,艮为手,兑为口。

八卦所象征的人伦之象:

乾天也,故称乎父;坤地也,故称乎母;震一索而得男,故谓之长男;巽一索而得女,故谓之长女;坎再索而得男,故谓之中男;离再索而得女,故谓之中女;艮三索而得男,故谓之少男;兑三索而得女,故谓之少女。

它以乾坤为父母,其他六卦为子女,建立起八卦之间的人伦关系。

此外《说卦传》还归纳出乾卦14象、坤卦12象、震卦15象、巽卦16象、坎卦20象、离卦14象、艮卦11象、兑卦9象。

《说卦传》对八卦的时间序列、空间方位作了创造性的说明,认为万物的出生、生长、用事、成熟、交接、劳倦、成就的运行次序是:

震→巽→离→坤→兑→乾→坎→艮

它们又分别代表了八方,依次为:

东方→东南→南方→西南→西方→西北→北方→东北

《说卦传》赋予了八卦时空统一的因素,创立了万物的生成模式,对后世影响重大。

《说卦传》还对《易》的性质、特征、功用作了说明,认为:

昔者圣人之作《易》也,幽赞于神明而生蓍,参天两地而倚数,观变于阴阳而立卦,发挥于刚柔而生爻,和顺于道德而理于义,穷理尽性以至于命。

《易》是由揲蓍而成,《易》卦爻的功用不仅是占断吉凶、逆推未来,而且还包含了天、地、人三才之道。通过卦爻的变化规则反映出天、地、人统一的变化规律，其目的是提供一种人所必须遵循的道德行为规范，从而提高人的道德境界，让人们找到安身立命的依据。

序卦传

《序卦传》亦称《序卦》，它解说《易经》六十四卦的排列次序。

它以前后两卦为一组，用十分简约的语言指出各卦的大义。一般以卦名立说（除乾、坤、咸三卦外），采用取象或取义的方法。《序卦》分上、下二篇，上篇从乾坤开始，至坎、离止；下篇从咸、恒开始，止于既济、未济。如上篇的前几句：

有天地，然后万物生焉。盈天地之间者唯万物，故受之以屯。屯者，盈也。屯者，物之始生也。物生必蒙，故受之以蒙。蒙者，蒙也，物之稚也……

此为解释乾（天）、坤（地）、屯、蒙四卦。以天地立论而没有点出乾坤。屯、蒙则以卦名立论，先进行简明的解释，然后再点出屯与蒙之间的因果联系：因屯为物开始生成，生成则必定蒙昧。

下篇前几句为：

有天地然后有万物，有万物然后有男女，有男女然后有夫妇，有夫妇然后有父子，有父子然后有君臣，有君臣然后有上下，有上下然后礼义有所错。夫妇之道不可以不久也，故受之以恒。恒者，久也。物不可以久居其所，故受之以遁……

开头七句虽没有直接从易卦上立论，但实则隐示了《易经》下篇三十四卦是论人道伦理次序的，指出这种人伦次序是从天地万物中演进而来，即：

天地→万物→男女→夫妇→父子→君臣→上下→礼义

然后以"夫妇之道"点出咸卦，咸卦为上兑下艮，兑为少女，艮为少男，两相感应，以成夫妇；因咸卦夫妇之道必须长久，故继之以恒卦……

南宋朱熹《周易本义》作"上下经卦名次序歌"和"上下经卦变歌"。

唐代孔颖达提出了《周易》六十四卦排列次序的法则为"二二相耦，非覆即变"。他在《周易正义·序卦传·疏》中说："今验六十四卦，二二相耦，非覆即变。覆者，表里视之，遂成两卦，屯、蒙、讼、师、比之类是也。变者，反覆唯成一卦，则变以对之，乾坤、坎离、颐大过、中孚小过之类是也。"二二相耦，即两两一组；六十四卦共为三十二组，每组两两构成相反或相对的关系。其中五十六卦

（二十八组）为"覆"，即后一卦是前一卦反覆颠倒以后的卦。如屯（☳☵）与蒙（☶☵）。八卦（四组）为"变"，即后一卦是前一卦的对卦，因该卦反覆后仍是本卦，故发生变化（阳爻变阴爻，阴爻变阳爻）。如乾（☰）反覆后仍为乾，变化后为坤（☷）。

> 上下經卦名次序歌
>
> 乾坤屯蒙需訟師，比小畜兮履泰否，
> 同人大有謙豫隨，蠱臨觀兮噬嗑賁，
> 剝復无妄大畜頤，大過坎離三十備。
> 咸恆遯兮及大壯，晉與明夷家人睽，
> 蹇解損益夬姤萃，升困井革鼎震繼，
> 艮漸歸妹豐旅巽，兌渙節兮中孚至，
> 小過既濟兼未濟，是爲下經三十四。
>
> 上下經卦變歌
>
> 訟自遯變泰歸妹，否從漸來隨三位，
> 首困噬嗑未濟兼，蠱三變賁井既濟，
> 噬嗑六五本益生，賁原於損既濟會，
> 无妄訟來大畜需，咸旅恆豐皆疑似，
> 晉從觀更睽有三，離與中孚家人繫，
> 鼎由巽變漸渙旅，渙自漸來終於是，
> 蹇利西南小過來，解升二卦相為贅。

它反映对立事物向其反面转化的思想，也反映六十四卦的"流行"意识，以顺应事物自然发展为次序。一般认为《序卦传》反映的思想不能等同于《易经》六十四卦的思想，但也不可概斥为"非《易》之蕴"而不予以重视，我们应看到其与经文的联系与区别。

今人金景芳、吕绍纲认为六十四卦卦序体现了深刻的义理：首乾次坤反映了从"殷道亲亲"到"周道尊尊"的深刻变化，反映了乾尊坤卑的社会伦理现象，这对中国整个思想文化的发展有着深远的影响。乾坤居六十四卦之首，意味着乾坤在六十四卦中、天地在宇宙万物中的决定意义，也反映出乾与坤的矛盾运动是构成易生生不息过程的根本原因，体现了对世界万物矛盾双方高度抽象的概括。下经咸恒开端反映了人类的进化历史，说明人类是万物发展变化的结果。既济、未济居后，既反映了万事万物本周期发展过程的终结，又意味着新过程的开始。

《序卦传》的目的是要寻找《易经》六十四卦排列的逻辑关联，进而以此说明自然、社会历史演变的过程以及人伦的等级次序，从中表现了作者穷极则反、对立面的相互转化、万事万物普遍关联的思想。

杂卦传

《杂卦传》又称《杂卦》，它说明六十四卦之间的错杂关系。与《序卦传》相同的是也是两卦一组，一正一反；不同的是《序卦传》中六十四卦的次序即《易经》的次序，两卦的关系是相综相错或非覆即变的，而《杂卦传》中六十四卦的次序则与《易经》不同，其中前五十六卦符合错综、覆变规则，后八卦则不符合错综、覆变规则。

《杂卦传》的解说十分简练，基本上只用一两个字，如：

乾刚坤柔，比乐师忧。临、观之义，或与或求……

后八卦为：

大过颠也。姤遇也，柔遇刚也。渐女归待男行也。颐养正也。既济定也。归妹女之终也，未济男之穷也。夬，决也，刚决柔也，君子道长，小人道忧也。

这八个卦既不是相综、相错的关系，也不是相覆相变的关系。可能是错简造成的，后人有所改正。

《杂卦》对两卦的组合解说采取了"以同相类"或"以异相明"的方法，即将卦义相同或相近的两卦类合在一起以对举解释其义，或将相反、相对的两卦合在一起以显明对比其义。

《易传》解《经》的方法

爻位分析法

在《周易》的经文中，只有六十四卦（六爻卦），而没有八卦（三爻卦）。

《周易》六十四卦，每卦有六爻，分别记为：初九、初六、九二、六二、九三、六三、九四、六四、九五、六五、上九、上六。如随卦☳，六爻由下往上记为：初九、六二、六三、九四、九五、上六。这种标记既体现了各爻的性质（"九"为阳爻，"六"

为阴爻），又体现了各爻的爻位。

爻位分析是《易传》解读六十四卦所采用的重要方法。爻位就是六十四卦各爻所处的位置，六爻分处六级高低不同的等次，象征事物发展过程中所处的或上或下、或贵或贱的地位、条件、身份等。

六爻爻位由下而上依次递进，名为：初、二、三、四、五、上，体现事物从低级向高级生长变化的发展规律。

其基本特征为：初位象征事物发端萌芽，主潜藏勿用；二位象征事物崭露头角，主适当进取；三位象征事物功业小成，主慎行防凶；四位象征事物新进高层，主警惕审时；五位象征事物圆满成功，主处盛戒盈；上位象征事物发展终尽，主穷极必反。

在具体的卦爻中，又各有其复杂的变化及含义。汉易多取人的社会地位譬喻爻位。历代依其不同的属性、功用又做了各种分类。

《易传》尤其是《彖传》、《象传》，以爻位解说《易经》。爻位的分析重在数。爻数其实就是爻位的另一种表达方式。从爻位（爻数）的刚柔比应、承乘得失来理解《易经》，以爻象在全卦中所处的地位说明一卦之吉凶。

六爻之中，初、三、五为阳位，二、四、上为阴位。

五、上爻为天位，三、四爻为人位，初、二爻为地位，称为"三才之位"。

五位为贵位（尊位），二位为贱位；或一、三、五为贵位，二、四、六为贱位。

《彖传》继承春秋时期的取义说，又吸取战国时期的刚柔说，以刚柔区分乾坤两卦和奇偶两画（阴阳二爻），作为说明卦象和爻象的范畴，以此概括卦象和爻象的对立，使卦爻象的解释进一步抽象化。《彖传》及《象传》（主要是"小象"）从爻位组合关系、所处地位等方面来解释卦爻辞，认为卦象、爻象同卦爻辞之间存在必然的联系。

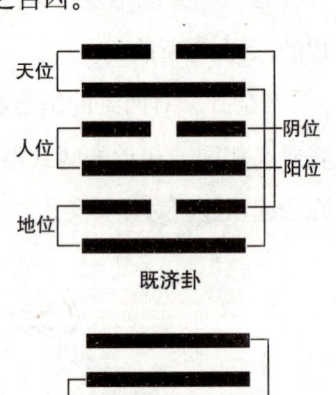

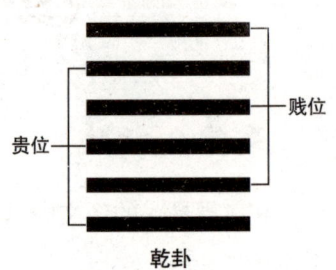

每一爻在卦象中所处的地位及同各爻的关系主要有以下几方面。

当位与失位——正与不正

当位，又称"得位"、"得正"。失位，又称"不当位"、"失正"。《彖传》认为一卦六爻一、三、五是奇数，为阳位；二、四、六为偶数，是阴位。阳爻居一、三、五阳位，阴爻居二、四、六阴位，称为"当位"；如阳爻居阴位，阴爻居阳位，则称为"失位"。

一般情况下，"当位"为吉，"不当位"为凶。如中孚卦䷼，六三以阴爻居阳位，为不当位，故《象传》说："或鼓或罢，位不当也。"而九五以阳爻居阳位，为当位，故《象传》说："有孚挛如，位正当也。"

当位之爻，象征事物的发展遵循正道，符合规律；不当位之爻，象征事物的发展背离正道，违背规律。

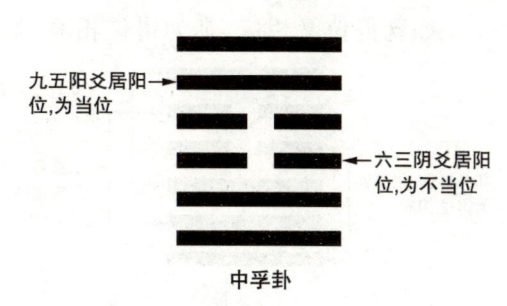

但当位、不当位并非判断吉凶利弊的绝对标准，其标准还会受到各种因素的影响，得正之爻有可能转向不正，不得正之爻有可能转化为正。虞翻创"之正"说，王弼创"无阴阳定位"说，均是对"当位"的阐释和补充。

得中与失中——中与不中

"中"为中位，指六十四卦二、五爻的爻位。第二爻为下卦之"中"，第五爻为上卦之"中"，象征事物守持中道、行为不偏。

"中"德优于"正"德。《彖传》、《象传》认为，一般情况下，虽不当位，如居中位，亦吉。《周易·系辞传下》说，"二多誉"，"五多功"，如噬嗑，六五爻并不当位，但居上卦之中，故《象传》说："柔得中而上行，虽不当位，利用狱也。"未济卦，六爻皆不当位，《彖传》解释其卦辞说："未济亨，柔得中也。"因六五爻居中位，故吉。《象传》解此卦九二爻辞说："九二贞吉，中以行正也。"中位是对当位的补充，与先秦儒家的中庸思想相合。

如阴爻居于二位，阳爻居于五位，二、五为中位，又分别为阴位和阳位，六二（阴爻居二位）、九五（阳爻居五位）则是既"中"且"正"，在《易》爻中尤为美善，称为"中正"。

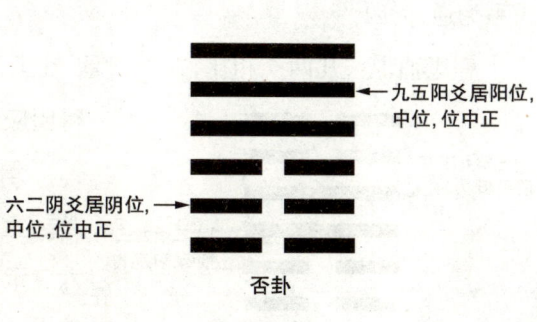

相应与无应——和与不和

六爻之间,有相互比应的关系。上下卦之间,初与四比应,二与五比应,三与上比应。阴爻与阳爻相比,谓之"有应"、"相应",也称"和"。阴爻同阴爻,阳爻同阳爻相比,谓之"无应",也称"不和"。

如既得位又相应,则为得位相应,如:初九同六四、六二同九五、九三同上六。反之则为失位相应,如:初六同九四,九二同六五,六三同上九。

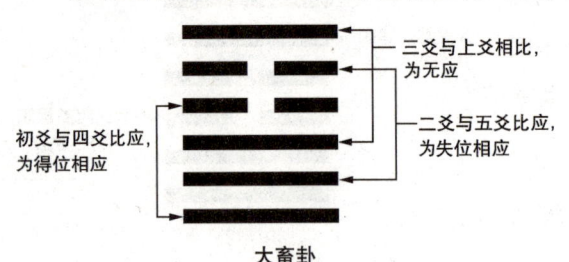

一般情况下,有应为吉,无应为凶。此说是对当位说的补充,是对一些用当位说解释不了的卦爻辞的重新认识。如未济卦六爻皆不当位,卦爻辞却说"亨",《彖传》解释说:"虽不当位,刚柔应也。"大有卦,六五爻辞说:"厥孚,交如,威如,吉。"此卦不当位,当为凶,反言吉,《彖传》解释说,"大有,柔得尊位,大中而上下应之"。五爻虽为阴爻,然与二爻阳爻相应,虽不当位,亦吉。

二爻五爻阴阳得位称为"中",二爻五爻阴阳相应称为"和",既当中位又相比应,即六二与九五,则谓之"中和"。这种"中和"状态为最佳态势。"中和"思想是儒家推崇的思想。

相承与不相承——顺与逆

"承"和"乘"表明了爻与爻的相邻关系,属于"比"的两种不同状态。上爻对下爻而言,为"乘";下爻对上爻而言,为"承"。爻位的互比关系,象征事物处在相邻环境时的作用与反作用,往往影响爻义的吉凶。

《彖传》、《象传》认为阴承阳、阳乘阴,此关系为顺、为吉;阴乘阳、阳承阴,此关系为逆,为凶。

韩康伯说:"凡两爻相比,在下曰承,在上曰乘。阴承阳则顺,阳承阴则逆,阳得阴应,则吉。此常例也。"

承乘说是对中位说的补充。如小过卦上卦爻象中六五乘九四,下卦爻象中六二承九三,故《象传》说:"不宜上宜下,大吉。上逆而下顺也。"

上下往来

《易传》认为，六十四卦各爻可以上下往来，所谓"往"即由下往上，所谓"来"即由上往下。往来说的目的是解释卦义与卦辞的吉凶。如泰和否两卦，卦辞分别为"小往大来"、"大往小来"，《彖传》分别解释为："君子道长，小人道消也。""小人道长，君子道消也。"将大小往来与刚柔消长结合在一起。另如随卦䷐，震刚居下，兑柔居上，《彖传》解释说："刚来而下柔，动而说。"上卦阳爻下来居于下卦二阴爻之下，成为震卦，震为动，兑为悦。

《易传》还提出了爻位吉凶的观念："二多誉"，"四多惧"，"三多凶"，"五多功"。认为二爻爻位属阴，又居中位，当位又得中，且离尊位的五爻远，不造成干扰，故多美誉。四爻离五爻尊位近，迫近至尊而不能自安，故多恐惧。三爻处阳位，居下卦的偏位，为卑贱，所以多凶险。五爻处阳位，居上卦中位，是六位中至尊至贵之位，所以多功绩。

取象分析法

《周易·系辞传》认为八卦是仰观天文之象、俯察地理之象、近取人身之象、远取事物之象而制作的。

卦象的创立，把纷乱的物象简约化、规范化，符合从具体到抽象的认识规律。同时易卦作为一种抽象符号模式，又能使人们运用从一般到个别、从简单到复杂的思维。

占筮来的卦象，是抽象的，同现实生活本无关系，但人们可以通过卦象进行类比思考，用自己的经验解释卦象。易卦能诱发人们的想象力，使之得以充分的发挥。《象传》就是采用这种因象明理、启发类比的方法来分析卦象的。

《易传》作者认为，卦爻符号与卦爻辞之间有内在的逻辑联系，卦爻辞是根据卦爻符号确定的，这就是所谓的"圣人设卦观象，系辞焉而明吉凶"。在这个认识的基础上，《易传》继承了春秋时期《左传》、《国语》从"象"的角度解《易》的传统，通过取象的方法解读《易经》。

所谓取象的方法，即将卦爻所象征的各种事物之象寻找出来，然后用这种事象、物象解释卦爻辞，以此证明卦爻辞（文字）与卦爻象（符号）之间有必然的联系。

《象传》是专门从卦、爻的取象上解读《易经》的集中代表作。其中"大象"是对六十四卦卦象的解释,将一个六爻卦分解为两个三爻卦,然后从这两个三爻卦的取象上进行解说;"小象"则是对每一爻的爻象进行解说。不过不一定完全是从物象、事象的角度进行解说的,有时也从义理、爻位上进行解说。这一点"小象"更为明显。

集中归纳八卦取象的是《说卦传》。《说卦传》说:

天地定位,山泽通气,雷风相薄,水火不相射,八卦相错。

指出了八卦所取的大象,即根本之象,这也是"易"的基础。

八卦相错,重之为六十四卦,阴阳相交,变化以生,而象之变易,亦各因时位而异,但终不超越八卦大象,即:

乾☰象天,坤☷象地,艮☶象山,兑☱象泽,坎☵象水,离☲象火,震☳象雷,巽☴象风。

此外,《说卦传》还总结了八卦的物象、身象、事象等。

《说卦传》八卦取象表

卦名	乾☰	坤☷	震☳	巽☴	坎☵	离☲	艮☶	兑☱
大象	天	地	雷	风	水	火	山	泽
物象	马	牛	龙	鸡	豕	雉	狗	羊
身象	首	腹	足	股	耳	目	手	口
家象	父	母	长男	长女	中男	中女	少男	少女
其他象	圜、君、玉、金、寒、冰、大赤、良马、老马、瘠马、驳马、木果	布、釜、吝啬、均、子母牛、大舆、文、众、柄、黑	玄黄、敷、大途、决躁、苍筤竹、萑苇、善鸣、异足、作足的、颡、稼反生	木、绳直、工、白、长、高、进退、不果、臭、人寡发、广颡、多白眼、近利市三倍	沟渎、隐伏、矫輮、弓轮、人加忧、心病、耳痛、血卦、赤、马美脊、亟心、下首、薄蹄、曳、舆多眚、通、月、盗、木坚多心	日、电、甲胄、戈兵、人大腹、鳖、蟹、蠃、蚌、龟、木科上槁	径路、小石、门阙、果、阍寺、指、狗、鼠、黔喙之属、木坚多节	巫、口舌、毁折、附决、地刚卤、妾
方位	西北	西南	东方	东南	北方	南方	东北	西方

《说卦传》归纳的这些"象"不仅是战国以前取象说的总结,而且是《易传》解《经》的依据。

取象方法的实质是类比与象征。类比(比拟)、象征是形象思维同抽象思维的有机结合,经卦象类比,给予认识活动以某种启示,由此得出新的结论。其思维过程,抛开事物间质的差异性,只考虑两个特殊对象在同一种关系中地位和功能、作用的相似点。这种思维方式对中国文化、科学技术影响重大,它实际上促成了中国整体思维、联系思维的传统。

《说卦传》首次对易卦取象作了系统的整理,不仅归纳了八卦的大象、属性之象、物象、身象、家庭之象，而且收集了一百一十四种广象。汉代从《易经》等书中搜集了大量逸失的象（称为"逸象"），著名的有孟喜搜集了四百四十多种逸象，荀爽等九家搜集了三十多种逸象，虞翻搜集了三百一十多种逸象，这些逸象有的是汉人自觉地搜集起来的，有的则是清代人（如惠栋）从汉人的易注中整理出来的。

现重新整理归纳如下。

乾之象

圜、玉、金、寒、冰大赤、良马、老马、瘠马、驳马、木果、王、先王、明君、圣人、贤人、武人、行人、神、盈、中、施、嘉、好、利、衣、言、物、易、立、直、敬、威、严、坚刚、道、德、盛德、行、牲、精、信、善、扬善、积善、良、仁、爱、愤、生、祥、庆、天休、福、介福、禄、先、始、知、大、盈、茂、肥、清、治、大谋、高、扬、宗、族、甲、老、旧、古、大明、远、郊、野、门、道门、百、步、顶、朱、圭、著、瓜、龙。

坤之象

布、釜、吝啬、均、子母牛、大舆、文、众、柄、黑、臣、顺臣、民、万民、小人、邑人、鬼、形、身、牝、躬、我、自、至、安、康、富、财、积、聚、萃、重、厚、致、用、包、寡、徐、营、下、容、裕、虚、书、近、疆、无疆、思、恶、理、体、礼、义、事、业、大业、庶政、俗、度、类、闭、藏、密、默、耻、欲、丑、积恶、迷、杀、乱、怒、害、遏恶、终、敝、死、丧、冥、晦、夕、暮夜、暑、乙、年、十年、户、义门、阖、户、闭关、盍、土、阶、田、邑、国、邦、方、鬼高、裳、纹、车、辐、器、缶、囊、虎、黄牛、牝牛、拇、圃、苹、乱。

震之象

玄黄、敷、大途、决躁、苍筤竹、萑苇、马善鸣、马异足、马作足、马的颡、稼反生、稼蕃鲜、常、主、诸侯、士、兄、夫、元夫、趾、出、行、征、作、逐、惊走、警卫、定、事、言、讲议、问、语、告、响、声、音、鸣、夜、交、徼、反、后、后世、从、守、左、生、尝、缓、宽仁、乐、笑、喜笑、笑言、道、陵、祭、禾稼、百谷、草莽、鼓、筐、马、麋鹿、鼪、鹄、鼓、玉。

巽之象

木、绳直、工、白、长、高、进退、不果、臭、人寡发、人广颡、人多白眼、近利市三倍、躁、命、命令、号令、教令、诰、号、号咷、处女、妇、妻、商旅、随、处、入伏、利、齐、同、交、舞、谷、长木、苞、杨、果木、茅、白茅、兰、草木、草莽、杞、葛藟、薪、庸、床、绳、帛、腰带、纻、蛇、鱼、鲋、鹳、通。

坎之象

沟渎、隐伏、矫輮、弓轮、人加忧、心病、耳痛、血卦、赤、马美脊、马亟心、马下首、马薄蹄、马曳、舆多眚、舆通、月、盗、木坚多心、圣、云、玄云、川、大川、河、心、志、思、虑、忧、谋、惕、疑、艰、蹇、恤、悔、遯、忘、劳、濡、涕泗、眚、疾病、疑疾、灾、破、罪、悖、欲、淫、寇盗、暴、毒、渎、孚、平、法、罚、狱、则、经、习、入、内、聚、脊、腰、臀、膏、阴夜、岁、三岁、尸、酒、丛木、丛棘、蒺藜、棘匕、穿木、校、弧、弓弹、木、车、宫、律、可、栋、桎梏。

离之象

戈兵、人大腹、女子、妇、孕、恶人、见、飞、爵、明、先、甲、黄、戒、折首、刀、斧、资斧、矢、飞矢、黄矢、网、罟、瓮、鸟、飞鸟、鹤、隼、鸿、牝牛、隼、夏。

艮之象

门阙、阍寺、指、鼠、木坚多节、弟、小子、君子、贤人、童、童蒙、童仆、官、友、阍、时、丰、星、沫、霆、果、慎、节、待、制、执、小、多、厚、取、舍、求、写实、道、穴、居、石、城、宫室、庐、腑、居、门庭、宗庙、社稷、鼻、肱、背、腓、皮、肤、小木、硕果、豹、狼、小狐、尾、虎。

兑之象

口舌、毁折、附决、刚卤、妹、妙、妻、朋、友、讲习、刑人、小、少、密、通、见、右、下、少知、契、常、辅颊、孔穴。

易卦的象还可以无限地取下去。从中可以找到一个规律，即只要动态、功能、属性相同的就可以归为同一类"象"，八卦其实就是八个功能群。取象的功能、动态特点形成了中华文化重功能轻实体、重动态轻静态、重内涵轻形式的思维偏向，从而与西方文化重实体、重结构、重静态的思维偏向大异其趣。

《易传》在分析六十四卦卦象时，是将它分解为两个八卦（三爻卦），然后取这两个八卦之象来解说的。从某种意义上说《易》就是"象"，所以《系辞传》说："《易》者，象也。象也者，像也。"

在汉代，取象的角度和方法有所创新。孟喜、京房从节气、物候的角度创立了"卦气"说，京房又从干支、五行角度创立了"纳甲"说、"世应游归"说、"互体"说，《易纬》、郑玄等从年月、时间角度创立了"爻辰"说。汉代以后各种学说进一步发展。其实都是在取象，只不过跟《周易》放射、不定向的取象不同，而是专门化、定向化的取象，并且形成了固定的程式。

取义分析法

《易传》在解释《易经》时，从卦的德行、功能、属性、意义出发，解说卦爻辞与卦爻象，这就是取义的方法。它与取象的方法不同，不是从具体的物象、事象出发，而是从抽象的德行、性能出发。这是对春秋战国时期取义说的发展和总结。

《左传》、《国语》中已采用了取义的方法。如《国语·晋语》记载，重耳流亡时，占得屯和豫两卦，筮史以为不吉，但司空季子以为大吉，理由是：屯为厚，豫为乐；屯的下卦与豫的上卦为震，震为动；屯的上卦为坎，坎为劳；豫的下卦为坤，坤为顺。屯豫两卦表示顺路而行，泉水劳养，土地丰厚，结果终使人快乐，因而重耳一定会赢得晋国。这是从取义角度来解卦。取义法往往与取象法并用。如司空季子对屯、豫两卦的解释还有：震为车、为雷，坎为水、为众，坤为土、为地；主震与车，尚水与众。

《易传》中的《说卦传》以取义的方法，将八卦的功能、属性作了总结：

乾，健也；坤，顺也；震，动也；巽，入也；坎，陷也；离，丽也；艮，止也；兑，说（悦）也。

"健"、"顺"等指称的是性情，是不可见、无形无象的。

《易传》中逐句解《经》的《彖传》、《象传》、《文言传》三篇，大量地运用了取义的方法。上述八卦性情说是其主要依据，此外还引申出一些相关的义项。如乾、坤二卦，《彖传》解释为：

大哉乾元，万物资始，乃统天。

至哉坤元，万物资生，乃顺承天。

乾主"始"，坤主"生"；乾为统领，地为顺承。这些都是从取义角度解释的。《象传》的解释为：

天行健，君子以自强不息。

地势坤，君子以厚德载物。

乾为"健"，坤为"顺"；乾主"自强不息"，坤主"厚德载物"。这也是用了取义的方法，是就解卦象而言的。这三篇在解卦爻辞时，也广泛地采用了取义的方法。如对乾卦卦辞"元亨利贞"，《彖传》的解释为：

乾道变化，各正性命，保合太和，乃利贞。

这是说乾之道在于变化，万物各得变化的乾道而使性命得以端正，只有保持天地阴阳最高和谐的"太和"状态，才能有利于正固，这就是"利贞"。从义理上

发挥"利贞"的意义,《文言传》解释为:

> 元者,善之长也。亨者,嘉之会也。利者,义之和也。贞者,事之干也。

这是将"元亨利贞"解释为"四德"。"元"为美善之首,"亨"为美嘉之会聚,"利"为义之相和,"贞"为事物之主干。《文言传》进一步将"元、亨、利、贞"与仁、礼、义、事(智)相联系,这是以义理解释乾卦卦辞的典型例子。

《文言传》解坤卦卦爻辞说:

> 坤至柔而动也刚,至静而德方……直其正也,方其义也。君子敬以直内,义以方外,敬义立而德不孤。

以柔静解释坤卦的本体,以动刚、德方解释"利牝马之贞",即坤卦的功用。以"正"释"直",以"义"释"方",说明坤卦为直内方外,论说人的道德修养应该内怀正直、处事有方而合于义。

《象传》在解释卦爻辞时也采用了取义明理的方法,如解释乾卦初九至上九爻辞"潜龙勿用"、"见龙在田"、"终日乾乾"、"或跃在渊"、"飞龙在天"、"亢龙有悔",分别为:"阳在下也","德施普也","反复道也","进无咎也","大人造也","盈不可久也",也是从义理上进行发挥。

《象传》也以取义法解释卦爻辞,如对坤卦卦辞"元亨,利牝马之贞……"《象传》解释说:"牝马地类,行地无疆。柔顺利贞,君子攸行。"将牝马解为"地"类,是运用取象法,而将"牝马"解为"柔顺",则是运用取义法。

《文言传》、《象传》、《象传》在解释卦爻象与卦爻辞时往往是取义与取象、爻位分析等方法兼用的。

太极与太极图

太极

"太极"一词是在《系辞传》中提出来的,在先秦古籍中另仅见于《庄子·大宗师》"在太极之先而不为高,在六极之下而不为深",太极范畴在中国哲学史上的意义十分重大。《系辞传》说:"是故《易》有太极,是生两仪,两仪生四象,四象生八卦,八卦定吉凶,吉凶生大业。"这里的太极原本是指卦象的源头,是奇偶两画或"大衍之数"未分的状态。但在这个序列中,太极是两仪、四象、八卦的源头,八卦又是指称万事万物的,因此太极又可看成是万事万物的源头,后世正是在本体论的意义上运用太极范畴的。

后世对太极有各种解释,如汉代刘歆《三统历谱》说:"太极元气,函三为一。"唐代孔颖达《周易正义》说:"太极谓天地未分之间,元气混而为一。"太极是宇宙最初浑然一体的元气,是阴阳二气混合未分的状态。

太极图

被誉为"天下第一图"的太极图,其形状如黑白两鱼互纠在一起,因而又被俗称为"阴阳鱼太极图"。古今中外,凡是涉及中国传统文化的所有标志、场合,都几乎不约而同地选择了这个图案。大家都比较熟悉的韩国国旗选用的也是这个图案。

现代有不少人认为阴阳鱼太极图起源于原始时代,甚至有人认为是太古洪荒之时外星人馈赠地球人的礼物,或本次人类文明前一次甚至前两三次文明毁灭时遗留下来的唯一信物。这种太极图到底是根据什么演变而来的呢?陈立夫先生认为:"大陆先后所出土之古太极图,较《周易》及《乾凿度》之成书,尚早三四千年。诸如陕西永靖所出土的六千五百年前(伏羲时代)双耳彩陶壶上之双龙古太极图(藏瑞典远东博物馆),乃使用毛笔中锋所画,竟早于孔子四千年。又在出土的商代及西周之多件青铜器上,亦契有雌雄双龙相互缠绕之太极图。"(《关于太极图的一些问题》)陈先生将双龙相互缠绕之图直接称为"双龙太极图"。双龙缠绕图实际上就是华夏始祖"伏羲女娲交尾图"。此外有人认为太极图来源于"卍"符号(青海民和县和乐都柳湾、辽宁翁牛特旗石棚

标准太极图

伏羲女娲交尾图

山、广东曲江石峡中层遗址出土的新石器时代的陶器上都刻有这种符号），双鱼纹样图形（陕西西安半坡遗址出土的人面鱼纹彩陶盆），双凤纹样图形（新石器时代骨刻与陶绘、河姆渡文化中有这种纹饰）。近来有人声称太极图来源于河南洛阳巩义黄河与洛水相汇后形成的"涡旋"。

这些图形到底是不是太极图的来源？如果单就这种图形纹样而言，显然无法直接推衍出阴阳鱼太极图。因为类似的图案在其他民族也有，却没有演变成太极图，如古代巴比伦有双蛇缠绕交尾图案，古希腊、古印度、高加索、小亚细亚等地的遗物（银饰、铜壶、花瓶等）上有"卍"纹饰，但这些民族都没有太极图。至于"涡旋"一说，实属荒唐，"涡旋"无处不在，如果从中能演化出太极图，那太极图岂不是在任何国家、任何民族都满天飞了？

不过，从这些图形隐含的思想观念来看，又不能说与太极图毫无关系。这些图形都是双双交合而成。或双龙、双蛇，或双鱼、双凤，连"卍"也是由两个相同的符号交叉而成的。这是原始社会生殖崇拜的产物。成双图纹，或表示男女（伏羲、女娲），或表示雌雄（双鱼、双蛇、双龙、双鸟）；两两交叉，反映原始生民对男女、雌雄交合的直观认识。由两性生殖器、男女、雌雄、日月等人体现象、生物现象、自然现象，逐渐体悟出"阴阳"概念，以及阴阳同体、阴阳相对与相交（对立与统一）、阴阳交互作用、阴阳相互转化等思想理念，这种思想决定了中国传统文化从某种意义上说就是阴阳文化。《易经》的阴阳爻、阴阳卦正是阴阳思想的符号化（线条符号），太极图的黑白相间、首尾纠合正是阴阳对待统一、消长流行、互根互动理念的最佳图示（图形符号）。

可见，原始时代的这些图纹只不过是太极图的思想渊源，而从中并不可能直接演变为太极图。太极图到底源自何图？最早的太极图为何时何人所作？实际上已无确切的考证依据。

据我自己多年的研究，现存文献中最早一张阴阳鱼太极图出自南宋张行成的《翼玄》。阴阳鱼太极图最初经明初赵㧑谦改造（简

易先天图

化）而成，但此图不称"太极图"，而称"天地自然河图"，载于《六书本义》之中。

赵㧑谦的图与张行成的图有一些不同：(1)赵图外圈为先天八卦，张图外圈为先天六十四卦。(2)赵图"鱼头"棱角分明，"鱼眼"为偏长的泪痕状；张图"鱼头"线条柔和，"鱼眼"为圆形。

到了明末，赵仲全作《道学正宗》，书中载有"古太极图"，与赵㧑谦的图比较，他在"阴阳鱼"上加了四条线，划分为八个区域。这就将卦爻的阴阳位数与阴阳鱼图的黑白变化度数更严格地对应起来。从这个意义上说，后世千变万化的太极图（以两个半圆合成的太极图最为流行），都是不对的，都不符合卦爻位数与太极图黑白变化度数严格对应的本义。从章潢、赵仲全称此图为"古太极图"后，对这张图的称谓才开始统一，最终定名为"太极图"，一直沿用至今。

阴阳鱼太极图早期是对先天八卦、六十四卦方位圆图的形象解读。阴阳鱼太极图黑鱼与白鱼互纠表示阴阳的互根、互动，互为消长。白鱼由左上方起左旋由大到小，说明阳气渐消；黑鱼由右下方起右行由大到小，说明阴气渐消。而黑白鱼首尾相咬、互相纠缠，说明阳气渐消的同时阴气渐长，阴气渐消的同时阳气渐长。阴阳的消

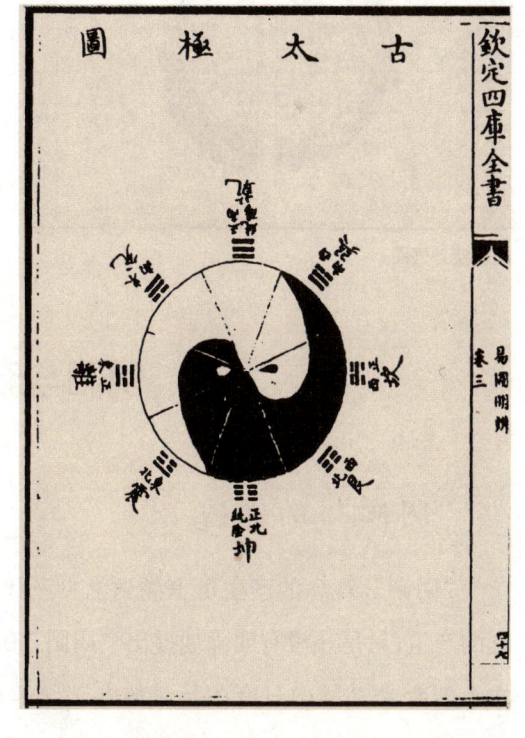

长是不可分离的,是循环不已的。由微而著,至极必反,这是天地自然变化的大规律（所以赵㧑谦称此图为"天地自然河图"）。

阴阳鱼太极图也可以形象地表现出一年十二个月及二十四节气变化的规律,从立春开始一阳生,白鱼尾部渐起,至春分、立夏,白鱼越来越大,至夏至为最大,此时为纯阳（乾卦）,白鱼也大到极点;然后白鱼渐消,黑鱼渐长,标志立秋的开始,至秋分、立冬,黑鱼越来越大,至冬至为最大,此时为纯阴（坤卦）,黑鱼也大到极点。

如果从十二消息卦看,也符合阴阳鱼消长的图形。依西汉孟喜的卦气说,十二消息卦与十二月对应如下:

复☷☷十一月→临☷☷十二月→泰☷☷正月→大壮☷☷二月→夬☷☷三月→乾☰☰四月→姤☰☴五月→遁☰☶六月→否☰☷七月→观☷☷八月→剥☶☷九月→坤☷☷→十月

元代胡一桂似乎已悟出孟喜十二消息卦与太极图的关系,他用黑格表示阴爻、用白格表示阳爻,画出了《文王十二月卦气图》（图载于《周易启蒙翼传》四库全书本）。如果把它们连接起来,稍加压缩,就会明显地构成一幅阴阳鱼太极图。太极图中的两鱼眼并不直接表示节气,而只表达阴中有阳、阳中有阴——冬至虽纯阴但蕴含阳气将生、夏至虽纯阳但蕴含阴气将生——这般深刻的道理。

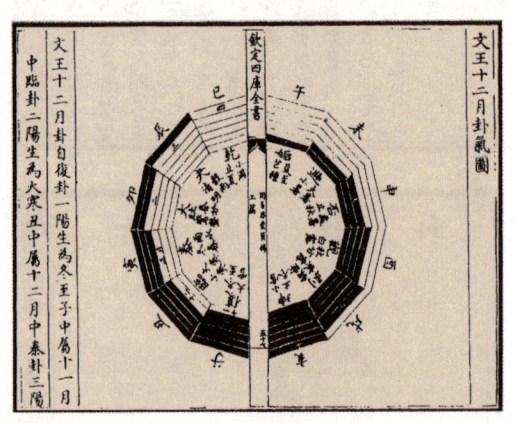

胡一桂卦气图

阴阳与五行

"阴阳"的源流

"阴阳"观念的产生可上溯到上古三代。《易经》实际上反映了"阴阳"观念的产生,只是还没有明确地提出"阴阳"的概念。据近人梁启超考证,《易经》六十四卦卦爻辞中只有中孚卦的九二爻辞提到了"阴"字:"鸣鹤在阴,其子和之。"但此处的"阴"借为"荫",并不是"阴阳"的"阴"的意思。此外,梁启超还考证出:《仪礼》全书无"阴"、"阳"二字;《尚书》言"阴"、"阳"者各三处;《诗经》中言"阴"者八处,言"阳"者十四处,言"阴阳"者一处。梁氏认为这些典籍中提到的"所谓阴阳者,不过自然界中一种粗浅微末之现象,绝不含何等深邃之意义"。这种评价是基本符合史实的。但是六十四卦的符号是以阴爻和阳爻作为基础的,卦名中也出现了"乾"—"坤"、"泰"—"否"、"剥"—"复"、"损"—"益"等对立、对待的概念范畴。《易经》以广泛的对立、矛盾现象和实际经验为认识源泉,以吉凶祸福的矛盾转化为研究对象,认识到万事万物存在着对立、对待的普遍现象,反映了当时人们在生产实践、社会实践中的认识水平。当时人们在农业生产实践中,认识到向阳者丰收、背阴者减产,总结出"相其阴阳"的经验;在社会生活中发现君臣、主奴、贵贱、贫富、治乱、兴衰的矛盾;在自然现象中更是体认到天地、日月、昼夜、寒暑、阴晴、水火、男女等等对立、对待的现象。这一切在《易经》中均有反映。《易经》的两仪符号、对立卦名以及爻词用语,说明《易经》已经有了"阴阳"的观念,距离"阴阳"哲学概念的提出只是一步之遥了。

"阴"、"阳"二字,殷墟甲骨文中已经出现。"阴阳"哲学概念则在西周末年正式出现,《国语·周语上》里有记载,当时阴阳被用来解释一些奇异现象和事物运动变化的原因。到了春秋末期,道家创始人老子对前代的阴阳思想做了发展,老庄学派和黄老学派都以阴阳说明万物的性质及变化规律。

《易传》的阴阳说

《易传》第一次系统地以阴阳解《易》,将阴阳提升为说明宇宙万物变化运动和自然界普遍联系的基本范畴,正如《庄子·天下篇》所言,"《易》以道阴阳"。

《易传》将阴阳上升为"范围天地"、"曲成万物"的最高范畴,甚至整部《易经》都被解读为"阴阳"二字。《易传》第一次明确提出了"一阴一阳之谓道"的命题,把阴阳看成"易道",认为天地万物存在着既吸引又排斥、既对立又统一、既矛盾又和谐的关系,事物的对立面可以相互转换,一切事物的复杂性和变动性都受到这种阴阳规律的制约。

阴阳思想是《易传》哲理体系的基本内核,是《易传》的总原则,阴阳是《易传》阐释卦爻象、说明万事万物属性规律的基本范畴。

在《易传》七篇中,《系辞传》以阴阳解卦爻是最全面、最系统的,可将《系辞传》看成是对《彖传》、《象传》、《文言传》阴阳说的总结、提升。《彖传》只在泰、否两卦中以阴阳解卦,《小象传》、《文言传》只在乾、坤两卦中以阴阳解卦

(《小象传》解乾初九、坤初六爻辞,《文言传》解乾初九、坤上六爻辞),《大象传》则未以阴阳解卦。

《系辞传》首次系统地以阴阳解读卦爻,将八卦区分为阳卦、阴卦,"阳卦多阴,阴卦多阳","阳卦奇,阴卦耦",按阳爻、阴爻数量的多少确定本卦的阴阳性质,又以此比拟人类社会的政治生活,"阳一君而二民,君子之道也;阴二君而一民,小人之道也"。

阴阳就是《系辞传》所说的"两仪","两仪"既指阴爻、阳爻两类符号,又指阴阳两类相对的事物和阴阳两类相对的属性,也就是说,"两仪"与"阴阳"一样成为一个哲学范畴。

"阴阳"的另一同义范畴是"乾坤","乾坤"被《易传》视为二"元",即"乾元"与"坤元"。《彖传》说:"大哉乾元,万物资始,乃统天。""至哉坤元,万物资生,乃顺承天。"将"乾元"、"坤元"看成是万物的开始和生成的本原。虽然对"元"字有不同的解释,但从后世的发展来看,"元"主要被视为宇宙万物的本原,成为一个本体论范畴。

在六十四卦中,只有乾、坤二卦是纯阳卦、纯阴卦,所以被《易传》当成阳、阴的象征,被看成是"《易》之门",《易传》认为,"阴阳合德而刚柔有体,以体天地之撰,以通神明之德"(《周易·系辞传下》)。乾坤还是"《易》之蕴","乾坤成列,而《易》立乎其中矣",可以说没有乾坤阴阳就没有《易》。就乾坤阴阳性质而言,"乾道成男,坤道成女。乾知大始,坤作成物。乾以易知,坤以简能。"乾性质为男,坤性质为女;乾主管万事万物的开始,坤标志万事万物的完成;乾以平易为智,坤以简单为能。"夫乾,天下之至健也","夫坤,天下之至顺也",乾的德行是"恒易以知险",坤的德行是"恒简以知阻"。《系辞传》还将乾坤的性能与天地、四时、万物的生化相类比,从而将乾坤阴阳提升到形而上的高度。

《易传》以阴阳解读卦爻,使六十四卦、三百八十四爻由筮法巫术转变为理性哲学,是一次革命性的大转变、大飞跃,从此使《易》学成为阐释宇宙生命规律的科学哲学。

阴阳的分类与结构

按卦爻模型,宇宙万物被分为阳与阴两大类。虽然在《易经》卦爻辞中并没有提出阴阳的概念,但爻分为两类,八卦分两类(四卦为阳卦、四卦为阴卦),

六十四卦也分两类（三十二卦为阳卦、三十二卦为阴卦），这种二分的方式奠定了《易传》宇宙分类学的基础。《易传》明确指出"一阴一阳之谓道"。从某种意义上说，阴阳的分类结构就是《易》之"道"。

按《周易·系辞传上》"《易》有太极，是生两仪"，可知阴阳两仪是从太极中产生的。如果说太极是宇宙的本原，那么阴阳就是宇宙最基本的构成。宇宙的一切事物都可以分为阴阳，每一事物也可分为阴阳。阴阳是从功能和属性上对万物所做的分类。阳代表光明、正向、运动、白色、刚强、外在、奇数、正数、俯下、实际、左边、德生、开放等一系列含义；阴代表阴暗、反向、安静、黑色、柔和、内在、偶数、负数、仰上、空虚、右边、刑杀、关闭等一系列含义。

阴阳是从万事万物的普遍对待——矛盾中概括出来的，是以广泛的对待、矛盾现象和实际经验为认识源泉的。阴阳爻符号是上古初民对宇宙万物阴阳属性的最抽象的概括，六十四卦尤其是乾坤、泰否、剥复、损益、既济未济等相互对待的卦象，为阴阳分类提供了重要资料，《易传》阴阳二分的构成是对阴阳学说的进一步发展。

当然阴阳分类是有前提的，那就是必须是有关联的事物或者是同一事物。有关联的事物如日和月，都是天体星球，日为阳，月为阴。而日和人、月与鸟就没有什么内在关联性，因而无法分阴分阳。此外，任何一个事物都可以分为阴阳两面，如人可分为男人（阳）、女人（阴）；人有刚强、向上、光明的一面（阳），又有软弱、退却、阴暗的一面（阴）；人分前胸（阴）与后背（阳）、上肢（阳）与下肢（阴）、体表（阳）与内脏（阴）、五藏（阴）与六腑（阳）……

中医认为人体结构中任何脏腑、组织都可分阴分阳。就脏腑而言，脏为阴，腑为阳；就脏而言，心、肝为阳，肾、肺为阴；就每一脏而言，又有心阴、心阳，肾阴、肾阳等。对五脏六腑所做的五行分类，实质上是阴阳分类加上中间关系。

阴阳为两仪，由太极（第一级划分）产生出来。阴阳的进一步划分（第二级划分）即为四象。《周易·系辞传上》说，"两仪生四象"。四象为太阳（又称老阳）、太阴（又称老阴）、少阳、少阴。

四象是阴阳高一层次的划分，由阴阳两仪发展而来。太阴、太阳象限内是纯阴、纯阳；少阴、少阳象限内是各含阴阳。四象代表四方、四时、二至二分等（见四象图）。

太阳为阳中之阳，指阳的事物中又分属阳的一面。事物的阴阳属性只是相

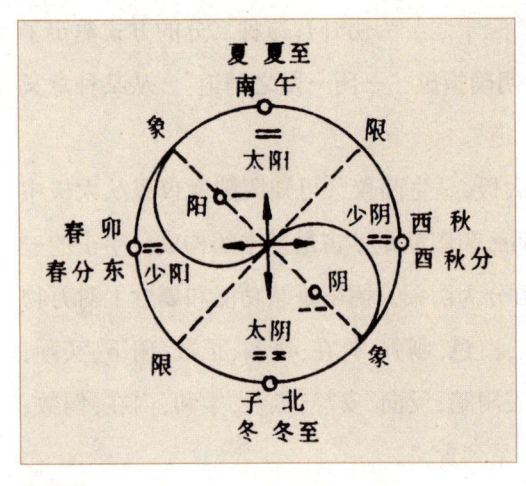

四象图

对的,它们中的任何一方又可分为阴阳两面。其阳的一面本身又分阴、阳,其中阳中之阳即太阳,又指在阴阳属性依不同的关系而相对变化时,事物的两种属性均属于阳者。

少阳为阳中之阴,指阳的事物中又分属于阴的一方面,又指某一事物的两种属性中,前一种属阳,后一种属阴。

太阴为阴中之阴,指阴的事物中又分属于阴的一方面,又指某一事物的两种属性均属阴者。

少阴为阴中之阳,指阴的事物中又分属于阳的一方面,又指某一事物的两种属性中,前一种属阴,后一种属阳。

阴阳又分重阴、重阳。《黄帝内经》提出了"重阴"、"重阳"的概念。

重阳指两种属于阳的性质同时出现在一个事物上。如昼时的日中(正午),白昼为阳,日中为阳中之阳,故称重阳;把自然气候与人的病变联系起来,如夏属阳,暑为阳邪,故夏月感暑,也可称为重阳。

重阴指两种属于阴的性质同时出现在一个事物上。如夜时的夜半,夜为阴,夜半为阴中之阴,故称重阴;把自然气候和病变联系起来,如冬季属阴,寒为阴邪,冬季感受寒邪,也可称为重阴。

四象的进一步划分(第三层划分),即为八卦。《周易·系辞传上》记载,"四象生八卦"。

八卦的进一步划分(第四层划分),为十六卦。其规律是一分为二,逐层划分,无可穷尽。

这种层层二分——一分为二的规律用数学公式表示则为:

$2^0 \rightarrow 2^1 \rightarrow 2^2 \rightarrow 2^3 \rightarrow 2^4 \rightarrow 2^5 \rightarrow 2^6 \cdots\cdots 2^n$

太极　两仪　四象　八卦　十六卦　三十二卦　六十四卦　　万事万物

两两相对、一分为二是宇宙生命的结构规律。

阴阳相推,变动不居

阴阳相推、变动不居是《易传》揭示的宇宙生命运动变化的根本原因。所谓"一阴一阳之谓道"也是针对阴阳的"范围天地"、"曲成万物"而言的。阴阳二爻的错综变化即阴阳二气的运动变化,可以"效天下之动"、"通神明之德"、"类万物之情"。

《系辞传下》一方面强调"分阴分阳,迭用柔刚",重视差别、对立、对待在错综变化中的作用,表明阴阳的差别、对立是错综变化的基础;另一方面又强调"阴阳合德而刚柔有体",重视统一、综合、互补在物体形成中的作用,表明阴阳的综合、统一形成了物体的运动变化。对立与统一、对待与互补,体现了阴阳学说与矛盾学说的相关性与差异性。《易传》认为万事万物运动变化的原因就是阴阳的分与合,表现为阴阳两种势力的相推、相摩、相荡,这就是所谓的"刚柔相推而生变化"。

《易传》对阴阳相推变化的解释是从筮法角度出发的,与爻位说一致,以爻象在六位中的上下往来解释卦爻辞的吉凶悔吝,认为卦爻象变化的根本原因就在于爻的刚柔推移。这就是《系辞传下》中说的:"八卦成列,象在其中矣。因而重之,爻在其中矣。刚柔相推,变在其中矣;系辞焉而命之,动在其中矣。吉凶悔吝者,生乎动者也。"

《系辞传上》进而以阴阳的推摩解说宇宙万物的变化,"六爻之动,三极之道也",阴阳爻的相互推移不仅是昼夜、失得的原因,而且是天地人三极、三才的变化规律,是宇宙的普遍法则。"是故刚柔相摩,八卦相荡,鼓之以雷霆,润之以风雨,日月运行,一寒一暑"。风雨、雷霆、日月、寒暑等宇宙中一切自然现象都是由阴阳对立面的摩荡、消长造成的。

六十四卦被解说为宇宙自然万物消长、推摩、运动变化的一个大过程、大周期。"天地盈虚,与时消息,而况于人乎,况于鬼神乎。"这种盈虚、消息是一个循环往复的过程,"复,其见天地之心乎。"反复之道,是天地的本性。"一阖一辟谓之变,往来不穷谓之通",六十四卦代表了阴阳阖辟、往来的大规律,每一卦六爻的上下往来、"相攻"和"相取"、相互排斥和相互融合("氤氲")代表了具体事物发生、发展、变化的法则。

阴阳的互根与转化——对待互补律

阴阳的盛衰、消长、转化，在《周易》六十四卦的次序中得以反映，阴阳爻的上下往来构成了六十四卦"非覆即变"的关系，显示了"天地盈虚，与时消息"（《周易·丰·彖》）的规律。六十四卦无一不在论述阴阳消息之理、刚柔变化之道。"乾者阳，生为息；坤者阴，死为消也"（《史记·历书》张守节正义引皇侃注）。汉以后的卦变说，则系统、自觉地反映了阴阳变易的思想。阴阳变易的思想可用来观察、描述日月、潮水、草木、人体、社会、历史、时空等万事万物必然发展和兴盛衰亡的总体规律。

卦爻所揭示的"一分为二"的原理，既表明宇宙生命可层层两分以至于无穷，又表明宇宙生命起源于"一"，这个"一"就是"气"。"一分为二"与"合二为一"是对立与统一的另一种表述，是事物运动变化的动力。

《周易》阴阳、动静、刚柔、进退、吉凶之间的对待统一又表现为分合、辟阖、往来等运动形式，这是宇宙生命"生生不息"的根本原因。

阴阳是互相依存的，各自以对方为生存条件。这早在《老子》中已有表述。《老子》第四十二章说："万物负阴而抱阳，冲气以为和。"阴阳是相互抱合的，孤阴和独阳都不能生长，也不可能存在。"阴根于阳，阳根于阴，阴阳相合，万象乃生"（张介宾《类经图翼》），"阳中之阴，阴中之阳，互藏其根之意"（朱熹《朱子语类》卷七十七），说明阴阳的互根互存、交替变化之意。

阴阳的变化体现为阴阳双方的盛衰消长。阴阳双方在正常情况下是相对平衡的，即一方对另一方起到正常的制约作用。若一方对另一方的制约力量太过，此方就表现为亢盛，另一方就表现为衰弱；若一方对另一方的制约力量不及，此方就表现为衰弱，另一方就表现为亢盛。这就是阳盛则阴衰，阴盛则阳衰；阳衰则阴盛，阴衰则阳盛。阳盛阴衰则阳长阴消，阴盛阳衰则阴长阳消，反之亦然。中医以此说明人体生命的生理与病理变化。

在一定条件下，事物阴阳两方面还可以互相转化，阴可以转化为阳，阳可以转化为阴。

五行的源流

中国古人在长期的生活和生产实践中，认识到木、火、土、金、水是构成世界的最基本物质，并由此引申为世间一切事物都是由木、火、土、金、水这五种基本物质相互之间的运动变化生成的，它们之间既相互资生又相互制约，在不断的相生相克运动中维持着动态的平衡，这就是五行学说的基本含义。据考证，五行在商代甲骨文中就有萌芽，但还没完全出现。

据甲骨文专家考证，在甲骨文中就有"四方"之说，不难看出，商代崇尚的是中央，所以就有五方的观念，四方加一个中央就是五方。我认为五方的观念就是中国人在空间问题上的觉醒，这样五行就诞生了。所以我最后的结论是，五行来源于古人时空意识的觉醒。古人早就有时间、空间的意识，首先是空间意识，因为空间比时间更好把握一些。

我们来看一下五行的"行"字，这个"行"字就是一个空间。有一次我在大学讲课的时候，一个外国留学生问："张老师，中国有没有金字塔？"我说这个我还没发现，倒是有一个说法，说山东有一个少昊陵，那个形状像金字塔，但也不是严格意义上的金字塔。她说有。我问在哪里。她说在地下，并说有一个纪录片。经查看就是在殷墟，是安阳小屯村那里，有一个叫"倒金字塔"。什么意思呢？就是古代帝王的陵墓，那个陵墓的形状是一层一层的，上面大，下面小，到最下面、最底下的时候，就像亚洲的"亚"字，这个中间就是一副棺材，这个形状就像一个倒金字塔。这个东西是什么呢？据专家的考证，这就是四方，再加中间就是五方。

我们又发现了钟鼎文，钟鼎文就是金文，甲骨文以后是金文，那里面出现了大量的这种"亚"字。这是什么意思？这就是中国人崇中的开始，就是崇尚中央。美国哈佛大学教授张光直在南美洲墨西哥玛雅文明里发现一个雕塑，那个雕塑是一只石狮子，狮子的嘴就是这个形状。在殷墟的甲骨文和金文里出现了大量的"亚"字，这就是五行的开始，即中国古人已经有了五方的观点，而且崇尚"中央"。

所以商代是五方观念出现最早的时期，也是在世界文明里五行思想呈现最早的时期。商代距今已三千多年，也就是在三千多年以前就出现了五行。五行最关键的地方在中间，所以五行崇尚的是中。我们看"五"字构造非常巧妙，《说文解字》上解释"交五也"，就是交叉，交叉时中间当然有个点，也就是崇尚中，我们中国人自古崇尚中，所以叫"中国"。像《论语》里面说的"四海之内皆兄弟"，中国是四海之内，其他都是四海之外，这也有崇尚中的意思。

商代以后就是周，西周的时候开始出现五行学说，这是我们的考证。当然有好多人说不是西周，而是比西周要迟。但我们发现，在《尚书·洪范》里讲到这么一件事情：周武王伐纣，把商代的最后一个王商纣王推翻，推翻之后建立起周代。建立之后武王不知道怎么治国，他打下了江山但不知道怎么坐江山，他想起一个人，决定向这个人请教，这个人就是商纣王的堂兄箕子。这个箕子特别了不起，他懂得治国之道，所以周武王问他怎么治国时，箕子也很乐意帮武王。箕子说治国实际上有九种方法，叫"洪范九畴"。洪就是大，范就是规范、规则，所以叫"洪范九畴"，是九种大的方略、大的规则，其中第一种就叫"五行"，即一曰水，二曰火，三曰木，四曰金，五曰土。请注意这个次序，第一位是水，第二位是火，第三位是木，第四位是金，第五位是土。这个特别重要，这是五行顺序在古典文献中最早的记载。

到了春秋战国时期，出现了五行相胜的学说，"胜"字是什么意思？胜就是克，相克。也就是说春秋时最早出现了相克的学说，后来到战国时期才出现了相生的学说。先有相克，后有相生。在春秋时期有好多书里面出现了五行相胜的学说，这是我的考证。一般学术界考证说五行相克是战国时期才有，而五行相生是到汉代才有的。我已经查出来不是如此，因为早在《墨子》里面就有五行的说法，《墨子》就产生于春秋时期。春秋时期有两部著名的史书，这两部史书都是左丘明写的。一本叫《左传》，全名《左氏春秋传》，另外一本叫《国语》。司马迁曾经述说："文王拘而演《周易》；仲尼厄而作《春秋》；屈原放逐，乃赋《离骚》；左丘失明，厥有《国语》。"左丘明是个瞎子。这两部书都是描述春秋时期的事情，当然左丘明已经是战国时期的人了，但是他所描述的都是春秋时期的事。这里面就有关于五行相克的记载。

五行相克学说在战国时期已经非常完备，在此之后又有人提出了五行相生的学说，这样相生、相克都有了，这个人就是非常有名的邹衍。应该说是邹衍把阴阳和五行的相生相克学说结合起来，形成了先秦诸子百家中的一派——阴阳家。邹衍也就成了阴阳家的创始人和代表人物。阴阳家准确地说就是阴阳五行家，它是讲阴阳五行的专业研究者。

再到汉代的时候，阴阳五行被神圣化，这要归功于一个人——董仲舒。董仲舒是西汉时期人，生活在汉武帝时代。他曾向汉武帝进言，写了一本书叫《春秋繁露》，《春秋繁露》里面有二十多章都是说阴阳五行、五行相克、五行相生的。为什么叫《春秋繁露》呢？四书五经里面最后一经是《春秋经》，据说是孔夫子作的，当然这个在学术界有争议。很多人给《春秋经》作解释，其中最著名的是《春秋三传》，"传"是什么意思？有三个著名的人曾给《春秋经》作解释，第一个人是左丘明,他写了《左氏春秋传》;第二个人是公羊高,他写了《公羊传》;第三个人是穀梁赤,他写了《穀梁传》。而董仲舒写《春秋繁露》,就是对《公羊传》的再一次解释。《春秋经》记载了一段浩浩荡荡的历史,就用六个字"郑伯克段于鄢",把历史事件的人物、发生的地点、结果等全部描述出来了,精彩简练。但就是因为太简练,所以后来人看不懂,于是好多人对它进行解释,其中有一个人叫公羊高。公羊之学在中国历史上非常有名,清末的时候康有为借助公羊学宣扬大一统。公羊学是讲大一统的,而董仲舒推崇的就是公羊学,所以他写这个书叫《春秋繁露》。这里面讲了用什么来大一统呢?中国人的思想跟它有很深的关系,就是用阴阳五行。社会的大一统、科学的大一统、民俗的大一统就从汉代开始正式形成。

五行的相生相克

五行学说认为,自然界的事物互相联系,正是这种联系促进事物的发展变化。五行之间也存在着相克的关系。具体如下所述。

一、五行相生

五行相生指五行之间互相资生、互相促进的关系。其规律为:木生火,火生土,土生金,金生水,水生木。隋朝人萧吉在《五行大义·论相生》里解释说:"木生火者,木性温暖,火伏其中,钻灼而出,故木生火;火生土者,火热故能焚木,木焚而成灰,灰即土也,故火生土;土生金者,金居石依山,津润而生,聚土成山,山必长石,故土生金;金生水者,少阴之气,润燥流津,销金亦为水,所以山石而从润,故金生水;水生木者,因水润而能生,故水生木也。"直观的解释为:木材燃烧生成火,火烧了木头成为灰土,土中有金属矿,销金可以成为铁水、铜水,水能灌溉树木。五行相生亦有取象比类之义,泛指事物在运动变化中的互相促进的关系。

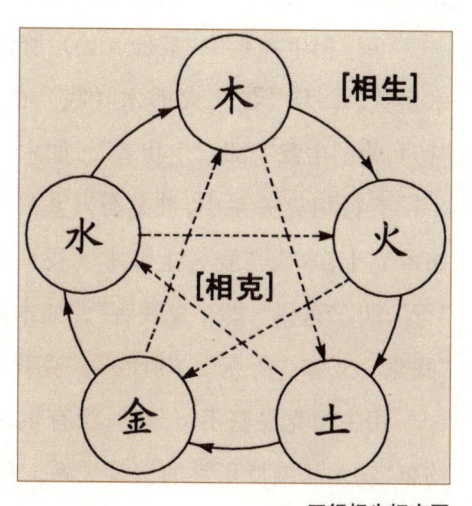

五行相生相克图

二、五行相克

五行相克亦称"五行相胜",指五行之间互相制约、克胜的关系。其规律为:

木克土，土克水，水克火，火克金，金克木。《白虎通义·五行》里记载："五行所以相害（相克）者，天地之性，众胜寡，故水胜（克）火也；精胜坚，故火胜金；刚胜柔，故金胜木，专胜散，故木胜土；实胜虚，故土胜水也。"《素问·宝命全形论》也提到："木得金而伐，火得水而灭，土得木而达，金得火而缺，水得土而绝。万物尽然，不可胜竭。"直观的解释为：水能扑灭火，火能熔化金，金属制品能伐木，木制的农具能掘土，土又能挡住水。五行相克的认识略早于战国时已出现。《左传·昭公三十一年》提到："庚午之日，日始有谪，火胜金。"《左传·哀公九年》提到："水胜火，伐姜则可。"还有《吕氏春秋》等文献亦多有载述。五行相克体现了事物运动变化中互相制约以求平衡的思想。

五行相克，亦称"遇三致克"，指五行相生到三数便产生克。语出《易源》："五行相生，遇三致克。"如金生水，水生木，木生火，为三个过程，至此，火便回头克金。其他依此类推。

五行互相牵制，相辅相成，使宇宙生命相对平衡和协调。

五行相生关系中，生的一方为"母"或"父"；被生的一方称为子。如木生火，则木为母、父，火为子；火生土，则火为母、父，土为子。

五行相生关系中，某行（我）所资生的"行"，叫"我生"，即"我生者"。如木生火，木为"我"，火即木（我）的"我生"。与此相对，资生某行（我）的"行"，叫"生我"，即"生我者"。如木生火，火为"我"，木即"生我"。

五行相克关系中，被某行（我）所克制的"行"，叫"我克"，即"我克者"。如木克土，木为"我"，土即木（我）的"我克"。与此相对，克制某行（我）的"行"，叫"克我"，即"克我者"。如木克土，土为"我"，木即土（我）的"克我"。"我克"又称"所克"、"所胜"；"克我"又称"所不胜"。

相生相克是密不可分的，没有生，事物就无法发生和生长；没有克，事物无所约束，就无法维持正常的协调关系。只有保持相生相克的动态平衡，才能使事物正常地发生与发展。

阴阳和五行的关系

阴阳和五行都是气的分化。从气的角度看，阴阳是二气，五行是五气。五行是阴阳的细分。气—阴阳—五行是一个逐渐生成和分化的过程，是三个不同的层次。气生阴阳，阴阳生五行。《周易·系辞传》说："易有太极，是生两仪，两仪生四象,四象生八卦。"太极(气)生两仪(阴阳)为第一级划分,两仪生四象(太阳、太阴、少阳、少阴)为第二级划分,四象生八卦为第三级划分。这里虽然没有说到五行,但实际上四象八卦就是五行。四象可看成是四行,即水、火、木、金。八卦可看成是水(坎)、火(离)、木(巽阴木、震阳木)、金(兑阴金、乾阳金)、土(坤阴土、艮阳土)。

阴阳和五行具有互换的关系,五行由阴阳所化生,是两对阴阳(水与火、木与金)加一个中土。阴阳是五行的简化,五行是阴阳的细化。

天干与地支

天干、地支简称"干支",是古人用以纪年、月、日的符号,取义于树木的干枝。干支的起源很早,殷商时期甲骨书契上已有干支纪年的记录。

天干

天干亦称"十干"、"十天干"、"十母",是古代表示年、月、日、时次序的符号,为甲、乙、丙、丁、戊、己、庚、辛、壬、癸的总称。

1. 天干配阴阳

十天干中属阳性的干,称为"阳干",即甲、丙、戊、庚、壬。十天干中属阴性的干,称为"阴干",即乙、丁、己、辛、癸。

2. 天干配五行

甲、乙同属木,丙、丁同属火,戊、己同属土,庚、辛同属金,壬、癸同属水。再配以阴阳,则甲为阳木,乙为阴木;丙为阳火,丁为阴火;戊为阳土,己为阴土;庚为阳金,辛为阴金;壬为阳水,癸为阴水。

3. 天干化合

天干化合又称"天干五合"。十干两两相合,共为五组。甲己合化土,乙庚合化金,丙辛合化水,丁壬合化木,戊癸合化火。

4. 天干配方位

甲、乙居东方,丙、丁居南方,戊、己居中央,庚、辛居西方,壬、癸居北方。

5. 天干配季时

甲乙属春,丙丁属夏,庚辛属秋,壬癸属冬,戊己属长夏。

6. 天干配人体脏腑

天干与人体脏腑相配,阳干配腑,阴干配脏。甲为胆,乙为肝,丙为小肠,丁为心,戊为胃,己为脾,庚为大肠,辛为肺,壬为膀胱,癸为肾。有天干与十二经脉相配歌:"甲胆乙肝丙小肠,丁心戊胃己脾乡,庚属大肠辛属肺,壬属膀胱癸肾脏,三焦亦向壬中寄,包络同归入癸方。"

地支

地支亦称"十二支"、"十二地支",别称"岁阴"、"十二辰",是古代表示年、月、日、时的符号,为子、丑、寅、卯、辰、巳、午、未、申、酉、戌、亥的总称。

1. 地支配阴阳

十二地支中属阳性的支,称为"阳支",即子、寅、辰、午、申、戌。十二地支中属阴性的支,称为"阴支",即丑、卯、巳、未、酉、亥。

2. 地支配五行

寅、卯同属木,巳、午同属火,丑、辰、未、戌同属土,申、酉同属金,亥、子同属水。依其阴阳大小不同又可分为:寅为初生之木,卯为极盛之木,辰为渐衰之木;巳为初生之火,午为极盛之火,未为渐衰之火;申为初生之金,酉为极盛之金,戌为渐衰之金;亥为初生之水,子为极盛之水,丑为渐衰之水。

3. 地支配方位

寅、卯居东方,巳、午居南方,辰、戌、丑、未居中央,申、酉居西方,亥、子居北方。一说子在北,午在南,卯在东,酉在西,丑、寅在东北,辰、巳在东南,未、申在西南,戌、亥在西北。

4. 地支配季时

寅、卯、辰为春,巳、午、未为夏,申、酉、戌属秋,亥、子、丑属冬。一说寅、卯为春,巳、午为夏,申、酉为秋,亥、子为冬,辰、戌、丑、未为长夏。

5. 地支配月建

夏历正月建寅(正月为寅月),二月建卯,三月建辰,四月建巳,五月建午,六月建未,七月建申,八月建酉,九月建戌,十月建亥,十一月建子,十二月建丑。故一、二月为木,四、五月为火,七、八月为金,十、十一月为水,三、六、九、十二月为土。

6. 十二地支配十二辰

古代将一日分为十二个时辰,二十三时至一时为子时,一时至三时为丑时,三时至五时为寅时,五时至七时为卯时,七时至九时为辰时,九时至十一时为巳时,十一时至十三时为午时,十三时至十五时为未时,十五时至十七时为申时,十七时至十九时为酉时,十九时至二十一时为戌时,二十一时至二十三时为亥时。

7. 地支配人体脏腑

地支与人体脏腑相配,阳支配腑,阴支配脏。寅为胆,卯为肝,巳为心,午为小肠,戌辰为胃,丑未为脾,申为大肠,酉为肺,亥为肾,子为膀胱。两者相配是通过经络流注而实现的。又有"十二经流注时序歌":"肺寅大卯胃辰宫,脾巳心午小未中,申膀酉肾心包戌,亥焦子胆丑肝通。"

8. 地支配生肖

十二地支与十二生肖相配,子为鼠,丑为牛,寅为虎,卯为兔,辰为龙,巳为蛇,午为马,未为羊,申为猴,酉为鸡,戌为狗,亥为猪。

9. 地支相合

地支相合,又称"地支六合"、"六合",指地支之间的相互和合。十二地支中两两相合,共得六组。子与丑合,寅与亥合,卯与戌合,辰与酉合,巳与申合,午与未合。

10. 地支合局

地支合局,亦称"地支三合局"、"三合成局"、"三合化局"、"三合局",申子辰化合水局,巳酉丑化合金局,亥卯未化合木局,寅午戌化合火局。

11. 地支相冲

地支相冲,亦称"地支六冲"、"地支对冲"、"六冲",指十二地支之间的对冲与斗争。十二地支中两两对冲,共得六组。子午相冲,丑未相冲,寅申相冲,卯酉相冲,辰戌相冲,巳亥相冲。

12. 地支相刑

地支相刑,亦称"三刑",指十二地支之间互相残伤、刑杀。"子卯,一刑也;寅巳申,二刑也;丑未戌,三刑也。"有三种情况:(1)单向刑:寅刑巳,巳刑申,申刑寅,为恃势之刑;丑刑未,未刑戌,戌刑丑,为无恩之刑。(2)双向刑:子刑卯,卯刑子,为无礼之刑。(3)自刑:辰、午、酉、亥,自身刑自身。

13. 地支相破

地支相破,亦称"地支六破"、"六破",指十二地支之间的相互破坏、散移。十二地支中两两相破,共得六组。子酉相破,午卯相破,巳申相破,寅亥相破,丑辰相破,未戌相破。

14. 地支相害

地支相害,亦称"地支六害"、"地支相穿"、"六害",指十二地支受害或被害。

十二地支中两两相害,共得六组。子未相害,丑午相害,寅巳相害,卯辰相害,申亥相害,酉戌相害。

六十甲子

天干与地支相配,依次为:甲子、乙丑、丙寅、丁卯、戊辰、己巳、庚午……癸亥。十天干与十二地支依次相配,顺序叠加,可得六十数,甲为天干之首,子为地支之首,相配第一数为"甲子",故称"甲子"、"六十甲子"、"花甲子"、"花甲"。其排列规律是天干循环六次,地支循环五次,便构成六十轮为一周期。阳干配阳支,阴干配阴支,干支相配,循环相连。天干是十进制,地支是十二进制,干支六十进制,体现出不同的周期特点。干支相配最早用以纪日,后用以纪年、月、时。

六十甲子表

甲子1	乙丑2	丙寅3	丁卯4	戊辰5	己巳6	庚午7	辛未8	壬申9	癸酉10
甲戌11	乙亥12	丙子13	丁丑14	戊寅15	己卯16	庚辰17	辛巳18	壬午19	癸未20
甲申21	乙酉22	丙戌23	丁亥24	戊子25	己丑26	庚寅27	辛卯28	壬辰29	癸巳30
甲午31	乙未32	丙申33	丁酉34	戊戌35	己亥36	庚子37	辛丑38	壬寅39	癸卯40
甲辰41	乙巳42	丙午43	丁未44	戊申45	己酉46	庚戌47	辛亥48	壬子49	癸丑50
甲寅51	乙卯52	丙辰53	丁巳54	戊午55	己未56	庚申57	辛酉58	壬戌59	癸亥60

六甲空亡

六甲空亡,亦称"六甲旬空亡"、"旬空"、"空亡"。六十甲子中有以甲为首的六旬(一旬为十日),每一旬中十天干与十二地支配合的结果,要多出两地支。多出的这两个地支即为空亡。有歌诀曰:"甲子旬中无戌亥,甲戌旬中无申酉,甲申旬中无午未,甲午旬中无辰巳,甲辰旬中无寅卯,甲寅旬中无子丑。"

六甲空亡一览表

	1	2	3	4	5	6	7	8	9	10	空亡
1	甲子	乙丑	丙寅	丁卯	戊辰	己巳	庚午	辛未	壬申	癸酉	戌亥
2	甲戌	乙亥	丙子	丁丑	戊寅	己卯	庚辰	辛巳	壬午	癸未	申酉
3	甲申	乙酉	丙戌	丁亥	戊子	己丑	庚寅	辛卯	壬辰	癸巳	午未
4	甲午	乙未	丙申	丁酉	戊戌	己亥	庚子	辛丑	壬寅	癸卯	辰巳
5	甲辰	乙巳	丙午	丁未	戊申	己酉	庚戌	辛亥	壬子	癸丑	寅卯
6	甲寅	乙卯	丙辰	丁巳	戊午	己未	庚申	辛酉	壬戌	癸亥	子丑

河图洛书

"河图"、"洛书"的名称,最早见于《尚书·顾命》。《尚书·顾命》说:"大玉、夷玉、天球、河图在东序。"又见于《论语》、《管子》、《礼记》、《周易·系辞传》

等先秦古籍中。《论语·子罕篇》说："子曰：凤鸟不至，河不出图，吾已矣夫！"《管子·小匡》说："昔人之言受命者，龙龟假河出图，洛出书，地出乘黄，今三祥未有见者。"《礼记·礼运》说："天降甘露，地出醴泉，山出器车，河出马图。"《周易·系辞传上》说："河出图，洛出书，圣人则之。"

从现存的书籍文献看，宋代以前的河图、洛书究竟指什么，怎么来的，古人有很多猜测，也有关于它的神秘传说，但都缺乏必要的文献证据。直到宋代，才有了我们现在看到的十数与九数黑白点的河图、洛书。

九数黑白点洛书

九数黑白点洛书实际上源于明堂、九宫学说。早在春秋战国时代成书的《管子·幼官（玄宫）》、《礼记·月令》、《吕氏春秋·十二纪》就记载了古代明堂九室的制度，讲天子在一年四季轮流居于九室。据《礼记·月令》记载，天子春天三月居东边青阳三室，夏天三月居南边明堂三室，秋天居西边总章三室，冬天居北边玄堂三室，另外每季抽出十八天，居中央太庙太室。东汉蔡邕的《明堂论》介绍，明堂是西周时期政教合一的宫廷建筑，是天子祭祀祖宗和天帝、颁布法令、处理政事的地方。明堂建筑格局如图所示。

明堂共有九处房屋，东南西北各三室，中央一室。东边称青阳三室，西边称总章三室，南边称明堂三室，北边称玄堂三室，中央称太庙太

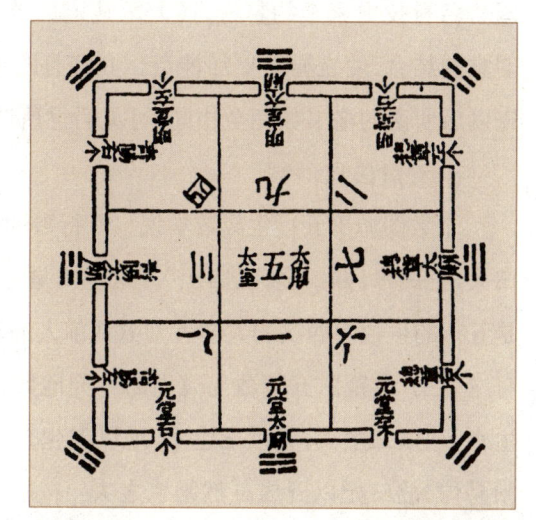

明堂建筑格局

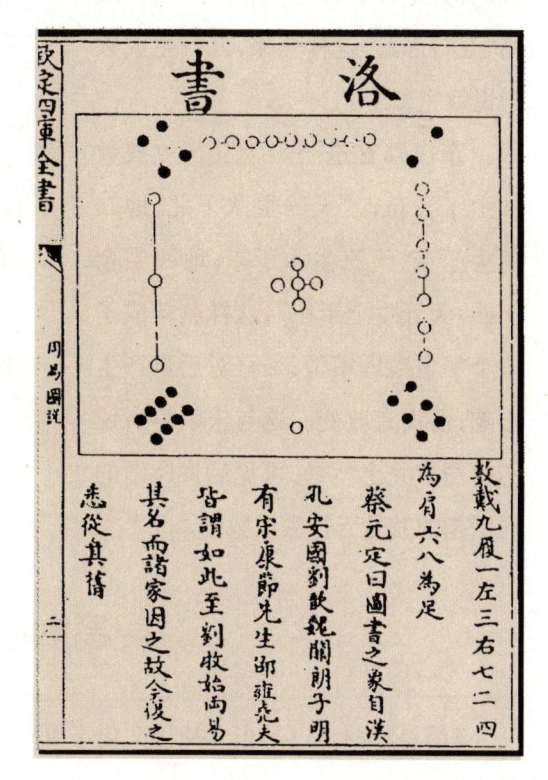

室,但均未具体说明九室所配的数字。《大戴礼记·明堂》始将九室配以九个数目:"明堂者古已有也,凡九室,二九四,七五三,六一八。"这个数字组合称为"九宫算"。汉代徐岳在《术数记遗》里说:"九宫算,五行参数,犹如循环。"北周甄鸾注:"九宫者,即二四为肩,六八为足,左三右七,戴九履一,五居中央。"明堂九室制度主要是阴阳五行家的观点,九宫数是五行参数,数学上称为"三阶幻方"。英国著名科技史家李约瑟说,《大戴礼记》的作者发现了一个数学幻方,又将它与明堂制结合,使之显得更加神奇。九宫有四正和四维,其数相加,皆为十五。这与宋以后所说的洛书数完全相同,可见后世所谓的洛书指的就是九宫数图。

十数黑白点河图

十数图源于五行生成数学说。五行数的观念源于《尚书·洪范》,"一曰水,二曰火,三曰木,四曰金,五曰土"。这本来是记述五行的次序的,后来有人将它看成是五行的生数。西汉的大学者刘歆在前人的基础上,根据《左传》"五行妃合"说,将《尚书·洪范》五行数与《周易》天地数相结合,提出了五行生成数。"天以一生水,地以二生火,天以三生木,地以四生金,天以五生土。五位皆以五而合,而阴阳易位,故曰妃以五成。然则水之大数六,火七,木八,金九,土十。"(《汉书·五行志》)这样一来,五行生成数学说就完善了。

东汉郑玄进一步为五行生成数加上了方位,"天一生水于北,地二生火于南,天三生木于东,地四生金于西,天五生土于中",这样就构成了一个宇宙数理模型,一直对后世产生影响,而没有改变。这与宋以后所说的河图数完全相合,可见后世所谓的河图指的就是五行生成数图。

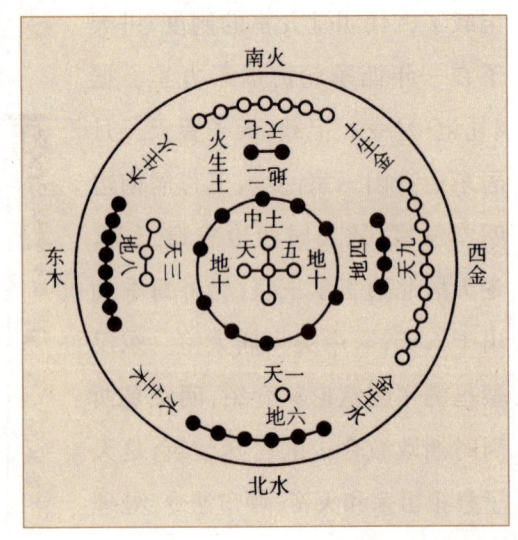

河图配阴阳五行图

周易的占卜

《周易》的卦占是东方神秘文化不可或缺的一个组成部分。卦占之术是古人想把握自然却无力认识其发展规律的心态下产生的。作为一种特殊的文化现象，其命运随着封建统治者的好恶而起伏，然而它却始终不绝如缕，流传于民间的广大百姓之中，影响着他们的生产活动、伦理观念、婚丧嫁娶等方面。

卦占的源头，可追溯到远古时期的卜筮活动。

所谓卜筮，包括两种类型，就是"卜"与"筮"。

"卜"指钻灼龟甲兽骨，观其兆纹以定吉凶。其中最有代表性的是龟卜，因为龟龄长而神灵。据清代胡煦所辑的《吴中卜法》记载，龟卜的具体操作包括选龟、刻龟、灼龟，根据龟卜灼的上下、左右、阴阳纹路的形状及走向来判断吉凶。古时占卜用的神龟，天子为一尺二寸，诸侯一尺，大夫八寸，士六寸。

由于龟甲难以获得，人们也用其他的替代物进行占断，如虎卜、鸡卜、牛蹄卜、瓦卜等，然后根据物象去附会吉凶。

"筮"也可以叫数卜，是以记数组成卦的方式来预测吉凶的一种方法。其中影响最大的筮法是《周易》中记述的揲蓍法。蓍是生长在我国北部的一种多年生直立草本植物，它多茎，茎和叶中含有芳香油，可以入药。据说蓍长到一百年后会长出百茎。蓍长到百茎，上面便会有云气覆盖，下面便会有神龟守护。古人占筮用的蓍草，天子九尺，诸侯七尺，大夫五尺，士三尺。

由于蓍草难得，民间常用竹枝、竹根、金钱、圆石等物替代。

卜与筮有两点不同。第一，钻龟取象，其裂痕是自然成文，而卦象是手数蓍草之数，按规定的变易法则推演而成。第二，龟象形成后，便不可改易，卜者据其纹，便可断其吉凶，但卦象形成后，要经过对卦象的种种分析，甚至逻辑上的推演，方能引出吉凶的判断。

由于龟卜之法手续繁难，须得有龟，有刻刀，有火，有水，还须会辨别裂缝，运用起来颇为不便。相比之下，占筮要容易得多，其筮具可为草、为钱。占断时，只需根据卦象，按一卦的卦爻辞便可论吉凶。故周以后占卦之风渐行，并以《周易》一书为占筮解卦的重要依据。为了使用方便或更神秘化，后人又创立了其他的卦占手

蓍草图

段,如灵棋占、太玄占、潜虚占等,不过其体例大多与《周易》相仿,即通过某种方式求得卦象,对不同的卦象列出分析吉凶时用的卦占断辞(卦爻辞)。正如《四库全书》中说:"术数之兴,多在秦汉以后,要其旨,不出乎阴阳五行,生克制化。实皆易之支派,传以杂说耳。"

有这样一种现象,即占卦并没有随社会生产力的发展而消失,反而愈演愈烈,并形成了一套庞杂而丰富的体系。可以说,中国古代的每一种意识形态产品如哲学、数学、医学、天文学、气象学、文学等,几乎都与占卜之术有着紧密而深刻的关联,因此需要采取科学的态度加以分辨。

揲蓍法

揲蓍法是《周易·系辞传》里记载的一种筮法,经唐宋人整理而发掘出来,即用五十根蓍草,去一不用,经分二、挂一、揲四、归奇的四营十八变后得出卦象,然后用卦爻辞判定吉凶。

古人在占卦之前,要先沐浴斋戒,以示虔诚,然后请出事先准备好的五十根蓍草(或竹签),向神灵说明占卜的事由,不能隐瞒,不能诓骗,否则就是不诚,不诚则不灵验,这叫"命筮"。命筮祈祷完毕,恭敬地将五十根蓍草拿起来,进行下面的占卦步骤。

第一步:从五十根蓍草中,抽出一根来放在一旁不用,以象征太极,太极是不可用的,但是无用谓之大用,我们用的四十九就是一(太极)的体现。(此即《系辞传上》说的"大衍之数五十,其用四十有九"。)

第二步:"分二",就是你任意地把剩余的四十九根蓍草一分为二,分成两堆,左边的一堆象征天,右边的一堆象征地。(此即《系辞传上》说的"分而为二以象两","两"就是两仪,就是阴阳、天地。)

第三步:"挂一",是从任意一堆里,抽出一根来,挂在左手无名指和小指之间,以象征人。(此即《系辞传上》说的"挂一以象三","三"就是三才,即天地人。)

第四步:"揲四",揲,念蛇音,用手成束地分数蓍草的意思,就是把第二步分开的其中一堆蓍草,四根四根地分数出来,分到最后剩下来的蓍草,必须等于或小于四,把此剩下的蓍草夹于左手无名指和中指之间。另一堆同样也是四根四根地分数出来,最后剩下的也是等于或小于四,把此剩下的蓍草夹于左手中指和食指之间。为什么要四根四根地分呢?这个"四"就代表春夏秋冬四时。(此即《系辞传上》说的"揲之以四以象四时"。)

第五步:"归奇",就是把两堆剩下的少于或等于四的夹在手指间的蓍草合到一起,放在一旁,这代表闰月。(此即《系辞传上》说的"归奇于扐以象闰","奇"就是余数,扐音勒,意指夹在手指之间。"五岁再闰",五年有两次闰。"故再扐而后挂",所以再来一次。)

上述的"分二"、"挂一"、"揲四"、"归奇"四个步骤在《系辞传上》中称为"四营",即四次经营,一个"四营"只能称为"一变",还不能起一根爻,还要以同样的步骤再算两遍。

第六步:再进行一次"四营"的步骤。第二遍当然不是用四十九根蓍草,而是用第一遍最后剩下的多的那一堆蓍草,就是四根四根分数出来再合起来的那一堆蓍草,同样要经过"分二"、"挂一"、"揲四"、"归奇"四个步骤再演算一遍。

第七步:第二遍之后再来第三遍,就是把第二遍归奇后剩下的多的那一堆蓍草,也就是四根四根分数出来再合起来的那一堆蓍草,同样要经过"分二"、"挂一"、"揲四"、"归奇"四个步骤再演算一遍。这样一共演算了三遍,每一遍都要经过"四营"即四步,三遍共十二步,就得出一个爻。

第八步:经过这三遍演算也就是三个"四营"之后,清点最后剩下的多的这堆蓍草,结果只能是四个数(36、32、28、24)中的一个,不可能有第五个数。把这个数除以四,结果就得出了这四个数(9、8、7、6)中的一个。你每次肯定只能得出其中的一个数,按照这个数就可以确定一根爻。九就是阳爻,它叫老阳,或者叫太阳,它是要变的,用"□"表示;七也是阳爻,它是少阳,是不变的,用"—"表示;八是阴爻,它是少阴,是不变的,用"--"表示;六也是阴爻,它叫老阴,或者叫太阴,太阴也是要变的,用"×"表示。《周易》是讲变的,所以取了它的变数,因此以九和六这两个数来代表它的阳爻和阴爻。因此你在演算的时候,得到九或者六时,因为它是可变的,你就在旁边做一个"□"或"×"的记号。

再把上述第二步至第八步的动作重复五次,便可依次得到二爻、三爻、四爻、五爻、六爻,一共要这么演算十八遍,才能得出一个完整的卦。每三变得出一根爻,所以你起一个卦要经过十八变,这就是《系辞传上》中说的"十有八变而成卦"。

那么,得到一个完整的卦后,如何利用它来预测吉凶呢?《周易》认为万事万物处于运动变化之中,因为有变化,所以就会产生吉凶祸福的事,《周易》的占卜就是要预测这种变化的趋势,以及会产生什么样的结果,从而给预测者提供一种趋吉避凶的方法。所以《周易》重视的是变爻,变爻就是上面9与6两个数代表的老阳与老阴。所谓的老阳与老阴,是表示阴气与阳气这两种东西发展到了极点,根据阴极阳生、阳极阴生的法则,即将发生阴阳的相互转化,这时候会发生吉凶祸福的事。上面7与8两个数代表的就是少阳与少阴,所谓的少阳与少阴,是表示阴气与阳气这两种东西尚未充盈,暂时还不会发生阴阳的相互转化,仍保持在平静的状态,不会发生吉凶祸福的事,所以不用去管它。所以,《周易》占筮的原则是占变爻,而不占不变爻。

老阴老阳都是动爻,动爻要变,阳爻要变阴爻,阴爻要变阳爻。未变之前的卦是本卦或称遇卦,变后的卦就是之卦或称变卦。问卦的占断在本卦的变爻爻辞。举个例子来说,假如筮得这样一个卦:

第一个三变的结果,也就是一演的结果,得数三十二。以四除之,商数为八,也就是营数为八。八是少阴,记卦时应当记作八(- -)。

第二演的结果,得数三十二,营数为八,为少阴(- -)。

第三演的结果,得数三十二,营数为八,为少阴(- -)。

第四演的结果,得数二十四,营数为六,为老阴(×)。

第五演的结果,得数二十八,营数为七,为少阳(—)。

第六演的结果,得数二十八,营数为七,为少阳(—)。

将以上六次演算的结果由下至上地重叠起来,就构成下面的图式:

爻位	营数	阴阳	单卦	重卦	之卦	阴阳
上九	七(少阳)	—				—
九五	七(少阳)	—	巽			
六四	六(老阴)	- -	×	观	否	—
六三	八(少阴)	- -				- -
六二	八(少阴)	- -	坤			
初六	八(少阴)	- -				- -

从上面的图式可以得知,此次演算所得的卦为观卦。其中只有第四爻的营数为六,为老阴,是变爻,其他的均为少阴、少阳,为不变爻。变爻向它的反面变化,阴变为阳,这样第四爻的六四变九四(爻的位置不变),于是坤下巽上的观卦变成了坤下乾上的否卦。观卦就是本卦或遇卦,否卦就是之卦或变卦,此次演算的结果就是"遇观之否"。

在整个占卜过程中,占卦只是按照固定程序进行的机械操作,破解才是一种合逻辑、入情理、有说服力的推论和解释，所以破解才是占卜的核心内容。凡是一爻变的卦，破解一般以本卦变爻的爻辞为占断的依据。那么上面观卦的变爻是六四，其爻辞说："观国之光，利用宾于王。"在这里，"利"是占断之辞，占卦如果占到本卦本爻，就是晋谒的最好时机。

朱熹在《易学启蒙》中提出了变占法，因为每占一卦，根据变爻的情况，可以分为七种情况：一个爻变，两个爻变，三个爻变，四个爻变，五个爻变，六个爻全变，六个爻都不变。那究竟应该怎样做判断呢？一般原则是：六爻都不变，就用卦辞去占断；有一根变爻，就以这一根变爻的爻辞做判断；有两根变爻，就用这两根变爻的爻辞去占断，但要以上爻为主；有三根变爻，就用本卦的卦辞并结合变卦的卦辞去占断；有四根变爻，就用变卦的两根不变之爻的爻辞去占断，而以下爻的爻辞为主；有五根变爻，就用变卦的不变的那根爻的爻辞去占断；六爻全变，如果是乾、坤二卦就用"用九"或"用六"去占断，其余卦就用变卦的卦辞去占断。按此七条原则去占断的方法叫"变占法"。

当然不可太拘泥，一般来说，在判断时，本卦和变卦都要结合着看，本卦看现在的情况，变卦看未来的结果。变爻可作为重点，一定要整体来看。千万不能不看整个卦，只去看变爻。

以钱代蓍法

由于《周易》的揲蓍法比较烦琐，为得到一卦需要经过很多的程序，后人就改用铜钱代替蓍草而起卦。

用铜钱这种蓍具代替蓍草，其成卦方法比揲蓍法简单得多，是卦占历史上的一大变革，大约完成于汉后至南北朝期间。铜钱有用三枚，有用五枚、六枚的，其中三钱代蓍，又称"火珠林"或"文王课"，是流传最广的一种筮法。

火珠林或文王课起卦时，先手握三钱，在焚香致敬祝祷命筮后，将钱币抛掷于地，看它们的正反情况。如果三钱反面朝上，就叫"重"，用"〇"标记，代表老阳爻九；三钱正面向上叫"交"，用"×"标记，代表老阴爻六；两正一反叫"单"，用"—"标记，代表少阳爻七；两反一正叫"拆"，用"- -"标记，代表少阴爻八。归纳如下：

　　重爻　〇　　老阳九　　　三反
　　交爻　×　　老阴六　　　三正

单爻 —	少阳七	二正一反
拆爻 --	少阴八	一正二反

抛掷一次，就可以得到一爻；抛掷三次，就可以得到一个单卦；抛掷六次，就可以得到一个重卦。"单"、"拆"不变，"重"、"交"都要变，"重"由阳变阴，"交"由阴变阳。

纳甲筮法

纳甲筮法，亦称"火珠林法"、"六爻卦法"，俗称"文王课"，是在纳甲基础上发展起来的占筮方法。

纳甲据说是西汉京房在前人天文学和易学知识的基础上创造的。京房，本姓李，字君明。因为喜好钟律，知晓音声，推律自定为京房。曾学于孟喜门人焦延寿，以通变说易，好讲灾异。焦氏说过："获得我的真传并因而丧命的，必定是京房啊！"京房自己也预知到这一点，说："虽然如此，却不得不说。"汉元帝初元四年，京房以孝廉为郎，后立为博士。屡次上疏，以灾异推论时政得失。因劾奏中书令石显等人专权，出为魏郡太守，不久，下狱死。

京房把五行引入筮法之中，使占筮发生了一个极大的转变，卦分八宫，定"世应"，言"飞伏"，对后来的易卦占筮影响极为深远。

纳甲筮法的起卦往往以钱代蓍，其断卦的最大特点是给卦中的各种因素都配以五行，充分发挥五行生克冲合扶刑的关系。其将六十四卦按"八宫"排列，纳干支，定六亲，安世应，然后按占筮的日、月和卦爻变动等情况推论吉凶。

所谓纳甲，就是把十天干（甲乙丙丁戊己庚辛壬癸）配入八卦六爻之中，因为天干之首为甲，故称"纳甲"。各爻又分别配以十二地支，地支之首为子，故称"纳子"。一般称"纳甲"而兼赅"纳子"。

一、装卦名

纳甲筮法将六十四卦分为八宫，其排列次序为乾、坎、艮、震、巽、离、坤、兑。前四宫为阳卦，后四宫为阴卦。

1. 乾宫八卦（属金）

乾为天，天风姤、天山遁、天地否、风地观、山地剥、火地晋、火天大有。

2. 震宫八卦（属木）

震为雷，雷地豫、雷水解、雷风恒、地风升、水风井、泽风大过、泽雷随。

3. 坎宫八卦（属水）

坎为水，水泽节，水雷屯，水火既济，泽火革，雷火丰，地火明夷，地水师。

4. 艮宫八卦（属土）

艮为山，山火贲，山天大畜，山泽损，火泽睽，天泽履，风泽中孚，风山渐。

5. 坤宫八卦（属土）

坤为地，地雷复，地泽临，地天泰，雷天大壮，泽天夬，水天需，水地比。

6. 巽宫八卦（属木）

巽为风，风天小畜，风火家人，风雷益，天雷无妄，火雷噬嗑，山雷颐，山风蛊。

7. 离宫八卦（属火）

离为火，火山旅，火风鼎，火水未济，山水蒙，风水涣，天水讼，天火同人。

8. 兑宫八卦（属金）

兑为泽，泽水困，泽地萃，泽地咸，水山蹇，地山谦，雷山小过，雷泽归妹。

八宫六十四卦的顺序首于乾卦，终于归妹卦，表示卦爻象的变化是阴阳消长的过程。

二、安世应

八宫卦每宫统八个卦，每宫中的八个卦从上往下命名为上世卦、一世卦、二世卦、三世卦、四世卦、五世卦、游魂卦、归魂卦。将每卦六爻从下向上命名为元士、大夫、三公、诸侯、天子、宗庙，各有贵贱等级之位。每一卦皆有一爻为主，这一爻决定了一卦的吉凶，为主之爻称为"居世"、"临世"、"治世"等，该爻即是世爻。

在八宫卦中，上世卦（八纯卦）世爻为上爻，即以上爻宗庙为主；一世卦、二世卦、三世卦、四世卦、五世卦的世爻分别为初爻、二爻、三爻、四爻、五爻，即以初爻元士、二爻大夫、三爻三公、四爻诸侯、五爻天子为主。游魂卦世爻为第四爻，以四爻诸侯为主；归魂卦世爻为第三爻，以三爻三公为主。可按京房八宫卦的原理作八宫卦次序图。

有世爻必有应爻，世爻在上卦，则应爻在下卦；世爻在下卦，则应爻在上卦。其位置相当，如初爻为世爻，则四爻为应爻；四爻为世爻，则初爻为应爻；等等。世爻、应爻、游魂、归魂简称为"世应游归"，是西汉京房的易学术语。"世应"说是对《周易·象传》应位说的发展。"游归"说本于《周易·系辞传上》："精气为物，游魂为变……"京房因之将游魂、归魂称为"鬼易"。

八纯卦经一世至五世变化后，已不能继续变化，表示阴和阳均不可尽消，否则又会重新变为八纯卦。故将五世卦中的第四爻恢复到本宫卦中的第四卦爻象，即将五世中的第四爻阳爻变阴爻，阴爻变阳爻，复归于阳或阴。但其内卦仍未恢复到本宫纯卦之象，本宫之象只是位于外卦第一位（该卦的第四位），如灵魂一样游荡，故称"游魂"。

游魂卦继续变化，其下卦三爻全都恢复到本宫之象，即游魂卦的下卦变为相反的卦，如灵魂回归本宫，故称为"归魂"。

"游归"说认为阴阳消长如到尽头必然会回归原始，表示物极必反、循环往复的思想。京房本意在另辟解易之路，并为占术服务。

三、装干支

装干支，即根据八宫卦次，确定所起之卦的天干地支。古人认为卦中装入纳甲，则天地生育之理也尽含其中了。

要给六十四卦每卦装纳甲，必须先掌握八纯卦的纳甲。

给八纯卦纳甲，又得先知道这八卦哪四卦属阳宫，哪四卦属阴宫。

八卦阳宫为乾、震、坎、艮，阴宫为坤、巽、离、兑；天干阳组为甲、丙、戊、庚、壬，阴组为乙、丁、己、辛、癸。然后阳卦纳阳干，阴卦纳阴干，乾卦内卦三爻纳甲，外卦三爻纳壬，坤卦内卦三爻纳乙，外卦三爻纳癸，震卦内外三爻皆纳庚，坎卦内外三爻皆纳戊，艮卦内外三爻皆纳丙，巽卦内外三爻皆纳辛，离卦内外三爻皆纳己，兑卦内外三爻皆纳丁。

阳卦纳入地支的方式是按子、寅、辰、午、申、戌的次序顺数。其中乾卦和震卦初爻的地支为子,坎卦初爻为寅,艮卦初爻为辰。这样阳四宫各卦从初爻到上爻的地支依次是：

乾在内：子、寅、辰,乾在外：午、申、戌。

坎在内：寅、辰、午,坎在外：申、戌、子。

艮在内：辰、午、申,艮在外：戌、子、寅。

震在内：子、寅、辰,震在外：午、申、戌。

阴卦纳入地支的方式是按亥、酉、未、巳、卯、丑的次序逆数。其中巽卦初爻的地支为丑,离卦初爻为卯,坤卦初爻为未,兑卦初爻为巳。这样阴四宫各卦从初爻到上爻的地支依次是：

巽在内：丑、亥、酉,巽在外：未、巳、卯。

离在内：卯、丑、亥,离在外：酉、未、巳。

坤在内：未、巳、卯,坤在外：丑、亥、酉。

兑在内：巳、卯、丑,兑在外：亥、酉、未。

关于八卦的纳甲,有《纳甲歌》说：

乾金甲子外壬午,坎水戊寅外戊申。

艮土丙辰外丙戌,震木庚子庚午临。

巽木辛丑并辛未,离火乙卯己酉寻。

坤土乙未加癸丑,兑金丁巳丁亥凭。

四、定六亲

六亲指父母、兄弟、子孙、妻财、官鬼。亲是直接关系的意思。这五种亲加上卦身即六亲。

六亲既是要预测的对象,也是取用神的根据。六亲以该卦所在宫的五行为"我",各爻所纳地支的五行为"亲",由"我"和"亲"之间的关系而定出每爻的"亲"。生我者为父母,我生者为子孙,克我者为官鬼,我克者为妻财,比和者为兄弟。

乾宫属金：金爻为兄弟,土爻为父母,木爻为妻财,火爻为官鬼,水爻为子孙。

兑宫属金：金爻为兄弟,土爻为父母,木爻为妻财,火爻为官鬼,水爻为子孙。

震宫属木：木爻为兄弟,水爻为父母,土爻为妻财,金爻为官鬼,火爻为子孙。

巽宫属木：木爻为兄弟,水爻为父母,土爻为妻财,金爻为官鬼,火爻为子孙。

坤宫属土：土爻为兄弟,火爻为父母,水爻为妻财,木爻为官鬼,金爻为子孙。

艮宫属土：土爻为兄弟，火爻为父母，水爻为妻财，木爻为官鬼，金爻为子孙。
离宫属火：火爻为兄弟，木爻为父母，金爻为妻财，水爻为官鬼，土爻为子孙。
坎宫属水：水爻为兄弟，金爻为父母，火爻为妻财，土爻为官鬼，木爻为子孙。

纳甲筮法比古典占筮法更细密化、具体化，占断也就更复杂繁难，不易掌握。这里只是简要地介绍一下纳甲筮法的原理，以对易学理论在后世的应用有个了解即可。

假如辛巳月戊申日占了一卦，得"乾之小畜"。通过上述四个步骤就可排出供占断用的卦象。

——— 父母戌土′世	——— 妻财卯木′
——— 兄弟申金′	——— 官鬼巳火′
——— 官鬼午火′动	— — 父母未土″应
——— 父母辰土′应	——— 父母辰土′
——— 妻财寅木′	——— 妻财寅木′
——— 子孙子水′	——— 子孙子水′世

梅花易数

梅花易数据说是北宋邵雍的一种占筮方法，其术载于《梅花易数》。它依据"万物类象"、"万物皆数"的原理，用数和象都可起卦，并综合《周易》卦爻辞、体用、互变、五行生克等诸多因素断卦。此法灵活变通，应用范围很广，影响颇大。

梅花易数的由来颇具神奇色彩。

相传，邵雍钻研易学颇为刻苦，达到了寒不炉、暑不扇、夜不就寝的地步。传说某日邵雍正在午睡时，忽然有一只老鼠在旁骚扰，邵雍十分烦恼，便用所枕之陶枕向老鼠掷去，枕头碎了，老鼠也跑了。正当邵雍收拾碎片时，竟发现里面夹着字条，上书："此枕卖予贤人康节，某年月日时击鼠枕破。"而当时当刻正是该年月日时，全部的经过就如枕中的文字所述，奇迹般地发生了。

"万物均依自然之理而成立，又其道必遵循一定之数。"这正是一种由数知理，由理定数的占验之术。

相传邵雍得传此法后，某日闲至后院观赏梅花，忽有二雀争枝坠地，便设卦布算，预示了未来发生的事情，因此后人便称此术为"梅花易数"。

《梅花易数》作为一部推卦测字、占吉凶断祸福的卜书，运用了《周易》的阴阳、八卦、象数理论，结合五行学说，对《周易》中关于占卜的"术数"做了充分的发挥和完善，形成了独特的占卜方法体系。

梅花易数的起卦方式

梅花易数的起卦方式可分为两大类，一类为先天起卦法，即"先得数，再起卦"，如以时间、可数之物等起卦；另一类为后天起卦法，即"先起卦，再得数"，如以静物、动物等起卦。

1. 先天起卦法

"先得数，再起卦"的要旨是卦以八除，爻以六除。凡起卦，如数在八之内，则以伏羲八卦次序为准，将数配成先天卦，一为乾，二为兑，三为离，四为震，五为巽，六为坎，七为艮，八为坤；如数大于八，则以八或八的整数倍除，以余数作卦，如被除尽则为坤卦。

梅花易数起卦方式表

以时间起卦	年月日数之和除八余数为上卦，年月日时数之和除八之余数为下卦。古代以天干地支纪年，即子年一、丑年二、寅年三、卯年四、辰年五、巳年六、午年七、未年八、申年九、酉年十、戌年十一、亥年十二（现代公历纪年可以通过万年历转化为干支纪年）。月份随月数。日数以初一为一直至三十日为三十。时数以子时为一直至亥时为十二。这种计时方式与现在的二十四时制可类推，即子时为夜间十一点至凌晨一点，丑时为一点至三点，寅时为三点至五点……
根据可数之物起卦	凡可数之物即以此数为上卦，以此时数配作下卦。以卦数加时数用六除取动爻。
根据可数之声起卦	凡听到声音，如动物鸣叫声、敲击声、叩门声等等，以声音数（如敲门几下）起作上卦，时数配作下卦。卦数加时数用六除余数取为动爻。
根据字起卦	凡见字数，即平分一半为上卦，一半为下卦，如字数为奇数，即以少一字为上卦，以多一字为下卦（如七个字，以三为上卦，四为下卦，三为离，四为震，上离下震成火雷噬嗑）。如仅一个字，左右结构的，如"数"字，以左边笔画数为上卦，以右边笔画数为下卦；上下结构的，如"震"字，以上部笔画数为上卦，以下部笔画数为下卦；内外结构的，如"国"字，以外部笔画数为上卦，以内部笔画数为下卦。
根据尺寸起卦	对可丈量之物，以丈数为上卦，尺数为下卦，寸数可不计。或以尺数为上卦，寸数为下卦，分数不计。以卦数加时数用六除取动爻。

起卦后，如重卦总数不满六，是几则几爻动；大于六则以六或六的整数倍除，以余数作动爻；如被除尽则是上爻动。取动爻有时还加上起卦时的时辰数。

"卦以八除"的原因是因为经卦象总共为八，以八除之，其余数总会小于或等于八，而且具有随机抽样的特点；"爻以六除"也是因为每卦有六爻，其道理与

"卦以八除"一样。

如用31与88两个数字起卦,则31÷8=3余7,就以7数起卦,为艮,这是上卦。88÷8=10余8,以8数起卦为坤,这是下卦。这样便求得山地剥卦。又31与88的和数为119,119÷6=19余5,这样剥卦的第五爻取为动爻。

2. 后天起卦法

"先起卦,再得数"的方式必须分清各类事物的"象",并归之于八经卦。《梅花易数》称为"八卦万物类占"。起卦时以事物所属的象为上卦,事物所在或所来的方位为下卦。取动爻时多以上下卦的先天八卦数加时辰数,其和用六除得余数即是。

如壬申日午时,有一少年从南方来,为此起卦。少年为艮,艮为上卦,南方为离,离为下卦,得火山贲。艮卦数为七,离卦数为三,加午时为七,总和为十七,17÷6=2余5,故以贲卦的五爻为动爻。

3. 指掌起卦法

用指掌图起卦,并取动爻,方便易行,任何时间、地点均能即刻起卦。

(1) 梅花心易提掌图

梅花心易提掌图为立卦时所用。小指头上部为天,下为地;无名指上部是泽,下为山;中指上部是火,下为水;食指上部是雷,下为风。以小指上部之天为起点,终至小指下部之地为止,依次往下算就相当于八卦之乾一、兑二、离三、震四、巽五、坎六、艮七、坤八。

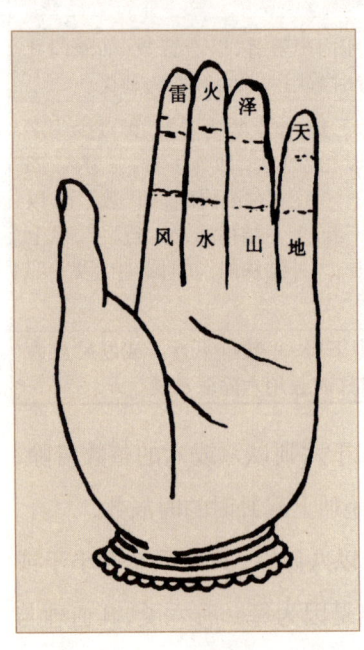

以指掌起卦的方法与先天起卦法一样。如辰年十二月十七日申时占卜。先算年,以小指上部的天当做子,依子、丑、寅、卯的次序逆数,辰是第五,相当于食指下部的风;再算月,由于辰年相当于风,以风之后的水为正月,由水开始,依正月、二月、三月的次序逆数,至十二月为小指上部的天;接着算日数,以月份算完后的下一个泽开始算起,泽为一日,逆数至十七日在无名指之上部仍为泽(兑卦)。如此算完年月日之数后,所出现的最末一个卦即兑为欲占卜的上卦。

求下卦需再加时数。亦是以日期算完后的下一个指节开始，泽后为火，火为子时，依次逆数，至申时就相当于火（离卦），此即是下卦。

这样所占之卦为泽火革卦。

按先天起卦法求，则 5(辰年)+12(十二月)+17(十七日)＝34，34÷8＝4 余 2，余数 2 对应于兑卦；34+9＝43，43÷8＝5 余 3，余数 3 对应于离卦，同样得到了泽火革卦。

(2) 六爻掌图

六爻掌图为取动爻时所用。用小指、无名指及中指三个指头推算。小指之上部是初爻，无名指上部乃是二爻，中指之上部是三爻，中指下部为四爻，无名指下部为五爻，小指下部是六爻。

取动爻时以小指上的初爻开始按逆时针方向推算。如前例辰年十二月十七日申时起卦，先将小指上的初爻当做子，依子、丑、寅、卯的顺序类推，辰就相当于无名指下部的五爻。其次，以小指头下部当正月开始，按正月、二月、三月依次类推，至无名指之下部即是十二月，也就等于五爻之位置。再以小指之下部当成一日、二日、三日顺序往下算去，十七日乃位于中指下部的四爻之处。再其次又从无名指之下部以子开始算起，而申正位于小指上部之初爻……亦即所求的变爻。

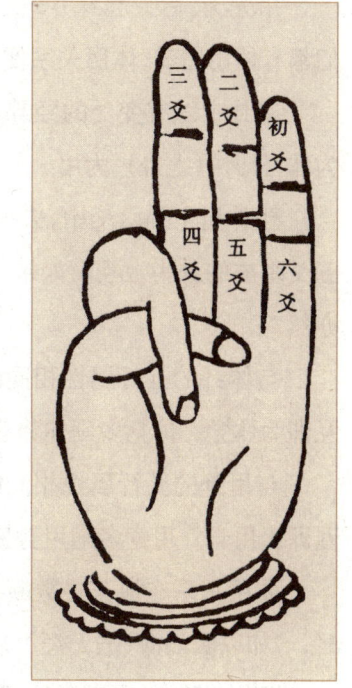

按"爻以六除"的方法求动爻，则 5+12+17+9＝43，43÷6＝7 余 1，也是初爻变。

梅花易数体用要诀

用梅花易数方法起卦后，解卦要先看《周易》爻辞以断吉凶。爻辞指本卦中的动爻爻辞。如乾卦初九爻动，初九爻辞为"潜龙勿用"，即诸事不可为；若九二爻动，九二爻辞为"见龙在田，利见大人"，则宜谒见贵人。余皆仿此。

次看卦之体用以论五行生克。体为主，用为事。占好事，用生体及比和则吉，体生用及用克体则不吉。占坏事则反之，体生用及用克体为吉，用生体及比和为不吉。

1. 体用

体用本属中国哲学的一对范畴。"体"指事物和本体,"用"是"体"的外在表现,是"体"的作用。

梅花易数则借"体用"二字,以寓动静之卦,以分主次之兆,以为推卦占断的准则。

用先天、后天起卦方式运算成卦后,卦体分有三重性,即本卦、互卦、变卦,它们都有体用之辨,体用关系便付诸卦体上。

本卦中以有变爻的经卦为用,无变爻的经卦为体;或单纯地以内卦(下卦)为体,外卦(上卦)为用。

互卦指主卦六爻中,去掉初、六两爻,以二、三、四爻组成的卦为下互,三、四、五爻组成的卦为上互。如果主卦中体在上经卦,则上互为体互,下互为用互,反之亦然。

与体卦的五行属性相同的卦称体党。如体卦五行属金,体互五行也属金,体互即为体党。体党多则体势盛。

与用卦的五行属性相同的卦称用党。如用卦五行属金,用互五行也属金,用互即为用党。用党多则用势盛。

体用关系在梅花易数断占时显得非常重要。邵雍说自己初学《易》的吉凶时,"如以蠡测海,茫无涯。后得智人,见授体用心易之诀,而后占事之,诀疑始有定。据验测验,如由基射的,百发百中。其要在于分体用之卦,察其五行生克比和之理,而明乎吉凶悔吝之机也。于是易数之妙始见,而易道之卦义备矣"。

2. 体用互变

梅花易数断占时,一般以体卦为主、为起卦之人物,用卦为相关联的内容,互卦为事物的中间相应关系,变卦为事物的结果。

3. 体用生克

体用互变之间的五行生克关系也是梅花易数断占时的一个重要内容,因为体卦为本身的征兆,用卦为所应事物的端绪。故占好事,体卦宜受用卦生扶,用卦宜被体卦克制,用克体不宜,体生用也不利。体用之间,比和则吉。占坏事,则反之。

体卦克制用卦,主诸事吉利;用卦克制体卦,主诸事凶险;体卦生扶用卦,主有损耗财物的忧患;用卦生扶体卦,主有进收利益之喜;体卦用卦两相比和,主百事称心如意。

体用互变定义内涵表

卦名	定义	内涵	实例
体卦	主卦中静止不变的经卦，即没有变爻的经卦。	代表自己，或己方的人事，与用卦的生克比和关系构成事物发展的萌芽阶段。	如火天大有卦☲☰六五爻动，则下卦乾金为体卦，代表事物的主体。
用卦	主卦中变爻所在的经卦。	代表他人或彼方的人事，与体卦的生克比和关系构成事物发展的中间阶段。	如火天大有卦☲☰六五爻动，离火为用卦，代表事物的变化和外在因素。
互卦	主卦去掉初爻与上爻，余下四爻组成的两个卦，即用卦一爻与体卦两爻组成的体互，和体卦一爻与用卦两爻组成的用互。	与体卦的生克比和关系构成事物发展的中间阶段。体互卦与体卦的关系最紧密，用互卦次之。	大有卦☲☰六五爻动，第二、三、四阳爻组成体互乾卦，第三、四阳爻与第五阴爻组成用互兑卦。
变卦	由用卦变化过来的卦。	与体卦的生克比和关系构成事物发展的最后阶段或结局。	大有卦☲☰六五爻动，变成乾金☰，与体卦乾金比和。

互变两卦中如果多与体卦的五行属性相同，则体党多而体势盛；如果多与用卦的五行属性相同，则用党多而用势盛。一般以体势盛为吉，用势盛为不吉。

又互卦是事物中间之应、变卦为事物末后之期，故用卦由吉变凶的，主事物的发展先顺利后坎坷。如山火贲卦☶☲，九三爻动变为山雷颐卦☶☳，贲中用卦离火生体卦艮土为吉，但九三变为震木克制体土不吉，所以是先顺利而后坎坷。用卦由凶变吉的，主事物的发展先坎坷后顺利。如水火既济卦☵☲，上九爻动变为风火家人卦☴☲，本卦之用为坎水，克体卦离火为凶，但变卦之用为巽木生体卦离火，故为先凶后吉。

体、用、互、变诸卦的五行生克关系在断占时的作用可总结成下表（见下页）。

4. 体用衰旺

衰旺指五行的当令情况。春木、夏火、秋金、冬水、四季之月土为当令则旺，春土、夏金、秋木、冬火、四季之月水为不当令则衰。八卦卦气衰旺情况为：断占时，体卦本身宜于旺盛。体卦气旺，又逢他卦生扶，就主吉利；如遇用、互、变卦的重重克制，就主凶险。如果体卦本身气衰，又加上遭逢克制，就会凶上加凶；体卦气衰，但逢生扶自己的他卦，衰颓的趋势会稍许缓解。

总之，体卦之气宜于旺盛，而生扶体卦的卦气也宜于旺盛，克制体卦的卦气宜于衰弱。

体、用、互、变卦内在关系一览表

	体卦	用卦	互卦	变卦
诸卦之间的关系	一般情况,宜受他卦生扶。体克用,诸事吉;体生用,诸事难。与他卦比和,吉利。	一般情形,宜生扶体卦。生体诸事吉,克体诸事凶。与他卦比和,吉利。	一般情形,宜生扶体卦。克体则事物发展的中间阶段不顺,但无大碍。与他卦比和,吉利。	一般情形,宜生扶体卦。生体终获成功,克体终遭失败。最宜与体卦比和。
	占成败宜受他卦生扶;占灾异宜受他卦克制,不宜与他卦比和。	占成败宜受他卦克制;占灾异宜受他卦生扶,不宜与他卦比和。	占成败宜生扶体卦;占灾异最宜受体卦生扶,不宜比和。体互为主,用互次之。	占成败最宜生扶体卦;占灾异宜体卦生扶,不宜与体卦比和。
	占成败卦气宜旺;占灾异卦气宜衰,不宜与他卦比和。	占成败,生体时卦气宜衰;占灾异,克体时卦气宜旺,生体时卦气宜衰,不宜与他卦比和。	占成败,生体时卦气宜旺,克体时卦气宜衰;占灾异,生体时卦气宜衰,克体时卦气宜旺,不宜与他卦比和。体互为主,用互次之。	占成败,生体时卦气最宜旺盛;占灾异,生体时卦气最宜衰弱,克体时卦气最宜旺盛,不宜与体卦比和。
	占成败,则生扶他卦不利;占灾异,则生扶他卦大吉。	占成败,生体大吉;占灾异,生体大凶。	占成败,生体则中间阶段吉;占灾异,生体则中间阶段凶。	占成败,生体终获成功;占灾异,生体终遭失败。

占例分析——少年有喜色占

壬申日午时,有一少年从离方来,喜形于色,邵雍先生问:有何喜?答曰:无。邵雍先生遂占之,断曰:子于十七日内必有聘币之喜。

占断分析:以少年属艮为上卦,离为下卦,得山火贲。以艮数七离数三加午时数七,总数十七,用六的倍数除,余数五为动爻,即贲的六五爻为动爻,贲卦的六五爻辞曰:"贲于丘园,束帛戋戋,吝,终吉。"爻辞已显示吉。贲卦六五爻动,阴爻变阳爻,上卦变为巽卦,整卦变为风火家人卦。互卦有震卦与坎卦,离卦火为体卦,互卦震卦、变卦巽卦属木俱生体卦。日期到了,果然定亲。

怎样对待占卜

对待《周易》的占卜,历代都有争议。孔子提出学易"不占而已矣",荀子更是说了一句名言"善为易者不占"。让我们先看看《易传》是怎么说占卜的。《易传》将"圣人之道"归纳为四种,那就是"以言者尚其辞,以动者尚其变,以制器者尚其象,以卜筮者尚其占",可见占卜是《周易》的四大内容之一。

毋庸讳言,《易经》主要是占筮的记录。问题是这些记录已经不是最原始的、个别的占卜记录，而是经过了史官们、古圣们的反复验证、不断修改之后的经验总结，其中包含有圣贤的智慧。因此，卦爻辞中的占筮比起后世那些纯粹的占卜、算命的条条框框更具有哲理性。一般来说，《易经》卦辞和爻辞的体例基本是相同的，基本上分两个部分，一般都是先叙述事例，或描绘一个图景，然后写出吉凶的判断语。前一部分是所占测的事件，后一部分是占测的吉凶；前一部分讲原因、过程，后一部分讲占测的结果。好多人看不懂前面的部分，只看得懂后面的判断语，于是一看卦爻辞就是看吉凶，这就太糟糕了。把精华给丢了！卦爻辞不仅仅是在说什么时位吉、什么时位凶，更重要的是讲为什么吉、为什么凶。所以它的精华就在于前后的关系，前面是因，后面是果，有这个因就有这个果。还要看到它背后的东西，不是这个因呢，那就肯定不是这个果了。

　　同时还有一点特别重要，那就是不能简单地只看一条卦爻辞，一定要统观全卦，甚至于要看前后卦，或变卦。就一个卦而言，卦辞说的是总体、整体的情况，爻辞说的是具体、个别的情况。六条爻辞往往是卦辞所说的事情变化发展的六个阶段、六种状况，其中某一条爻辞说的只是某一个阶段、某一种状况。

　　我理解先圣的"不占"是不要拘泥于占卜小术，既不要拘泥于各种占筮起卦法，又不要执着于卦爻辞的占断语，而是要"观其德义"、"观象玩占"，要去玩味《周易》所讲的天命、天道。所以真正学会了《周易》的人是不需要经过占筮起卦的，所问的是什么事，立即会浮现出什么卦，然后按照卦爻辞的提示做出选择。

　　其实，占卜本身就是一种选择。《吕氏春秋》说："卜，择也。""卜"字的"丨"是一个标杆，"、"是标杆投下的日影。古代人测量日影用八尺高的竹竿，后来测量影子的标尺用泥土做成，长五寸，名叫"圭"，"圭"字即取了两"土"相叠之象。用标杆、圭尺测量日影的长短和方位，就叫"卜"。通过测日影来测量方位、时令、气候以及各种变化，以选择当时的游猎、捕捞、农耕等日常生活，选择可行还是不可行。将测量日影的结果记录下来，就形成了卦，所以"卦"字就是"圭"加"卜"字。因为标尺投下的日影可以分成八个方位，于是就成了八卦。我们今天学《周易》，其实就是学习这种选择的智慧，而不是迷信于江湖上的那些占卜小术。

学《易》的方法——入静观象法

　　《周易》是古圣先贤留给我们子孙后代的宝贵财富，我们在现实生活中究竟应该怎样发掘它、利用它？怎样充分发挥它的大智慧来解决我们的重大困惑,从而指导我们的人生方向？

这正是历代仁人志士、贤者智者们孜孜以求的。

要解开《周易》之谜,用《周易》来指导现实人生,我想最关键的无外乎要解决两个关键问题,一个是起卦法,一个是解卦法。

先说解卦法。如何解释一个卦？当然应该按照《周易》的卦爻辞。可是后人觉得卦爻辞说的和现实不符合,于是创立了各种解卦方法,最有名的就是六爻纳甲法,基本上是撇开卦爻辞,按照干支、五行、六亲、六神、时间之间的关系进行吉凶判断。这种方法倒是扩大了卦爻取象的范围,但是把卦爻的因果关系、教化作用给抛弃了。非常可惜！后人又发现六爻纳甲也往往不灵验,于是创立了多种其他的解卦方法。

为什么出现这么多的解卦方法？其实说到底,就是因为起卦不正确。卦都起得不对,你再用什么方法来解释都是错误的。所以最关键的是,起卦的方法要正确。

那么怎样起卦呢？我们已经介绍了揲蓍法、纳甲法、梅易法。其实运用这些方法的关键在于心静。你想一想,一个心浮气躁的人,能够做出准确的判断吗？

因此起卦的关键就是心静。只有心静才能进入潜意识状态,只有心静才能准确地把握你的处境,只有心静才能找到符合你处境的卦象,然后按照这个卦象告诉你的法则进行预测、采取行动。

在长期的实践中,我一直在摸索一种方法,希望能够准确地找到与自己的现实相吻合的卦象。这个摸索的过程是艰难的、痛苦的。后来,有一天我在读《系辞传下》第二章伏羲作八卦这一段描述时,突然开悟！八卦是观天、观地、观人之后创作出来的,这个"观"当然必须心静,也就是在潜意识状态下的"观",而绝不是在心烦意乱时的"看"。

既然八卦是在心静的状态下创作出来的,那么可不可以在心静状态下起卦呢？也就是说可不可以不用抛钱币、数蓍草而是直接用"观"的方法就得到一个卦象呢？

我想到了禅宗的"参话头"。"参话头"要求修行者先打坐,进入虚静的状态,要熄灭无明妄动的妄心,浮现起可觉知的真心。然后将这个真心系在话头上,禅者单提一念来看话头。这个"看"即是"观",可以用真心来观此话头,这话头还没来的时候，一片空寂，像不思善、不思恶的境界一样，就是于此念未起时，内观究竟。观念头由何处来，灭向何处去。或观是有、是无，不求甚解，这也是观心的别法。修行者若能意志不纷乱，置六根归此一念间，久而久之，心身契合，轰然一声，豁然开朗。

"参话头"给我的启发太大了——其实我们在现实中遇到的每一个困惑就是一个念头、一个话头，这个念头、话头其实都是一种意象，都可以用六十四卦的卦象来表示。因为六十四卦的每一卦都是一种意象，都是一种场景，都是对现实情景的模拟，就好比现代流行的沙盘模拟。六十四卦就是六十四种状态、六十四种场景、六十四种推演模型。

于是我潜心实践，创立了"入静观象法"。这一方法分为初级和高级两种。初级的"入静观象"只需观一个卦象，一般只需要观《周易》第一卦乾卦的卦象。先通过三调——调身、调息、调神使自己入静。具体的做法是：可以采用跏趺坐，也可以自然垂坐，两腿与肩同宽，小腿与地面垂直，大腿与地面平行，含胸拔背，头正颈松，舌抵上腭，两眼微闭，调整呼吸，全身放松。然后可以入静观想乾卦的卦象，在两眉之间的印堂穴，俗称天眼的前方出现六根线段，一开始不太清楚，然后慢慢地清晰起来。如果还不清楚，可以从下往上数一数，第一根、第二根、第三根、第四根、第五根、第六根。当乾卦卦象越来越清晰的时候，内观自己，将自己的身体慢慢地缩小，越来越小，变成一个小人儿，然后这个小人儿一步一步地走进这个卦象，从下往上一步一步地爬上去，爬到最高的时候再从上往下爬下来，最后慢慢地停下来。看看自己停在哪一根线段或者哪几根线段上，你停留的爻位就是你所处的时位。我用这种方法已经训练了几百场，测试了上万人。很有意思，很多人都停在乾卦的第三、第四爻位上，我开玩笑地说，真是不三不四啊。为什么？其实仔细一想就明白了，因为我讲课的对象基本上相同，都是有社会体验、在社会上拼打的成功人士、成熟人士。他们中有很多人都处于转型时期，有的是人生事业第一阶段的结束，所以停在第三爻；有的是人生事业第二阶段的开始，所以停留在第四爻。测试的结果，基本上与每一个人所处的时位、所面临的问题相吻合。

那么怎么解卦呢？当然要看卦爻辞。既要看乾卦的卦爻辞，又要看变卦的卦爻辞。什么是变卦？变卦就是变了之后的卦。比如你停在第一根爻上，那么第一根爻就要变。乾卦第一根爻要变成阴爻，变了之后的卦就是姤卦。所以还要看姤卦的卦爻辞。乾卦为本卦，姤卦为变卦。一般来说，本卦看现在，变卦看结果。但一定要注意,每一条卦爻辞,都不是简单地讲吉凶,而是讲为什么吉凶、怎样趋吉避凶。一定要好好思考卦爻辞背后的意思。

高级的"入静观象"则是直接观出六十四卦中的某一个卦象。当你遇到重大困惑时,你首先是全身放松,通过调身、调息、调神使自己入静、进入潜意识状态。然后可以观一个特定的卦,比如要问怎么做领导,可以观临卦,怎么教育可以观蒙卦,怎么沟通可以观泰卦,怎么放松入静可以观艮卦。这就需要搞清楚六十四卦每一个卦的主题。当然要熟悉六十四卦卦爻辞是一件很困难的事,但是要熟悉六十四卦的主题应该不是困难的事,其实任何一个卦的卦名和卦象已经告诉我们主题了。所以首先要搞清楚每一卦的卦名的意思,然后搞清楚每一卦的卦象(上下卦)的意思,这样卦爻辞的意思也就好理解了。当你把六十四卦的主题都搞清楚并烂熟于心的时候,一旦你遇到了困惑需要选择、需要起卦时,自然这个卦象就会浮现在你的眼前。你按照这个卦象、这个场景可以模拟并推测出事情的走向、人生的选择,从卦爻辞中受到启发,从而解除困惑,采取正确的行为,达到趋吉避凶的效果。

或许有人会觉得,这种方法是不是太玄乎了?有科学依据吗?我想还是听一听西方心理学家的说法吧。

西方著名的分析心理学家荣格说:《周易》的占卦不属于因果关系,而是一种共时性也就是同时性现象。同时性现象证实了在异质的、无因果关联的过程中,充满意义的等价性质可同时呈现。同时性指出了在心灵与心理、物理事件间,时间与意义上都有平行的关系,科学知识至今为止,仍不能将其化约为一项共通的法则。其实《周易》"同声相应,同气相求"就是共时性的写照。世界上存在着的各种相对独立的系统,鉴于宇宙形成过程的统一性,先天决定了它们在功能结构和信息传递上有同步共振的关系,因而在这些不同的系统中,可能会有一些具有等价意义的事件在平行地运行。这些并行的系统看上去是各自独立、互不相干、没有因果联系的,但如果在潜意识(无意识)中,它们是可以同时出现、互相感应的。人的潜意识中,有可能出现一些意象与外界发生的事件或未来将要发生的事件相吻合。《易经》认为要使同时性原理有效的唯一法门,乃在于观察者要认定卦爻辞确实可以呈现他心灵的状态,因此,当他投掷硬币或者区分蓍草时,要想定它一定会存在于某一现成的情境当中。这就是说,观察者一定要通过坚定的信心、非常的虔诚来实现卦与事的契合。

弗洛伊德是第一次提出人类具有潜在意识学说的人。有人把意识比喻成地面上的小树，潜意识比喻成地面下深厚的根部系统，为意识提供足够的养分。但更为有名的比喻则是众所周知的冰山理论：意识只是露出水面的冰山的一角，约占5%；潜意识则是水面之下冰山的山体，约占95%。也有人将人脑接受信息的方式分为有意识和无意识或潜意识两种，有意识接收是人脑对周边事物的刺激有知觉地接收信息，而无意识接收是人脑对周边事物的刺激不知不觉地接收。在潜意识状态中能被运用的能力远远超过意识状态中能被运用的能力。

潜能大师博恩·崔西说，潜意识是显意识力量的三万倍以上。潜意识聚集了人类数百万年来的遗传基因层次的信息。潜意识指的就是潜藏在我们一般意识底下的一股神秘力量，是相对于意识的一种思想，又称"右脑意识"、"宇宙意识"。《脑内革命》的作者春山茂雄则称它为"祖先脑"。潜意识也就是人类原本具备却忘了使用的能力，这种能力我们称为"潜力"，也就是存在但却未被开发与利用的能力。潜能的动力深藏在我们的深层意识当中，所以要激发潜能，需要运用潜意识。

怎样才能开发潜意识？

首先要了解潜意识的六大特征：能量巨大；最喜欢带感情色彩的信息；不识真假，直来直去；易受图像刺激；记忆差，需强烈刺激或重复刺激；放松时，最容易进入潜意识。

有人说潜意识如同一部万能的机器，必须要有人来驾驶它，而这个人就是你自己，只要你有心控制，只让好的印象或暗示进入潜意识就可以了。

潜意识大师墨菲博士说过："我们要不断地用充满希望与期待的话，来与潜意识交谈，于是潜意识就会让你的生活状况变得更明朗，让你的希望和期待实现。"由于潜意识是非不分，好的坏的统统吸收，它常常跳过意识而直接支配人的行为，或直接形成人的各种心态。所以我们要训练自己，珍惜原来潜意识中的积极因素，并不断输入新的有利于积极成功的信息资料，使积极成功的心态占据统治地位，对可能导致失败消极的潜意识加以严格的控制。不断地想象，不断地自我确认，不断地自我暗示，不断地想着你的目标，这样的话，你的目标终究会实现。

我们在看《周易》卦象时，只有进入潜意识状态，才能发现它的秘密。同样，在起卦时也只有进入潜意识状态，才能找到符合实际的卦象。潜意识最易受图像刺激，卦象就是一种图像，放松时，最容易进入潜意识。所以观卦象必须放松入静。潜意识这种主观心理认识是不靠五官功能的，它通过直觉。它是产生感情的地方，是记忆的仓库。当你的五官停止活动时，就是它的功能最为活跃的时候。当意识这种客观心理终止活动或处于睡眠状态时，潜意识这种主观心理的智慧就会彰显出来。

　　对学习《周易》要有信心。信心是心灵最有力的触手，也是开发潜意识的必要前提。或许你在运用"入静观象法"时，一开始可能观不到卦象，但没有关系，只要你将心平静下来，只要你有信心，并反复坚持，你就一定会产生一种巨大的精神力量，进而开启你的巨大潜能，发掘出你的伟大智慧！

乾卦第一——龙马精神

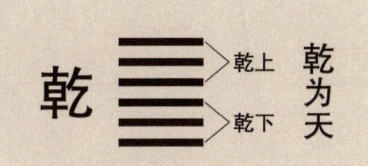

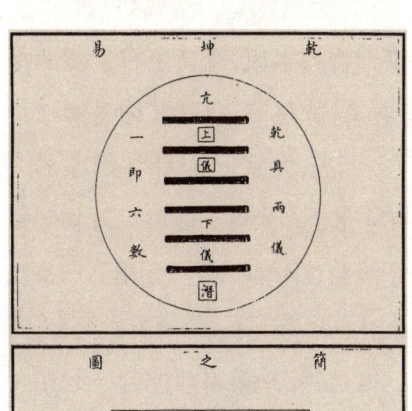

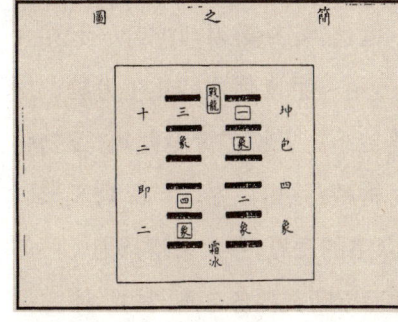

乾,元亨利贞。

【语译】

乾卦,元始亨通利物贞正。

【解读】

《周易》的第一卦就是乾卦,卦象为"☰",上下卦都是乾卦,用六根阳爻表示纯阳。取象为天等阳性物质,性质为刚健。乾卦作为《周易》六十四卦之首,以健动不息、高高在上的"天"为象征形象,揭示了阳气刚健永动、积极向上的本性,勉励人效法"天"的刚健精神,自强不息,奋发向上。

卦辞说:"乾,元亨利贞。"乾是卦名,"元亨利贞"是对卦的解释。"元"就是开头、元首。"亨"就是亨通。"利"就是有利。"贞",是正道。"元亨利贞",开始就亨通、就通顺,有利于守持正道。为什么一开始就亨通呢?这里关键就是一个"元"字。"元"可以引申为宇宙万物的本原,对一个人来说,那就是这个人的最根本的价值观,最终极的人生目标。对一个企业来说,那就是这个企业的文化——最根本的价值观,企业的终极追求。找到了自己的"元",为此而奋斗不懈,那么就会一路畅通,大吉大利。

彖曰：大哉乾元，万物资始，乃统天。云行雨施，品物流形。大明终始，六位时成，时乘六龙以御天。乾道变化，各正性命，保合太和，乃利贞。首出庶物，万国咸宁。

【语译】

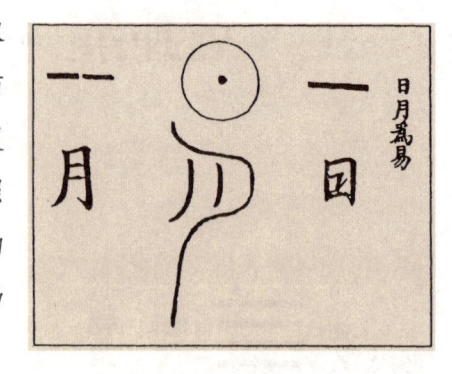

《彖传》说，伟大啊，乾元，您是万物取资的始祖，您统领着天道。云气流行，雨水布施，各种事物流布成形。日月之行，终而复始，成就了乾卦六爻的时位，而乾阳正是按照这六个时位驾驭天道。天道变化，使各自的性和命都归于正位，保全聚合了太和元气，乃利物贞正。乾为首，生出众物，万国皆安宁。

【解读】

《彖传》说："大哉乾元，万物资始，乃统天。"伟大啊乾元，万物靠它而开始，它统领了天道自然。这里将"元"解释为万事万物的本原，意义上有了质的提升。乾使万物"始"，坤使万物"生"。在孔子看来，乾是第一位的，坤是第二位的。这一点与老子恰好相反。在坤卦里，我列了一张表，大家一看就明白了。

"云行雨施"，就是行云布雨。"云雨"指的是交合。光有天能够生万物吗？只有男人能生孩子吗？不能。只有女人能生孩子吗？也不能。要"云雨"一番以后才能生，所以"云雨"是指男女交合、阴阳交合。因此，乾卦必须与坤卦一起相互交合，要云雨一番以后才能化生万物。所以《系辞传下》上说："天地氤氲，万物化醇。男女构精，万物化生。""品物流形"，"品"即众多的意思，各类事物都因乾阳的创始化生而不断获得各自不同的形体。

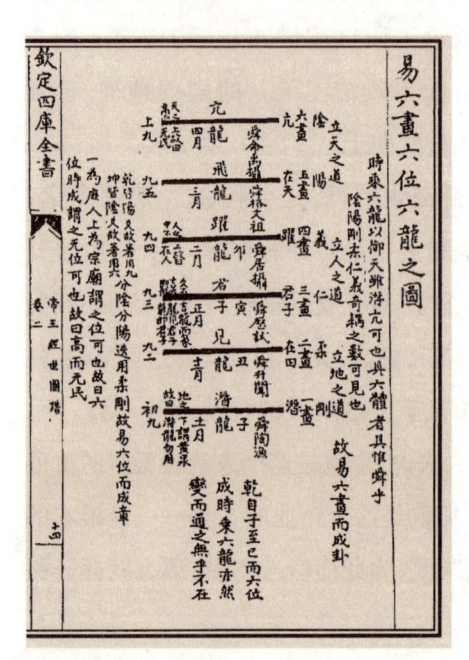

"大明终始，六位时成，时乘六龙以御天。""大明"是指太阳，"明"是由太阳和月亮组成的，说小一点是指太阳，实际上应该包括月亮，因为《周易》上说"悬象莫大乎日月"，"日、月"两个字并列组合

就是"明",纵向组合就是"易"。"终始"就是周而复始,太阳和月亮的运行是周而复始的,是周期性的,每一个周期运动分为六个阶段,就好比把日出与日落这一段时间分成六个阶段,所以说"六位时成"。位和时是连在一起的,位是空间,时是时间,时空合一。每卦六根爻,每根爻就代表一个时位,即一个阶段。中国人的思维是时空合一的,而且重时轻空,重视时间,轻视空间。西方人是重空轻时,所以西方人就形成了以空间思维、形态思维为标志的现代科学。中国人重视时间,时间可以分开吗?实际上,时间就像水一样是分不开的。昨天、今天、明天有没有分界线?时间有没有过去?没有过去。有没有现在?你说有现在,我说"啪"一下过去了,所以没有现在。时间是分不开的。所以中国人形成了以时间思维、现象思维为标志的象科学。"六龙",就是指乾卦的六根阳爻。"时乘六龙以御天",乾卦怎么统天,即怎么御天?乾阳通过驾驭不同时段的六根阳爻来统御天地万物的运行。观看了乾六爻的变化过程,即可明了万物由始至终发展变化的普遍道理。

"乾道变化,各正性命,保合太和,乃利贞。""乾道变化",就是天道变化,乾道生育化成万物。"各正性命",这个"正"是使动用法,使得万物的性和命各自都得以端正,得以归于正位。那"性"和"命"是什么?后代学者对于"性"和"命"的解释很多,道家有道家的解释,儒家有儒家的解释,后来成为中国哲学非常重要的一对范畴。道家后来对"性命"两个字的解释至少分为五派,先命后性,先性后命,性命双修等等。性是什么?是心性,是神,性就是神;命就是指身体。"性命"基本上就是指形神。当然"性命双修",也有人说那个"性命"就是指男女。儒家是这样解释"性"的:《中庸》上说"天命之谓性,率性之谓道",天命就是性,符合天命的东西才是性。当然这性和命还是有区别的,区别在哪里呢?宋代理学家程颐有一本著名的易学著作,叫做《程氏易传》。他在此书中对"性命"是这么解释的:"天所赋为命,物所受为性。"那就是说,"命"就是天命,"性"就是人性,人性要符合天命,天命就是天道。人最根本的东西也要符合天道,这就是"天人合一",你掌握了天道,你自然就使得万事万物的性和命都得以端正。"性命"简单地理解,"性"就是指人性或者包括万事万物之性,"命"就是指天命。"性"和"命"也可以看做阴和阳。阴和阳,性和命,这两者要"保合太和",这样才可以"利贞"。"保合太和"这四个字是我们中华民族最高的价值取向,"保"是要保持住,"合"是要相合,就是要保持全宇宙间万事万物阴阳和谐的最高状态。所以"和"又分为太和、保和、合和,另外加一个"中和"。"太

和"精神是我们中华民族的精神。"合和"是中华民族的魂,所以紫禁城——故宫中轴线建筑的前三殿、后三宫的取名就充分体现了这种精神,前面三个殿是保和殿、太和殿、中和殿,后面是乾清宫——乾卦,最后面是坤宁宫——坤卦,中间是交泰殿,都取自《易经》。因此,故宫体现了中华民族的精神。"保合太和,乃利贞",只有到达了这四个"和",才"利贞",才对一切万物都是有利的,或者说,有利于万物去持守正道。这四个"和"是什么关系?简单地说,"太和"是一个目标,后面三个是手段,通过这三个"和"才能达到"太和"。

"首出庶物,万国咸宁。""首"解释"元亨利贞"的"元",就是元首,就是开头。"庶"就是众,"庶物"就是万事万物。"首出庶物",是说有了乾卦,才开始产生万物。"咸"就是都。"万国咸宁",天下都安宁。这是说,按照天道运行的规律治理国家,天下就会获得安宁。

这段彖辞的意思是说,伟大啊,开创万物的阳气("乾元",指天所释放的阳气,万物正是有取于这种阳气才得以生长的)!万物依靠它而开始,它统领着大自然的运行。云朵飘行,霖雨降落,阴阳交合,各类事物流动成形。光辉灿烂的太阳反复运转,就成就了乾卦六爻的六个时位,乾阳就是按照这六个时位去驾驭天地万物的运行。乾阳按照一定的规律运行着、变化着,万物遵循天道的规律,各自端正了性命,保全了太和元气,以利于守持正固,保证自身的生长与发展。阳气周流不息,万物生生不息,天下万物都和美顺畅。

象曰:天行健,君子以自强不息。

【语译】

《象传》说,天道运行强健,君子由此得到启示,要自我奋发图强,不敢懈怠停息。

【解读】

《象传》是解释卦象与爻象的。象,从不同的角度可以看出不同的意思。比如说从象的内涵来看,它主要包括了物象和意象。从象的特征来看,它是有形的和无形的。有形的当然是象,但是象更重要的是无形的。有形的东西是象,倒好理解,那么无形的也是象,这又怎么理解呢?老子说:"大象无形。"既然有形的是象,无形的也是象,事物不外乎就是有形的、无形的,这不都说全了吗?那么什么不是象呢?要注意,不是所有无形的东西都是象,所以这里要加一个限定"无形而可感",就是说,"无形"但可以感受、感知的东西,才可以称为象。象是可以通过感觉来认知的,无形的东西用眼睛能不能感知?不行;用耳朵呢?不行;用鼻子呢?也不行。但是可以用触觉来感知,或者用理性来思维。中医就是象思维,西医就是形思维,所以叫"形象"是不准确的。中医最核心的范畴是什么?就是气。气是什么?气是无形的,但是可以感知的。要不是可以感知,怎么有经络呢?所以气是一种典型的象,一种无形的象。同时气又演化出阴阳,阴阳也是象,五行也是象,都是象。再举一个例子:风,如果不刮到树上,也是看不见的,但可以用触觉感受到,是一种最典型的象,一种无形的象。中医主要是象思维,但是它源于有形,又是超越有形的。

《象传》说,"天行健",上下卦都为乾卦,乾为天,天的运行始终是强健的,永不停息的,这就是乾卦之象。君子看到这样的卦象,就要按照乾卦之道来"自强不息"。意思是说,天的运行刚劲强健,君子因此要效法天,不停地自我奋发图强。"君子以自强不息"是《象传》的一种格式,就是"×卦,君子(或大人)以××××"这样一种格式,这个"以"是凭借的意思,后面省略"之"字,君子凭借乾卦,按照乾卦之道来做就可以"自强不息"。

"自强不息"是我们耳熟能详的一个成语,它当然有"强"的意思,但怎么"强"?关键在于"自",自己强才能强,别人让你强是强不起来的,一定要自己强。那么,怎样才能"自强不息"呢?这是一个过程。首先是潜,后面依次是见、惕、跃、飞、亢。"自强不息"的"自"就是指自我潜能、潜意识,只有自己强,才能"不息",一定要开发自己的潜意识,否则马上就"息"。

初九,潜龙勿用。

象曰:潜龙勿用,阳在下也。

【语译】

初九,潜隐的龙无所施行。

《象传》说,潜隐的龙无所施行,是因为这个阳爻处在全卦的最底部。

【解读】

初九,"潜龙勿用",这里怎么突然跑出一条"龙"来?而且是一条"潜龙"。潜伏在哪里?潜是水字偏旁,龙潜伏在水里。我们先要了解,中国文化是龙的文化。我们今天说的"龙马精神",就是乾卦精神,因为乾为龙,乾为马。龙马精神是一种刚健的精神。龙代表了宇宙生命原始的伟大功能。自黄帝时候开始,政治制度上分官,以龙为官名,如龙师、龙帝,都以龙为代表。龙是中华民族最伟大的文化符号。龙到底是什么?老实说没人见过,无法固定其具体形象。实际上中国文化的龙,就是一种意象。它由驼头、兔眼、鹿角、蛇颈、蜃腹、鱼鳞、鹰爪、虎掌、牛耳、马尾组成,反映了中华文化是一种多元的、和谐统一的文化。你看这么多动物组合在一起,却是如此和谐,太美了!其次,"神龙见首不见尾",龙从来没有给人显现过全身,这就是"变化无常,隐现不测"的意思。我们懂了龙的精神,才知道自己文化的精神在哪里,这是大政治家的大原则,也是哲学的大原则,文化的大原则。我们懂了"变化无常,隐现不测"八个字,也就懂了《易经》的整个原理。《易经》告诉我们,天下的万事万物,随时随地都在变,没有不变的人,没有不变的事,没有不变的物。下一秒钟自己想的是什么,无法知道。

乾卦实际上描述的是龙的六个状态,第一个状态是潜伏在深渊里,这个时候不要去妄动,"勿用"就是不要动。"潜龙勿用",很简单,潜伏的龙不要去乱动,比如说冥想入静停留在第一根爻上是"潜龙"。你也可以用蓍草进行演算,乾是九,你看到的第一根爻就是"潜龙"。"勿用"并不是说没有用,而是说还有很大的潜能。龙还是潜伏着的,有无比的功能,无比的价值,只是还没有用到。这里说的就是准备时期的状态。此时还不能轻易发动,需要开发潜能,苦练内功。这才是潜伏期和准备期的当务之急、重中之重。所谓"潜龙",顾名思义,虽然已经具备了龙的潜质,但还不到你一飞冲天的时机,这个时机需要等待、需要创造,需要在等待过程中寻找、创造。有一句话是我们必须牢记的:机会只垂青那些有准备的头脑。如果你在这时候办企业,最好还是潜下心来,先搞清楚周围的"水"——人脉、钱脉资源,社会关系,不要急着开业。

武侯高卧图

《象传》解释说,为什么说这个时候要"潜龙勿用"?是因为"阳在下也"。初九是起始时位,在乾卦的最下位,阳气初生,力量很弱,就像一个刚出生的婴孩,不可能有能力去做什么事,所以要潜伏下来,积蓄能量。同样,这时候的龙也只能是"潜龙",巨龙要潜伏在水中,暂不能施展才能,不要妄动,这既是在等待时机,又是在创造时机,一个"潜"字说明巨龙在寻找和创造适合自己生存与施展才能的环境。

初爻是《周易》人生六步曲的第一步。我对它的总结是"初多潜",正像乾卦初九爻的爻辞是"潜龙勿用"一样。为什么?因为初爻所处就是刚刚开始的一个时位。一切都刚刚开始,奋发的时机尚不成熟,我们的羽翼也还不够丰满,鹰击长空的理想可以有,但是最好不要期待有太大的成就,遇事也应该以谨慎为上,千万不要轻举妄动。就像乾卦初九爻的潜龙一样,它能够做的事情就是乖乖潜在水底,不管因为什么原因,总之它的结局就是"勿用",因为还不到它抛头露面打天下的时候。《红楼梦》中的贾雨村,一肚子学问却穷困潦倒,不得已寓居在姑苏城的葫芦庙,饶是如此,他的"一朝成名天下知"之梦始终未灭,还常常吟咏"玉在椟中求善价,钗于奁中待时飞"。他的"善价"和"时飞"其实就是一个机会,一个展现自己的机会。他在葫芦庙落魄无着时,也就是乾卦初九爻的"潜龙"所面临的时位。

贾雨村是缺少机会,无路出身。诸葛亮高卧隆中时则是相时而动、待价而沾。如果想要单纯谋个差事的话，对诸葛亮而言易如反掌。他原本就不是无名之辈，亲朋好友中亦不乏有头有脸的人，所以他就比贾雨村显得从容许多。诸葛亮耗得起时间，最后终于等到了生命中的贵人，他的等待也就没有白费，隆中的一段潜伏也是诸葛亮的"潜龙勿用"期。不过他的"勿用"是主动求来的。不像贾雨村，立等着扬名立万、飞黄腾达，偏偏命途多舛、时运不济，白白蹉跎了如许的大好时光。

诸葛和老贾两位都是满腹珠玑，求个一官半职的足够了，还有富余。我们这里所说的主要还是第三种情况，就是这条龙的实力还有所欠缺。因为是处于人生的第一步，最要紧的事还是要虚心学习，不断提高和完善自己各方面的能力。唯其如此，机会来临时你才能牢牢抓住，不让它悄悄溜走。俗话说：吃得苦中苦，方为人上人。天上掉馅饼的事也许会有，但那样的概率太小。就算有也未必能被你恰巧赶上。大多数人的成功来得都非常不易。

所以，在潜伏期间，就应该抓住这个难得的学习机会，好好地完善自我，提升能力，擦亮眼睛，蓄势待发。

九二，见龙在田，利见大人。

象曰：见龙在田，德施普也。

【语译】

九二，龙浮现在田野，对大人有利。

《象传》说，龙浮现在田野，美德昭著，广施无涯。

【解读】

九二，"见龙在田"。这里的"见"就是表现的"现"，而非看见的"见"。"见龙"就是这个龙可以表现出来，可以从深渊里往上出来一点，但还不能飞，"现"到什么地步呢？出现的位置是"在田"，"田"就是地平线、田野，现到田野这个位置就可以了，就是地上了。龙在母腹中孕育成熟，终于呱呱坠地，见到了天日，迈出了新生命的第一步。然而，这个时候新生命还十分稚嫩，不能贪多求大，还只能在田野上小试身手，不能飞得过高。如果比喻一个人的话，到这个时候，就开始崭露头角了，但还不能太妄动。"利见大人"这四个字在乾卦里出现了两次，一次是二爻，一次是五爻。"利见大人"是什么意思？就是对大人来说是有利的。我们一定要注意，它的言外之意对小人来说是不利的，所以《周易》不仅仅是预测学，更重要的是行为学，要叫我们做一个"大人"。"大人"，就是大德之人或有君德之人，是《周易》的最高理想人格。圣人是儒家的最高理想人格，仙人是道家的最高理想人格，佛是佛家的最高理想人格。"大人"可以说是综合了后来的"圣人、仙人与佛"的人格特点，是圣、仙、佛三者合一的手眼通天的人物。说到底，这还是在教我们如何做人。所以，《周易》主要还是行为学，它指导我们怎么做才能够趋吉避凶，使企业平安度过褪褓期，驶入稳步发展的轨道。落到实处，就是需要选择适合企业发展的路子，选择适合企业发展的人才，大家同心同德，齐心协力，八仙过海，各显其能，营造一个很好的企业发展氛围。龙出现在田野上，正是大德之人行德的好时机。

《象传》说，"见龙在田，德施普也"。九二处下卦的中位，有中正之德，已离开初九潜伏之地，但未到大飞之时，因此以"在田"为喻。田非龙久居之地，只是暂栖之所。这个时候，龙已经结束了潜伏的状态，开始要展开活动，通过在田野上活动来比喻这种状态的转化。龙一开始活动，它的品德就要广泛地施展开来。我常说，读古书，要问为什么。这里是取了什么象？取"田"象，田广大，所以德也要像田一样广大，巨龙出现在田间，说明美德昭著，广施无涯，所以是"德施普也"。

《系辞传下》说："二多誉。"誉就是名誉、赞誉的意思。为什么这样？我们来看二爻的爻位，是在下卦的中位，首先它居于中位，行着中道。中爻为阴位，如果二爻是阴爻的话，又占了个正位，从时位上看就更好，又中又正。当然，我们也不能简单地以时位好坏来判定吉凶祸咎，这里面还有许多其他的因素在起作用，譬如上下诸爻之间的位置关系对于爻位吉凶的影响也很大。《周易》是讲求变化的，处处隐藏着鬼神不测之机，我们一定要好好体会。

二爻脱离了事物发生时的潜伏期，形势已经有所变化，可以适当做一些事情。所以乾卦九二爻的爻辞就是"见龙在田，利见大人"。就是说龙刚刚可以到地面上、田野上活动活动，连跳跃一下都不行。虽然已经可以抛头露面，但露得有限。这时候对于大人的出现是有利的。"见龙"阶段是人生事业发展的第二个阶段，需要做的是什么呢？看《象传》："见龙在田，德施普也。"田地广阔无垠，所以德行也要像田地一样广阔无垠。这是让我们修德修身、普济众生的意思。

为什么要在二爻让我们修德修身呢？我们可以这么理解：初爻时尚且处在潜

伏期、蛰伏期，这时候基本上不会和外部世界发生太多联系，正是静下心来好好学习，提高自己"才"的大好机会。所以初九爻重在潜心修炼、潜伏求才。而九二爻的"见龙"已经初出茅庐，可以有限地出来活动一下，一和外界亲密接触，德行和适应能力就成了必须迅速具备的硬件设施。没有德行无以服众，你的前进道路肯定会磕磕绊绊；没有适应能力你就无异于温室里的花朵，遇到一点点风霜雨雪的侵袭，也会畏惧害怕，进而裹足不前。这两样都是一个人融入社会并迅速找到自己的位置、确定自己的发展方向所必需的，甚至把它说成是踏入社会必需的第一课也不为过。虽然九二爻已经初现了峥嵘头角，显示了强大的生命力，可是单只做到这些还远远不够，充其量只能作为你迈进社会大门的敲门砖，而让人信服的德行却可以让你受用终身，为你广结雄厚的人脉。这些都是一个人要想获得长足进步和发展所必需的。我们形容一个人领导能力出众时常常会用到"德才兼备"一词，是"德才兼备"而非"才德兼备"，德尚在才之前，这个排序已经很可以说明问题了。

无才有德，最多不过是一生庸碌，没有大的成就，但在自己的朋友圈里却会过得如鱼得水、游刃有余。而有才无德则不然。小人可以一时得志，绝不会一世得志，早晚会混成过街老鼠，处处不招人待见。

北宋蔡京和南宋秦桧，都是颇有些才干的人。两人的字都写得很好，吟诗作赋样样拿得起放得下。可是蔡京却被视为朝廷中"六贼"之首，甚至因为人品低下而丧失了入选书法"宋四家"的资格。秦桧更惨，不但荣膺了"汉奸"的"光荣称号"，他和他老婆的塑像至今还在杭州岳庙里跪着，"享受"着千夫所指和万世唾骂。明朝时一个士子游玩杭州，在岳庙留下一联，说是："人从宋后羞名桧，我到坟前愧姓秦。"这丢人劲儿也够大发了。

生活中，我们也会遇到类似的人和事。一个部门或一个单位中，人缘最好的往往不是部门中业务最出色的，原因很简单，业务骨干们往往恃才傲物，不知不觉间常常就把人给得罪了，而这些人又通常不会检点自己，一来二去，人缘不好也就在情理之中了。

德才兼备，德更重于才，这样才能广结人脉。这就是乾卦九二爻给我们的启示，也是六十四卦处在所有二爻时位者都需要注意的大问题。只有解决好这个问题，你在前进路上才能获得朋友的真心帮扶，你也才能更好地放开手脚，开辟自己的一片广阔天地。

九三，君子终日乾乾，夕惕若，厉无咎。

象曰：终日乾乾，反复道也。

【语译】

九三，君子整日刚健自强，彻夜警惕谨慎，貌似有危险，没有灾祸。

《象传》说，整日刚健自强，是因为总是按照天道的法则在行进。

【解读】

九三，"君子终日乾乾"，这个"君子"就是指龙，指具有道德修养的人。"乾乾"是什么意思？第一种解释是君子整天地前进又前进，刚健又刚健，表示进取不停息；第二种解释是警惕又警惕。这两个解释都可以。为什么要"终日乾乾"呢？因为龙最终是要成为"飞龙"的，也就是说不当将军的士兵不是好士兵，我们平常说的"望子成龙"，也是希望自己的孩子成为"飞龙"，即飞在天上的龙。那么"飞龙"在哪一爻呢？在第五爻。所以说只有到了第五爻，才能成为一条"飞龙"。现在是第三爻，所以它要前进两次，前进一次是四爻，第四爻还不行，再前进一次才到了第五爻"飞龙"，是最佳之爻。并不是每一条龙都能成为"飞龙"的，在前进的路上会有很多的危险与障碍，因此要"夕惕若"，"夕"就是傍晚，"惕若"就是警惕的样子，到傍晚的时候要反省反思。曾子说："吾日三省吾身。"只有这样，才能"厉无咎"。"厉"是危险，"无咎"就是没有灾祸，虽然有危险但没有灾祸。所以到第三爻这个时位时，要警惕，要有忧患意识。《系辞传》的解释是"三多凶"，"四多惧"，"二多誉"，"五多功"，我把它加了"初多潜"，"上多亢"。这就是一个大规则，每一卦的六个阶段大体上是这样的。

第三爻为什么大多凶险呢？因为三爻是下卦的最上一爻，此时人生第一个阶段到头了，很快就要进入下一个阶段。完结一个人生小循环后，必然要面临一个巨大的动荡期，很多势力需要重新洗牌，还有一些要重整旗鼓另开张。三爻就是处在这么一个十字路口，自然需要谨言慎行，每日反省。所以乾卦九三爻的爻辞便是："君子终日乾乾，夕惕若，厉无咎。"这时的情形已经很凶险了。"厉"在《周易》的爻辞吉凶判断中排在倒数第三位，仅稍强于"凶"和"咎"。表示一种潜在的危险，虽然吉凶未卜，但只要谨慎行事，尚不会有什么大的损失。可是，你得说"厉无咎"这个结果是怎么努力才换来的。先得"终日乾乾"。"乾乾"不管解释为前进又前进也好，警惕再警惕也罢，总之是一直在努力进取，还要担着十二分的小心。这还不算完，还要"夕惕若"，晚上饭后睡前的一段空闲时间还总结反省白天发生的事情，要尽可能把每一个大小隐患都消灭在萌芽状态。这简直是在战战兢兢过日子了，结果才是个"厉无咎"，可见三爻的危险有多大。

《象传》说，"终日乾乾"，是因为"反复道也"，就是反反复复地前进在乾卦的路上，先是要走到第四爻，接着是要走到第五爻。三爻处于下卦的最上爻，所以还要往上升进，升进一步到上卦的最下爻，"四多惧"，还要继续前进，只有第五爻最好，是真正的"飞龙在天"。君子的志向在于"飞龙在天"，所以要"终日乾乾"，整天坚强振作，有忧患意识，反复行道不使偏差。其实警惕忧患与积极进取并不矛盾。我们现在很多成功人士都处在这一个时位，已经小有成功了，可能是到了第一个阶段的最高峰了，这时一定要有忧患意识。孔夫子说："人无远虑，必有近忧。"我说："人有近忧，必无远虑。"如果一个人每天都反思自己，都有忧患意识，那肯定不会有大的灾祸。

这一爻强调要顶住压力继续前进又前进的道理。当然，继续前进的同时肯定还要保持高度的警惕性。前路凶险，但也不能因噎废食停下脚步。须知，处在三爻时位的都会面临这样的凶险，这是人生道路上不可避免、必须通过的坎。"优胜劣汰，适者生存"，过不了这个坎，你就会被踢出人生的竞技场。而如果能够胜出，除了可立于不败之地，你还能收获很多宝贵的经验教训，这和物质财富一样，能给你再创辉煌打下坚实的基础。

九四，或跃在渊，无咎。

象曰：或跃在渊，进无咎也。

【语译】

九四，有时从深渊跳跃出来，也无大患。

《象传》说，龙有时从深渊跳跃出来，前进一步也没有灾祸。龙腾飞到天上，达到了大人的地位。

【解读】

九四，"或跃在渊"，这条龙可以跃起来，比"见"要高。"或"意为"有的"，可以指有的人、有的事、有的物，这里是指有时。到第四爻了，有时可以从深渊里跃出来，那么它的言下之意是有时不可以跃出来。"或跃在渊"，一般理解就是在这个渊里面跃来跃去，如果这样，我说这条龙肯定是有精神病了。"跃"字给人的意象很富有生机和活力，有几分跃跃欲试的意味。其实这个"在"不是在不在的"在"，而是"从"的意思。"在"通"自"，"在"和"自"是相通的，"自"就是"从"。"或跃在渊"意为有时候可以从深渊里跃出来，跃出来这个位置要比前面的九三爻高一些，是高于田，但比九五爻的天还要低一些。"无咎"，没有灾祸。这里的"或"字很重要，它说明此时的龙虽然可以"跃"出来，但仍然要伺机行事，不可莽撞，或腾越上进，或退处在深渊，要找准时机前进，这样才没有什么灾祸。这一点对我们的启发是很大的。不少人在进入第二次创业期时，以为有了第一次创业的成功经验，往往就贸然决断，结果可能比以往的失败更惨痛。

  九四爻是上卦的下爻，喻示着一个新的时段的开始，如果拿企业作比，我们可以说它是企业的"学步期"。到了这个阶段，原始积累已经大体完成，企业各方面的资源配置也已初步成形，前期获得的经验教训也可以为进一步的发展保驾护航，然而还是不能轻举妄动，马虎从事。和做人的道理一样，经验是永远学不完的，前事也永远不能够轻易预料，一着不慎，随时可能导致满盘皆输。人们说商场如战场，两者同样都是波谲云诡，危机四伏。而我们这时还仅仅处在学步期。所谓学步，就是蹒跚而行，随时都有摔跟头的危险，而摔跟头通常又不可避免，这时就需要尽量小心谨慎，要不断地尝试，不断地进取，还要心怀警惕。要勇敢大胆，但绝不是盲目蛮干，要把损失尽量减至最低，要保证摔倒后能够重新爬起来，而且下一次遇到类似情况绝对不能再次跌倒。跌倒一次要有一次的收获，要有一次的教训。对于发展中的企业来说，除非是创业者天纵英明，又正行着大运，否则走弯路的情形很难彻底避免，重要的是善于总结学习，把所走的弯路缩至最短。亡羊补牢，为时未晚，丢掉的羊的损失我们总有一天会补偿回来。

  "或跃在渊"是创业过程中不可或缺的一个必经阶段，也是企业发展壮大历程中必需的调试环节。在这个阶段，我们已经看到了黎明的曙光，嗅到了成功和鲜花的气息，高大巍峨的凯旋门也已遥遥在望。大胆和谨慎，就是度过这段时期的双保险。

  我们的头角已经崭露峥嵘，"飞龙在天"只是个时间问题。

《象传》说:"或跃在渊,进无咎也。""进无咎",前进一步也没有灾祸,为什么呢?因为前进一步是九五爻,最尊贵的一个爻,"五多功",这是《系辞传下》总结的规律。"二多誉",而三爻、四爻往往多凶,二爻、五爻最好,因为居中位。还有两个爻没有总结,我给总结了,"初多潜,上多亢",初爻大多是潜的,上爻大多是亢的,这样"六位时成"的总体特征就反映出来了。"或跃在渊",巨龙或腾跃上进,或退处深渊,说明要找准时机前进,这样才没有什么灾祸。九四爻已经小有成就,下面还有继续发展的潜力,大环境已经开始发生微妙的变化,你的时代即将来临,只要你找准时机、把握机遇,前进也没有任何灾祸,完全可以再接再厉。可以这么说吧,九四爻是黎明前最后的黑暗,只要挺得过去,下一步进入的就是人生发展的至高峰和黄金期——飞龙在天。

九五,飞龙在天,利见大人。

象曰:飞龙在天,大人造也。

【语译】

九五,龙飞到天上,对大人有利。

《象传》说,龙腾飞到天上,达到了大人的地位。

【解读】

九五爻,是这一卦中最好的位置,这个时候是"飞龙在天",龙不仅可以跃出来,而且可以飞起来了,说明这条龙已经大有力量,能够大有作为了。龙腾飞于天上,是说龙德已成。以龙比喻大德之人,以天比喻至尊。龙飞到天上的时候,就是比喻大德之人登上君王宝座之时。所以"飞龙"就是天子,天子又称"九五至尊"。 九是最大的阳数,天上地下以它为最大,和皇帝的地位相符,故而皇帝往往以真龙天子自命,就是说自己和天上的飞龙一样。"利见大人",意思是说对大人是吉利的,言下之意对小人是不利的。九五居上卦的中位,位尊权重,

云龙图

只有持守中正之道的君子、大人居于此位,才能造福天下百姓,若是小人们窃居此位,带来的就是灾祸。因此,《周易》里面有很大的学问与讲究,它不仅仅是预测学,更重要的是行为学,是教我们怎样做人;不仅是讲吉和凶,更重要的是讲趋吉避凶,这是它的智慧之所在。

乾卦里面出现了两次"大人",一次是九二爻,一次就是九五爻。九五爻位在上卦中爻,又是阳爻居阳位,既中又正,是乾卦中最好的一爻。"飞龙在天",天是至高无上的,这时龙已经彻底挣脱羁绊和束缚,升到了最高的位置,自由自在地享受腾飞四海的快乐,好比一个人或者一个企业达到了最高境界,行云流水,挥洒自如,展现它无所不能的力量,所以这个时位也是"利见大人"。

企业在这个时位进入全盛期,要雨得雨,要风得风,正是大有作为、乘胜前进的时候,和九二爻淘得真正属于企业的第一桶金不同,那时一切刚刚草创,企业还在积蓄力量,积累经验,所有事都马虎放松不得。当然,我们也不是说九五爻就可以放松马虎。任何一爻都不可以放松马虎,都要像九三爻一样时时警惕反省,这才是正确的做事态度。尤其是九五爻,天时、地利、人和占了个全,企业经历前面四爻的厚积,已经完完全全成熟起来,万事俱备,连东风都有了,借此正可以厚发出来,创造辉煌。就像一个人进入壮年,正该奋发有为,再接再厉,把人生和事业推进到一个前所未有的高度,然后才是慢慢守成。

九五爻,企业发展鼎盛的黄金时代,这个时代过去之后,到上九爻,事情就变得不太好玩了。

《象传》说,"飞龙在天,大人造也"。"造"是走之旁,是去、到、往、达到的意思,"大人造也",就是达到了大人的地步。九五爻这个位置,就卦位来说,是处于天位,所以《周易》的象为"飞龙在天"。如果对于一个国家来说,处于九五爻这一位置的人可以指皇帝;对于一个家庭来说,可以指父亲;对于人的五脏来说,可以指心脏;对于人群来说,可以指大人。取象就可以这么类推,所以这一爻已经达到大人的地步。相比较而言,五爻比二爻更好。为什么?因为二爻虽然居中位,但不是正位;五爻既是中位,又是正位(阳爻处在一三五阳位,阴爻处在二四六阴位叫正位;反之叫不正)。所以九五为"中正"。这个时位的深层含义是要"飞龙在天",不是说每人都要做皇帝,但每人都要做"大人"。巨龙高飞在天,说明要奋起大展雄才,要坚守中正之道。反之,如果不按照"大人"的要求,照样不利。《易传》进一步提出做一个"大人"的要求——"夫大人者,与天地合其德,与日月合其明,与四时合其序,与鬼神合其吉凶。"达到这"四合",那是做人的最高境界啊。

第五爻,上卦的中爻,一般而言也是一卦之中最尊贵的爻,当然凡事不可绝对,所以《易传》说"五多功"而不是"五全功"。功是功劳、功德、成就、成绩的意思。反正这里你尽可以放心大胆地堆砌所有美好的字眼,尤其是乾卦的九五爻,完全可以坦然受之。

在人生的六步曲中,第五爻所处时位最好。就一个人而言,彼时已然功成名就,要雨得雨,要风得风。家庭幸福美满,心智和精力也达到了最成熟、最稳健的时期,正该大展宏图,遨游四海。人生至此,已经没有任何遗憾,当然是能找到"飞龙在天"的感觉的。

九五爻的吉祥、吉利在于它既当中又当位,又中又正,而且还是刚爻处阳位,处处合拍,没有一点犯忌之处。试想,一个刚健正直的人如果让他执了权柄,他会怎么办?绝对是要干出一番大事业。对了,这里提醒大家一句,我们提出的人生六步曲虽然大致与自然年龄同步,但还是有例外,有很多少年才俊年纪轻轻就做出莫大功业,名满天下;也有不少人少年得志,至老不衰。这时你就不能简单地用年龄来套,就得按时位和功业来套。譬如我们都熟悉的西汉名将霍去病,十七岁仗剑从戎,二十岁以军功封冠军侯,以后勒石燕然,封狼居胥,功绩让朝野上下为之注目。汉武帝为奖励这个外甥,想要给他造一所大宅院,结果人家还不要,掷地有声地来了句:"匈奴未灭,何以家为!"可惜天不假年,小霍只活了短短的二十四岁。否则,现在的西汉战争史恐怕都要为他改写。

像霍去病这种情况就是典型的例外,他是过早进入了人生的黄金时期,迎来了巅峰状态,随后又匆匆忙忙地英年早逝,像一颗耀眼夺目的流星划过天际。我这里没有任何暗示,功业成就早晚和是否早逝没有任何必然联系。这里也有例子可以说明问题。唐朝大将郭子仪,年轻时即威震边陲,到八十多岁尚能挟余威匹马击退回纥。战国时赵国名将廉颇、三国时蜀汉大将黄忠都属此列。

上九,亢龙有悔。

象曰:亢龙有悔,盈不可久也。

【语译】

上九,龙飞得太高,难免后悔。

《象传》说，龙飞得太高，难免后悔，因为满盈的状态无法长久维持。

【解读】

既然九五爻是最好的，所以一旦超过它走到最上一爻，就太过了，就不好了，所以最上一爻为"亢龙有悔"，"亢"就是太过，说明这条龙太过亢奋，还要往上飞，飞太高了，总有一天会掉下来的，所以有悔过。这里也没说凶，从初九到上九也没说一个"吉"字。亢龙有悔过，反过来说有悔过了就没有太多凶险了，就有希望了。

我对《周易》各卦初、上爻吉凶的大致总结是："初多潜，上多亢。"乾卦上九爻是《周易》中第一个上爻，自然也符合这个规律。

"亢"，意思就是太过，过了头，所以才会有"悔"，后悔，悔过。"悔"在爻辞九种判词中正好派在中间，第五位。往凶的方向走是"吝"，往吉的方向走是"无咎"。

《周易》中的爻辞吉凶情况共有九种，按从坏到好的程度依次为：凶、咎、厉、吝、悔、无咎、利、亨、吉。吉和凶是最基本的判断。"吉"是吉利，是成功或有所收获；"凶"是无法回避的凶险，是失败或有所损失。"咎"比"凶"程度稍好一些，但是过失已经出现，灾祸无法避免。"厉"代表一种潜在危险，只要你按照爻辞的指示规避就可趋吉避凶。

"吝"，表示一种羞辱，虽然还不太凶险，但灾祸已经在潜滋暗长，如果不及时反省，及时遏制灾祸的发展势头，转化为"厉"之后，往往就会一发而不可收。"悔"正是代表悔过之意，已经认识到错误所在，需要做的就是接受失败的教训，进而及时改正，这样就能回到平平淡淡的"无咎"状态。"悔"和"吝"都指小的失误和危险，但两者的发展趋势不同，一吉一凶。朱熹对此有过解读，说："吉凶在两头，悔吝在中间。悔自凶而趋吉，吝自吉而趋凶。"言下之意，只要诚心悔过，知错能改，事态就会向好的方向转化，前途还是一片光明的，充满希望的。"利"指有利，适宜。"亨"就是畅通和顺利。

我们前面讲过，九五爻是最好的，可是物极必反、盛极则衰也是一个颠扑不破的真理。没有任何事物能够永远保持强劲的前进势头，强盛到一定程度后，随之而来的必然是平稳的守成期，原先遗留的问题、埋下的隐患在该时期开始冒头，事物由此一步步走向衰落。

不过也用不着担心，该来的总会到来，我们只要坦然面对，尽力解决我们有能力解决的问题,其他的,尽人事而听天命,可也。况且,万事万物的发展消亡自有一定之规,水满则溢,月盈还亏,花无百日红,江山代有才人出,风头不可能让一人一物独占。世界也正是在花开花落、此消彼长之中完成新陈代谢,并逐渐由刀耕火种的蒙昧时代迎来科技与文明高度发达的今天,而且我们完全可以断言,明天一定会更好。

再说,上九爻并不仅仅意味着一切已经结束,更预示着一个全新时代的开始。上九为最上一爻,只代表着一个周期、一个轮回的完结,我们只要能悔过,能改正,并且尽了力,一时的成败得失原本就不必在意,新的一轮拼搏还需要我们满怀信心去迎接。郭靖的降龙十八掌固然威猛,但十八掌打完以后,如果敌人还没有被制服呢?我想就算郭大侠傻里傻气,也还不至于傻到束手待毙的份儿上。他肯定要重振精神,老老实实地把十八掌从头至尾再来一遍。如果还不行,只要他还有一口气,选择仍然是再来一遍,直到分出胜负为止。

"悔"说到底只是一种心态,一种渴求成功、永不言败的心态,单单"悔"并不能解决实质性问题,最重要的还是要积极付诸行动。

乾卦六爻,从最初的潜龙,到中间的见龙、惕龙、跃龙、飞龙,再到上九的亢龙,正好完整显示了企业从孕育到发展、壮大、鼎盛,再到衰落的一个周期,是任何企业都绕不开、躲不过的必经之路。掌握了这条路,就洞悉了企业成功的一半秘密。秘密是死的,而运用是活的。至于做得如何,就看朋友们怎么运用它们具体行动了。最后再送给朋友们一句话,是南宋名将岳飞回答宋高宗赵构如何用兵时说的,只有八个字,曰:"运用之妙,存乎一心。"希望朋友们细细体会。

《象传》说,"亢龙有悔",是因为"盈不可久也","盈"就是太满,所以不能长久。这里说了一个大哲理,事物发生发展到最高阶段后不能太满了,满招损,必然要走向反面。"亢龙有悔",巨龙高飞穷极,升腾得太过,最后必将有所悔恨,因为太满的东西是不可能长久的,说明刚健过甚不久以后就要衰落,盛极必衰。当然有悔的龙还是有希望的。"悔"是处于盛位之时的最佳选择。试想一下,我们那些处于大成功的人士,有几人能"悔"呢?

写到这一爻,写书人和读书人心里都不免有几分悲凉。因为大家都知道,高潮部分在九五爻已经过去。都飞龙在天、腾云驾雾了还想怎么着?其实我们都有这么一种心态,就像看一出戏,刚开始,主角被整得家破人亡、惨不忍睹,一路走来,随处都是陷阱、机关,人受的、非人受的苦、难、罪他全受了,让观众跟着他揪得心疼。他倒也争气，反正就是死不了，这点像我们战争片里的英雄，眼看浑身上下都是伤，他愣能撑着做好多事情，愣能再活过来。最后，沉冤得雪，坏人遭报。大家长长呼出一口浊气，把揪起来的心复位，然后走人。大家心照不宣，没人去管后边要还有剧情怎么办，戏就是戏。

我们大多数人的心态就是这样。都曲终奏雅了还能怎么的？看他们柴米油盐呀，没劲。剧作家很讨巧，在关键时刻或高潮部分戛然而止，余音绕梁三日不绝。顿时好评如潮，捎带也赚得盆满钵满，名利双丰收。可惜，我们《周易》的作者是哲学家。哲学家是想大家都不去想的问题的，他们的队伍中虽然有那么几个想得太多，走火入魔发了疯，但绝大部分还是比我们要正常。我们的周文王显然很正常，也很悲天悯人，所以他就很不识趣地在《周易》里搞出一个"亢龙有悔"，也让我们的人生六步曲多了一步，平平淡淡但却很容易波澜乍起，让你痛悔不已的一步。

戒盈杯的故事不少朋友应该知道。此杯为一种酒器，斟酒只能七分满，再多就会溢出。传说最早归唐玄宗李隆基所有，其子寿王和杨玉环新婚合卺时，玄宗将此杯赐予他们，并讲了一大通"盈不可久"、做人不能太贪的道理，讲得两口子心悦诚服。不过历史在此事上除了给寿王留下一点颜面外，给了另外两个当事人狠狠一记耳光。过了没多久，唐玄宗就恬不知耻地将心神放在了这个明媒正娶的儿媳妇身上，最终冒天下之大不韪，将之纳为己有。杨玉环贪权、贪宠，嫁了皇子还不知足，老公公一旦相招，欣然相就。这两人以自己的实际行动验证了食言而肥、出尔反尔究竟是何含义，他们的结局也在意料之中。安史之乱，玄宗以老迈之身仓皇出逃，备受颠沛流离之苦。杨贵妃一门数贵，气焰一度熏天，陪玄宗逃到马嵬驿后，哥哥杨国忠被乱军所杀，她也不能为玄宗所保，自缢而死，"血污游魂归不得"。

韩国出过一本书叫《商道》，也是以戒盈杯为线索展开。主人公林尚沃几经波折之后，从戒盈杯中悟出了盈则亏的道理，终于成为一代"商佛"。和唐玄宗、杨贵妃比较，"亢则必悔"、"悔则必改"的意义就更彰明了。这种道理说实话没有什么新意，从小到大，我相信每个朋友都张嘴能来那么几个关于物极必反道理的谚语或故事。我们中国本来就是礼仪文明之邦，为人做事处处低调谦虚，六十四卦不是还有一个谦卦吗？

第五爻的全盛期、高潮期一过，接踵而至的就是上爻，多少有点常识的大抵都不喜欢上爻。原因很简单,它让人有点盛极即衰的悲凉感。"天下兴亡多少事,悠悠,不尽长江滚滚流。"长江无语,滚滚东流,亘古如一,可这中间又有多少朝代兴替、英雄白头啊!"吴宫花草埋幽径,晋代衣冠成古丘。"风月无情,王霸宏图,血海深仇,总有一日,尽归尘土。

旧时王谢堂前燕,如今飞入寻常百姓家。这感觉的确很让人不爽。前边四爻的时候,满怀着一股冲天豪气,要拼搏奋斗,要建功立业,要青史留名。至于成功之后应该怎么办,不少人豪气干云的时候根本无暇去想,或者就是偶尔想到,也被自己一笑置之了。是啊,拼搏奋进的过程原本就是最美丽的,就是一种让人血脉偾张的激奋享受,谁还有闲心顾得了那个。

于是乎,成功之后,成功者的表现大致就分成了三派:

第一派感到索然寡味,所有的追求瞬间化为电光火石、梦幻泡影。得到又能怎样?得不到又如何?照武侠小说的说法,一个人费尽心血追求到一个武功天下第一或者武林盟主的名号之后,往往颓废了,消沉了,甚至豪情尽消、胆小怕事了,以后极有可能还会抛下一切,悄然隐退。

第二派开始可能会和第一派一样感到索然寡味,或者放眼四海,发现唯我独尊之后,惶惶不可终日一阵,但是很快就会和感到索然寡味的第一派一样,找到其他乐子。既然天下已在我囊中,我反正再也无所事事,也该好好享受了。如此,则声色犬马,酒池肉林,荒淫奢侈地疯癫一阵。不过我保证他的疯癫不会持续多久,因为一直在身边觊觎的敌人或隐患会很快爆发,把他毫不留情地扔进失败的地狱。

第二派成功者正是我们今天要在这里大张旗鼓批判的。他们的做法就是货真价实的"亢",过头了。成功后庆功酒可以喝,但是不要喝太多,因为喝完后还要去做事。历来说打江山易守江山难,就是因为人被胜利冲昏头脑后迅速抛弃原先秉持的所有原则和美德,所谓"从善如登,从恶如崩"说的就是这档子事。但这事还不是不可补救,只要他能够在隐患露出苗头的时候幡然醒悟,"悔"了,而且还有了悔的具体行动,重拾旧德,重整旗鼓,就不算晚。

再说第三派,这应该是成功者学习的楷模。他们深知盛极即衰、物极必反的道理,成功之后他们依旧像未成功时一样兢兢业业、戒骄戒躁,不敢有丝毫马虎大意,枕戈待旦,随时准备突发事件和不时之需。他们非常善于学习:他们既然能够在拼搏中学习拼搏,自然也能够在管理中学习管理。他们还深知,成功永无止境,他们渴望的永远只是下一个成功,既往的成功在他们看来普通得只是如同他们脚下踩着的垫脚石。相信这种人一定能够如愿以偿、梦想成真。

当然，一个不可避免也无法逃避的事实是，世间万事万物都有着一成不变的发展规律，那就是发生、发展到高潮之后肯定要经历平淡，直至最后消亡。这是人力根本无法挽回的。所以，我们看到月缺月圆，根本用不着感慨神伤，因为下月该圆缺的时候它还会照旧重复上月同样的故事。

乾卦上九爻的道理也是如此，《象传》中说"盈不可久也"，只是复述了一个事物发展的一般规律。而且乾卦和坤卦正好构成一个大的循环，乾卦上九爻发展下去就是它的反面——坤卦初六爻。而初六爻经过坤卦的发展，到上六爻时也会转移到它的反面——乾卦初九爻。如此循环往复，生生不息。走向一个极致只是为了迎接一次全新的开始，而并不是彻底的毁灭。这一点是大家无须担心的。

用九，见群龙无首，吉。

象曰：用九，天德不可为首也。

【语译】

六爻皆九，出现群龙无首，吉祥。

《象传》说，通观六根阳爻，天的美德不把自己放在首位。

【解读】

"用九"是什么意思？就是通观这六根阳爻，来做一个总结。"群龙无首"，现在用来形容一种混乱的、没有领导者的局面，其他地方都没有说"吉"，唯独在这里说"吉"，"见群龙无首"是最好的。当然这里的"群龙无首"，并不是我们现在所说的意思，而是指在平等的秩序里，每个人都刚健有为，都能实现自我的价值。

《象传》说，为什么用"九"数呢？因为"天德不可为首也"，天的美德不把自己放在首位。按照大自然的法则，万物是平等的，不能有一个冒头，所以出现"群龙无首"这样的局面，反而是大吉大利的。乾卦六爻全是阳爻，人人平等啊。如果每一个人都各得其位，各行其是，那还需要什么领导？所以"群龙无首"正是天下大治的局面。原始社会，将来的共产主义社会，不就是这种局面吗？这正是我们人人都向往的境界啊。另外，"九"是一个变数，说明乾卦阳爻将要成为首位的时候就要发生转化，就要转化为坤卦，所谓刚去柔来。

文言曰：元者，善之长也。亨者，嘉之会也。利者，义之和也。贞者，事之干也。君子体仁足以长人，嘉会足以合礼，利物足以和义，贞固足以干事。君子行此四德者，故曰：乾，元亨利贞。

【语译】

《文言传》说，元是众善的首长。亨是美好的会聚。利是义行的和合。贞是事业的主干。君子体行仁德足以尊长于人，会聚美好足以符合礼制，利于万物足以和谐相宜，守贞正固足以建功立业。君子有了这四种德行，就可以合于乾卦"元亨利贞"的含义了。

【解读】

《文言传》在"十翼"里是第七种，是"十翼"中最晚产生的，因为《文言传》还解释了《象传》、《彖传》的内容。只有乾、坤二卦有《文言传》，其他卦都没有，乾卦《文言传》既解释卦辞，又解释爻辞，不仅如此，它对乾卦一共解释了四遍。

"元者，善之长也"，"元"，是众善之首，善里面最大的就是仁。元是善德、良心的开端，或者说是所有善的起始。"长"是因为有仁，你才可以长人，这个"长人"是使别人成长。"君子体仁足以长人"，君子有仁爱之心，就足以尊长于人。

"亨者，嘉之会也"，"嘉"，美好的意思。亨是好行为的荟萃，美好东西的聚会所以就亨通了。"嘉会足以合礼"，美好东西的聚会足以符合这个"礼"。

"利者，义之和也"，人怎么才能获利？怎么才能发财？要符合"义"。"义"有这几个意思：正义、道义、义气。"正义"和"道义"这两个意思差不多，即一种正确的主张、观点、行为。"义之和"，义聚合到一定的阶段，就会有"利"了。利是义，以仁义和睦众人。这里将"义"和"利"统一起来，与孔子在《论语》中将"义"和"利"对立起来有所不同。大家想一想，真正获得大利的人，能不仁不义吗？反过来说，那些拥有大财富之人也都应该多做义举。"利物足以和义"，有利于万物，足以使之和谐相宜。

"贞者，事之干也"，"贞"就是建功立业的主干和根本。事业的主干就是要贞（正），贞是事业成功的根本。"贞"在《易经》当中是"问"的意思，孔子解释为"正"的意思。《周易》的生命力在于再解释。只有"正"事业才能兴旺。"贞固足以干事"，坚守正道就可以建功立业，干大事。

"君子体仁足以长人，嘉会足以合礼，利物足以和义，贞固足以干事。君子行此四德者，故曰乾元亨利贞"，这就是君子的"四德"，概括起来说就是"仁、礼、义、事"，"事"也可以理解为"智"。君子有了这四种德行，就可以培养心性，履行礼仪，和合众人，成就大事，就可以合于乾卦"元亨利贞"的含义了。

这里的四德，再加上"信"，就成为了后来儒家宣扬的"仁、义、礼、智、信"这五德、五常道。所以，中国的一切伦理或者儒教的教义（我认为汉以后的儒家就是儒教，是一种特殊的教，不是基督教的教），最核心的就是"仁、义、礼、智、信"这五个字。

初九曰潜龙勿用，何谓也？子曰，龙德而隐者也。不易乎世，不成乎名，遁世无闷，不见是而无闷。乐则行之，忧则违之，确乎其不可拔，潜龙也。

【语译】

初九说潜隐的龙无所施行，是什么意思呢？孔子说，这是具有龙的德行而潜隐的人。他不会因为污浊的世俗改变节操，不会因为功名的迷恋有所作为，隐遁避世而不觉苦闷，不被人理解也不觉苦闷。称心的事就身体力行，不称心的事决不勉强自己，始终有确立不可动摇的意志，这就是潜隐的龙。

【解读】

这一段是对初九爻辞的解释。"子曰"不一定是孔子说，但与孔子思想比较接近，下面是孔子或者后人根据孔子的思想对每一爻的爻辞进行解释。为什么要"潜龙勿

归隐图

用"，因为"龙德而隐者也"，龙总是潜在水里，这是它的初始阶段。"不易乎世，不成乎名，遁世无闷，不见是而无闷"，这有老子的思想。"易"有改变的意思。不为世人所改变，不在世上成名，就是自然无为。"无为"不是不要做，而是要符合自然地做，符合天道规律自然而然地去做，不要人为，更不能违背天道去做。"遁世"，这个"自我"不要表现出来，但不是刻意的，而是自然而然地隐退、隐遁。"无闷"，

是指快乐地、非常乐意地遁世，而不是很痛苦地归隐。"见"，就是"现"。"是"，这里指"自我"。"潜龙"就是要归隐，但这个归隐是非常愉快的。"乐则行之，忧则违之"，高兴就去做，不高兴就不去做，"从心所欲不逾矩"，这是孔子七十岁才达到的境界。"确乎其不可拔"，有一个确立不可动摇的东西。"潜龙"是潜藏而不动，因为它有一个主心骨，这就是天道，所以"潜龙"是符合天道的。

这段话是孔子对初九爻为什么是"潜龙勿用"的解释，孔子认为这是比喻有龙一样品德而隐居的人。这种人没有被污浊的世俗改变节操，不迷恋什么成就功名之类的事，逃离世俗社会而不感到苦闷，不被世人称赞理解也同样不苦闷。称心的事就付诸实践，不称心的事决不勉强自己，决不去实行，具有坚定不可动摇的意志，这就是"潜伏的巨龙"。

孔子一生算是很怀才不遇，一肚子本事没法施展，甚至还被人比喻成丧家之狗，够倒霉的了。可他始终是积极用世的，只是命途多舛，不为世所用罢了。他理解的"龙德而隐者"固然精准，但他自己是说什么也做不来的。要不也不会一趟一趟跑出去周游列国，实在跑不动了才踏实下来做他的教书匠和编辑。和他相比，同样有才的诸葛亮的命就好得多。

想当年诸葛亮高卧南阳，俯瞰天下，自号"卧龙先生"；"卧龙"和"潜龙"意思差不多，那是相当的自负。可是他比孔夫子沉得住气，那么大的名头，硬是谁请都不去，自己活得逍遥自在，一直到汉室宗亲刘备造访，他多方考察，让人家吃了好几次闭门羹之后，才认定刘备是可以托付终身的圣明之主，从此与之肝胆相照，为之呕心沥血，最终辅佐刘备建立了蜀汉政权。

孔子和诸葛亮都活得很累，可累的含义不同：孔子是为求售而累，诸葛亮则是售出后操劳而累。相比之下，简直是冰火两重天。孔子能在自己的作品中客观冷静地描述"龙德而隐者"达到的思想高度，现实中他自己却反倒放不下来，这恐怕也是他郁郁不得志的主要原因吧。

九二曰见龙在田，利见大人，何谓也？子曰，龙德而正中者也。庸言之信，庸行之谨，闲邪存其诚，善世而不伐，德博而化。易曰，见龙在田，利见大人，君德也。

【语译】

九二爻说龙浮现在田野，对大人有利，是什么意思呢？孔子说，这是指具有龙的德行而立身中正的人。平时说话都能守信，日常举动都能谨慎，提防邪恶以保存内心的真诚，为善于世而不自我夸耀，德行广博而能感化天下。《周易》说，"龙浮现在田野，对大人有利"，这是君主的德行。

【解读】

这一段是对九二爻辞的解释。九二爻正好在下卦的中间。《周易》里阳爻居阳位，阴爻居阴位叫做"正"。九二爻正不正？不正。中不中？中。这个"正"是正好，"正中"，正好在中间。"龙德而正中也"，是说处于这一爻的人有为君之德，其行为正当适中。"庸言之信，庸行之谨"，"之"在这里起到宾语前置的作用，就是"信庸言，谨庸行"。"庸"不是"平庸"，是指中，就是中庸，不偏不倚，因为九二爻在中，所以代表了庸言、庸行，就是守中道的言语和行为。这里是说平常的言谈要有信用，举止要谨慎。"闲"，原是马圈的栅栏，用于防止野兽进入，因而引申为防御、抵挡。"邪"为邪恶之心、邪念。"诚"为诚心诚意。"闲邪存其诚"，人要时常提防邪恶念头的侵袭，抵挡邪气，因为九二处下卦的中间，不是在两边，它不是邪的，是正的，所以能把邪气抵挡住，保留下来的是诚信。前面我们讲了仁、义、礼、智，再加二、五爻的"信"，就是仁、义、礼、智、信，中国文化非常强调"信"，这具有原创性，这样才能"善世而不伐，德博而化"。"善世"就是在世上做善事，但是"不伐"，"伐"是夸耀。九二这样的人做善事从不自我夸耀。"德博而化"是说这一爻最博大，因为在田，田最大，像大地一样，所以说"见龙在田，利见大人，君德也"，这是一种君主之德、君子之德，君德主要表现在守中道。

九二爻说巨龙出现在田间，利于出现大人。孔子认为这是比喻有龙一样品德而立身中正的人。大人的平凡言论说到做到，他日常举动谨慎有节，防止邪恶的言行而保持诚挚、美好的品德，行善于世但不自夸，道德广博而能感化天下。《易经》上说的"见龙在田，利见大人"，正是说明出现具备君主品德的贤人。

九三曰君子终日乾乾，夕惕若，厉无咎，何谓也？子曰，君子进德修业。忠信，所以进德也。修辞立其诚，所以居业也。知至至之，可与言几也。知终终之，可与存义也。是故居上位而不骄，在下位而不忧，故乾乾因其时而惕，虽危无咎矣。

【语译】

九三说君子整日刚健自强，彻夜警惕谨慎，貌似有危险，没有灾祸，是什么意思呢？孔子说，这是讲君子要使自己的德行增进，使自己的事业美好。做到忠诚有信，就可以增进德行。修饰言辞以确立其诚意，就可以累居功业。知道时势如何到来,就做好准备适应其到来,这样才可以谈论几微之理。知道时势如何终止,就做好准备适应其终止,这样才可以存养正义之行。因此,居上位而不骄傲,处下位而不忧愁。所以能够随时保持刚健自强而警惕谨慎,虽然有危险但没有灾祸。

【解读】

这一段是对九三爻辞的解释。"进德修业"是成语,"进德"是使自己的品德提升,"修业"是使自己的事业美好。怎么做到使自己的道德提升呢?要"忠信"。怎么做到使自己的事业美好呢?要"修辞立其诚"。"修"就是美好,这里是使动词,"修辞"是使词语美好。前提是要"忠信"、"诚",只有做到这些才能"进德修业",这完全是儒家的解释。

"知至至之",时势如何到来,就做好准备适应其到来,这样的人可以与他"言几"。"几"通"机"。"几"有两个意思:第一,时机;第二,几微。连在一起是微乎其微的时机。"时机"不是偌大的东西,它是很难抓住的,稍纵即逝的。《周易》讲宇宙大规律,告诉我们人怎么知道这个规律、这个法则,这个法则就是"时机"。《周易》强调"时",告诉我们要抓住时机。《系辞传》里讲"极深而研几","几"是时机,几微的时机,这种时机对事物向吉的方向转化,具有重要的意义。

当然,我们还可以升华一下,使这个观点更加丰满:所谓时机,都是离不开特定时代的,什么样的时代,就会赋予这个时代的人什么样的时机。大而言为时代,小而言为时机;时代与时机合二为一,就是时务。古人常说:识时务者为俊杰。目的也就是教人认清时代,把握时机,与时俱进。其实,这种人生大智慧咱们的老祖宗在《周易》里早有论述,只不过后人讲得更明白,更容易为大众所接受、认同罢了。

《周易》不仅告诉我们什么吉,什么凶,更重要的是告诉我们趋吉避凶,教我们怎么"知几"。"知终终之",知道终了的地方你就终了,这样的人才可以"存义",也就是说,做事情能知道适可而止,就会按照道义去行。

"是故居上位而不骄,在下位而不忧,故乾乾因其时而惕,虽危无咎矣",因此,九三爻居下卦的最上位而不骄,不能骄,一骄就完蛋了;处于下位也没有忧虑,能安守自己的本分。这一爻大多凶,为什么?就是因为它处于不上不下的位置,不上是说它处于下卦,不下是说它处于下卦的最上位,做好了可以往上升进,做不好就会掉下来,所以说会有危险。那么,怎么样才能避免凶险呢?就是要"终日乾乾",要"吾日三省吾身",要保持一种谨慎、恐惧的心态,有忧患意识,这样,即使处于危险的境地，也能化险为夷。

孔子认为，处于这一时位的君子要增进美德，修建功业。忠信诚实，就可以增进美德；修饰言辞出于诚挚的感情，就可以积蓄功业。知道进取的时机而努力实现它，就能取得成功；知道终止的时刻而及时终止，就能够遵循天道，行为符合道义。像这样就能够居上位而不骄傲，处下位而不忧愁，能够恒久保持坚强振作，随时警惕慎行，即使面临危险也可以免遭祸害。

曾子像

从这段话里我们不难看出，"与时偕行"不但包含着"与时俱进"，还有"与时俱退"这一层含义。原文中的"知至至之"、"知终终之"说的就是这两层意思。这是与《周易》产生和孔夫子作《易传》的历史大背景分不开的。就说孔夫子所处的时代，诸侯割据，小国林立。夫子周游列国，想要施展抱负，可惜得很，一辈子他都在"待价而沽"，却始终没有卖到合适的价位，最后只好退而教书育人。那是时代的错误，但势必会在孔夫子的著述中有所体现，这个体现就是"与时俱退"。人需要该出手时就出手，也需要该收手时就收手。毕竟人生路上没有一帆风顺的，也许有些磕磕绊绊，我们仅凭一腔热血横冲直撞是过不去的，这就需要我们停下来想一想，或者说是先退下来，想明白了，换条路再走也未尝不可。所以说，《周易》的智慧是无穷尽的，在任何时代都能焕发青春和活力。

拿今天来说，大时代已经创造了足够的条件和机会让我们去"与时俱进"，但是在你所处的小环境内有些时候还必须学会"与时俱退"，这里的"时"指时机。时机不成熟，就像没到瓜熟蒂落的时候你强扭的瓜，怎么着它都是苦的。

孔夫子虽然赢得了"千秋万世名"，各种头衔一大堆，可他基本上是一生潦倒，活得很不得志。有个跟他差不多生活在同一时代的人叫范蠡，他没有留下什么著述，身后的传奇故事却层出不穷。而且从行事原则看，他应该才是把《周易》彻底读懂读透，活学活用，与时俱进退的。

范蠡老家在楚国宛地，大致相当于今天的河南省南阳一带。他比孔子小十五岁，孔子周游列国屡屡碰壁的时候，年轻的范蠡也在经受着另一种煎熬。当时楚国国势不振,经常受到吴国的欺负,而能和吴国抗衡的,只有一个越国,为了救楚国于危难之中,范蠡的目光牢牢盯住了越国。

越国和吴国同处长江下游,是一对老冤家,原本双方旗鼓相当,动起手来互有杀伤,后来伍子胥流亡到吴国,还推荐了军事天才孙武,一下子就把越国比了下去。越王很不甘心,于是让大夫文种四处寻访贤人。

文种堪称范蠡的伯乐。因为他做过范蠡的父母官（宛令）,对范蠡的大名早有耳闻,于是直接找到范蠡说明来意,双方一拍即合。范蠡入越,从此开始了他在政治舞台上的黄金时代。

吴越争霸的故事大家都很熟悉,此处不再细讲,只说吴王夫差自杀以后,越国完胜,范蠡功莫大焉。他的好朋友、好同事文种认为天下大定,可以舒舒服服地安享荣华富贵了。范蠡却不这么认为,他看得更长远,说越王勾践的长相不行,"鹰鼻鸢目",这种人只可共患难不可共享乐。现在吴国已亡,咱们没有了用处,再待在他手底下恐非长久之计,要想保全性命还是逃走为好。文种也不是等闲之辈,但在政治上显然还很不成熟,他最终没有听从范蠡的劝告,选择了留在越国。这一留就把性命也留下了,文种的结局是"伏剑而死",被勾践逼得拿剑抹了脖子。

范蠡的出逃被后人,尤其是文人墨客赋予了浓厚的传奇色彩,他们大多认为范蠡是带着西施一起走的,两人原本就有感情,从此泛舟五湖,逍遥自在。但那只是传说。范蠡淡出政坛之后,辗转去了陶地（今山东定陶一带）,在那里做起了生意。做生意的范蠡一点也不比他在政坛上的表现逊色,三次积聚至千金资产,三次散尽从头再来,后人都尊称他为陶朱公,不少生意人还供奉他为财神。

范蠡无疑是一个奇才,他靠自己的才华帮助越国战胜了强吴,然后审时度势,放弃高官,保全性命,转而开拓了第二个事业领域,照样玩得风生水起。他是以自己的实际行动诠释《周易》中"与时俱进"的精神。跟他相比,在字面上写下"与时偕行"的孔夫子就有些迂腐和不识进退了。只会丧家之犬般东奔西走,哪有半分范蠡飘然出尘的洒脱？所以我们最后说:光说不练,不是好汉。不要只把"与时俱进"挂在嘴巴上,埋头实践才是硬道理。

九四曰或跃在渊,无咎,何谓也？子曰,上下无常,非为邪也。进退无恒,非离群也。君子进德修业,欲及时也,故无咎。

【语译】

　　九四说龙有时从深渊跳跃出来，前进一步也没有灾祸，是什么意思呢？孔子说，这是说贤人的上升、下降是不确定的，并非出于邪恶的念头。进取、引退也是不确定的，并非是脱离众人。君子使自己的德行增进，使自己的事业美好，是想抓住时机进取，所以没有什么祸患。

【解读】

　　这一段是对九四爻辞的解释。"无常"就是无恒，不确定。"上下无常"，就是上下进退没有一定的规则，没有规则就要按时来。你合时就可进，不合时就退，不能"邪"，不能不正，所以"非为邪也"。"邪"就是不正。九四爻正不正？不正，它是阳爻居阴位，又不在中位，九四爻既不正又不中，所以上下进退失据。《系辞传下》说"四多惧"，就是说处于这一时位的人，由于没有规则可循，吉凶祸福不能由自己主宰，所以有恐惧心理。"进退无恒"，尽管进进退退、上上下下没有常规，没有定则，但是"非离群也"，没有离开这一群体。九四爻是阳类，所以始终保持阳爻的本性，不管有多大的困难，也要继续升进。所以"君子进德修业，欲及时也"。"及时"就是趋时，符合这个时机。君子在这个时候，应该加紧修养自己的品德，尽可能地去建功立业。"故无咎"，只有这样，才能无咎，否则就有灾祸。

　　这是对第四条阳爻爻辞的发挥，巨龙有时候腾跃上进，有时候潜伏在深渊里。孔子认为，这是比喻贤人的上升、下降是不一定的，并非出于邪恶的念头，他的进取、引退也是不一定的，并非是脱离众人（普通人）。君子增益道德、营修功业，是想抓住时机进取，所以没有什么祸患。

九五曰飞龙在天，利见大人，何谓也？子曰，同声相应，同气相求。水流湿，火就燥。云从龙，风从虎。圣人作而万物睹，本乎天者亲上，本乎地者亲下，则各从其类也。

【语译】

　　九五说龙腾飞到天上，达到了大人的地位，是什么意思呢？孔子说，同类的声音互相感应，同样的气息互相求合。水向湿处流，火向干处烧。景云随龙吟而出，山风随虎啸而生。圣人奋起治世而万物显明可见，依存于天的亲近于上，依存于地的亲近于下，各以类相从而发挥作用。

【解读】

这一段是对九五爻辞的解释。"同声相应,同气相求",告诉我们一种思维方式、方法。这种方法就是后面所说的"各从其类"的方法,也就是"取象比类"的方法。为什么"九五"最好?九五是飞龙、是天、是大人、是吉,这都是同一类的东西,是"同声同气",是同"象",所以"象"从某种意义上讲就是"类"。我们都说"取象比类","类"就是"象"。龙跟天、父亲、圆、金玉有什么关系?从形体上说毫无关系,但却把它们组合在一起,是因为它们是同类,就是功能属性相同。这是"象思维",而不是"形思维"。"象"就是"类",就是功能属性相同、相近的一类事物。只要同一类东西就可以放在一起。"水流湿,火就燥。云从龙,风从虎",水与湿,火与燥,龙与云,风与虎,这都是同类,这是方法学的解释。如果没有孔子的解释,《周易》这本书就不会有质的变化,而只是一般的算命书。所以"圣人作而万物睹,本乎天者亲上,本乎地者亲下,则各从其类也"。"本"就是根,根长在天上的是什么?"本乎天者",指飞禽、云、雾这类东西,这类东西肯定亲上。"本乎地者",指植物等一类东西,因为植物等离不开大地。"亲上"是接近上面,这是天性,所以飞龙肯定在天。

云从龙图

九五爻是最佳之爻,这是对九五爻爻辞的发挥。孔子认为,同类的声音互相感应,同样的气息互相求合;水向湿处流,火向干处烧;景云随着龙吟而出,山谷之风随着老虎的咆哮而生;圣人奋起治世而万物显明可见;依存于天的亲近于上,依存于地的亲近于下,各以类相从而发挥作用。

上九曰亢龙有悔,何谓也?子曰,贵而无位,高而无民,贤人在下位而无辅,是以动而有悔也。

【语译】

上九说龙飞得太高,难免后悔,龙太过亢盛了,是什么意思呢?孔子说,太过尊贵而没有实位,高高在上而脱离群众,贤明的人居下位也无法前来辅助,所以一旦轻举妄动就难免会有后悔。

【解读】

这一段是对上九爻辞的解释。"贵而无位"，高贵到头了就"无位"，就好比被尊为太上皇了，也就没有了"九五之尊"的位置。"高而无民"，太高高在上了，就脱离了群众，所以"无民"，"民"指下卦。"贤人在下位而无辅"，"贤人"是第几爻？注意《周易》是不空说的，"贤人"指九二爻，上下卦相对应的爻是一与四爻，二与五爻，三与六爻。现在讲六爻，对应的爻是三爻，与九二爻没有关系，好比贤人不辅助其君，所以"无辅"。

上九"亢龙有悔"，孔子认为这是比喻处于这个时位的人太尊贵了，反而没有了实际的位置；太崇高了，反而管不到一般的百姓，贤明的人居下位也无法来辅助他。"是以动而有悔也"，所以这个时候一旦轻举妄动就会有所悔恨。

潜龙勿用，下也。见龙在田，时舍也。终日乾乾，行事也。或跃在渊，自试也。飞龙在天，上治也。亢龙有悔，穷之灾也。乾元用九，天下治也。

【语译】

潜隐的龙无所施行，是因为正居于下的位置。龙浮现在田野，对大人有利，是因为此时正应该停留在那里。君子整日刚健自强，是因为正要进行该做的事。龙有时从深渊跳跃出来，是因为正在进行自我尝试。龙飞到天上，是因为正处于平安的上位。龙飞得太高，难免后悔，是因为正处于穷极的地步，会带来灾难。乾元六爻皆九，说明天下大治。

【解读】

这一段是《文言传》对乾卦六爻做的第二次解释。

"潜龙勿用"，是因为此时地位低下微贱，居下。

"见龙在田，时舍也"，说明时势开始舒展，出现转机，按照"时"应停留在那里。"舍"是居、停留的意思。

"终日乾乾，行事也"，说明事业付诸实践，此时要行动，要做事。

"或跃在渊，自试也"，说明正在进行自我检查、检验。"自试"，自己试试。因为有一个"或"字，所以要试试，掂量掂量自个儿到底有多少斤两，真跃出去到底能做多大事。

"飞龙在天,上治也","治"就是平安。从天下大乱到天下大治,说明形成了最好的政治局面,因为九五爻居上卦之中位,所以最平安。

"亢龙有悔,穷之灾也",说明穷极太过带来的灾难。"穷",到头了,"穷则变,变则通,通则久",走到头了,所以就有灾祸。到头了肯定会物极必反,这就是大规律。

"乾元用九,天下治也",是说天有元始之德,而用阳刚九数,群龙无首,说明天下大治是大势所趋。因为天下大治,所以群龙无首,共产主义实现了,达到了最高的状态。就像中医看病,讲究辨证论治,但最高状态,就是打破框子,不辨证论治了。四川有一副对联:"天下事了犹未了,何妨以不了了之;世外人法无定法,然后知非法法也"。高,实在是太高明了!

潜龙勿用,阳气潜藏。见龙在田,天下文明。终日乾乾,与时偕行。或跃在渊,乾道乃革。飞龙在天,乃位乎天德。亢龙有悔,与时偕极。乾元用九,乃见天则。

【语译】

潜隐的龙无所施行,这是由于阳气处于潜伏隐藏的时位。龙浮现在田野,这是由于天下文采灿烂。君子整日刚健自强,这是由于要与时俱进。龙有时从深渊跳跃出来,这是由于天道转化,出现变革。龙飞到天上,这是由于此时正当天位,具备天的美德。龙飞得太高,难免后悔,这是由于随着时势发展到极点,物极必反。乾元六爻皆九,这是由于天道法则的体现。

【解读】

这一段是《文言传》对乾卦六爻做的第三次解释。

"潜龙勿用,阳气潜藏",巨龙潜伏在水中,暂时不施展才能,说明此时阳气潜藏没有出现。

"见龙在田,天下文明",巨龙出现在田间,说明此时天下文采灿烂(指九二爻如阳气刚从地面发出来,照耀万物开始焕发光彩)。"文明"、"文化"二词最早都出自《周易》，贲卦"观乎天文以察时变，观乎人文以化成天下"，这就是"文化"一词的来源。"文化"就是人化。

"终日乾乾，与时偕行"，整天坚强振作，说明此时要追随时光向前发展，就是与时俱进。"与时偕行"比"与时俱进"说得更好。因为"行"不仅仅指"进"，还指"退"，应当是"与时俱进退"，而不是一味地冒进，关键在于"时"。做人、治国、治病，怎么把握时机？一定要合"时"，符合时运，《孙子兵法》就讲一个"势"字。"势"就是"时势"。《孙子兵法》说，"战势不过奇正，奇正之变，不可胜穷也。以正合，以奇胜"，这叫"出奇制胜"。《孙子兵法》讲道、天、地、将、法，第一就讲"道"，道就是"势"。

"时"可以理解为天时，即天道，也就是大自然的运行规律。人绝不可以违背天意，"违天不祥"，逆天而行就更不能被容忍了，分明就是自取灭亡。"时"的另一层意思还可以指时势、时务，这当然是指人类社会运行的一般规律了。所谓时势造英雄，识时务者为俊杰，说的就是这个道理，它指的是人对社会规律的一种宏观把握和掌控能力，因为这决定着一个人在社会大潮尚且波谲云诡时能否尽快或及时作出自己的正确判断并迅速投身进去，占得先机。古往今来，跟错人或站错队伍都是成大事者不可饶恕的低级错误。成王败寇，古来公理。权力场上的搏杀一向都是血腥而残酷，一旦分出高下，下的一方付出的绝对不是汗水和泪水，而是鲜血和人头。

"时"还可以指代时机。这里特指临事能够做出正确判断并把握最佳的出手时间和机会。不击则已，一击必中，不留后路。绝对是静若处子，动若脱兔。各个行业的成功者几乎全部具备这方面的特质。

说到这里，我们会发现孔子也并不是一根筋，非一条道走到黑不可，他也会教人随机应变、见风使舵。想当初他老人家带着一干弟子周游列国，屡屡碰壁，混得状如丧家之狗仍乐此不疲。当然他也放过狠话，说："道不行，乘桴浮于海。"索性不在国内待了，要到海外去。可惜他终归没有去，折腾到垂垂老矣时终于闭门著述，当他的教授和编辑去了。从孔夫子的郁郁一生中我们还有新发现，就是道理都是讲给别人听的，用在自己身上完全失效。这点大圣如孔子者亦不免矣。

"或跃在渊，乾道乃革"，有时候腾跃上进，有时候退处在深渊，说明天道转化、出现变革。"乾道"就是天道，即大自然的运行规律；"革"，即变革。这里指九四爻如阳气发展到一个新阶段，万物正面临转化。

"飞龙在天,乃位乎天德",这个位就是"天"。巨龙高飞上天,说明此时阳气旺盛正当天位,具备天的美德。

"亢龙有悔,与时偕极","极",达到极点,到头了。"极",木字旁,原指房屋最高的大梁,引申为极端、极点。巨龙高飞穷极太过,最后有所悔恨,说明时势发展到极点了,会物极必反。

盈不可久、物极必反的大道理相信没有几个人不知道,可是这么个高屋建瓴、看不见摸不着的道理怎么去付诸实践呢?相信也没有几个人知道,因为它只是总结了一个大家都明白的现象。打个比方说,一堆废铁比一支战场上杀敌制胜的钢枪还差着十万八千里呢。"知进退存亡而不失其正"就是一支打造好了的枪。遇到情况需要知道进退,其实是教我们学会退;生死关头要紧的莫过于正确选择,其实是教我们别送死。这就好办了,实践起来有章可循呀。

还有思想政治方面的教育:不失其正。就是不能搞歪门邪道。总之,关键时候,把握时机,进退裕如,以保存自己为第一要务。这样非但永远用不着"悔",连"亢"这样的小过失都不会犯,永远都是"飞龙在天"。

我们还要特别注意的一点是,"亢龙有悔"更是反映了一个天道循环、无始无终的道理,记述了弄潮儿们从无到有、从小到大,最后又从有到无,重新开始奋斗的过程。这个时期需要的是更丰富的阅历和智慧,更顽强的毅力和斗志,最后还需要保持一种坦然接受不断"归零"的心态,把从头再来当做人生对自己的一次考验。

"乾元用九,乃见天则",天有元始之德而用阳刚九数,群龙无首,这是大自然法则的体现。大自然的法则不可为首,万事万物都是平等的。

乾元者,始而亨者也。利贞者,性情也。乾始能以美利利天下,不言所利,大矣哉。大哉乾乎,刚健中正,纯粹精也。六爻发挥,旁通情也。时乘六龙,以御天也。云行雨施,天下平也。

【语译】

乾卦象征天,元始,天德首先在于创造万物,并使它亨通。利贞就是符合本性和情感。乾一开始就用美好的利益来使天下受益,却不把恩惠说出来,这真是伟大啊!天是伟大的,刚强劲健,居中守正,纯粹至精。六爻运动变化,可以涵盖万物的发展情理,犹如顺着不同时势的六条巨龙,驾驭着大自然而驰骋变化。云气流行,雨水布施,带来了天下的太平。

【解读】

从这里开始是《文言传》对乾卦的卦爻辞所做的第四次解释。

先对"元亨利贞"进行解释。"元"就是开始,开始就亨通。乾卦象征天,是元始,万物的开始,说明天的美德首先在于创造万物,并让它亨通顺利。"利贞"是性情。"性"是什么?"情"是什么?程颐说"天所赋为命,人所受为性","命"就是天命,"性"就是人性,就是万事万物之性,也就是人和事物的本性,这个本性要符合天命。"情"是一种情感。"性"与"情"是两个层次。这里指利贞就是符合本性和情感。只要符合本性的一切有情的人都能"利贞"。"乾始能以美利利天下",从乾卦开始才能用美好的东西来利于天下,后一个"利"是动词,前一个"利"是名词。但它不言"小利",所言的是"大利"。和谐有利,贞正坚固,是天所蕴含的本性和内在之情。天一开始就能用美好的利益来使天下受益,却不把它施与的恩惠说出来,这真是伟大的品德啊!

为什么"大哉乾乎"?乾很伟大,因为"刚健中正,纯粹精也"。"刚健",它的六根爻都是刚爻、健爻、阳爻。"中正"是指九五爻。任何一个卦都有一个卦眼,好比人都有一双眼睛,眼睛最重要。一首诗有"诗眼",一篇文章有"文眼",一个卦也有"卦眼"。乾卦的卦眼在九五爻,这一爻最重要。"纯粹精也","精"这里指阳气,乾卦六爻全为阳爻,所以说纯粹不杂,全为精气。"六爻发挥,旁通情也",六根爻发挥,就可以触类旁通,"旁通"后来叫"旁通卦","旁通卦"就是六爻变动之后的卦。乾卦如果六根爻全动的话,就变成坤卦。坤卦是乾卦的旁通卦,旁通卦又叫对卦,相对应的爻变,阳爻变阴爻,阴爻变阳爻,所以一个卦除了看本卦之外,还要看它的旁通卦,这样可以涉及有关的事情。天是博大的,刚强劲健,居中守正,整体没有混杂任何事物,是纯粹至精的阳气,所以是很伟大的。

"时乘六龙,以御天也",意思是说天道的变化分六个阶段,表现为六龙的状态。"云行雨施,天下平也",指阴阳交合,天下太平。乾卦六爻的运动变化,涵盖了万物的发展情理,犹如顺着不同时势的六条巨龙,驾驭着大自然而驰骋变化,带来了天下的太平。

君子以成德为行,日可见之行也。潜之为言也,隐而未见,行而未成,是以君子弗用也。

【语译】

君子把成就道德作为行动的目的,这是每天都可以体现出来的行为。"潜"的意思是隐藏而不要露面,因为行动还没有成功,所以君子暂时不妄动。

【解读】

这一段是解释初九爻,意思是说,君子把成就道德作为行动的目的,这是每天都可以体现出来的行为。初九爻辞所讲的"潜",意思是隐藏而不要露面,因为行动还没有成功,所以君子暂时不宣扬自己,不施展自己的才能,不轻举妄动。

君子学以聚之,问以辩之,宽以居之,仁以行之。易曰见龙在田,利见大人,君德也。

【语译】

君子以学习来聚集知识,以问对来辨明事物,以宽容居处于世,以仁爱行事于人。《周易》说龙浮现在田野,对大人有利,这是君子的美德。

【解读】

这一段是解释九二爻,这几句介词与宾语倒置,为强调宾语将宾语前置,意思是说,君子以学习来聚集知识,以问对来辨明事物,以宽容的态度来对待别人,以仁爱之德来安身立命。这告诉我们积累的道理。学怎么才能大?要积,多问,辨明事物。"宽"、"仁"都是大,主要取"大"的意思来发挥。《周易》说巨龙出现在田间,利于出现大人,这是君子的美德。

这里出现了"学问"和"宽仁"两词的雏形,而这两词都是"君德"之人所必备的品质,和上文孔子的一番说明正好可以互相参考。也就是说,要想做一个"君德"之人,要想把人生的目标锁定在九五爻的"飞龙在天",就得先具备九二爻的种种美德,譬如"庸言之信,庸行之谨"呀,"善世而不伐,德博而化"呀,"宽以居之,仁以行之"呀,如此等等。总之是要做一个品格非常完美、几乎是"前无古人,后无来者"的人物,这样才有可能度过"三多凶,四多惧"的危险时光,最终平安到达九五爻。

最后,也是最关键的一点,你必须拥有一身过硬的本领,也就是所谓的"学问"。不说十八般兵器样样精通,你好歹也得触类旁通,能"问"了之后虚心去"学"。试问,从周文王、周公到孔子,不论时运好坏,有哪一个不是怀抱不世之才的?所以,只有美德而没有学问,就只能一辈子做个普普通通的好人,因为他可能连怎么去"德施普"都不会。

当然,只有学问而没有美德更可怕。历代的巨奸大恶至少都具备某一方面的出众才华,很可惜,这些才华被他们用到了邪路上,因此他们所造成的危害也比一般的小偷小摸、作奸犯科者要严重得多。

因此,我们最后的结论就是:只有美德与学问并重,才能开创灿烂美好的明天。如果鱼与熊掌不可得兼,现实非要逼我们做出选择的话,那我们只能惋惜但却毫不迟疑地告诉大家——选择美德。这样虽然不会有大的成就,但至少一辈子踏踏实实,问心无愧,至少是个好人而不是坏人。

九三,重刚而不中,上不在天,下不在田,故乾乾因其时而惕,虽危无咎矣。

【语译】

九三重复阳刚却不能持中,向上不能尊处于天,向下不能卑处于地,之所以要刚健自强且警惕谨慎,是因为他所处的时位使然,虽貌似有危险,却没有灾祸。

【解读】

这一段是解释九三爻,意思是说,九三爻居位不正中,所以上不能通达于天,下不能降临地面,这个时候要不断地坚强振作,随时保持警惕,这样即使面临危险也不会遭受祸害。因为六十四卦的每卦只有二、五两爻居中,所以九三爻"不中",但为正位。因为九三爻和初九、九二爻均为阳刚之爻,三个刚爻,所以称为"重刚"。"上不在天","天"就是九五爻。"下不在田","田"在二爻,所以要"乾乾因其时而惕",所以要警惕、要反思,这就是现代企业管理中最应关注的管理方式:危机管理。你每一天都在"乾乾",都在警惕,一定没有远虑。

九四,重刚而不中,上不在天,下不在田,中不在人,故或之。或之者,疑之也,故无咎。

【语译】

九四重复阳刚却不能持中,向上不能尊处于天位,向下不能卑处于地位,居中不能安处于人位,所以有时要向上跳跃。为什么是有时呢?是因为能够审时度势,所以没有灾祸。

【解读】

这一段是解释九四爻,九四爻和九三爻一样,也是"重刚而不中",它往上不能通达于高天，向下不能降于地面，中又不能居在人间，所以有时要向上跳跃。为什么要用"或"字呢？"或"，有时，有时前进，有时不前进。"疑"即疑惑，为什么会疑惑呢？因为它上不挨天下不着地，为进退两难的位置所限，所以它不得不全面考虑，并进行多方面的谨慎考察，以避免遭受灾祸。

关于乾卦九四爻，总体而言我们可以得出这样一个结论："九四"是一个很有志气的人，上进心很强，一直都在勤奋学习，增进道德修养，虽然他目前举目无亲，投靠无门，举止乖张，反复无常，但一旦时机来临，他绝对不会轻易放过，因为他一直都在等待这一天的到来。相信老天不会让他等太久。

夫大人者，与天地合其德，与日月合其明，与四时合其序，与鬼神合其吉凶。先天而天弗违，后天而奉天时。天且弗违，而况于人乎？况于鬼神乎？

【语译】

大人的品德必须符合天德，像日月一样光明，做事要符合春夏秋冬四时运行的规律，像鬼神一样把握吉凶。先于天象行动，天不违逆你，后于天象而遵循天道。天都不会违逆你，何况是人呢？何况是鬼神呢？

【解读】

这一段是解释九五爻，是对"大人"进行的论述，极为精彩。要成为"大人"必须达到"四合"。"与天地合其德"，这是从品德角度、从伦理学角度说的，就是"天人合一"，人的品德必须符合天德。

"与日月合其明"，这是从认知学角度来说的，也就是说你要符合日月运行的规律，才能有与日月一样的光明。《老子》五千言里曾几次讲到"明"。什么是"明"？"知人者智，自知者明"，"知常曰明"，"常"就是"道"，恒常的、永恒不变的就是"道"，这是"天道"，认识了天道就是"明"，我们要"与日月合其明"。"日、月"两个字横向组合是"明"，上下组合是"易"。佛家有八苦，"苦"的最根本的原因就是"无明"。无明就苦，有明你就不苦了，"明"太重要了。

"与四时合其序"，这是从行为学的角度来说的，我们做事要符合春夏秋冬四时运行的天道规律。

"与鬼神合其吉凶"，这是从行为的结果这一角度说的。这世上有没有鬼呢？我们的回答要么是"有"，要么是"没有"。在这个问题上看来我们都比不过孔子啊。有人问孔子有没有鬼，孔子说："祭如在，祭神如神在。"孔子太聪明了,祭它的时候,它就在,不祭它的时候它就不在,太妙了!"与鬼神合其吉凶"就是说,你按照天道、人道去做,最后达到的那种结果就可以和鬼神一样预知未来,把握吉凶。

达到"四合"才是"大人"。所以我说儒家的最高人格是圣人,道家的最高人格是神人,佛家的最高人格是觉人(佛就是觉悟者),易家的最高人格是大人。大人可以涵盖圣人、神人和觉悟者,大人是这三者的集合,达到"四合"的人就是圣人、神人、觉人。

成为了大人,就能做到"先天而天弗违,后天而奉天时"。这里出现两个词,一个是"先天",一个是"后天",后来就说成了先天八卦、后天八卦。人产生以前是"先天",人产生以后是"后天",所以"先天"指天道,"后天"指人道。"先天而天弗违"是指按照天道规律来做,天就不会违逆你,天就会保佑你。"后天而奉天时",人出生以后要奉行天时,不要一天到晚想着与天斗争,与天作对。"天且弗违,而况于人乎?况于鬼神乎?"我一读到这句话,就特别有感觉,马上就会想起《老子》中的一段话:"飘风不终朝,骤雨不终日。孰为此者?天地。天地尚不能久,而况于人乎?"这是一种递进的关系,你只要奉行天道,天都不会违逆你,而况于人呢?况于鬼神呢?他们更不会违逆你,不会与你作对,当然会来保佑你。这就是"飞龙在天"的结果。

亢之为言也,知进而不知退,知存而不知亡,知得而不知丧,其唯圣人乎?知进退存亡而不失其正者,其唯圣人乎?

【语译】

"亢"就是只知道前进而不知道后退,只知道存在而不知道消亡,只知道获得而不知道丧失,这是圣人吗?能知进取与引退、生存与灭亡的道理而不致偏离正道,这是圣人吗?

【解读】

最后解释上九爻的"亢龙有悔","亢"就是只知道进取而不知道后退,只懂得生存而不懂得衰亡的道理,只知道获取利益而不知道所得到的东西必将失去的道理。而圣人不是这样的,只有圣人才是明智的!圣人深知进取与隐退、生存与灭亡的道理,行为不偏离正确途径的,大概也只有圣人。这里用了"其……其……"的句式,表示选择,意思是说"是前者是圣人呢,还是后者是圣人呢？"答案当然是后者。所以一定要知道进退存亡的时机,这样才不会"亢龙有悔"。

《文言传》对乾卦进行了四次解释,阐发了乾卦六根阳爻的大道,包括天道、人道,把人道怎么适应天道的大法则、大规律给我们展示出来。

> 乾卦是六十四卦中唯一的纯阳卦,是"至刚"、"至动"之卦。乾卦是龙,还是马！乾卦表述了中国人的龙马精神,那就是阳刚的精神,就是"自强不息"、"刚健坚毅"的精神。
>
> 乾卦六根阳爻表示六个时位,六种状态,六种做法。用"龙"作比喻,从下往上就是：潜龙、见龙、惕龙、跃龙、飞龙、亢龙,这标志着任何事物发生、发展、高峰、衰落、重生的过程。《易经》非常形象地将六个时位与龙的六种状态结合起来,为了适应这六个时位、六种状态,必须采用六种不同的做法,才能趋吉避凶、趋利避害。
>
> 乾卦代表天,乾卦六个时位的变化规律就是天道规律,天道统领地道、人道,天道是变化的,万事万物也是变化的,所谓好或坏的结果实际上都是由于自己对时位的把握和处理方式造成的。有什么因,才有什么果。这是铁的规律。让我们自己静下心来好好想一想：此时此刻我处在哪一个时位？我应该怎么做才能趋吉避凶？下一步预示怎样的结果？这样的结果是什么原因造成的？
>
> 从乾卦的卦爻辞中,我们可以发现基本上都是先说一件事,然后说出判断语——"利"、"悔"、"厉"、"无咎"、"吉"。好多人看《易经》就看后面的判断语,不看前面的话,这就糟糕了,把《周易》就当成占卜书了,把它的精华给丢了。其实《周易》前面那句话太重要了,它说的是原因,是过程,有了这个原因,经过了这个过程,才有后面的判断语,后面的结果。看《周易》不要只看那个判断语,而是要看前面的原因,看前面的过程。看《周易》不是看结果,而是要思考为什么有这个结果。《周易》不仅仅是预测学,更重要的是行为学。它不仅仅告诉我们吉凶,更重要的是教我们如何趋吉避凶。现代人看《周易》是要从中看出为什么"吉"、"凶"、"悔"、"吝"、"无咎",对我们今天的做人、做事有什么启发。

坤卦第二——阴柔之美

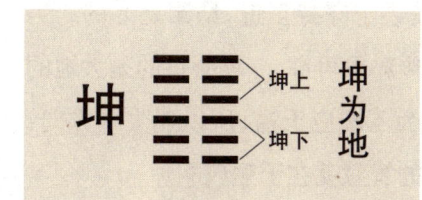

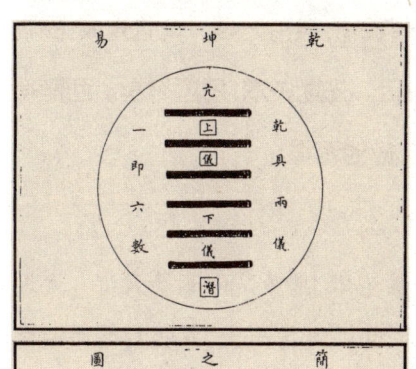

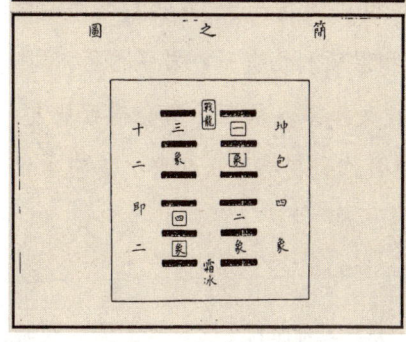

坤：元亨，利牝马之贞。君子有攸往，先迷后得主，利。西南得朋，东北丧朋，安贞，吉。

【语译】

坤卦，元始亨通，利于母马之贞正。君子有所前往时，领先而走会迷路，随后而走会找到主人，吉利。从西往南会得到朋友，从东往北会丧失朋友，安守贞正，吉。

【解读】

现在来看坤卦，为什么把坤卦排在第二位？这是根据宇宙万事万物生成的次第而来的，先有天，后有地，坤为地，所以排第二。坤卦六根爻全是阴爻，表示纯阴。《说卦传》说："坤，地也。""坤，顺也。"取象为地等阴性物质，性质为柔顺。坤卦以无疆无际的"大地"为象征形象，表示最纯粹的阴，最柔顺的品质可承载万物，德合无疆，勉励人效法"大地"厚德载物的精神，柔顺谦卑，胸怀宽广。卦辞说，"元亨，利牝马之贞"，也是一开头就亨通，但有利于牝马守持正道。什么是牝马？先看"牝"这个字，甲骨文写作"𤘪"，是牛字旁，代表动物，"𠂇"是什么意思？就是女性的生殖器。跟它相对的字是牡，"𠂉"是男根，男性的生殖器。所以牝马是母马，因其性情尤为柔和温顺，以之比喻地性的柔顺。"利牝马之贞"的意思就是有利于阴性事物或者说女人守持正道，即有利于持守柔顺的品性。"君子有攸往，先迷后得主"，就是君子可以去做这件事情，"攸"相当于"所"，但是先迷失方向后来能够找到主人、找到方向。这里的"先"也可以理解为"领先"；"迷"即迷失、失误；"后"为随后，即顺从；"得主"相对"迷"而言，即不迷失，亦即正常。具有坤德品性的君子前往做事要发扬自己柔顺的本性，如果想当领导，居于众人之前，就会迷失方向，在决策上会出现失误；如果跟随在刚健有为的、有乾德品性的领导后面，符合正道，就会有所成就。"西南得朋，东北丧朋"，在西面和南面会得到朋友，在东面和北面会丧失朋友。但是"安贞，吉"，安心于守持正道，结果是好的。为什么"西南得朋，东北丧朋"？一会儿在《彖传》中再讲。 坤卦讲的是大地的智慧，女人的智慧，阴柔的智慧。阴柔之人因为不顺应天道，所以迷失了方向；因为顺应了天道，所以找到了方向。可见阴柔的智慧就在于顺应啊。

彖曰：至哉坤元，万物资生，乃顺承天。坤厚载物，德合无疆。含弘光大，品物咸亨。牝马地类，行地无疆。柔顺利贞，君子攸行。先迷失道，后顺得常。西南得朋，乃与类行。东北丧朋，乃终有庆。安贞之吉，应地无疆。

【语译】

《彖传》说，至广啊，坤元。您是万物取资的生本，您顺从承奉着天道。大地广厚可负载万物，德行广大能久远无疆。涵育一切并发扬光大，万物亨通而遍受滋养。母马与地同类，驰骋在无边的大地上，柔和温顺利物贞正。君子前行，率先行动会迷惑而偏离正道，在后随顺就可以获得长久福泽。从西往南会得到朋友，可以和朋友共同前行。从东往北会丧失朋友，但最终也仍有喜庆福祥。安守贞正的吉祥，正应大地的美德，并永远保持下去。

【解读】

《彖传》说，"至哉坤元，万物资生，乃顺承天"，我们回忆一下《彖传》对乾卦的解释，"大哉乾元，万物资始，乃统天"，这里是"万物资生，乃顺承天"。所谓"生"是在第二阶段，先有"始"后有"生"，所以坤卦是第二阶段。到了坤卦才能完成生万物的任务，只有成熟的女人才可以生孩子，所以乾卦主始，坤卦主生。"顺承天"，是说明坤卦是第二位的，乾卦是第一位的，坤卦要顺应乾卦。坤卦的最大功能就是要顺，看它的六根爻就可以看出是一个顺应的过程。我在讲乾卦的时候说了,乾是"始",是童女、少女,而坤是"生",当然就是母亲,是少妇了。我们看"母"字,甲骨文写作"",是女字加上两点,表示女人的两个乳房,当然就是成熟的女人了。也就是说,在孔子看来,乾卦是童女、少女,坤卦是成熟的女人,是母亲,是少妇。乾在前,坤在后。这是一个人的两个阶段,也是任何事物发生发展的两个阶段。可是老子的看法与孔子恰好相反,虽然老子没有明确地提到乾卦和坤卦,但却提到了"无"和"有"、"阴"和"阳"。在老子看来,先有"无",后有"有",是"无"中生"有";先有"阴",后有"阳",是"阴"中生"阳"。老子在《道德经》第一章中说:"无名天地之始,有名万物之母。"就是说"无"(阴)是童女、少女,"有"(阳)是母亲、是少妇。我列了一张表,大家看一看。

	船	册
孔子	(乾,天,男)	(坤,地,女)
老子	(无,阴,女)	(有,阳,男)

"坤厚载物,德合无疆","坤厚"就是大地非常丰厚,能承载万物,所以它的品德就可以无边无际了。"无疆"就是无边无际,大地的无限宽广与人的美德无边无际是同类,这就叫做"取象比类"。坤为什么最丰厚?因为大地浊气下降是慢慢积累的,所以在万事万物中只有大地是最丰厚的,比任何东西都丰厚,这里就可以引申为凡是阴性的事物都是非常丰厚的,所以能承载万物。"坤厚"和"载物"是什么关系?是条件关系或者是因果关系,不是并列关系,只有"坤厚"才能"载物";因为"坤厚"所以"载物"。"德合无疆"是一种引申关系,"德"就是品德,怎么才能"无疆"呢?就是要像坤卦一样,像大地一样具有深厚、宽广的品德,这样才能功德无边,福报无边。

"含弘光大,品物咸亨","含弘"是指能够包容宽厚,"光大"就是光明正大,这实际上是指大地的品德,因为大地能包容,能弘扬,所以才"光大"。"品物咸亨",万事万物都亨通,鲁迅笔下的"咸亨酒店"就取自这里。

"牝马地类,行地无疆","牝马"跟大地是一类的,牝马、雌马、大地都属于阴

性事物。阴性事物的力量是巨大的,母马行走大地比公马耐力强,所以走得更遥远。

"柔顺利贞,君子攸行",柔顺有利于守持正道,君子具有柔顺的品德,就会有利于前行。

"先迷失道,后顺得常",君子要"顺","顺"有两个意思,第一个意思指君子的行为要柔顺,就是品行要柔顺;第二个意思是顺应地道、天道。同时具备这两个"顺",君子才可以前往。"先迷"是说先前自以为是,迷失了方向,所以是"失道"。"后顺"是说知错能改,后来慢慢地顺从于天道,所以是"得常","常"也就是"道"。

"西南得朋,乃与类行",西边、南边和坤卦是同一类的。按照《说卦传》的解释,西边为兑卦、南边为离卦,都是阴卦。

"东北丧朋",按照《说卦传》的解释,东边是震卦,北边是坎卦,都为阳卦,跟坤卦虽然不是同类,但"乃终有庆",终究是一件吉事。为什么呢?阴阳开始互补互生,相互作用了。

"安贞之吉,应地无疆",为什么"安贞吉"呢? 万事万物当中,大地是我们能够看到的、感知到的最广大的东西。天也大,但是天是空灵的,大地是实在的、非常丰厚的,所以大地具有厚德载物的精神。大地永远持守这种品德,所以万物才能生生不息。我们人也要像大地一样具备这种宽广无边、能承载万物的美德,安心于守持这种品德,就会大吉大利。

象曰:地势坤,君子以厚德载物。

【语译】

《象传》说,地道形势柔顺,君子由此得到启示,要厚植优良品德,承载天下万物。

【解读】

《象传》说,"地势坤",上下卦都为坤卦,坤为地,地的运行是顺承天的,这里的"坤"取其本义为"顺",这是说地的运行趋势就是"顺",大地是永远顺从天道的规律在运行的,另外,大地又以自己宽广的胸怀与敦厚的品性,承载并养育万物,使万物在其上生生不息,这就是坤卦之象。君子看到这样的卦象,就要按照坤卦之道来"厚德载物"。"厚"即厚实、深厚的意思。"德"即品德,具体地讲就是包容的品德,柔顺的品德,忍让的品德,顺势的品德,谨慎的品德。"载物"就是承载万物。厚德和载物是什么关系呢? 它们不是并列关系,不是又厚德又载物,而是一种因果关系,条件关系,假设关系:因为厚德,所以载物;只有厚德,才能载物;如果厚德,就能载物。所以厚德是最重要的。"厚德载物"就是说,君子要效法大地容蓄、养育万物之道,以自己深厚的品德与宽广的胸怀去容育万物。

☷ 初六,履霜,坚冰至。

☷ 象曰:履霜坚冰,阴始凝也。驯致其道,至坚冰也。

【语译】

初六,踩在微霜上,冰冻三尺的日子就不远了。

《象传》说,踩在微霜上,冰冻三尺的日子就不远了,这是因为霜阴气开始凝结。循着此一般规律发展下去,就会有坚冰出现。

【解读】

初六,"履霜,坚冰至",就是踩上微霜将迎来坚冰。简单地讲,就是顺的意思。冬天来临的时候,地上是先出现霜,然后才出现坚冰,这是表示阴气越来越重。从霜至坚冰是事物顺其发展的一个过程。霜和冰都是属于阴性的事物,坤卦为纯阴卦,所以一开始就用阴性事物作比喻,阴气的积累壮大是有一个逐渐发展的过程。这都是取了一个顺的意思。

《象传》解释说,"履霜坚冰,阴始凝也",脚上踩到了霜,表示阴气开始凝聚。"顺致其道,致坚冰也",如果顺着阴气的发展,阴气就会越来越凝结,阴气达到极盛的时候,就会有坚冰出现。通过先有霜,后有坚冰这样一种现象,告诉我们任何事物的发展都是有一个从小到大,从微薄再慢慢地变得丰厚的过程,因此我们做任何事情都要顺应这样一种规律,不要做拔苗助长的事,既要让事物自身顺应事物发展的规律,我们自己也要保持一种顺从规律的信念。

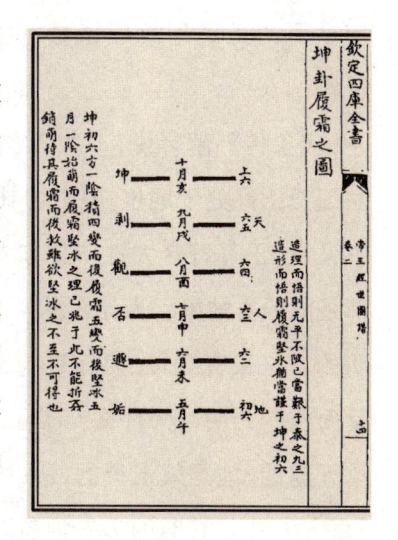

☷ 六二,直方大,不习无不利。

☷ 象曰:六二之动,直以方也。不习无不利,地道光也。

【语译】

六二,直接产生,遍及四方,广大无边,不必修习,事无不利。

《象传》说,六二爻的活动,是直接产生并可以遍及四方。不必修习,事无不利,是因为大地之道是广大无边。

【解读】

六二,"直方大"。"直"就是正,指品性纯正。"方"也是坤卦的特点之一。古人认为天圆地方,坤卦代表的正是大地。直和方很大程度上是相通的,方的四边不都是直的吗?两者又都和正关系密切,正直,方正,都是指人的品性纯正。"大"也是坤卦的主要特点,正因为大地广阔无垠,所以才能够包容接纳万物。拥有了"直方大"的品德,内心的修养就到了一定程度,所以才"不习无不利",就算是不去学习也没有什么灾祸。这个说法显然有些夸大了修身的重要性。在古代社会,小农经济盛行,一家人不遇天灾人祸,男耕女织也可自给自足。当今社会则不然,竞争激烈,一切都要从社会靠实力得来,如果只有德行而一无所长,那就是输在了起跑线上,怕是连活下去都成问题。这是我们学习《周易》时需要注意的。随着时代的进步,《周易》也需要紧跟时代前进的步伐,"与时偕行"。关于修身和学习的正确理解应该是:两者同等重要,但修身无疑是基础,是先于学习进行的。

《象传》解释说,"六二之动,直以方也",因为下两爻的位置是地的位置,六二爻正好处于地位,整个坤卦就是大地,所以六二爻是大地的代表,六二爻又中又正,正好符合大地"直方大"的特点。实际上,中、正、直、方、大在取义上都是同一类的象。为什么说"不习无不利"?因为"地道光也",大地之道是光明的。这很有意思。我们在说"天"的时候不说"光明",而说"地"的时候反而说"光明",为什么?实际上,天道是光明的,众人都能看见的,而地道是顺承天道的,地是效法天的,所以地道也是光明的,只不过一般人不太知道而已,"直方大"是光明的另一种表现方式。大地之道本身就是光明的,所以只要保持这种品性,把自己的这种品性推广开来,就可以了,不需要再去学习。引申到做人,人不是在地上吗?这是典型的"天人合一"。人要像天一样光明,要像地一样"直方大",就是要光明正大。光明正大就是"道",是天道、地道、人道的合一。老子说:"人法地,地法天,天法道,道法自然。"这就是中国古人的天人合一的思想。

我们都去过故宫,那里有前三殿后三宫,后三宫第一个宫是乾清宫,宫里挂了一个大匾,上面有四个字"正大光明",就是取自坤卦的六二爻。

六三,含章可贞,或从王事,无成有终。
象曰:含章可贞,以时发也。或从王事,知光大也。

【语译】

六三,隐含才德,可以贞正。或者跟从君王做事,成功而不居功,可有善终。

《象传》说,隐含才德,可以贞正,是要等待时机再作发挥。或者跟从君王做事,是因为智慧广大。

【解读】

六三,"含章可贞",就是把自己的才华隐藏起来,可以持守正道,也可以说这样做才是符合正道。"含"就是隐含。"章"通"彰",才华。六三爻不中不正,"三多凶",这时候就要"含章可贞"。我们学《周易》一定要掌握时位。"或从王事","或"就是有时,有时可以跟随"王"做事,而不是自己做事,这个"王"就是卦辞所说的"主"。跟随他做事才能"无成有终",不会有大的成就但是可以善终。就是说你有时候可以跟着别人做事,自己不要想着当头儿,因为这个时位不适合自己去挑头干大事。

《象传》解释说,"含章可贞,以时发也",处于六三这个时位,要隐藏自己的才华,持守正道,是为了在合适的时机发挥作用。"或从王事,知光大也",隐藏自己的才华,并不是不去做事情,而是要去跟从别人做事情,特别是去跟从君王做事情,这样能够使自己的才华在适当的时候发扬光大。六三的"含章",是为了有一天能前进到六五爻,占据君王的位置,像六五爻一样能光大自己的才华。所以说,《周易》是非常强调时位的。

坤卦第二——阴柔之美

129

六四,括囊,无咎无誉。

象曰:括囊无咎,慎不害也。

【语译】

六四,扎起口袋,既不获咎也不邀誉。

《象传》说,扎起口袋不获咎,是因为谨慎行事所以没有祸害。

【解读】

六四,"括囊","括"就是扎起来,"囊"就是口袋,索性把自己装进一个大口袋里完全隐藏起来,把自己的才华也彻底隐藏起来,什么都不要做。但不是说只要饱食终日混天黑就行,这只是暂时归隐。此时我们要谨慎避祸,静观其变,一旦时机成熟,则如弩发机,这样才能"无咎无誉",不好也不坏。六四是大臣的位置,离君王很近,伴君如伴虎,随时会有凶险,所以要更加警惕。在古代,功高震主是一件非常危险的事。

《象传》说,"括囊无咎,慎不害也",六三爻还是"含章",到六四爻就要彻底地隐藏自己的才华,说明做事情要格外的谨慎,这时候只有谨慎才能没有危害,不谨慎就非常危险。原因无他,就是六四爻这根阴爻太柔弱了,又处在上卦下位,面临突如其来的全新局面,一时之间方寸大乱,手足无措,所以只能退而自保,调整好心态以后再做打算。

六五,黄裳,元吉。

象曰:黄裳元吉,文在中也。

【语译】

六五,黄色的下衣,最为吉祥。

《象传》说,黄色的下衣,最为吉祥,是因为有文德守持中道。

【解读】

六五,"黄裳",就是黄色的衣服,古代说"衣裳"是上衣下裳,这里就可以说是黄色的裙裳。皇帝穿什么衣服?黄色的衣服。皇帝是九五之尊,他配的是六五爻,所以这里说"黄裳"。这是表面的意思,实际上"黄"表示要守中道,表示君王要具备大地之德,因为黄色是大地的颜色,是中央的颜色。"裳"表示要居下不争,因为"裳"是下衣。只有这样才能"元吉"。"元吉"就是大吉,非常好。经过了含蓄与隐藏,现在来到了第五个时位,登上了最尊贵的宝座,能有中庸之德,能礼贤下士,所以是大吉大利。

《象传》解释说,"黄裳元吉",是因为"文在中也"。"文"原指文饰、华彩,这里指大地美好的本质。六五爻是这个卦的卦眼,因为是阴爻,说明有柔顺不争、谦逊处下的品格,又居上卦的中位,表示能守中道,这都是大地美好本质的体现。

上六,龙战于野,其血玄黄。

象曰:龙战于野,其道穷也。

【语译】

上六,龙在郊野争战,流出的血有玄、黄二色。

《象传》说,龙在郊野争战,是因为它的路已经到了尽头。

【解读】

上六,到了最高的上位,表示阴气达到了极盛,没有了阳气,成为了孤阴,孤阴不长,独阳不生,任何事物都是在阴阳和合中生存发展的,阴阳的任何一方都不能独立存在,独自发展。也可以说,矛盾的双方是相互依存的,离开一方,另一方也就随之消亡。阴气达到了极盛,它要继续生存与发展,就要得到阳气的辅助,要招来阳气,与阳气和合。乾卦为龙,龙也可以指代阳气,所以这一爻是"龙战于野"。古往今来,把"战"理解为战斗、打仗的人不在少数,其中不乏方家。其实,这些人无一例外,全都犯了想当然的错误。"战"在此处当采战、交合讲。这个不是我一家之言,而是《周易》研究界公认的不争之实。我也没有任何要诋毁前贤的意思,只能说学无止境。"野"即野外,野外就是大地。就是说阴气到上六爻这个位置要和阳爻的龙交合于野外。"其血玄黄",流出的血是玄色和黄色的。玄色就是黑色,天的颜色。黄色是地的颜色。天玄地黄,就是乾坤交合的颜色。

这里一个"战"字点明主要事件,使全句威风凛凛、杀气腾腾。一个"野"字交代背景轮廓,一个"血"字暗示战况之惨烈,而"玄黄"二字又登时让人体会了"草木为之含悲,风云为之变色"的悲壮气氛。故事性太强了,场面感太浓了,由不得人不跟着热血沸腾。连近代大才子苏曼殊都为其气势所撼,在赠友人的诗作中引用此典故以壮行色。诗曰:"海天龙战血玄黄,披发长歌览大荒。易水萧萧人去也,一天明月白如霜。"那气魄,那意境,绝了。

我私下问过不少对"降龙十八掌"相当有造诣的朋友,对哪一掌比较有感觉,结果不出我所料,对"龙战于野"比较感兴趣的大多是那些血性小男生,原因也很简单,因为里面有一个"战"字,他们觉得够刺激。而反感派给出的理由也是源于那个张牙舞爪的"战"字。

《象传》解释说,"龙战于野",是因为"其道穷也"。到了上六爻,纯阴之卦坤卦就要走向反面纯阳之卦乾卦,乾卦是龙,所以就要和阳爻的龙在野外交合。流出的血是玄色的、黄色的。玄黄正是天地交杂之色,所以这里说的就是乾坤交合、天地交合。"其道穷也",还是在解释物极必反的道理。上六爻走到头了,到穷途末路了,这时候应该怎么办?赖着不走?不可能,没有人会坐以待毙。打退堂鼓?也不可能,回头已无路。此时上天无路,入地无门,究竟该怎么办?坤卦给出的解决办法是"龙战于野":自己的路走到头了,无路可走,那就吸收新鲜血液,招徕作为自己反面的阳气,然后走到阳气那一边,来一个重新开始,从头再来,重新来过。

至于我们呢?一条道终于走到黑的时候,最要紧的也是要迅速转变思路、改变思想,赶紧改弦更张。因为这个时候我们已然确认,前方无路,就是个死胡同了。唯一的办法就是"变",起点、方向、路径都要变,不变的是我们坚持走下去的决心和迎接成功的信心,当然还有我们原本保有的那些美德。万事俱备后,那就勇敢一些,去开辟一条新的道路,走向一个全新的开始。这是无可奈何之下的必然,也是成功路上的必然。

墨龙图

走向一个全新的开始,走进一片陌生的天地,也许开初你会很不适应,但是,不久的将来,在全新道路的艰难跋涉之中,你会发现一片全新的美丽。

用六,利永贞。

象曰:用六永贞,以大终也。

【语译】

通观六根阴爻,利于永久贞正。

《象传》说,通观六根阴爻,之所以利于永久贞正,因为它是一个大周期的终结。

【解读】

"用六"就是通观六根阴爻。"利永贞",有利于永远持守正道,因为大地是永远遵循天道的。

《象传》说,"用六永贞",是因为"以大终也"。从乾的初爻到坤的上六爻,是一个大的周期,一个大周期的终结。什么是"一个大周期的终结"?因为乾、坤二卦先有乾后有坤,乾卦是一个小小的终结,乾、坤连在一起可以看做一个大的周期,大的终结。乾、坤二卦是六十四卦的父母卦,乾和坤实际上就可以代表六十四卦,所以乾坤两卦就可以看做是事物发展一个大的循环周期的终结。这两个卦就构成了一个独立的全息元,乾、坤二卦涵盖了天地万物之理,所以说"以大终也"。

文言曰:坤至柔而动也刚,至静而德方,后得主而有常,含万物而化光,坤道其顺乎,承天而时行。积善之家,必有余庆。积不善之家,必有余殃。臣弑其君,子弑其父,非一朝一夕之故,其所由来者渐矣,由辩之不早辩也。

【语译】

《文言传》说,坤阴,最为柔顺,但运动起来也是极刚强的;最为静止,但德行却遍及四方;随后而走会找到主人而有长久福泽;包含万物而化育广大。坤卦之道就是柔顺吧,它顺承天道而按时运行。修德积善的人家,必然留下吉祥;累积恶行的人家,必然留下祸殃。臣子弑杀君主、儿子弑杀父亲,也不是一朝一夕的变故,它们的由来都是长期逐渐累积而形成的,只是由于没有及早辨明罢了。

【解读】

这一段是解释坤卦整个卦辞、卦义的。

"坤至柔而动也刚",坤是六十四卦中唯一的纯阴卦,所以"至柔"。阴就是柔,最柔弱的一旦动起来就是最刚强的,就像万事万物中最柔弱的是水,而最厉害的也是水,一旦发动起来,任何东西也比不过。"动"指变,坤卦六阴爻变后成乾

卦，那不是最刚吗？

"至静而德方"，坤卦指代大地，"至静"就是最安静，大地是最为安静的，天圆地方，大地也是最方正的，所以说"德方"。大地、女人都属于阴性事物，同类的东西有相同的德行，所以安静、方正也是女人最重要的品德。

"后得主而有常"，由于品性柔顺，缺乏主动性、开创性，需要找到可以依靠的主人，才能更好地发挥自己柔顺的品性。

"含万物而化光"，"含"就是隐含、包容、宽容，大地能够承载万物，包容万物，又能够不断地化生万物，其化生之道是极为广大。"光"通"广"，光大、广大的意思。

"坤道其顺乎，承天而时行"，"顺"就是顺应、顺从、柔顺，坤卦之道就是柔顺，就是顺承天道而按时运行。

"积善之家，必有余庆。积不善之家，必有余殃"，由大地推及人事，修德积善的家族，必然给子孙留下许多吉祥；累积恶行、不行好事的家族，要给子孙遗留下许多祸殃。这两句话在中国文化史上有重要的影响，它促使佛教在中国老百姓中盛行开来。佛家的"善有善报，恶有恶报，不是不报，时机未到，时候一到，立即就报"的思想与其表达的是同一意思。一开始，佛教只是在僧侣和上层知识分子中流行，就因为这 句话，这一个思想，一下子就在老百姓中传开了。这句话是按照坤卦的"顺"的意思引申出来的。"顺"是什么意思？第一是柔顺，第二是顺应，第三是顺序、次序。先有霜，后有冰，这是一个积累的次序。你积善越多，福报就越大；恶事做得太多，最后必有恶报。"顺致之道"就是"积累之道"，它有好有坏，所以顺应什么至关重要。

"臣弑其君，子弑其父，非一朝一夕之故也，其所由来者渐矣"，这个"渐"字引申为从小到大的渐变过程、积累的过程。这是从反面来讲顺应的道理。"由辩之不早辩也"，"辩"通"辨"，分辨，辨别。臣子杀君主、儿子杀父亲这些事，并不是一朝一夕的缘故，作恶的由来是长期逐渐发展而来的，这是由于君主、父亲先前没有能早早辨清真相的缘故。这里告诉我们任何事物的发展都有一个顺序、次序，所以老子说："合抱之木，生于毫末；九层之台，起于累土；千里之行，始于足下。"（《老子·第六十四章》）所以好的事情，我们要顺其发展；不好的事情，我们要在它开始的时候就认识到将来的结果，该采取措施的时候要及早采取，等到发展到一定程度后再想采取措施就已经来不及了，悔之晚矣。这些意思就是提醒我们要把不良的事物消灭在萌芽的状态中，提前采取措施。中医有"不治已病治未病"之说，能够治未病的乃是上工，即最高明的医生。

易曰，履霜坚冰至，盖言顺也。

【语译】

《周易》说，踩在微霜上，冰冻三尺的日子就不远了，说的正是顺的道理。

【解读】

这一句是解释初六爻。"履霜坚冰至"讲的就是一个顺序，先有霜后有冰。

直其正也，方其义也。君子敬以直内，义以方外，敬义立而德不孤。直方大，不习无不利，则不疑其所行也。

【语译】

直接产生是说它的正确模式，遍及四方是说它的义行天下。君子以恭敬的态度持守内心的正直，以仁义的行为塑造外表的端方，当恭敬的态度和仁义的行为都树立起来时，他的美德自然也就不会孤单了。直接产生，遍及四方，广大无边，不必修习，事无不利，这样就不会怀疑自己所身体力行的了。

【解读】

这一段是解释六二爻。"直其正也，方其义也"，"直"就是正直，说明品性纯正；"方"就是方直，说明行为适宜，符合道义。"君子敬以直内，义以方外，敬义立而德不孤"，内在要直，外在要方，方体现在义上，直体现在敬上。"敬"就是指人要有恭敬之心，要守仁道，仁主内，义主外；内在取仁，外在取义；内仁所以正直，外义所以端方。具有"仁义"这两种品德就会"德不孤"，仁和义涵盖了其他一切品德，其他品德都可以看做"仁义"这两种品德的细化。"直方大，不习无不利，则不疑其所行也"，"行"就是品行，是直方大的品德，也就是仁义的品德。君子恭敬做到一丝不苟，促使内心正直，适当的行为可以促使外形端方。做到恭敬不苟、行为适宜，就能使美德广布而不显得孤立。有了正直、端方、大气的品德，即使不学习也没有什么坏处，说明只要你美德充沛，一切行为都不必有疑虑。在文与质两者之间，儒家强调质的重要性。

这一段是说一个人内在品德一定要直、要正，具体说就是要落实在一个"敬"字上。"敬"指人要守仁道，这也是"直"的要求。外在表现要方，这一点体现在"义"上。内心要正、要仁，表现要方、要义，实际上还是暗扣着正大光明四个字。因为你不可能指望一个做事偷偷摸摸的人去讲什么仁义道德，那无异于痴人说梦。"敬"、"义"一旦树立，会导致什么结果呢？"德不孤"，就能使美德广布而不显得孤单。最后强调前文作为总结："直方大，不习无不利，则不疑其所行也。"做到了"直方大"，也即儒家的仁义之德，内心正直恭敬，行为光明正大、不违正道，就会"不习无不利"，就会"不疑其所行"。"所行"当然还是指"直方大"的品德。对自己的所作所为毫不怀疑，那是何等的自信。自信可以经得起任何关于德行的考察、考验，这才算真的把自身修行的功夫做到家了。

我们把坤卦六二爻的主旨简单归纳为"立心要正，行事要明"八个字。不难看出，这是典型的儒家思想，是儒家"内圣外王"精神在"内圣"方面的一般要求。儒家是讲求入世的，是要有所作为的，虽然它也有"穷则独善其身"的退缩，也有"道不行，乘桴浮于海"的决绝，但那已经是发现"兼济天下"是一项不可能完成的任务之后的无奈选择了。孔夫子一生中的大部分时光是在东奔西走着"待价而沽"，想要追求"外王"，想要"治国平天下"，实在不行了也没有彻底放弃，退而著述，杏坛布道，播下了思想的火种，指明了后学的努力方向。所以他在"易传"中撒播的思想是积极的，向上的。

北宋大儒张载说过一段正气磅礴的话，可以与孔子的话相印证。这段话很有名气，叫："为天地立心，为生民立命，为往圣继绝学，为万世开太平。"天地之心自然是堂堂正正，只有立心正，方能达到"为生民立命，为往圣继绝学，为万世开太平"的终极目标。这不但是从孔子一脉以下延续数千年来真儒者高尚情操的体现，也是他们前赴后继的不懈追求。正是这种高尚情操和不懈追求的薪火相传，我们今天的精神宝库中才留下了那么多的奇花异葩。

立心要正，行事要明，依着这八个字砥砺自己，你在成功之路上才算拥有了足够的底气，才能"不疑所行"，心无旁骛地一路高歌猛进，剑指天涯。须知，那里遍开着成功之花。

阴虽有美，含之，以从王事，弗敢成也。地道也，妻道也，臣道也，地道无成，而代有终也。

【语译】

坤阴虽有才德之美，但要含藏不露以随从君王干事，不敢因成功而居功。这就是地顺天的道理，妻从夫的道理，臣忠君的道理，成功却不居功，而代以回报的是有善终。

【解读】

这一段是解释六三爻。"阴虽有美"，阴柔在下纵然有美德，但是仍然要"含之，以从王事，弗敢成也"，要隐藏自己的才华，含藏不显露，用美德来辅助君主的事业，不要把成功的功劳归为自己所有，这就是"无成有终"。"地道也，妻道也，臣道也"，这是地顺天的道理，妻子顺从丈夫的道理，臣子忠于君王的道理。这是说明做大地、大臣、妻子的都要隐含自己的才华，随从辅助上天、君王、丈夫成就事业，但不居功自傲，辛劳属于自己，功劳归于别人。这一段话阐发"妻道"、"臣道"、"地道"的要旨，从中我们可以看见中国古老的"扶阳抑阴"思想。"地道无成，而代有终也"，虽然你自己没有成就，但是能够"代有终"，一代一代地延续下去而得善终。

当然这里的意思绝对不能庸俗地理解为女人就不能干大事，而是指凡是具备坤卦属性的人，无论是男人还是女人都不适合独自干大事。你要是出头露面做事，绝对做不好，而且会很累的。女人只要具有乾卦的阳刚属性，那就可以当董事长。所以决定是乾还是坤，不能看你的身体是男人还是女人，不是在于"体"，而在于"用"，所以"重用轻体"是贯穿《周易》始终的，这就叫"各得其位"。《周易》就是讲"位"，你有这个"用"，能力，功用，那你居在这个"位"上会很开心的，这就叫"得位"。

天地变化，草木蕃。天地闭，贤人隐。易曰，括囊无咎无誉，盖言谨也。

【语译】

天地之间变化交通，草木就会繁衍茂盛。天地之间闭塞不通，贤人就会潜隐不出。《周易》说，扎起口袋，既不获咎也不邀誉，这大概就是用来比喻谨慎行事的道理。

【解读】

这一段是解释六四爻。"天地变化,草木蕃",天地运转变化,阴阳二气相互交通,草木繁衍茂盛,比喻这时候政治清明,君王圣明,广开言路,君子竞相出来成就功业,因而国泰民安,一派欣欣向荣的景象。"天地闭,贤人隐",阴阳二气不相互交通,天地闭塞昏暗,比喻这时候的政治已不太清明,君王昏庸,小人当道,乌烟瘴气,道路以目,有贤德的人就隐退匿迹。《周易》上说:"括囊无咎无誉,盖言谨也。"这是说扎紧口袋,既没有祸害,也没有赞誉,这大概是用来比喻谨慎处事的道理。这里告诉我们一种处世之道,也是儒家的处世之道,进则兼善天下,退则独善其身。

君子黄中通理,正位居体,美在其中,而畅于四支,发于事业,美之至也。

【语译】

君子内在的美质好比黄色居于中位,通达文理,身居正确的位置,美德才能蕴藏于内心,顺畅地流布在四肢,在事业上能有所发挥,这就是最美好的品质。

【解读】

这一句是解释六五爻。"君子黄中通理",君子内在的美好品质好比黄色居于中位,持守中正之道,通达事理。"正位居体,美在其中,而畅于四支,发于事业,美之至也",身居正确的位置,美德才能蕴藏于内心,顺畅地流布在四肢,并在事业上能有所发挥,这就是最美好的品质。

统观六五爻种种,不难看出,这应该是为身居高位者提出的一个问题:美德内蕴和事业有成两者究竟是何种关系?诚然,这两样都是我辈俗人望穿秋水、求之若渴的,但若非得又出二择一的单选题:先要美德内蕴还是先要事业有成?我想十之八九的朋友会把选择键毫不犹豫地按在事业有成上,没有错,我也是这么想的。剩下那十之一二,我会当场毫不犹豫地站在你们那边,但背地里怎么说你们就请不要深究了。

有人说过,查一查早期致富的那些人的底子,没有几个是干净的。也许这个说法不错。那么,第二个问题就又来了。事业有成后要不要美德内蕴,或者把失落已久的美德给找回来,又或者会以救赎的方式对以前失落的美德予以弥补。我想这次我完全能够得到我想要的答案。这个答案大家也都知道的。

然而,我最想说的是一句诘问:事业有成以后真的绝大多数人都能把自己修养成美德内蕴或者保留住百战尚存的美德内蕴吗?相信朋友们都不是消息闭塞人士,知道的事情肯定比我多,按我的问题比拟一下,再扪心自问一下,这就是坤卦六五爻,或者说是我想让你们知道的。

阴疑于阳必战,为其嫌于无阳也。故称龙焉。犹未离其类也,故称血焉。夫玄黄者,天地之杂也,天玄而地黄。

【语译】

阴气凝聚到极点必然要和阳气交合,是因为它不满于自己无阳,已经开始向阳的方面转化,所以称龙。又,虽开始向阳的方面转化,但还没有完全转化为阳,仍未离开阴类,所以称血,血是阴类。至于玄黄,那是用来表示正处于天地相杂、阴阳转化的关键时刻,情况一片混乱,因为天本是青色,地本是黄色。

【解读】

这一段是解释上六爻。"阴疑于阳必战","疑"可以理解为凝聚,阴气凝聚到极点必然要和阳气交战,"战"是采战,招来阳气,与之交合,为什么?"为其嫌于无阳也",因为坤卦无阳,没有阳爻,所以招来阳气。"故称龙焉","龙"指阳气,说明阴气是离不开阳气的,称龙就是说阳气是存在的。这就是独阳不生,孤阴不长的思想,所以阴气到极点时必然要招来阳气和它交合。"犹未离其类也",尽管招来了阳气,但还是阴类,还未离开阴类,"故称血焉"。血、水与坤、大地是同一类的事物。"夫玄黄者,天地之杂也,天玄而地黄","玄黄"就是黑色(或青色)与黄色交合的杂色,也是天地相交、阴阳相交时的颜色。这一段主要是对上六爻爻辞进行阐发的,说明坤卦发展到上六爻,就要阴极生阳,阴阳在交合中变化发展。

> 坤卦是六十四卦中唯一的纯阴卦,是"至柔"、"至静"之卦,充分体现了大地之美,女性之美,阴柔之美。最柔弱的东西一旦发动起来恰恰就是最刚强的,就像水——最柔弱的是水,而最厉害的也是水。坤为大地,大地承载万物、顺应天时,化育万物,大地具有宽厚、包容、正直、宏大、安静的胸怀,值得我们好好学习。坤卦又是母亲,母爱是最无私的爱,如果能像母亲那样对待我们的下级,对待我们的员工,那么一定是一位成熟的管理者。其实当今社会成功者很多,成熟者稀少,成功人士缺的不是乾卦的精神,而恰恰是坤卦精神。

屯卦第三——开创基业

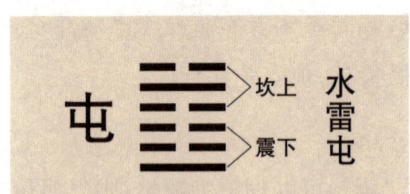

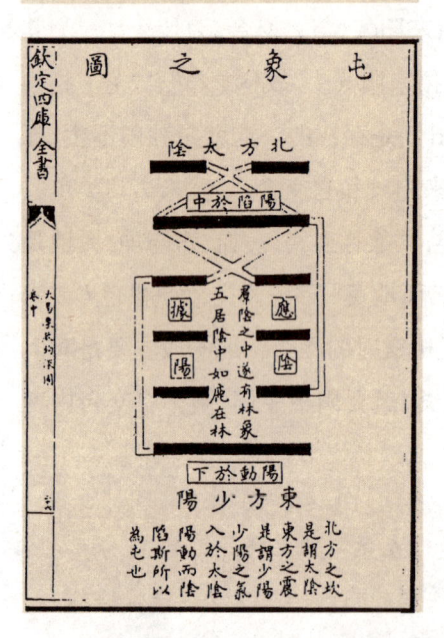

屯,元亨利贞,勿用有攸往,利建侯。

【语译】

屯卦,元始亨通,利物贞正,不可有所前往,利于建功立业而为诸侯。

【解读】

"屯"读 zhūn,又读"dùn",表示困顿之意,指万物刚刚开始,或小孩刚刚出生时那种艰难的局面。《说文解字》解释说:"屯,难也,像草木之初生,屯,然而难,从屮贯一,屈曲之也。一,地也。"从构字来看,"屯",上面一横表示大地,下面为草,草刚刚长出大地时,上面有土压着,小草奋力生出时下面则被压弯了,故形成"屯"字。屯卦是乾坤之后的第一卦,象征阴阳天地初交而生命在艰难中诞生。《序卦传》说:"有天地,然后万物生焉。盈天地之间唯万物,故受之以屯。屯者,盈也。屯者,物之始生也。"我们看屯卦的卦象,上为水、为云,下为雷,云雷发动,风雨交加,天地间充满响雷暴雨,表示将有大事发生,将发生重大的变革。就像仓颉初创汉字时一样,惊天地,泣鬼神,雷雨交加。虽然初创时是艰难的,但也正是人们建功立业的大好时机。

卦辞说,"元亨利贞",指一开始就亨通,有利于守持正道。"勿用",就是

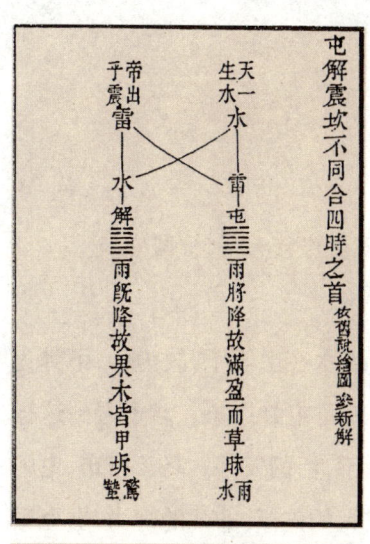

不要动，因为此时毕竟是事物刚刚开始的阶段，尚不可乱动。"有攸往"，即可以前往。"勿用有攸往"也可以理解为只要不乱动，心有定力，就可以前往。若没有很好的定力，急躁，浮躁，事情就可能招致失败。如毛泽东之所以能领导中国革命走向胜利，一个重要因素便是他在早期建立了革命根据地，在一个一个的根据地打下了坚实的基础。有了这个基础，有了定力、定位，就可以"利建侯"，有利于建功立业。这里是说，开创事业虽然很艰难，但只要把握正确的规律，有恒心，有毅力，前景必将充满光明。

彖曰：屯，刚柔始交而难生，动乎险中，大亨贞。雷雨之动满盈，天造草昧，宜建侯而不宁。

【语译】

《彖传》说，屯卦，阳刚之气与阴柔之气开始交合，困难随之而生。在险恶中运动不已，终使一切亨通贞正。雷鸣雨降遍布各地，天地的造化尚在草创冥昧的阶段，适宜建功立业而为诸侯，并且勤奋努力不休。

【解读】

《彖传》说，屯卦，"刚柔始交而难生"，"刚"，在此指乾卦，"柔"指坤卦，意思是指乾坤开始交合引发了艰难局面的发生。"动乎险中"，"动"这里指下卦的震卦，"险"指上卦的坎卦，意思是说，震在坎的下面，即动在险下，象征在危难中行动。"大亨贞"，非常亨通，有利于守持正道。"雷雨之动满盈"，天地草创之时，云雷发动，天地之间充满响雷暴雨，雷鸣雨降普施天下，万物皆生机勃发。"天造草昧"，"天"为天时，"造"为造化，意通运行，"草"为草乱，"昧"为不明，天地初创时，时运所致事物杂乱无序，暗昧不明。比喻这个时候社会处于一种混乱无序的状态之中。"宜建侯而不宁"，人心思定，这是有利于"大人"即有德之人建功立业之时,不应该贪图安宁、安逸。

象曰:云雷屯,君子以经纶。

【语译】

《象传》说,上云下雷,这就是屯卦之象,君子要去经纬天下,治国安邦。

【解读】

《象传》说,"云雷屯",上卦为坎卦,坎为水,坎水在上不下,故为云,下卦为震卦,震为雷,云下有雷在轰鸣,但还没有下雨,这就是屯卦之象。君子看到这样的卦象,就要按照屯卦之道"以经纶",即去经纬天下,治国安邦。乌云密布,电闪雷鸣,天地一片黑暗,这既是艰难的写照,又是以宏大的气概、非凡的魄力,勇克艰险,度过黑暗,迎来光明的写照。

初九,磐桓,利居贞,利建侯。

象曰:虽盘桓,志行正也。以贵下贱,大得民也。

【语译】

初九,原地徘徊不进,利于居正贞固,利于建功立业而为诸侯。

《象传》说,虽然原地徘徊不进,但是前进的志向是正当的。若能以贵下贱,必然大得民心。

【解读】

初九,"磐桓",就是徘徊。"利居贞",即利居正,有利于居正位。"利建侯",有利于建功立业。初九,虽然在事业刚开始时有所徘徊,但是一定要有定力,要居正位,这样才能有利于建功立业。

《象传》说,"虽盘桓,志行正也",指虽然在行为上徘徊不定,但在内心、在意志上一定要安定下来。"以贵下贱,大得民也",指初九爻居于下位,以贵处贱位,故深得民心,君子正是凭此

才能经纶天下。

　　事业草创,形制粗具,一切都还仅仅是个样子,其实百废待兴,什么实质性的工作也没有进行过。不用仔细去想,只要游目四顾一番,就会发现万事扰扰,诸般烦心,千头万绪一时之间齐齐涌上心头,竟不知从何说起,有时也不知从何做起,更有时甚至连做下去的勇气都快要丧失了。

　　其实没什么,大可不必如此烦恼。每一个创业者在起步伊始都会遭遇这种"噩运"的侵袭。没有人是先知先觉或者是全能的,摔跟头和走弯路都在所难免,只要事先有了充足的思想准备,把这些看似倒霉透顶的事情当做必然要造访的不速之客对待,一切都好办,兵来将挡,水来土掩就是了。就算事业一度毫无起色,徘徊不前,那也不要轻言放弃。鼓起勇气,勇敢地再进行新一轮的拼搏和尝试。须知,无论哪一项具体的成功,在你进行的所有尝试当中,只有一次是有效劳动,就是最后一次,其余那些你做的都是无用功,都是在徘徊不前。除非你有超凡的运气,让你尝试的第一次和最后一次重合,否则你就避免不了在一定时期内徘徊、踌躇甚或停滞不前的命运。

　　有时候抓住机会也许不难,行大运的时候,机会可能还会主动送上门,这不是没有可能。难的是抓住机会以后怎么利用它,怎么借助它一路走下去。因为机会只是告诉你可以这么做,到底怎么去执行、执行到什么程度、遇到困难怎么办,它概不负责。这就需要我们坚定自己的意志,既然抓住了,就好好把握,尽己所能地好好利用,不能轻易被困难吓倒。徘徊咱不怕,弯路咱不怕,就像美国NBA(美国职业篮球联赛)明星科比·布莱恩特给新耐克做广告的歌曲名字一样,"只要心够决"。

　　只有心够决,意志才会坚定,一切才有可能。徘徊可以,绕弯可以,甚至倒退都可以,但是我们必须十分清醒地告诉自己,那只是暂时的,我们还能掌控局面。这就已足够,要的就是这份坚定与从容。

　　初九处于创业的初期,虽然在行为上徘徊不定,但在内心、在意志上一定要安定下来。开始阶段,若没有很好的定力、定位,就可能招致失败。处于这个时位的人还要能甘居人下,以礼待人,才能深得民心。

　　六二,屯如,邅如,乘马班如。匪寇婚媾,女子贞不字,十年乃字。

　　象曰:六二之难,乘刚也。十年乃字,反常也。

【语译】

六二,原地徘徊难进,车马喧闹,乱哄哄,不是强盗来杀人越货,而是新郎来迎娶新娘,姑娘守身不怀孕生子,十年才怀孕生子。

《象传》说,六二的难局,是因为乘在刚爻之上。十年才怀孕生子,这是违背常规的现象。

【解读】

"屯如",就是艰难的样子。"邅如",就是迟疑不进的样子。六二,"屯如,邅如",就是遭遇困境不能摆脱的样子。"乘",四匹马为一乘。"班如",指在原地打转的样子。"乘马班如",骑着马,却在原地打转,盘旋不进。"匪"通"非"。"匪寇婚媾",指不是为了抢东西,而是为了抢婚。"婚媾",引申为阴阳交合。此处六二爻对应九五爻,指九五爻阳爻来抢六二爻之阴爻,一阴一阳才能交合。"贞"在这里不仅指贞洁、贞节,而且指坚贞、贞固。"字",这里的意思不是取名字,而是怀孕生子,是个象形字。"女子贞不字,十年乃字",是指女子很贞洁,被抢之后不生孩子,十年之后才怀孕生子。此处"十"非实指,而是表示数的极点,十年表示一个周期。"字"又可以引申为大的成就,建功立业。

这一爻意思是说,刚开始一直犹犹豫豫,彷徨不前。后来有一群人骑着马乱纷纷地跑过来,却不是为了抢东西,而是要抢婚。可是被抢去的女人很贞洁,过了十年时间才怀孕。

十年是相当长的一段时期。科学研究表明,所谓真正爱情的保质期才不过区区八个月之久,而原本美满和谐的夫妻还有"七年之痒"一说,耐不住痒的也会劳燕分飞。六二爻的贞洁女子是真贞洁,被抢十年居然才怀孕。这是想要给我们什么启示呢?

其实,我们完全可以把十虚化成一个数字的极限,而十年就理所当然成为事物发展的一个周期。"字"的字面意思是孕育新生命,也可以引申为新功业的肇始,新局面的开辟。这样一来就很好理解了:在刚刚开始阶段,因整个时势不适合,故不利建功,只有在等待一个周期以后,借他人之势,才能取得大的成就。而一个人成就的大小往往在于一个"贞"字,就是要有超乎常人的毅力、坚忍不拔的品质。这里用了女人不怀孕生子作比喻,女人的坚韧、毅力和耐力,是男人常常达不到的。这告诉我们建功立业要有超常的毅力和耐力。

《象传》说，"六二之难"，六二爻之所以开创新局面这么困难，是因为"乘刚也"。六二是阴爻，初九是阳爻，阴爻居在阳爻之上，即为"乘刚"，是不吉利的，所以有艰难。但因为六二爻又中又正，所以只要耐心等待着时来运转，总有一天会否极泰来、万象更新。"十年乃字"，是一种"反常"的现象，是违背常规的现象。"反常"一般有两种解释，一是不正常，二是回返正常。我们这里取第二种，就是说回返到平常、不再举步维艰的状态，到那时正好可以大显身手，建功立业。

等待，一段漫长时期的等待，无疑是很能考验一个人的耐力和韧劲的。而漫长的等待期内我们究竟需要做些什么？像守株待兔的宋国人那样，就那么傻傻地等着吗？肯定不是，等待无疑也是一门很深的学问。

首先，等待者要心平气和，要守持正道，不能怨天尤人。否则，这段漫长的等待期会耗尽你的所有精力，磨灭你的所有斗志。等到真的时来运转，你早已筋疲力尽，不复有当年之志、之勇，建功立业的大事也就只能化为泡影了。这也是说明在开创事业的初始阶段，会有超乎寻常的困难，需要做好心理准备，要具备坚韧的毅力与坚强的决心。

六三，即鹿无虞，惟入于林中，君子几，不如舍，往吝。

象曰：即鹿无虞，以从禽也。君子舍之，往吝穷也。

【语译】

六三，追逐野鹿而无虞人帮助，不仅得不到鹿，反会陷入山林中而迷失道路，此时君子察知几微，认为不如舍弃不追，因为前往会有困难。

《象传》说，追逐野鹿而无虞人帮助，是因为跟从了飞禽的指引。君子舍弃不追，是因为前往必然会陷于吝穷之途。

【解读】

"即"就是逐，"即鹿"，就是逐鹿，追逐野鹿。"虞"，官名，为贵族掌管田猎的官，在贵族行猎时，为之驱出鸟兽。"无虞"，没有虞官，此处引申为没有向导。六三，"即鹿无虞"，在林中追逐野鹿，但没有向导的指引。"几"，指几微、微妙，可理解为微妙的时机。"君子几"，君子要懂得见机行事。"舍"就是放弃、舍弃。"吝"，指艰难。"不如舍，往吝"，指再往前追逐就会很艰难，不如停止追逐，舍弃那头鹿，否则不但得不到鹿，自己反而会迷路。

《象传》说:"即鹿无虞,以从禽也。"天上飞者为禽,地上走者为兽。这里是说,当在林中追逐野鹿而没有向导的指引时,我们要善于借助飞禽的指引,因为天上的猛禽也在追逐野鹿,这告诉我们要善于借势。"君子舍之,往吝穷也",君子这时候为什么不如舍弃呢?因为再往前走就有艰难,就没有路了。六三爻居下卦的最上一个时位,再往上仍为阴爻,而无阳爻,而且与上六不相应,没有人指引,意味着再往前走就很艰难,还不如停止、放弃。放弃、舍弃、停止,也是见机行事。人们往往都想"得",很少有人愿意"舍"。殊不知,有舍才有得。

鹿在后世常常喻指国家政权。秦朝二世而亡,群雄纷起,《史记》描述当时情形就用了如下一句话:"秦失其鹿,天下共逐之。"意即秦把自己的政权搞丢了,天下英雄都有机会参与角逐,以将之据为己有。即便在《周易》酝酿成书的时期,鹿也无疑是一个人人觊觎的生活奢侈品,不是随便谁都能够享用的。追赶野鹿到了树林里,可见此前已经费了一番周章,下了一定功夫。这时候断然放弃、无功而返,实在很扫兴。可是,事势如此,因为你没有向导指路,自己对树林里的情况又不熟悉,所以,半途而废也就成了最聪明的决定,至少可以保全自己不遭凶险。而且暂时放弃并不意味着永久放弃,在放弃之后你可以为下一次的追逐做一些先期的准备工作,譬如寻找一个合适的向导,找人熟悉一下树林里的情况。这样,下次就可以放心大胆地进入林子,把野鹿擒获回来。

屯卦是一个机会之卦、变革之卦,那么机会背后就一定暗藏着凶险,涌动着暗流,这是很简单的道理:天上掉下来的不全是馅饼,天下也从来没有免费的午餐。这就需要我们练就一双慧眼,迅速判断并抓住每一个真正的机会,并且尽量规避暗流和凶险。

在我们的人生之路上,机会是多多的,伪装成机会的凶险也是多多的,所以学会正确的取舍由此也就成了重中之重。而且绝大多数情况下,舍和取的结果通常是成正比的,大舍方能大取,大舍之后往往孕育着未来的大取。不过,前提是大舍必须是审时度势地舍、谨慎小心地舍。舍的原因是我们对前方即将发生的事情无法掌控,舍的结果必是对我们的生存发展有百利而无一害,或者退一步讲,即便暂时有害,也远远比不上未来的有利。切忌随随便便地舍、随心所欲地舍。最后还有一点,舍绝不是一遇到困难就垂头丧气或是掉头跑开,我们必须是努力了、尝试了,最后也尽力了,然而前途仍然没有任何转机,这时候才能舍,而且要舍得决绝、舍得痛快,决不拖泥带水。古语说:"蛇毒噬心,壮士断腕。"真的勇士为了保留有用之躯,连被蛇毒到的手腕子尚且可以断掉,我们需要的同样也是这样的决心和勇气。

六四,乘马班如,求婚媾,往吉,无不利。

象曰:求而往,明也。

【语译】

六四,车马喧闹,乱哄哄,是来迎亲。此行吉祥,事无不利。

《象传》说,为求结婚而前往,是明智的选择。

【解读】

六四,"乘马班如",乘马纷纷而来,马匹在原地打转。"求婚媾",是为了求得婚媾。"往吉,无不利",再往前走是吉利的,不会有凶险。

《象传》说,"求而往,明也",就是说再向前追求,是很光明的。六四,到了这一时位,如果再向前追求,就是很光明的。六四为阴爻,处于阴位,说明是柔弱之人处柔弱之位,其上面是九五爻为阳爻,处君位,刚健有为,六四前往去顺从他,是一种非常明智的选择。

九五,屯其膏,小贞吉,大贞凶。

象曰:屯其膏,施未光也。

【语译】

九五,囤积膏泽,小处的贞正是吉利的,大处的贞正是凶险的。

《象传》说,囤积膏泽,施布不够广大。

【解读】

"屯",指积蓄。"膏",本指油脂,这里指财富。九五,"屯其膏",即积蓄财富。"小贞吉,大贞凶",在小事上、小的方面是吉利的,在大事、大方向上则很凶险。或者也可以这样理解:"小"指阴爻,即和九五爻相呼应的下卦中爻六二爻;"大"指阳爻,即九五爻。这么讲,小大和吉凶之辨依然不那么分明,怎么就吉、怎么就凶呢?究竟为什么呢?我们看《象传》的解释。

《象传》解释说,"屯其膏,施未光也","光"通"广"。 就是说,把财富积累起来,因为没有广泛施舍,所以就有了小大和吉凶之间的变化。到这时,"小吉"和"大凶"之间的辩证和逻辑关系才算基本明朗，大致是：在小范围内积聚财富，同时财富积累比较少的话，就像六二爻，刚刚起步，还不具备施舍的能力，也就没有人眼红你、嫉妒你，进而可能对你产生不利想法。等到你的财富积累多了，有能力广泛施舍了，如果仍然还是吝啬抠门、一毛不拔，那后果就堪忧了，十分凶险。我们看这个九五爻，至尊之位，如日中天，五多功，结果往往都是好的，却因为有能力施舍没有去做而落了个"凶"的判词。由此可见，为富不仁的后果有多么可怕！

我们大概都读过《左传·庄公十年》的一则故事，叫"曹刿论战"，讲的是鲁庄公十年发生的事。齐国派兵攻打鲁国，一群脑满肠肥的朝廷官吏束手无策，曹刿于是入见庄公，劈头就问他关于战争做了哪些准备工作。庄公也算是个明君，脑筋并不糊涂，第一件答的就是："衣食所安，弗敢专也，必以分人。"意即：衣食这类用以养生的东西，寡人从来不敢单独享用，一定会拿出来分给身边的人。按说庄公做得已经很不错了，不吃独食，心里惦记着别人，还付诸了行动。可是曹刿却不满意，不客气地说："小惠未遍，民弗从也。"就是说，你那点小恩小惠根本没有普施大众，老百姓没有得到实际利益，肯定不会跟着你去卖命。想想看，鲁庄公贵为一国之君，真正的九五之尊，无数人仰慕攀附的对象，因为没有在国内普施恩惠，国家有难之际，就没有老百姓站出来替他分忧解难。我们这些积聚了若干财富的普通人，怎么能不引以为戒，广泛施舍，帮助穷苦人渡过难关呢？

上六，乘马班如，泣血涟如。
象曰：泣血涟如，何可长也。

【语译】

上六，车马喧闹，乱哄哄，待嫁的姑娘哭泣得血泪涟涟。
《象传》说，待嫁的姑娘哭泣得血泪涟涟，这怎么可以长久呢？

【解读】

上六，"乘马班如"，马匹在原地打转，"泣血涟如"，眼中不断流出带血的眼泪。"涟如"，即连续不断的样子。

《象传》说，"泣血涟如"，眼中不断地流出带血的眼泪，"何可长也"，这怎么可以长久呢？上六爻处屯难之极，与六三爻又不相应，孤立无援，比喻困顿的状况到了极点，所以悲伤不已。这样的状况不能再继续下去了，一定要穷则思变。

> 屯卦教我们在事业之初、在凶险的环境中如何建功立业，以及如何做一个成功的领导者。其中必须把握以下几点：第一，要在动中求定，要有定力；第二，要居于正位，不越位，不越级；第三，要善于借势，把握微妙的时机，若无势可借，则要善于造势；第四，要学会舍弃，该舍时一定要舍，有舍有得，不舍不得，小舍小得，大舍大得。

蒙卦第四——启蒙教育

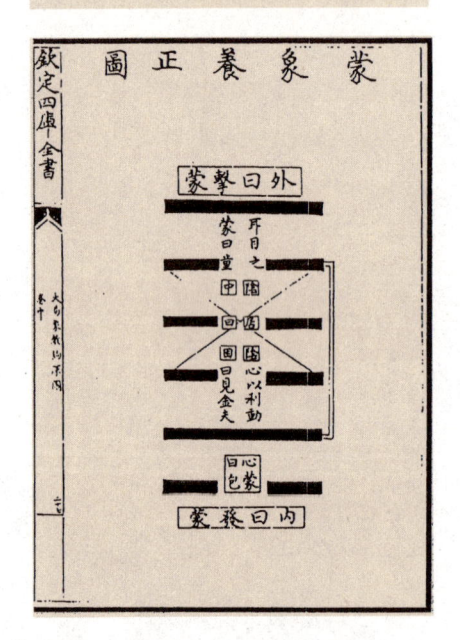

蒙,亨。匪我求童蒙,童蒙求我。初筮告,再三渎,渎则不告,利贞。

【语译】

蒙卦,亨通。不是我要求蒙昧的年轻人来求问,而是蒙昧的年轻人向我求问。初次来占筮,就告诉他结果,但若接二连三地来占筮,那是亵渎神明,亵渎神明就不能告诉他结果,这样有利于贞正。

【解读】

"蒙"是蒙昧、幼稚、蒙蔽的意思。《序卦传》说:"屯者,物之始生也。物生必蒙,故受之以蒙。蒙者,蒙也,物之稚也……"因为经过了"屯"之艰难诞生后,人和物始生,稚小蒙昧,所以就进入了"蒙"卦的启蒙、发蒙阶段。蒙卦意在揭示"启发蒙稚"的道理,说明事物发展的初期阶段必多蒙昧,应施教。

卦辞说,"蒙,亨",蒙卦,是讲启蒙教育,所以会亨通。"匪"通"非"。"童"指代困惑的人,也可以指刚开始做事业的人。"匪我求童蒙",不是我主动去求他来接受启蒙。"童蒙求我",是他自己有困惑,主动来向我请教,说明他有了一种上进之心,一种求知的欲望,这时候接受启蒙是最好的。正如孔子所说,"不愤不启,不悱不发"(《论语·述而第七》),启蒙教育也要强调时机。"筮",用蓍草占卜,

"卜"是用龟骨占卜,两者是不同的。"初筮告,再三渎,渎则不告",第一次占筮则告诉他,第二次、第三次则不告诉他。"渎则不告",因其第一次不信,而第二、第三次起卦,就是亵渎神灵,所以不能告诉他了。"利贞",有利于守持正道。有困惑的人主动来求问于师,第一次求问则教之,接二连三的渎乱之问,则不予教诲,这样是为了维护师道尊严。

彖曰:蒙,山下有险;险而止,蒙。蒙亨,以亨行,时中也。匪我求童蒙,童蒙求我,志应也。初筮告,以刚中也。再三渎,渎则不告,渎蒙也。蒙以养正,圣功也。

【语译】

《彖传》说:蒙卦,山下面有危险,遇到危险就停止,这就是蒙昧。由蒙昧而亨通,之所以亨通,是因为符合时机,守持中道。不是我要求蒙昧的年轻人来求问,而是蒙昧的年轻人向我求问,如此才能志意相应。初次来占筮,就告诉他结果,那是因为本卦有刚毅中正之象。但若接二连三地来占筮,那是亵渎神明,亵渎神明就不能告诉他结果,这是因为他既蒙昧又亵渎。蒙卦是用来培养正道的,这是圣人的功德。

【解读】

《彖传》说,蒙卦,"山下有险",上卦为艮,艮为山,下卦为坎,坎为险,所以说山的下面有险难。艮又为止,所以蒙卦的卦象又可以说是"险而止"。"蒙亨,以亨行",蒙卦亨通,启蒙之道之所以亨通,是因为"时中也",即符合时机,坚守中道,施行中正之教。"匪我求童蒙,童蒙求我",不是老师在求学生,而是学生在求老师。"志应也",这样才能意志相应,才能解惑发蒙。"初筮告",为什么第一次占筮要告诉他?"以刚中也",是因为九二刚爻居中位。"再三渎,渎则不告,渎蒙也",启蒙老师已经告诉他问题的答案了,但他仍然反复地问同一个问题,说明这个人不是愚蠢,就是不信任老师,但又故意地烦扰老师,这实际上是对老师启蒙行为的一种亵渎。启蒙教育是一种神圣的行为,既然亵渎了神圣的行为,那就不会再告诉他了。"蒙以养正,圣功也",蒙卦是用来培养纯正品质的,这是圣人要做的大功德。

象曰:山下出泉,蒙。君子以果行育德。

【语译】

《象传》说,高山下流出泉水,这就是蒙卦之象。君子要以果断的行动培育道德。

【解读】

《象传》说,"山下出泉",上卦为艮卦,艮为山,下卦为坎卦,坎为水,高山下流出泉水,这就是蒙卦之象。君子看到这样的卦象,就要按照蒙卦之道来"果行育德"。"果",动词,与"育"词性相同。"果行育德",就是行为果断,培育道德。泉水,细微之水,以喻启蒙教育要像山下的泉水一样,如同杜甫的诗所说的"随风潜入夜,润物细无声"(《春夜喜雨》)。当此发蒙之时,应当像涓涓细流,耐心细致,绝不能生猛粗暴。

初六,发蒙,利用刑人,用说桎梏,以往,吝。
象曰:利用刑人,以正法也。

【语译】

初六,启发蒙昧,利于用以人执刑的方法规范人们,借此让他们摆脱桎梏。若他们以身试法,就会有遗憾。

《象传》说,利于用以人执刑的方法规范人们,可以端正法纪。

【解读】

初六,"发蒙",是启发蒙昧的开始。这时候,"利用刑人",有利于用典型规范教育、限制别人。"刑"通"型"。"说",通"脱",就是摆脱。"桎梏",即刑具,脚镣手铐,引申为束缚人的事物。"用说桎梏",以制度、法规限制别人,使他们摆脱束缚,意为免于触犯刑律。"以往,吝",因为初六仍处于蒙昧之中,对一些道德规范、法律禁令还不太清楚,所以不要急于冒进,否则误入歧途,会有艰难,有遗憾。这时候最适于虚心地接受启蒙教育,培育品德。

《象传》说,"利用刑人",是为了"正法也"。初六之时,比喻还处于孩童时期,这时候利于树立典型教育人,是为了让受教育之人遵守正法。这里告诉我们,发蒙、教育及解除困惑应当用正道、正法,要合法,歪法不如无法。

九二,包蒙,吉,纳妇,吉,子克家。

象曰:子克家,刚柔接也。

【语译】

九二,包容蒙昧,吉祥。容纳妇人,吉祥。儿子能够治家。

《象传》说,儿子能够治家,是因为九二刚爻与六五柔爻可以相接应。

【解读】

九二,"包蒙,吉",从事启蒙教育的人包容蒙昧之人,这是吉祥的。"纳妇,吉",这个时位迎娶妇人,也是吉祥的。"子克家",儿子能够治家。九二居中位,具有包容、宽容的胸怀,能包容、宽容那些无知甚至犯了错误的人,所以吉祥。"妇",这里指六五爻,六五爻与九二爻阴阳相应,所以说"纳妇"也是吉祥。"克",能够,引申为治理。九二爻以刚爻居下卦的中位,就父子关系而言,居下为子,刚健有为,有中庸之德,又为发蒙之主,所以能够治家。

《象传》说,"子克家",是因为"刚柔接也"。九二爻的上下两爻都是阴爻,与其相应的六五爻也是阴爻,说明家庭和睦,家庭成员都能顺服于他,所以说他能够治家。

六三,勿用取女,见金夫,不有躬,无攸利。

象曰:勿用取女,行不顺也。

【语译】

六三,不要娶这样的女子,她见到金之夫,就不能保有其身。娶她没有任何好处。

《象传》说,不要娶这样的女子,是因为她的行为不顺理。

【解读】

六三,"勿用取女",不要娶这样的女子,"见金夫",她心中只有有钱之人,"不有躬",不顾自己的体统,失身于他,"无攸利",娶这种人做老婆没有好处。

《象传》解释说,"勿用取女",是因为"行不顺也",因为这位妇人的品性不柔顺、不温顺,没有遵守妇道。六三阴爻居阳位,位不正,说明她的行为不守正道。

上九爻为阳爻,为"金夫","金"性刚,属阳,六三爻与其相应,见之就失身于他。这是告诉我们,如果女子的品性不端,而且见钱眼开,就不要和这样的女子成婚。你想呀,如果一个女子以金钱的多寡来作为择夫的标准,那谁敢娶她?你今天很有钱,可以娶她,给她买珠宝,买名牌衣服,可以讨她高兴,明天你破产了,遭遇困境了,她会怎么办?肯定是弃你而去,另攀高枝去了,想要她跟你共患难、同甘苦,那只是痴人说梦。这样一来,家庭都不存在了,何来幸福与和睦?

六四,困蒙,吝。

象曰:困蒙之吝,独远实也。

【语译】

六四,困于蒙昧之中,有遗憾。

《象传》说,困于蒙昧之中而有遗憾,是因为只有自己远离了拥有实力的刚爻。

【解读】

六四,"困蒙",这时被蒙昧所困扰,没有人能启蒙教育他,所以"吝",有遗憾。

《象传》解释说,"困蒙之吝",是因为"独远实也",独自远离了阳刚的正人君子,所以有遗憾。"实",阳刚坚实的人,这里指九二爻与上九爻,六四与这两爻既不比又不相应,其他三根阴爻都与他们有关系,所以说他独自远离阳刚之人。六四,这一爻居二阴爻当中(阴爻为小人,无主见之人),"近朱者赤,近墨者黑",所以会陷于困境当中,可见选择环境是何等重要,这也正是"孟母三迁"的原因所在。

六五,童蒙,吉。

象曰:童蒙之吉,顺以巽也。

【语译】

六五,蒙昧的年轻人,吉祥。

《象传》说,蒙昧的年轻人能吉祥,是因为他恭顺谦逊。

【解读】

六五,"童蒙",幼稚蒙昧的人,"吉",吉祥。

《象传》解释说,"童蒙之吉",是因为"顺以巽也",因为他又恭顺又谦逊。儿童天真幼稚,柔顺乖巧,这时的懵懂是可以启发的,可以随着教育改变的。这一时位,是阴柔居于尊位,又很谦虚地与下卦第二爻相呼应,表示像儿童那样虚心柔顺,愿意接受老师的教育,因此是很吉利的。这也告诉我们,一个人不怕愚昧无知,只怕不虚心、抗拒学习。

上九,击蒙,不利为寇,利御寇。

象曰:利用御寇,上下顺也。

【语译】

上九,击走蒙昧,不利于沦为采取暴烈方式的寇盗,利于采取刚中有柔的方式去抵御寇盗。

《象传》说,利于抵御寇盗,是因为上下相顺。

【解读】

上九,"击蒙",用严厉的方式进行启蒙教育。"击",敲击。到了上九了,仍然蒙昧,说明普通的开导说教已经不管用了,对那些非常顽固、蒙昧的人,在教育方式上当然可以严厉一些,但也不能过于强烈。"寇",强盗,指不正之人。这里的"为寇"比喻过分暴烈的方式,"御寇"比喻适当严厉的方式。"不利为寇,利御寇",是说不利于采取暴烈的方式,而适于采取刚中有柔的方式。

《象传》说,"利用御寇",是为了"上下顺也"。采用适当严厉的方式,是为了使上九能够接受启蒙教育,不去胡作非为,能够转而与下面的六三爻相顺应。只有这样,上下意志才能互相顺应和谐,目标一致,取得有利的结果。

蒙卦为启蒙教育之卦。它从"教"和"学"两方面,揭示了启蒙教育的原则和规律,以及采取的方法。一方面告诉我们,在教育学生之时,应当采用启发式的方法,要像山下流出来的泉水,而不是猛烈的洪水,这就是"随风潜入夜,润物细无声"啊。另一方面告诉我们,要因时、因地、因人采用不同的、合适的方法,最终达到顺应和谐的目的。另外也告诉我们,任何人都要养成虚心学习、不断学习的良好习惯,即使成功了,身居要职了,也不要抗拒学习,不怕无知,就怕骄傲、自满。它还启发我们在决断谋略的时候,应当像喷涌而出的泉水那样采取果敢的行动,以此来培养自己的品德。

需卦第五——伺机而动

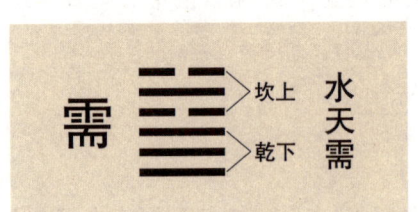

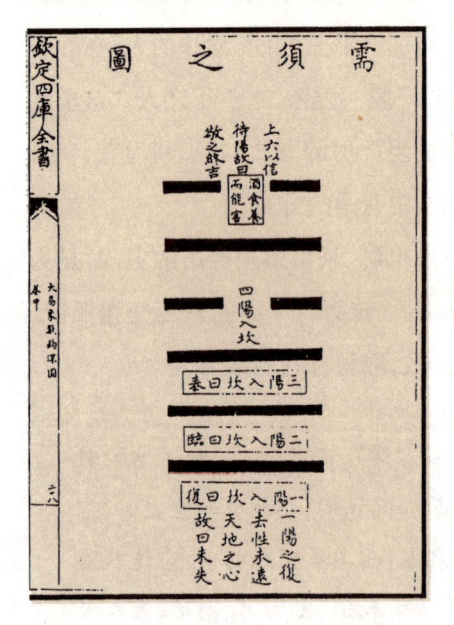

需䷄ 坎上 水天需
　　 乾下

需，有孚，光亨，贞吉，利涉大川。

【语译】

需卦，有诚信，光明亨通，贞正吉祥，利于涉渡大河。

【解读】

"需"是等待的意思。蒙卦之后是需卦。《序卦传》说："物稚不可不养也，故受之以需。需者，饮食之道也。"此卦是讲耐心待时、伺机而动的智慧。需卦的卦象，上卦为坎，坎为雨水，下卦为乾，乾为天，表示水还在天上，虽然乌云密布，雨还没有下下来，需要耐心等待时机。

卦辞说，需卦，"有孚"，就是心怀诚信。"光亨"，就是光明而亨通。"贞吉"，守持正道可以获得吉祥。"利涉大川"，有利于渡过大河巨川。

彖曰：需，须也，险在前也。刚健而不陷，其义不困穷矣。需，有孚，光亨，贞吉，位乎天位，以正中也。利涉大川，往有功也。

【语译】

《彖传》说，需卦，即须待，因为前面有危险。刚劲强健而不会轻易冒进以陷于险，按道理自然不至于走到穷困的地步。需卦，有诚信，光明亨通，贞正吉祥，是因为九五爻处在天位，可以端正而守中。利于涉渡大河，前往可以拥有功业。

【解读】

《象传》说，"需"就是"须"，即等待。"险在前也"，艰难就在前面，"险"就是指上卦坎卦，坎卦为艰险。"刚健"就是指下卦的乾卦。"陷"，是指上卦的坎卦为坎陷。"不困穷"，就是指乾卦的自强不息。"刚健而不陷，其义不困穷矣"，下卦乾卦的刚健能够渡过坎卦的下陷，按道理是不至于到了穷途末路的时候，因为乾卦有一种自强不息的精神。"需，有孚，光亨，贞吉"，需卦有诚信，光明而亨通，守持正道能获得吉祥，是因为九五爻"位乎天位，以正中也"。一般来说，每一卦都有一根重要的爻，决定这一卦的吉凶祸福的情况，需卦的五爻是最重要的爻。五爻为天位，为上卦的中位，为阳位，九五爻居尊贵的天位，又有中正之德，所以需卦吉祥。"利涉大川，往有功也"，九五爻刚健有为，又中正之德，是可以渡过艰难险阻，前往时能成就功业的。

象曰：云上于天，需。君子以饮食宴乐。

【语译】

《象传》说，云气上升到天空，这就是需卦之象。君子由此得到启示，要饮食宴乐。

【解读】

《象传》说，"云在天上"，下卦为乾卦，乾为天，上卦为坎卦，坎为水，水在天上未下来，故为云，天上乌云密布，雨还没有下下来，是即将降雨，所以要等待，这就是需卦之象。君子看到这样的卦象，就要按照需卦之道来"饮食宴乐"，就是说处于需卦的时候，君子要饮食宴乐，不要急于去做大事，要等待时机，养精蓄锐。

初九,需于郊,利用恒,无咎。

象曰:需于郊,不犯难行也。利用恒,无咎,未失常也。

【语译】

初九,在郊野等待,利于恒守,没有灾难。

《象传》说,在郊野等待,就是不要冒险前行。恒守有利,没有灾难,是因为没有失去常道。

【解读】

初九,"需于郊",要在郊外等待。"恒",即常,表示事情发展的一种正常状态。"利用恒",有利于保持一颗恒常的心。"无咎",没有咎害。贯穿六爻,皆有"需",但等待的地方不同,在不同的爻位上出现了郊、沙、泥、血的喻义。"郊",邑外为郊,郊外为野,表示位处偏远,需要等待的时间长。

《象传》说,"需于郊",就是离城邑还有一段距离,就在那里等待。为什么要在郊外等待而不索性进城再说呢?原因是"不犯难行也"。"不犯难行"的断句应在"难"字和"行"字之间,"犯难"是一个词,意即为某事感到为难,连起来就是不想为前行感到为难。因为前行路上出现了障碍,前进起来会感到为难,所以就在离城还剩一段距离的地方停止下来。

以"需于郊"这件事为例来说,应该怎么"用恒"?很明显,就是"不犯难行",停止在该停止的地方。这是遇到阻碍时最正常不过的反应。不要说郊离城邑还有一段距离,即便只剩下一箭之地远,一个百米冲刺就可以进城,也决计不进,因为前行有很大困难,有可能遭受不必要的损失。稳住心神,耐住性子,不急不躁,需要等待就安心等待,条件允许就勇往直前;不冒进也不迁延,不冲动也不畏缩。这就是"需于郊"表现出来的"用恒"。如果能够"用恒",那就"无咎",没有过失。("无咎"在《周易》吉凶断语中位列"利"和"悔"之间,往好的方向转化是"利",坏的方向是"悔",其状态为无过无誉,平平淡淡。)为什么呢?"未失常也。"常即是恒,恒即是常,两者都指一般、正常状态。

世界上没有一蹴而就的事,一帆风顺的机会恐怕也不会太多。不管做任何事情,大大小小的磕磕绊绊都在所难免,这些磕绊或多或少都会耽搁你前进的途程,延缓你前进的脚步,然而没有办法,这是事情发展的常态。

对于事情发展的常态,我们急躁,我们抱怨,我们愤恨,这一切都没用,于事无补。上蹿下跳地折腾一番后,你发现除了消耗掉自己不少热量外,你的人和你的事仍然停留在原处,纹丝未动。此时正确的做法就是以常态予以回应。按照需卦初九爻的启示,我们的回应要抓住两条基本原则。首先是"不犯难行"。行于当行,止于当止;戒急戒躁,决不强求。须知:心急吃不到热豆腐。其次是"用恒"处事。"用恒"就是"未失常",两者意同。此条其实是第一条的推而广之版,"不犯难行"原本就是"用恒"在等待方面的一个具体案例。

那么,究竟怎样才算是"用恒",才算是保持常态处理事务呢?我想,体现在需卦初九爻中最重要的一条恐怕就是:怀抱一颗平常心,不急不躁,一切按照事物发展的客观规律办。既不急躁冒进,也不迁延滞后。心平气和,从从容容。以这样的心态处事,就好像老汤炖肉,要的是慢功夫,但也更是真功夫。时间一到,自然像宋代大文豪苏轼做东坡肉时获得的心得一样:"火候足时它自美。"炖出的肉肯定味道醇厚,香气四溢。我们要做的事也会功德圆满,面面俱到。

需卦初九爻给我们的启示,说白了只有两个字:用恒。全面一点是用恒处事。再把用恒处事的主要表现不急不躁加上就是八个字:用恒处事,不急不躁。是因为"不犯难行也",就是说不要去冒险。"利用恒,无咎",是因为"未失常也",就是说在等待中,不急不躁,能保持一颗恒常的心。初九是等待的第一个阶段,强调一开始要不躁不急,保持内心镇静,保持一颗平常的心,不要急于去冒险。

九二,需于沙,小有言,终吉。

象曰:需于沙,衍在中也。虽小有言,以吉终也。

【语译】

九二,在沙滩等待,会有小人的言语中伤,最终吉祥。

《象传》说,在沙滩等待,是因为心中宽绰,不急躁。虽会有小人的言语中伤,但最终还是吉祥收场。

【解读】

九二,"需于沙","沙"即沙滩,已经靠近水边,要在沙滩上等待。"小有言",会有小人的言语中伤。"终吉",终究会吉祥。此爻相对于初九爻,是由外到内的过程,沙滩趋近水,离危险不远,因此要耐心等待。会有小人的言语中伤,还要坚持到底，才能获得吉祥。

《象传》说，"需于沙，衍在中也"。心中宽绰、宽容，不急躁，这叫"衍"。因为九二居中，所以心中宽绰，能耐心等待。"虽小有言，以吉终也"，虽然会略受到别人言语的中伤，但坚持至终则必获吉祥。

九三，需于泥，致寇至。

象曰：需于泥，灾在外也。自我致寇，敬慎不败也。

【语译】

九三，在泥淖中等待，招致盗寇前来。

《象传》说，在泥淖中等待，灾祸已经在外面了。虽然自己招来了盗寇，但只要敬谨审慎，就不会陷于祸败。

【解读】

九三，"需于泥"，在泥滩中等待。"致寇至"，结果招致强寇到来。由外到内的过程中，"泥"更近水，趋于凶险。九三处于下卦的最上位，大多凶险，加上上卦是险水，所以用泥滩来比喻，表示马上就要进入水中了，更加凶险，如同是招来了寇盗。

《象传》说，"需于泥，灾在外也"。在泥滩中等待，灾祸已经在外面了，因为九三已接近外卦坎险。"自我致寇，敬慎不败也"，自己招来盗寇，但只要加倍的谨慎小心，就会避免灾祸。

六四，需于血，出自穴。

象曰：需于血，顺以听也。

【语译】

六四，在血泊中等待，从洞穴中逃出来。

《象传》说，在血泊中等待，就要以听命来表示顺从。

【解读】

六四，"需于血"，在血泊中等待。"血"，比喻杀伤之地。六四爻已进入上卦坎险的境地。"出自穴"，从洞穴里逃出来。"穴"，比喻隐微之地。这时六四爻上承于九五爻，能顺从九五刚健之人，得到他的帮助，自然就可以从洞穴里逃出来。

《象传》说,"需于血,顺以听也"。在血泊中等待,就是要顺应并听命于时势。六四的时候,已经进入险水,如同进入了杀伤之地,怎么才能化险为夷呢?一是要以阴柔居阴位,就是在危险之时,要冷静,不急不躁;二是要顺应天道,上承于九五爻,下应于初九爻,等待化险为夷的时机。

九五,需于酒食,贞吉。

象曰:酒食贞吉,以中正也。

【语译】

九五,在饮酒宴食中等待,贞正吉祥。

《象传》说,饮酒宴食中贞正吉祥,是因为能守中持正。

【解读】

九五,"需于酒食",在酒席美食中等待。"贞吉",守持正道就能吉祥。

《象传》解释说,"酒食贞吉",是因为"以中正也",因为九五能持守中正之道。九五爻已经居于最佳之位,容易自满,容易沉湎于饮食宴乐中,因而此时一定别忘了还处在危险之中(坎卦),还要继续等待,要又正又中,坚守住正道,只有这样才能吉祥。

上六,入于穴,有不速之客三人来,敬之,终吉。

象曰:不速之客来,敬之终吉,虽不当位,未大失也。

【语译】

上六,进入洞穴后,来了三位不速之客,恭敬地对待他们,最终会获得吉祥。

《象传》说,不速之客来到,恭敬地对待他们,最终会获得吉祥,虽然处位不当,但没有大的过失。

【解读】

上六,"入于穴",掉进了洞穴之中。"有不速之客三人来",发现有三个不请自来的人，这里指下卦乾卦的三根阳爻，上六本来只与九三相应，九三不请自来是正常的，但出乎意料的是，初九与九二也跟着来了。"速"就是招来的意思。"敬之，终吉"，恭敬地对待他们，终究会吉祥。

《象传》说，"不速之客来，敬之终吉"，上六正处于险难之中，这时候有不请自来的客人，不管是否能帮助自己，恭敬地对待他们，终究会是吉祥的。"虽不当位，未大失也"，上六阴爻乘于九五阳爻，这种处位是不太恰当、不太吉利的，但由于自己是阴爻居阴位，位正，并没有大的过失，所以终究会是吉祥的。

> 需卦给我们的启示最重要的是：无论是在郊、在沙、在泥、在血中，还是在酒桌上、在洞穴里，都要耐心等待，要慎言，要始终保持冷静、恭敬，要顺应天道，不要抗拒天理。以静待物、耐心待时、伺机而动，是人生的一种智慧。

讼卦第六——停止争讼

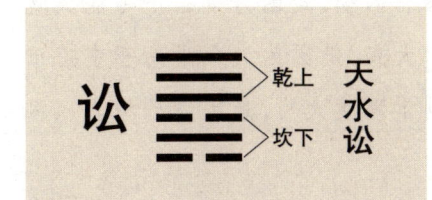

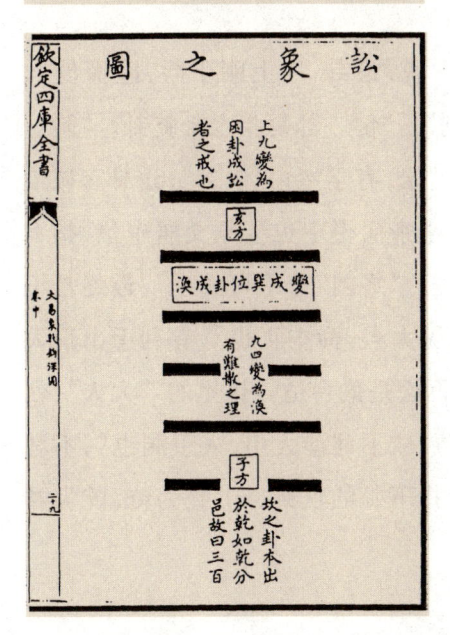

讼，有孚窒惕，中吉，终凶。利见大人，不利涉大川。

【语译】

讼卦，有诚信，有窒塞，有警惕，中间吉祥，终有凶祸。利于大人，不利于涉渡大河。

【解读】

"讼"是争讼的意思。需卦之后是讼卦。《序卦传》说："饮食必有讼，故受之以讼。"天水为讼，天自东向西行，水自西向东流，二者方向相背，所以就构成争讼的景象。同时水居于天的下面，又是甘于居下，不与天抗争的景象。讼卦不是教我们如何去争讼，而是教我们如何停止争讼，以及止讼免争的道理。

卦辞说："有孚窒惕，中吉，终凶。""有孚"，指有诚信。"窒"与"惕"，均指内心的恐惧。意思是说，讼卦心怀诚信，并有恐惧之心，中间是吉利的，但结果却是凶险的。"利见大人，不利涉大川"，有利于大人，不利于渡过大河、大川。争讼本身就是一次涉险，像渡过大河、大川，稍有不慎，就会带来伤害，即使赢了争讼，也往往会有所损失。所以孔子说："听讼，吾犹人也，必也使无讼乎！"孔子认为，自己在审理诉讼与断案方面与别人没有太大的区别，要说有区别，就是要让诉讼不发生。打官司，自古以来，就是劳民伤财的事。

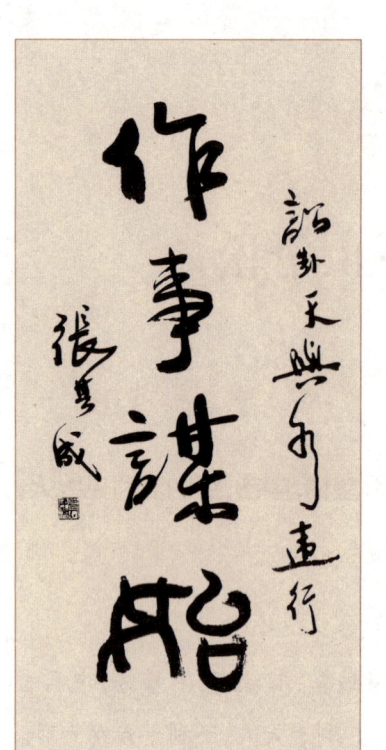

彖曰：讼，上刚下险，险而健，讼。讼，有孚窒惕，中吉，刚来而得中也。终凶，讼不可成也。利见大人，尚中正也。不利涉大川，入于渊也。

【语译】

《彖传》说，讼卦，上为刚，下为险，遇到危险还健行不息，就形成争讼。讼卦，有诚信，有窒塞，有警惕。中间吉祥，是因为刚爻来到下卦居于中位。终有凶祸，是因为争讼不可能成就任何事。利于大人，是因为大人崇尚守中持正的品德。不利于涉渡大河，是因为已经进入深渊里了。

【解读】

《彖传》说，讼卦，"上刚下险，险而健"，上为刚，下为险，遇到危险还健行不息。"刚"、"健"都是指上卦乾卦。"险"指下卦的坎卦。上乾下坎，即组成了讼卦。"讼，有孚窒惕，中吉"，讼卦有诚信并有恐惧之心，中间过程是吉利的，因为"刚来而得中也"，刚爻居中位，指上下两卦之中爻皆为阳爻，刚好居于中间之位。"终凶，讼不可成也"，最终是不吉利的，因为争讼终究不会取得成果。"利见大人，尚中正也"，有利于出现大人，因为大人崇尚中正之道，由大人来审理诉讼是最合适。这里的"大人"就是指九五爻，阳爻居阳位、中位，有中正之德。"不利涉大川，入于渊也"，不利于渡过大河，是因为进入深渊里了。"渊"，指下卦的坎卦。上卦为乾，乾为君子，君子居于渊上，所以是凶险的。

象曰：天与水违行，讼。君子以作事谋始。

【语译】

《象传》说，天西转，水东流，天与水背向而行，这就是讼卦之象。君子由此得到启示，做事要在开始的时候就谋划好。

【解读】

《象传》说，"天与水违行"，上卦为乾卦，乾为天，天自东向西行，下卦为坎卦，坎为水，水自西向东流，二者方向相背，这就是讼卦之象。君子看到这样的卦象，就要按照讼卦之道来"作事谋始"，意思是说，君子做事，开始的时候就要善于谋划，自开始就不可与天相违。

初六，不永所事，小有言，终吉。

象曰：不永所事，讼不可长也。虽小有言，其辩明也。

【语译】

初六，不要把事情做绝，会有小人的言语中伤，最终吉祥。

《象传》说，不要把事情做绝，是因为争讼是不可能长久的。虽然会有小人的言语中伤，但还是可以分辨明白。

【解读】

初六，"不永所事"，争讼刚开始，不要长时间纠缠于争讼之事。一开始时就不要逞强，要柔顺不争，想办法免去争讼。"小有言"，既然是争讼，免不了会有一些口舌是非，但还是要少说话，只要所说之话符合天道，开始时就与天道相顺，而不与天道相违，若能这样，就会"终吉"，最终会是吉利的。

《象传》说，"不永所事"，一开始时不要长时间想着争讼，是因为"讼不可长也"，争讼是不可能长久的。"虽小有言"，虽然所说的话不多，但由于所说之话是有事实根据的，符合天道人心的，"其辩明也"，也是能分辨清楚的。

讼卦初六爻讲的是争讼的第一回合。先劝我们不要争讼；即便争讼起来，也不要过多纠缠，要速战速决。最后是具体的指导方针，即"小有言"，谨言少语。而且这谨言少语还有标准，要求"其辩明"，说出去很容易让人明辨是非。就是说第一别张嘴千言，第二别离题万里，说出去一个字就要有一个字的用处，一个萝卜一个坑，而且这个字表意还要准确，无歧义，无多义，还不能让人听出有言外之意，套话、废话最好不说。

这似乎有些像要求新闻发言人的标准，具体操作起来有一定难度。其实我们中的大多数人恐怕做梦根本都不会想到要打官司，真要打官司还有律师。我们学习《周易》的初衷也不是要向"刁民"或"讼师"看齐，主要还是要应用于日常生活中，尽可能为我们创造良好融洽的生活和工作环境，让我们生活得舒心惬意，并且更快更好地接近或获得成功。

所以从讼卦初六爻中,我们抽取出谨言少语的精神内核就已经足够,其他高精尖新的语言技巧自有专业人士或感兴趣的朋友研究。

"谨言少语"是针对"言多必失"而言的。我们每个人都是普通人,不是专业语言工作者,组织语言、运用语言的能力实在不敢说有多强大。说少了一般人保证不会出纰漏,话匣子一打开就保不齐了,要是再情不自禁那么一下子,肯定该说的不该说的、能说的不能说的、说得好的和说得不好的,一窝蜂全从嘴里涌出来。而且在现实生活中,对于听说双方而言,交流互动倒在其次,最多的反而往往是"说者无心,听者有意"。很多不必要的麻烦就是这么来的。就算你当面没有说错话,有那么一两个小人添油加醋、断章取义一搅和,你想不惹麻烦上身都难。

以上只是"言多必失"的一个小小方面。我们都不是避居深山的隐士,嘴巴基本上只保留下吃饭的功能。身处社会,就是身处语言的汪洋大海,一天到晚,不知道要听多少句话,亦不知道要说多少句话,难保句句都表达意思准确无误。而且回想一下,其中无关紧要的废话肯定不少。我们提倡"谨言少语",并不是让大家闭上嘴巴故作高深莫测状,而是说无关紧要的废话能省则省。要知道说废话也是要消耗精力的,有时候为了组织一句自认为高明的废话,还可能让人绞尽脑汁。这都不是不可能。

请注意,我说的是无关紧要的废话可以省略,而有些废话则是万万不能省的。大家都是聪明人,我在这里就不举例了。

言多必失,说的是一般情况,还有一种情况是言少也失,所以我们应该再搞一个言多必失的加强版,叫祸从口出。就是说不会说话的人你让他谨言少语都不行,他不需要说太多话,一句话就足够把旁边人噎死,杀伤力那叫一个强悍。鲁迅先生在他的散文《立论》里写道:

"一家人生了一个男孩,合家高兴透顶了。满月的时候,抱出来给客人看,——大概自然是想得一点好兆头。

"一个说:'这孩子将来是要发财的。'他于是得到一番感谢。

"一个说:'这孩子将来要做官的。'他于是收回几句恭维。

"一个说:'这孩子将来是要死的。'他于是得到一顿大家合力的痛打。"

这就是个典型张嘴就闯祸的人,对这种人,谨言少语根本不好使,就得用胶条把嘴给他封上。不过还好,这种人毕竟多见于文学作品,日常生活中即便有,那他出现的概率也应该和天才出现的概率差不多,都属凤毛麟角型的。

提醒大家谨言少语,目的是预防言多必失,并不需要大家以后说话之前先把要说的内容想好,在心里编辑校对三五遍再说出来,那不现实,也太有些矫枉过正。日常说错话惹出的麻烦不是没有,但也远不至于要处心积虑去提防。咱们说的话还到不了"一言兴邦,一言丧邦"这一重量级。平时说话加些小心,分清楚轻重缓急,多站在听话者的角度考虑问题,别满嘴跑火车,大概过得去就行了。

九二,不克讼,归而逋,其邑人三百户,无眚。

象曰:不克讼,归逋,窜也。自下讼上,患至掇也。

【语译】

九二,争讼没成功,逃跑并归隐,他封邑中的三百户人家幸免于难。

《象传》说,争讼没成功,逃跑并归隐,是因为想迅速、彻底地终止争讼。如果居下位的人与居上位的人争讼,祸患来临是自找的。

【解读】

九二,"不克讼",不能去争讼。"归而逋",而是要与世无争地归隐而去。"逋"是逃跑的意思,此处指代归隐。"其邑人三百户,无眚",城堡中的三百户人家便没有灾难。"眚",本指瞎眼,此处指灾祸。全句说不去争讼,与世无争归隐而去,那么他所在城邑中的三百户人家便没有灾难。从九二息讼"邑人三百户"便"无眚"的措辞来看,此三百户与九二关系重大,至少也是利益密切相关,有类于"一荣俱荣,一损俱损"。避免了"邑人三百户"的损失和灾祸,某种意义上也就是避免了九二的损失和灾祸,反过来说,他可能还因"邑人三百户"而有了一点小小的收获。

《象传》说,"不克讼,归逋,窜也",不去争讼,而是归隐,说明要迅速、彻底地终止争讼。"自下讼上,患至掇也",如果居下位的人向尊上争讼,就会灾祸临头,所以要立即停止。"下"指九二爻,"上"指九五爻,二者均为阳爻,又同处中位,因此才会争讼,但争讼终究不是好现象,"二虎相争,必有一伤",结果肯定是凶多吉少。最好的选择莫若守中归隐,退一步海阔天空,这样就不会有灾祸。从九二爻的时位看也是如此。九二得中，但刚爻居阴位，不正，所以才会做不正的事——争讼。作为九二，要想消灾避祸，第一要固守原有的中道不能舍弃，第二要及时收手，不要把争讼进行下去。一个明显是两败俱伤的局，非要争一日之雄长，殊为不值，亦且不智。

争强好胜可以，最好表现在事业方面。不要斤斤计较于一点点个人得失，一切以大局为重，能忍则忍，能让则让，只要别人不犯到咱们固守的原则，换句话说别太出格，那就由他去吧，我们做正事要紧。

朋友们应该都知道刘伶这个人。魏晋时期的"竹林七贤"之一，作有《酒德颂》等名文。正史中有关资料寥寥，民间传说中却是一个风流才子，留下不少逸闻趣事。一和"竹林七贤"扯上，不用说就等于和酒扯上。而刘伶显然是"竹林七贤"中第一大酒桶，自称"天生刘伶，以酒为名"。且说有一次他又去买醉，结果和另一个酒徒发生激烈的口角，双方互不相让，形势愈演愈烈。酒徒情急之下，揎拳捋袖，就要开打。刘伶能喝，可五短身材、瘦小枯干，打架肯定只有吃亏的份儿。眼看酒徒红着眼睛、抡着拳头冲上来了，说时迟，那时快，就见刘伶笑嘻嘻、慢悠悠地说了一句话："鸡肋安足当尊拳。"意思是我瘦得跟小鸡子似的，哪儿能挡得住您老人家那尊贵拳头的雷霆一击，还不当场把我送上路了。您还是且住吧！俗话说得好，抬手还不打笑面人呢。刘伶都把自己说得惨成那样了，谁还好意思再揍他？酒徒只好百无聊赖地收回拳头，默然半晌，实在无话可说，掉头走了。刘伶继续喝酒。

举这个例子没别的意思，只是想提醒大家，好多时候矛盾并不一定非要把它激化才能找到合适的解决办法。如果仅仅是意气之争，不涉及原则问题，不管谁对谁错，最好的选择是息事宁人，大事化小，小事化了。要知道，我们还有重要的事情去做。而且须知：多个朋友多条路，多个敌人多堵墙。我们刚在初爻里讲过了人脉的价值，人与人相处，发生摩擦和矛盾在所难免，关键看你怎么处理。犯傻的会把事态扩大化，鸡毛蒜皮一点小事不闹到满城风雨誓不罢休。一般人可能会选择忍气吞声，把痛苦和悲伤留给自己慢慢消化。真正聪明的人则会找到化敌为友、化干戈为玉帛的好办法，从此身边多一个随时能够指出自己失误的诤友。

不做意气之争，尽量息事宁人，固守中道，足矣。

六三,食旧德,贞厉,终吉。或从王事,无成。

象曰:食旧德,从上吉也。

【语译】

六三,遵循旧有的道德修养,坚贞不渝,虽然危殆,但最终是吉利的。有时要顺从"大王"来做事,不要自己逞能。

《象传》说,遵循旧有的道德修养,顺从居于上位之人,吉利。

【解读】

"旧德",指过去的道德。六三,"食旧德",遵循旧有的道德修养,这里强调道德的力量。"贞厉,终吉",坚贞不渝,虽然危殆,但终究是吉利的。初六爻的德表现在"小有言",九二爻的德表现在归逋,归隐,不与上相争,六三爻依然遵守初六爻、九二爻的美德来做事,虽开始时有些危险,但最终是吉利的。"或从王事,无成",指顺从大王来做事,即便不会有大的成就,最终却是吉利的。

《象传》说,"食旧德,从上吉也",享用往日所积之德,顺从居于上位之人,这里指六三与上九相应,阴爻顺从阳爻,当然是吉利的。顺从别人做事,而自己不逞强,正是这一时位的美德。

九四,不克讼,复即命渝,安贞,吉。

象曰:复即命渝,安贞,不失也。

【语译】

九四,不能去争讼,复归是命中注定,变得安于贞正,吉祥。

《象传》说,复归是命中注定,变得安于贞正,是因为这样不会失去身份。

【解读】

九四,"不克讼",不能去争讼。"复"就是回复,返回来。"命"就是指命运。"渝"指改变。"复即命渝",如果能返回来承认命运的变化,改变争讼的念头,"安贞,吉",安心坚守正道,最终是吉利的。处于强势之时,往往容易争讼,这里强调要改变争讼的念头,安心坚守正道,是难能可贵的。

《象传》说,"复即命渝,安贞,不失也"。九四阳爻居阴位,位不正,说明他不守正道,到处逞强,与人争讼,若能返回正道,遵循命运的变化,安分守己,也就不会失去什么东西。实际上,争讼往往会造成损失。

九五,讼,元吉。

象曰:讼元吉,以中正也。

【语译】

九五,争讼,最为吉祥。

《象传》说,争讼,最为吉祥,是因为能守中持正。

【解读】

九五,"讼,元吉",这个时候争讼,大吉大利。

《象传》说,"讼元吉",是因为"以中正也"。九五爻既中又正,所以有利于争讼。这里告诉我们争讼之道,即使到迫不得已非讼不可时,也要遵循天理,行为上不要过激,不要出位,要坚守中道,坚守正位。九五爻与九二爻相争,因九五爻又中又正,能明事理,能够很好地化解双方的矛盾,使争讼不至于对双方造成损失,所以是吉利的。

上九,或锡之鞶带,终朝三褫之。

象曰:以讼受服,亦不足敬也。

【语译】

上九,即使有时被赐予了尊贵的腰带,也会在一天之内多次被人夺走。

《象传》说,通过争讼而使他人顺服,并不足以得到他人的尊敬。

【解读】

"锡",通"赐"。"鞶带",指腰带。上九,"或锡之鞶带",争讼取得胜利,被赐予了尊贵的腰带。"褫",就是剥夺。"终朝三褫之",一天之内也会多次被剥夺。这里告诫我们,在争讼有利时如果不依不饶,坚持争讼到底,不知悔改,即使取得胜利,受到赏赐,但终究会失去这种赏赐。

《象传》说,"以讼受服",通过争讼而使他人顺服,"亦不足敬也",并不足以得到他人的尊敬。这也告诉我们,想要得到他人的尊敬,要以理服人。

讼卦教给我们的启示有三点：第一，"作事谋始"，不要有争讼之心，开始即不可违背天道。这使我想起老子的话："上善若水。水善利万物而不争，处众人之所恶，故几于道……夫唯不争，故无尤。"第二，在危险时要谨慎，要小有言，归而逋，尽量谨言少语，最好不去争讼。《象传》说，争讼到底，不知改悔，虽然不讼而胜，但终究会失去这种胜利。第三，要敬，要顺从领导做事，这样虽然不会有大成就，但最终吉利。

师卦第七——用人之道

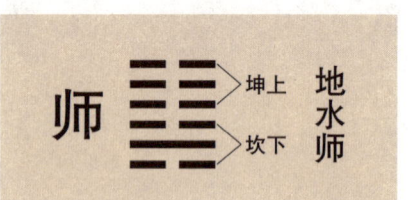

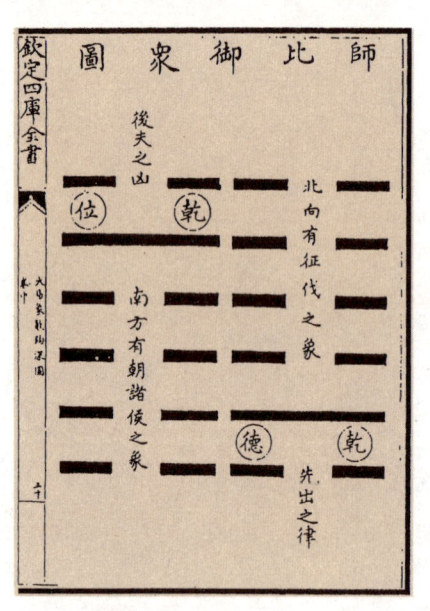

师,贞,丈人吉,无咎。

【语译】

师卦,贞正,有老成练达的长者而吉祥,没有灾祸。

【解读】

师卦为第七卦,从乾卦开始经过六个阶段,乾、坤、屯、蒙、需、讼,过了争讼以后必然要进入一个众人相争的阶段,因此就进入师卦。《序卦传》说:"讼必有众起,故受之以师。师者,众也。""讼"还是口头争讼,"师"就开始动武了。"师"即是军队,古代2500人为师,12500人为军。"师"又表示众人,也指领导军队的人。师卦一阳而五阴,一阳爻在下为众阴爻之主,有将帅统兵之象。因此这个卦主要讲统率下属的问题。

一个统帅如何统领众人?如何具有带领一支军队用兵作战的智慧?今天作为一个领导,如何提高自己的领导力?怎样管理你的属下?这一卦给我们很大的启发。

卦辞说,"师,贞,丈人吉,无咎","贞"即正,如果军队是正义之师,领导军队的人物行得正,就是德高望重的人,即"大人",由他统兵作战,是最为吉利的,不会有灾祸。《孙子兵法》中讲战争需要考察"五事",就是道、天、地、将、法,其中"将"也就是师,"将"须具有五种品德:智、信、仁、勇、严,具备以上五种品德的人即为大人。"夫将者,国之辅也","将"乃国家的辅佐,辅强则国必强,辅弱则国必弱,所以"将"的责任重大。

彖曰:师,众也。贞,正也。能以众正,可以王矣。刚中而应,行险而顺,以此毒天下而民从之,吉又何咎矣。

治兵取乎坤见寓兵於農 新圖

致役乎坤

师䷆ 贞丈人吉
谦䷎ 利用侵伐
豫䷏ 利建侯行师
萃䷬ 除戎器戒不虞

四卦皆有坤

【语译】

《彖传》说,师卦,聚众兴师。贞正,就是把持正道。能够带领众人走正道,就可以称王天下了。阳刚居于中位而上下相应,行动危险却顺天应人,兴师动众虽劳民伤财,然毒之实所以安之,故人民愿意随从他,这是吉祥,又何来灾祸呢?

【解读】

《彖传》说,"师,众也","师"指的是众人。"贞,正也","贞"就是正道。"能以众正,可以王矣",你这个管理者如果能使众人都走正道,就能做君王,治理天下。"刚中而应",师卦只有一根阳爻,即九二爻,在这种卦象里阳爻最重要,而九二阳爻与六五爻相应,说明这位将帅刚健有为,能行中道,兵众都很信任他,与他相呼应,是众望所归的人。"行险而顺,以此毒天下而民从之","险"在这里指下卦为坎,坎为险;"顺"指上卦为坤,坤为顺;"毒"通"督",这里是治理的意思。虽然行军打仗是一件很危险的事,但是由于是一支正义之师,出兵征伐是为了安定天下,顺应民心,民众就会顺从它。正如《孟子·梁惠王下》里说:"今燕虐其民,王往而征之,民以为将拯己于水火之中也,箪食壶浆以迎王师。""吉又何咎矣",如果得到了天下百姓的支持,出兵征伐自然就是大吉大利的,又会有

师卦第七——用人之道

173

什么灾祸呢?

象曰:地中有水,师。君子以容民畜众。

【语译】

《象传》说,地里面聚积有水,这是师卦之象。君子由此得到启示,要去包容畜聚民众。

【解读】

《象传》说,"地中有水",上卦为坤卦,坤为地,下卦为坎卦,坎为水,地中之水,聚积而成,这就是师卦之象。君子看到这样的卦象,就要按照师卦之道来"容民畜众",君子要去宽容、养蓄民众。带兵作战,将领一定要具有宽容的心,爱护士兵的心。老子说"容乃公,公乃王",只有宽容人民,人民才能顺从你;只有蓄养人民,人民才能顺应你。

初六,师出以律,否臧凶。
象曰:师出以律,失律凶也。

【语译】

初六,出师之始,贵在纪律严明,军纪不严明则凶险。

《象传》说,出师之始,贵在纪律严明,失去纪律则凶险。

【解读】

初六,"师出以律",部队准备出发,一开始就必须纪律严明。"否"指批评,"臧"指表扬,这里"否"的意思为不,"臧"的意思为善。"否臧凶",如果军纪不严则凶险,因此,做一个管理者首先必须制定严明的法纪法规。这里强调干任何事,纪律都是第一位的,且执法要严。"撼山易,撼岳家军难",即为典型的纪律严明的范例。

《象传》说,"师出以律,失律凶也",再一次强调带兵作战要纪律严明的重要性。没有严明纪律的军队,是非常危险的。

九二，在师，中吉，无咎。王三锡命。

象曰：在师中吉，承天宠也。王三锡命，怀万邦也。

【语译】

九二，在师而得其中则吉祥，没有灾祸。君王三次恩赐命令嘉奖。

《象传》说，在师而得其中则吉祥，是因为受到了天子的宠幸。君王三次恩赐命令嘉奖，是因为胸怀万邦安宁。

【解读】

九二爻为该卦的统帅，"在师，中吉，无咎"，处在军队的中位，即军队的统帅，九二爻为阳爻，说明统帅刚健有为，居中位，说明他又能行守中道，所以是吉利而无灾祸。"王三锡命"，大王三次赐予命令。"王"指六五爻。"锡"通"赐"。《周礼》中说，大王三次赐给将军命令，一命授职，再命授服（礼服），三命授位（职位）。

《象传》说，"在师中吉"，是因为"承天宠也"，是得到了上天的宠爱，这里的上天就是指六五爻的天子，六五爻居五位尊位，为天子，九二爻与六五爻相应，得到君王的重用与信任。"王三锡命"，是因为他能"怀万邦也"，九二德才兼备，能安抚天下万邦。这里强调，作为一个领导，一定要主持正义，坚守中道。这一时位是中位，指阳刚之人要守中，要德才兼备。"王"指最高领导者，也一定要授职授权。

六三，师或舆尸，凶。

象曰：师或舆尸，大无功也。

【语译】

六三，出师后，若众车载尸以归，则凶险。

《象传》说，出师后，若众车载尸以归，则凶险，完全是无功而返。

【解读】

六三，"师或舆尸，凶"，出师征伐，有时会载着许多车尸体回来，凶险。这意味着六三这样的统帅带兵作战经常会打败仗，因为六三这样的统帅不中不刚，既无中正之德，又柔弱无才能，当然会经常战败。阴柔之人担任统帅，又处于凶险之位，是很危险的。这提示我们，任用统帅，给他很大的职权，一定要考察他是否刚强有为，如果柔弱无能，就会有凶险。

《象传》说，"师或舆尸"，是表示"大无功也"，军队出征载许多车尸体回来，说明将领无能，贪大求功，不自量力而导致无功而返。无能之人虽然给了他很大的职权，终究是不会取得成就的。

六四，师左次，无咎。

象曰：左次无咎，未失常也。

【语译】

六四，完师后撤并驻扎两天以上，没有灾祸。

《象传》说，后撤并驻扎两天以上，没有灾祸，是因为没有失去常规。

【解读】

"次"指驻扎、驻守。古代以右为尊，以左为卑，"左次"就是退后驻守两天以上。六四，"师左次，无咎"，军队退后驻扎两天以上，没有灾祸。

《象传》说，"左次无咎"，是因为"未失常也"。因为六四爻没有失去正常位，即居于本来的左位，阴爻居阴位，即是当位，此时军队不宜进取而应退驻。现实中盲目冒进也是领导的大忌。同时还启发我们用人时要了解他的秉性、他的能力，该是什么位就放在什么位。有的人没有才能却被放在领导的位置，这是一种残忍。

六五，田有禽，利执言，无咎。长子帅师，弟子舆尸，贞凶。

象曰：长子帅师，以中行也。弟子舆尸，使不当也。

【语译】

六五，田中有禽害禾，寇盗之象，有利于兴师执获，声讨其罪，没有灾祸。九二之丈人帅师以征，用三四之小人为其监军，取得众车载尸以归的败局，虽贞正亦凶险。

《象传》说，九二之丈人帅师以征，是因为他用守中的品德行军作战。用三四之小人为其监军，取得众车载尸以归的败局，是因为人的使用不当。

【解读】

六五，"田有禽"，田中有禽害禾。"利执言，无咎"，把它们逮住是有利的，没有灾祸。"长子帅师"，委任刚正的长者率领军队是吉祥的，"弟子舆尸"，而委任无德无才的年轻人率领军队,就会载一车尸体回来。"贞凶",坚持让"弟子"带领军队的做法,是很凶险的。这里将"长子"和"弟子"作比较,不完全是从年龄上说的,而是从才德上说的。"长子"即具有才德的人,"弟子"是缺乏才德的人。两种不同的领导,带来两种不同的结果。可见用人之道是多么的重要。

刘邦深谙此理,用韩信带兵,张良出谋,萧何保后,各方面都安排得有条不紊,刘邦也因此而成为他这个集团的核心。他非常清楚地知道,一个领导最重要的才能就是知人善任,对下属都有什么才能,有什么长处,有什么短处,放在什么位置上最合适,心里清清楚楚。领导不必事必躬亲,事无巨细都要操心的领导绝非好领导。

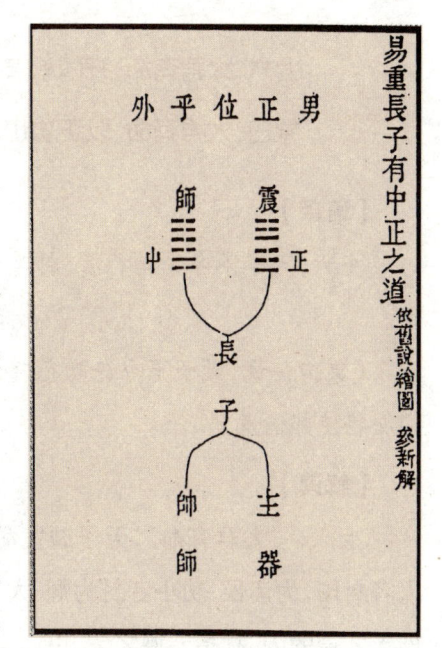

好领导的标准就是,能团结一批人才,把他们放在适当的位置上,让他们最大限度地、充分地发挥自己的积极性和创造性。懂得如何调动部下的积极性,这才是一个领导最大的才能。

所以,汉高祖刘邦称帝后,在一次宴会上问群臣:为什么项羽失去了天下,而自己能得到天下?群臣纷纷发言,各抒己见。但刘邦认为他们都没有说到点子上,并说:"你们只知其一,不知其二。运筹帷幄之中,决胜千里之外,我不如张良;治理国家,安抚百姓,源源不断地供给粮饷,我不如萧何;统率百万大军,攻城略地,战无不胜,攻无不克,我不如韩信。这三个人都是当今的英雄豪杰,我能重用他们,这就是我能够得到天下的原因。项羽有一个范增,却不能重用,这就是他最终失败的缘故。"刘邦的这一席话,足以让他名垂千古,也可以让我们明白知人善任的重大意义。

《象传》解释说,"长子帅师",是因为"以中行也"。"长子"这样有德有才之人,行事自然会走中道,行军打仗的时候,知道进退得失的道理,能够立于不败之地。"弟子舆尸",是因为"使不当也","弟子"这样无德无才、纸上谈兵之人,行军打仗不能随机应变,只凭意气用事,指挥军队前进后退自然不恰当,当然会打败仗,伤亡惨重。

上六，大君有命，开国承家，小人勿用。

象曰：大君有命，以正功也。小人勿用，必乱邦也。

【语译】

上六，天子下令论功行赏，封为诸侯可以开国，封为大夫可以立家，小人不能用。

《象传》说，天子下令论功行赏，是为了肯定有功之臣。小人不能用，因为他们必将使邦国危乱。

【解读】

上六，"大君有命"，天子颁发命令。"开国承家"，战争胜利后，封赏功臣，功大者封国，为诸侯，功小者封为卿、大夫。"小人勿用"，"小人"不能重用。"小人"即无才德的人，犹指无德之辈，用之，必有后患。

《象传》说，"大君有命，以正功也"，君王颁发命令，论功行赏，是为了肯定有功之臣的功劳，真正地按照功劳、品德来封赏。"小人勿用，必乱邦也"，如果论功行赏没有按照正道，该赏的没有赏，不该赏的却赏了，会拍马奉承的小人乘机获得了封赏，得到了重用，将来必会乱邦。

师卦只有一根阳爻，在这种卦象里这一根阳爻就是至关重要的，而阳爻又"刚中而应"，六五爻与之相应，因此领导者要刚健、中正，才能有下属与其相呼应。用这种刚中而应的正道来管理下属，下属就会顺从，就会大吉大利。此外，带兵作战，将领既要有严明的纪律、严格的制度，还要具有宽容的心。只有对人民宽容，人民才能跟从你；只有蓄养人民，人民才能顺应你。师卦告诉我们，管理者的用人之道主要有五个方面：第一，要任用德高望重、行为正派、能"容民畜众"的长者为领导。《孙子兵法》说，"将者"必须具有五种品德：智、信、仁、勇、严，具备这五种品德的人就是能作为辅佐的将才，只有这样的人才是可以担当重任的人。第二，行军作战或进行管理时要有严明的纪律。第三，要能识别小人的真面目，不能被其蒙蔽而委他以重任。要做到"亲贤人，远小人"。第四，要彻底授权，用人不疑，允许"将在外，君命有所不受"。第五，要正确地论功行赏，舍得封赏，不断封赏。

比卦第八——以和为贵

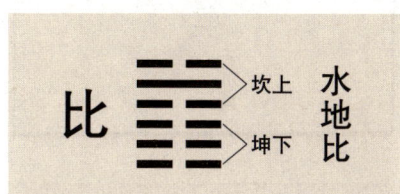

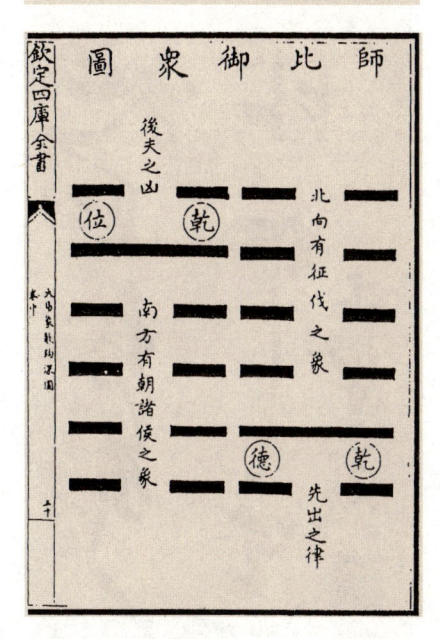

比,吉。原筮,元永贞,无咎。不宁方来,后夫凶。

【语译】

比卦,吉祥。有人来亲比,元始永恒贞正,没有灾祸。不宁顺的方国前来归附,后到的会有凶祸。

【解读】

"比"是比较、比和、亲比的意思。"比"字,《说文解字》作"𣬅",二人为从,反从为比,从造字法上来说叫"会意",一个人贴着另一个人比高低。《序卦传》说:"众必有所比,故受之以比。比者,比也。"师卦聚众争斗之后必然要"比"——比较,谁胜谁负,谁多谁少。最后还要比和,要达到新的和谐。比卦就是讲比和之道、和谐之道。孔子说"君子周而不比,小人比而不周"(《论语·为政第二》),"君子和而不同,小人同而不和"(《论语·子路第十三》),可理解为"君子团结而不勾结,小人勾结而不团结"。这里的"比"不是片面的比,而是全面的比,亲和的比。这卦告诉我们人和人之间、领导与下属之间怎样建立亲和、和谐的关系。

卦辞说,"比,吉",比卦,吉祥。"原",推原、推测本原。"筮",占筮。"原筮",追寻、占问比和之道的内涵、本质。"元"指元首,即九五爻。"元永贞,无咎",

九五爻永远守持正道，没有灾祸。"不宁方来，后夫凶"，不安宁的诸侯都来归顺，后来到的诸侯有凶险，"后夫"即指上六爻，也就是后来的顽固分子会遭受灾祸。

彖曰：比，吉也。比，辅也，下顺从也。原筮，元永贞，无咎，以刚中也。不宁方来，上下应也。后夫凶，其道穷也。

【语译】

《彖传》说，比卦，吉祥。比是辅佐的意思，在下者都能顺从于上。有人来亲比，元始永恒贞正，没有灾祸，是因为阳刚者守中。不宁顺的方国前来归附，是因为上位者与下位者相应。后到的会有凶祸，是因为他的道路穷尽了。

【解读】

《彖传》说，"比，吉也"，亲比，大吉大利。"比，辅也，下顺从也"，"比"是辅佐的意思，指的是下面的四根阴爻都是顺从的意思。"原筮，元永贞，无咎"，追寻、占问比和之道，想要获得永久的安宁，不会遭遇危险，就必须抓住最根本的原因，即"以刚中也"，居统治地位的人要刚健有为，持守中正之道。只有这样，下面的群众才会来与上层统治者比和，取得一种上下和谐的局面。"不宁方来，上下应也"，原先不安顺的诸侯都来归顺了，因为九五爻与下面的四根阴爻相应。"后夫凶，其道穷也"，上六爻有凶险，因为他是顽固分子，死也不归顺，还想压着九五爻，在天下都归顺的时候，只有他不归顺，那就走到头了，必然会遭遇灾祸。

象曰：地上有水，比。先王以建万国，亲诸侯。

【语译】

《象传》说，大地上有水，这就是比卦之象。先王由此得到启示，要封建万国、亲近诸侯。

【解读】

《象传》说，"地上有水"，上卦为坎卦，坎为水，下卦为坤卦，坤为地，大地上面有水，水聚集在大地上，形成比和之势，这就是比卦之象。先王看到这样的卦象，就要按照比卦之道来"建万国，亲诸侯"，就是去分封万国、亲比诸侯。因为只有像水聚在地上一样，亲近百姓，亲近诸侯，才能建立国家、抚平天下。

初六，有孚，比之，无咎。有孚，盈缶，终来，有它吉。

象曰：比之初六，有它吉也。

【语译】

初六，有诚信，去亲近依附，没有灾祸。有诚信，如缶之盈满，最终会有其他的吉祥来到。

《象传》说，比卦的初六，会有其他的吉祥。

【解读】

初六，"有孚"，和谐、比和首先要有诚信，这样"比之，无咎"，诚心诚意地去亲比居上位的九五爻，不会有咎害。全卦都向九五亲比，初六虽然距九五较远，但是怀着诚意去归附自然不会有咎害。"盈"，就是满的意思。"缶"，指器皿。"有孚，盈缶，终来，有它吉"，有了诚信就如同酒缸里面盛满了美酒一样，内心充满了幸福，怀着这样一种心情去亲比，就会格外的吉祥。与他人合作，首先是要诚信，只有心怀诚意，才能赢得别人的信任。

《象传》说："比之初六，有它吉也。"这是说，像初六这么地处边远的人都来亲比归附，说明九五的恩德感化力量广大无边，有如尧舜之德，四海臣服，万民归附，当然会显得格外的吉祥。

六二，比之自内，贞吉。

象曰：比之自内，不自失也。

【语译】

六二,从内心去亲近依附,贞正吉祥。

《象传》说,从内心去亲近依附,不会失去自我。

【解读】

六二,"比之自内",从内心里来比和九五爻,从内心里来服从九五爻。"贞吉",是说发自内心地服从上级领导,对领导做到真正的心悦诚服,这样就很吉利。

《象传》说,"比之自内,不自失也"。"不自失"指不会失去自我、迷失自我。因为是发自内心地对领导服从,所以才不会失去自我、迷失自我。因为六二爻是阴爻居阴位,比对九五爻的阳爻居阳位而言,只能心甘情愿、服服帖帖地做副手或者下属,根本没有能力取而代之。幸好六二爻很明白这一点,不会迷失自己,故而"贞吉"。

六二爻大致讲完了,留给我们这样一个问题:假如六二爻不甘心做副手或下属呢?这个问题想必不少有职场经验的人都在心里掂量过,从业经历中也遇到过类似状况。的确,现实社会中有不少这样的人,或者根本就是志大才疏,不自量力,不安于本分,有一分的本事总想管十分的事。虽然领导量才录用,已经给了他足够的薪水,可他仍不满足,认为自己的价值远远不是这点薪水所能衡量。他需要的是呼风唤雨、独霸一方。这种人怎么可能指望他安心做好自己的本职工作?其结果只能是害了自己,误了青春。

三国时的名士祢衡应该算是这种人的典型。祢衡的文才那是没得挑,《鹦鹉赋》天下闻名。可惜经国之才差了些,政治上更是和韩信一个级别。看看他最好的两个朋友我们就明白他是何等人了。孔融和杨修都是梗着脖子和曹操较劲的主儿,最后又全都祭了曹操的刀。且说祢衡怀里揣着名片来到当时的首都许昌,想要会一会天下英豪,结果名片上的字都磨灭了,也没能递出去(别忘了那会儿的名片可是竹木上面刻字的,叫"名刺",不好磨得很),为什么?根本没有他看得上的人。后来祢名士终于到了枭雄曹操手下。曹操也是好文之人,初时对他十分仰慕,执礼甚恭。很快曹操就发现自己错了,这祢衡他太自负了、不识大体。先是逮住曹操手下的文臣武将骂了个遍,说得那些人连孟尝君门下的鸡鸣狗盗之徒都不如,后来又光着身子骂了曹操一顿,还配着鼓乐。曹操彻底火了,转手把他倒卖给了荆州刘表。刘表号称爱才,可也伺候不了这位软硬不吃的大爷,只好又把他转给江夏太守黄祖。黄祖是个粗人,祢衡在他那里恃才傲物显然选错了地方,最后被黄祖杀掉,年仅二十六岁。

祢衡这样的人是一种,还有一种人的确有才,但只是将才而非帅才,独当一面可以,八面威风抓瞎。要知道每个人的先天禀赋不同,后天是很难改变的,有人也许就是当副手的命,但如果这种人不接受这个事实,非要折腾一番才善罢甘休,那结果肯定也是"凶"字。

有个笑话说,某师爷娴于刀笔,辅佐多位官员都极受推重。后来师爷钱攒多了,也被人使唤厌了,心想官有什么难当的,我闭着眼睛都会,于是掏钱捐了个县官。孰料上任第一天就闹了个大笑话,以后更是纰漏不断,没多久就被上级免了。师爷钱财罄尽,只得重操旧业,结果依然驾轻就熟。

形形色色的不甘心本职工作、不安于本分做事的人还有很多,其不安于本分的原因也有很多,不管这些人有才还是无才、日后会有多大的成就,当他们处在下属或是副手位置的时候,最好还是对领导心悦诚服一些,然后踏踏实实做好自己分内的事,不要想得太多。如果真的是金子,终究会有他们闪闪发光、物有所值的一天。

六三,比之匪人。

象曰:比之匪人,不亦伤乎。

【语译】

六三,与不合适的人亲近依附。

《象传》说,与不合适的人亲近依附,难道不会有哀伤吗?

【解读】

六三,"比之匪人",就是和不正派的人比和。"匪人"指不正派的人。六三爻既不中又不正,比喻为不正派的人。

《象传》说,"比之匪人",与不正派的人比和,"不亦伤乎",结局不也很悲惨吗?六三爻没能脱离"三多凶"的魔咒。这当然是六三咎由自取,怨不得旁人。为什么?六三爻不中又不正,且位在下卦最上一爻,很容易和跟它同位的上卦最上爻上六爻勾结,而上六爻是明目张胆向九五爻挑战的,必杀技就是跟老板唱反调、对着干,所以说六三的结局会很悲惨。

每一个集团的老板都希望集团内部团结一致,亲近和谐,因为在这种融洽的环境中,集团才有可能获得源源不断的前进动力,才能在布满荆棘的前进途中同舟共济。没有老板喜欢破坏和谐融洽气氛的害群之马,也没有任何一个老板能够容纳一个真正的异己分子,除非他想效仿上古时候的禅让制,把辛辛苦苦打下的江山拱手让人。

既然上述情形不可能发生,而匪人偏偏就是集团内部的害群之马和真正的异己分子,那么六三爻的下场就注定是可悲的。

和匪人同流合污,那是自甘堕落,在别人眼里,至少在老板眼里,你迟早要和匪人画上等号。

近朱者赤,近墨者黑。久入芝兰之室而不觉其香,同样,久入鲍鱼之肆也会不觉其臭。孟母教子之所以三迁,就是害怕耳濡目染、潜移默化的可怕能量。

一旦和匪人画上等号,那么,一个直接而最近的结果是你将被打入另册,然后,不久的将来,等待你的恐怕就是老板或部门主管亲自主厨的一顿鱿鱼大餐了。即使侥天之幸,你在集团的升迁之路也会被牢牢封死,虽然你未必知道,搬起石块去封死那条出路的正是你自己。

换换口味,讲个有点偏离主题,但又和主题息息相关的故事,有关三国蜀汉的丞相诸葛亮和他手下的两员大将:赵云和魏延。

不用说,三个人中一个老板,一个忠臣,一个唱反调、对着干的。比我们的六三、六四少了一个角色。

魏延在蜀汉政权内部绝对是一个响当当的人物,从正史记载来看,能力丝毫不逊于演义小说中被忽悠得神乎其神的赵云赵子龙。可他就是有点不服老板管束,遇事总想出风头,诸葛亮不让,他就发脾气、闹意见、唱反调,甚至消极怠工。诸葛亮北伐中原数次,他屡屡请命,要自带一支精兵作为偏师,以为大军羽翼。历史证明他的意见完全正确,且极具战略眼光,可惜诸葛亮就是不许。非但不许,还在病死之前秘嘱左右:一旦自己身死,魏延无人能制,必杀之。魏延的确不如诸葛亮。诸葛亮死,魏延叛,被杀。

赵云,如雷贯耳的名字,其实并没有传说中那么玄乎,他一直就是刘备身边的禁卫军将领,一生基本没有捞着单独领兵的机会,可是看看人家混的,活着的时候占尽风光不说,还在后世被写小说的编排出那么多故事。

诸葛亮的人格魅力向来没有多少人诟病,容人之量也应该合得上"宰相肚里能撑船"的尺度,而且以他的明察秋毫,当然知道魏延唱反调的真实意图不是谋反，而是想谋得重用。可是，饶是如此，诸葛亮还是容忍不了，最终生生逼反了蜀汉后期的一员猛将。赵云虽然有德有能，但也不至于夸张到那种地步。

所以，什么样的人不受老板待见，什么样的人易获升迁、能受重用，不用我再啰唆什么了吧。

六四，外比之，贞吉。

象曰：外比于贤，以从上也。

【语译】

六四，从外亲近依附九五，贞正吉祥。

《象传》说，从外亲近依附于刚明之贤，所以能够安从其上。

【解读】

六四，"外比之"，向外与有德之人比和。"贞吉"，比和的时候，坚守正道，大吉大利。

《象传》说，"外比于贤，以从上也"，六四爻向外寻找可以比和的贤明之人，发现居于自己之上的领导九五爻就是刚健有为、贤能英明之人，所以只要顺从他就可以了。这里也说明亲近、比和的对象很重要。

六四爻和六二爻一外一内，都是九五爻的忠实下属，从内心里愿意接受九五爻的领导。六二爻是因为与九五相呼应，六四爻则刚好在九五之下，阳上阴下，是顺的关系。六四又是阴爻居阴位，不中却正，守持着正固，一心为老板着想，一切以集体的利益至上。所以他不但自己忠心耿耿，还处处留心结交有助于老板和集体利益的贤明之士，以便有朝一日为老板所用，为集团的发展服务。我们可以设身处地想一想，如果我们自己处在老板的位置上，遇到这样的好员工，我们能不对他青眼有加吗？能不让他升迁吗？

九五，显比，王用三驱，失前禽，邑人不诫，吉。

象曰：显比之吉，位正中也。舍逆取顺，失前禽也。邑人不诫，上使中也。

【语译】

九五，彰显亲比之道。君王用三驱之礼狩猎，失去往前跑的禽兽，邑人不需要告诫，吉祥。

《象传》说,彰显亲比之道而得吉祥,是因为处在持正守中的位置上。舍去逆我出围者而取来顺我入围者,这就是失前禽的做法。邑人不需要告诫,是因为上位的身教使得他们都自觉地走上了中道。

【解读】

九五爻为主爻,为君主,为主要领导,"显比",显示领导的比和之道,要广泛地亲近他人。"王用三驱,失前禽",君王狩猎时要三面驱赶,将正前方空出,要让从正面来的禽兽走失。为什么?因为迎面而来的飞禽走兽可看成是顺从者,它们愿意顺从,所以要网开一面。惩罚叛逆者,接受顺从者,这就叫"失前禽"。"邑人"指城里人,即自己人。"诫"就是戒备、警惕。"邑人不诫",自己的人不去戒备、警惕,说明亲比双方都是出于真心的,互不设防,有如一家人,这才是真正的比和之道。

《象传》说,"显比之吉",是因为"位正中也",就是说,九五爻居中正之位,说明他有中正之德,平易近人,能够得到众人的归附,大显比和之道,当然是吉利的。"舍逆取顺,失前禽也",这表明九五的比和是有原则的,不是一个和事佬。他能够洞察谁是真正的归顺,谁是表面的归顺,只接受真心归顺的人,不接受表面归顺而实际叛逆的人。"邑人不诫",自己人亲密无间,不用互相戒备、警惕,是因为"上使中也",就是说领导自身以身作则,行中正之道,要求下面的群众也行中正之道,志同道合,这是亲比的最高境界。

上六,比之无首,凶。

象曰:比之无首,无所终也。

【语译】

上六,无以比下,无以为首而为首,凶险。

《象传》说,无以比下,无以为首而为首,则道穷而无所终。

【解读】

上六,"比之无首",比附却找不到首领,是凶险的。还有一种说法,"首"指先,"无首"指不领先,"比之无首"就是不愿意领先去比附,慢吞吞的。

《象传》说,"比之无首,无所终也",想亲比却找不到首领,是没有好结局的。上六,阴柔之人居于最终位,不愿意早早地领先前来比和,而是姗姗来迟,表示不诚心,当然没有好结局。

比卦给我们的启示：第一，比和之道，和谐之道，怎样做到和谐、顺从？下顺上，地顺天，按天道而行，柔弱的要顺从刚强的。需要从功能上看到底谁是九五爻，如是则下顺上，方能建万国亲诸侯。第二，要有孚，要诚信，有孚乃吉，无孚必凶，诚信要发自内心。顺从、亲和都要求诚信。第三，怎样才能亲和、诚信？要舍逆取顺，对于叛逆者要严格惩罚，顺从者则要奖励，如此方能大吉。

小畜卦第九——小有成就

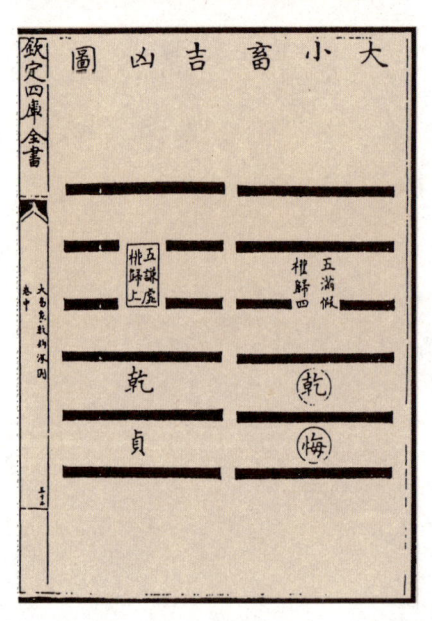

小畜，亨。密云不雨，自我西郊。

【语译】

小畜卦，亨通。乌云密布而不下雨，从我西边的郊野飘聚过来。

【解读】

"畜"有蓄养、蓄聚、蓄止的意思。"小畜"就是小小的积蓄。"不积跬步，无以成千里"，"小畜"是每个人迈向成功的第一步。《序卦传》说："比必有所畜，故受之以小畜。"比和在一起就必然会形成一种蓄聚的状态，所以比卦之后就是小畜卦。"善为易者不占"，真正懂《易》的人不必占算，真正学《易》的人不一定要按揲蓍法来解释，真正学《易》的人要学《易》给我们的人生智慧、宇宙周期变化的大规律、人类知变应变的大法则、为人谋事的大智慧，真正学《易》的人要明白当下的人生状态是哪一卦，你到了小有积蓄的时候，就是"小畜"。比如你有了一点小成就就是小畜卦。

卦辞说，"小畜，亨"，小有积蓄，亨通。"密云不雨，自我西郊"，天空中乌云密布，但还不是下雨之时，更多的乌云正从西边而来。

彖曰：小畜，柔得位而上下应之，曰小畜。健而巽，刚中而志行，乃亨。密云不雨，尚往也。自我西郊，施未行也。

【语译】

《彖传》说，小畜卦，六四阴爻得正位，上下刚爻都来和它应合，称之为小蓄。刚健而又柔顺，九二与九五阳刚居中，志向能够得以实行，所以亨通。乌云密布而不下雨，说明阳气蓄积不足，上行离去。更多的乌云正从西天而来，说明阴阳交合虽然开始，但还没有畅行。

【解读】

《彖传》说，小畜卦，"柔得位而上下应之"，唯一的一根阴爻即六四爻，是柔爻处于柔位，得正位，上下刚爻和它相应，所以说是小有积蓄。"健而巽"，刚健而又顺从，下卦乾为刚健，上卦巽为顺从。"刚中而志行"，九二与九五两根刚爻居于中位，说明志向能够得以实行。"乃亨"，所以亨通。"密云不雨，尚往也"，乌云已经密布，但是没有下雨，又被风吹到天上去了。"自我西郊，施未行也"，乌云密布，自我西郊而来，但只打雷不下雨，说明阴阳交和虽然开始发动，但还没有畅行。这是告诉我们，现在还只是有小小的积蓄，小有成就。这只是迈出了成功的第一步，而且这小小的成功还是大家帮助的结果，尤其是有九五爻与九二爻的帮助，因此不要太骄傲，要更加谦虚，乌云密布不到下雨的时候，还要再努力，扩大成就，使自己的才能更加显露出来，使自己的人生更加美好。这时候不能浅尝辄止，还要兢兢业业，勤勤恳恳，谦逊努力，促使阴阳更加和合，有更多的人来帮助自己，只有大家齐心协力，才能让期盼已久的雨下下来，这

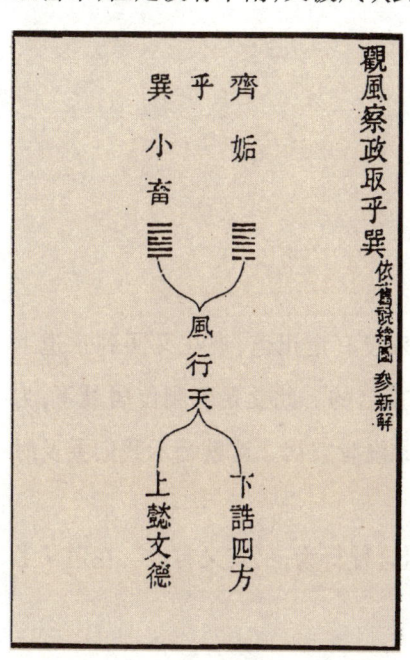

是做事情的最终目的,也是人生的终极目的,否则会功亏一篑。如果用女人来比喻的话,这个时候是被男人宠着的,乾为男在下,巽为女在上,女人这时不要太骄傲,还没到阴阳相和的地步,这时候若太忘乎所以了,弄不好会失宠的。

象曰:风行天上,小畜。君子以懿文德。

【语译】

《象传》说,风在天上吹,只是小小的积蓄。君子由此得到启示,要美化人文与德业。

【解读】

《象传》说,"风行天上",上卦为巽卦,巽为风,下卦为乾卦,乾为天,风刚刚刮起来,还在天上吹,离下雨还有一段时间,这只是下雨前的酝酿期,所以说只是小小的积蓄,这就是小畜卦之象。君子看到这样的卦象,就要按照小畜卦之道来"以懿文德",按照这个卦的道理来美化大德,也就是说要按这个卦的精神来加强自身的修养,懂得处于此卦时位的时候,一定要戒骄戒躁,更加努力,积累自己的正能量与美德,提高自身的素质,以取得更大的成功,使自己的人生更加美好。

初九,复自道,何其咎,吉。
象曰:复自道,其义吉也。

【语译】

初九,复归于正道,会有什么灾祸?吉祥。

《象传》说,复归于正道,其卦义是吉祥的。

【解读】

初九,"复自道",复归于正道,意思是原来没有走正道,现在又回到正道上来了。"何其咎,吉",这不会有什么灾祸,自然是吉的。此爻是阳刚位居最下,为六四爻的阴柔所蓄养,一阳来复,回归正道,因此没有灾祸。这就暗示我们要及时醒悟返回正道,选择正确的人生方向。

《象传》解释说,"复自道",即回复到正道这种行为,"其义吉也",在道义上是正确的,是吉利的。

九二,牵复,吉。

象曰:牵复在中,亦不自失也。

【语译】

九二,受到牵制才返归,吉祥。

《象传》说,受到牵制才返归中位,也算没有失去自己的立场。

【解读】

九二,"牵复,吉",被牵引着回复到正道上来,吉祥。九二阳爻居阴位,位不正,自以为刚健有为,有些骄傲自满,处于小畜的时候,应该与六四爻相应,按照小畜卦的精神,在积极进取的同时,要谦逊守柔,这样就顺应了事物发展的规律,就会有所积蓄,就会吉祥。

《象传》解释说,"牵复在中",九二被牵复到了中道上来,做事不偏不倚,不柔也不刚,"亦不自失也",谦逊柔和又不失刚健的本性。

九三,舆说辐,夫妻反目。

象曰:夫妻反目,不能正室也。

【语译】

九三,车子的辐条脱落了,夫妻反目成仇了。

《象传》说,夫妻反目成仇,九三不能正妻室。

【解读】

"辐"是车轮上的辐条,它最大的功用是连接车毂和轮辋。"说"通"脱"。九三,"舆说辐",车轮子脱开了辐条,车轮就不能用了。若用一辆车比喻一个家庭的话,轮子与辐条就好比是夫妻,两者是相辅相成的关系,两者的和睦相处是一个家庭正常运转的必要条件。"舆说辐"就好比夫妻俩那种相辅相成的关系破裂了,"夫妻反目",也就是夫妻反目成仇了,九三爻与六四爻是夫妻,不比,阴爻居阳爻之上,刚爻受制于柔爻,男人受制于女人,这在古代是一种不正常的现象。

《象传》说,"夫妻反目"的结果是"不能正室也",也就是说搞得家庭关系不正常了,在需要积蓄的时势下,这种家庭关系对积蓄显然是不利的。

六四,有孚,血去,惕出,无咎。

象曰:有孚惕出,上合志也。

【语译】

六四,有诚信,血去而身无伤,惕出而心无忧,所以没有灾祸。

《象传》说,有诚信,惕出而心无忧,是因为与上位者志向相合。

【解读】

六四,"有孚",心怀诚信,"血去,惕去,无咎",就能免去血光之灾,解除忧患,去除恐惧之心,不会有什么咎害。

《象传》解释说,之所以"有孚"就能"惕出",是因为"上合志也",是说它与上面的九五爻志同道合。此爻居于九五之下,阴爻上承于阳爻,表明柔顺从于刚,这是符合天道自然的。六四阴爻能遵循天道,诚心诚意、心悦诚服地顺从居于尊位、刚健有为的九五阳爻,与上级领导志同道合,当然也会得到九五这位上级领导的关心与帮助。有这样的领导的关心与帮助,还有什么值得忧虑的?自然会逢凶化吉,吉祥如意。这说明时位很重要,处于下位的时候,就要甘居其下,对上级领导要诚心诚意地顺从,那样就不会有什么对自己不利的事情发生,自己也用不着整天担惊受怕。这种心态对正在积累阶段的自己无疑是大有裨益的。

九五,有孚,挛如,富以其邻。

象曰:有孚,挛如,不独富也。

【语译】

九五,有诚信,持之以恒的样子,与邻居共享富贵。

《象传》说,有诚信,持之以恒的样子,不愿意独自富贵。

【解读】

"有孚,挛如",这时要继续保持诚信,持之以恒,接连不断。"挛如",接连不断的样子。处于这个时位时,无论是地位还是财富,九五爻都已经取得了比较大的成功与积累。正因为他已经身居高位,也有了富足的财富,这个时候就不能再像过去一样,只顾自己了,独善其身已经不行了,他应该"富以其邻",帮助他周围的人共同富裕起来。一人独富,这个富也是长久不了的,只有大家都有所积蓄,富足起来,才能国泰民安。

《象传》说,"有孚,挛如",继续保持诚信,就是要做到"不独富也",就是说这个时候一定不能独富,要带领大家一起走向富有。钱是越分越多,不要独享财富,要"富以其邻"。这么做其实获得了更大的快乐。正如孟子所说,独自享乐,不如与众人一起享乐更快乐。

九五的爻辞和象辞都很直截了当,就是要和周围的邻居一起富有,不能自己赚大钱,眼睁睁看着朋友打饥荒。因为九五爻时是人生最成熟的阶段,若人生六十岁一甲子,每十岁为一爻,到这时至少已经有了小小的积蓄,这时就要让你的邻居共享你的富有。

助人最好能发乎内心,像小畜九五一样。屯卦九五就显得有些勉强,需要对比吉凶后果进行教导。不过,相信屯卦九五不是什么吝啬鬼,肯定能做出正确的选择,慷慨解囊,施舍给最需要帮助的人。

其实,推而广之,在助人方面,非只财富,德行亦然。一个人如果有着很高的德行修养,又有助人、教化人的机会,却无视民生疾苦,跑到山里做了"两耳不闻窗外事"的隐士,那么他的一肚子修养管什么用呢?对社会、对苍生黎民又能做出什么贡献呢?这一点儒家做得最好,讲究"穷则独善其身,达则兼济天下"。穷困的时候至少保证自己管住自己,"独善其身",不做坏事。一旦发达起来,就会不遗余力地向着"兼济天下"的目标努力。崇奉的大道实在行不通的话,孔夫子曾经放过狂言,要"乘桴浮于海",跟大伙说拜拜了,要漂洋过海。可是他也只是说说而已,周游列国屡屡碰壁之后,他的选择依然是"兼济天下"的教书育人和潜心著述。我们今天学习的《周易》便是他的手泽之一。

西方谚语说:予人玫瑰,手留余香。它说的是普通人在助人之后自己获得的精神愉悦感。对于一个完全有能力去帮助别人而自己又毫发无损的人来说,也许再没有比主动帮助别人更让他心理满足的事情了。我们这里不去深究助人后获得愉悦的心理因素,尝试着去做一下,自然就会知道。而且,也许过上一段时间以后,你可能还会有意想不到的惊喜和收获,因为接受你恩惠的人不会每个都永远居于人下,这世上恩将仇报的中山狼毕竟不多。

上九,既雨既处,尚德载,妇贞厉。月几望,君子征凶。

象曰:既雨既处,德积载也。君子征凶,有所疑也。

【语译】

上九,雨已经停止,要蓄积高尚的道德才能承载万物,妇人贞正会有危险。月亮几乎都满盈了,君子前进会遭遇凶险。

《象传》说,雨已经停止,因为品德已有积蓄而能承载万物了。君子前进会遭遇凶险,是因为有所疑虑。

【解读】

上九,"既雨既处",又下雨又停止,"既……既……",就是"又……又……"的意思。"处"这里是停止的意思。密云不雨,到上九爻时下雨了,阴阳相合,又止于阳了,雨又停了。这表明阴阳和合的程度不够,下雨的时间不长,只能小有积蓄。"尚德",高尚的品德。"尚德载",一定要具备高尚的品德才能承载万物,大有积蓄。"妇贞厉",这时妇人太刚正了,会有危险,在小畜的时候,要谦逊,要包容。"望",每月的十五,"几望",即既望,十六。"月几望",过了十五了,月是越来越亏了。做任何事情都要像月亮将圆之时一样不可过满,"君子征凶"如果这时君子还外出进行征讨,一定会遭遇凶险。月未全满、花未全开,这其实是人生的最好时节。月到望时一定要主动地去减少,去清空,才不会盛极而衰。如果在月全满、花全开时,君子还要继续征战,必将有凶险。

《象传》解释说,"既雨既处,德积载也",又下雨又停止,是因为品德已有积蓄而能承载万物了。"君子征凶,有所疑也",君子出征有凶险,是因为这种行为值得怀疑。

> 小畜卦给我们的启示:第一,要想成功,一定要走正道(复自道),别人没有走正道,要牵着他走正道。第二,要不断积蓄,要取得成功,就要安心于自己所处的地位,要取信于居上位的人,能与他志同道合。第三,一旦成功了,不要独富,要共富。"共富"的思想很重要,"富以其邻",要让你周围的人共同富裕起来,然后继续提高自己的品德,才能逐渐达到"大畜"。

履卦第十——小心行事

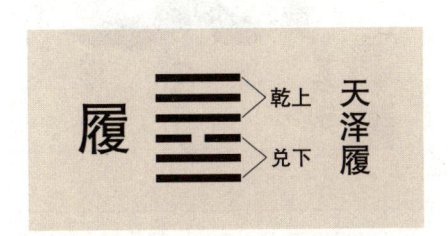

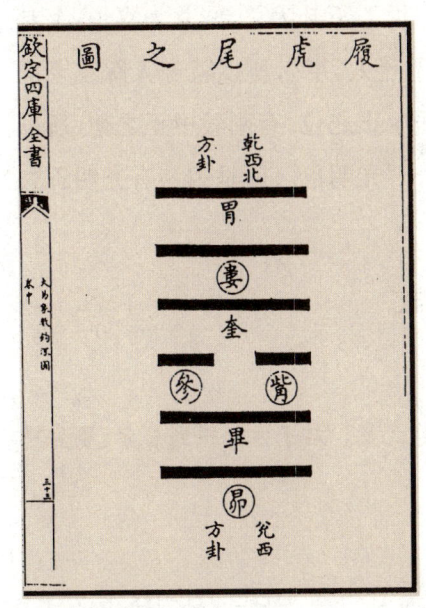

履虎尾,不咥人,亨。

【语译】

踩在老虎尾巴上,老虎不咬人,亨通。

【解读】

"履",本意是鞋,这里指行动、实践、走路。《序卦传》说:"物畜然后有礼,故受之以履。履者,礼也。""仓廪足而知礼节",在有了小小的积蓄之后,人的行为、行动就必须遵循一定的准则,这个准则在古代就称为"礼",因此"履"有"礼"的意思。所以小畜卦之后就是履卦。取得小小的成功之后,还要进一步去实践,但实践要循礼而行,所以这一卦是说明人的行为举止要怎样符合礼仪。

卦辞说,"履虎尾",这个卦好比一个人踩在老虎的尾巴上。"不咥人,亨",老虎并没来咬他,所以是亨通的。履卦告诉我们做事要循礼而行,要小心实践。因为小心谨慎,即使踩到老虎的尾巴,老虎也不咬他。这说明做事成功与否,关键在于自己的行动。

彖曰:履,柔履刚也。说而应乎乾,是以履虎尾,不咥人,亨。刚中正,履帝位而不疚,光明也。

【语译】

《象传》说,履卦,六三柔爻踩在九二刚爻上。以和悦去响应刚健,所以踩在老虎尾巴上,老虎不咬人,亨通。刚强者居中守正,踏上帝位也没有愧疚,是因为光明正大。

【解读】

《象传》说,履卦,"柔履刚也",整个履卦只有一根阴爻,就是六三爻,这根柔爻踩在九二刚爻上。柔爻乘在刚爻上,是不吉的,就像踩在了老虎的尾巴上。在行动做事的时候遇到艰险,怎么才能不被艰险所伤害?最重要的一条就是"说而应乎乾",即柔顺、和悦地顺应天道。"说"通"悦",下卦为兑卦,兑为喜悦;上卦为乾,乾为天,这里指天道。"是以履虎尾,不咥人,亨",所以就像人踩在老虎尾巴上,老虎却没咬人。"刚中正",九五爻居中正之位,有刚毅中正之德,所以"履帝位而不疚",处在帝王之位而没有愧疚,"光明也",就是因为有光明正大的品德。

象曰:上天下泽,履。君子以辩上下,定民志。

【语译】

《象传》说,上卦为天,下卦为泽,这是履卦之象。君子由此得到启示,要分辨上下秩序,安定人民意志。

【解读】

《象传》说,"上天下泽",上卦为乾卦,乾为天,下卦为兑卦,兑为泽,天在上,泽在下,各就其位,是符合天道自然的,这就是履卦之象。君子看到这样的卦象,就要按照履卦之道来"辩上下,定民志",就是说要辨别上下等级尊卑,制定礼仪规范,使民众有礼可循,安分守己,从而安定天下民心。

初九,素履往,无咎。

象曰:素履之往,独行愿也。

【语译】

初九,按照平素的践履方式前往,没有灾祸。

《象传》说,按照平素的践履方式前往,是因为只想实行自己的愿望。

【解读】

初九,"素履往",按照平素的做法去践履。"素"就是平常,平素。初九爻一开始就得正,因为平常就走正道,所以继续这样做,是没有灾祸的。

《象传》解释说,"素履之往",能够按照平常的做法去行动,是因为"独行愿也",自己从一开始就发愿,要循礼而行,坚守正道。初九能够按照自己心中的愿望行事,不会有灾祸。

九二,履道坦坦,幽人贞吉。

象曰:幽人贞吉,中不自乱也。

【语译】

九二,践履的道路平平坦坦,幽隐的人贞正吉祥。

《象传》说,幽隐的人贞正吉祥,是因为他守中使自己不乱。

【解读】

九二,"履道坦坦,幽人贞吉"。"幽人"指隐居者。爻辞的意思就是:大道平平坦坦,对于隐居者而言是吉利的。这一爻给我们描述的就是一副真君子形象。

"君子"是《周易》中经常出现的一个概念,按照《现代汉语词典》的解释,君子,古代指地位高的人,后来指人格高尚的人。在《周易》出现的时代,平民百姓是无权过问天下大事的,所以能够出来做事的君子天生就是地位很高的。至于人格高尚则是对君子提出的最基本的道德要求,要不就会被人嘲笑为"伪君子"了。

伪君子和小人的概念还不一样。伪君子是以君子之名行小人之实,因为披着君子的外衣,所以其行为更具有欺骗性,对别人所造成的伤害也更大。从这一点来看,伪君子还着实不如真小人来得干脆,来得实在。金庸的《笑傲江湖》中有个岳不群,外号既已是"君子剑",名字又是矫矫不群的"不群"二字,那该是真正的君子了。很可惜,看到最后你会发现,再没有比他把"虚伪"二字阐释得更淋漓尽致的人了。为达目的,他无所不用其极,偏偏又做足了表面功夫,看起来一

派正气,道貌岸然,不少人到死都不知道是被他害的。

真正的君子心无挂碍,坦坦荡荡,行事光明磊落,所谓"书有未曾经我读,事无不可对人言"是也。这样的人不论处在何种境况,不抛弃,不放弃,不怨天,不尤人,"自歌自舞自徘徊,领取而今现在",把所有的一切都看成是上天的丰厚恩赐,常怀一颗感恩之心,把人生路上遇到的磨难、挫折当做理所当然的阅历和磨砺。这才是真正的君子之风。

《象传》说,"幽人贞吉",是因为"中不自乱也"。也就是说,虽然境遇不是太好,只能暂时隐居潜伏,但他心里很平静,没有因为境遇不好而自乱方寸,自乱阵脚。

我们还可以从九二爻所处的位置分析:九二爻是阳爻,却处在阴位,位置不正,喻示着当前的境况不会太好,可能正处在人生或事业的低谷,会有一些始料未及的挫折和麻烦,这时候最好的解决办法就是隐居潜伏,静观其变。又因为九二爻处在下卦的中位,虽然不正但是居中,所以"中不自乱",对于隐居者而言是吉利的。

整个履卦就是告诉我们面对凶险如何获得成功,而九二爻则是教导我们要做坦荡荡的君子,不要做长戚戚的小人,那样非但于事无补,在"戚戚"之中你更会错失许多良机。在人生的低潮期,我们要懂得韬光养晦,"中不自乱",这样早晚会等到新的曙光。

汉末三国时的蜀汉丞相诸葛亮,未出山辅佐刘备之前隐居在隆中,号称"卧龙先生",读书只观其大略,却胸怀天下,"常自比管仲乐毅"。管仲咱们前面讲过,这里介绍一下乐毅。乐毅曾辅佐燕昭王,在敌强我弱的不利形势下,接连占领了齐国七十余座城池,是我国古代威名赫赫的武将。他和管仲一武一文,诸葛亮以这两人自比,用心不言而喻,就是说自己能文能武,有经天纬地之大才。

自诩如此,诸葛亮却并没有像孔夫子一样急于把自己抛售出去。他住在荆州刘表的地盘上,刘表当时也以爱才著称,手下养着一大帮子所谓的才俊之士。但诸葛亮巨眼洞烛,冷眼旁观,怎么看刘表都不像能成大气候的,所以他聪明地选择了等待,安下心来,踏踏实实地做起了隐士。《三国演义》虽是小说,但诸葛亮高卧时所吟之诗却品位不俗:"大梦谁先觉,平生我自知。草堂春睡足,窗外日迟迟。"那份闲适,那份潇洒,急于用世者是绝对模仿不来的。看他第二句:"平生我自知",又是何等自信,自己的人生规划早就做好了,只等时机成熟,生命中的贵人就会出现。

公元207年，27岁的诸葛亮和刘备风云际会。说实话，当时的刘备混得的确不怎么样，顶着个汉室宗亲的高帽子四处奔波，年纪一大把却还不得不寄居在刘表的地盘上。但是诸葛亮却慧眼识人，敏感地觉察到了刘备身上的枭雄特质，而且他还有个"中山靖王之后"的特殊身份。诸葛亮心动了，心动之后就是行动，从此追随刘备，君臣相得，关系如同鱼水。

后人常用"鞠躬尽瘁，死而后已"概括诸葛亮的一生。诚然，昭烈帝刘备死后，诸葛亮摊上了一个扶不起来的主子刘禅，但他没有放弃，仍然殚精竭虑地为蜀汉出谋划策。就在即将油尽灯枯、病逝于五丈原之前，他还给后主刘禅上表，说自己的后事已经料理妥当，成都老家尚有八百亩桑树，足够后人衣食之需。这等襟怀坦荡、光明磊落，无怪乎大诗人杜甫用了"出师一表真名世，千载谁堪伯仲间"来赞颂他。

纵观诸葛亮的一生，他前期隐居读书，因为胸怀天下，所以"中不自乱"，静待时机，一旦有了机会就牢牢抓住，绝不浪费，而且做起事来鞠躬尽瘁。这些都是今天的我们应该效仿和学习的。

六三，眇能视，跛能履，履虎尾，咥人，凶。武人为于大君。
象曰：眇能视，不足以有明也。跛能履，不足以与行也。咥人之凶，位不当也。武人为于大君，志刚也。

【语译】

六三，瞎了一只眼还能看，跛了一只脚还能走，踩在老虎尾巴上，老虎咬人，凶祸。勇武之人要做君王。

《象传》说，瞎了一只眼睛还能看，但是不能够看明白。跛了一只脚还能走，但是不能够走远路。老虎咬人的凶祸，是因为位置不适当。勇武之人要做君王，是因为意志刚强。

【解读】

六三这一爻太重要了，因为它是全卦唯一的阴爻。"眇"，瞎了一只眼睛，"眇能视"，意思是瞎了一只眼睛却能勉强看。"跛能履"的意思是跛了脚却能勉强走。"履虎尾，咥人，凶"，结果跌跌撞撞踩在老虎尾巴上，被老虎咬了，当然是凶险的。"武人为于大君"，正如武士们不走正道，而要去争权夺位做天子，怎能不凶险？这一爻从反面说明小心谨慎的重要性。没有明亮的视力,脚力也不够,却莽撞行事,当然会招来灾祸。六三爻为阴柔之爻,不中不正,处履之时,为不安其分,有上进九五尊位之野心,以达凌驾诸阳之目的。有勇无谋之人想当大君主,不是按礼而行,怎么能不凶险呢?

《象传》解释说,"眇能视,不足以有明也",瞎了一只眼睛,还能勉强看,但不能够明辨事物。"跛能履,不足以与行也",跛了脚却能勉强行走,但不足以和他一起远行。"咥人之凶,位不当也",老虎咬人是说明六三所处的位置不适当。"武人为于大君,志刚也",武人想当大君主,说明他的志向很刚强。六三爻阴爻居阳位,不正,又是下卦上爻,又不中。不中不正,所以各种能力都是半瓶子醋。一只眼睛瞎,跛脚,按理说应该踏踏实实本分做事,但六三不干,因为它在下卦最上位,所以心志很高。因此下面又有两个比喻说明六三这种心强命不强的做法:一好像去踩老虎尾巴,它是要发威咬人的;二好像只会舞刀弄枪的武人想当天子,志向超出太多了,注定要失败。

不衡量自己的实力、不依据自己的资质想要出位,那是很难的。就像《红楼梦》里的晴雯,身为丫鬟,心比天高,在先天条件决定一切的时代,她的悲剧也就不可避免了。今天,先天条件没限制了,唯一的衡量标准就是能力。俗话说:"没有金刚钻,别揽瓷器活。"最好不要做超出自己能力的事情,那样至少能让你免于丢人现眼。更不要冒险逞能,遭致惨败。要安居己位。当然,后天努力可以提高自己的能力,等能力提高了,你的时位也就改变了。水涨船高,有多大皮包多大包子。到了那时,你完全可以选择适合你新能力的职业。此一时彼一时也,我们现在就只说眼下。

九四,履虎尾,愬愬。终吉。

象曰:愬愬终吉,志行也。

【语译】

九四,踩在老虎尾巴上,战战兢兢,终究吉祥。

《象传》说,战战兢兢而终究吉祥,是因为志向得以实现。

【解读】

"愬愬",恐惧的样子。九四,"履虎尾",踩在老虎的尾巴上,"愬愬",如果有恐惧之心,而能谨慎小心,"终吉",那么最终是会吉的。九四爻不中不正,做事情不中不正,必然会有恐惧之心。人要有恐惧之心,要有忧患意识,"人无远虑,必有近忧"。"吾日三省吾身",只要小心行事,时时处处警惕谨慎,就能趋吉避凶、化险为夷。

《象传》解释说,"愬愬终吉",是因为"志行也",即志向得以实现。就是说尽管前面有凶险,都已踩到老虎的尾巴上了,仍然坚定意志要前行,但采取了小心谨慎的态度,战战兢兢,如履薄冰,这样最终就能够化险为夷,取得胜利。

九五,夬履,贞厉。

象曰,夬履贞厉,位正当也。

【语译】

九五,刚决履行,虽然贞正,也有危险。

《象传》说,刚决履行,虽然贞正,也有危险,是因为位置居正而当令。

【解读】

"夬(guài)",通"决",决断,主观武断,非常刚强。九五,"夬履,贞厉",九五爻以阳刚处尊位,行事过于主观武断,刚愎自用,独断专行,不注意与人沟通,所以很难得到他人的认同,虽然行得正,也会有危险。

《象传》说,"夬履贞厉",但"位正当也",意思是占卜的结果为什么是"厉"而非更坏,是因为九五爻时位好,又正又中。事实上,第五爻的时位和它的刚愎自用是皮与毛的关系:"皮之不存,毛将焉附?"没有九五时位,自然也就无所谓刚愎自用,没那能耐!不过,即便有了能耐,还是谦虚低调一些好。

说到刚愎自用,我最先想到的是项羽,他驰骋沙场时的杀伤力超级惊人,最大的性格缺陷是刚愎自用、不听人言,最终结果是以性命为性格买单:死于非命。司马迁对项羽的评价,除"放逐义帝而自立"失天下之望外,接着便是:"自矜功伐,奋其私智而不师古。谓霸王之业,欲以力征经营天下。""私智"、"力征"无疑是引导项羽一步步走向鬼门关的黑白无常。

项羽在当时应该无愧于真正的九五之尊,至少在某些方面如此。换句话说,他拥有足够的、值得他刚愎自用的资本。这恐怕也是处第五爻时位者的通病。他们差不多都有足以骄人的本领或成绩,充满自信。可是这种自信如果过分膨胀起来,就极容易转变为自大,自大离刚愎自用也就剩下一步之遥了。这是九五应该引以为戒的。

上九,视履考祥,其旋元吉。

象曰:元吉在上,大有庆也。

【语译】

上九,审视履历,考察祥祸,如此反转,最为吉祥。

《象传》说,最为吉祥地居于上位,是大有喜庆的事。

【解读】

"视"、"考",均是考察、审视的意思。"旋"是反转、转身的意思。上九,"视履考祥",意思是回顾走过的路程,考察其中的得失。"其旋元吉",转身谦下,指转身往下走,又返回初九爻,也指向下与六三爻阴阳相应,这是大吉大利的。一般来说,居极高之位往往凶险,这里却是"元吉",原因就是回归小心谨慎的本质,谦和地转身向下。

《象传》说,"元吉在上",是"大有庆也",意思是说,在上位能大吉大利,是大有喜庆的事。这里也说明了,居上位的人如能注重自身的修养,能谦和待下,自然能获得居下位的人的赞扬与顺从,这本身是一件大有喜庆的事。

上九的爻辞和《象传》都很简单,寥寥数字,但却说明了一个人世间至深至大的道理,即走回头路的问题。几乎所有人都知道回头一片花红柳绿、大好春光,但那些明知道走错道的却往往都一条道走到了黑。原因多多,无可言传。《红楼梦》里有一副对联曾经让笔者感触良多,摘出和朋友们共勉,联曰:"身后有余忘缩手,眼前无路想回头。""想回头"是想了,真回没回单说。

当然,这里还要特别指出,走错道不单单指做了天理国法所不容的事,严格意义上说这只占其中的一小部分。只要你做的事对你无利,而回头后又对社会至少无害,都叫走错道了。举个例子,有人干一个职业干了几十年,庸庸碌碌,年近半百了突然发现自己更适合另一个行当,这也叫走错道,劝你趁早改行。从艺无大小,重在怎样释放出自己最多、最大的能量。我们前面已经重点讲过,《周易》人生六步曲的六步和生理年龄没有太大关系,它只是记录你人生经历特定时段与特定时位的标尺。如果你十岁入行,二十岁可能就到了第五步,然后可能会开始一轮新的循环,再从潜龙开始。就算你六十岁才入行,那也得是"潜龙勿用"。就是这么个意思。履卦上九爻要告诉我们的就是,反省自己,回归正道。

> 面对凶险我们应该怎样行动才能取得成功？在日常行为中我们应该怎样做才符合礼仪？履卦给我们的启示是：第一,要柔顺、和悦,不要假惺惺的,要心悦诚服地顺应天道,按礼仪办事。第二,要想战胜凶险,就要居中不乱,坦坦荡荡,勇于冲破藩篱,不要因受到外界的影响而自乱方寸。第三,最重要的是要谨慎小心,要有恐惧之心。如果你的才能不够,就不要去冒险逞能。即使你身居高位,有才能,也不要无法无天,主观武断,刚愎自用。要能及时转身向下,与下面的百姓、员工相呼应。

泰卦第十一——天地通泰

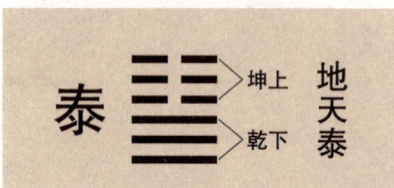

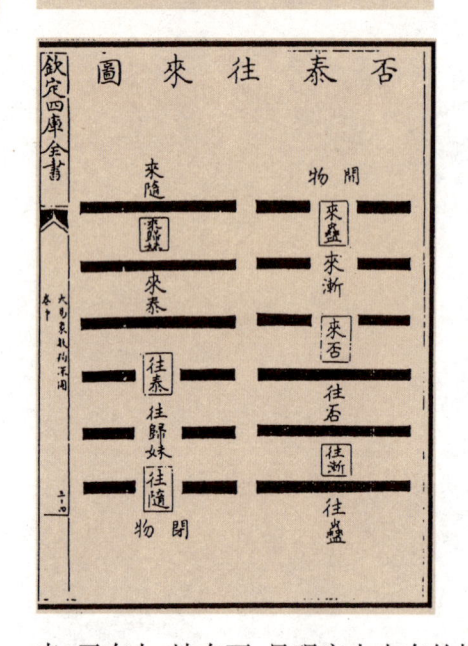

泰，小往大来，吉，亨。

【语译】

泰卦，小的去，大的来，吉祥，亨通。

【解读】

"泰"是通泰的意思。《序卦传》说："履而泰，然后安，故受之以泰。泰者，通也。"循礼而行，就会通达，所以履卦之后就是泰卦。泰、否两卦是一对非常有名的卦。有个成语叫"否极泰来"，成语中是"否"在前，"泰"在后，而《周易》里第十一卦为泰卦，第十二卦为否卦，即"泰"在前，"否"在后。两个卦说明的道理是一样的，只是一个从正面来说，一个从反面来讲。

泰卦是"地天泰"，地在上，天在下。否卦为"天地否"，天在上，地在下。要说起来，天在上，地在下，是现实中本有的排列次序，应该是对的，为什么反而是"否"呢？最根本的原因在于思维方式。我们中国人不是"形"思维，而是"象"思维。"大象无形"，"象"是超越形体的。西方人重视有形的东西，中国人重视无形的东西。如果从"形"上说，天上地下的否卦是吉的，地上天下的泰卦是凶的，但我们这里是从"象"上说的，超越了形体，是讲功能、作用。从功能上看，这里的天指天气、阳气，地指地气、阴气，而不是指天与地的实体。天之气是上升的，地之气是下

降的，所以说，如果天在上，地在下，一个上升，一个下降，中间没有交流，没有沟通，断开了，这就是"否"。而泰卦是地在上，天在下，地气往下降，天气往上升，中间没有堵住，沟通了，交流了，所以叫做通泰。中医上有个病名叫"痞"，即是痞塞。对于心肾不交的病症，用"交泰丸"来治疗。这里更是强调了无形的功能，看不见但能感觉得到，强调的是天气与地气。有人认为泰卦是女人在上，男人在下，女人要统治男人，女人要当董事长，男人要做CEO，这样理解就完全走偏了。不能光从性别上看，要从能力上看。从功能上、能力上看，女人也可以是阳，男人也可以是阴。

卦辞说，泰卦，"小往大来，吉，亨"。"往"与"来"有方向性的区别，"往"是从这一点往外走，"来"是以这一点为中心，从外往里走，二者方向相反。这里的"小"指阴爻，三根阴爻在外卦；"大"指阳爻，三根阳爻在内卦，小的往外走了，大的往里来了，故曰"小往大来"。这种现象就是大吉大利、亨通。反之，大往小来则为否卦，是不吉利的。"小往大来"若用来说明"小人"与"大人"、小事与大事的关系，就是"小人"走了，"大人"来了，这当然是好事，反之就是坏事。小事与大事好比芝麻与西瓜，捡了西瓜，丢了芝麻，这就是好事，是泰卦，反之就是否卦，是坏事。泰卦的阴阳之气，一来一往，一升一降，交通调和，有吉祥、亨通之象。

彖曰：泰，小往大来，吉，亨，则是天地交而万物通也，上下交而其志同也。内阳而外阴，内健而外顺，内君子而外小人，君子道长，小人道消也。

【语译】

《彖传》说，泰卦，小的去，大的来，吉祥，亨通，就是天地交合使得万物通达，上下交合使得他们的志向相同。内卦为乾卦三根阳爻，外卦为坤卦三根阴爻，内心刚健而外表柔顺，内存君子而外远小人，君子之道成长，小人之道消退。

【解读】

《彖传》说，泰卦，"小往大来，吉，亨"，小人走了，大人来了，是吉利的、亨通的。"则是天地交而万物通也",上卦是地,下卦是天,天地交合、交流、交通,万事万物就能通达、通顺、通畅。"上下交而其志同也",这里的"上"指天,"下"指地,天地相交,志向也相同、相应了。"内阳而外阴",内卦为乾卦的三根阳爻,外卦为坤卦的三根阴爻。"内健而外顺",内心刚健而外表柔顺。"内君子而外小人",君子居于内,主政于朝廷,小人远于外,不担任重要的职位,远离朝廷,听命于君子。"君子道长,小人道消也",君子为阳,小人为阴,阳长阴必消,阴长阳必消,君子之道兴盛起来,小人之道衰落下去。泰卦是乾阳在下,有上进之势;坤阴在上,有消退之势,君子之道一点一点地从下往上壮大。

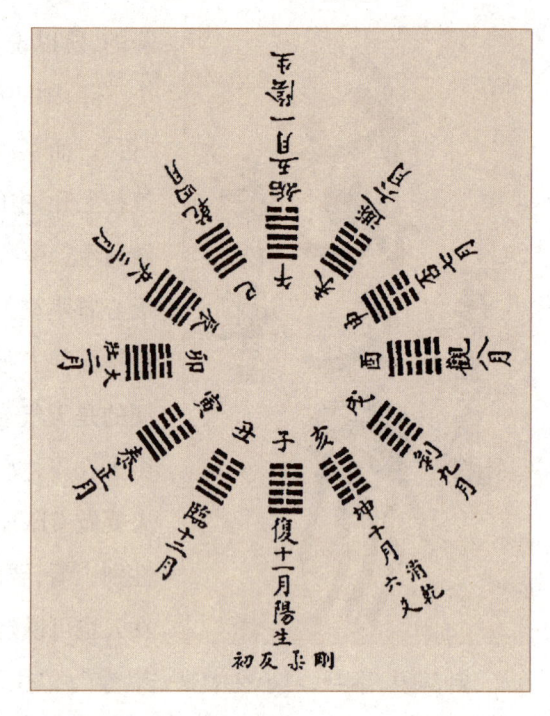

泰、否卦讲的是阴阳消长的规律,为十二消息卦的两个卦。十二消息卦代指一年中阳气与阴气的消长情况。阳气开始上升的一天为一年的开始,这一天是冬至日,为阳历的12月22日或12月23日,农历则是在十一月份。这一天白天最短,黑夜最长,过了这一天白天开始增长,黑夜开始缩短,阳气开始上升。所以十一月为复卦,十二月为临卦,正月为泰卦,阳气长到了九三爻,三根阳爻开成了泰卦,故正月称为"三阳开泰"。二月为大壮卦,三月为夬卦,四月为乾卦,这六个月是阴消阳长的过程。五月为姤卦,阴气开始上升,六月为遁卦,七月为否卦,八月为观卦,九月为剥卦,十月为坤卦,这是一个阳消阴长的过程。到了十一月又开始一阳来复,进入了下一个循环,此即为十二消息卦。"消"的意思为"减","息"的意思为"长"。

象曰:天地交,泰。后以财成天地之道,辅相天地之宜,以左右民。

【语译】

《象传》说,天地交合,这就是泰卦之象。君王由此得到启示,要裁制出符合天地的法则,辅佐相助天地之所宜,以此来扶植国计民生。

【解读】

《象传》说,"天地交",下卦为乾卦,乾为天,上卦为坤卦,坤为地,在下面的天之气即阳气是要往上升,在上面的地之气即阴气是要往下降,这样两者就会相互交通、和合,叫做上下相交,阴阳相合,这就是泰卦之象。"后"指君主、皇帝。君王看到这样的卦象,就要按照泰卦之道来"财成天地之道,辅相天地之宜,以左右民"。"财"通"裁",意为裁定、裁断、制定。"辅相"就是辅助。"宜"是适宜、合适。"左右"就是指挥、带领。君主效法泰卦天地沟通之道,来制定出社会阴阳交流的法则,辅佐赞助天地沟通之道在社会民众中合理地推行,以此来指导、统领民众。管理学从某种意义上讲就是泰卦的思想,就是要沟通,好多矛盾都是因为不沟通才产生的。例如,上级与下级之间,领导觉得下面的人怎么老不听他的,他已经跑到十万八千里以外了,你怎么还在原地呢?这是因为上级走得太快了。没有跟上的人有两种:第一种已开始走,但走得很慢;第二种还没有走,仍在原地。先动的人应该拉动未动的,促进慢动的,这就是左右万民的泰卦精神。不要光自己动,自己跑,要与别人沟通,带着大家一起跑。当今社会强调和谐,最基本的方法就是利用泰卦沟通的精神。

初九,拔茅,茹以其汇,征,吉。

象曰:拔茅征吉,志在外也。

【语译】

初九,拔取茅草,根茎牵连着同类而起征,吉祥。

《象传》说,拔取茅草,根茎牵连着同类而起征,吉祥,是因为有志于往外进取。

【解读】

"茅",茅草,如白茅、黄茅、黑茅。"茹",带出一大片。"汇",同类。初九,"拔茅,茹以其汇",本来想拔一根茅草,结果连根带出相互连接的一大片,比喻做事情很顺利,会有同道的人前来帮助自己。"征,吉",前往征进,是非常吉利的。初九爻为阳爻,为君子,他正好处于君子道长、小人道消的时势下,是建功立业的好时机,只要努力,就会有事半功倍的效果,就像拔一根茅草,结果带出了一大片,会取得出人意料的成果。这里告诉我们,在大好的形势下,一定要努力进取,不要错过时机。

《象传》解释说，"拔茅征吉"，是因为"志在外也"。"外"，外面，向外，初九居最下位，阳爻本性刚健，不甘于屈居在下，跃跃欲试地要向外积极进取。在这拔一根茅草，能带出一大片茅草的有利时机，只要有志于往外进取，有志者事竟成，就会有意想不到的吉利。

九二：包荒，用冯河，不遐遗，朋亡，得尚于中行。

象曰：包荒，得尚于中行，以光大也。

【语译】

九二，包容荒秽，有徒步过河之勇，不遗弃遐方之君，朋党亡失，能够崇尚守中而行的美德。

《象传》说，包容荒秽，能够崇尚守中而行的美德，是因为光明远大。

【解读】

"包"，包容。"荒"有三种解释：广大、荒芜、大川。这里兼而有之。九二，"包荒"，就是包容广大，包容有缺点的人甚至无能的人。因为内卦为天，天非常广大可以包地。"冯"通"凭"，"冯河"就是无舟渡河，只能涉水过河，即徒步过河，可理解为无能之辈，因为有才能的人会打造一只船来过河，而无能的人造不成船，只能徒步过河，渡河过程中就有被河水冲跑的危险。"用冯河"，实际上就是指能包容那些无能之辈。"遐"，远。"遗"，遗漏。"不遐遗"即"不遗遐"，不遗漏那些偏远地方的人，即包容性很大很大，不仅能包容那些无能之辈，还能包容那些偏远地方的贤士。"朋亡"即"亡朋"，就是没有朋。这里的"朋"指朋党，"朋亡"是指不结党营私。包容不等于结党营私，因为他的包容心很广很广，不需要与人结成朋党。"得尚于中行"，这样做实际上就是"中行"，走中道，而且能够崇尚那些中行之人，即走中道之人。因为九二爻为刚爻，居中，但居阴位，表示他不但有中庸之德，而且有包容心，宁愿居在柔位，用安泰、通泰的精神包容无能之辈和边远地方的人。

《象传》解释说，"包荒，得尚于中行，以光大也"，说明九二的胸怀很宽大。"光大"，就是光明正大，胸怀很宽广的意思。

九三：无平不陂，无往不复，艰贞无咎，勿恤其孚，于食有福。

象曰：无往不复，天地际也。

【语译】

九三，没有只平坦而不崎岖，没有只前往而不返回，在艰难中贞正，没有灾祸，不要忧虑它的信誉，在食享俸禄上有福气。

《象传》说，没有只前往而不返回，是因为天地的大规律。

【解读】

"平"，平坦。"陂"，坎坷、凶险。九三，"无平不陂，无往不复"，道出了《周易》的本质，是一句至理名言，是大自然的一个大规律，是宇宙万物变化的大规律，也是《周易》的周期变化规律。有平就有险，有往就有复。平坦之后是坎坷，坎坷之后是平坦，否极泰来，泰极否来，正如老子所说，"祸兮福之所倚，福兮祸之所伏"，任何事物的发展都是这样一个规律。没有一条道路只是平坦而没有艰险的。高速公路是很平坦，但建设时要故意设一些弯，以防止车速过快。没有一直往前走而再也不回来的东西。大家知道爬虫怎样往前爬吗？首先必须把身体弯曲，然后才往前爬。这里教导那些成功人士不要一直绷得太紧了，不然弦会断的。当然也告诉我们成功里面潜藏着失败，一定要有忧患意识，要有危机意识。"艰贞无咎"，知道有艰险，而后走正道，没有灾祸。"恤"，担忧。"勿恤其孚"，不要担忧是不是有诚信。"于食有福"，即在食物上有福气。这里是一个比喻，"食"指代任何财物，即在任何财物上都会有所得的。此卦最关键的爻为六五爻，九三爻与上六爻相应，与六五爻不应，故经常担心他是否诚实。这里告诉我们不用担心，只要有诚信，有艰难守正的意识，坚信循环往复的大规律，就会"于食有福"，必定是有福的。

《象传》解释说，"无往不复，天地际也"。"际"就是规律。"天地际也"，即天地之大规律。这里强调了"无往不复"是天地的大规律。

六四：翩翩不富，以其邻，不戒以孚。

象曰：翩翩不富，皆失实也。不戒以孚，中心愿也。

【语译】

六四，看起来翩翩潇洒，其实并不富有，只是你的邻居并不戒备你，而用诚心待你。

《象传》说，看起来翩翩潇洒，其实并不富有，都是失去了本真自然。只是你的邻居并不戒备你，而用诚心待你，因为每个人的心中都有同样的志向。

【解读】

"翩翩"有两层意思,第一是非常潇洒,第二是很轻快,风度翩翩。"富",富有。六四,"翩翩不富",翩翩潇洒,实际并不富有。"以其邻,不戒以孚",这样他的邻居反而不戒备他,而用诚心待他。虽然钱不多,但邻里关系很和睦友好,居住环境不错,不用每天提心吊胆的,心情放松,自然可以活得舒适潇洒。现在的人富了,邻里关系反而不好了,反而成为"小国寡民,老死不相往来"了。在单位若与同事之间勾心斗角,回家后邻里关系紧张,互相提防,哪里还会"翩翩"得起来。

所以六四爻说"翩翩不富",不富还能这么自在潇洒,这是很有意思的。世间的事物往往是辩证的,正因为不富有所以很轻快,活得很潇洒。"翩翩不富"的言外之意是富裕了不一定潇洒。大家想一想,现在幸福指数最高的是什么人?据统计,现在最幸福的人是月薪在3000元人民币左右的人。幸福指数和财富并不是成正比的。如果价值取向不正确,那么钱挣得越多,可能越没有幸福感——真是"穷得只剩下钱了"。《红楼梦》有一首"好了歌":"世人都晓神仙好,唯有金钱忘不了,平生只恨聚无多,及到多时眼闭了。""好就是了,了就是好。若要好,便须了;若不了,便不好。"这是很令人深思的。

《象传》解释说,"翩翩不富,皆失实也"。"实",实实在在的东西,物质上的东西。物质上太殷实了,那是不行的。过分追求物质的东西了,人就会活得很累,物质丰富了,精神反而空虚了。古人说,欲望是一种魔障,落入了其中,人就失去了自由,只有摆脱它,人生才能逍遥起来。"不戒以孚",就是说不要有戒心,要用诚心。没有防备之心的人就很快乐,不富有的时候也就没有戒心了。"中心愿也",每个人的心中都有"不戒以孚"的愿望,都有同样的志向,若能这样就好了,否则就有麻烦。双方想法不一样,就有戒心了,大家想法一致就没有戒心了。

六五:帝乙归妹,以祉元吉。
象曰:以祉元吉,中以行愿也。

【语译】

六五,商纣王之父把他的女儿嫁给了周文王,以此获得了福祉,最为吉祥。
《象传》说,以此获得了福祉,最为吉祥,是因为守中而实现愿望。

【解读】

"帝乙",纣王的父亲。"归妹",嫁女儿。"祉",福气。"元吉",大吉。"以祉元吉",即获得了福气,并且大吉大利。六五说,帝乙把他的女儿嫁给了西伯(周文王),以此获得了福祉,至为吉利。这里用了一个非常有名的故事,告诉我们要用联姻、交合、沟通的方法,才能取得大吉。当时周部落很强盛,部落首领就是西伯姬昌,也就是后来的周文王。帝乙为天子,西伯为诸侯,帝乙为了平稳天下采用了联姻的方式,这个方法很好,但他的儿子纣王却采用敌对的方法把西伯囚禁在羑里(今河南省安阳市汤阴县),结果两相对立,周文王出狱后,想方设法要推翻商纣王,后来他的儿子姬发(周武王)完成了这个使命,推翻了商朝。"帝乙归妹"用"和"的办法,因而得福,这就是泰卦,上下沟通和谐。

《象传》说,"以祉元吉",是因为"中以行愿也","中"即内心,联姻这件事情帝乙是心甘情愿去做的,是发自内心、诚心实意的。因此干一件事情,要先发一个愿,不发愿只想做做看,那是绝对不行的。六五爻为此卦最关键的一爻,正因为六五爻的做法,才带来了泰卦的大吉大利。所以说,发自内心地采用"和"的方法、沟通交流的方法,就会"和合"。"天地氤氲,万物化醇。男女构精,万物化生。"(《系辞传下》)天地和合,能化生出万物,人在做事情时主动去沟通交流,也会产生祥和元吉的局面。

六五爻为泰卦最关键的一爻,正因为六五爻的做法,才带来了泰卦的大吉大利。这也正是"和为贵"策略能被沿用下来的最根本原因。

帝乙归妹,以和为贵,目的和后世的和亲基本一致,都是为了保持稳定,求得大家共同发展。对我们今天做企业的人而言,稳定无疑也是求发展的最重要基础,就是说,我们也需要"和"。那么,就想办法求和吧,这就看你自己怎么运筹了。

上六:城复于隍,勿用师,自邑告命,贞吝。

象曰:城复于隍,其命乱也。

【语译】

上六,城墙坍塌,覆在城壕上,不可用兵,邑人请命,应该减少政令、法规,否则就有小小的灾祸。

《象传》说，城墙坍塌，覆在城壕上，是因为乱发号施令。

【解读】

"复"通"覆"。"城"是城堡。"隍"就是无水的沟，护城河，有水的叫池。后世"城隍"指当地的保护神。上六，"城复于隍，勿用师"，城墙倒在了护城河里，千万不能用"师"，千万不能带领军队再去打。这里强调的是沟通，不要打硬仗。"邑"通"挹"，减少。"告"通"诰"，命令。"自邑告命"，发布的文件、命令、指令一定要自己主动减少，如果不减少坚持那么做则"贞吝"，就会有小小的灾祸。这里仍然是强调沟通的重要性，如果上下不沟通，上面即使天天发布命令，三令五申，下面也不会听的，上有政策，下有对策。

《象传》说，"城复于隍"，是因为"其命乱也"。这里用城墙倒在了护城河里比喻采用斗争、分裂的方式方法带来的恶果，说明相互之间已经完全失去了沟通，谁都想发号施令。再一次强调要沟通、要和合，相互之间不要争强好胜，谁都想制服对方。不管做什么事都通过发布命令来实行，总有一天命令会不起作用的。应该多沟通，这样才能真正令行禁止。

> 泰卦告诉我们化解矛盾的方法最关键的在于要沟通，要交流。世界上有什么矛盾？矛盾的98%在于误会，误会的98%在于不沟通。一沟通，什么矛盾都能化解。泰卦过后是否卦，否卦最后一字是"喜"，先否后泰，反而有喜，否卦本来不好，但走到最后一定会好的。泰卦最后一个字是"吝"，走到最后若不沟通肯定不好了。这两个卦都用天地的卦象。天地阴阳为典型的二元，泰卦天与地交，实际上是二元互补；否卦地天不交，实际上是二元对立。二元互补，二元和谐，是中国人的思维方式。如果人人都能采用这种思维方式，则天下通泰，天下平安，天下和谐。

否卦第十二——不交不通

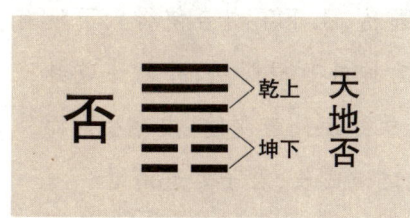

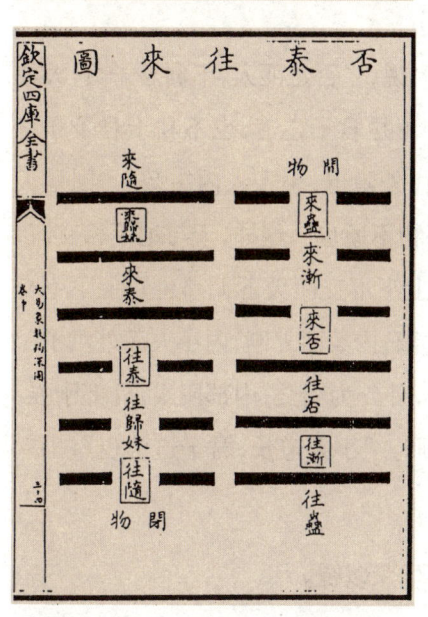

否之匪人，不利君子贞，大往小来。

【语译】

否卦，违背人的需求，不利于君子贞正，大的去，小的来。

【解读】

"否"是闭塞、不通的意思。《序卦传》说："物不可以终通，故受之以否。"物有"泰"，必有"否"，事物不可能永远处于通达的状态，有时会出现否塞的局面，所以泰卦之后是否卦。否卦阐明了事物出现否塞的道理。

卦辞说，"否之匪人"，否卦这种状态下就不是君子之道了。"匪人"是不是人的意思。有人把"匪人"理解为小人，也有人理解为没有人道的人。后一种理解较好，即在否塞的状况下，是没有人道的。"不利君子贞"，即对君子守持正道来说是不利的。"大往小来"，大的走了，小的来了；阳的走了，阴的来了；君子走了，小人来了。否卦和泰卦相反，是天地之气不沟通、不交合的情景。上为天，下为地，上下不交，阴阳不和，有才德的人走了，无才德的人来了，这对管理者来说当然是很不利的。在这种情景下，怎么发展你的企业？怎么发展你的事业？这一卦实际上是教我们如何改变这种否塞局面的。

彖曰：否之匪人，不利君子贞，大往小来，则是天地不交而万物不通也，上下不交而天下无邦也。内阴而外阳，内柔而外刚，内小人而外君子，小人道长，君子道消也。

【语译】

《彖传》说，否卦，违背人的需求，不利于君子贞正，大的去，小的来，就是天地不交合使得万物不通达，上下不交合使得天下没有国家。内卦为坤卦三根阴爻，外卦为乾卦三根阳爻，内心柔顺而外表刚健，内存小人而外远君子，小人之道成长，君子之道消退。

【解读】

《彖传》说，"否之匪人，不利君子贞，大往小来"，否卦不是君子之道，也不利于君子守持正道，君子往外隐退，小人入内主政。"则是天地不交而万物不通也"，这样，天与地不相交流，万物也就不相沟通了，这与泰卦恰恰相反。"上下不交而天下无邦也"，上下不交流、沟通，天下就没有家、没有国了。"内阴而外阳，内柔而外刚，内小人而外君子"，"内"指下卦，"外"指上卦，是说内卦为阴爻，外卦为阳爻；内部阴柔，外部刚强；小人在朝廷内主政，君子隐退在外，不担任要职。"小人道长，君子道消也"，小人之道越来越兴盛，君子之道越来越衰落。

象曰：天地不交，否。君子以俭德辟难，不可荣以禄。

【语译】

《象传》说，天之阳气往上升，地之阴气往下降，阴阳不交，这就是否卦之象。君子由此得到启示，要通过收敛修德以避开危难，不可凭借高官厚禄来荣耀自己。

【解读】

《象传》说，"天地不交"，上卦为乾卦，乾为天，下卦为坤卦，坤为地，在上面的天之气即阳气要往上升，在下面的地之气即阴气要往下降，这样两者就不会相互交通、和合，而是相互背离，叫做上下不交，阴阳不合，这就是否卦之象。君子看到这样的卦象，就要按照否卦之道来"俭德辟难，不可荣以禄"，即要采用节俭的品德来避开危难，不可以再去追求荣华，追求官位。"禄"即官位。为什么这个卦不是让君子交通而是让君子俭德，不可追求荣华禄位呢？君子不交则否，那么如何否极泰来？即如何从否卦达到泰卦呢？实际上很简单，把否卦颠倒一下，就是泰卦了，就是否极泰来。颠倒一下，则乾卦即君子居于下位，坤卦即小人居于上位，就是告诉君子要甘居下位，不要高高在上，远离下属，更不要一味追求荣华富贵。

视名利如浮云，并不单单是为了避祸，它还是一种高尚的节操、一种成功者必备的心态。汲汲于名利者，必定会被名利晃花双眼、晃晕脑袋，进而失去对外界环境的正确分析和判断能力，久而久之，名利就像缰绳和锁链，把你牢牢束缚，最终使你沦为名利的奴隶，到那时你付出的代价必然是惨重的。

古往今来，这样的例子比比皆是。就说今天那些身陷囹圄的落马高官，哪一个不是曾经呼风唤雨、风光无限？为什么落马？我想大致和名利心都是有关的。

只有视名利如浮云者，才能时刻保持清醒的头脑，才能随时做出正确的判断，才不会做出利令智昏的事。唯其如此，才能永远立于不败之地，才有可能永远保持无限的风光。

老子在《道德经》中有言："上善若水。水善利万物而不争，处众人之所恶……夫唯不争，故无尤。"最高程度的善就像水一样，水对万事万物都有好处，但却从不贪恋高处，经常待在大家都厌恶的低处……正因为水不争，所以它没有怨尤。仔细体会一下这段话，我想大家应该可以悟出点什么。

许由是我国禅让时代的大隐士，尧久闻他的大名，就想把天下让给他，许由勃然大怒，挂瓢而去，逃到今天河南登封的箕山一带隐居起来。尧还不死心，又跑到箕山找许由，说你不愿意接我的班，那就替我做个九州长吧，算是帮我个忙。许由这一次反应更激烈，痛斥了尧一顿，说我连天下都不稀罕，难道会稀罕比天下还小的九州长？然后他认为尧说的话弄脏了他的耳朵，有污他的倾听，所以用河水好好洗了洗耳朵。这就是许由挂瓢、洗耳的故事。

许由的生活如何我们不得而知，想来应该是能够自给自足的。庄子过得据说比他惨，生活无以为继时还曾厚着脸皮找监河侯借粮。都穷到这份儿上了，好朋友惠施推荐他去做大官，却被他狠狠奚落了一通，说自己如果是一只大乌龟，宁愿拖着尾巴在泥潭里逍遥快活，也不愿意死后被人家供奉在庙里享受烟火祭祀。

最穷的隐士还排不上庄子，晋时陶渊明的日子过得更难堪，经常吃了上顿没下顿。他身为古代中国最大牌的酒鬼之一，却偏偏连买酒的钱都没有，还得靠朋友施舍酒资。就是这样，老陶当初辞官时还硬邦邦地撂下一句"不为五斗米折腰"。

一个人只有具备了"富贵于我如浮云"的节操，才会遇事拿得起放得下，才不会为名缰利锁所羁绊，才有可能集中全部注意力去做真正有意义的事，才活得潇洒、快乐，永远保持真我的风采。

初六，拔茅，茹以其汇，贞吉，亨。

象曰：拔茅贞吉，志在君也。

【语译】

初六，拔取茅草，根茎牵连着同类，贞正吉祥，亨通。

《象传》说，拔取茅草，贞正吉祥，是因为志向在爱君。

【解读】

初六，同泰卦初九爻一样，"拔茅，茹以其汇"，因为下面三根爻全为阴爻，所以说拔出一根茅草，连根带出一片。比喻在否塞的时势下，盲目乱动会牵连与自己相关的人。"贞吉，亨"，是说只要守正道，安处于下，就会吉利亨通。

《象传》说，"拔茅贞吉"，是因为"志在君也"，即志在辅助君主。"拔茅"为什么"志在君"呢？因为下三爻皆为阴爻，上承的是天，配应的是君主，乾卦即天，代指君主，所以此句的意思是要辅佐君主。只要甘心居在下面，诚心辅助君主，就能改变否塞的局面，变否塞为亨通了。不要以为否卦不好，六根爻就都不好；泰卦好，六根爻就都好。六十四卦中只有一个卦是六根爻都是吉的，即谦卦。即使是乾卦，其九三爻、九四爻也为凶险。

六二，包承，小人吉，大人否，亨。

象曰：大人否亨，不乱群也。

【语译】

六二，包容承载，小人吉祥，大人闭塞，亨通。

《象传》说,大人闭塞,亨通,是因为六二爻居阴位,又中又正,没有变乱,同类成群。

【解读】

"包"即包容。"承"即顺承。六二,是下卦坤卦的中位,又得正位。坤代指地,故有包容顺承的品性,上面是乾卦,代指天,地能顺承天。这里六二爻包承的是九五爻这个君主。可见这一爻既能守住中正之道,又能包容并顺承天道。"小人吉,大人否,亨",因此即使是小人也是吉的,这就是大人改变否塞之道的方法。大人亨通,小人也亨通。一般情况下小人是不吉的,这里的小人可以理解为小德之人,大人指大德之人。只要改变了否塞之道,那么照样是亨通的。

《象传》解释说,"大人否亨",是因为"不乱群也"。"群",即党,朋党。《系辞传》说,"方以类聚,物以群分",后演变成为"物以类聚,人以群分",即同一类的物、人聚在一起。这里指小人们聚在一起,即指下面的三根阴爻在一起。六二爻居阴位则正,又位于中位,又中又正,没有扰乱群党,所以它是吉的。

这里声明一点,《周易》中的"小人"并非专指我们日常所说的那种道德败坏、两面三刀、专在背地使绊子的小人。因为性属阴,比较阴柔、柔弱,故有此称。它同时还可以指"小德之人",即我们这些普普通通、钻进人堆里就无法找见的小人物。

我们这里暂时撇开大人不提,单说小人,也就是小人物。小人物处于下位,日日考虑的恐怕不是怎么去招惹、欺负别人,而是怎样在保住现有地位的前提下,不被别人招惹、欺负。至于谋求进一步发展,那倒是其次的事。一个人如若每日朝不保夕,"战战兢兢,如履薄冰",又怎么侈谈奋发图强、经纶天下?首先要生存下来,然后才能心无旁骛地谋求发展。这个浅显的道理任何时候都适用。

小人物应该怎样才能更好地生存下去呢?说穿了,只有两个字,就是"包承"。包容身边的人,顺承领导的意思。这就是否卦六二爻要告诉我们的。

一般人可能都会认为,大人物才应该有包容之心,因为人家有身份、有地位,普天下的人都在看着他呢,一不小心就有可能身败名裂。而小人物则不然,撒泼犯浑,时不时搞点小动作都无妨,反正光脚的不怕穿鞋的,你能把我怎么样,还能把我发配到火星上不成?

大谬不然。上述完全是一种自暴自弃、破罐子破摔的错误心态。不客气地说,是想让自己沦落得比小人物更差。"野百合还有春天"呢,小人物当然也该有自己的追求,只要不是痴人说梦,任何追求都是合情合理的,关键在于怎样一步一步地实现它。

"王侯将相,宁有种乎?"大人物也有很多是从小人物做起的。只有在做小人物时好好完善、提升自我,才有可能有一天跻身大人物之列。否则,你就是在自毁前程。况且,在身处下位之时,也是你最柔弱、最容易被遏制、践踏之时,只要还怀有一颗向上之心,就应该好好保护自己不受伤害。当然,要采取合理正常的手段,歪门邪道绝对不行。为自己争取更大、更好的生存空间,这样日后才可能有更大、更好的发展空间,也才会有出人头地之日和飞黄腾达之时。

再说对领导的顺承。作为员工,顺承领导的意思几乎可以说是天经地义。作为领导,考虑问题肯定比我们要全面、周详一些,也更深远一些。有些时候即使我们暂时理解、接受不了,必要时也要从大局出发而牺牲自我的部分利益。时间会证明你为集体所做的一切,领导也不会让你白白付出努力和做出牺牲。当然,这里还有一个前提:领导的决策必须是符合国家政策的,符合绝大多数人利益的,而不是鸡鸣狗盗或伤天害理等违法乱纪之举。倘若真的如此,你在直抒己见不管用之后,就应该选择离开,否则就是为虎作伥、助纣为虐。这样的领导不顺承也罢,必要时还要诉诸法律手段,为自己和所有被蒙蔽者讨还一个公道。

其次,顺承领导也有很深的学问。在所有领导里面要顺承决策正确的,这就需要通过实践来检验了。在领导都有魄力、有能力的情况下,就要顺承跟你利害关系最大的,因为从某种意义上说,他完全操纵、掌控着你的前途和命运。否卦六三爻就是一个很典型的反面例子。

六三,包羞。

象曰:包羞,位不当也。

【语译】

六三,包藏羞耻。

《象传》说,包藏羞耻,是因为六三阴爻居阳位,处位不当。

【解读】

"包",包容。"羞",羞辱。六三这一爻与上九爻相应,意思是包容上九爻,当然招来了羞辱,为什么呢?因为它自己的位置不中不正,它包容的上九爻也是不中不正,所以招来了羞辱。这告诫我们改变否塞是需要包容精神的,但对品行不端的人不能一味包容。

《象传》解释说,"包羞",是因为"位不当也"。六三爻也包容、顺承"领导"——九五爻,换来的结局却是"羞",遭受到了耻辱。为什么呢? 因为六三爻阴爻居阳位,为下卦最上一爻,应的是上卦最上一爻上九爻,与最关键的九五爻不应。所以虽然它包容、顺承了九五爻,但它的位置不当,与之不应,所以招来了羞辱。

小人物难做,主要在于小人物不具备呼风唤雨的本领和杀伐决断的权势。遇事必得三思而后行。就和林黛玉初进贾府一样,不敢多说一句话,不敢多行一步路,生怕被人耻笑。小人物说错话做错事的结局肯定比林黛玉要惨。不过,只要领悟了必需的生存之道和生存智慧,小人物其实也并没有那么难做,也会活得悠然自得、如鱼得水,说不定还会迎来属于自己的阳光灿烂的春天。因此,它告诫我们要想避免羞辱,就要当位,要向中正之人靠近,做事尽量行得正,走中道。

九四,有命,无咎,畴离祉。

象曰:有命无咎,志行也。

【语译】

九四,有所受命,没有灾祸。同类依附而得福。

《象传》说,有所受命,没有灾祸,是因为志向得以实现。

【解读】

九四,"有命,无咎",就是说奉行天命或者君命而行,没有灾祸。九四爻以阳刚之德居九五君王之下,有济否之才,若能顺于九五而不自专,则能成济否之志。"畴",范畴,同类,这里指下面的三根阴爻。"离"者,丽也,有两个意思,第一为美丽,故离卦之人多美丽,第二为依附。"祉",福气。"畴离祉"意为同类都可获得福气、福祉。九四爻以阳刚之才德居高位,顺从君命,能够改变否塞的局面,下面三根阴爻居其下,顺而从之,都可跟着获得福气。为什么呢? 因为九四是天命所寄,要为天下人谋福利,所以下面的百姓(下三爻)都能获得福祉。

《象传》解释说,"有命无咎",是因为"志行也"。"志",天意、天志。泰卦也讲到"上下交而其志同也"。所谓"同志"即由此而来,意为志向相同。因为天的意志是要为天下人谋福利,所以按照这种意志去执行,老百姓就会获得福祉。有"天命"在身,又能积极去践行的人,怎么会有咎难呢?

九五,休否,大人吉。其亡其亡,系于苞桑。

象曰:大人之吉,位正当也。

【语译】

九五,停止否塞,大人吉祥。心中经常提醒自己将要灭亡了,将要灭亡了,这样才能坚固得像被系在丛生的桑树上一样。

《象传》说,大人的吉祥,是因为九五爻又中又正,处位得当。

【解读】

"休",停止。九五,"休否",就是停止否塞。大多数卦以九五爻或六五爻为最关键,少数卦以最少的一根爻为关键。本卦即以九五爻为最关键的爻。九五爻刚居阳位,又得上卦之中位,故又中又正,有这种中正品德的人,就是"大人","夫大人者,与天地合其德,与日月合其明,与四时合其序,与鬼神合其吉凶"(《乾卦·文言》)。这时候有大人出来主持工作了,所以否塞的局面也就要结束了,接下来就会有好的局面出现。但这一卦要告诉我们的,不仅仅是"大人吉",更重要的是"其亡其亡,系于苞桑",也就是说,不要一看到否塞结束了,有了大好的局面,就好了伤疤忘了痛,而是要在否塞结束之后,对有可能会重新走上否塞之道有危机感和忧患意识,因此每一天都要警惕:将要灭亡呀,将要灭亡呀,这样才能坚固安全,就像系在了丛生的桑树上一样安然无恙。这是一种人生的大智慧,只有时时刻刻想到将要灭亡了,你才会坚如磐石。老子说过,"夫惟病病,是以不病",意思是说,正因为把病当作病,时刻提防、预防这个病,一天到晚想着这个病,重视这个病,也就不会得这个病了。同样,正因为"其亡其亡",一天到晚想着将要灭亡了,所以才不会灭亡,这叫做居安思危、居危能安。所以我说:"人有近忧,必无远虑。"

《象传》解释说,九五爻为什么有"大人之吉"呢?是因为"位正当也",九五爻的位又中又正,是全卦最尊贵的位子,既有大人的品德,又获得了最尊贵的位子,怎么可能不吉呢!

上九,倾否,先否后喜。

象曰:否终则倾,何可长也。

【语译】

上九,倾覆否塞的局势,先否塞后喜悦。

《象传》说,否塞到了极点就会倾覆,怎么可能长久呢?

【解读】

上九,"倾否",倾覆了否塞的局势,否塞的局面结束了。上九爻处否卦之极,表示否塞已经到了极点了,事物各方都企盼结束这种否塞的状态,是为可倾,上九有阳刚之才德,是为能倾,所以说"倾否"。"先否后喜",先前还有否塞,以后就会通泰有喜了。

《象传》说,"否终则倾,何可长也",否塞到了极点,物极必反,必然走向反面,否塞的局面就要被结束了,被倾覆了,否塞的局面还怎么可能保持长久呢?我在讲泰卦时讲过,泰卦最后一个字是"吝",否卦最后一个字是"喜",这是发人深省的。通泰时要想到"吝",因为通泰久了,就会疏于沟通,慢慢地就会滋生出许多矛盾来,矛盾发展到一定程度,就会走向通泰的反面——否塞。否塞时要想到"喜",改变否塞的局面,一定是一件值得喜庆的事。

> 否卦从反面告诉我们,如果对立了,上下不交流了、不沟通了,那么一定会出现否塞的局面。否卦就是告诉我们如何改变否塞的局势,变否为泰,这些都是人生的大哲理。重要的一条就是经常要有忧患意识,时刻想着将要灭亡了,这样反而就不灭亡了,这就是变否为泰的大智慧。

同人卦第十三——会同和谐

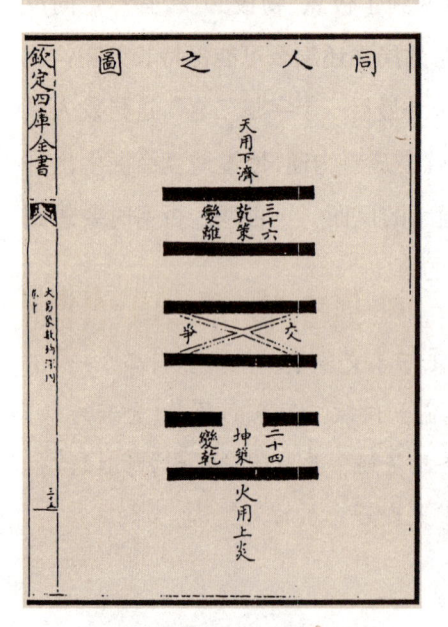

同人于野,亨。利涉大川,利君子贞。

【语译】

会同众人于郊野,亨通。利于涉渡大河,利于君子贞正。

【解读】

第十三卦是同人卦,同人卦在六十四卦中非常重要,它是告诉我们怎样才能和同、会同交往的。"同"有会同、和同的意思。《序卦传》说:"物不可以终否,故受之以同人。"否塞久了,又会和同,所以否卦之后就是同人卦。怎么才能会同、和同?这是人人都面临的问题。作为一个领导者,更应该考虑怎么使你的下属或者你的同辈乃至上辈都与你会同。如果人人都会同了,社会将达到一个什么样的境界呢?大同。大同是什么境界呀?大同在哪里出现过?是在《礼记》中的《礼运》这一篇谈到的。孙中山先生经常写的这四个字"天下为公",就是大同,"大道之行也,天下为公"。那怎么才能大同呢?要"不独亲其亲,不独子其子",就是说不仅仅孝顺自己的父母,不仅仅爱护自己的孩子,还要推及别人的父母和孩子,这就是大同。这一卦就是讲如何才能达到大同的。

卦辞说,"同人于野,亨",在野外会同别人,就会亨通,这个野外表示广阔无垠的境界。如果用广阔无垠的境界来与别人交往，与普天下人和同，一定亨通。"利涉大川"，有利于渡过大川，意思是有利于渡过艰险。"利君子贞"，有利于君子守持正道。

彖曰：同人，柔得位得中而应乎乾，曰同人。同人曰：同人于野，亨，利涉大川，乾行也。文明以健，中正而应，君子正也。唯君子为能通天下之志。

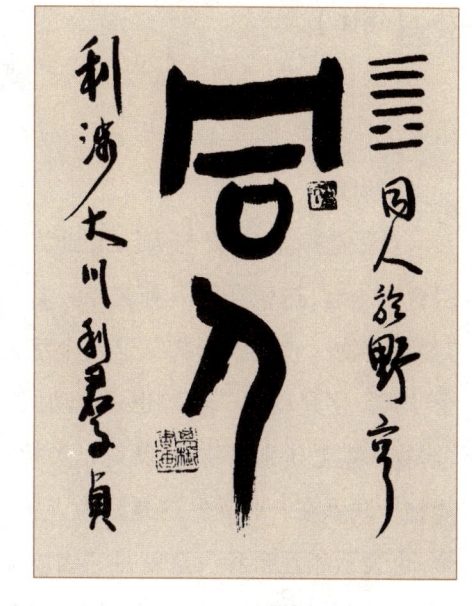

【语译】

《彖传》说，同人卦，六二爻，处在下卦的中位，既得中又得正位，不仅与九五爻相应，而且与全卦的五根刚爻都相应，所以说会同众人。同人的卦辞说，会同众人于郊野，亨通。利于涉渡大河，是因为顺应了天道的健行不息。文明而健行不息，中正而二五相应，这就是君子的正道。只有君子才能汇通天下人的志向。

【解读】

《彖传》说，同人卦，"柔得位得中而应乎乾，曰同人"，全卦唯一的一根阴爻六二爻，柔顺地处在下卦的中位，既得中，又得正位，不仅与九五爻相应，而且与全卦的五根刚爻都相应，所以说会同众人。卦辞说，"同人于野，亨，利涉大川"，是因为"乾行也"，即这是顺应天道的刚健运行。天视万物为一体，不论高低贵贱一视同仁，而且运行永不停息，不可能有阻碍。"文明以健"，下卦离卦为"文明"，"文"就是有文采，"明"就是明亮；上卦乾为刚健，文明而刚健地行动。"中正而应"，六二爻和九五爻都居位中正，两根爻一阴一阳，正好相应。"君子正也"，这就是君子所崇尚的正道。"唯君子为能通天下之志"，只有君子才能通晓天下的志向。"天下之志"就是民心，"得民心者得天下"，如果按照"同人于野"的精神来治理天下，那么民心就一定能跟你呼应了。所以这一卦实际上是教我们怎么处理人与人之间的关系，怎么达到人与人之间的亲和。

象曰：天与火，同人。君子以类族辨物。

【语译】

《象传》说，天与火组合在一起，这就是同人卦之象。君子由此得到启示，要归类族群，分辨事物。

【解读】

《象传》说，"天与火"，上卦为乾卦，乾为天，下卦为离卦，离为火，天与火组合在一起，这就是同人卦之象。君子看到这样的卦象，就要按照同人卦之道来"类族辨物"。"类族辨物"这四个字就是我们中国人的思维方式，非常重要。这个"类"字是动词，"辨"也是个动词，"类"就是分类，"类族"就是要区分出类；"辨物"就是辨别事物，也就是以类相聚，分辨事物。那为什么同人卦会和"类族辨物"联系在一起呢？这是因为天居上，火也炎上，两者有相同的属性，为同类相聚，也表示相互亲和。这就是"物以类聚，人以群分"的思想。若能从不同的事物中辨别出相同的东西，使它们在一起相互亲和，这是一种高明的智慧。君子要会同人，首先要做到"类族辨物"。

初九，同人于门，无咎。

象曰：出门同人，又谁咎也。

【语译】

初九，出门就与别人会同，这样就没有灾祸。

《象传》说，出门就与别人会同，又有谁会责难你呢？

【解读】

"门"就是门口。初九，是这个卦的开始，就好像是人生的开始，"同人于门"，一出门的时候，也就是人一开始进入社会的时候，就要同人，要有会同之心，"无咎"，没有灾祸。西方人是不一样的，他一生下来就跟上帝分离了，就二元对立了。我们中国人不是，中华文化的特点就是和合，就是同人。比如佛教传入中国后，形成了中国化的佛教。所以这里告诉我们一开始就要有和合之心、同人之心。这个"同"是"和同、会同"的"同"，不是"同而不和"的"同"。

《象传》说："出门同人，又谁咎也。"一开始就有同人之心，别人怎么会责难你呢？初九爻是同人卦开始会同的第一步，所以会同发生的特定场景是在大门口,说明初九爻一开始就有会同之心。怀着这么迫切、这么强烈的与人交往、与人会同的愿望,我们可以想象初九很快就会找到愿意和他会同的人。初九刚交处阳位,又是以正人之道与人交往,所以"无咎"。而且随着会同、交往范围的一步步扩大,初九的境界会愈来愈高,那时断语恐怕就该往"吉"的方向靠拢,而不是像"无咎"那样平平淡淡了。

人际交往的第一步是要有强烈的交往之心,有心才有动力、才有行动,也才会投入足够的时间和精力去努力经营和打造自己的人际关系网(人脉),关键时刻这些经营才能起到应起的作用。须知:人脉的经营是一项细水长流的浩大工程,所谓"日久见人心"是也。急来抱佛脚不行,想要立竿见影也不行,大家要的是那一颗经过时间检验的火热滚烫的真心。

和人交往并不是一件很容易的事。诚然,自从我们来到这个人世间,就开始了贯彻一生的人际交往活动。随着年岁的增长,接触对象的增多,我们的人际交往圈子势必像滚雪球一样越滚越大。而在此过程中,我们必然也会自觉不自觉地形成自己的一套人际交往理论和原则。这套理论和原则我们自己也许意识不到,但是它绝对会在潜意识中影响乃至决定你的人际交往活动,并进而对你的生活和工作造成不同程度的影响。

近几年在人际关系学方面有一个新提法叫人脉,提出之后一时之间人脉一词风靡全国。这个无人脉不行,那个非人脉不可,人脉就是财脉,人脉就是一切,人脉就是先知先觉、全知全能的上帝,等等。反正人类语言中表示赞颂、讴歌的鲜亮字眼应该全都可以打包送给人脉了。我特意查了一下《现代汉语词典》,关于人脉一词的解释很简单直白,却也准确,曰:指人各方面的社会关系。

不容否认,人际关系对于一个人的成功或自我价值实现的确起着不可替代、举足轻重的作用,翻开历史,历朝历代概莫能外,除了一些踽踽独行的另类和异数外,绝大多数人都或多或少借助过人际关系的魔力,更有不少人仅仅就是凭着无孔不入的人际关系网(人脉网)快活潇洒了一辈子。不管你的意图是好是坏、是为了一己之利还是天下苍生,良好的人际关系无疑都是你达到目标的锐利武器。在某些特定时候,没有人际关系的维护,轻则寸步难行,重则就不用说了。这绝不是危言耸听。在封建时代,人际关系往往以紧密的利益集团的面目出现,所以才出现了"一荣俱荣,一损俱损"这个短语,也就是说,处在同一个关系网里的人都是拴在一根线上的蚂蚱,一旦出了问题,谁都逃不脱干系,天塌下来砸大家。所以从本质上讲,古时的人际关系有着它特定的历史意义。

六二,同人于宗,吝。
象曰:同人于宗,吝道也。

【语译】

六二,只与同宗族的人相会同,这样是有遗憾的。
《象传》说,只与同宗族的人相会同,是令人遗憾的道。

【解读】

"吝",就是小遗憾,小灾祸。六二,"同人于宗",为什么会"吝"呢?关键在"宗"上,"宗"就是同一宗族的意思。你如果只想与同宗的人相会同,那就太狭隘了,太小气了,这是小同,不是大同。作为君子,这样的会同当然是有遗憾的。

《象传》说:"同人于宗,吝道也。""同人于宗"这样的会同之道,是令人遗憾的道,是不值得提倡的道。这一爻教导我们,打开心量,胸怀宽广,走出狭隘的宗派主义思想。

九三,伏戎于莽,升其高陵,三岁不兴。
象曰:伏戎于莽,敌刚也。三岁不兴,安行也。

【语译】

九三,让士兵潜伏在草莽中,登到高陵上去察看,三年都不兴兵作战。
《象传》说,让士兵潜伏在草莽中,是因为敌人刚强。三年都不兴兵作战,是为了能够创造一个平安发展的环境。

【解读】

九三爻的这些词都是用来进攻的词。"戎"就是兵,军队。"伏戎于莽",军队潜伏在草丛里面。"升其高陵",升到高山上,去察看。九三爻位于下卦的最高处,所以说"升其高陵",升到了最高处。"三岁不兴",三年都不能兴兵作战。

《象传》解释说,"伏戎于莽",是因为"敌刚也"。敌人太刚强了,不要跟它打,这也是为了自己能和平地发展。"伏戎于莽"只是战略防御的需要,因为发展需要一个安定的环境。"敌刚也",这个敌人就是上面的三根爻,全是刚爻,你说刚强不刚强？太刚强了！那最关键的一根爻是什么呢？九五爻。所以这个九三爻，企图与九五爻以及上面的三根阳爻抗争，这当然不行，敌人太厉害了，所以要潜伏在那里。"三岁不兴"，是为了"安行也"。三年都不兴兵作战，是为了能够创造一个平安发展的环境。这就是不争、和合的思想。

九三爻无疑很明智，虽然因为居下卦上一爻，有雄心壮志，想要征伐，但是一看势头不妙，敌人太强大，自己没有足够的能力战胜它，马上按兵不动，因而也就没有什么灾祸了。九三虽不中但正，所以有此结果。因此，我们做事时一定要衡量自己的实力、能力，然后再采取相应的措施，拿鸡蛋碰石头的事是万万不能干的。

九四，乘其墉，弗克攻，吉。

象曰：乘其墉，义弗克也。其吉，则困而反则也。

【语译】

九四，登上城墙，不进一步发动攻击，吉祥。

《象传》说，登上城墙，理当不进一步发动攻击。它的吉祥，就在于困而不击，使其迷途知返。

【解读】

"乘"，占领。"墉"是城墙。"乘其墉"，即占领了城墙。"弗克攻，吉"，不去攻打，这是吉利的。九四，已经登上了敌人的城墙，却不进一步发动进攻，为什么反而说是吉利的呢？

《象传》解释说："乘其墉，义弗克也。"九四是阳爻，"乘其墉"，是因为它已经站在九三爻的上面。"义弗克"，按照道义是不能去攻打的，因为我们的目的是要会同他们，想要与他们达成和谐、会同的局面。采取进攻的方式，就是与人为敌了，这与会同的初衷是相悖的。大军压境，只是希望能达到"不战而屈人之兵"，使他们能心甘情愿地与自己会同。我们看到九三爻与九四爻都不采取进攻这种方式，因为那样会适得其反。能实现"不战而屈人之兵"，那当然是最好的，当然是大吉大利的。"其吉"，是因为"困而反则也"，也就是说，由于自己施加了强大的压力，对方感受到了窘迫，迷途知返，愿意回到会同的正道上来。所以我们看到，取得天下会同、和谐的局面，并不完全靠道义的力量，还需要刚强的武装力量。怀柔政策不是一种软柔的政策，而是一种柔中有刚的政策，就像水一样，看似柔

弱,刚强起来天下没有比它更强大的。所以老子说:"天下莫柔弱于水,而攻坚强者莫之能胜。"(《老子·七十八章》)

九五,同人,先号咷而后笑,大师克相遇。

象曰:同人之先,以中直也。大师相遇,言相克也。

【语译】

九五,会同众人,先是号啕大哭,后是开怀大笑,因为与众多志同道合者相遇了。

《象传》说,要会同众人,首先得居于中位且德行正直。众多志同道合者可以相遇,是因为他们能够求同存异。

【解读】

九五爻,是本卦的关键。"号咷"就是号啕大哭。"克"是克敌制胜。九五,和同别人,"先号咷而后笑",先是号啕大哭,后是大笑,因为"大师克相遇",即大部队最终胜利会师了。

为什么先号咷而后大笑呢?《象传》解释说,"同人之先"是因为"以中直也",因为九五爻又中又正。那为什么先号咷呢?这是指九三爻和九四爻而言,他们为阳刚之人,尤其是九四位不正,所以想用武力去攻打别人,以取得他们的会同。而武力攻打是会彻底破坏和谐、会同的局面的,所以大哭啊。后来的笑是指到了九五爻的时候大笑,他以又中又正的品德与别人和同,自己的能力与品德都很优秀,又居尊位,自然会登高一呼,应者云集,所以不需要去攻打别人,别人早就主动上门来请求和同。这当然可以大笑。"大师相遇,言相克也",君王英明,王者之师,所向披靡,相遇即相克。从卦象上看,更重要的是相遇,九五爻跟六二爻这个阴爻相遇、相和了,这就叫做"阴阳相和,和而不同"。所以同人这个卦就是指六二爻和九五爻的会同。

上九,同人于郊,无悔。

象曰:同人于郊,志未得也。

【语译】

上九,会同众人于郊野,没有后悔。

《象传》说,会同众人于郊野,是因为志向没有得到响应。

【解读】

"郊"即郊外,比"野"要离城邑近一些。上九,在荒远的郊外与别人和同,不会后悔。"同人于郊"的郊外虽然没有"同人于野"的野外远,表明前者的胸怀不如后者宽广,但比起"门"和"宗"还是要宽广一些,所以以这样的心胸跟人会同,同样可以无悔恨。

《象传》说,"同人于郊,志未得也",为什么?上九的志向远大,也想"同人于野",但自身的能力与品德都还不够,实现不了,所以还需要加强自身的修养。

> 同人卦是教我们怎么跟别人会同的,从中我们可以总结几点出来。第一,要去辨别事物,辨别会同的对象,先要有分别,然后才能无分别。第二,从一开始的时候就要有同人之心。第三,不要只去跟同宗族的人会同,或者只去拍你主子的马屁,这是不行的。第四,处于九三、九四爻的时候一定不要有抗争之心,要偃旗息鼓,不要兴兵作战。这样的话,才能真正达到同心同德、心心相印。第五,要知遇,不要忘却别人的知遇之恩,这才是同人卦的大义所在。

大有卦第十四——保持富有

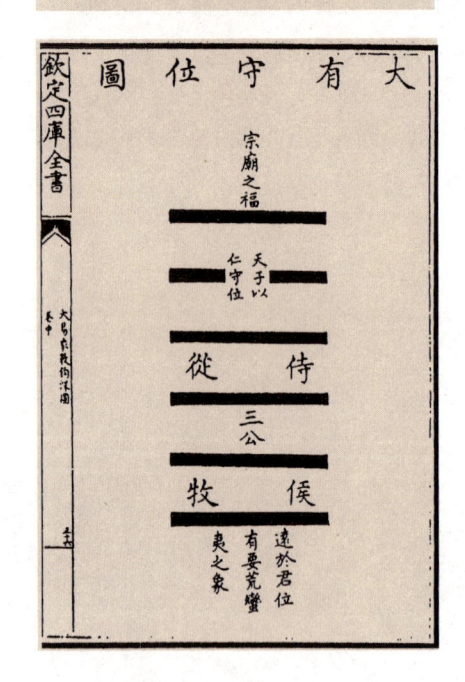

大有,元亨。

【语译】

大有卦,元始亨通。

【解读】

"大有"就是大富有。《序卦传》说:"与人同者,物必归焉,故受之以大有。"人与人相互和同了,事物都归聚在一起,就成了大富有。所以同人卦之后就是大有卦。大家不都想发财吗?可偏偏不富。怎么办?学习大有卦吧。

卦辞说,"大有,元亨",大有卦,一开始就亨通,上九爻更是大吉大利。

彖曰:大有,柔得尊位,大中而上下应之,曰大有。其德刚健而文明,应乎天而时行,是以元亨。

【语译】

《彖传》说,大有卦,六五阴爻占据尊位。最重要的爻刚好居于全卦的最尊位、上卦的最中位,上下的五根刚爻都与其相应,所以是大富有。大有卦的品德刚健而文明,顺应天道而按时运行,所以是元始亨通。

【解读】

《象传》说，大有卦，"柔得尊位"，什么是尊位？就是第五位。这个卦只有一个阴爻，所以阴爻是最重要的，最重要的六五爻占据尊位。"大中而上下应之"，最重要的爻刚好居于全卦的最尊位、上卦的最中位，上下的五根刚爻都与其相应。"曰大有"，所以是大富有。"其德刚健而文明"，下卦是乾卦，乾为刚健；上卦为离卦，离为文明，所以大有卦的品德刚健而文明。"应乎天而时行，是以元亨"，顺应天道而按时运行，所以是大吉大利。

象曰：火在天上，大有。君子以遏恶扬善，顺天休命。

【语译】

《象传》说，火在天上燃烧，照得大地非常明亮，这就是大有卦之象。君子由此得到启示，要来遏制邪恶，弘扬善德，顺应天道，使人生美好。

【解读】

《象传》说，"火在天上"，上卦为离卦，离为火，下卦为乾卦，乾为天，火在天上燃烧，照得大地非常明亮，一切事物都处于光天化日之下，无所逃遁，这就是大有卦之象。君子看到这样的卦象，就要按照大有卦之道来"遏恶扬善，顺天休命"。"遏恶"就是遏制邪恶的，"扬善"就是弘扬善的。"休"是美好的意思，这里作动词讲，"休命"就是使人生美好。"顺天休命"，就是顺应天道，美丽人生。为什么君子按照"火天大有"的含义去做就可以遏制邪恶，弘扬善良呢？因为火在天上，是非常明亮的，能够照亮万物，明察秋毫，当然它就知道什么是邪恶，什么是善良。

初九，无交害，匪咎，艰则无咎。

象曰：大有初九，无交害也。

【语译】

初九，没有因为交往所带来的害处，没有灾祸，要时时牢记着艰难，就没有灾祸。《象传》说，大有卦的初九，还没有因为交往所带来的害处。

【解读】

初九，"无交害"，一开始就不要"交害"。不要"交害"有两种意思：一是不交往，不惹祸，因为初九位是要潜伏的；二是不要相互伤害。这两种意思都说得通。"匪"同"非"，有的书上解释为土匪，那是胡解。"匪咎"就是没有灾祸，你要是不互相伤害就没有灾祸，或者说你不交往、不惹祸也就没有灾祸。"艰则无咎"，要牢记着艰难，时时想着艰难，你就没有灾祸。《论语》里第一篇《学而篇》说："曾子曰：'吾日三省吾身，为人谋而不忠乎？与人交而不信乎？传不习乎？'"就是说经常反思，那就没有灾祸了。在大富有的时候，想着艰难，想着不去伤害别人，是难能可贵的。比如说你在某一个地方开了一家饭店，生意很好，可马上旁边又有人开了一家饭店，你怎么办？是不是马上想把它挤掉？那就大错特错了。不妨换一种思维，试想接着第三家、第四家饭店都来开张了，当这条街变成饮食一条街的时候，人们就会开着车从很远的地方来吃饭了。因此一定不要互相伤害，这样对大家都有利。

《象传》进一步从象上肯定了初九这种"无交害"的思想。初九位正，居最下位，行事持守正道，谦逊处下，与人为善。初九爻教给我们人际交往的第一个原则，要我们从一开始就不要互相伤害，和人友好相处。潜台词大约是最好能够达到双赢，而不是双输甚或两败俱伤。初九爻教给我们人际交往的第二个原则：要低调，不要一开始就和人互相伤害；要经常反思，最好能化敌为友，互相帮扶。

九二，大车以载，有攸往，无咎。

象曰：大车以载，积中不败也。

【语译】

九二，用大车来装载，有所前往，没有灾祸。

《象传》说，用大车来装载，是因为积存在中间不会败坏。

【解读】

九二，"大车以载"，那是何等的财富呀！用大车装载财富，不就是大有吗？

"有攸往，无咎"，有利于继续前进，继续扩大自己的财富，不会有什么危害。

《象传》说，九二能"大车以载"，是因为"积中不败也"，一点一点地累积起来，并没有败坏它。作为个人或企业，积累财富都要经历这么一个由少到多的过程，而且在此过程中还要谨小慎微，步步为营，防止辛辛苦苦积累的财富一不小心遭到败坏。

单从字面上看，有不少《周易》研究者认为大有卦讲述的就是一个积累财富、发家致富的故事，是过来人的经验之谈。的确，大有卦包含这层意思，教你如何致富，如何才能保持大有的状态。可是，如果我们只把认识停留在这个简单层面，我们就是没有把握大有卦的真谛。比积累财富更重要的事情还有，那就是积累善德，按照《文言传》的说法，叫做：积善之家，必有余庆；积不善之家，必有余殃。这可以算是大有卦九二爻的最好注脚。

积累善德和积累财富一样，绝非一朝一夕便可奏效，更不能半途而废，否则便会前功尽弃，从头再来就更困难了。古语说：从善如登，从恶如崩。做善事就像登山一样困难；做坏事就不一样，像突然崩溃一样迅速、容易。

积累善德，要尽量多存善念，多行善举。善事无大小，恶事也无大小，有时一念之善往往能扶危济困，救人于水火之中；而一念之恶则会把自己或他人打入十八层地狱，万劫不复。很多大恶人并非生来就坏，可能是一步错导致步步错，再或者是环境影响、坏人教唆，最后我们也不排除一念之差铸成九鼎之错的情况。只是世上从来就没有后悔药可买，大错铸成，悔之晚矣。

蜀主刘备教导儿子刘禅说："勿以善小而不为，勿以恶小而为之。"这无疑是看明白善恶都会积少成多的道理后所讲的智者之语。善事、恶事积累多了都可以达到"大车以载"的程度，只是积累善对你的人格修养以及个人魅力也是一种提升。在行善的过程中你不但提升了自我，也影响、教育了其他人，这会让你感到全身心的愉悦。而坏事做得多了，等待你的必然是"多行不义"后的"必自毙"。天道循环，报应不爽。不是不报，时候未到。

刘备没有看到儿子的报应。刘禅果然无愧于"扶不起的阿斗"这一"荣誉称号"，拿他老子的话全当了耳旁风。他只做恶事昏事，不干好事正事，把万里江山拱手送给魏国不说，还在投降之后落下了"乐不思蜀"的千载骂名。

九二爻《象传》中，和"积"同样重要的还有一个"中"字。因为九二爻位在下卦中位，所以要守中道。何谓中道？《中庸》解释为："喜怒哀乐之未发谓之中,发而皆中节谓之和。""中"就是人们蕴含在内心的各种情绪。所谓"情郁于中,势必要发之于外",否则会憋出事来。"发"出来的要求是"和",具体说就是"皆中节",就是要符合礼节,有所节制,不能肆意妄为,乱发脾气。实际上"中"字也反映了积累善德、提升自我的意思。"皆中节"本身就是道德层面上的要求。

九三,公用亨于天子,小人弗克。

象曰:公用亨于天子,小人害也。

【语译】

九三,王公大臣要向天子献礼致敬,小人不能如此。

《象传》说,王公大臣要向天子献礼致敬,小人如此则是有害。

【解读】

"亨",通享受的"享"。"公"就是王公大臣。"弗克",不能承担的意思。九三,"公用亨于天子",王公大臣要向天子献礼致敬。"小人弗克",小人是不能担负这个大任的。《诗经》上有这样的话,"率土之滨,莫非王臣",意思就是普天之下都是大王的臣民,而这些臣民都必须顺应大王,这是天道。九三爻居正位,所以这个王公来向天子献礼,就是顺应天道、遵循正道。

《象传》说:"公用亨于天子,小人害也。"为什么?因为王公大臣向天子献礼致敬,那是顺应天道,是符合礼仪的,是正当的行为。小人也想向天子献礼致敬,那是不正当的行为,他们是想向天子献媚,以获取荣华富贵。小人的这种行为是有害的,是祸国殃民的事。身居高位的人一定要时刻警惕。

九四,匪其彭,无咎。

象曰:匪其彭无咎,明辩晢也。

【语译】

九四,不自我膨胀,就没有灾祸。

《象传》说,不自我膨胀,就没有灾祸,是因为能够清晰地分辨明白。

【解读】

"彭",是盛大、膨胀的意思。九四,"匪其彭",就是不要太过盛,太铺张浪费,或者说不要太过于贪求,欲望不要太膨胀,"无咎",这样就没有灾祸。

《象传》说,"匪其彭无咎",是因为"明辩晢也"。"晢"就是智慧,"明辩晢"就是说他有明辨事理的大智大慧,明白了许多人生的道理,这一点很重要。老子说:"天之道,损有余而补不足;人之道,损不足以奉有余。""人之道"的结果是两极分化越来越厉害。人的欲望是无穷的,富了还要更富,如果不知道适可而止的话,就会出现物极必反的事情,于己于人都不会有好处。所以我们要按照天之道行事,大有了但不要过盛,不要一切据为己有,这样就"无咎"了。自己富有了还想要更富有,不顾别人的死活,这就不符合天道了。

六五,厥孚,交如,威如,吉。

象曰:厥孚交如,信以发志也。威如之吉,易而无备也。

【语译】

六五,其用诚信营造出了上下相应的状态,展现出了富有威望的状态,吉祥。

《象传》说,其用诚信营造出了上下相应的样子,是因为诚信可以引发人们的讲求忠信的志向。展现出富有威望的样子而吉祥,是因为平易近人可以使人们无须戒备。

【解读】

"厥"是那样的意思,"厥孚"就是那样的诚信。"如"表示什么什么的样子。"交如"就是交通的样子,交流的样子。"威如",威风凛凛的样子。六五,用诚信之心交接上下,就会威风凛凛,大吉。六五,这一爻是大有卦里唯一的阴爻,居于六五,居于君位,有谦逊诚信之美德。六十四卦里有一卦是中孚卦,它中间的两根爻为阴爻,上面与下面各有两根阳爻。这里的六五爻也是"厥孚",上下全是阳爻。女人在男人群中是最幸福的,处处会得到男人的呵护,因为女人能交接上下。这比喻富有者要像在男人群中的女人一样,柔顺、谦虚,不要把任何东西都占为己有,要以自己的诚信获得威望。

《象传》说,"厥孚交如",是因为"信以发志也"。"信以发志"是说自己这种诚信是从内心深处发出来的,是从潜意识里发出来的,所以是最真实的,不是虚伪的,这也最能打动人,将心比心,能够启发别人的忠信,换来别人的忠信。"威如之吉,易而无备也。""易"就是简易,指无私心、疑心之重负。"无备"就是无须防备,不用戒备。六五这种威风凛凛的样子,是自然而然的,不是刻意为之的,他自己不需要对别人有防备之心,有戒备之心,别人对他也一样,无须戒备。六五这种威不是一种刚威,是一种柔威。

上九,自天佑之,吉无不利。

象曰:大有上吉,自天佑也。

【语译】

上九,自有上天保佑他,吉祥而无所不利。

《象传》说,大有上九的吉祥,是因为自有上天保佑。

【解读】

上九,是处在最高位的最后一爻,最高位也就是无位,高而无民,贵而无位,一般都是凶险的,为什么这里却说"自天佑之,吉无不利"?关键就在于无位。在大富有之时,能够有"无位"之心,能够时时想到这是上天的保佑,而天道是公平的,所以不能有更多的贪念,不要把一切都据为己有,而是要谦逊,广施善财。

《象传》再一次强调说,"大有上吉",是因为"自天佑也"。上九的大富有、大吉大利,是上天保佑的结果,不是完全靠自己的努力所能获得的。这实际上要告诉我们,人在什么时候都要心存感恩之心。你所取得的一切成果,都有他人的功劳,都是上天的福佑,所以自己大富有了,去做些善事,是大吉大利的。世界首富比尔·盖茨同时也是世界最大的慈善家之一。

> 大有卦实际上是教我们如何保住大有。首先,要柔顺谦下。你看乾卦居在离卦火的下面,就是要柔顺。六五爻是大吉,为什么能够威风自显呢?就是因为他谦下柔顺,以诚信待人,以诚信教化人,用自己的诚信去换取别人的诚信。其次,要守中,要积累善德,做善事,还要见贤思齐,这样才能保住大有。第三,要顺应天道,天道是公平的,"天之道,损有余而补不足"。不能一味地聚敛财富,把财富据为己有,而是要广施善财,这样老天才会保佑你。

谦卦第十五——谦虚之德

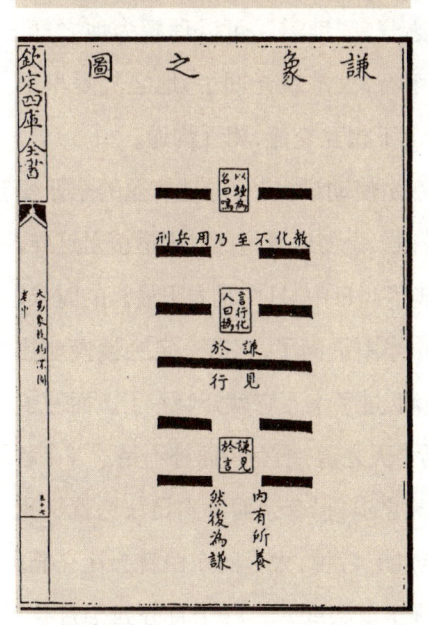

谦，亨，君子有终。

【语译】

谦卦，亨通，君子终有成就。

【解读】

"谦"为谦虚、谦让的意思。《序卦传》说："有大者不可以盈，故受之以谦。"大有卦表示一种大丰收、富有，也是指一个人达到的一种最成功的状态。大有卦过了之后，也就是取得成功之后，拥有非常多的财富之后，应该怎么做——要谦，所以接下来第十五卦就是谦卦。"谦"就是谦虚，它是言字旁，首先从语言上就要谦虚。但只是语言上的谦虚还是远远不够的，这只是开始。谦这一卦是六十四卦当中唯一的六根爻全是吉的卦。

卦辞说，谦卦，亨通，"君子有终"，君子如果谦虚的话，那是会善终的，就是说有谦虚品格的人会有好的归宿。"善终"相当于我们今天所说的平安达于终极的目标。另外，"有终"也可以理解为有始有终，君子的这种谦虚的品格是要自始至终保持的，而实际上要达到这一点是很困难的。

彖曰：谦，亨。天道下济而光明，地道卑而上行。天道亏盈而益谦，地道变盈而流谦，鬼神害盈而福谦，人道恶盈而好谦。谦尊而光，卑而不可逾。君子之终也。

【语译】

《彖传》说，谦卦，亨通。天之道，其气向下利济万物而光明；地之道，其气向上惠泽万物而卑顺。天之道，减损满盈者而增益谦卑者；地之道，改变满盈者而流注谦卑者；鬼神之道，加害满盈者而福佑谦卑者；人之道，厌恶满盈者而喜好谦卑者。尊者有谦则更光明盛大，处卑则愈见其不可及之高。这就是君子终有成就的原因。

【解读】

《彖传》说，"谦，亨"，谦卦是亨通的。"天道下济而光明，地道卑而上行"，"天道"可以理解为天之气，"地道"可以理解为地之气，天之气往下行，大地就光明了，地之气是卑下的、低的，但是它是往上行的，所以天道和地道上下相互交流，相互沟通。

天道是"亏盈而益谦"，"亏"和"益"都是使动词，"亏"是使盈的东西变亏，"盈"就是满，"亏盈"就是减少盈满。"益谦"是使谦虚增加。天道就是这样，以天上的太阳、月亮为比喻，太阳就是日，太阳满了叫日中，日中是太阳最满的时候，最当头之时。有一句话叫"日中则昃"，太阳正当中最满了，它就一定会慢慢地往西行；"月盈则亏"，每个月到十五的时候月亮最满，过了十五它就开始亏了。而亏了的东西肯定要变盈。这就是老子所说的一句话："天之道，损有余而补不足。"（《老子·第七十七章》）损就是亏，有余即是盈。"天之道，损有余而补不足"，这就是我们所说的公平，天道是公平的，太满的东西就会让它亏掉，太亏的东西就会让它满。这就是规律，就是公平。月虚了就会变实，月满了就会变亏。一个月分四个月象，叫做"晦、弦、望、朔"，"朔"是一个月的开始，到上半月初八左右就是上弦月，然后月亮越来越圆，到十五日的时候是最圆的时候，就是"望"，十六日叫"既望"，之后二十二、二十三日就是下弦月，下弦月过了之后就是"晦"。"晦"就是没有，没有月亮。日语中有一个词"大晦日"，是指一年的最后一天，就是十二月三十日，即大年三十，就是从这里来的，日语中还保留着中国汉字的古意。月虚则实，农历小月的廿九日或大月的三十日叫晦，三十过了之后又是初一、初二、初三……月亮就又来了。月虚了要变成实,月实了要变成虚,日升到中天就要降了,这就是天道的规律,就叫做"亏盈而益谦"。

地道是"变盈而流谦","变"在这里是"毁"的意思。地道是不喜欢盈的,盈的东西天道不喜欢,地道也不喜欢,所以一到满的时候,一定要让它虚掉。"流谦"是指水而言,水流向谦,水往低处流,也就是资助这个谦。

鬼神是"害盈而福谦","害盈"是要惩罚自满的东西,"福谦"是保佑谦和的东西。

人道是"恶盈而好谦",是讨厌自满的人而喜欢谦虚的人。与盈相对的就是谦,谦是不足,为什么要讨厌盈的东西呢?因为这地上的东西就这么多,如果都被他占了就不公平了,所以有余的东西不能再有余,不能永远有余,一定要把它减掉一些;不足的东西也不能太不足,太不足也是不公平,一定要实现一种公平。这是公平的原则。所以这一卦多吉的原因就在这里。实际上现在一些资本主义国家的社会福利非常好,这就是一种公平:如果是很富裕的人就拼命地加税,如果是贫穷的人就给他高福利。我有一次去新西兰,遇到一个在河边钓鱼的人,得知他原来是靠救济生活,他没有经济负担、工作压力,真是幸福。

所以"谦尊而光,卑而不可逾",谦虚的人是值得尊敬而光明的人,卑就是谦,就是低下的人,是不可超越的,越谦虚的人越不可战胜。这正是老子的思想,"水善利万物而不争。夫唯不争,故莫能与之争"(《老子·第八章》),水这种东西,谁也胜不过它,就因为它低下,这是一种中国人的大智慧。

我们中国式的平等自由的思想就体现在《庄子·逍遥游》和《庄子·齐物论》中,万事万物都是一样的,都是"齐"的。"天地与我并生,而万物与我为一",万物都是一回事,无是非,无差别,是绝对的平等。当然儒家是比较强调等级的,但是有道家在补充它。

"君子之终也",为什么说君子有善终呢?就是因为按照谦和来做了。前面一开始讲天道、地道,"天道下济而光明",下济也是指天道的谦和,所以它要往下走;地道本来就是卑的,"卑而上行",正因为它低下了,所以它反而能上去。所以谦谦的君子能有善终。

象曰：地中有山，谦。君子以裒多益寡，称物平施。

【语译】

《象传》说，地里面有山存在，这就是谦卦之象。君子由此得到启示，要减损多的，增益少的，就像称量物品一样，使多者不偏多，少者不偏少，损之益之，各得其平。

【解读】

《象传》说，"地中有山"，上卦为坤卦，坤为地，下卦为艮卦，艮为山，山本来是高出地面的，但现在却在地面以下了，说明什么呢？说明山谦虚了，主动居下了，这就是谦卦之象。君子看到这样的卦象，就要按照谦卦之道来"裒多益寡，称物平施"，这八个字大家要牢牢地记住，这就是《周易》的公平原则。"裒"就是取的意思，取多的去资助那些少的。"益"就是增加它，资助它。"裒多益寡"，就是减少那些多的，资助那些少的，把财富从富人那里减一些来资助穷人、不足的人，这样做就是"称物平施"。"称"和"平"在这里作动词，"称"当衡量讲，称一称这个事物，衡量一下是多还是少，然后"平施"，公平地去施与，大家都公平、对称、平衡了，这样才能和谐。

初六，谦谦君子，用涉大川，吉。

象曰：谦谦君子，卑以自牧也。

【语译】

初六，谦而又谦的君子，可以涉渡大河，吉祥。

《象传》说，谦而又谦的君子，可以自觉修养谦卑的美德。

【解读】

初六，"谦谦君子"，非常谦虚的君子，"用涉大川，吉"，可以渡过大河大川，这是非常吉利的。初六，一开始就吉，因为他居在最下边，是个谦谦君子，是最谦虚的，以这种谦虚之心渡河，这个"渡河"就是指做事业，一定能够成功。

《象传》说，"谦谦君子"，君子为什么能够做到"谦谦"呢？因为"卑以自牧也"。"卑"就是卑下，"牧"本来指牧羊人，这里是指管理，"自牧"就是自我制约。他可以自己制约自己，处于最低的位置，谦虚谨慎，所以是谦谦君子。

六二，鸣谦，贞吉。

象曰：鸣谦贞吉，中心得也。

【语译】

六二，虽然出了名，但是照样很谦虚，贞正吉祥。

《象传》说，虽然出了名，但是照样很谦虚，贞正吉祥，是因为居处中位，得自内心，出于本性。

【解读】

"鸣"，可以理解为出名。六二，"鸣谦"，虽然出名了，但是照样很谦虚，"贞吉"，这样的人坚守正道，是吉利的。

《象传》说，"鸣谦贞吉"，是因为"中心得也"。"中心"指内心，是说六二获得了一种内心的满足，知足者常乐，知足的人一般都是比较谦逊的。六二这一爻居中，而且得正，这种人出名了照样还保持谦虚，保持中庸之道，这是难能可贵的。在这个社会上，出名了仍然谦虚的人实在是太少太少了。出了一点点名就不知道自己姓什么了，最终其名声事业往往都是短命的。所以历史上那些信奉道家的人取名字就喜欢取"鸣谦"，或者"执谦"，可见"谦"不仅是儒家而且也是道家所提倡的一种美德。

九三，劳谦君子，有终吉。

象曰：劳谦君子，万民服也。

【语译】

九三，劳而能谦的君子，终有成就，吉祥。

《象传》说，劳而能谦的君子，所有老百姓都敬服。

【解读】

"劳"就是功劳。九三，"劳谦君子，有终吉"，有了功劳仍然谦虚，而且保持始终，真是太不容易了，当然是吉利的。

《象传》说，像"劳谦君子"这样的人，是"万民服也"。对这种人老百姓当然会心服口服，因为他有很大的功劳，反而还更谦虚。如果有了功劳而不谦虚，那老百姓也不会服他。

六四，无不利，捣谦。
象曰：无不利，捣谦，不违则也。

【语译】

六四，无所不利，只要发扬谦虚的美德。

《象传》说，无所不利，只要发扬谦虚的美德，这是因为不违背天地的法则。

【解读】

"捣"通"发挥"的"挥"，"捣谦"就是把这个谦虚的美德继续发扬光大。到了六四爻，这时已进入了人生的第二个阶段，一件事情的第二个过程，他照样是谦虚的，而且这个谦虚不仅没有减少，反而发扬光大了，所以他是无所不利的。

《象传》说，"捣谦"无所不利，是因为"不违则也"。发挥谦虚的美德，既不违背天道，也没违背地道和人道，天、地、人都支持，当然是无所不利的。

众所周知，骄傲自满是阻挡一个人继续进步的最大拦路虎，因为自满者觉得自己已经功德圆满，没有什么是自己不会的，他当然就不会再往自己头脑里倾注新的东西，而这些新东西往往就是开启他继续前进的动力的钥匙。如此一来，他便再也不会有任何进步，在新一轮的竞技中自然也会败下阵来。我们应该都知道孔子拜项橐为师的故事。当时孔子已开始周游列国，学问、道德都应已到了一定境界，可是却被一个叫项橐的难住了，而项橐仅仅是一个七岁的娃娃。这事搁别人身上，不定项橐这孩子会遭个什么别扭呢。可我们的孔圣人没有难堪，也没有对敢于刁难权威的项橐反攻倒算，反而郑而重之地拜他为师，也给杏坛添加了一段佳话。

孔子的这个行为说明了什么？仅仅说明孔子把谦虚的美德发扬光大了吗？非也。孔子说过："三人行，必有我师。"这就是说，孔子的老师多了去了。俗话说："尺有所短，寸有所长。"不管什么人，总有别人不及的长处。所以孔子的话也可以这么理解：人人皆可为吾师。正是本着这种精神、这个原则，孔子才得以成为一代宗师。所以,发扬光大谦虚的美德只是第一步,是手段。提高自己,使自己跨上一个新的台阶才是最终目的,才是关键所在。

那么,现在就让我们先从第一步做起,依照谦卦六四爻的精神,把谦虚的美德发扬光大。

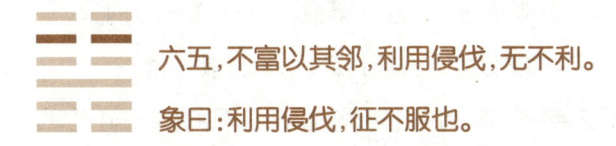

六五,不富以其邻,利用侵伐,无不利。

象曰:利用侵伐,征不服也。

【语译】

六五,虽然富有,却不向邻居夸耀,可以用这种谦虚的精神去征讨那些骄傲自满之人,无所不利。

《象传》说,利用侵伐,就是去征伐那些骄横不服者。

【解读】

六五,虽然这一爻的爻辞中没有说一个"谦"字,但是说"不富","不富"指不富有,虚怀若谷,内心不骄傲,不自满,这也是一种"谦",我把它讲成是"虚谦"。"以其邻"其实是"与其邻",六五爻的邻居是六四和上六,这两个都是阴爻,都是不富的,所以他与他的邻居一起不自满,虚怀若谷。"利用侵伐,无不利",这样就可以利用谦虚之心来讨伐那些不谦虚的、骄横不顺的人,无所不利。

《象传》说,"利用侵伐",是为了"征不服也",即为了去侵伐、征讨那些不服从的、骄傲自满的人,因为要求他虚心。不虚心的人,肯定是骄傲的人,是没有好处的。

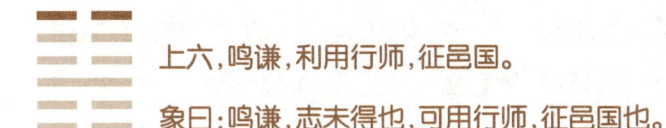

上六,鸣谦,利用行师,征邑国。

象曰:鸣谦,志未得也,可用行师,征邑国也。

【语译】

上六,想谦退而不能谦退,内心忧恨而鸣,利于行军出师,征伐属邑小国。

《象传》说,想谦退而不能谦退,内心忧恨而鸣,因此,欲谦之志未得,必须辅刚武以自治,行军出师,征伐属邑小国。

【解读】

"行师"就是出兵,带军队打仗。"邑",古代指都城。这里的"邑国"也指那些不虚心的人。上六,虽然没有直接说"吉",但"利用行师,征邑国",可以去带

243

兵打仗，征讨邑国，当然也是吉利的。上六也"鸣谦"，经过了六五爻去讨伐那些不谦虚的、骄横不顺的人之后，当然也就名声在外了，但是照样谦虚，用这种谦虚之心带领军队打仗，自然能够取得胜利。

《象传》说，"鸣谦"是因为"志未得也"。"志得"就是自满，"志未得"就是没有骄傲自满。虽然出了名却还很谦虚，没有自鸣得意。有这样修养的人，是"大人"，"可用行师，征邑国也"，可以带领军队，去征讨敌国，去建功立业。

谦卦六爻可以分别总结为谦谦、鸣谦、劳谦、扐谦、虚谦、鸣谦，从一开始的"谦谦"，到功成名就后的"鸣谦"，代表了人生和事业的六个不同阶段。每个阶段的谦虚也有所不同。其中有两个"鸣谦"，一个在六二爻，一个在上六爻，六二爻是指刚出名、崭露头角的时候，处在出名的第一个阶段；到上六爻是最终出名。两个"鸣谦"出名的时段不同，但是都要谦，只要谦虚，做什么事都是有利的、吉祥的。

举个例子，这也应该是最恰当不过的例子，涉及清中兴三大名臣之二，曾国藩和左宗棠。曾国藩当年是正经的科班出身，四平八稳地把官做到礼部侍郎，后来回湖南老家为母亲守孝。这期间太平天国事起，战火直接烧到了湖南，于是曾开始在老家办团练，搞地主武装。左宗棠则身无功名，虽然满腹经纶，却一直屈居在湖南巡抚骆秉章手下做幕僚，照现如今的话说，就是个临时聘用的，一旦不合老板心意，随时一脚踢开。不过左的确是太有才了，不但很受骆的青睐，还赚了个"天下不可一日无湖南，湖南不可一日无宗棠"的名号。曾原先也是一个狂人，自觉熟读四书五经、兵书战策，一般人根本不放在眼里，更别说被他视为土包子的太平军了。战争前期的结果大家都知道，曾屡战屡败，江西湖口一战还差点被太平军的翼王石达开逼得跳水殉职。后来他读了一本书，就是老子的《道德经》，顿悟，晓得自己走了弯路，学会了谦虚、低调，然后他放下身段，专程拜访了左宗棠。左此前也是狂得没边，还给自己取了个字叫"今亮"，意思当然就是当今的诸葛亮。曾当时已经到了谦卦的六二爻地步，值得"鸣"了，但还没学会"谦"。要紧的是曾摔了跟头之后很快找到了原因，学会了谦虚。事实证明，曾左两人凑到一起，引为知己，产生了一加一远远大于二的合力。纵横江南、撼动清廷的太平天国最终被绞杀，这两位出力应该是最多的。

曾国藩和左宗棠的书，市面上到处都是，这里再次把他们两位扯出来还有一个用意。曾终其一生，尤其在镇压太平天国大功告成之后，也就是到了谦卦上六时，依然谦虚、低调，所以虽说功高震主，但还落了个善终。左则不然，功成名就之后做了一系列利国利民的大好事,但因为为人清高孤傲,当时的朝野上下,包括老佛爷慈禧,嘴里不说,心里都对他颇有微词。两相比较,谦之作用就尽在不言之中了。

所以我们才说,谦虚不仅仅是一种为人处世的态度,更是一种高妙的人生境界。"满招损,谦受益。"韩愈这话如今已变成大白话了,其中的道理却历久弥新。

谦虚是我们中华民族的传统美德。问问现在的孩子们,"虚心使人进步,骄傲使人落后"、"满招损,谦受益"等关于谦虚的格言谁都能不假思索地来上几个。

> 谦卦总的来说要求我们从一开始就要谦虚,一直到成功之后都要谦虚。六个阶段全都要谦虚,但是每个阶段的谦虚是不同的。有两个同样的词叫"鸣谦",一个在六二爻,一个在上六爻,六二爻是指刚出名的时候,它居中,在出名的第一个阶段,到上六爻是最终出名,两个"鸣谦"出名的时段不同,但是都要谦,只要谦虚,做什么事都是吉利的。这个卦实际上是老子的那种伟大的"阴"谋,就是说一切从负方面入手,低调做人,低调谋事,这样肯定能成功,这是一个大策略、大智慧。但是要注意一点,就像六二爻所说的,"中心得也",不要去伪装,不要做伪君子,要真正从内心出发做一个谦谦君子,这样肯定能受到别人的尊重,成功的概率也就会更大。

豫卦第十六——快乐之道

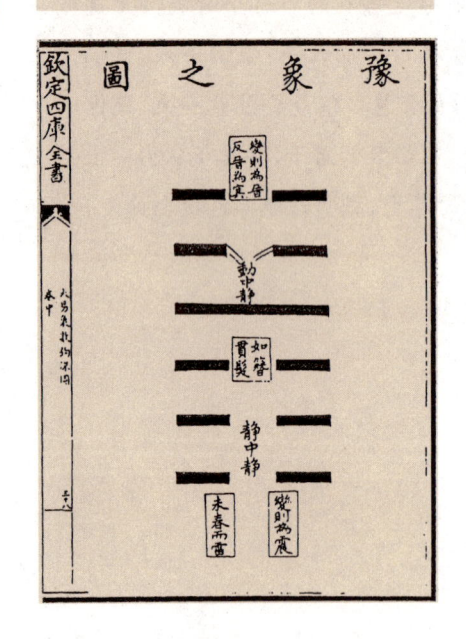

豫，利建侯行师。

【语译】

豫卦，利于建立诸侯，行军出师。

【解读】

"豫"有两个意思，一是快乐，二是准备、预备。《序卦传》说："有大而能谦必豫，故受之以豫。"谦虚之后心中实际上非常快乐，这是真正的快乐，所以接下来就是讲快乐之道的豫卦。豫卦揭示"欢乐"所寓含的意义，强调处"乐"的两个要点：一是应当顺性而乐，适可而止；二是使天下同归安乐。

卦辞说，豫卦，"利建侯行师"，有利于建功立业，有利于行军打仗，讨伐叛逆者。

《国语》里记载有这么一个故事：晋文公重耳在外逃亡流浪十九年，"十九"这个数字很有意思，很有味道，苏武在匈奴牧羊也是十九年，《黄帝内经》论病机也是十九条。重耳在外逃亡十九年后想回到自己的祖国，于是亲自占了一卦，是屯之豫。屯卦是云雷屯，是本卦；豫卦是雷地豫，是变卦。"之"就是到，从屯卦到豫卦，初爻变了，阳变阴了，第四根爻和第五根爻也变了。豫卦的卦辞是"利建侯行师"，屯卦的卦辞是"元亨利贞，勿用有攸往，利建侯"，都有"利建侯"，侯就是王侯，建就是立、做的意思，意思是说,有利于回国去做王侯。他占了这一卦之后请了一个卦师来看,问占得了这一卦应不应该回去。这个卦师说不吉利,不能回去。因为屯卦代表的是艰难,豫卦上卦的震可以代表车,下面的坤是地,中间是空的,车陷于地,所以不能回去。重耳又找了一个人看,此人就是有名的司空季子,司空是官名。他说吉,应该回去。屯卦和豫卦都说利建侯,而且震是车子,坤是大地,车子行在大地上不是挺好的吗?屯卦有艰难、厚重的意思;豫卦有快乐的意思,回国没有问题,肯定是皆大欢喜。重耳听了他的话回去了,把晋国治理得非常好,成了著名的春秋五霸之一。《国语》里记载了二十多个《周易》如何占算的事例,非常有意思。

彖曰:豫,刚应而志行,顺以动,豫。豫顺以动,故天地如之,而况建侯行师乎!天地以顺动,故日月不过,而四时不忒。圣人以顺动,则刑罚清而民服。豫之时义大矣哉。

【语译】

《彖传》说,豫卦,阳刚得到阴柔的响应而志向可以实现,顺时而活动,就是豫。豫卦,由于顺时而活动,所以天地皆从之,何况是建立诸侯与行军出师呢?天地顺时而运动,所以日月交替不失常度,四季变化不失其序。圣人顺时而行动,所以赏罚中肯而万民悦服。豫卦顺时的意义真是伟大啊!

【解读】

《彖传》说,豫卦,"刚应而志行",因为只有九四爻是刚爻,所以九四就代表君主,上下所有的阴爻都与它相应,就像晋文公那样得了民心,所以能够使自己的志向得以实现。"顺以动",是顺应民心而行动的,"顺"就是下面的坤卦,"动"就是上面的震卦。"豫",这是一件很快乐的事。"豫顺以动,故天地如之,而况建侯行师乎",快乐地顺应潮流而动,顺应时势而动,顺应天道而动,天地万物都是这样,何况是建立国家、行兵打仗呢?"天地以顺动,故日月不过,而四时不忒。""忒"就是差错。这一卦能欢乐的原因是能顺应而动，天和地因为顺应时势时位而动，所以日月的运行没有失误，春夏秋冬四时的变化也没有差谬，那么人呢？人就更应顺时势而动。"圣人以顺动，则刑罚清而民服"，圣人顺着自然而动，刑罚就清廉、清正，老百姓就心服口服。"豫之时义大矣哉"，《周易》中经常提"……时义大矣哉"，非常强调这个"时"，这不仅仅是指时间，也是指时位、时势，仅仅简单地看成是时间就把它看得太低了。《周易》是"极深而研几也"，"几"就是时机。

象曰：雷出地奋，豫。先王以作乐崇德，殷荐之上帝，以配祖考。

【语译】

《象传》说，雷从地下出来奋作，这就是豫卦之象。先王由此得到启示，要制作音乐以推崇美德，殷勤地敬荐给上帝，连带也敬荐给祖先。

【解读】

《象传》说，"雷出地奋"，上卦为震卦，震为雷，下卦为坤卦，坤为地，古人认为雷冬藏于地中，于春始出，豫卦雷在地上，所以说"雷出"，雷已经在地上开始震动，雷声轰鸣，大地上的万物就兴奋躁动，生机勃发，欢声鼓舞，因为春天来了，这就是豫卦之象。先王看到这样的卦象，就要按照豫卦之道来"作乐崇德"。君子是一种将来时，先王是过去时，过去他都这么做的，启发我们现在也要这么去做，先王按照豫卦的含义来制作音乐，歌颂、崇尚美德。"殷荐之上帝"，隆重地去进献天帝。"殷"是盛大、隆重的意思。"荐"是进奉的意思。"上帝"是指天、天帝，不是基督教里的上帝。"以配祖考"，并且一起进献祖先。"祖"就是祖先，"考"是死去的父亲，这里泛指祖先。隆重地进献上帝和祖先，这是典型的儒家礼仪。儒家讲的是进献天帝和祭祀祖先，所以说儒家这种宗教是一种宗法制。赞美、崇尚天帝、祖先的美德，要鼓乐齐鸣。

初六，鸣豫，凶。

象曰：初六鸣豫，志穷凶也。

【语译】

初六，自鸣得意，随声附和，凶险。

《象传》说，初六，自鸣得意，随声附和，因为小人得志，穷途末路，所以凶险。

【解读】

"鸣"在这里是鸣叫的意思。初六，"鸣豫，凶"，就是自鸣得意，以大喊大叫的形式表示快乐的心情，显然是过了头了，有些忘形，有凶险。初六爻才刚刚开始，万里长征刚走出第一步，你就快乐成这副手舞足蹈的模样，那怎么成？所以结果是"凶"。这里是告诫我们一开始不要太过分地快乐，要节制，这样才能避免凶险。

《象传》说，"鸣豫"之凶，是因为"志穷"。"穷"就是到头了。初六这个时候，表示"志"才刚刚开始，却像到头了一样，就是高兴得太早了，太过分了，这对做事情来说是不好的，是凶象。

远大志向的实现刚刚开始，才取得芝麻绿豆大一点点成绩，就以为已经到头了，功德圆满了，殊不知下面的路还长，狂风骤雨还没有发动，这样子怎么能不栽跟头，不凶呢？所以在一切刚刚开始的时候，我们一定要懂得节制，不要快乐得过了头。否则会给人留下轻浮、不稳重、不踏实的印象。以后事情如你所料还好，如果一不小心翻了船，就算别人碍于面子不飞短流长，你自己又情何以堪？

欢乐过早、过头之戒可谓深矣。天下滔滔，但凡成大事者，无不是老成持重之人。这种人畅饮庆功酒的时候，可以保证的一点是，他的敌人早已成为冢中枯骨了。

聪明人往往笑在最后，所以他笑得最甜。更聪明的人不但笑在最后，而且只在心里笑，这样他就笑得最快乐。我们在生活中常常会遇到这样的人，一件事八字还没有一撇，他就觉得大局已定，胜利在望，忙着去摆庆功酒了。最后结果出来，他才晓得自己饮下的美酒是多么的苦涩。这种人的自信态度、乐观精神值得称道，可是自信、乐观之前要再冠以"盲目"二字，那就有些搞笑了，弄不好还会搞出人命关天的大事。

历史上不乏因盲目自信而酿成悲剧的例子，尤其是在两军对垒的战阵之上，主将的盲目自信会诱发轻敌之心、运筹时的麻痹大意。而交战双方的生死由于战争的特殊性，往往又都取决于须臾之间。很多无辜者的鲜血就是这样白白流失的，而且还流失得不明不白。

三国时期的蜀汉大将关羽，当时已是全国闻名，今天更是家喻户晓、妇孺皆知。镇守荆州期间，水淹曹操七军，曹军主将于禁被俘，副将庞德授首。许昌震动,甚至商议要迁都以避其锋芒。可惜,关羽这人太过刚愎自用,自信到了极点。后来蜀吴交恶,荆州成为前沿中的前沿,刘备、孔明一再嘱他小心谨慎,他不以为然。后来,吴将吕蒙瞒天过海,白衣渡江,终在麦城将关羽父子擒获斩首。

关羽如此,他的盟兄刘备也好不到哪里去。兴兵替两位兄弟报仇,在猇亭一战中又因为轻视吴国青年将领陆逊,七百里连营被吴军当成烟花爆竹放了。他自己狼狈逃至白帝城,羞愤交集,一病不起,最终死在了那里。

六二,介于石,不终日,贞吉。

象曰:不终日贞吉,以中正也。

【语译】

六二,耿介如石,不用一整天,贞正吉祥。

《象传》说,不用一整天,贞正吉祥,是因为持中守正。

【解读】

"介"是坚固的意思。六二,"介于石",坚固如磐石,意指处逸乐之时,不失分寸,确保节操。"不终日",不是整天处于逸乐之中。"贞吉",持守正道,吉祥。

《象传》说,"不终日贞吉",是因为"以中正也",六二奉行的是"中正"之道,自然是吉利的。六二居下卦中位,又是阴爻居阴位,得正,所以说"以中正也"。这里告诉我们,追求快乐也要适度,要遵循中正之道。

六三,盱豫,悔,迟,有悔。

象曰:盱豫有悔,位不当也。

【语译】

六三,张目仰视于上,趋炎附势于主,必定有后悔;要是悔改太迟,必定又生后悔。

《象传》说,张目仰视于上,趋炎附势于主,必定有后悔,是因为处位不当。

【解读】

"盱"是张目的意思。"盱豫"是献媚、讨好、取悦于别人,以求得快乐的意思。六三,"盱豫,悔",靠媚上来求取欢乐,必定有悔恨,"迟,有悔",要是悔悟太迟,必定又生悔恨。

《象传》说,"盱豫有悔",是因为"位不当也"。豫卦只有九四爻一根阳爻,所以这根爻最为关键,六三爻才要去讨好它,想要靠讨好它而得到欢乐。但是六三爻"位不当也"(阴爻居于阳位叫不当),而且又不中,不中也不正。两爻的爻位又不应,一个是下卦最上爻,一个是上卦最下爻。所以注定六三爻会碰一鼻子灰,最后灰溜溜地无功而返。

对人好要有个限度,太好了极容易被人误认为是讨好和献媚。所谓"礼下于人,必有所求",无利不起早。被讨好者甚至会怀疑你是别有用心,找他借钱或是托他办事,从而对你怀上戒心,这样你就成了寓言《疑邻盗斧》里那个可怜的邻居。不过那邻居还好,斧头一旦找到,误会立刻冰释。你可是"遍体排牙说不得",跳进黄河也洗不清了。

对一般人过分好尚且如此,对领导就更不能了。何况六三爻还不是过分好,本身它就是在讨好和献媚,想取悦九四爻,以获得它的宠信。

我们说,大多数人对于糖衣炮弹是缺乏警惕的,很容易着了道。人性使然,无法可想。但那和小人得势一样,只是暂时现象,而且也有人并不那么容易上钩。不管你是什么企图,一旦真相大白,不但你的所有努力将付诸东流,强烈的羞耻心还可能促使对方向你抡起报复的大棒,结局可是不得了。

媚上取宠是一种很无聊、很冒险的游戏,因为你对游戏没有分毫的操纵能力,随时会被人清理出局。可能你会获得暂时的快乐和利益,但也别忘了你的上级领导绝对不是傻子,就算偶尔鬼迷心窍,总也会清醒过来。就算他一直鬼迷心窍,他身边也还有其他心明眼亮的人。因为不齿于你的行径,他们会自觉结成同盟,让你进行一个人的战争。纸里终归包不住火,你的胜利注定是无望的。

在职场生存,在不同时段,几乎每个人都做过下级。不管上级领导是异性还是同性,相处的明智方式无疑是:公私分明,不卑不亢;经得住诱惑也扛得住打击;绝不和任何领导发生不清不白的暧昧关系,哪怕他在你眼里优秀得天上地下独一无二。最后,还得记住最重要的一点,本职工作一定要做好。

只有靠工作能力和人格魅力赢得别人尊重的人,才有可能成为职场中的胜出者;那种尊重也才是真正的尊重,值得尊重的尊重。

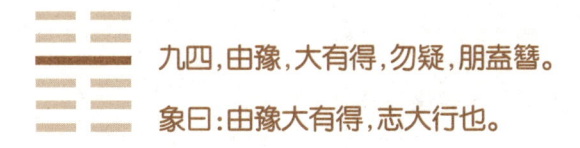

九四,由豫,大有得,勿疑,朋盍簪。

象曰:由豫大有得,志大行也。

【语译】

九四,由此产生愉悦,大有收获。不必迟疑,要像用簪子把头发束在一起那样来聚合朋友。

《象传》说,由此产生愉悦,大有收获,是因为志向可以充分实现。

【解读】

"由"是缘由,"豫"是快乐,连在一起是欢乐的缘由。九四爻是欢乐之源,因为它是唯一的刚爻,是豫卦最重要的爻,是豫卦欢乐的原因和根源。除了乾卦和坤卦,纯阴跟纯阳实际上都是不存在的,那么一卦中就会有阴有阳。豫卦阴多阳少,在这样一个建构中,当然以阳为主。"勿疑",不用迟疑。"朋"本来是同类,但在这里阳爻没有同类,所以"朋"在此指五根阴爻。"盍"通"合","簪"是钗,聚拢头发用的。"盍簪"指五根阴爻聚合起来,与九四会合。九四,"由豫,大有得",大家由于他而获得欢乐,所以大有收获;"勿疑,朋盍簪",不用迟疑,同道朋友会像头发上插簪子一样聚拢起来与他会合。所有阴爻都归附于他,这样男女和合,才是真正的欢乐。可见欢乐最终要阴阳聚合,光有阳与光有阴都是不行的,要大家同乐。正如孟子所说:"独乐乐,与人乐乐,孰乐?曰,不若与人。"

《象传》说,"由豫大有得",是因为"志大行也",有这五根阴爻的聚合、帮助,他的阳刚之志可以大行于天下,就有大欢乐。这根爻给我们两点非常重要的启示:第一,一定要有差异性、唯一性和排他性,这样的工作或事情一定是受人欢迎的,而且一定会成功。第二,光有差异性还不够,还要有与自己不同属性的人的帮忙,跟你聚合,阴阳和合,这样才能最终成功。也就是说,选择职业或者做什么事情的时候,不要去做大家都能做的事情,那是肯定发不了财的,并且做事情要求得与自己不同属性的人心甘情愿的支持。比如说你是阳性的,就需要阴柔来与你聚合;你是阴柔的,就需要阳刚来聚合。"君子和而不同""和实生物,同则不继",这些都是大智慧。

六五,贞疾,恒不死。

象曰:六五贞疾,乘刚也。恒不死,中未亡也。

【语译】

六五,守持正道以预防疾病,就能长久地健康不死。

《象传》说，六五守持正道以预防疾病，是因为凌驾于刚爻之上。能长久健康不死，是因为居中的位置还没有失去。

【解读】

"贞"就是正，守正道、中道。"疾"在这里是防止疾病。六五，"贞疾，恒不死"，就是守持正道以预防疾病，就能长久地健康不死，意思是说能够永恒、永生。

《象传》说，"六五贞疾"，是因为"乘刚也"。六五阴爻乘在刚爻九四的上面，这种情况一般来说是要不得的，这叫"不比"，会有不好的事情发生。所以要守持正道，以防止疾患的发生。为什么说"恒不死"呢？是因为"中未亡也"，他居于中位，走的是中道，所以不会灭亡、死亡。六五爻告诉我们一个人生哲理：要防止疾病、疾患，要有预防意识，要有忧患意识。这根爻讲的其实就是一种"生于忧患，死于安乐"的思想。整个卦是安乐，是豫，这是人生的终极目的。我们每个人来到这个世界上有一个共同点，都是哭着来的，但我们走的时候要笑着走，笑着离开这个世界。这太不容易了，这是福气。所以要想长久地保持安乐的境遇，就不能沉湎于安乐，就要保持防范之心，要预防疾病。《黄帝内经》上说，上等的医生"不治已病治未病"。当然，要想真的"不死"是不可能的，关键是快乐地死才是难能可贵的。

上六，冥豫，成有渝，无咎。

象曰：冥豫在上，何可长也。

【语译】

上六，溺于安乐，如昏冥之象，最终有改变，没有灾祸。

《象传》说，溺于安乐，如昏冥之象，长此以往，必至极点。怎么可能长久呢？

【解读】

"冥"是沉浸的意思。上六，"冥豫"，就是沉浸、沉迷在欢乐之中，逸乐至昏。"成有渝"，上六爻处卦之终，且得位，表示极享逸乐，但乐极生悲，知道了悔改，所以"冥豫"这种状态就会有所改变。"渝"即是改变、变化。"无咎"，如果及时改正，就没有灾祸。

《象传》说："冥豫在上，何可长也。"沉迷于欢乐之中，怎么可能长久呢？这是不可能的，因此不能沉浸在欢乐当中，一定要去改变，如果改变了这种习惯，那么就没有灾祸，否则永远有灾祸潜伏。最后一爻告诫我们不能沉湎于欢乐之中。

> 豫卦告诉我们欢乐的原则在于适中，千万不要过分。比如初六爻不要一开始就自鸣得意，不能快乐得过了头。同时，欢乐始终是和忧患联系在一起的，不要总想着欢乐，不要太过分地去享乐，不能沉湎于欢乐之中，一定要有忧患意识、危机意识。只有"生于忧患"，你才能活着。太安乐了就会早死。只有六五爻"贞疾"，才能"恒不死"。此外，欢乐之源还在于有独特性、差异性，要有阴阳的聚合，只有大家都快乐，才是真正的欢乐。

随卦第十七——择善而从

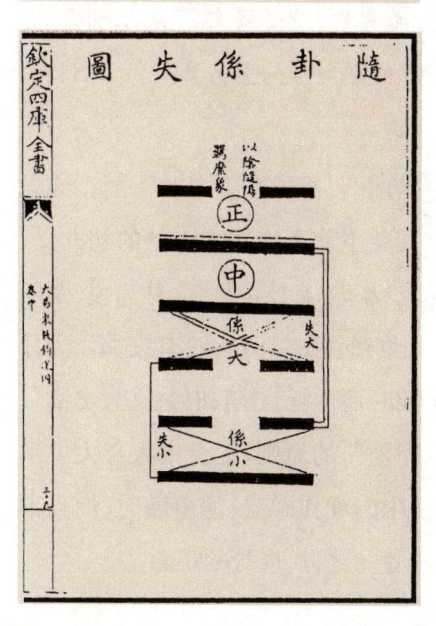

随,元亨,利贞,无咎。

【语译】

随卦,元始亨通,利物贞正,没有灾祸。

【解读】

"随"有随从、随和、顺从的意思。《序卦传》说:"豫必有随,故受之以随。"欢乐之后要懂得随从的道理,所以豫卦之后就是随卦,随卦就是告诉我们该怎样随从,随什么。随时、随势、随人、随心、随天道。从什么?择善而从,从善如流。孔子说,"三人行,必有我师焉,择其善者而从之,其不善者而改之",随卦讲的就是"择其善者而从之"。宋代理学家程颐说,随卦讲了三件事:第一,"唯群所从",即君子被别人所随;第二,"己随于人",即自己随从别人;第三,"临事择所从",即面临大事的时候选择随从什么人。

卦辞说,随卦,"元亨,利贞",一开始就亨通,有利于守持正道,"无咎",没有灾祸。这里高度赞美了"随从"之道,但又强调以"正"相随则无害的观点。随卦所发的"随从"之义,正是集中体现了"从善"的宗旨。

《左传》中记载了这样一个故事:鲁国鲁成公的母亲穆姜与一个大夫通奸,想与其合谋废除她儿子的王位,后来失败了,被打入冷宫。穆姜占了一卦是"艮之随",即艮卦变为随卦，除第二根爻没变，其他爻都变了，变爻超过三根，说明心不诚，一般要看卦辞。史官请卦师解卦，卦师说艮是禁止，随是随从。他要穆姜赶快随别人逃跑，但穆姜认为不能逃，因为她看了随卦的卦辞"随，元亨，利贞，无咎"。她说："我无元亨利贞之德，所以我不能逃，必死于此。"后来果然如此，可见卦德、卦义很重要。《周易》不仅告诉我们什么是吉，什么是凶，更重要的是告诉我们怎么趋吉避凶。随卦的吉利、无咎，只有具备了"元亨利贞"的才德才能获得。孔子对"元亨利贞"的解释是"仁礼义事（信）"，当然穆姜还不知道这个解释，但她知道"元亨利贞"是要走正道，是要有才德，她觉得自己没有走正道、没有德行，最后必然会被杀头。

彖曰：随，刚来而下柔，动而说。随，大亨，贞，无咎，而天下随时。随，时之义大矣哉。

【语译】

《象传》说，阳刚前来甘居阴柔之下，活动而喜悦，就是随卦。大大亨通，贞正，没有灾祸，然后天下万物都随顺时势而运行。随顺时势的意义真是伟大啊！

【解读】

《象传》说，随卦，"刚来而下柔"，刚健主动下来甘居在阴柔的下面。这里是说随卦（䷐）由否卦（䷋）变来，否卦的上九爻主动下来居于下卦的初九爻，前面两根爻都是阴爻。"动而说"，下卦是震卦，震为动；上卦是兑卦，兑为悦，跟随别人行动而喜悦。"随，大亨，贞，无咎"，随卦，大亨通，守持正道，没有灾祸。为什么？因为"天下随时"，天下万物都顺应着天道四时而运行。"随，时之义大矣哉"，随时的意义是非常重要的。《象传》阐明了"相随"的原则，社会中人与人关系中的上随下、下随上、己随人、人随己，日常生活中的朝作晚息、遇事随时，均当不违正道，诚心从善。这里充分体现了《周易》作者的处世、修身的观念。

象曰：泽中有雷，随。君子以向晦入宴息。

【语译】

《象传》说，大泽中有雷蛰伏，这就是随卦之象。君子由此得到启示，要在傍晚的时候进入安静休息的状态。

【解读】

《象传》说，"泽中有雷"，上卦为兑卦，兑为泽，下卦为震卦，震为雷，天寒时，雷入于泽中,随天时休息,这就是随卦之象。君子看到这样的卦象,就要按照随卦之道来"向晦入宴息"。"向"是接近的意思。"晦"是夜晚。"宴息"就是安息、休息。"入"就是入时。这就是说君子按照泽雷随卦的启示,在接近夜晚的时候就要进内室休息。那么,难道小人就不进屋休息了吗?不能这么片面地来看,这里的意思是我们要随时做事,比如白天要自强不息,到入晦的时候就要入室去休息了,这就叫符合天道。"天下随时",天下的万物都是随时间、时势的变化而变化的。平时我们所说的"日出而作,日入而息"也就是指平常心、自然法。困的时候你就睡,饥饿的时候你就吃。有人会说我们都是这样的。错!我们想想是这样的吗?就拿在校读书的学生来说吧,虽然孩子们还小,但他们不一定想吃就能吃,想睡就能睡,因为要考虑一些其他的事情,比如明天要考试了吧,今天晚上睡得好吗?大人更烦,尤其是做生意的大老板,哪一餐是为自己吃的呀?可以说没有一餐是为自己吃的。在饭桌上吃饭喝酒谈生意,那就不是平常心、自然法,不是专心专意地吃饭,没有达到"常"的境界。这就要求我们遵从自然法,不要为其他琐事所困扰,这也是中国古人崇尚的养生之道。

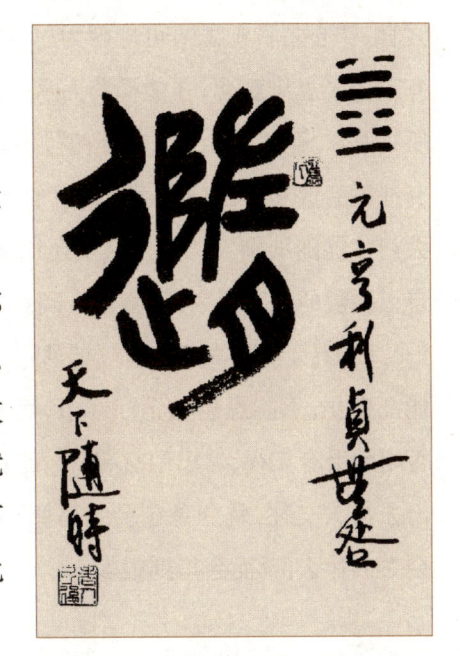

初九,官有渝,贞吉,出门交有功。

象曰:官有渝,从正吉也。出门交有功,不失也。

【语译】

初九,主人有变通,贞正吉祥,出门与人交往会有成功。

《象传》说,主人有变通,随从于正道,吉祥。出门与人交往会有成功,是因为不失其所随。

【解读】

初九,"官有渝",一开始"官"要改变,"官"是什么?官指主人,也可指心之官,"心之官则思",可理解为思维观念。就是说一开始就要改变思维观念。只有改变了思维观念,才能择善而从。初九爻阳爻居在最下的阳位上,表明守正道,所以是"贞吉"。"出门交有功",不是躲在家里,而是要走出去,只要出了门与人交往就会成功。出门和家里有什么区别?家里表示不愿出去随从别人,只有走出大门才能随从别人。另外家里还比喻有私情,自我封闭,自私;走出大门比喻不为自己狭隘的私利所束缚,胸怀开阔。

《象传》说,"官有渝","从正"才能吉。也就是说,思维观念要变化,但不能乱变化,不能想着搞歪门邪道,而是要"择善而从",即走正道,这样才能吉利,否则就会有灾祸。"出门交有功",是因为本着"择善而从"、"见贤思齐"的精神,出去与人交往,就会对自己的品德与能力的提高有很大的帮助,"不失也",这不会失去什么,反而会得到很多。

六二,系小子,失丈夫。

象曰:系小子,弗兼与也。

【语译】

六二,牵系初九之小子,失去六三之丈夫。

《象传》说,牵系初九之小子,就不能兼有六三之丈夫。

【解读】

"系"指结合,系上,比如我们说把鞋带系上。"小子"指小伙子,小人,但在这儿是指男人,指初九爻。在这儿有两根爻与六二相应,分别是初九和九五,两者必须取一个,六二本来应该选择九五,和她的丈夫(九五爻)结合的,但她却选择了初九,与小伙子(初九爻)结合。六二爻选择初九爻,这是阴爻乘阳爻,往往是不吉利的,所以她"失丈夫",失去了丈夫,因小失大。这正如孟子所说:"鱼,我所欲也,熊掌,亦我所欲也。二者不可得兼,舍鱼而取熊掌者也。生,亦我所欲也,义,亦我所欲也。二者不可得兼,舍生而取义者也。"可是这里,她取错了,因小失大了,是捡了芝麻丢了西瓜。

《象传》说,"系小子",是因为"弗兼与也",即不能兼得,她必须在小伙子与丈夫之间选择一个,选择了小伙子,就会失去丈夫,实际上是因小失大了。

六三,系丈夫,失小子,随有求,得,利居贞。

象曰:系丈夫,志舍下也。

【语译】

六三,牵系九四之丈夫,失去六二之小子,追随而有所求,可以得到,利于居安贞正。

《象传》说,牵系九四之丈夫,是因为志在舍弃下位。

【解读】

这里的"系"是比邻的意思,即与相近的九四爻比邻。"小子"也指初九爻。六三,刚好与六二爻相反,六三爻的"丈夫"是谁?是九四爻。"小子"呢?仍然是初九。六三爻和她的丈夫结合,而没有与小伙子结合,这个选择是对的,是捡了西瓜丢了芝麻。本来她处在险位,三爻多凶,位又不正,但因为她很明智,追随的是有为的"丈夫",而不是"小子",所以有所得,有功,有利于安居守正。可见随从的对象太重要了,随从的对象不同,最后的结果也必有不同。跟对领导,和老板或者领导同心同德,这是你笑傲职场最大的本钱。管仲跟了齐桓公,范蠡跟了越王勾践,萧何跟了刘邦,诸葛亮跟了刘备,这才成就了千古君王和一代名相。屈原错跟了楚怀王,伍子胥错跟了吴王夫差,最后都落得个悲惨的下场。这就是六三爻想要告诉我们的道理。

《象传》解释说,为什么"系丈夫,失小子"呢?是因为"志舍下也"。小伙子年轻有活力,但六三爻不为所动,毅然决然地追随自己有为的丈夫,这是很明智的,有利于自己安居守正,渡过险难。

实际上六二爻和六三爻是讲究随哪一个的问题,六二爻跟随了一个小子,而六三爻跟随了一个丈夫,大人随不同的人会有不同的结果。随卦教导我们,尤其是我们这种状态下没有成功的人,应该怎样做,成功者、领导者该怎么做。

在你尚未成功之时,跟对人绝对可以让你少走很多弯路,但要想跟对人,必须要有一定的眼光,你准备要跟的人必须具备四大特点:一、能纵观全局,有一定的远见。二、做事要利落果断,公私分明。三、胸怀宽广,能容人。四、有个人号召力,善于鼓舞人心。

找到了你决定要追随的人,你还要尽量找机会接近他,把自己的才能展现给他看。美国的某家猎头公司曾对1300名管理者进行过调查,结果发现远离总裁和高管的职员,无法或者说很难凭借自身的能力获得晋升。根据这项调查,有68%的管理者提拔了自己"经常看见的职员"。他们会优先提拔那些自己经常遇到并与之进行交流的职员,而不是有能力的职员或是诚实可靠的职员。

并不是只有美国企业存在这种现象,事实上人们优先选择"经常看到的人"是古今中外不变的现象,这是所有工作和生活中最理所当然的事情。经常出现在有权有势者周围的人,会最先受到外界认可、获得好评,并很快取得成功。

有的人想要升迁,可是却又在日常工作中躲避着领导,只会躲在别人看不见的地方哀叹:"为什么领导就看不见我的努力呢?"他们甚至还会故意疏远那些与领导走得很近的同事,认为这些同事奴颜婢膝,像只哈巴狗。

如果不想继续被冷落,现在就开始改变吧,不能再这样继续抱怨下去了。一般来说,任何人都会对与自己相似的人产生好感,喜欢与自己有共同爱好和习惯的人。老板和领导也一样,他们喜欢提拔与自己相像的人并委以重任,喜欢把下级培养成跟自己一样的类型。可以这样说,如果单靠能力和成果就能晋升,那能升职的人会多得数不清。看看你周围吧,没有比自己更有能力、比自己成果更多的人吗?是不是要等到他们一个个升职了以后才轮到你?公司里哪有那么多能让大家都晋升上去的位子?

但如果你一点准备都没有就贸然靠近,那只会品尝到失败的滋味。因为靠得越近,相互之间就越了解。如果你还没有一定的实力,就不要去老板或高层身边转。能被老板看在眼里的人,一定是能把个人利益与公司利益摆在一起,与公司共进退的人。

九四,随有获,贞凶。有孚,在道以明,何咎。

象曰:随有获,其义凶也。有孚在道,明功也。

【语译】

九四,追随而有收获,贞正凶险。以明哲知几的卓识有信誉地走在正道上,会有什么灾祸?

《象传》说,追随而有收获,其卦义主凶。之所以能够有信誉地走在正道上,主要是归功于明哲知几的卓识。

【解读】

"随"有两个意思,追随别人或被别人追随。九四,"随有获",追随别人,一心想着收获。"贞凶"好像是矛盾的,在这里可以理解为,走正道就可以防止凶险。"有孚,在道以明,何咎",是说只要内心诚信或自觉自愿地去追随别人,符合正道,这样就很光明,还会有什么灾祸呢?九四,追随别人(九五爻),一心想着收获,结果大多会有凶险,但如果心怀诚信、符合正道,光明磊落,也不会有什么灾祸。

《象传》说,"随有获,其义凶也",意思是追随别人,想的就是自己能得到什么好处,这在道义上就是不合适的、凶的。"有孚在道,明功也",但如果内心诚信,符合正道,光明磊落地去追随德高望重、有所作为的人,是与他一起干大事的,这样他成功了,自然也有自己的一份功劳。

九五,孚于嘉,吉。

象曰:孚于嘉吉,位正中也。

【语译】

九五,取信于具有美德的人,吉祥。

《象传》说,取信于具有美德的人而吉祥,是因为处在持正守中的位置。

【解读】

"孚",诚信,在这里作动词,守信。"嘉",美好的东西。九五,"孚于嘉,吉",就是守住诚信、美德,随从善者,那样就会大吉。

《象传》说,"孚于嘉吉",是因为"位正中也"。九五爻既中又正,是随卦中最重要的一爻。自己处在尊位,能以中正、诚信的美德去随从别人,这是常人难以做到的,所以大吉大利。

上六,拘系之,乃从维之,王用亨于西山。

象曰:拘系之,上穷也。

【语译】

上六,把他强行拘禁起来,后来又放开他,君王去西山献祭。

《象传》说,把他强行拘禁起来,是因为往上走到了穷尽的地步。

【解读】

有人说这根爻记载了周文王的一段经历。"之"代表上六爻。"拘系之",即束缚在上六爻上。"乃从",于是跟从。"维"是用绳子拴住。"王"指周文王,当时他还不是周文王。"亨"通"享"。"西山"就是陕西岐山。"王用亨于西山",是说周文王到岐山去祭享天地与祖先。商纣王时,商朝已经处于衰亡的时期,民不聊生,民心思变。这时候商朝的诸侯国西周的诸侯王姬昌(后来的周文王)贤明,百姓都愿意跟从他。商纣王害怕他,于是就把姬昌抓起来,囚禁在羑里,后来姬昌被释放,回到西周。西周的百姓,乃至商朝都城的百姓,反而更加愿意追随他。姬昌于是决心讨伐商纣王,曾在西山设出师祭祀之礼。他去世以后,他的儿子姬发即后来的周武王,约于公元前1046年在牧野之战中消灭了商纣王,建立了西周。

《象传》说,"拘系之",是因为"上穷也"。老百姓愿意追随姬昌,是因为商纣王已经走到尽头了,已经失去民心了。自古以来是得民心者得天下。老百姓愿意跟从你,说明你已大得民心,你不可能不称王天下。这也告诉我们一个道理,只要把人心牢牢地控制住,把民心巩固住,没有什么事是做不成的。"王用亨于西山",符合祖先之道,是凝聚民心的一种手段。

总的来说,整个随卦讲怎么样随时、随势、随人、随心、随天道。怎么随天道?就是顺应自然规律办事,比如到晚上了,那你就回屋里睡觉去,现在是白天,那你就去做事情,"日出而作,日入而息",就这么简单,也就是平平常常、自自然然,但这实在是一个大法则。现在就是有很多人不遵守,通宵达旦地玩或工作,愈晚愈兴奋,殊不知这是违反天道啊。年轻的时候不要紧,年纪稍大各种毛病就来了。这叫做年轻时用健康换钱,年老时用钱换健康。这是不随天道啊。《黄帝内经》上讲,"秋冬养阴,春夏养阳",要符合天时,虽然简单但符合天道。随了天道也就随时、随势了。那怎么随人、随人心呢?就是要选择一个值得随从的人,要随丈夫,随大人。怎么才能随大人呢?要安居守正,而且要从内心非常诚信地去信服他,真正地去随从,甚至以他的思想为信仰。

蛊卦第十八——解除困惑

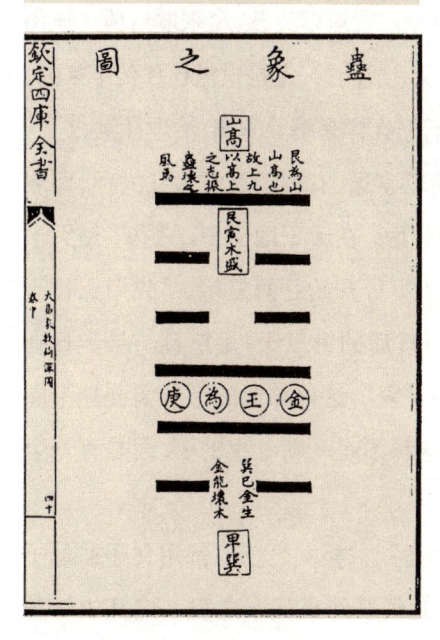

蛊,元亨,利涉大川。先甲三日,后甲三日。

【语译】

蛊卦,元始亨通,利于涉渡大河。甲日之前三天,甲日之后三天。

【解读】

"蛊"的本义是器皿中的食物腐败生虫,引申为蛊惑、迷惑、诱惑。《序卦传》说:"以喜随人者必有事,故受之以蛊。蛊者,事也。"为获得喜悦而追随别人,必然会出事,所以随卦之后就是蛊卦。"蛊"是生事的意思。我们来看蛊卦,上卦是艮,艮在家庭中为少男,下卦是巽,巽为长女。年纪小的男人被年纪大的女人所迷惑,然后颠三倒四,被蛊惑了,这个男人就萎靡不振了,于是乎出现了"蛊"的病情。

"蛊"这个病我们应该怎么来治?我们先来看一个《左传》记载的非常有名的故事:晋侯有疾,求医于秦。秦伯派医和去诊治,医和诊断后对晋侯说:"是谓近女色,疾如蛊。非鬼非食,惑以丧志。良臣将死,天命不佑。"于是劝诫晋侯要节制女色,因为"女,阳物而晦时,淫则生内热惑蛊之疾"。后来赵孟问医和:"何为蛊?"医和对曰:"淫溺惑乱之所生也。于文,皿虫为蛊。谷之飞亦为蛊,在

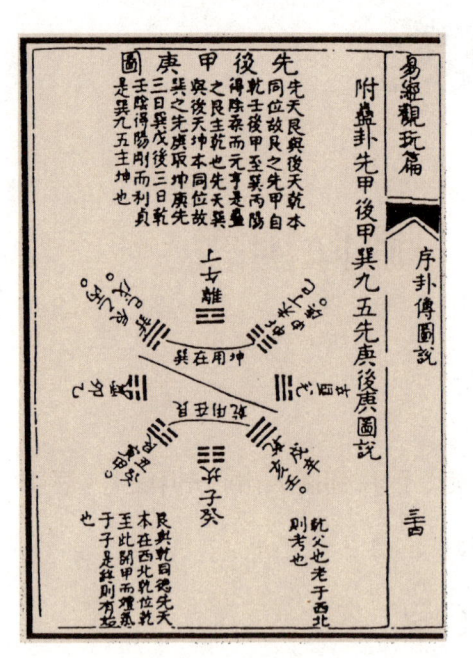

《周易》，女惑男，风落山，谓之蛊，皆同物也。"这是有关蛊病的故事。此病非药可治，而是要改变生活方式。

苏东坡写有一本解释《周易》的书，叫《东坡易传》，书中说："器久不用而虫生之，谓之蛊。"繁体字"蠱"是三个虫下边有一个器皿，也就是杯或碗等器皿长久不用长出虫子来了。"人久宴溺而疾生之，谓之蛊"，人长久地荒淫无道，沉湎于酒肉声色中，就有病了，这个病也叫做"蛊"。《东坡易传》中还有"天下久安，无为而弊生之谓之蛊"，"无为"指没有任何作为，安于现状不思改变，这样的天下就会滋生出一些弊端，就需要改革。《东坡易传》还指出，"蛊之为灾，非一日之故也"，蛊不是一朝一夕造成的，一定是世世代代传下来的，所以蛊卦的卦爻辞大多以父子为比喻，告诉我们怎么样来解除弊端，治理乱世。

卦辞说，蛊卦，"元亨，利涉大川"，一开始就亨通，有利于渡过大江大河，即艰难险阻。"先甲三日，后甲三日"，这是什么意思呢？在天干地支中，"甲"是天干中的第一个，甲日既是开始又是结束，也就是从甲日开始终而复始。"先甲三日"，是甲日前的第三天，即辛日；"后甲三日"，是甲日后的第三天，是丁日。从辛日到丁日一共七天，七天即是一个周期。这里说明"蛊"这种弊端的形成需要一个周期，而解除这种蛊惑的局面也需要一个周期，这都不是一朝一夕的事，而是有一个漫长的过程。

我们看整个爻辞，"干父之蛊"、"干母之蛊"、"裕父之蛊"都用父子或母子作比喻。初六爻是儿子还是父亲？是儿子。儿子要纠正父亲之蛊。这几根爻辞的主语都是儿子，儿子有意继承先辈的成就，就要纠正先辈的过错。大家注意到没有，谁跟你争得越激烈，说明与你越亲近，这叫"爱之深，恨之切"。当然，纠正先辈的过错时要注意方式方法。

彖曰：蛊，刚上而柔下，巽而止，蛊。蛊，元亨，而天下治也。利涉大川，往有事也。先甲三日，后甲三日，终则有始，天行也。

【语译】

《象传》说，蛊卦，阳刚居上而阴柔处下，顺应时势且适可而止，就是蛊卦。蛊卦，元始亨通，因而天下大治。利于涉渡大河，说明前往有事可为。甲日之前三天，甲日之后三天，表示终结之后又有新的开始，这就是天道的运行法则。

【解读】

《象传》说，蛊卦，"刚上而柔下"，指最上一根爻是刚爻，最下一根爻是柔爻，这实际上是卦变的结果，蛊卦（☶）从泰卦（☷）变来，泰卦最下面的刚爻上升到了蛊卦的最上一爻成为上九爻。"巽而止"，下卦为巽卦，就是顺应的意思，上卦为艮卦，艮为止，就是顺应时势，适可而停止。"蛊，元亨，而天下治也"，蛊卦，改革弊端，深得民心，一开始就亨通，经过了纠正，解除了蛊惑，天下重新恢复了往日的清明，国泰民安，天下大治。"利涉大川，往有事也"，继续前进的话是能建功立业的，是会大有作为的。"先甲三日，后甲三日，终则有始，天行也"，终而复始，万事从甲开始，一个周期过了，下个周期又开始了，这就是天道。"天行"即天道的运行。那么，我们在什么情况下用蛊卦之道办事？就是面临困惑的时候，尤其是面临重大抉择的时候，想不通的时候，而且这种困惑老是想不通，已经很长时间了，这需要按蛊卦之道来解决。

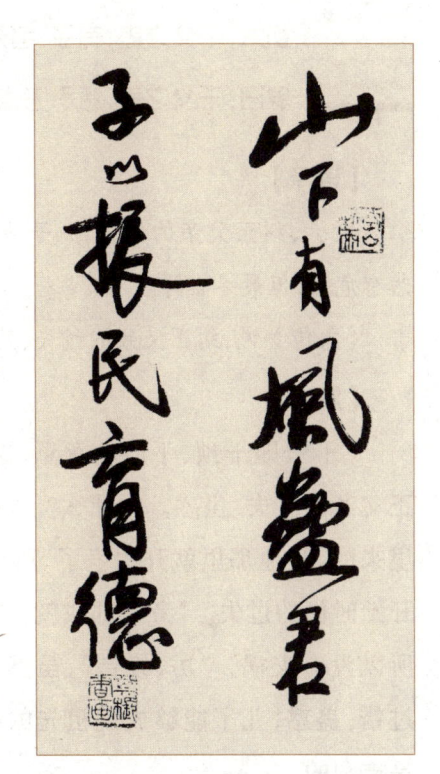

象曰：山下有风，蛊。君子以振民育德。

【语译】

《象传》说，山下有风吹拂，这就是蛊卦之象。君子由此得到启示，要振奋民心，培育道德。

【解读】

《象传》说，"山下有风"，上卦是艮卦，艮为山，下面是巽卦，巽为风，山下有风，就是蛊卦之象。为什么山下有风是蛊呢？因为风在山下，而不是刮在山上，被山挡住了,那么久而久之,万事万物得不到风的滋养,就不舒畅了,就一定被蛊坏了。君子看到这样的卦象,就要按照蛊卦之道来"振民育德",即教化百姓,培育美德。因为百姓现在是被蛊惑了,美德之风吹不进来,要把美德之风吹进去,改变那种蛊惑、淫乱的局面。

初六,干父之蛊,有子,考无咎,厉,终吉。

象曰:干父之蛊,意承考也。

【语译】

初六,纠正父亲的过失,儿子能够成就祖先的事业,所以没有灾祸,这样做虽然有危险,但最终吉祥。

《象传》说,纠正父亲的过失,是因为儿子有意继承先考的事业。

【解读】

"干",即干预、干涉的意思,这里比喻纠正。初六,"干父之蛊",就是纠正父亲的过失、蛊惑。为什么?苏东坡不是解释过了吗,这种蛊惑是从父亲那里来的,从他那里就开始蛊了,所以要纠正父亲的过失,也就是一定要纠正一开始时候的过失。"考",即成就。"有子,考无咎",儿子能够成就祖先的事业,所以没有灾祸。"厉,终吉",虽然有凶险,终究是吉利的。初六,纠正父亲的过错、蛊惑,儿子能够成就祖先的事业,所以没有灾祸。虽然有凶险,但终究是吉利的。

当你们想不通的时候,我告诉你们一个办法,是很有效的。我就用这种方法解决了实实在在的一件事。有一次我遇到一个人,他在某公司里干,一天晚上同他老板言辞非常激烈地大吵了一通,第二天上午跑到我这里来说他的困惑。他说马上要过元旦了,他要到丽江玉龙雪山上静坐,想想怎么样解除困惑。我跟他一说,他就说他不去丽江了,因为他已经解除困惑了。我是怎么跟他说的呢?我说,你的根本原因在哪里?表面上看你和老板的做法、理念等不一样,实际上你已经困惑很久了。最核心的东西要从本源上去找,其实你做的事情与你的终极目标是不相符的,所以你跟老板吵。最重要的是你自己心中想要做什么事。最后他决定自己开一家公司,就做这件事,然后他很愉快地走了。"干父之蛊"就是这个意思,一定要找最早的过失。人都是奔着终极去的,我做这件事情,赚钱我高兴,不赚钱我也高兴;有所失我高兴,有所得我更高兴,为什么?我是奔着这件事去的,这是最重要的,如果一开始就错了,那就是"父之蛊"。

《象传》说:"干父之蛊,意承考也。""承"是继承,"考"是成就,"意承考"就是指儿子有意继承先辈的成就,要纠正先辈的过错。

九二,干母之蛊,不可贞。

象曰:干母之蛊,得中道也。

【语译】

九二,纠正母亲的过失,不要贞正。

《象传》说,纠正母亲的过失,得符合中庸之道。

【解读】

"贞",在这里不可解释为正,应理解为固执。九二,"干母之蛊,不可贞",纠正母亲的过失要好好地去纠正,不要强行,不要太执著、太固执。为什么呢?二爻位是阴位,就是要阴柔一些,九二是阳刚之爻,居于阴位,所以不要强硬、太固执。

《象传》说:"干母之蛊,得中道也。"九二爻在纠正先辈的过错时能够不过于强硬,不太固执,是因为他采取了中庸之道。

九三,干父之蛊,小有悔,无大咎。

象曰:干父之蛊,终无咎也。

【语译】

九三,纠正父亲的过失,有小的后悔,没有大的灾祸。

《象传》说,纠正父亲的过失,最终是没有灾祸的。

【解读】

九三,"干父之蛊",纠正父辈的过错,"小有悔",难免会有小小的遗憾,但"无大咎",没有大的灾祸。纠正父辈的过错,为什么会有小小的遗憾?因为以下正上,会有艰难,但要知难而进。韩愈曾写了一首诗:"一封朝奏九重天,夕贬潮阳路八千。欲为圣朝除弊政,肯将衰朽惜残年。"它可以看成是对这一爻的诠释。还可以说,九三爻居于下卦的最上一爻,是阳爻居阳位,纠正得太过了,矫枉过正,会有小小的遗憾。

《象传》说，"干父之蛊"，因为是改革弊政，拨乱反正，目的是好的，一定会得到大众的拥护，尽管过程会不太顺利，但"终无咎也"，结局肯定不会有灾祸。

六四，裕父之蛊，往见吝。
象曰：裕父之蛊，往未得也。

【语译】

六四，宽容父亲的过失，往下继续发展就见到遗憾了。

《象传》说，宽容父亲的过失，往下继续发展不会得到收获。

【解读】

"裕"，即宽容。六四，"裕父之蛊"，宽容父亲的过错，"往见吝"，继续前进的话就有遗憾了，意思就是不能再宽容了。

《象传》说："裕父之蛊，往未得也。"意思是说，对父亲以前的过失过错，不能再宽容了。否则，继续下去，就会出现无法挽回的局面，到时候就会一无所得。这也说明纠正流毒、弊端的艰巨性、必要性与紧迫性。

六五，干父之蛊，用誉。
象曰：干父用誉，承以德也。

【语译】

六五，纠正父亲的过失，得到赞誉。

《象传》说，纠正父亲的过失，得到赞誉，是因为以道德来继承父业。

【解读】

六五，"干父之蛊"，纠正父辈的过错，"用誉"，会受到称赞。

《象传》说："干父用誉，承以德也。"六五，从正面说明儿子纠正父亲的过错、弊端的必要性和正确性，但他既革除了先辈的弊端，又继承了先辈的美德，并且纠正的方式是柔中带刚，符合中庸之道，六五的行为获得了赞誉。六五爻是阴柔之爻，居于中位、阳刚之位上，所以是柔中带刚，符合中庸之道。

此卦有三爻都提到了"干父之蛊"，初六的干父之蛊，九二的干母之蛊，九三的干父之蛊，六五的干父之蛊，都是对父母而言的，有什么不同呢？

初六的干父之蛊是一开始就要纠正父亲的过错,但不可太过,因为初六是阴爻,所以纠正的时候要柔顺些。九二的干母之蛊是你有能力去纠正了,但纠正时不要太固执,居阴位时也要柔顺一些。九三爻居于下卦最上一爻,又是刚爻居于阳位,所以纠正太过了,会有小小的后悔,但不会有大的灾祸。六五的干父之蛊,则是柔中带刚的,阴爻居于阳位,所以需要柔中带刚。

要纠正长辈或者领导的过错,肯定要讲究一定的策略,这个策略就是刚柔相济。因为领导和长辈毕竟不同于晚辈和下属,肯定会顾及自己的颜面。这时我们就应该尽量保存他们的颜面,不让他们产生逆反或抵触心理。这对他们改正错误作用很大。另外,原则问题上一定要"刚",必须针锋相对,不让他们产生逃避心理。这样他们才会及时、完全地改正错误。

上九,不事王侯,高尚其事。

象曰:不事王侯,志可则也。

【语译】

上九,不去侍奉王侯,视自己的事业为高尚。

《象传》说,不去侍奉王侯,他的志向值得效法。

【解读】

前面五根爻都说要纠正父辈的过错、弊政,纠正之后肯定就能成就先辈祖业了,但上九爻却"不事王侯,高尚其事"。为什么不去做王侯,却想隐退而逍遥物外,还觉得自己非常高尚呢?因为上九爻已处于一卦的最高位,已经走到头了,到头了就不要再做这件事了,这个事情已经到了一个阶段,这个阶段到达了顶点的时候就一定要转向。《周易》讲求"变",上九爻到头了,说明纠正父辈的过错已经结束了,不能再纠正了,否则就是太矫枉过正了,就会出现另一种的"蛊"。所以要隐退,要逍遥物外,这样才能吉。

《象传》说,"不事王侯,志可则也",这种志向是可以效法的。到了上九爻,自己本来可以去做王侯了,或者可以去从事王侯的事业,但不去做,因为把以前的过错都纠正了,就想着去归隐,去超然物外,这种志向是非常高尚的,因为功成身退,天之道也。

蛊卦告诉我们，蛊惑的形成是一个漫长的过程，我们要消除蛊惑、拨乱反正，也需要一个漫长的过程，所以在不同时位要采用不同的方式方法。我们看整个爻辞，初六的"干父之蛊"，是一开始就要纠正父亲的过错，但不可太过，因为初六是阴爻，所以纠正的时候要柔顺些；九二的"干母之蛊"，是说你有能力去纠正了，但纠正时不要太固执，居阴位就要阴柔一些；九三的"干父之蛊"，是阳爻居阳位，纠正得太过了，会小有悔，但不会有大的灾祸；六五的"干父之蛊"，是柔中带刚地纠正父亲的过错，柔爻居于刚位上，所以柔中带刚，这种方式获得了赞誉。然后到头了就不能继续往前，而是要逍遥物外，只有这样才能进入第十九卦临卦——君临天下。

临卦第十九——领导艺术

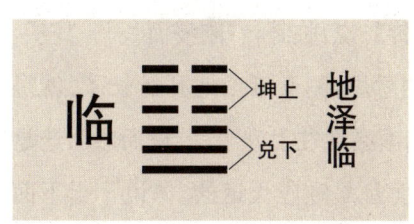

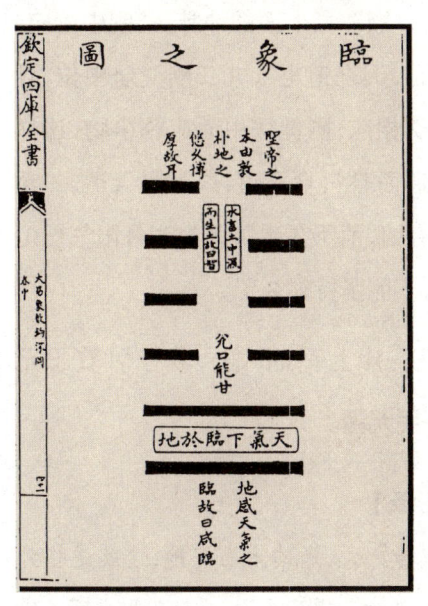

临，元亨利贞。至于八月有凶。

【语译】

临卦，元始亨通，利物贞正。到了八月将有凶祸。

【解读】

"临"的本义是居上视下，引申为监督、领导、统治等意。《序卦传》说："有事而后可大，故受之以临。临者，大也。"有了前人的蛊惑之事，然后后人进行整治、纠正，当然就可以成就大业，所以蛊卦之后就是临卦。临卦就是大的意思。临卦讲的是领导的艺术，怎么管人、管事、管物，怎样带领群众取得事业的成功。

卦辞说，临卦，"元亨利贞，至于八月有凶"，一开头就亨通，有利于守持正道，但是到了八月份就有凶险了。临卦是十二消息卦之一，十二消息卦为复、临、泰、大壮、夬、乾、姤、遁、否、观、剥、坤，分别代表阴历的十二个月份。临卦即代表十二月，再过八个月是观卦，跟临卦恰好相对，临卦是阳气上升，观卦是阴气上升，因此有凶。

彖曰：临，刚浸而长，说而顺，刚中而应，大亨以正，天之道也。至于八月有凶，消不久也。

【语译】

《象传》说，临卦，阳刚渐渐地开始往上升了，喜悦而柔顺。九二刚爻居中位，且与六五爻相应，刚健居中而应临事物，大大的亨通而且符合正道，这就是天道。到了八月就有凶险了，因为八月阳气已走向衰落，不能坚持很久了。

【解读】

《象传》说，临卦，"刚浸而长"，"浸"是渐渐的意思，刚爻渐渐地开始长了，就是阳气开始渐渐地往上升了。"说而顺"，这是喜悦的，而且是顺应天道的。"说"指下面的兑卦，"顺"指上面的坤卦。"刚中而应，大亨以正，天之道也"，九二刚爻居中位，且与六五爻相应，刚健居中而应临事物，这样就会亨通而且符合正道，这就是天道。"至于八月有凶，消不久也"，因为八月阳气已走向衰落，不能坚持很久了。

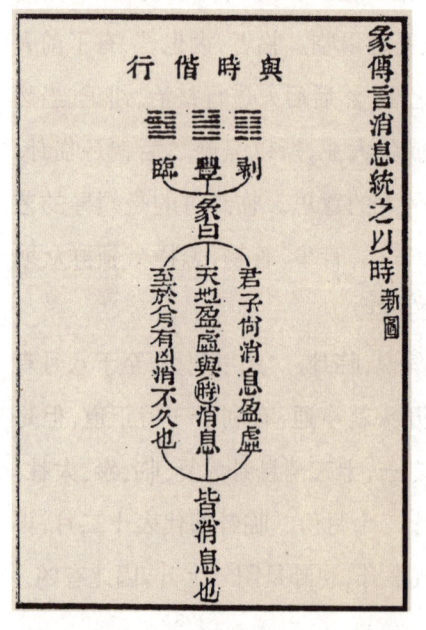

象曰：泽上有地，临。君子以教思无穷，容保民无疆。

【语译】

《象传》说，泽的上面有地，这就是临卦之象。君子由此得到启示，要教化思虑而不穷止，容纳保护民众没有止境。

【解读】

《象传》说，"泽上有地"，上卦为坤，坤为地，下卦为兑，兑为泽，"泽"是低，"地"是高，泽的上面有地，就像大地在君临着、看着下面的泽水，这就是临卦之象。君子看到这样的卦象，就要按照临卦之道来"教思无穷，容保民无疆"。"教"是教化。"思"即思念，这里指关心。"容保"

就是容纳保护。"无疆"即没有止境。意思是说，君子要尽自己的所有心力来教化关心百姓，容纳保护民众没有止境。临卦告诉我们，领导者对下面的被领导者要充满关爱，要"容"，这里指宽容，还要保护他们。

初九，咸临，贞吉。

象曰：咸临贞吉，志行正也。

【语译】

初九，感应地去领导，贞正吉祥。

《象传》说，感应地去领导，贞正吉祥，是因为志向与行为端正。

【解读】

"咸"可以理解为感动、感应。初九，"咸临"，要感应地去临，感应地去领导，"贞吉"，守持正道就能够吉利。初九，此时阳刚渐长，跟六四爻感应，处于这一时位的领导者一开始就要跟下民感应，取得老百姓和被领导者的呼应。六四爻可理解为下属中比较柔弱者或一般群众，领导者处于初九这一时位时要与一般的群众感应。

《象传》解释说，"咸临贞吉"，是因为"志行正也"。"志"指领导之志，一定要行得正。初九刚好是阳爻居阳位，所以为正，意思是初九这样的领导者一般是得位的，有的领导者才华不够，但是被推到领导的位子上，那就叫做不正。而在这里是正，刚好这种人就适合当一把手，所以能与被领导者相呼应，就是大吉。

九二，咸临，吉，无不利。

象曰：咸临，吉无不利，未顺命也。

【语译】

九二，感应地去临近，去领导，吉祥，无所不利。

《象传》说，感应地去临近，去领导，无所不利，是因为它不是靠顺从命令而做到的。

【解读】

"咸"也是感，这里也强调感，"咸临"即要感应地去临近，去领导。九二爻是跟六五爻感应，六五与六四虽然都是阴爻，但有所不同，六五居最尊之位，是尊者、智者，而六四可理解为下属中比较柔弱者。跟六五爻感应也就是指要跟尊者和智者感应，这一点非常重要，只有这种感应才是大吉大利的。这就是说，领导者在初九的位置上要与一般的群众相感应，但还不够，到了九二这个时候，一定要取得百姓当中有才华的人，也就是那些智者、尊者的感应，有了他们的支持，就容易领导了，就吉而无不利了。

《象传》解释说，"咸临，吉无不利"，是因为"未顺命也"。"未顺命也"的字面意思为九二爻不顺从六五爻的君王之命，而是互相感应。听从命令是被迫的，不是心甘情愿的，而感应是自觉自愿的，因为九二爻是刚德居中，这种领导者既有刚健的品德、才能，又能行中道，所以自己有主见，不必一切唯尊者之命是听。正如将在外，君命有所不受，这样反而有利于将帅根据当时的情况，迅速采取措施，保证战局向有利的方向转化。

六三，甘临，无攸利。既忧之，无咎。

象曰：甘临，位不当也。既忧之，咎不长也。

【语译】

六三，以甜言蜜语去领导，没有什么好处。已经有了忧惧，就没有灾祸了。

《象传》说，以甜言蜜语去领导，是因为居位不当。已经有了忧惧，灾祸就不会长久了。

【解读】

"甘"即甜，就是甜言蜜语。六三，"甘临"，就是用花言巧语去领导。六三爻为下卦的最上一爻，处于这种位置的领导者如果去"甘临"，"无攸利"，那是没有什么好处的，所以"既忧之，无咎"，要是已经有了忧惧、改过之心，那就没有灾祸了。

《象传》说，"甘临"，是因为"位不当也"。六三这个时候处于第一阶段的最高位了，这种领导者是阴爻居刚位，意思是才华不够，不适合这个位置，但他又想保住自己的位子，正当途径不行，怎么办？只好采取不正当的手段，用甜言蜜语、花言巧语去收买民心。这样做是不能长久的，不会有好的结局的。所以，如果他能"忧之"，有了忧患意识，意识到自己的才能不够，于是放弃那种甜言蜜语、花言巧语的手段，而去改过自新，努力提高自己的能力，勤勉进取，这样的话，就"咎不长也"，灾祸不会长久，即可以避免灾祸。

六四，至临，无咎。

象曰：至临无咎，位当也。

【语译】

六四，直接面对群众，没有灾祸。

《象传》说，直接面对群众，没有灾祸，是因为处位得当。

【解读】

从初九的咸临，九二的咸临，六三的甘临，到第二个阶段六四的"至临"，"至"即达到极点，这里是指十分亲近群众。六四是上卦的最下一爻，即这种领导者已进入上卦，是第二个阶段的领导了。六四，下面三根爻可以看成是他的群众，居于第四爻的领导者与下面的群众最接近，可理解为十分亲近群众，那是"无咎"的，即不会有灾祸。

《象传》说，"至临无咎"，是因为其"位当也"。其位正是柔爻居柔位，又跟初九相呼应。这种领导者是柔性的，在领导风格上更多地考虑情感关系，十分亲近百姓，适合放在与百姓最贴近的位置上，比如管理人力资源，在班上当生活委员，等等。

六五，知临，大君之宜，吉。

象曰：大君之宜，行中之谓也。

【语译】

六五，以智慧临天下，这是伟大君主的合宜表现，吉祥。

《象传》说，伟大君主的合宜表现，所说的也就是奉行中道。

【解读】

"知"通"智"。"知临"，意思就是靠智慧做领导。六五这个领导的位置是最高的，这种领导一定要用智慧来管理。智慧固然重要，但德行更重要，小胜靠智，大胜靠德。"大君之宜"的"宜"即指德，大君王应该去做的事情就是要符合仁德。也就是说，处于这个位置的领导既要有智也要有德，这样才能大吉。

《象传》解释说："大君之宜，行中之谓也。"大君王做事情行的是中道，他具有中庸之道、中正之德。六五爻居于中位，跟九二爻相应，九二是个刚健的大臣，六五是个柔顺的人，如何才能管住刚健的大臣呢？这就要用智慧而且要用德行。

上六，敦临，吉，无咎。

象曰：敦临之吉，志在内也。

【语译】

上六,敦厚相临,吉祥,没有灾祸。

《象传》说,敦厚相临的吉祥,是因为志向发自内心。

【解读】

本来到了上六或上九,就到了最高位,往往是太过了,而这里是"吉,无咎",因为他"敦临"。"敦临"就是敦厚、温柔地领导。上六,这种领导者才华不是很够,又在这么高的位置上,所以一定要敦厚、温柔、仁慈,要有爱,用爱来管理。"敦临"应该看成是管理的一种本质。领导的本质就是爱,最伟大的爱是母爱,上六的爱就是母爱。母爱有三个百分之百,第一是百分之百的宽容,第二是百分之百的奉献,第三是百分之百的责任。上六具有这样的美德,所以是大吉。

《象传》解释说,"敦临之吉",是因为"志在内也"。"志在内",意思是这种敦厚、温柔、仁慈的志向是发自内心的,这种领导虽然才华不够,但是有了百分之百的爱,照样是"吉,无咎"。

中国素有重视德行的传统。儒家经典《周礼》中有"敏德以为行本"之说。《诗经》里也有"高山仰止,景行行止"的诗句,比喻对道德高尚、光明正大者的敬仰、仿效。孔子在《论语》中也说:"如有周公之才之美,使骄且吝,其余不足观也。"即使有周公那样的才能和美好的资质,只要一染上骄傲吝啬的毛病,其余的一切也就不值一提了。这其中,才能、资质属于才的方面,骄傲、吝啬属于德的方面。也就是说,如果一个人才高八斗而德行不好,那么也是微不足道的,只有德才兼备才是完美的人。如果二者不可兼得,德是熊掌,才是鱼。圣人一定会是舍鱼而取熊掌,舍才而取德。

从临卦我们可以得到这样的启示:在不同的位置、具有不同才华的领导者要有不同的领导艺术。从本质上说,领导者可以分成阴阳两类。阴柔型领导者,在卦中是指六三爻到上六爻,才华不够,决策不果断,就要多贴近群众,多亲近下属,要有智慧,又要符合道义,要温柔敦厚,多付出一些爱心,所以在临卦中用了"知临"、"敦临"这样一些词。阳刚型领导者,在卦中是初九爻和九二爻,是有才华的刚性之人,性格刚健,就要"咸临",要感应别人而去领导,当然也要用心去做。初九爻感应的人是一般大众,而九二爻感应的人是智者、尊者,所以又有不同的领导方式。

观卦第二十——观察之道

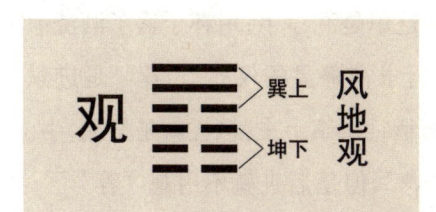

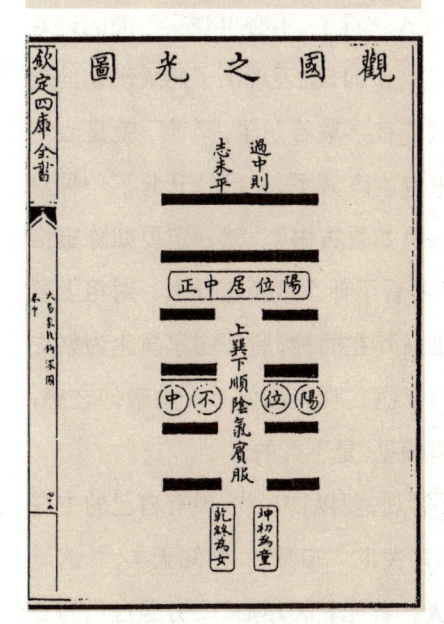

观,盥而不荐,有孚颙若。

【语译】

观卦,洗净双手,还没陈放祭品,就已经有了信而仰之、肃然起敬的状态。

【解读】

"观"的意思是观察、观看,繁体字写作"觀",《说文解字》上说是"谛视也,从见,雚声","雚"表示声音,"见"表示含义,是个形声字。《序卦传》说:"物大然后可观,故受之以观。"所以临卦之后就是观卦。这个"观"字特别重要,它具有方法论的意义。"观"指各种观察对象和观察方法,包括宏观、微观、上观、下观、观物、观人、观事,最重要的是观心。邵雍写的《皇极经世书》就分为两部分,一部分叫《观物内篇》,一部分叫《观物外篇》,这个观物不是用眼睛来看(以目观物),而是用心在看(以心观物),最后连心都没有了,是要用物来看(以物观物),彻底和它融合为一体。

观这个卦告诉我们怎么样正确地去理解、观察外物,怎么才能将主观与客观的东西相融合。它教给我们一种方法,所以这一卦特别重要。大家想一想,"卦"不就是观出来的吗?谁观出来的呢?是我们的祖先伏羲。"古者包牺(伏羲)氏

之王天下也,仰则观象于天,俯则观法于地,观鸟兽之文与地之宜,近取诸身,远取诸物,于是始作八卦",可见卦象都是观出来的。

那么这个卦教我们怎么观呢? 从卦辞中我们可以看出,观察外物一定要"颙若",心中要有敬仰之感。这里提到了"盥"和"荐"两种祭祀的礼仪。"盥"是把酒浇在地上,盥字的下面是器皿,上面是水,有洗手的意思,但在这里是洗净手,用杯子盛了酒浇灌到地上进行求神降灵的仪式。"荐"是进献的意思,古代的祭祀是先把酒洒在地上,然后把牺牲供奉上去,牺牲就是祭品,牛、羊、豕为牺牲。这个观卦是先观"盥",后观"荐",但是后来就不用观"荐"了,"盥而不荐",一开始观察了净手、用酒浇地的仪式就行了,不必再观察下面的进奉祭品的仪式。为什么? 因为主祭人在"盥"这一步时,就表现出了感天动地的虔诚的样子,臣民们观了"盥"后,受其感化,就"有孚颙若"了。"孚"就是心中的诚信,"颙若"就是敬仰、仰视的样子,心中也就虔诚了,并已经升起了一种对天地神明的敬仰之感了。我们现在观察古人,例如看古书吧,就一定要如陈寅恪所说,与古人处于同一境界,要有敬仰之感,不要看了什么就否定什么。对祖上要有敬畏之心。这里的祭祀主要是祭祖,然后是祭外在的神,后来儒家演化为祭先祖。无论祭什么,心中都要有敬仰之感。观事、观物、观人都要有一种敬仰之感,不要轻易地去否定什么,瞧不起什么,那样会有偏见,是不行的。

观卦教给我们一种观的方法,就是一定要客观,要以物观物,没有自己的主观意见。《孟子·尽心上》中就说:"尽其心者,知其性也。知其性,则知天矣。"这是三个过程,先要尽心才能知性,知了性才能知天。首先就要尽心,要穷尽自己的心智。这一篇有一句很有名的话,就是"孔子登东山而小鲁,登泰山而小天下",这里的"小"是意动用法:登上了东山(沂蒙山)观鲁国,觉得鲁国太小了;登上了泰山观天下,觉得天下太小了。孟子还说"故观于海者难为水",观到了海的人再去观水就觉得水不值得一观了。接着又说"观水有术,必观其澜",观水是有方法的,一定要观看它的波澜,波澜有什么特征、动态。这个观是要动态地观,除了要观察它的形态变化之外,还要观察它的宏大。从观察者来说,一是要有变化的心,要用动态的方法来观;二是要有宽广的胸怀,用宽广的视野来观,这样就不偏了。所以,只要认真观了这个以酒洒地的礼,心中就能升起一种敬仰之感。

彖曰:大观在上,顺而巽,中正以观天下。观,盥而不荐,有孚颙若,下观而化也。观天之神道而四时不忒,圣人以神道设教而天下服矣。

【语译】

《彖传》说,大观的时候要柔顺而谦虚,用守中持正的心来观望天下。洗净双手,还没陈放祭品,就已经有了信而仰之、肃然起敬的状态,下面的臣民观看时即受到感化。观察天道的神妙莫测,就会发现春夏秋冬四时运转不差,圣人们就用这种神妙莫测的天道来教化天下百姓,天下百姓都会信服。

【解读】

《彖传》说,"大观在上","观"分大观和小观,观大海是大观,观一般的河水是小观,这里的"大观"是指观看重大的祭祀活动。若是"大观",观看的东西就一定是高高在上的,在上就要仰视,在这里指要有敬仰之心。"顺而巽",下卦是坤,坤为顺;上卦为巽,巽为谦逊,"大观"的时候要柔顺而谦逊。"中正以观天下",受到了"大观"的感化,就会用中正的心来观望天下。同时,观天下还可以解释为使天下人观,就是让天下的老百姓都用中正之心来观察外物,观人观事。"观,盥而不荐,有孚颙若,下观而化也",一开始观察了净手、用酒浇地的仪式就行了,不必再观察下面的进奉祭品的仪式,心中已有了诚信,并已经升起了一种对天地神明的敬仰之感,因为在下面观看的臣民们都受其感化了。"观天之神道而四时不忒,圣人以神道设教而天下服矣",观察了上天那种神妙莫测的大道,就会发现春夏秋冬四时是不错乱的,是永恒的,圣人们于是就用这种神妙莫测的天道来教化天下百姓,天下百姓都会信服。

人观了天文、天道之后要来"神道设教",这里的"神"是动词,意思是说使这个道有神灵,所以就设了一个教,这个词一般被用来解释宗教是怎么产生的,宗教就是使这个道变成一个外在的神,所以一切宗教都有一个外在的神。这是后来人的一种理解,是有一定的偏颇的,这个道不一定非要把它变成一个外在的神,这个神可以理解为不是外在的神,而是一种神妙的自然物。"教"也不是宗教化,而是教化,把它变成一种内在的教化,而不是一个外在的神,是让"道"这个大规律为人所崇敬,以之教化百姓,教化人心,所以这里说圣人用来"神道设教"而天下百姓就信服了。

象曰:风行地上,观。先王以省方观民设教。

【语译】

《象传》说,风吹行地上,无所不至,这就是观卦之象。先王由此得到启示,要观察民风,设立教化。

【解读】

《象传》说,"风行地上",上卦为巽卦,巽为风,下卦为坤卦,坤为地,风行地上,这个风是和风,其特征是无所不至,这就是观卦之象。先王看到这样的卦象,就要按照观卦之道来"省方观民设教"。"省"就是省察,视察。"省方"就是巡观四方。"观民"就是观察民情。"设教"就是进行教化。要像和风那样无所不至地来教化地上的百姓,这是观的目的。

初六,童观,小人无咎,君子吝。

象曰:初六童观,小人道也。

【语译】

初六,像孩童那样观察事物,对小人来说没有灾祸,但对君子而言就有些遗憾了。

《象传》说,像孩童那样观察事物,是小人的浅见。

【解读】

初六,"童观",就是像孩童那样观察外物,指不全面地观察。小孩子观察事物的最大特点是细致、细腻,但往往不够全面,不够宏观。初六爻就好比人的孩童阶段,是刚开始,而且六是阴爻,因此特指女孩子。所以"小人无咎,君子吝",童观,对小人来说没有灾祸,但对君子而言就有些遗憾了。这样的"观"当然是不全面的,是太浅显了,君子也这样来观,肯定是不行的。

《象传》解释说,"初六童观,小人道也",童观符合小人之道,不符合大人之道。

六二,窥观,利女贞。

象曰:窥观女贞,亦可丑也。

【语译】

六二,从门缝里观看,利于女子贞正。

《象传》说,从门缝里观看,女子可以贞正,但如果男人也这样,那就是羞耻的。

【解读】

六二,"窥观",就是从门洞、门缝里去看,表示视野不开阔地去看。这是前进了一步,但还是女人。古代女人足不出户,所以只能从门缝里去偷看,所以视野不开阔、不全面。"利女贞",这对女子来说是有利的,但对男人、丈夫来说是不利的。

《象传》解释说,"窥观女贞,亦可丑也"。"丑"的意思是羞耻。如果男人也像女人那样"窥观",是很羞愧、羞耻的。这就是教我们要全面地去观察,不要太片面了。

六三,观我生,进退。

象曰:观我生进退,未失道也。

【语译】

六三,观察自己的行为,进退合宜。

《象传》说,观察自己的行为,进退合宜,没有偏失正道。

【解读】

"观我生"是观察自己的动作和心理,是一种自观。"进退"是进进退退。初六到六三都是阴爻,但它们的位置不同,一个是在最下面,所以像孩童一样观,一个处在第二位,在中间就是在家里面,所以像女人那么窥视。到了六三爻,就到了下卦的最高位,虽然也是个女人,但已经到了最高位,要成熟一些了,所以她就观察自己的生活方式并反省自我的行为,然后再谨慎地决定进退,这样还是有好处的,所以观要从自我的内心来观。

《象传》说,"观我生进退,未失道也"。意思是说,这种能够从自我的内心深处来观察自己的生活方式并反省自我的行为,然后再谨慎地决定进退的做法,是符合正道的。所以说反观自我也是很重要的,不要眼睛总是向外观。

六四,观国之光,利用宾于王。

象曰:观国之光,尚宾也。

观卦第二十——观察之道

281

【语译】

六四,观察国家的光辉景象,利于成为君王的座上宾。

《象传》说,观察国家的光辉景象,是要成为君王的座上宾。

【解读】

六四,"观国之光",就是观察这个国家光明的一面。"利用宾于王",就是有利于做王的宾客、贵宾,意思就是指有利于辅佐君王,这个大王指的是九五爻,六四刚好在九五下方,就好像在辅佐这个大王。到了第二阶段的六四爻,"观国之光,利用宾于王",开始观国,观察一个国家了,观察的视野越来越开阔了,而且观察到这个国家光明的一面,这就有利于成为大王的贵宾。这里也告诉我们,处于六四这样的位置应该怎么观呢?就是要观察到这个国家的光明的一面,但不等于说黑暗的一面就不观察了,而是说要用光明之心来观察国家的光明之处,如果用黑暗的心来观察,那么任何东西都是黑暗的。

有这么一个故事,有位举人第二次进京赶考,还住在上一次考试时住过的店里。有一天他连着做了两个梦。第一次梦到自己在墙上种高粱;第二次梦到下大雨,他戴了斗笠不说,还打了把伞。这两个梦似乎有些意思,举人自己当然解不开,于是第二天就赶紧去找算命的解梦。

算命的一听,连拍大腿带叹气说:"唉,你还是收拾收拾回家吧。你想想,高墙上种高粱不是白费劲吗?戴斗笠还打雨伞不是多此一举吗?"秀才一听也是,心灰意冷,真的回店收拾包袱,准备回家。

店老板非常奇怪,就问他:"客官,明天才考试,你怎么今天就回乡了啊?"举人如此这般解释了一番,店老板乐了,说:"咳,你早问问我呀,我也会解梦的。依我看,客官这次一定能够高中。你仔细想想,墙上种高粱不是高种(中)吗?戴斗笠打伞不是说明有备无患吗?这不是高中是什么?"

举人一听,觉得店老板的话更有道理,于是振奋精神参加了考试,结果居然中了个榜眼。

面对半杯饮料,悲观主义者连连叹气:"唉,只剩下这最后半杯了。"乐观主义者则兴高采烈:"居然还剩下这么多呢!"

同样的一种事物,在不同的人、不同的眼睛看来,必然会得出不同乃至截然相反的结果。这是因为不同的心态使然。而在不同的心态作用下,人必然也会表现出不同的精神状态、行动积极性和相应的行动力。最终,行动之后,其结果也自然截然不同。心态不同,状态自然也就不同。只要能用一番话解开心里的疙瘩,点亮悲观者心中那盏光明和乐观之灯,满天乌云都会散尽,一切问题也都会迎刃而解。所以我们常说,心态决定状态。

美国成功学家拿破仑·希尔关于心态的重大作用讲过这样一段话:"人与人之间只有很小的差异,但是这种很小的差异却造成了巨大的差异!很小的差异就是所具备的心态是积极的还是消极的,巨大的差异就是成功和失败。"希尔讲的是成功学,也就是如何才能成功的学问。

《象传》说:"观国之光,尚宾也。""尚"即"上"。能用光明之心来观察的人,才是高层次的宾客,应被奉为"上宾"。

九五,观我生,君子无咎。

象曰:观我生,观民也。

【语译】

九五,观察我国的民生,君子没有灾祸。

《象传》说,观察我国的民生,就是观察民心向背。

【解读】

九五的"观我生"与六三的"观我生"不一样,它们的主语不一样,动作的发出者不同。六三是一个阴柔性格的人在自观,观心,而九五是一个刚健且居于君位的人在观,观察自己的生活方式并反省自己的行为,这个人若能"观我生",其意义就非同寻常了。因为这个人的好恶、所作所为,关乎整个国家的荣辱兴衰。九五这样的君王能"观我生",不但自己无咎,整个国家也必无灾祸。

《象传》解释说:"观我生,观民也。"一个刚健且居于君位的人观察自己的行为和心理后,能改过扬善,并能去体察民心,这样不但无咎,而且会大吉大利。

上九,观其生,君子无咎。

象曰:观其生,志未平也。

【语译】

上九,观察国家的民生,君子没有灾祸。

《象传》说,观察国家的民生,是因为志向未得满足。

【解读】

到了上九爻，最高一爻，居于最高位，高而无民，往往会脱离群众，所以要"观其生"，一定要观察民众的行为，观察下属的反应，以便及时调整自己的行为。这时他若能继续去"观我生"、"观民"，与民众保持密切的联系，就会得到群众的拥护。上九爻与六三爻相应，你对下面好，下面自然会有感应，所以"君子无咎"，君子这样做就不会有灾祸。

《象传》解释说："观其生，志未平也。"就是说这个志向还未完未尽，不可安逸放松，要观到最后。上九，居于最高位，一定要时刻观察人民的行为，观察下属的反应，否则就会脱离人民，脱离下属。

从观卦我们可以得到什么启示呢？首先，最重要的就是要用心去观察，要用敬仰之心，不能带有私心，要以客观的、中正的心来观察天下。用不同的心态去观察，得到的结果也不同。第二，居于不同的位置具备不同的才能，就要用不同的观察方式，要避免"童观"、"窥观"。第三，每一个人尤其是领导者，要经常观自己的内心、观自己的生活方式、观自己的行为得失，这一点非常重要。不要总是观别人的不足，要多观自己的不足，然后才能改正。朱熹的学生问过朱熹：观卦六爻一爻胜似一爻，"岂所居之位愈高则所见愈大焉"，是否观察者所居地位越高所见的东西就越大呢？朱熹回答：观卦的六根爻下面四根爻全是阴爻，上面两根全是阳爻，所以分为两组。"上二爻义自别"，上面两根爻意思不一样，有区别。"下四爻所居之位愈近，则所见愈亲切"，下四爻越来越往上，到了第四根阴爻，它和九五爻最接近，所以下四爻确实如他学生所说的那样，到了上面两爻性质变了，变为刚爻，成了君主了，就不是位置越来越高看得越远了。

噬嗑卦第二十一——刑法严明

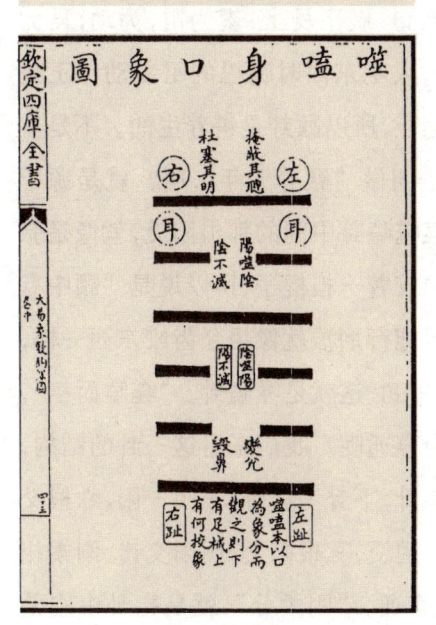

噬嗑，亨，利用狱。

【语译】

噬嗑卦，亨通，适合于对罪犯施用刑狱。

【解读】

"噬"是以齿咬物。"嗑"是合口。"噬嗑"就是上下颚咬合，将口中的食物咬碎的意思。《序卦传》说："可观而后有所合，故受之以噬嗑。嗑者，合也。"采用观察、观照的方法来考察民情，教化百姓，然后为使老百姓做到合情、合理、合法，必须用刑罚、制度、法律，所以观卦之后就是噬嗑卦。噬嗑卦就表示合，嗑就是合，就是使那些不合法的人符合法制，强制他使他合法。前面的"观"是一种教化，后面的"噬嗑"就是一种刑罚，这是恩威并用，两种手段一起用。所以这一卦是讲刑法的，告诉人们如何施行刑法，使法制严明。

卦辞说，噬嗑卦，亨通，"利用狱"，有利于听讼治狱。"狱"，从汉字的构造上说属会意字，也就是将各个偏旁的意思会到一起，可以看到"狱"字两旁都有"犬"，《说文解字》解释为"二犬，所以守也"，中间是"言"旁，即两只狗在看守的时候发出吠叫声，有威慑力。

彖曰：颐中有物，曰噬嗑。噬嗑而亨，刚柔分，动而明，雷电合而章，柔得中而上行，虽不当位，利用狱也。

【语译】

《彖传》说，口中有物，就是噬嗑卦。噬嗑卦之所以亨通，因刚柔爻分开，行动而光明，像电闪雷鸣一样合而有章，六五阴爻居中位，与上九阳爻刚柔相济，虽然六五阴爻居阳位，位不当，但对治狱是有利的。

【解读】

《彖传》说，"颐中有物"，颐卦（☲）的形状像口，震下艮上，震为雷，为动，艮为山，为止，人吃东西时嘴巴的咀嚼动作正是下动而上止，所以颐卦是讲养生的。不是有一个成语叫做"颐养天年"吗？就是源于此。观察噬嗑卦中间的那根阳爻，就像是张开的嘴中咬着一根棍子，所以说是"颐中有物"，表示施行刑法就像用牙齿咬东西一样，要用力、用劲，这就是噬嗑卦。"噬嗑而亨"，为什么会亨通呢？我们来看这一卦的结构，上卦为离卦，下卦为震卦，一阴一阳，六根爻中有三根阴爻，三根阳爻，阴阳交错，刚柔相济，所以亨通。"刚柔分"，就是指卦中刚柔爻相互分开。"动而明"，震卦为动，离卦为光明，行动而光明。"雷电合而章"，震卦又为雷，离卦又为电，像电闪雷鸣一样合而有章。这几句话讲的是制定刑法、刑律时一定要刚柔分明，像电闪雷鸣却合而有章，在运用刑法时既要迅疾猛烈，也要非常准确。"柔得中而上行"，六五柔爻居于上卦的中间得中位，阴爻属柔，与刚性的刑法刚柔相济;"上行"是从卦变说的,噬嗑卦从否卦（☰）变来,否卦的初六爻上行到第五位成六五爻,九五爻下到初位成初九爻。"虽不当位,利用狱也",虽然六五阴爻居阳位,位不当,但对治狱是非常有利的。

象曰:雷电噬嗑,先王以明罚敕法。

【语译】

《象传》说,电闪雷鸣,噬嗑卦之象。君子要明确惩罚之道,修正法律。

【解读】

《象传》说,"雷电噬嗑",下卦是震卦,震为雷,上卦是离卦,离为电,电闪雷鸣,合而有章,这就是噬嗑卦之象。先王看到这样的卦象,就要按照噬嗑卦之道来"明罚敕法",明确惩罚之道,修正法律,阐明惩罚的条规,诏令公布于众。"敕法"就是正法。

初九:屦校灭趾,无咎。
象曰:屦校灭趾,不行也。

【语译】

初九,脚上戴着刑具,虽然伤害到脚趾,但没有大的灾祸。

《象传》说,脚上戴上刑具伤害到脚趾,因为初九不能再往前走了,不会再犯错了。

【解读】

"屦"与"履"字很像,都是尸旁,都是鞋的意思,而屦是用麻、葛制成的鞋。"校",木旁,它是一种木制的刑具。不是有"校正"一词吗？其中的"校"取的就是引申义。初九,"屦校灭趾",刚刚开始给他的脚戴上刑具,就伤害了脚趾,但没有灾祸。

《象传》解释说,"屦校灭趾",初九的脚戴上刑具,伤了脚趾,为什么还没有灾祸呢？是因为"不行也",表示他不能再往前走了,不会再犯错了,这就达到了小惩大戒的效果,所以无咎。易卦都是从下往上讲的,而人身也是从下开始的,你看受刑也是从脚趾开始的,而后逐渐往上。

六二,噬肤,灭鼻,无咎。

象曰:噬肤灭鼻,乘刚也。

【语译】

六二,偷吃肥肉,被施刑割鼻子,没有大的灾祸。

《象传》说,偷吃肥肉被施刑割鼻子,因为六二阴爻乘于初九阳爻之上。

【解读】

六二,从这一爻开始到第五爻,以吃不同的肉做比喻,表示刑罚由轻到重。"肤",指皮肉,比喻最轻的刑罚。到了六二爻,"噬肤,灭鼻",刑罚开始伤及鼻子(被刑割鼻子)了,"无咎",没有大的灾祸。割鼻大概是因为鼻子处在身体的最外面吧,也是在脸的中间部位。六二爻在下卦的中间,这可能暗示这种刑罚打中了他的心理。

《象传》说,"噬肤灭鼻",是因为"乘刚也"。因为六二爻为阴爻,居于初九爻的上面,阴乘阳为"乘刚",为"不比",这是不吉的,所以要受到一点惩罚。

六三:噬腊肉,遇毒,小吝,无咎。

象曰:遇毒,位不当也。

【语译】

六三爻,偷吃腊肉被施行刑法,有点怨恨,虽有小小的遗憾,但没有大灾祸。

《象传》说,遇到怨恨,因为六三阴爻居阳位不当。

【解读】

"腊肉"是经风干烘制而成的陈年干肉。到了六三爻,"噬腊肉,遇毒",因偷吃腊肉而受刑的人有点不服气了,开始有些怨恨了,也许是用刑有点不当了。"小吝,无咎",虽有小小的遗憾,但没有大的灾祸。

《象传》说,"遇毒,位不当也",指的是六三阴爻居阳位,故不当,尽管"噬腊肉"这种情况并不严重,受到的刑罚也重了一点,但只要用刑之人坚持执行法规,虽有遗憾,却起到了惩戒的作用,所以就无灾祸。

九四,噬干胏,得金矢,利艰贞,吉。

象曰:利艰贞吉,未光也。

【语译】

九四,啃吃干硬带骨的肉,得到金质箭头,虽然很艰难,却有利吉祥。

《象传》说,虽然很艰难,却有利吉祥,说明刑罚之道还没有光大。

【解读】

"干胏"是指带骨头的腊肉。"矢"即箭,"金矢"比喻刚硬、刚直。九四阳爻处阴位,性格就像"金矢"一样刚强。到了九四爻,"噬干胏,得金矢",表示受刑之人变得越来越强硬,用刑也越来越重,受刑的人因而也越来越不服气。遇到这种情况,"利艰贞,吉",行刑之人虽然很艰难,但只要秉公执法,就会顺利、吉祥。

《象传》说,"利艰贞吉",这一爻尽管艰难,但由于秉公执法,所以顺利吉祥,但"未光也",就是说刑罚之道还没有光大。刑罚的目的,并不是为了对犯人施以重刑,那只是手段,目的是要预防犯罪,起惩戒的作用。而结果却是没起到惩戒的作用,犯的罪越来越重,施的刑罚也越来越重,所以说刑罚之道没有发扬光大。

六五,噬干肉,得黄金,贞厉,无咎。

象曰:贞厉无咎,得当也。

【语译】

六五,咬干硬的肉时,发现肉中嵌有黄金,虽然咽下去便有生命危险,但无灾祸。

《象传》说,咽下去便有生命危险,但无灾祸,因为刑罚符合正道。

【解读】

"干肉",指的是风干的肉,比"干胏"还要坚硬。六五处中位、刚位、尊位,因为土在五行中居中央,土的颜色为黄,在古代黄金很贵重,所以说"得黄金",表示六五这样的人很高贵。六五又是柔爻,说明高贵的人很谦逊。六五这样高贵的人在实施刑法的时候,遇到了很刚硬的受刑之人,采取的方法是刚柔并济,既严肃法纪,刚正不阿,又用感化的手段来教育他们,这样就会取得好的效果。"贞厉,无咎",如果这时候过于刚正,就会有危险,但也不会有灾祸,只是没有达到刑罚起惩戒、教化作用的目的。前面四根爻都是在讲刑罚,是讲对不同的人用不同的刑罚。这一爻道出了治狱之道的关键,在遇到受刑之人愈来愈刚硬的时候,我们要坚持走中道,要采用感化的手段。刑罚本来就是很刚硬的,若行刑之人也是阳性、刚性的,那就未免有点过,而这一爻是阴爻,说明是柔中守正道,是柔中带刚,刚柔相济。这一爻是蕴含大智慧的一爻。

《象传》说,"贞厉无咎",是因为"得当也"。五爻是阳位,本性应该是刚强的,在执行刑罚的时候,也是很刚烈的,这样实际上是更为不利的。但是由于这时是一个柔性之人处于这个位置,他在执行刑罚的时候,柔中带刚,刚柔并济,这样正好"得当",既起到了惩戒的作用,又起到了教化的作用,不会把刑罚引向酷刑的深渊,从而激起民变。

老子《道德经》上说:"民不畏死,奈何以死惧之。"等到老百姓连死都不怕的时候,你还一味地刚猛,以死相威胁,显然是没有任何用处的。这个时候就得换个路子,尽可能利用感化的手段来教导他们。当铁的手腕收不到预定效果的时候,我们不妨换个思路,采用刚柔相济、感化为主的手段,说不定百炼钢就会变成绕指柔。

上九:何校灭耳,凶。

象曰:何校灭耳,聪不明也。

【语译】

上九,刑具戴在脖子上,耳朵被割去,有凶险。

《象传》说,刑具戴在脖子上,耳朵被割去,是不聪明的做法。

【解读】

"何"通"荷",就是扛着,而这里是戴着的意思。上九,"何校灭耳",也就是说刑具戴在脖子上,伤害了耳朵。你看刑罚从脚开始,逐渐往上,开始伤害到耳朵了,刑罚越来越重,所以有凶了。纵观全卦,唯独上九爻是凶的,说明刑罚太过了,即使是对待罪犯也要讲人道主义嘛!

《象传》说,"何校灭耳",是因为"聪不明也"。采取的刑罚越来越重,那是一种不聪明的做法。就像商纣王、秦始皇施行的严刑酷法,最终导致身败国亡。

噬嗑卦讲完了，那么我们看这六根爻中的上九、初九两根阳爻，初九讲的是小惩大戒，上九讲的是用刑太过。中间四爻表示用刑逐步加重的过程，尤其是六五爻说明柔中带刚、刚柔相济的用刑之道，令人深思！《系辞传》解释这一卦说："善不积不足以成名，恶不积不足以灭身。小人以小善为无益而弗为也，以小恶为无伤而弗去也。"刘备下遗诏告诫刘禅说："勿以善小而不为，勿以恶小而为之。惟贤惟德，能服于人。"佛家讲"诸恶莫作，众善奉行"，也就是说，哪怕是一点点小的恶也不要去做，哪怕是一点点小的善也不要不做，善恶都是由一点点的小善、小恶日积月累而形成的，对用刑者来说也不可太过，太过会招来灾祸。法治固然是重要的，但德治更加重要。这一卦给我们最大的启示就是要刚柔相济，要柔中守正道。

贲卦第二十二——文饰之美

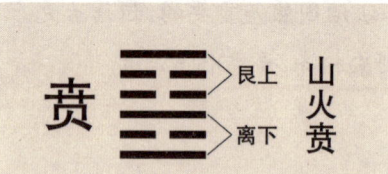

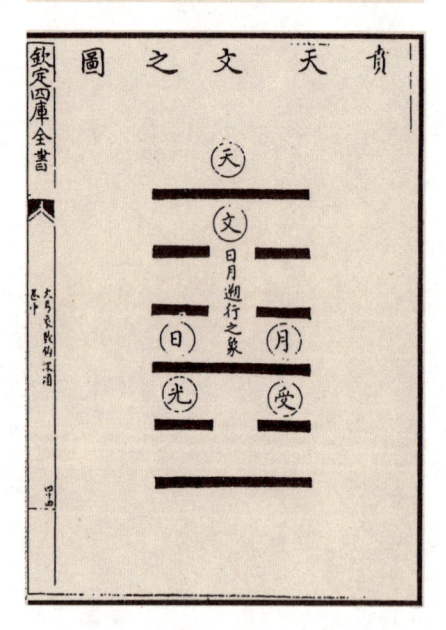

贲亨，小利有攸往。

【语译】

贲卦，亨通，会有小小的利，可以继续前往。

【解读】

"贲"就是修饰、文饰的意思。《序卦传》说："物不可以苟合而已，故受之以贲。贲者，饰也。"饰就是文，文与质相对，质是指事物的本质，文是指事物的文饰。对于社会来说，等级名分、礼仪制度等是文，是饰。文饰对社会来说也是必不可少的。人与人交往合作的时候来不得半点的马虎、苟且，是需要有文饰的，这个文饰是指行为规范、礼仪制度，所以噬嗑卦之后就是贲卦。文饰又可引申为文明、文化。"文明"、"文化"、"人文"这几个词即出自这一卦的象辞。贲卦专谈文饰美化的道理，涉及《易经》的美学思想。适当的文饰，有助于发挥积极的作用，但是文饰要恰如其分，不可太过。因为文饰只是促进事业成功的助因，而不是主因，只起辅助作用，不起决定作用。决定因素仍然是内在的实质。如果文饰太过，超过限度，不符其实，那就适得其反。文过盛，实必衰，这是必然的道理。

孔子曰："言以足志，文以足言。不言，谁知其志。言之不文，行之不远。"意思是言论是用来发挥志向、心志的,文章是用来发挥言论的,实际上是一种修饰的手段。如果言语不加以修饰,那么影响力也不深远,所以需要文学。《诗经》里采用的三种修饰方法:赋、比、兴,从语言上说,都是文饰。《礼记》中先王用音乐来文饰自己。"无本不利,无文不行",正如人穿漂亮衣服打扮自己,吸引眼球。

看问题当然首先要看实质,不能只看外表。像某些包装华美的商品,金玉其外,败絮其内,到底是骗不了人的。但是,质优价廉的产品,如果包装粗劣,同样也得不到市场的认可。可见外表的文饰美化也是不可忽视的重要因素。一个人内在的品质优秀,如果再加上外在的仪表高雅,秀外而慧中,那就更能显示一种人格的魅力了。

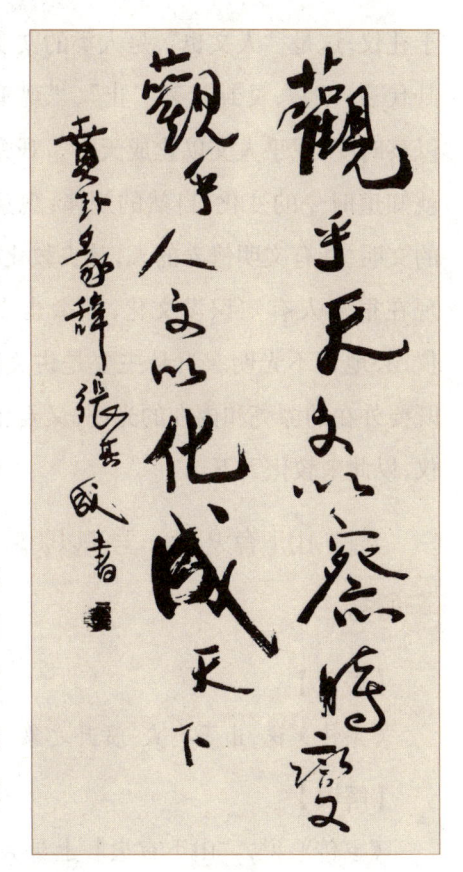

卦辞说,贲卦,亨通,"小利有攸往",会小有利益,可以继续前往。

彖曰:贲,亨,柔来而文刚,故亨。分刚上而文柔,故小利有攸往。(刚柔交错,)天文也。文明以止,人文也。观乎天文以察时变,观乎人文以化成天下。

【语译】

《彖传》说,贲卦,亨通,柔爻辅佐刚爻,故而亨通。刚爻上九爻文饰六五爻,刚辅助柔,故会有小利益,可以继续前往。刚柔交杂在一起,显出天文。在人间止于礼仪,这是人类的文明。观察天文就知道时令的变化,观察人类的文明以教化天下。

【解读】

《彖传》也说,贲卦,亨通,"柔来而文刚,故亨",六二爻居于下,修饰九三爻,柔爻辅佐刚爻,柔性来修饰刚强,阴阳交饰,故而亨通。"分刚上而文柔",刚爻上九爻文饰六五爻,刚辅助柔,故"小利有攸往"。若阴辅佐阳,则"大利有攸往"。刚柔交杂在一起,阴阳相配合,才能显示出文采。日月星辰刚柔交错就是"天文也",是天的文采。天道如此,人道也应如此。"文明以止",在人间有明净的心,止于礼仪,这是"人文也",是人类的文明。离卦代表"明",艮卦代表"止"。"观乎天文以察时变,观乎人文以化成天下",观察天文就知道时令的变化、自然的规律;观察人类的文明,具有文明修养的人,就去教化天下。现在很多人有知识没文化,即举止没有礼仪,心地也不光明。贲卦主要是讲文化的,既要外在的漂亮和内在的光明,又要止于礼仪,以此来教化天下。

象曰:山下有火,贲。君子以明庶政,无敢折狱。

【语译】

《象传》说,山下有火,贲卦之象。君子要文饰各种政事,但不可用此来断狱。

【解读】

《象传》说,"山下有火",上卦为艮卦,艮为山,下卦为离卦,离为火,山下有火,形象很美。离卦又代表一种动物——野鸡,山里的野鸡很漂亮。这就是贲卦之象,都是文饰的象征。君子看到这样的卦象,就要按照贲卦之道来"明庶政,无敢折狱"。"折"是断的意思。君子效法此卦,可用来文饰各种政事,但不可用此来断狱。治狱断案必须尽去文饰而求其实情实质。上一卦讲以法治国,贲卦则讲以德治国,用阴柔、文明的方法来治理国家。

初九:贲其趾,舍车而徒。

象曰:舍车而徒,义弗乘也。

【语译】

初九,修饰自己的脚,不乘车而徒步走。

《象传》说,不乘车而徒步走,因为按照道义不应乘车。

【解读】

初九,"贲其趾",修饰自己的脚趾,"舍车而徒",舍掉车而徒步行走。

《象传》说，"舍车而徒"，是因为"义弗乘也"，按照道义不应该乘车。初九爻不能过分修饰自己，过分享受，所以不乘车是合宜的。

六二，贲其须。

象曰：贲其须，与上兴也。

【语译】

六二，修饰自己的胡子。

《象传》说，修饰自己的胡子，为了与九三爻相配合，互相修饰。

【解读】

六二，"贲其须"，要修饰自己的胡子。

《象传》说，"贲其须"，是为了"与上兴也"。六二要修饰自己的胡子，是为了与上面的九三爻相配合，互相修饰，阴阳交错。

九三，贲如，濡如，永贞，吉。

象曰：永贞之吉，终莫之陵也。

【语译】

九三，修饰得很俊美，光泽柔润，永远守持正道才是吉利的。

《象传》说，永远守持正道就吉利，因为九三爻在上位，始终不欺侮六二爻。

【解读】

"濡如"，光泽柔润的样子。九三，"贲如，濡如"，修饰得很俊美的样子，光泽柔润的样子，"永贞，吉"，永远守持正道，是吉利的。

《象传》说："永贞之吉"，是因为"终莫之陵也"。"陵"，指欺凌，欺压，欺侮，侵犯。"莫之陵"即"莫陵之"。"之"指六二爻。九三爻在上位，始终不欺侮下面的六二爻，而是与其互相修饰，正如孔子所说的，"己欲立而立人，己欲达而达人"，"己所不欲，勿施于人"，所以大吉。

六四，贲如，皤如，白马翰如，匪寇婚媾。

象曰：六四，当位疑也。匪寇婚媾，终无尤也。

【语译】

六四,穿得洁白素净,然后骑一匹白马翩翩而来,不是强盗来掠夺,而是来求婚的。

《象传》说,六四当位,仍有疑惑。不是强盗来掠夺,而是来求婚的,最终不会有怨尤。

【解读】

"皤如",洁白素净的样子。"翰"是一种锦鸡,赤羽。"翰如",像锦鸡飞起来的样子,羽毛展开,很美丽。六四,"贲如,皤如,白马翰如",修饰得洁白素净,骑着一匹白马翩翩而来,潇洒自如。"匪寇婚媾",不是强盗来掠夺,而是来求婚的。

《象传》说,之所以会被怀疑为来了强盗,是因为"当位疑也"。六四柔爻居柔位,当位,但他所求的是"初九",属于上求下。柔爻做事不果断,犹犹豫豫,而且事先也不打招呼,就骑着马来了,当然会被人怀疑为强盗来抢亲。"匪寇婚媾,终无尤也",但由于六四与初九相应,所以最终不会有怨尤,阴阳相合为婚。

六五,贲于丘园,束帛戋戋,吝,终吉。

象曰:六五之吉,有喜也。

【语译】

六五,在山丘园林处装饰,持一束小小的丝帛作为礼物,有一点小遗憾,但结果是吉祥的。

《象传》说,六五吉祥,因为有喜庆也。

【解读】

"戋戋",微小的意思。六五,"贲于丘园,束帛戋戋",在山丘园林装饰,持一束小小的丝帛,"吝,终吉",有一点小小的遗憾,但结果是吉祥的。

《象传》说,六五吉祥,"有喜也",是有喜庆也。因为六五是柔爻,居尊位,行的是中道,文饰讲究简朴,这种作风得到了上九的肯定。六五爻为君位,有上九爻的辅助,当然值得庆贺。

上九:白贲,无咎。

象曰:白贲无咎,上得志也。

【语译】

上九,朴实无华,不加修饰,没有害处。

《象传》说,朴实无华,没有害处,因为上九爻志得意满。

【解读】

上九,"白贲,无咎",素白无华,不用修饰,没有害处。上九,返璞归真,不装饰。老子讲三个复归:复归于无极,复归于朴,复归于婴儿。最上者得到了自然之美,正如老子所言"大巧若拙,大智若愚",套用一句话也可以说"大贲若白"。

《象传》说,"白贲无咎",是因为"上得志也"。上九爻,位于卦的最高位,天下无人能及,已经志得意满,所以不需要再去做过多的文饰美化自己。最高的修饰是什么?是返璞归真,不文饰,这才是大智慧。

从贲卦上下卦表述的辩证关系看,下卦为"离","离"为文明,故侧重于从"文"的角度谈文饰从属于实质的道理。初九爻"贲其趾",谈文饰应表现质朴;六二爻"贲其须",谈文饰不能脱离实质;九三爻"贲如,濡如",谈应避免以文害质。

上卦为"艮","艮"为止,主于笃实,故侧重于从"质"的角度谈文饰返归于实质的道理。六四爻"贲如,皤如",谈素洁之美;六五爻"贲于丘园",谈简朴之风;上九爻"白贲",谈返璞归真。

全卦以文与质为命题,通过卦象和爻象的剖析,全面表述了现象与本质、外在仪表与内在精神的辩证关系。从下离上艮的卦象中,说明文明而有所止的原则,这正是贲卦的精髓。外表的华美固然表现了一定的文明,但是无限度地追求文饰和浮华,会愈来愈远离自然质朴之美,奢靡腐败的恶劣风气就会泛滥成灾,甚至由于物质文明的繁荣和精神文明的堕落的巨大反差而危害人类。这在现代人生活中已经成为引人注目的问题,不能不加以重视。

文饰必须符合自然。从下往上的修饰,不是越来越浓重,而是越来越轻淡,最后是不文饰。此外还要互相文饰,你文饰我,我文饰你,最后才能形成一种"文化"。文化不是个体的,是集体的。

剥卦第二十三——防微杜渐

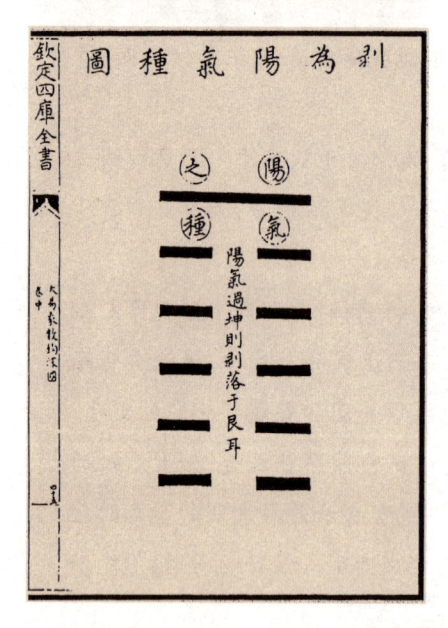

剥,不利有攸往。

【语译】

剥卦,不利于继续前往。

【解读】

"剥"是剥落、侵蚀的意思。《序卦传》说:"致饰然后亨则尽矣,故受之以剥。剥者,剥也。"有了礼仪,有了文饰,就亨通了,但是如果太过的话,就会丧失它的实质,也就是所谓华而无实,必然会产生一些弊病,所以这种亨通之道就会停止,所以贲卦之后就是剥卦。剥卦和下面的复卦展示的是两幅相对的图像,非常有意思。剥卦是一幅秋天万物萧瑟、万物凋零、秋气肃降的图像。复卦则是春天的图景。我们先看剥卦。下面五爻全是阴爻,只有最上面是阳爻,表示阴气上长,一直长,快长到最后了,就剩下一根阳爻了,阳气将要剥尽。剥卦是十二消息卦(复、临、泰、大壮、夬、乾、姤、遁、否、观、剥、坤)中的一个卦。所谓消就是消除、消亡,息就是生长、生发。消息卦讲述的就是阴长必定阳消,阳长必定阴消的规律。"剥"就是剥落,落下来,掉下来。这个剥卦展示的即是阴快长到头、阳气快要消亡的景象。那么这个卦实际上是讲什么呢? 是讲在阳气快凋尽的时候怎么样来止住阳气的剥落,阐明的是在"剥落"的时势下如何善处。

卦辞说，"不利有攸往"，不能再往前走了。为什么？因为继续前往阳气就全没了，那就不利了。

象曰：剥，剥也，柔变刚也。不利有攸往，小人长也。顺而止之，观象也。君子尚消息盈虚，天行也。

【语译】

《象传》说，剥卦，阳气剥尽，柔爻渐变为刚爻。不利于继续前往，因为小人的气势已长。顺势制止，观察剥卦象的原因。君子要崇尚天时的消长盈亏，顺天行道。

【解读】

《象传》说，"剥"就是剥尽，阳气的剥尽，就是"柔变刚也"，柔爻慢慢往上升改变了刚爻。这"不利有攸往"，不利于继续往前走，为什么呢？"小人长也"，小人的气势已经很强盛了，"小人"指阴爻，阴气已经发展到第五爻了，所以继续生长是不利的。"顺"就是顺势，"顺而止之"，就是顺着这个势要把它制止住。从象上说，"顺"是指下卦的坤卦，"止"就是指上卦的艮卦。阴气不是越来越盛吗？阳气不是越来越衰，越来越剥落吗？所以顺势一定要把它制止住，如果不制止住，那是很不利的。"观象也"，观察剥卦这个象就可以得出这个结论。君子看到这个卦象后，就要崇尚"消息盈虚"，"消"是退的意思，"息"是长的意思，"盈"是满的意思，"虚"是亏的意思，刚好都是相对的，就是君子应该崇尚天时的消长盈亏。消长盈亏就是"天行"也，就是天道，大自然的大规律，也就是说君子要按照大自然的规律来做事。

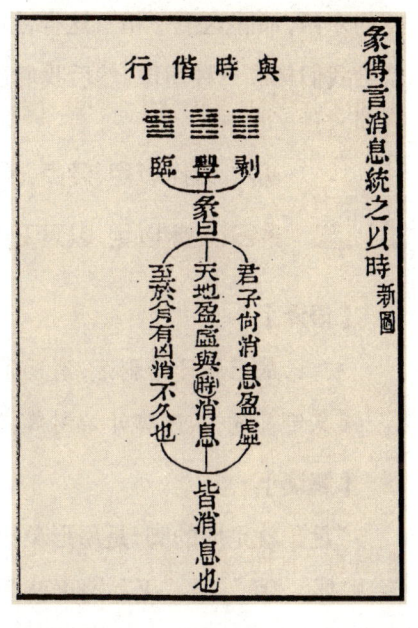

象曰：山附于地，剥。上以厚下安宅。

【语译】

《象传》说，山委附于地，剥卦之象。君子以此来加固根基安定住宅。

【解读】

《象传》说，"山附于地"，上卦为艮，艮为山；下卦为坤，坤为地，山本来高耸于地上，因土剥落，颓倒委附于地，这就是剥卦之象。我们看这个卦象，下面是坤是地，上面是艮是山，这一座山下面全空了，再往上升，不是马上就要剥落了吗？所以说，上面这座山是有缺陷的山。"上以厚下安宅"，"上"指最上一爻，这最上一根阳爻可以看成是领导者、统治者，领导者看到这个卦象，就要按照剥卦之道来"厚下安宅"。因为下面都剥尽了，所以要加厚、加固下面的根基，只有加固这个根基，加固这个基础，才能安宅，安稳住这个房子。这句话就是告诉君主，要以民为本，下面这些爻都是人民。如果你是一位领导，那么你在任何一个组织里都应该首先要加强下属的力量，这样你才能稳固你的基业。这个"宅"可以理解为基业。一个企业也要"厚下"，"下"就是你的员工。对一个人而言，最基础的就是那些最根本的东西，比如说人身的精气神，其中"精"就是指的"下"，属于最根本的东西，加固这个"精"，这样才能安这个"宅"。"宅"也可以指一个人体。这就给我们构成一种图像，然后我们进行取象思维，展开想象。

初六，剥床以足，蔑贞，凶。

象曰：剥床以足，以灭下也。

【语译】

初六，从床脚开始剥落，消灭了正道，凶险。

《象传》说，从床脚开始剥落，消灭了最下的（爻）。

【解读】

"足"就是床的脚，是用形象比喻。初六，"剥床以足"，就是指从床脚开始剥落、败坏。"蔑"通"灭"，消灭就坏了。"贞"，可以理解为正。"蔑贞，凶"，破坏了这个很好的床的床脚，当然就是凶险的事情。

《象传》说，"剥床以足"，是比喻"以灭下也"。初六爻不就在卦象的最下面吗？好比一张床的最下面，那就是床的足。初六，从一开始就往上面剥，好比一张床从最下面的床脚开始剥落。一个人、一个组织,乃至万事万物,也同样是这样,都是从下面开始坏的。我们都听过一句俗话,"人老先老腿",先从腿开始老,就是这个道理。

☷ 六二,剥床以辨,蔑贞,凶。
象曰:剥床以辨,未有与也。

【语译】

六二,从床头开始剥落,消灭了正道,凶险。
《象传》说,从床头开始剥落,是没有帮助他的人。

【解读】

"辨"是指床身与床足的结合之处。"剥床以辨",慢慢地又开始往上剥落到接近床身了,因此也是凶。床辨被削去,比喻灾祸将及其身。

《象传》说,之所以进一步剥落到接近床身,是"未有与也"。"与"指帮助,就是没有帮助他的人。六二,已经剥落到中间了,处剥已深,上无应,下无比,上面和下面都跟他一样,都是阴爻,阴爻不可能帮助他,所以还要继续剥落。没有朋友相帮的六二成了孤家寡人,六二爻的凶险结局从反面说明了朋友的重要性。俗话说:"一个篱笆三个桩,一个好汉三个帮。"反过来说,没有三个帮的好汉自然也就不复为好汉,而是坏汉了。

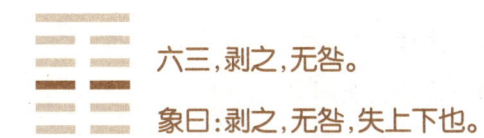

☷ 六三,剥之,无咎。
象曰:剥之,无咎,失上下也。

【语译】

六三,又接着往上剥落了,反倒没有灾祸。
《象传》说,接着往上剥落,反倒没有灾祸,因为失去了上和下。

【解读】

六三,"剥之,无咎",继续剥落,但没有灾祸。
《象传》说,"剥之,无咎",是因为"失上下也"。他失去了上和下,他上面是六四爻,下面是六二爻,也就是说,六三爻不与他们为伍,因为六三爻要跟上九爻相应,所以他不像初六和六二爻一样,无人帮助。上九爻是唯一的一根阳爻,是阳刚之人,是领导,他可以帮助六三爻,所以六三就不怕剥落了,这也就说明相应、相助的重要性。

六四,剥床以肤,凶。

象曰:剥床以肤,切近灾也。

【语译】

六四,床面开始剥落了,凶险。

《象传》说,床面开始剥落了,马上就要接近灾祸了。

【解读】

"肤"就是指床的床面,继续向上剥落,就要"剥床以肤"了,连床面都开始剥落了,所以凶。

《象传》说,"剥床以肤",是因为"切近灾也"。"切"就是马上。"近"就是接近。"剥床以肤",继续一点点往上剥落,已经到了六四爻了,马上就要接近灾祸了。

六五,贯鱼,以宫人宠,无不利。

象曰:以宫人宠,终无尤也。

【语译】

六五,带着宫女像贯穿的鱼一样来承宠于君王,没有不利。

《象传》说,带着宫女来承宠于君王,最终不会有灾祸。

【解读】

"贯鱼",就是贯串在一起的鱼。"宫人"就是妃子,后宫。"宠"就是宠爱。六五,继续往上剥落,但它不说床面继续往上剥,而是取了另外一个意象。"贯鱼,以宫人宠,无不利",皇后带着她下面的四个妃子,鱼贯而入,一起来承宠于君王,这样是无不利的。

《象传》说:"以宫人宠,终无尤也。"六五爻好比是皇后,马上就要接近阳爻了,这个阳爻好比是君王。皇后的地位尊贵,妃嫔们没有一个不想当皇后的,在这剥落的时势下,皇后的地位也开始受到冲击,下面的妃嫔都想去争夺这个位置。这时候的皇后表现出了非凡的大度,不是小心眼,想继续独自受宠,而是带领妃嫔们一起去受宠。由于她有这样的品德，不但会得到君王的赞赏，也会得到妃嫔们的爱戴，不但皇后的位置不会受威胁，反而会更加稳固。这也告诉我们，即使处于剥落这样的时势下，宽容的品德也是值得推崇的。

上九，硕果不食，君子得舆，小人剥庐。

象曰：君子得舆，民所载也。小人剥庐，终不可用也。

【语译】

上九，不独食硕果。君子得到大车，小人则会剥落房屋。

《象传》说，君子得到大车，老百姓就可以被承载了。小人剥落房屋，最终不可用。

【解读】

"硕果"，指大的果实。"舆"，就是车子。"庐"，就是房子。上九，是唯一的一根阳爻。"硕果不食，君子得舆"，君子摘取这个硕果以后，不是吃了它，不是独自享受，而是驾着车去给老百姓吃，下面的五根阴爻就是指百姓、众人，在一个组织里指的是你的下属、员工。而"小人剥庐"，小人摘取了这个果实之后，他一定是自己吃了，不管下面的老百姓，老百姓就遭罪了，就会剥落万家。所以，同样是这根爻，最上面这一根，如果你是一位领导，做得像大人、君子那样，百姓就有福；如果像小人那样，百姓就有灾。

《象传》解释说："君子得舆，民所载也。""载"就是载福，厚德载福，厚德载物。君子摘取这个硕果以后，给了老百姓吃，老百姓就有福了，而"小人剥庐，终不可用也"，小人摘取了这个果实之后，他一定自己吃了，不管下面了，你看他下面这么多老百姓，都在等着，而他却不管他们了，这样就会"剥庐"，老百姓"终不可用也"，老百姓一定会遭罪的，会剥落万家的。

剥卦给我们的启示是，万事万物都是从下面开始往上败坏的，都是下面一些最细微的东西、最潜在的东西先发生变质，这就叫"千里之堤，溃于蚁穴"。剥是有一个过程的，而且这个过程是越来越盛，我们怎样才能止住这么一个不好的局面？那就要像君子那样，要往下看，要把你取得的成果、硕果给予百姓，不能一个人独享，这样的话老百姓有福了，也就不会反对你了，也就止住这种剥落的现象了。反之，如果像小人那样，虽然自己得到硕果了,但是不管下面的百姓,那么老百姓也不可能来拥护你,你就会继续剥落,就要全面遭殃了。这是一种太极思维,就是阳中有阴,阴中有阳,阴阳是互补的,是共赢的,不要一个人去独赢。六五爻也说明了这么一点,她是"贯鱼,以宫人宠",没有独享,而是带领着下面四个妃嫔一起去承宠于君王。它告诉我们的是同一个道理。

复卦第二十四——万物复兴

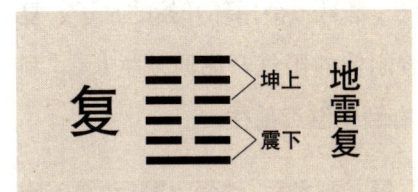

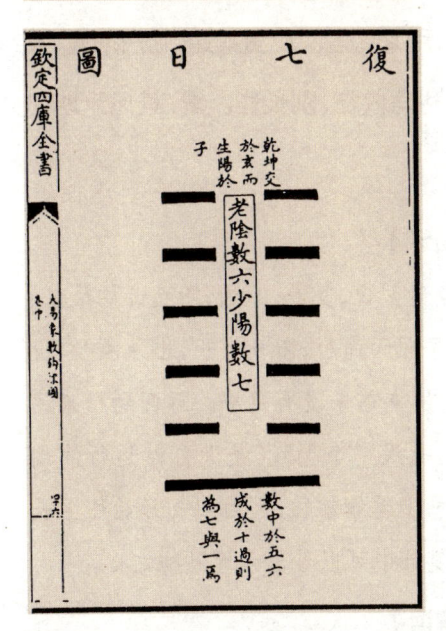

复,亨。出入无疾,朋来无咎。反复其道,七日来复,利有攸往。

【语译】

复卦,亨通。阳气生长,出入顺畅,没有疾患,朋友前来没有危害。返回到原来的大路上,过了七天就可以回归,有利于继续前往。

【解读】

"复"是往复、反复、返本的意思。《说文解字》说:"复,往来也。"《序卦传》说:"物不可以终尽,剥穷上反下,故受之以复。"生命剥落不尽,一阳终将来复,揭示了"正道"复兴是不可抗拒的自然规律,所以剥卦之后就是复卦。复卦是非常有名的一个卦,有一个成语叫"一阳来复",它给我们展示的是与剥卦完全不同的一种图景:大地的阳气开始复苏,春天即将到来。复卦在十二消息卦中代表农历的十一月,在这个月的冬至日白天最短,夜晚最长,阴气达到最盛,阳气降至最少。在阴气达至极盛的一瞬间,阳气就开始回复。

卦辞说,"复,亨",复卦是亨通的,因为阳气开始向上升。"出",卦象下面一根阳爻向上长,指阳气往外生发。"入"指阴气向里收敛。"无疾",没有毛病。"朋",指初九阳爻。"朋来无咎",处于复卦,阳爻渐次生长,对初九来说,就像朋友

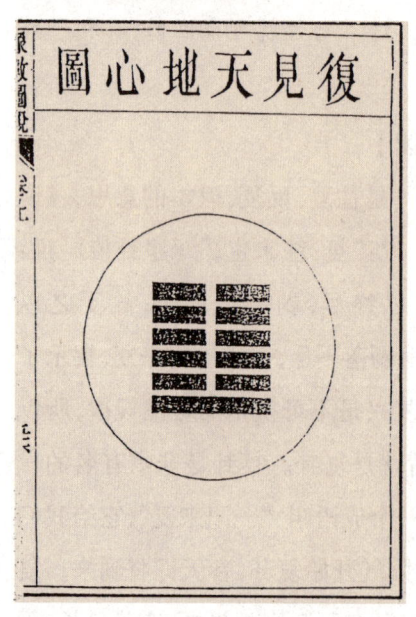

渐次而来，自然没有灾祸。"反复其道，七日来复"，按照天道的规律来运行，过了七天阳气又开始回复。复卦的阳气是从阴气最盛的时候开始的。为什么是"七日来复"？因为阴气从姤卦开始到复卦，刚好经过了七个卦（姤、遁、否、观、剥、坤、复）。还有一种说法，月亮的盈亏规律（朔、弦、望、晦）四个阶段，每个阶段是七天。可见七天是一个关键的日子，是另一个循环开始的日子。复卦，意味着刚健的阳气开始回复生长，"利有攸往"，有利于继续前往。

彖曰：复，亨，刚反，动而以顺行，是以出入无疾，朋来无咎。反复其道，七日来复，天行也。利有攸往，刚长也。复，其见天地之心乎。

【语译】

《彖传》说，复卦，亨通，阳爻开始反复，按照时序顺天而行，阳气生长，出入顺畅，没有疾患，朋友前来没有危害。返回到原来的大路上，七天一个循环，是大自然运行的规律。有利于继续前往，因为阳气开始往上长了。从复卦中可以看出天地万物之心。

【解读】

《彖传》说，复卦，亨通，"刚反"指阳爻开始反复了。"动而以顺行"，"动"指下面的震卦，"顺"指上面的坤卦，这种运动是按照时序而行的。"是以出入无疾"，因为它是按照时序顺天而行的，所以无论是阳气外长还是阴气内收，都没有毛病。"朋来无咎"，朋友前来是不会有什么咎害的。"反复其道，七日来复，天行也"，大自然运行的法则就是七天一个循环。

"利有攸往，刚长也"，有利于继续前往，是因为阳气开始向上长了。"复，其见天地之心乎"，从复卦中可以看出天地万物之心来，即天地最终极、最本质的东西，不仅仅是规律。如果按照一年十二个月来看，天地之心在冬至。

象曰：雷在地中，复。先王以至日闭关。商旅不行，后不省方。

【语译】

《象传》说，雷出现在大地中，复卦之象。先王在冬至日关闭修行。商人、旅人都不外出，大王也不去视察四方。

【解读】

《象传》说，"雷在地中"，上卦为坤，坤为地，下卦为震，震为雷，雷已经出现在大地中，没有打出，表明阳气已经开始复苏，这就是复卦之象。邵康节曰："冬至子之半，天心无改移。一阳初动处，万物未生时。玄酒味方淡，大音声正希。此言如不信，更请问庖羲。"（《伊川击壤集》）一阳来复，在一年中就是冬至日这一天，在一天中就是子时。先王、先贤看到这样的卦象，就要"至日闭关"。先王、先贤在修炼时都非常重视一阳来复，在冬至日这一天关闭自己，内守阳气。"商旅不行，后不省方"，做生意、去旅行的人在这一天都不出门，大王也不去视察四方。"后"，指君主。

初九，不远复，无祗悔，元吉。

象曰：不远之复，以修身也。

【语译】

初九，走得还不太远就返回，就没有灾祸和悔过，一开始就大吉。

《象传》说，走得还不太远就返回，君子要加强自身的修养。

【解读】

初九，"不远复"，走得还不太远就回复了，"无祗悔"，没有灾祸和悔过，"元吉"，一开始就大吉。

《象传》说："不远之复，以修身也。"意思是说，不等失去得太多，你就要反思。也就是说，你不要偏离正道太远，就应该回到正道上来。君子看到这一卦象，就应该"吾日三省吾身"，加强自身的修养。初九是这个卦唯一的一根阳爻，是关键的一爻，其他五根阴爻都要受它影响，刚爻居阳位，位正，所以初九在本卦中代表一种回复正道的力量。

回复正道之后，当务之急是要修身，好好检讨一下自己，看看究竟错在了哪里，以期能够惩前毖后。

"亡羊补牢，为时未晚。"这个古老的寓言故事和小畜卦、复卦的初九爻一样，说的也是及时改正错误的重要性。丢一只羊问题不大，只要发现问题是出在羊圈上，及时把漏洞补上，就能避免更多的羊丢失。而如果听之任之，不去检查羊圈，或者发现了羊圈的漏洞而不去修补，那么圈里的羊早晚会丢光。这就好像一个人犯了错误，要么根本不自我检讨，沿着错误之路继续走下去；要么虽然发现了错误，却一笑置之，认为无关大局。这两种态度都要不得。即便一开始只是芥子一样的小错误，日子久了也会发展成须弥那样大。"悔之晚矣"这个词之所以产生并从那么多人嘴里说出来，我想无非是上述两种对待错误的错误态度所导致。

孔子说过："人非圣贤，孰能无过。过而能改，善莫大焉。"也就是说，人生于天地之间，都是吃五谷杂粮长大的凡夫俗子，不可能一点错误都不犯，一点毛病都没有的那叫"圣贤"。有错误咱不怕，只要知道改正，就是一件功德无量的善举。

孔圣人此言一出，不知喜煞了多少在错误的泥沼中挣扎徘徊的所谓"匪人"，也感化了不少天良未泯者，使他们就此"放下屠刀，立地成佛"。而更多存心向善的人则选择了在名字中嵌入该句中的词汇引以为鉴，用得最多的无过于"过"和"改之"。古往今来，凡名"过"者多字"改之"。连武林盟主金庸先生都不能免俗，借郭靖之口给"认贼作父"的杨康的儿子起了个名字叫"杨过"，字当然也是"改之"。

过而能改，诚然善莫大焉。此话古今咸宜，而且肯定永不过时。不过关于此话，我们还需明白以下两点：

第一，你可以有过，但不要太过头，过头到触犯国家法律，真到那时，天王老子都爱莫能助，你只能乖乖地到高墙电网下悔过。当然，还得说，我指的是社会主义的今天，法制健全，"天网恢恢，疏而不漏"。要放在封建时代，犯滔天大罪的人也可能钻了空子逃出生天。别的不说，就说《水浒传》上那个杀人放火的花和尚鲁智深，理个光头，点个戒疤，领张度牒就免了死罪。如今若有这样的事情就有点荒唐了。在违法乱纪这方面，陈毅元帅有句诗形容得最贴切："莫伸手，伸手必被捉。"

第二，改还有个时间问题。要改就得及时改，一发现问题马上反思，找出原因后马上就改，这样才能起到治病救人的最佳效果。这也是我们今天结合《周易》

所要探讨的话题。

宗圣曾子为了避免犯错误,"吾日三省吾身",那种不厌其烦劲儿想必我们谁都容忍不了。那么,退一步,为了避免"悔之晚矣"四个字颤颤抖抖地从我们嘴里说出,一旦发现犯了错误,让我们及时改正,好吗?

六二,休复,吉。

象曰:休复之吉,以下仁也。

【语译】

六二,愉快地返回,大吉。

《象传》说,愉快地返回是大吉的,因为六二爻行仁于下。

【解读】

"休",美好。六二,"休复,吉",美好的回复,是大吉的。

《象传》解释说,"休复之吉",是因为"下仁也"。"下仁",即"仁下"。"下"指邻居初九爻。六二爻既得中,又得正,与上无应,反比初九,像人行仁于下,与初九爻相亲相和,所以叫美好的回复。

六三,频复,厉无咎。

象曰:频复之厉,义无咎也。

【语译】

六三,愁眉苦脸地、勉强地返回,虽然危险,但没有灾祸。

《象传》说,愁眉苦脸地、勉强地返回虽然危险,在道义上不会有灾祸。

【解读】

"频"通"东施效颦"的"颦",皱眉头的意思,表示很勉强。六三,"频复",愁眉苦脸地、勉强地回复,结果怎么样呢?"厉无咎",虽然危险,但没有灾祸。为什么呢?六三爻的这个位置大多危险,因为处于下卦的最上位。六三爻跟谁呼应啊?上六爻。上六爻也是阴爻,两个都是阴爻,所以不能比应。六三爻位正不正呢?也不正,因此此只能是愁眉苦脸、勉强地回复。

《象传》说,"频复之厉,义无咎也",六三爻皱着眉头地回复,虽然会有危险,但在道义上是不会有咎害的,因为尽管是愁眉苦脸、勉强地回复,但毕竟是返回到了正道上。

六四，中行独复。

象曰：中行独复，以从道也。

【语译】

六四，在中间行走，独自返回。

《象传》说，在中间行走，独自返回，为了顺从中正之道。

【解读】

六四爻，位正不正？位正，所以它行得正。"中行"，这个"中"不是中位的中，这表示它虽然不在上下卦的中位，但是它要像二爻与五爻一样居中位，行中道。"独复"，专心地回复。六四，不在上下卦的中位，但在五根阴爻的中间，所以也可以说"中行"，即在五根阴爻中间行走，而且它与唯一的初九阳爻相呼应，所以说是专心地独自回复到正道上来。

《象传》解释说，"中行独复"是为了"从道也"，即是为了顺从中正之道。走上了邪路，独自一人返归正道。

六五，敦复，无悔。

象曰：敦复无悔，中以自考也。

【语译】

六五，敦厚、虔诚地返回，那是无悔的。

《象传》说，敦厚、虔诚地返回是无悔的，因为六五爻居中，能不断自我反思。

【解读】

六五，"敦复，无悔"，非常敦厚、虔诚地回复，那是无悔的。所以回复正道一定要诚信，要敦厚。

《象传》说："敦复无悔，中以自考也。""中"，六五爻居上卦中位。"自考"，就是自我反思。六五爻居上卦坤体之中，坤德厚顺；居中自守，并且能不断地自我反省："为人谋而不忠乎？与朋友交而不信乎？传不习乎？"这样就不会偏离正道，即使有所偏离，也会很快回复正道。六五能保持这种敦厚的品性，又能回复正道，所以做事就无怨无悔。

上六,迷复,凶,有灾眚。用行师,终有大败。以其国君,凶。至于十年不克征。

象曰:迷复之凶,反君道也。

【语译】

上六,误入歧途不知返回,有凶险,有灾祸。如果用兵打仗,最终会大败。在这个时位治理国家的君主,会有凶险,以致十年之内不能成功征讨敌国。

《象传》说,误入歧途不知返回是有凶险的,因为违反了君主之道。

【解读】

上六,"迷复,凶",迷入歧途不知回复。"有灾眚",有凶险,有灾祸。"用行师,终有大败",如果用兵打仗,最终会大败。"以其国君,凶",在这个时位治理国家,君主就会有凶险。"至于十年不克征",十年之内征讨敌国不能取得胜利,或者说,去征讨敌国十年也不能回来。这里从三个方面说明了迷失本性而不知复归,执迷不悟会导致的凶险的结局,告诫我们迷途知返的重要性。

《象传》解释说,"迷复之凶",是因为"反君道也"。上六,因为他离初九爻是最远的,受其影响比较少,由于居于最高位,有时会迷失本性,又没有人规劝他,如果他不知道回复正道,而想去侵略别人,那就违反了国君光明正大的怀柔之道,就会有凶险。这从反面来说回复的重要性。迷失于这个回复,所以就凶险、有灾祸。

复卦给我们的启示是,要找出任何一个事物最本质、最根本的东西,那就是太极。抓住了这个本体(太极),按照它一步一步来做,这样就会趋吉避凶。怎么来复呢?就是要休复(与周围的人和谐相处)、要中复(要居中守正道)、要独复(专心致志地回复)、要敦复(诚信敦厚地回复),还要反省自己。这样你就抓住了这个太极,一步步地往前走。

有一种说法认为,复卦描绘了一幅幅自由贸易之旅的景象,说明贸易是人类社会财富不断积累的必然结果,诚信公平的交易是商贸的基本原则。其实《易经》说的是普遍现象,不限于某一个具体事物。

无妄卦第二十五——不可妄为

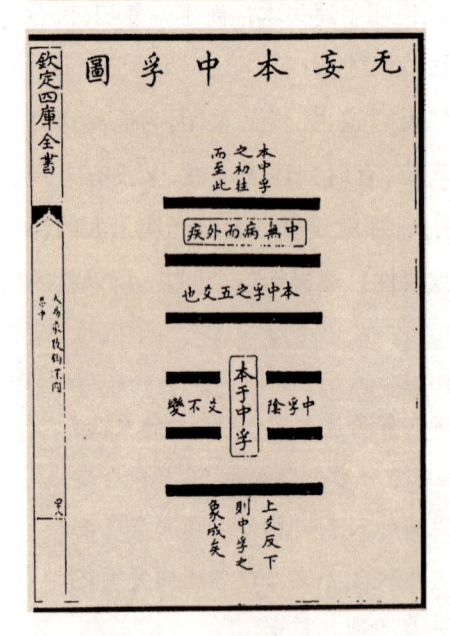

无妄，元亨利贞。其匪正有眚，不利有攸往。

【语译】

无妄卦，如果不妄为，一开始就亨通，有利于守持正道。如果不守正道就有灾祸，不利于继续前行。

【解读】

"妄"是乱的意思，"无妄"就是不妄为，不乱动。《序卦传》说："复则不妄矣，故受之以无妄。"回复到了正道，就不会妄为了。无妄卦的卦象上面是天，下面是雷，天下打雷。天下打雷了，怎么是"无妄"呢？我们要用象思维看这个形象，天下打雷了，万事万物敢妄为，雷就劈你了，所以万事万物不敢妄为。中国人的信仰就是信天，老人们经常说，你要是做坏事，就会天打雷劈。我们可以想象一下，天上乌云密布、电闪雷鸣，下面的万事万物能不害怕吗？能不惊恐吗？天是通过雷这种形象来展示它的威力和惩罚能力的。与"无妄"相对应的词当然是"有妄"，这一卦里既讲到"无妄"，也讲到"有妄"。

卦辞说，无妄卦，"元亨利贞"，一开始就亨通，有利于守持正道。"其"是"如果"的意思，不是代词。"匪"通"非"，"匪正"就是不正。"其匪正有眚"，如果你不正,不守正道,妄为,那就"有眚",有灾祸。"不利有攸往",你再前行的话,肯定是不利的。所以说万事万物怎么才能达到无妄呢?首先一点就是要守正道。

彖曰:无妄,刚自外来而为主于内,动而健,刚中而应,大亨以正,天之命也。其匪正有眚,不利有攸往。无妄之往,何之矣? 天命不佑,行矣哉。

【语译】

《彖传》说,无妄卦,刚爻从外面来在内卦做主,行动刚健,九五爻居中位与六二爻相呼应,非常亨通地奉行中正之道,符合天道大规律。如果不守正道就会有灾祸,不利于继续前行。不妄为的行为继续下去,将会走向何方?老天不会保佑你,不要再妄行了。

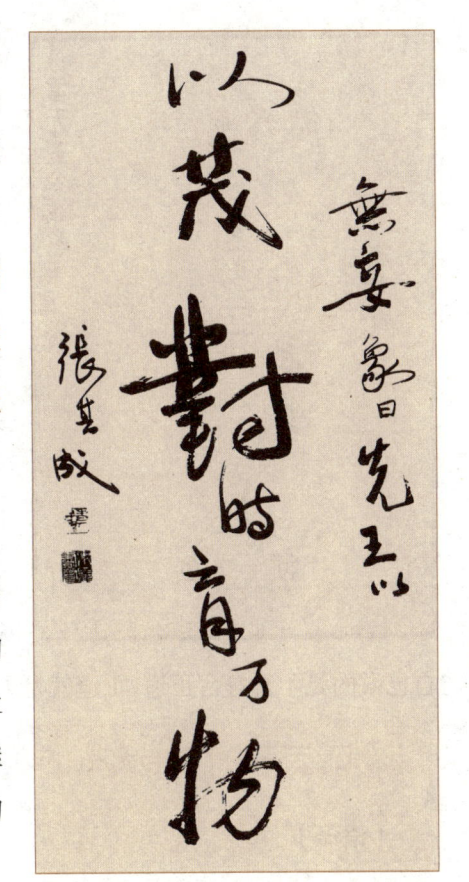

【解读】

《彖传》说,无妄卦,"刚自外来",刚爻初九爻是从外面来的,外边全是刚爻,外卦就是上卦,就是乾卦。"而为主于内","内"就是下卦、内卦,初九爻从外面来了以后,在内卦占据了最重要的位置。我们前面已经说过了,在一个八卦里边,三根爻除了乾卦、坤卦,总是一比二的关系。有一根阳爻,肯定会有两根阴爻,那么哪一个为主呢?当然是少的为主,一为主,所以初九主于内。"动而健",初九刚爻从外而来主于内政,他不妄为,行动非常刚健。"刚中而应",刚爻居中位指哪一根爻呢?九五爻。九五爻居中位,并且跟下面的六二爻相呼应,"应"指阴阳的相应。所以"大亨以正,天之命也"。"以正"就是守正道。"天之命"就是天道的大规律。九五刚爻又中又正,奉行中正之道,这是符合天道大规律的,所以能"大亨"、"元亨利贞"。"其匪正有眚,不利有攸往。"如果一个组织或一个机构内部柔弱,内政比较涣散的话,这个时候就需要从外界聘请一个刚健有力的人来主持工作。但是如果你来了之后行为不守正道的话,尽管很刚强,但那是妄为,不是

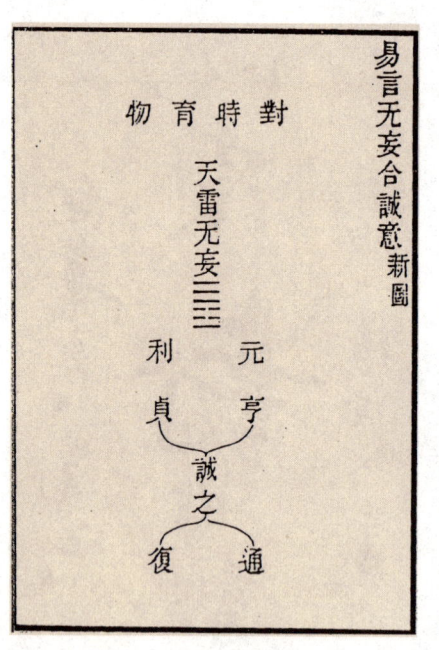

无妄,自然不能取信于内部的人,得不到他们的支持,这样就会有灾祸了,这个单位照样搞不好,有可能比以前更糟。"无妄之往,何之矣?"如果你没有认识到自己的所作所为是妄为,那么这种"有妄"的行为再继续下去,将会把这单位带向何方呢?肯定是到一个不利的地方去嘛!"之"作动词讲,是"去"的意思。这样就"天命不佑,行矣哉",老天也就不会保佑你、给你帮助了,这是你自己的行为的结果。所以说是不是无妄,并不能凭自己的感觉,如果自己的行为得不到大家的支持,首先要反省自己,看看自己做的是不是符合正道,正道就是天命。

象曰:天下雷行,物与无妄。先王以茂对时育万物。

【语译】

《象传》说,天下打雷,万事万物都不敢妄为了。先王要凭借这种威势配合天时来养育万物。

【解读】

《象传》说,"天下雷行",上卦为乾卦,乾为天,下卦为震卦,震为雷,天上打雷了,可以想象一下,天上乌云密布,电闪雷鸣,下面的万事万物不害怕、不惊恐吗?"物与无妄","与"有各种解释,这里就是"皆"、"都"的意思,万事万物都不敢妄为了。这就是无妄卦之象。先王看到这样的卦象,就要按照无妄卦来"茂对时育万物"。"茂"是茂盛,在这里就是指一种威势,一种权威。"对"是应对,这里作配合讲。先王也要凭借着这种威势配合天时来养育万物。也就是说,在打雷的时候,这是非常权威的时候,是一种强势,要符合天时。春天到了应该干什么?应该播种呀,播种了之后要养育万物呀。比如上面举的那个例子,从外面请了一个非常强有力的领导过来,这是一个非常好的时机,要符合这个天时,"育万物"是指要养育你的员工、下面的群众,不是叫你来惩罚他们的。目的要正确,这样才能无妄,否则不就是妄为了吗?

初九，无妄，往吉。

象曰：无妄之往，得志也。

【语译】

初九，一开始就不要妄为，这样前往是吉利的。

《象传》说，一开始就不要妄为地前往，因为心志得以实现。

【解读】

初九，"无妄，往吉"，一开始就不要妄为，这样前往是吉利的。

《象传》说，"无妄之往"，是因为得到了这个"志"。"志"指的是什么意思？初九是"刚自外来而为主于内"，心志得以实现。初九刚爻居阳位，位正，所以从一开始，心里就不想着我有威势，有权威，我就可以妄为了，而是行得正，这样就做到了无妄。按这样的心态去做事，就会是吉利的。

六二，不耕获，不菑畬，则利有攸往。

象曰：不耕获，未富也。

【语译】

六二，不图耕种就有收获，不要去开垦荒了的田地和多年的熟田，有利于前行。

《象传》说，不图耕种就有收获，因为未曾谋富贵。

【解读】

六二，"不耕获，不菑畬"，实际的意思是"不耕不获，不菑不畬"，就是不要想着去耕种就有收获。"菑"是指新开垦的田地，"畬"是指开垦了两年的田地，在这里作动词，指不要开荒了的田地，也不要去开垦熟田。"则利有攸往"，那么你往前行是有利的。这里就是指不妄为，不要妄做。

《象传》说："不耕获，未富也。""未富"，指还没有去谋求富贵。六二，不要想着为了富贵去开垦，去耕种，去收获，这样的话才有利。否则的话，光想着怎么富贵，然后为了富贵去劳动，去开垦，去耕作，那反而得不到。这句话是非常有哲理的，有的东西你越想得到可能越得不到，越不想得到却往往得到了。这说的是不要目的性太强，不要太执着。心里执着了往往就"妄为"。这个六二爻是又中又正，本身就是有利的，他没有去妄做，守的是正道，走的是中道，所以他"利有攸往"。他不去谋富贵却能富贵。

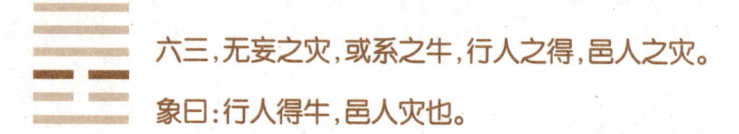

六三，无妄之灾，或系之牛，行人之得，邑人之灾。

象曰：行人得牛，邑人灾也。

【语译】

六三，不妄为但有灾祸，好比拴住一头牛，被行人偷去，村中的人就会遭受灾祸。

《象传》说，路人偷走牛，村中人遭受灾祸。

【解读】

第三爻"多凶"，而且它又是一根阴爻，所以有灾。"无妄之灾"是说没有妄为但是却有灾祸了。"或系之牛"，好比拴住一头牛。"行人得之"，它被行路的人给偷去了。"邑人之灾"，你说这是不是邑人的灾祸呀？

《象传》也说，"行人得牛，邑人灾也"。"邑人"就是村里人。村里人养了一头牛，把它拴在树上，后来被一个路过的人偷去了。表面上看起来这种灾祸是值得同情的。人家好好的，走得也很正，却被偷走了一头牛，一头牛对当时的一个农家来说那可是一件大事。但是认真想一想，这叫"可怜之人必有可恨之处"，他肯定有做得不对的地方。你看他居在下卦的最上位，既不正又不中，不按中正之道来做事，当然会有灾祸。虽然他没有妄为，但他的内心是不中不正的，所以同样有灾祸。无妄看起来是一种行为，实际上一个人的行动来源于他的心理。也就是说，一个人的思维方式决定了一个人的行为方式，虽然你行为上没有这样去做，但思维上是不中不正的，所以同样会招来无缘无故的灾祸。这告诉我们思维方式的重要性。

九四，可贞，无咎。

象曰：可贞无咎，固有之也。

【语译】

九四，守持正道就没有灾祸。

《象传》说，守持正道就没有灾祸，因为阳爻具有守持正道的能力。

【解读】

九四,"可贞",可以守持正道。九四爻正不正呀？不正,但他却要去守正,因为他是一根阳爻,阳爻具有这样的能力,阴爻往往没有这种能力去守正道。所以六三爻想正正不起来,到九四爻的时候就可以去守正道了,所以"无咎",没有灾祸。

《象传》说,"可贞无咎",是因为"固有之也",因为阳爻本来就具有守持正道的能力。

九五,无妄之疾,勿药有喜。
象曰:无妄之药,不可试也。

【语译】

九五,没有妄为却得了病,不用吃药就能自愈。
《象传》说,治疗没有妄为而得的病的药,不可以去尝试。

【解读】

九五,"无妄之疾",他没有去妄做但是却有病了,这是个不好的事情,"勿药有喜",但这个病不用吃药就能治好。

《象传》说"无妄之药",治疗"无妄之疾"的药,"不可试也",不可以去试一试的,也没必要去试,为什么呢？这就要看这根爻所处的时位了,因为九五爻是又中又正,而且居在最尊贵的位置上,还跟下边的六二爻相应,所以他虽然有些灾祸,但是会避免掉。这说明了守中道、守正道和时位的重要性。

上九,无妄,行有眚,无攸利。
象曰:无妄之行,穷之灾也。

【语译】

上九,没有妄为,但一味前行必有灾祸,这是不利的。
《象传》说,没有妄为地前行,走到了尽头带来了灾祸。

【解读】

上九,"无妄",也没有妄为,"行有眚",但前行会有灾祸,"无攸利",没有什么有利的。

《象传》说,"无妄之行",没有妄为地前行,为什么却有凶险呢?"穷之灾也",因为走到尽头了,"穷"就是尽头,上九爻是最上一爻,再往前已无路可走,会有危险。

> 我们看看这个无妄卦,很有意思,六根爻没有一根爻是"妄"的,都是"无妄",但是却有吉有凶。你们看,初九是无妄之往,六二是无妄之耕获、菑畬,六三是无妄之灾,九四是无妄之贞,九五是无妄之疾,上九是无妄之行。都没有妄做,但为什么有吉有凶呢?主要原因就是时位不同,用心不同。初九爻的时位,是个刚爻,能行得正,所以是吉的。六二爻、九五爻都是又中又正,也都是吉祥的。六三爻的时位不中不正,时位不好,所以有凶险。上九爻不中,而且到头了,到最高位了,高而无位,所以也有凶险。这就告诉我们做事情除了不要妄为之外,更重要的是要审时度势,识时务者为俊杰。心里还要守正道,如果不守正,就会有灾祸。按照儒家的说法,就是要符合礼仪。孔子曾说过,"非礼勿视,非礼勿听,非礼勿言,非礼勿动",这叫"守正"。

大畜卦第二十六——蓄德养贤

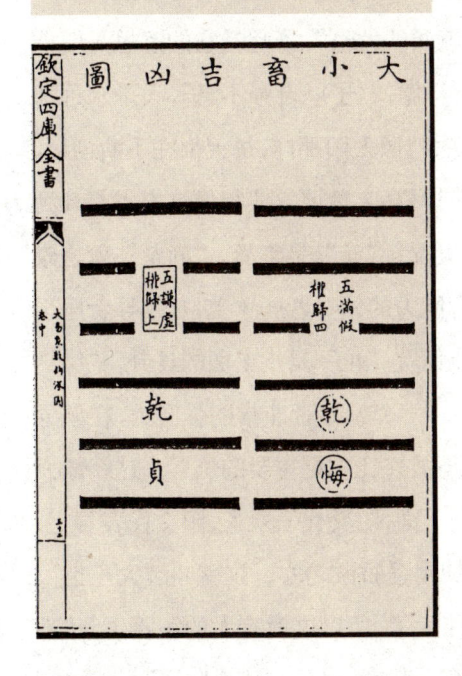

大畜,利贞。不家食,吉。利涉大川。

【语译】

大畜卦,是有利的。不独自在家里吃饭,这是好事,有利于渡过大河。

【解读】

"大畜"是大有积蓄的意思。《序卦传》说:"有无妄然后可畜,故受之以大畜。"不妄为了,事物就可以聚集起来,就会大有积蓄,所以无妄卦之后就是大畜卦。第二十五卦无妄与第二十六卦大畜是反覆的关系,即无妄卦倒转过来就是大畜卦。大畜卦是指有大的收获、大的积蓄的卦。大畜卦说明了事物在发展过程中必须竭力蓄聚刚健正气的道理,卦辞与《象传》强调"守正"、"养贤",指出"蓄聚阳刚正德"是"大畜"的关键所在。

卦辞说,"大畜,利贞",大畜卦是有利于守正的。"不家食,吉",他不在家里自己吃,意思是要出去与外面的人一起吃,这是好事。"利涉大川",有利于渡过大川险阻。

彖曰:大畜,刚健笃实,辉光,日新其德,刚上而尚贤,能止健,大正也。不家食,吉,养贤也。利涉大川,应乎天也。

【语译】

《象传》说，大畜卦，刚健笃实能发出光辉，日日创新变革提高品德。阳刚在上崇尚贤人，能够止住刚强骄傲之心，那就太伟大了。不独自在家里吃饭，大吉，因为在蓄养贤人。有利于渡过大河，因为合乎天道。

【解读】

《象传》说，大畜卦，"刚健笃实"，"刚健"指的是乾卦，乾卦的本性刚健；"笃实"指的是艮卦，艮为山，山为笃实，非常敦厚坚实。"辉光"是指发出光辉，指如果刚健笃实得像天上的太阳一样，那就能发出光辉了。一个东西要是能发出光辉，这说明它自己已经有了大的积蓄，很殷实，很富足。这里不仅仅是指积蓄一些物质财富，更重要的是要积蓄道德。所以要"日新其德"，一天一天地去创新变革，去提高自己的品德。《周易》的本质就在于要"新"。怎么才能新呢？就是要"变"。"新"是个使动词，意思是不断地修炼自己的品德、道德，使自己的品德一天天地创新，一天天地有变化。这里为什么说天上有一座山就叫"大畜"了呢？它的意思是既能像天那么刚健，又能像山那么高大。因为"天行健，君子以自强不息"，天是永远那么运行下去的，不会改变，地球毁灭了天还存在，就像太阳那样，每天都在不断创新，但创新变革的目的是使自己的品德变得更加敦厚笃实，敦厚笃实得像这座山都高到天上去了，所以是"大畜"。"刚上"指的是上九爻，"尚"是崇尚，"尚贤"就是崇尚贤人。"刚上而尚贤"，刚爻在上，一般是指有能力的领导者居于上位，领导者居于上位一定要崇尚下面的贤人，要能居下，能"止健"，"止"是指上面的艮卦，"健"是指下面的乾卦，要能够止住自己的刚健之心。一个领导者非常刚强有力，在领导的时候一定要崇尚尊敬你的下属，要把你的下属放在比你更重要的位置。这就像大畜卦，乾卦是最刚健的，但它居于艮卦两根阴爻下面，阴爻代表众人，阳爻代表君主，君主居下了，这就是在崇尚贤人，能止住自己的刚强骄傲之心。这就叫"大正也"。愿意居在下位，把被领导者推到上位去，那太伟大了，所以这就有大的积蓄了。"不家食，吉"，不在家里自己吃，愿意在外面跟大家一起吃，这是在"养贤也"。战国时期四公子都养了一些食客，这些食客就叫贤人，他们都有自己的绝招，这些食客甚至于是鸡鸣狗盗之徒，后来他们都发挥作用了，这就是养贤。这四公子就像是乾卦，都愿意居下，下面的这些贤人被推到尊贵的位置，被奉为上宾。"利涉大川，应乎天也"，为什么他能够渡过大江大河？因为他合乎天道，按照天道来办事，因为天道是公平的，天道是不占为己有的，所以君主按照这个来做就会有大的作为。

象曰：天在山中，大畜。君子以多识前言往行，以畜其德。

【语译】

《象传》说，天包含在山当中，大的包容之象。君子要多学习古圣先贤的言，并去行动，积蓄自己的德行。

【解读】

《象传》说，"天在山中"，上卦是艮，艮为山；下卦是乾，乾为天，天包含在山当中，一般是天覆盖了山，现在是倒过来，山包容了天，山在上面把天包容住了，这是大的包容，大的积蓄，这就是大畜卦之象。君子看到这样的卦象，就要按照大畜卦之道来"多识前言往行，以畜其德"。君子要学习大山的蓄藏能力，去多多学习古圣先贤的至理名言，然后"往行"，按照古圣先贤的话去做，"以畜其德"，这样来积蓄自己的德行。积蓄什么？首先是积德、养贤，然后才指积累财富。那么包容什么？包容比自己更大更强的东西。这种包容是一种伟大的包容，一般的人去包容比自己弱的东西容易做到，叫同情弱者，去包容一个比自己能力更强的人往往很难做到，会产生嫉妒之心。我们要像这大畜卦一样，能够包容比自己更高、更强、更大的人和事，这才真正能显出一个人的品德。一个领导者如果是"武大郎开店"，下属一定是要比自己矮的，比自己高的人他绝对容忍不了，他招的人都是比自己差的人，那么这个企业、这个单位肯定没有生命力，肯定干不好，马上要亏损。怎样才能做到大畜？就要包容比自己更强的人。所以大畜卦讲的是怎样打开我们的心量。

初九，有厉，利已。

象曰：有厉利已，不犯灾也。

【语译】

初九，一开始就有危险，有利于停止。

《象传》说，一开始就有危险，赶快停止就有利，不会遇到危险灾祸。

【解读】

"有厉",有危险。荀子曰"学不可以已",学习不可以停止,"已"就是停止。"利已",就是有利于停止。初九,一开始就有危险,如果赶快停止,就有利。

《象传》说,"有厉利已",是因为"不犯灾也"。初九,前面有灾祸了,就马上停止,这样就不会遇到危险灾祸,这是一种与时俱退的智慧。其实所谓的"与时俱进"应该是"与时俱进退",要审时度势,不能盲目冒进,这叫知时位。

九二,舆说輹。

象曰:舆说輹,中无尤也。

【语译】

九二,把车上卡住车轴的木头弄丢了(不能前行了)。

《象传》说,把车上卡住车轴的木头弄丢了(不能前行了),说明心中没有忧愁。

【解读】

"说"通"脱"。"舆"就是车子。车轮中间有轴,卡住车轴的木头就是"輹"。九二,"舆说輹",车子上卡住车轴的木头脱落了,意味着车要散架,想赶路是不可能了,这时一定要停下来等待。

《象传》说,"舆说輹",要像车子把卡住车轴的木头甩掉一样不往前走了,如果这样,就"中无尤也",九二爻居下卦中位,能守持中正之道,所以内心没有什么怨尤,能安安心心地等待。

等待不是干等、白等,你得在等待期抓紧充实、提升你自己,要潜心、虚心学习,不能把大好时光白白荒废。这样,机会到来时你才不会手忙脚乱、无所适从,再让它偷偷溜走。古时君子一旦不为时所用,或者时机尚未到来之时,退居林泉之下,并不意志消沉,往往抓紧时间充电,以图日后能获大用。

东晋丞相谢安,曾辞官隐居东山,表面上携妓狎酒、傲啸风月,实则无时无刻不在关注着朝廷内外的风吹草动。后来前秦苻坚以"投鞭断流"之众来犯,谢安果然东山再起,运筹帷幄,指挥若定,以区区八万人马,在淝水一战中大破前秦军,吓得苻坚草木皆兵。试想,如果谢安真的在退隐期间无所事事,又怎么能在出山伊始就要出那般大手笔?

春秋五霸之一的楚庄王，刚即位时活脱脱一副浪荡公子形象，天天喝酒吃肉，躲在后宫和一帮美人鬼混。他还不让人说，凡有想进谏者通通吃了他的闭门羹。就这么一个咋看咋不成器的家伙，吃喝玩乐了三年之后，突然有一天宣称要发愤图强了。大家当然不信，最起码一开始的时候不信。可这楚庄王也着实了得，很快就让所有人刮目相看，不但一下子改掉了所有陋习，而且治理国家非常有一套，让许多老牌政治家都自愧弗如。就这样，不过数年，楚国大治，楚庄王也以"不鸣则已，一鸣惊人；不飞则已，一飞冲天"而著称。

楚庄王果然有那么高明、那么有天分吗？非也。只不过在放荡不羁的三年中，他并没有像大家想象的那样只迷恋醇酒美人无所作为罢了。三年之中，别人都被掩住了耳目，他却把眼睛擦得雪亮，无时无刻不在密切关注着楚国上下的动向，这些在三年后都成了他治理国家、规避错误的第一手宝贵资料，所以他才能在长久蛰伏之后，一出手就技惊四座。

最后，等待期间还要广交朋友，以便时来借势。这也是屯卦六二爻的精要所在。如果不能借他人之势，那就要想办法自己造势。因为六二爻是阴爻，自身柔弱，虽然位置中正，如若无人扶助、无势可借，想获得成功也很困难。我们今天从业创业的情形就是如此。单凭一人之力，单枪匹马独闯天下，碰得头破血流的可能性很大，如果能借助形势、借朋友之力，就会容易得多。

总之，等待这门学问是需要好好学习的。每个人一生中，或长或短，都会有一段蛰伏和等待期。只有傻子才会把这个宝贵的学习机会白白错过，聪明人则会拿它充实、提升自我，以利将来的更大发展。

九三，良马逐，利艰贞，曰闲舆卫，利有攸往。

象曰：利有攸往，上合志也。

【语译】

九三，良马在竞逐，要牢记前面的道路有艰险。平日非常娴熟于车战防卫，有利于前行。

《象传》说，有利于前行，因为上九爻与九三爻志同道合。

【解读】

九三，"良马逐"，好马在互相追逐。"利艰贞"，"贞"通"正"，意思是牢牢记住前面是危险的,前面有高山河流,很艰难,要跑在正道上。"闲"通"娴",就是娴熟。"日"可理解为平常、平日。"舆"是车子。"卫"是防卫。"日闲舆卫",虽然前面道路很艰难,但是因为平常对车战的防卫非常娴熟,所以"利有攸往",继续往前跑还是有利的。

《象传》说,"利有攸往",是因为"上合志也","上"指上九爻,是跟他志同道合。这一爻本来大多为凶,因为已经是下卦到头了,但这里为什么是"利有攸往"?因为上九爻跟他非常投缘,志同道合。为什么志同道合?九三爻、上九爻不相应,一阴一阳才是相应,因为九三爻是良马在奔跑追逐,上九爻是"何天之衢","衢"是大道,跑在大路上,所以刚好相合。

六四,童牛之牿,元吉。

象曰:六四元吉,有喜也。

【语译】

六四,给刚刚长角的小牛安装上横木,是大吉的。

《象传》说,六四爻大吉,有大的喜悦。

【解读】

"童牛"是没有角或刚长了一点点角的小牛。"牿"是一个铐子。"童牛之牿,元吉",就是小牛没有角或刚长了一点点角就要用一个东西把它铐住,系在一根木头上,这样是大吉大利。为什么?因为牛会用牛角去使坏顶人,在小牛没使坏之前就把它铐住了,驯化它,按古人的说法,叫"止恶于未发之时",这样就大吉大利。在小牛还没有长大的时候就把它的恶性止住,就是在初始之时把它制止住,就叫"防微杜渐"。等长大的牛角很锋利了,恶性已成,再想铐也铐不住了。

所以《象传》说,"有喜也"。如果是这样做的话,从它还没有长出来时候就把它的恶劣遏制住,就有大喜悦。因为这时候牛还小,比较容易控制;倘等它的牛角长长、长锋利,身子骨也长得结实时,再想给它上牿,付出的代价可就大了,说不定加牿的人还被它顶坏了。

把灾祸消灭在萌芽状态,一则达到了消灭灾祸的目的,二则也实现了效益的最大化,即以最小的成本换取最大的利益。另外还要注意:一是千万不要错杀无辜，必须确认了是灾祸的萌芽方可下手。二是一旦下手决不容情，不可心慈手软，养虎为患。

六五，豶豕之牙，吉。

象曰：六五之吉，有庆也。

【语译】

六五，被阉割了的公猪的牙齿，吉。

《象传》说，六五的吉利，是值得庆幸的。

【解读】

"豕（shǐ）"就是猪。"豶（fén）豕"是被阉割的公猪。六五，"豶豕之牙，吉"，因为公猪被阉割了之后，它的凶性就减弱了，慢慢变得温顺了，原本锋利的牙齿也慢慢退化了，即使它还想使坏，也使不出来了，所以说豶豕的牙齿是吉的。

《象传》说，六五的吉利，是"有庆也"。整个卦象里只有六四爻、六五爻是阴爻，表示它的阳性的东西已被去掉，六四的童牛也是比较温顺的牛，这里的豶豕就是被阉割了的公猪，这种猪的凶性已经去掉了。猪、牛，还有九二、九三说的车、马，都是用一个形象来比喻同一类事物，而不能局限于这一个东西。

由牛、猪而联想到人，道理其实一样。人原本是从动物进化而来，天性中不免隐藏有动物性、兽性的一面，这也是数千年来人性恶论赖以立论的主要依据之一。我们如果能够在人的兽性没有机会发作之前就把它去除了，那么，将来他再做恶事也恶不到哪儿去，至少还有立地成佛的可能。因为他的本性至少是善良的，他也知道恶之为恶，为世人所不齿，为天理所不容，只不过一时糊涂走错了路。倘若真是大奸大恶之徒，头脑中根本没有是非观念，那要想教化他，恐怕难度就大多了。所以《象传》说去掉了凶性是值得庆幸的。这从六四、六五爻的爻位也可看出，六四爻不中却正，阴爻居阴位；六五爻不正却中，为上卦之中爻，都有吉祥的一面。

"防微"才能"杜渐"的道理并不深奥，大家都懂，可实际操作起来却也有一定难度，要紧的还是把握一个准确的度。"防微"过轻起不到"杜渐"的效果，反倒让逃脱责任者小看，进而更加嚣张。当然，你若用这一招示敌以弱、欲擒故纵，就会显得很高明，但"防微"不当又会显得疑神疑鬼、小家子气，很可能搞得上下离心。"防微"过重更不可取，"人至察则无徒"，你就会成为光杆司令了。这几点是当老板做企业者必须尽力避免的。

> 上九，何天之衢，亨。
>
> 象曰：何天之衢，道大行也。

【语译】

上九，走在担负天地重任的大道上，亨通。

《象传》说，走在担负天地重任的大道上，天道大行于天下。

【解读】

"何"有两个意思，一个是何等的意思，另一个是通"荷"，是担负、承担的意思。这使我想起陶渊明和鲁迅的诗句："刑天舞干戚，猛志固常在。""两间余一卒，荷戟独彷徨。"刑天是古代的一个猛士，炎帝手下的大臣，被黄帝斩下头颅以后，没了头颅的刑天却突然立起身来，把胸前的两个乳头当作一双眼睛，把肚脐当作嘴巴，左手握盾，右手持斧，向着天空猛劈狠砍，战斗不止。上九，"何天之衢，亨"，这里的"荷天"指肩负天地的道德，积蓄天地的道德，上九走在担负天地重任的大道上，是亨通的。上九爻是山的最高峰，整个卦叫大畜卦，意思是德积累到了最高。它分两个阶段，第一个阶段积蓄最多的是在九三爻，整个卦积累最多的是上九爻。到了上九爻，道德已大畜，所以亨通。只要大畜其德就有好报，虽然有的时候时位不利但同样有大喜。

《象传》说，"何天之衢"，寓意是"道大行也"，天道大行于天下，这是大畜的最终结果。

> 大畜卦给我们的启示是要积德、积善，这样才能有好报，所谓"积善之家，必有余庆"。那怎么才能大畜？怎样才能积善积德？首先，要去掉凶残的本性，恢复善良的本性，使自己的本性变得刚健笃实。其次，要有宽广的胸怀，才能去积善积德。要能容纳比你更大更强的人和物。第三，还要不断地去更新，日新其德，这个"新"就在于改变自己，不断去掉自己不好的东西。如果坚持这样做，就能终有庆，终有喜，终有大吉，终能大行。

颐卦第二十七——颐养之道

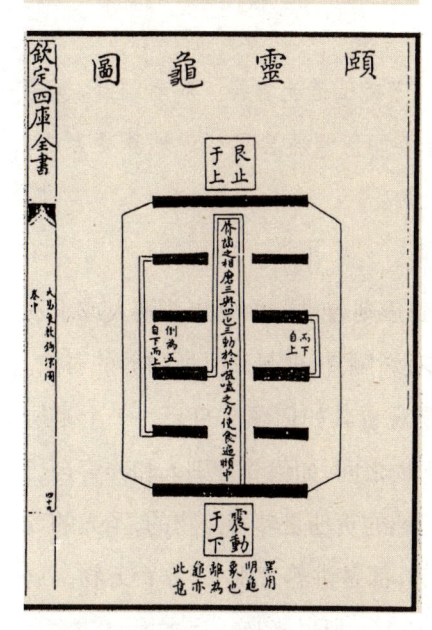

颐，贞吉。观颐，自求口实。

【语译】

颐卦，守正就吉祥。观看颐养现象，明白自己谋生的道理。

【解读】

"颐"是养的意思。《序卦传》说："物畜然后可养，故受之以颐。颐者，养也。"有了大的积蓄之后，就可以去养育万物，去涵养百姓，所以大畜卦之后就是颐卦。颐卦的形状，极像人吃食物，用以养生。颐卦阐发"颐养"的意义，指出"自养"之道，当本于德，不可弃德求欲；"养人"之道，当出于公，必须养德及物。

卦辞说，颐卦，"贞吉"，守正就吉祥。"观颐，自求口实"，观看颐卦，就会明白自己谋生的道理。颐卦非常形象，上面是一根阳爻，下面也是一根阳爻，中间是四根阴爻，这个形象就像一张嘴——上嘴唇和下嘴唇就像两根阳爻，中间是空的，像四根阴爻。《说文解字》上说："颐，颔也。""颔"就是腮帮子。"颐"有养的意思，现在有个词就叫"颐养"。所以这个卦的卦象就象征嘴巴，嘴巴里吃东西不就表示养人吗？颐卦上面是艮，是止；下面是震，是动，上止下动，非常形象。我们把嘴张开，下巴在动，上面能不能动？永远也动不了。

327

观看嘴巴吃东西,你会发现一种"自求口实",就是自己向外求口中的食物,也就是一种求养于人的道理,所以这个卦就讲养育万物。程颐有个解释:"天地造化,养育万物,各得其宜者,亦正而已矣。"在这里,程颐强调要正,要守正道,这样才能求得食物。

彖曰:颐,贞吉,养正则吉也。观颐,观其所养也。自求口实,观其自养也。天地养万物,圣人养贤以及万民。颐之时大矣哉。

【语译】

《彖传》说,颐卦,守正就吉祥,自养或养人守持正道就吉祥。观看颐卦,就是观看所颐养的对象。自己谋求食物,就是观看其如何颐养自己。天地养育万物,圣人养育贤人和万民。颐这个时位是非常伟大的。

【解读】

《彖传》说,颐卦,"贞吉",守正吉祥,"养正则吉也",你要想养别人或求别人养你,你就必须守正。"观颐,观其所养也",观看颐卦,就是观看所颐养的对象。"自求口实,观其自养也",自己谋求食物,就是观看其如何颐养自己。一个是所养,一个是自养。颐卦讲的就是,一个人处于天地之间,如何养育别人和养育自己的道理。"天地养万物,圣人养贤以及万民",天地的责任是养育万物的,圣人的责任是养育贤人和万民的。这里就出现了三个养,都是讲养育别人,养育万物。这个"养"有个特点,是自己富有了就应该去养别人。所以光自己有才能、有能力,能自养了,还不行,还要去养别人。因此说"颐之时大矣哉",颐这个时位是非常伟大的。程颐又解释说:"夫子推颐之道,赞天地与圣人同功。""夫子"就是孔子,意思是说,孔子推行颐卦之道,是要称赞天地与圣人在养育这件事上具有相同的功绩。天地养万物是无私的,是自然而然的,圣人也一样,他养育贤人以及万民也是无私的,自然而然的。

象曰：山下有雷,颐。君子以慎言语,节饮食。

【语译】

《象传》说,山下有雷,颐卦之象。君子要谨慎地说话,节制饮食。

【解读】

《象传》说,"山下有雷",上卦为艮卦,下卦为震卦,震为雷,山静止,雷震动,山下面的雷被止住了还没开始动,处在一种养育的状态,这就是颐卦之象。君子看到这样的卦象,就要按照颐卦之道来"慎言语,节饮食"。"慎"是谨慎的意思,"慎言语"就是要少说话,或不说话,要谨慎地说;"节饮食",就是要节制饮食。为什么从颐卦的卦象中得出要"慎言语,节饮食"呢？颐卦为上止下动,就是要止住动。因为言语和饮食都是动的,所以要节制它们。有句话就说："祸从口出,病从口入。"所以要"慎言语,节饮食",要止动,要谨慎,这样才能吉,才能行颐养之道。

初九,舍尔灵龟,观我朵颐,凶。

象曰：观我朵颐,亦不足贵也。

【语译】

初九,舍弃你自己像灵龟一样的本质,只看着我动腮进食,有凶险。

《象传》说,只看着我动腮进食,是不值得称道的。

【解读】

"舍"是舍弃。"尔",在这里就是指初九爻。"灵龟",指阳刚的体质。"舍尔灵龟",就是舍弃初九的阳刚体质。"朵"是动,"朵颐"就是动腮帮子。"观我朵颐",就是看自己的嘴巴在动。初九,舍弃灵龟般的阳刚体质,只观看自己动腮进食,意思就是只管自己,不管别人,有凶险。

《象传》解释说："观我朵颐,亦不足贵也。"就是说自己有这样的能力,有阳刚的体质,却自己只顾自己,不去帮助别人,这样的人是不值得称道的。

六二,颠颐,拂经,于丘颐,征凶。

象曰：六二征凶,行失类也。

【语译】

六二，颠倒颐养之道，违背常理，向丘陵上的尊者求取颐养，往前进有凶险。

《象传》说，往前进必有凶险，因为违背了常规。

【解读】

"颠"是颠倒，"颠颐"就是颠倒这个颐。"拂"是违背，"经"是常规，"拂经"就是违背常规的意思。"丘"是高的意思，在这里是指上九爻。"于丘颐"意思是六二向上九去求颐养，求养育。"征凶"，这样前往就有凶险。六二，颠倒了颐养之道，违背了常理，向上级（上九）去求颐养，求养育，这样就是凶兆。

《象传》说，"六二征凶"，是因为"行失类也"。六二，这一爻是又中又正，所以一般来说是非常吉利的，但在这里却是凶象，是因为它颠倒了颐养之道。六二本来应该向六五求，但是他违背了常规，超越六五，往前向上九求，这样的行为是不正确的。

六三，拂颐，贞凶。十年勿用，无攸利。

象曰：十年勿用，道大悖也。

【语译】

六三，违背颐养的常理，凶险。十年之内不要有什么作为，因为没有什么好处。

《象传》说，十年之内不要有什么作为，因为违背了颐养之道。

【解读】

六三，"拂颐，贞凶"，违背了颐养之常理，坚持这样做会是凶的。"十年勿用，无攸利"，十年之内也不要有什么作为，不会有什么利益的。

《象传》说，"十年勿用"，是因为"道大悖也"。六三阴爻居阳位，位不正。六表示阴，体质比较弱，且他又违背了正常的颐养之道，多欲妄动，所以有凶象。纵观震卦这三爻，可以看出都是凶的。

六四，颠颐，吉，虎视眈眈，其欲逐逐，无咎。

象曰：颠颐之吉，上施光也。

【语译】

六四，颠倒过来向下求取颐养，吉。像老虎捕食一样高度重视，求物的欲望接连不断,可是却没有灾祸。

《象传》说,颠倒过来向下求取颐养是吉利的,因为六四爻居上位,施行光明。

【解读】

六二爻"颠颐,凶",六四爻"颠颐,吉",这是为什么?因为与六四爻相应的是初九爻,六四颠倒了向下求养人,所以是吉。"虎视眈眈",意思是像老虎一样盯着初九爻。"逐逐"是接连不断的意思,"其欲逐逐",就是求物的欲望接连不断,但是"无咎",没有灾祸。为什么?因为六四除了和初九相应之外,他所求的初九爻有"灵龟"的阳刚体质,这种阳刚之性接连不断地被六四吸收,所以六四是吉的。

《象传》解释说,"颠颐之吉",是因为"上施光也"。"上"不是指上九爻,而是指六四爻本身居于上位,所以施行光明。还有一种说法,六四是在养别人,而不是求别人养自己。

六五,拂经,居贞吉,不可涉大川。

象曰:居贞之吉,顺以从上也。

【语译】

六五,虽然违背常理,但能安居正位,因此能获得吉祥,不过不能去渡大河大川。

《象传》说,安居正位而获得吉祥,因为六五爻顺从上九爻。

【解读】

六五,"拂经",就是违背常规。"居贞吉",安居正位,就能获得吉祥。"不可涉大川",不能去渡大河大川。六五居于君主之位,本来应该去养别人,但却是阴柔之体,是阴爻,没有办法去养人,反而要靠上九来养自己,但他非常公道,把自己所得到的颐养反推给天下百姓,这样就属于"有德",所以吉祥。为什么不能去渡大河大川?也是由于阴柔的缘故,所以六五虽然是吉,但不是大吉,是小吉。因为是小吉,所以不能涉大川,没有办法做出丰功伟业。

《象传》解释说,"居贞之吉",是因为"顺以从上也"。上九阳爻居上,六五阴爻居下就是顺,就是六五顺从上九爻。也就是说,上九养了六五,六五再去养天下百姓。我们可以看出,在颐卦中,初九和上九爻是养别人的,中间的四根阴爻是被别人养的。

331

上九，由颐，厉，吉，利涉大川。

象曰：由颐厉吉，大有庆也。

【语译】

上九，依靠它来颐养天下，虽然艰难但仍然吉利，有利于渡过大河大川。

《象传》说，依靠它来颐养天下，虽然艰难但仍然吉利，因为大有福报。

【解读】

"由"即源出，"由颐"，就是颐养之源出。上九以阳刚居颐养之极，下有四根阴爻，皆赖其养，意思是依靠上九爻颐养天下。"厉，吉"，虽然艰险，但仍然是吉利的。"利涉大川"，上九阳爻刚健，所以有利于渡过大河大川。一般来说，上九爻是不吉利的，但是这里是吉利的，为什么？因为他居最高位，天下是靠他来颐养的，所以虽然艰难，但却有大福报。

《象传》解释说，"由颐厉吉"，是因为"大有庆也"，就是大有福报。这就是说，以民为本才能获得支持与信任，才能赢得最后的成功。

刘备有句名言："夫济大事者，必以人为本。"这说的是建安十三年（208年）的事，当时曹操攻打荆州，抵达襄阳后，得知刘备已向江陵逃窜，亲点五千精锐骑兵，以日行三百里的速度追了过去。曹操速度快，刘备却走得慢，因为他带着一大帮老幼妇孺一起撤退，所以一天只能走十几里。据《三国志·先主传》记载，当时有人劝刘备不要再管这些人了，赶快退保江陵。然而刘备却说："夫济大事者，必以人为本，今人归吾，吾何忍去！"

如果说曹操得天下靠的是天时，"拥百万之众，挟天子以令诸侯"，孙权成就霸业凭的是地利，"据有江东，已历三世，国险而民附"，那么刘备凭借的就是人和，"信义著于四海，总揽英雄，思贤如渴"，因此才得以和魏吴两家成三国鼎立之势。

与刘备相比，曹操虽然也深知天下之争其实就是人才之争，而且不遗余力，从袁绍手中网罗荀彧、郭嘉、张郃、高览，从刘表手中网罗蒯越、文聘等人，手下战将如云，谋士如雨，但曹操并未做到真正的"以人为本"。他一直心存"才不为我所用，则必不能流于他人，为他人所用"的观念，为此黜杀了许多优秀人才，例如，因嫉妒而杀孔融、杨修，因怀疑而杀崔琰、蔡瑁，等等。当然，也正是因为曹操没有真正地"以人为本"，所以才会有陈宫、张邈等人的背叛，才会有大批人才流向吴、蜀，最终他只能眼睁睁看着天下三分，而不是由自己一手打造的魏国统一宇内。

> 颐卦讲了两种颐养之道，一种是自养，另一种是养人。自养要本于德行，这样才吉利。如果不是本于德行，就像下卦的三根爻，那就凶险。养别人则一定要出于公心、公道，这就像上九爻，它是养别人的，别人是由于他而得到养育的，所以只要守公道，虽然是艰险，但是吉利。天地是养万物的，圣人是养贤人的，君主是养万民的。自己富有了就要去养别人。光自己有才能还不行，你不能光顾养自己，还要去养别人。
>
> 另外，这个卦象上面是山下面是雷，为什么雷全是凶，山全是吉？这就告诉我们一个非常重要的道理，就是道家和佛家讲的"止"。山不是止吗？要止于动，动的东西往往是凶的。《象传》还讲了观，这就是佛家讲的"止观法门"。你要养别人，必须自己的心要止、要静。《大学》上讲："大学之道，在明明德，在亲民，在止于至善。知止而后有定，定而后能静，静而后能安，安而后能虑，虑而后能得。"佛教讲戒定慧，戒就是止。止都是吉的，妄动往往是凶的。

大过卦第二十八——改过纠错

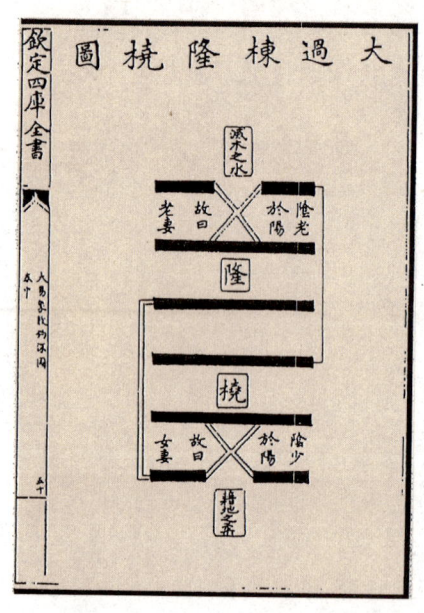

大过,栋桡,利有攸往,亨。

【语译】

大过卦,栋梁虽然弯曲了,但仍有利于有所行动,亨通。

【解读】

"大过"的意思很简单,就是太过,就是大的过错。大过卦和颐卦的卦象正好相反,颐卦是中间四根阴爻,大过卦是中间四根阳爻。按照《序卦传》解释:"颐者,养也。不养则不可动,故受之以大过。"意思就是如果你不去养育别人,你就有大过。每一个卦都有一个主题,大过卦的主题是在大过的状态下,人应该怎么做,实际上是讲怎么克服避免这个大过。大过的状态可以是生态的大失衡,也可以是事业的大艰难,人生的大过失,等等。这个卦的形象是上下两根阴爻,中间四根阳爻。中间四根阳爻就好比栋梁,两头两根阴爻就好比掉下来,犹如"栋桡"。"栋"就是栋梁,"桡"是弯曲的意思,"栋桡"就是栋梁弯曲了。

卦辞说,"栋桡",虽然栋梁弯曲了,"利有攸往,亨",但仍有利于有所行动,亨通。

彖曰:大过,大者过也。栋桡,本末弱也。刚过而中,巽而说行,利有攸往,乃亨。大过之时大矣哉。

【语译】

《象传》说，大过卦，强大者可以渡过险难。栋梁弯曲了，因为首尾弱小。刚健太过但都处于中位，顺利而喜悦地行动，所以有利于前往，而且亨通。大过的时势意义太重大了。

【解读】

《象传》说，大过卦，"大者过也"，强大者可以渡过险难。"栋桡"，栋梁弯曲了，是因为"本末弱也"。"本"和"末"分别指上下两根阴爻，它们都太弱了。"刚过而中"，"刚"指九二爻与九五爻，刚健太过，但都处于中位。"巽而说行"，下卦为巽，巽为顺利；上卦为兑，兑为喜悦，合在一起是顺利而喜悦地行动，所以有利于前往，而且亨通。"大过之时大矣哉"，大过的时势意义太重大了。虽然社会处于栋梁弯曲、大厦将倾、面临崩溃的大过之时，但也正是时势造英雄、可以干大事的时候，若能行动起来，刚健有为，挽狂澜于既倒，是能顺利而成功的。

象曰：泽灭木，大过。君子以独立不惧，遁世无闷。

【语译】

《象传》说，泽水淹没了大树，大过卦之象。君子要独立不惧怕，隐身遁世不觉苦闷。

【解读】

《象传》说，"泽灭木"，上卦是兑卦，兑为泽；下卦是巽卦，巽为木，好比树木在沼泽下面。一般情况下，树木不可能生长在沼泽下面，只有一种可能，就是发大水，泽水淹没过了大树，比喻遭受灭顶之灾，此为大过不寻常之象，这就是大过卦之象。所以到了"泽灭木"的时候，说明时局已经坏得太过分了。君子看到这样的卦象，就要按照大过卦之道来采取行动，进则"独立不惧"，独立支撑起将倾的大厦，挽狂澜于既倒，而不惧怕；退则"遁世无闷"，由于独木难支，回天乏术，转而隐身遁世，独善其身，不怨天尤人，不觉得苦闷。这就告诉我们一种做人的道理。

初六，藉用白茅，无咎。

象曰：藉用白茅，柔在下也。

【语译】

初六，用洁白的茅草做垫子，没有灾祸。

《象传》说，用洁白的茅草做垫子，因为阴柔之体居于下。

【解读】

"藉"就是垫子。初六，"藉用白茅"，就是用白色的茅草来做垫子，这样是"无咎"的，没有灾祸。

《象传》解释说，"藉用白茅"，是因为"柔在下也"。白色的茅草很柔软，垫在下面感到很舒服，古代祭祀时用白茅垫于祭品之下，以示虔诚敬慎。初六以阴柔之体居于下，像祭祀用的白茅，引申为人的敬慎之至。说明在大过之时，阴柔之人要甘心居下，要非常恭敬地侍奉上面的阳刚之人。这表示一开始就居下谨慎，反省自我。这是改变大过局面的第一步。

九二，枯杨生稊，老夫得其女妻，无不利。

象曰：老夫女妻，过以相与也。

【语译】

九二，枯萎的杨树上长出嫩芽，年迈老汉娶了一个很年轻的妻子，不会不利。

《象传》说，年迈老汉娶了一个很年轻的妻子，因为九二阳爻得到初六阴爻的资助。

【解读】

"稊"为根上的嫩芽。九二，"枯杨生稊"，就是在枯萎的杨树上长出了一个嫩芽。这就好比是"老夫得其女妻"，年纪大的人娶了一个很年轻的妻子，这是"无不利"的。"女妻"在这里是指初六爻。九五爻是"老妇得其士夫"，跟九二爻恰恰相反。"老夫少妻"也是一种大过之象，可在这里为什么是没有不利的呢？

《象传》解释说，"老夫女妻"之所以没有不利，是因为"过以相与也"。大过的卦象，它是上下两根阴爻，中间四根阳爻，所以上下两根阴爻是重要的。颐卦刚好相反，它是上下两根阳爻，中间四根阴爻，所以上下两根阳爻是重要的。虽然是大过，但是相互之间是相亲相助的，也就是九二阳爻得到初六阴爻的资助，所以是"无不利"。这也说明了大过之时，阳刚之人要想方设法得到阴柔之人的帮助，这样才会改变大过。

九三，栋桡，凶。

象曰：栋桡之凶，不可以有辅也。

【语译】

九三，栋梁弯曲了，凶险。

《象传》说，栋梁弯曲了就有凶险，因为不可以再加以辅佐。

【解读】

九三，"栋桡，凶"，栋梁弯曲了，有凶险。

《象传》解释说，"栋桡之凶"，是因为"不可以有辅也"，意思是没有人来辅佐它。因为九三爻是和上六爻相应，阴在上阳在下一般是不吉的，上六爻居上位太弱了，不能辅佐九三爻，所以是凶。一般情况下只要阴阳相应，无论是阴在下阳在上还是阳在下阴在上都是好的，可在这里为什么是凶？纵观《周易》六十四卦，可以发现一个规律，就是小环境是由大环境决定的，在这里大环境是大过，所以说九三爻是不吉的。

九四，栋隆，吉，有它，吝。

象曰：栋隆之吉，不桡乎下也。

【语译】

九四，栋梁隆起了，吉祥。但一旦弯曲坍塌，就会有遗憾。

《象传》说，栋梁隆起了而吉祥，因为栋梁不往下弯曲。

【解读】

九四，"栋隆，吉"，栋梁隆起了，吉祥。九四爻为大臣之位，以刚居柔，表示有刚柔相济之才。九四，栋梁隆起了，比喻大臣有能力，治乱有方，大过的局面开始好转了。从此开始,上面三爻,都没有大的凶险。"有它,吝",如果有应于他方,就会有遗憾,因为九四爻又和初六爻相应,比喻要向下弯曲。这是说在这个大厦将倾,需要九四爻挺身而出,支撑起这个大厦的时候,他却为了个人的私利去与初六相应,所以是很遗憾的。

《象传》解释说,"栋隆之吉",是因为"不桡乎下也",意思是栋梁不往下弯曲,不逃避责任,抛弃了个人的私利,顾全大局,挺起身来,挽狂澜于既倒。

九五,枯杨生华,老妇得其士夫,无咎,无誉。

象曰:枯杨生华,何可久也。老妇士夫,亦可丑也。

【语译】

九五,枯萎的杨树上长出了花朵,年迈老妇得到一个强壮的丈夫,既没有灾祸,也不值得称道。

《象传》说,枯萎的杨树上长出了花朵,是不能长久的。年迈老妇得到一个强壮的丈夫,这是令人羞愧的。

【解读】

"华"通"花","枯杨生华",意思是枯萎的杨树上长出了花朵,就好比"老妇得其士夫","老妇"在这里是指上六爻,"士夫"在这里是指九五爻,年迈的老妇得到一个强壮的丈夫。这是"无咎,无誉"的,就是既没有灾祸,也没有荣誉。比喻两者阴阳和合,同心协力。同时这里主要讲的不是老妇,而是士夫。处于九五这一尊位,中正阳刚之人,能得到年长多经验的老妇的帮助,有助于改变大过的局面。

《象传》说:"枯杨生华,何可久也。"枯杨长出的花是不能长久的。"老妇士夫,亦可丑也","丑"可以表示羞愧的意思,这是儒家的解释,认为这种情况不好,这跟周文王创作的爻辞"无咎,无誉",不太吻合。

上六,过涉灭顶,凶,无咎。

象曰:过涉之凶,不可咎也。

【语译】

上六,渡河的时候,河水淹没了头顶,这虽是凶兆,但是没有灾祸。

《象传》说,渡河时候的凶险,不能看做是灾祸。

【解读】

上六,"过涉灭顶",意思是渡河的时候,河水淹没了头顶。这虽然是"凶",但是"无咎",没有灾祸。上六,以河水淹没了头顶说明凶险,这就叫"灭顶之灾"。这种凶险就如《论语·季氏》说的:"危而不持,颠而不扶,则将焉用彼相矣?"意思是到了大厦将倾、危在旦夕的时候,却不想着去扶持与挽救,那么,用你们这些重臣干什么?

《象传》说:"过涉之凶,不可咎也。"上六居最高位,又是阴爻,所以处境比较危险,但是他愿意去资助中间的四根阳爻,愿意献身,使他们不太过,所以对上六来说虽然凶,但不能看作是灾祸。从卦象看,大过是指阳气太重,这个时候就需要阴爻来资助,来调和,这样才不会大过。

大过卦给我们什么启示呢?就是处于大过的时候,君子要按照"独立不惧,遁世无闷"这两种精神来做事,即进则"独立不惧",独立支撑起将倾的大厦,挽狂澜于既倒,而不惧怕,虽然有可能会遭遇凶险,但也会有名垂千古的机会;在独木难支、回天乏术之后,退则"遁世无闷",隐身遁世,独善其身,不怨天尤人,不觉得苦闷。也就是说,在大过的时候,每个人都有四种选择,第一种是积极去抗争,甚至流血牺牲;第二种是先去积极抗争,实在是独木难支、回天乏术的话,转而独善其身,不怨天尤人,不觉得苦闷;第三种是一开始就消极去逃避,苟且偷安;第四种是趁此大过之时,中饱私囊,卖身求荣。第一种人虽然会遭遇凶险,但会被人称颂,如比干等人。第二种人也会被人称颂,如箕子等人。第三种人无咎无誉。第四种人为世人所不齿。这就告诉我们一种做人的道理。在卦象里,"独立不惧"是指上六爻,虽然凶,但无咎;"遁世无闷"是指初六爻,愿意被别人当做垫子垫在下面。所以,这两根爻虽然处境不太好,但是都"无咎"。因此,我们要学习"独立不惧"和"遁世无闷"这两种精神,只有具备"独立不惧"和"遁世无闷"这两种精神,才能克服大过的局面。

坎卦第二十九——化险为夷

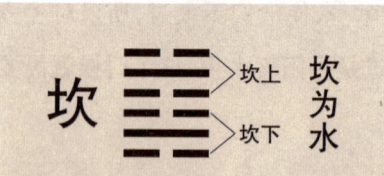

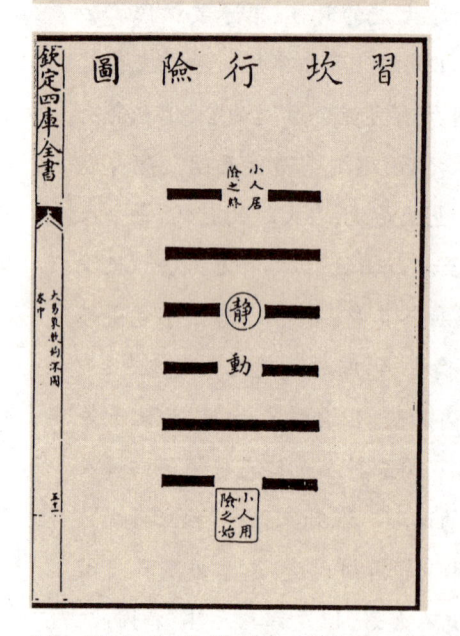

习坎,有孚,维心,亨,行有尚。

【语译】

习坎卦,面对重重的坎坷,仍维系良好心态,这样才能亨通,行为高尚。

【解读】

《周易》上经头两个卦是乾卦和坤卦,最后两个卦是坎卦和离卦,所以乾坤坎离这四个卦是非常重要的,是《周易》的精华。乾坤坎离既代表了天地日月这四个形象,又代表了天地水火这四个形象。乾坤反映了儒家的思想,儒家重乾轻坤,乾先坤后,天尊地卑;坎离反映了道家的思想,老子重水轻火,道教将抽坎填离当成炼丹的精髓。韩国的国旗就用了这四个卦。

"坎"的意思是艰险,《说卦传》说:"坎,陷也。"坎卦的上下卦是一样的,都是艰险,所以是重重的艰险。《序卦传》说:"物不可以终过,故受之以坎。坎者,陷也。"事物不可能永远都是顺利地通过,会陷入坎险之中,所以大过卦之后就是坎卦。

卦辞说,"习坎,有孚","习"的本义,《说文解字》里说:"鸟数飞也。""数飞"就是多次地飞,所以"习坎"就是重复的坎。"孚"是诚信的意思。这里是说坎卦,有诚信。"维心,亨,行有尚","维"通"惟","维心"就是维系一种诚信的心态,这样才能亨通,行为才能高尚。卦辞中出现了一个"心"字——"维心",还讲了一个"行"字——"行有尚",表示行为是由心态决定的,说明面临重重险难之际,只要内心不失诚信,维系一种良好的心态、平和的心态,并付诸行动,那是能化险为夷的,还能获得嘉尚。

象曰:习坎,重险也。水流而不盈,行险而不失其信。维心亨,乃以刚中也。行有尚,往有功也。天险不可升也,地险山川丘陵也,王公设险以守其国。险之时用大矣哉。

【语译】

《象传》说,习坎卦,重重的艰险。不断流动的水不会盈满,行走在重重的险难之中但不丧失信心。维系良好的心态就能亨通,因为阳刚居中。行为高尚,向前就会有功劳。天险太高远是不可攀升的,山川丘陵都是地险的表现,王公模仿天地之险设置了一些险要的关隘来守护自己的国家。险卦的时用意义是非常重大的。

【解读】

《象传》说,习坎卦,"重险也",就是重重的艰险。坎为水,"习坎"也是指重重的水,不断流动的水,有如长江后浪推前浪,"水流而不盈","盈"是满的意思,这样子流也不会盈满。"行险而不失其信",就像"水流而不盈"一样,尽管行走在重重的险难之中,也不会丧失信心。"维心亨,乃以刚中也","刚"指九二和九五这两根阳爻,他们都居中,所以也代表人的心,说明只要

内心诚信就能亨通。"行有尚,往有功也",行为高尚,向前就会有功劳。"天险不可升也",天险太高远,是不可攀升的。"地险山川丘陵也",山川丘陵都是地险的表现。"王公设险以守其国",王公模仿天地之险设置了一些险要关隘来守护自己的国家。以上告诉我们自然环境的艰险、克服艰险的心态以及设置险要的意义。"险之时用大矣哉",险卦的时用意义是非常重大的。历险能磨炼人的意志,险用好了,在关键时刻,能转危为安,取得重大胜利。这里又用了一个"时"而不是"位",所以《周易》是很强调"时"的。

象曰:水洊至,习坎。君子以常德行,习教事。

【语译】

《象传》说,水再次到来,坎卦之象。君子要时常地按照道德来行动,经常从事教育的事。

【解读】

《象传》说,"水洊至",坎为水,坎卦上下都是坎,"洊"(jiàn)是再的意思,就是水再次到来,这就是坎卦之象。君子看到这样的卦象,就要按照坎卦之道来"常德行,习教事"。"常"为恒常,"习"为反复。君子就要时常地按照道德来行动,经常从事教育的事。坎卦为水德——水是做人的最高境界,也是管理的最高境界,水是低姿态、高境界。老子对水有着极高的评价,值得我们好好学习。要按照这个水德来教化民心,因为教育是柔性,就是要"随风潜入夜,润物细无声"。

初六,习坎,入于坎窞,凶。

象曰:习坎入坎,失道凶也。

【语译】

初六,重重叠叠的险阻,陷入进去,很凶险。

《象传》说,重重叠叠的险阻,陷入进去,因为没有走平坦的大道,所以凶险。

【解读】

"窞(dàn)",是深坑的意思。坎卦的卦象好比中间一人陷进深坑当中。初六,"习坎",重重叠叠的险阻,"入于坎窞,凶",陷入进去,很凶险。

《象传》说,"习坎入坎",在有重重险阻的地方,"失道凶也",是说没有走平坦的大道，以致掉入深坑，凶险。因为初六爻柔弱又不正，所以这里的"失道"也指是没有走正道。

九二，坎有险，求小得。

象曰：求小得，未出中也。

【语译】

九二，陷阱中有危险，如果从小处着手，谋求脱离险境，必有所得。

《象传》说，如果从小处着手，谋求脱离险境，必有所得，因为行为并没有偏离中道。

【解读】

九二，"坎有险"，陷阱中有危险，"求小得"，从小处着手，谋求脱离险境，必然有所得。九二，这一爻很重要，是下卦唯一的一根阳爻，有阳刚之才能应付险难，但在坎险之时，身处险境，也只能"求小得"，不能求大得，即求得自保就可以了。这就告诉我们做任何事都要审时度势，要顺应时势的变化做出抉择，不要自作主张，盲目行动。

《象传》说，"求小得"，是因为"未出中也"，即行为并没有偏离中道。九二位居中，所以能守中道。

六三，来之坎坎，险且枕，入于坎窞，勿用。

象曰：来之坎坎，终无功也。

【语译】

六三，来时危机重重，充满危险而且陷得很深，陷入这样的深坑里，不可作为。

《象传》说，来时危机重重，终究是没有功效的。

【解读】

"来之"相当于来去。六三，"来之坎坎"，就是来去都相当艰险。"枕"就是沉。"险且枕，入于坎窞"，陷入深坑里。"勿用"，不要乱动。六三，这一时位不中不正，又处在下卦最高位，是异常危险。陷入深坑里，难以自拔，这时一定要潜下心来，不可乱动。

坎卦第二十九——化险为夷

《象传》说："来之坎坎,终无功也。"在艰险的时期,若你的行为还不中不正的话,不管你怎么努力,终究是没有功效的。所以不能不中不正,不然就既艰险又没有作用。

六四,樽酒,簋贰,用缶,纳约自牖,终无咎。

象曰:樽酒簋贰,刚柔际也。

【语译】

六四,一樽酒,贰簋饭,用瓦罐盛着,从明亮的窗子递送信约,终究不会有灾祸。《象传》说,用一樽酒贰簋饭进献,因为六四阴爻与九五阳爻相邻交接。

【解读】

"樽酒",实际上是一樽酒。"簋(guǐ)贰",实际上是贰簋,簋是一种盛饭的器具,也就相当于两盒饭。"缶"为瓦缶,比喻粗制的陶器。"纳"为入,意指献祭。"约"为简约。"自"为"从"。"牖"是明亮的窗子。六四,到了这里就进入艰难的第二个阶段。这里用了很多物象作比喻,如一樽酒,贰簋饭、瓦缶、牖。六四通过窗户,实际上是指通过非正常渠道,向九五君王递送这些简单的东西,以表达自己的忠心。九五为君王,给他递送这些简单的东西,说起来是不可理喻的,但在坎卦这种艰险的特殊时期,就顾不得那么多礼仪了,礼至简而情笃实,只要内心非常虔诚,开诚布公,决心效忠,那也是没问题的,不会有什么灾祸。

《象传》说,之所以用"樽酒簋贰"进献,无咎,是因为"刚柔际也"。六四阴爻与九五阳爻相邻交接,阴承阳为顺。六四爻是向九五爻表示臣服,顺从,所以无论用什么样的礼物都是没有问题的。

九五,坎不盈,祗既平,无咎。

象曰:坎不盈,中未大也。

【语译】

九五,江水不满盈,山丘被逐渐铲平,必无灾害。《象传》说,江水不满盈,因为九五爻居中但未光。

【解读】

"坎不盈"指江水是不满的。"衹"通"坻",指小山丘。"衹既平"指山丘已经平了。九五,江水不满盈,山丘逐渐铲平,比喻逐渐脱离了危险,必无灾害。虽然这一爻从卦象来说,还陷在深坑中,但因为他又中又正,也就是告诉我们只要行为正直、中和,是可以化险为夷的。

《象传》解释说,"坎不盈",是因为"中未大也"。"中"指九五爻居中,"未大"指九五不愿意去做大,就如九二是"求小得"。这就告诉我们无论在什么时候都要从小事做起,不要贪大。要像水一样不要去满,所以大海永远不满,正因为永远不满,所以什么东西都可以容纳。

坎卦展示给我们一个"有容乃大"、做事低调的九五爻,这也应该是所有处第五爻时位者效仿的榜样。因为强盛不可久,很快就会到达上爻。到那时,刚愎自用者的苦日子就要来了。

上六,系用徽纆,寘于丛棘,三岁不得,凶。
象曰:上六失道,凶三岁也。

【语译】

上六,被人用绳子捆起来,放在荆棘中,多年也得不到解脱,凶险。
《象传》说,上六爻偏离正道,所以凶险多年。

【解读】

"徽"是三股的绳子。"纆"是两股的绳子。"系用徽纆",就是用绳子结结实实地捆起来。"寘"即"置"。"丛棘"即荆棘丛,比喻牢狱之灾等。"三岁"是指多年。上六,"系用徽纆,寘于丛棘",被人用绳子结结实实地捆起来,放在荆棘中,"三年不得,凶",多年也得不到解脱,所以是凶险的。

《象传》说,上六之所以有多年的凶险,是因为"失道"也。上六到了全卦的最高一位,已经处于穷途末路了,而且能力又很弱,下面还乘刚爻九五,加上时处艰险,所以是大凶,多年得不到解脱。

整个卦从初六爻一开始就是凶,到了上六爻还是凶,这就表明坎卦是一个凶险的环境,整个环境从头到尾都是凶。那么在凶险的环境里怎么做到不凶呢?九二爻和九五爻是不凶的,因为他们的内心是诚信的。

坎卦给我们的启示就是,在凶险的环境中,要保持住水之德、中正之德,要反复地去求福、去演习,这样才能脱离险境。另外,做人还要保持低姿态,这样才能达到高境界。坎卦是水,水给人以很多的意象。第一,水是险的,这就告诉我们要去摆脱这种险境。第二,水是积细流成大川,这就告诉我们要有包容之心。第三,水的威力是巨大的,因为它是居下的、柔弱的,这就教给我们柔弱胜刚强的道理。第四,坎卦的中间是阳爻,代表一颗诚心,这就告诉我们做人要诚心,这样再艰难也会脱险的。第五,水的流动是经久不息的,这就告诉我们要坚持奋斗。

[第二版]

张其成全解周易

下册

张其成 著

华夏出版社
HUAXIA PUBLISHING HOUSE

离卦第三十——美丽人生

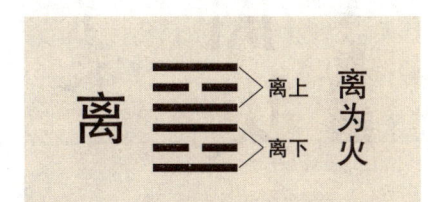

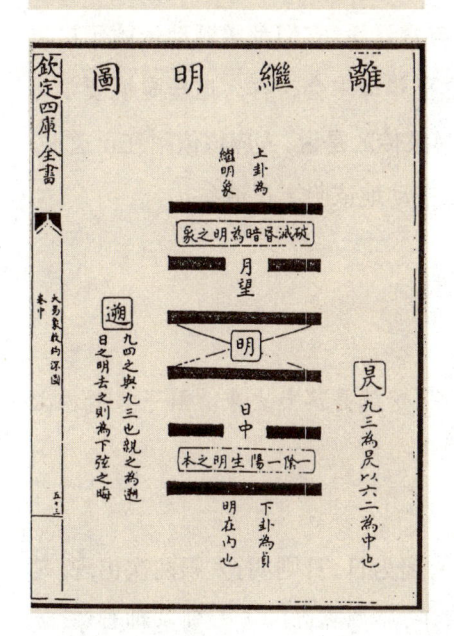

离,利贞,亨,畜牝牛,吉。

【语译】

离卦,是有利的,是亨通的,就像畜养母牛一样,是吉利的。

【解读】

离有两个意思,一个是依附,一个是美丽。"依附"告诉我们怎么样去适应环境,"美丽"告诉我们怎么样去求得美丽人生。《序卦传》说:"陷必有所丽,故受之以离。离者,丽也。"陷入了危险之后,必然就会有所附着,凭借某种东西或一种信念才能摆脱危险,重见光明,所以坎卦之后就是离卦。

卦辞说,离卦,"利贞",有利于守正道,亨通顺利,就像畜养的"牝牛","牝"是雌性,"牝牛"即母牛,很温顺,所以是吉的。离卦为什么是牝牛?因为离卦是阴卦。三爻离卦只有一根阴爻,所以是阴卦。这里以母牛作比喻,是取它的柔弱之性,表明一种温顺之美。

彖曰:离,丽也。日月丽乎天,百谷草木丽乎土。重明以丽乎正,乃化成天下。柔丽乎中正,故亨,是以畜牝牛吉也。

【语译】

《象传》说，离，依附的意思。日月依附在天上，百谷和草木依附在地上。只有光明正大，才可以化育成就天下的万物。六二与六五爻，都柔顺地依附于中正之位，所以亨通，所以畜养母牛会吉祥。

【解读】

《象传》说，"离，丽也"，"离"就是依附的意思。"日月丽乎天，百谷草木丽乎土"，日月依附在天上，百谷和草木依附在地上。"重明"指日月光明，"重明以丽乎正"，我们的内心要像日月一样光明正大。"乃化成天下"，只有光明正大，才可以化育成就天下的万物。"柔丽乎中正，故亨"，"柔"从卦象上是指六二与六五爻，它们都柔顺地依附于中正之位，所以亨通。"是以畜牝牛吉也"，所以说畜养母牛会吉祥。这里是说要学母牛那样温顺，亦即培养自己顺从正道的品德。《象传》是说，人应该依附在正道上。依附分为主动和被动，这里的依附是指人怎么主动地依附于正道。

象曰：明两作，离。大人以继明照于四方。

【语译】

《象传》说，太阳两次出现，是非常的光明，这就是离卦之象。君子靠着内心的光明去照亮四方。

【解读】

《象传》说，"明两作"，上下卦都为离卦，离为日，日则明，太阳两次出现，是非常的光明，这就是离卦之象。"大人"即君子，品德高尚的人看到这种卦象，就要按照离卦之道去"继明照于四方"。离卦为火，为日，又表示心，表示我们的内心要像火一样热烈，像日月一样光明。我们要像离卦一样靠着内心的光明去照亮四方。燃烧自己照亮别人，像火一样去化成天下，这是火德。

初九，履错然，敬之，无咎。

象曰：履错之敬，以辟咎也。

【语译】

初九,在地上错落有致地走,只要内心恭敬,就没有灾祸。

《象传》说,在地上错落有致地走,内心恭敬,能避开灾祸。

【解读】

"履"指走。"错"指交错。初九,"履错然",在地上错落有致地走,"敬之,无咎",只要内心恭敬,就不会有灾祸。

《象传》解释说,"履错之敬",是为了"辟咎也"。就是说内心恭敬,是为了能避开灾祸。初九,一开始就强调了内心恭敬,这是美丽人生的第一步,也是至关重要的一步。

六二,黄离,元吉。

象曰:黄离元吉,得中道也。

【语译】

六二,用中正的黄色依附于人,大吉。

《象传》说,用中正的黄色依附于人,大吉,因为得到了中正之道。

【解读】

"黄"为土之色,土在五行中居于中央,所以"黄色"为中央的颜色。六二,"黄离",指人依附于中正黄色,即走中正之道,"元吉",大吉大利。一说"黄离"通"黄鹂",指黄鹂鸣唱,表示欢乐。

《象传》说,"黄离元吉",六二爻的大吉大利,是因为"得中道也",得到了中正之道,因为六二这个时位是又中又正。

九三,日昃之离,不鼓缶而歌,则大耋之嗟,凶。

象曰:日昃之离,何可久也。

【语译】

九三,夕阳西下,如果不敲起瓦器唱起欢歌,老年人就会唉声叹气,有凶险。

《象传》说,夕阳西下,怎么能太久呢?

【解读】

"日昃",是指太阳西斜了。九三,"日昃之离",指太阳依附于西边的天空。"鼓缶而歌"是古代的一种仪式,在太阳落山的时候,鼓瓦缶而歌,欢送太阳。"不鼓缶而歌",就是太阳快要落山了,没有敲起瓦器唱着欢歌。"耋"指七八十岁的人,"大耋"即很老的老年人。看到这种情况,想想自己也是日薄西山,奋斗辛苦了一辈子,到临走了,竟然没有人会来唱歌送自己,"则大耋之嗟,凶",于是就唉声叹气,这是有凶险的。这给我们的人生有什么启示呢?日昃代表人过中年,瓦缶是质朴的,歌指歌唱,表示欢快,这就告诉我们人过了中年的时候要保持质朴,同时心态要保持快乐。只有快乐的人生才能拥有美丽的人生。九三爻位不中,没有守中道,表示没有质朴快乐的心态,所以是凶。

《象传》说,"日昃之离",太阳已经偏西了,"何可久也",离落山也就不会太久了。这也就是说,人生到了这个时候,还不知道舍得之道,整天唉声叹气,这样的人生还有什么意义呢,还怎么可能长久呢?快乐的人生才是美丽的人生,才是长久的人生。

九四,突如其来如,焚如,死如,弃如。

象曰:突如其来如,无所容也。

【语译】

九四,突然出现一片晚霞,像烈火燃烧的样子,顷刻间消失,如同被抛弃一样。

《象传》说,突然出现一片晚霞,因为没有一种容忍的精神。

【解读】

"突如其来"这个成语就出自这里,"如"是表示什么的样子。"焚如"是燃烧的样子。"死如"是死灭的样子。"弃如"是被抛弃的样子。九四爻的意象是这样的:夕阳西下,在西边突然出现一片晚霞,像火燃烧的样子,但顷刻之间又消失了,像被抛弃一样。

《象传》解释说,"突如其来如",是因为"无所容也",即没有一种容忍的精神。九四,这一时位是一种虚势,阳爻居阴位,是不正的,是一种不利的位置,所以突然出现的晚霞,因底气不足,很快就消失了。也有人认为是朝霞,它不可能保持长久,太阳一升起来就会消失。为什么?一是因为处于虚弱之位,所以不能长久,这就告诉我们要增加自己的底气；二是因为不能容忍别人，所以很快就消失了。后人解释这一爻时说，"非人不容之，自若无所容"，不是别人不容忍他，而是他自己不能容忍，这就是一种凶象。

六五，出涕沱若，戚嗟若，吉。

象曰：六五之吉，离王公也。

【语译】

六五，眼泪像滂沱的大雨，极度悲伤，但这是吉利的。
《象传》说，六五爻之所以吉利，因为依附于六五王公之位。

【解读】

"涕"是眼泪，"出涕沱若"是眼泪像滂沱的大雨一样流下来。"戚"是悲伤，"戚嗟若"，悲伤叹息的样子。六五，这是一幅悲痛伤感图。眼泪像滂沱的大雨一样流下来，是悲伤之极。为什么流眼泪，感到悲伤呢？因为六五爻是阴爻居阳位，居于最尊位，但是自己力量不够，又没有与他相应之人，处于大臣之位的九四爻刚强有为，六五爻常会受其逼迫，所以感到悲伤至极，但这是吉利的。为什么？

《象传》解释说，六五之所以吉利，是因为"离王公也"，即依附于六五这个王公之位。因为六五爻居在这个王公之位，自觉能力不足，就能奋发图强，就像乾卦的九三爻那样，能"终日乾乾，夕惕若"。悲伤、叹息，即是自我反省、悔过的表现。勤能补拙，六五的自强不息，能有所成就，所以是吉利的。这也就是我本人总结的一句话："人有近忧，必无远虑。"就像《论语》里说的："曾子曰：吾日三省吾身，为人谋而不忠乎？与朋友交而不信乎？传不习乎？"这样反复地反省自己，就能吉。

这一爻实际上讲了要居安思危的思想。古语云："思所以危则安矣，思所以乱则治矣，思所以亡则存矣。"难道只有处于王公之位的人才需要居安思危，我们升斗小民就不需要了吗？绝对不是。有一句俗话叫"人无远虑，必有近忧"，说的就是普通老百姓的居安思危之重要。其实，只要生存在世上，任何人都逃避不了自然和社会法则的约束。

社会法则不说了，总有那么多烦心事等着我们去处理、去解决，我这里只说一下自然法则对不居安思危者的报复。汶川大地震时，八万同胞罹难，草木含泪，山河同悲。可是在悲伤之余，我们有没有想到别的一些什么？据说有一位普普通通的中学校长，由于平时带领学生们进行过紧急逃生训练，该学校的学生在地震中无一伤亡，这说明了什么？

我们不能确保居安思危就能完完全全免除灾难，但至少可以帮助我们最大程度地减轻可能受到的伤害。世界上每天都有各种各样的意外发生，如果我们不想得过且过、听天由命，那就让我们牢记下面这句话吧：居安还要时刻思危。

上九，王用出征，有嘉，折首，获匪其丑，无咎。
象曰：王用出征，以正邦也。

【语译】

上九，大王率众出征，获得了嘉奖，斩了敌人的首级，俘获了异己分子，从此无灾祸。

《象传》说，大王率众出征，是为了端正自己的国家，维护国家的安定。

【解读】

"王用出征"，大王出外征战。"嘉"指收获，"有嘉"，就是有收获。"折首"，就是斩获首领。"丑"指同类，"匪其丑"也就是"非其类"，指和自己离心离德、不愿意归附自己的"异己"分子。"获匪其丑"就是指抓获敌人。上九，一般来说到了最高位都是不好的，但这里是"无咎"，是好的，一是因为大王为了治理国家而出外征战，抓获了敌人，这是大有功劳的；二是因为能够俘获和自己离心离德、不愿意归附自己的"异己"分子。从此国泰民安，天下太平。

《象传》解释说，"王用出征"，大王兴师征讨是为了"正邦也"，是为了端正自己的国家，维护国家的安定，是会顺利的、吉祥的。上九爻以刚爻居离明之极，王者之师是正义之师，所到之处无不顺服，故有此说。

离卦给我们什么样的启示呢？它告诉我们怎样才能拥有美丽的人生。这要求我们在不同的时位有不同的人生态度，年少时要心地纯正，要行中道，要守礼仪；人到中年以后，要保持快乐的心，不要忧伤；在身处逆境、坎坷艰险的时候，要增强信心，增加底气，还要能容忍，胸襟要宽广；在春风得意、身居尊位时要反思自己，要有忧患意识；在身居高位、统领下属时,不仅要克服困难、攻城破敌,而且要广泛团结下属,包括意见不一致的人,使大家同心同德。

　　坎卦和离卦相比,坎卦是行险而刚中,离卦是附着而柔中。坎卦代表月,离卦代表日;坎卦代表水,离卦代表火;坎卦代表艰险,离卦代表光明。这两个卦是相辅相成的,有着密切的关系。体现在人的身体上,坎卦代表肾,离卦代表心;坎卦代表元精,离卦代表元神,这些都是人身上最重要的东西。乾坤主要讲天道,坎离主要讲人道。坎离之间要经常交换,所谓"抽坎填离,以复乾坤",就是变后天为先天,比喻人能像天地一样长生。

咸卦第三十一——感应和合

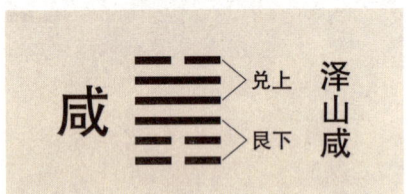

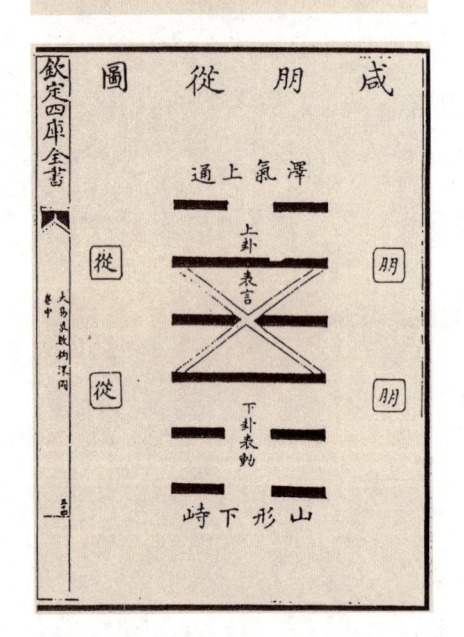

咸，亨，利贞，取女吉。

【语译】

咸卦，有所感应，亨通，守正道有利，娶妻能获得吉祥。

【解读】

"咸"就是感，是交相感应的意思。咸卦是六十四卦下经的第一卦，先儒曾说，上经三十卦明天道，下经三十四卦明人道。实际上，上下经都同时讲天道、地道，只是上经从天地开始，下经从少男少女开始。《序卦传》说："有天地然后有万物，有万物然后有男女，有男女然后有夫妇，有夫妇然后有父子，有父子然后有君臣，有君臣然后有上下，有上下然后礼义有所错。夫妇之道不可以不久也，故受之以恒。"这里就讲到了咸卦，咸卦讲的就是夫妇之间的感应之道。咸卦之后就是恒卦。所以《序卦传》中的下篇即是讲夫妇之道。咸卦讲感应，我们看它的卦象：上泽下山，上面的泽代表少女，下面的山代表少男，少男少女在一起当然就有感应了，刚柔在一起就会有感应。艮为止，为笃实，兑为悦。男子以诚实笃厚的态度与女子交往，女子欢悦而应之，男女相亲，结为夫妇。咸卦的主旨，从广义看是阐明事物普遍的"感应"之道，从狭义看却是侧重揭示男女的"交感"之理。

卦辞说，咸卦，亨通，"利贞"，有利于守持正道，"取女吉"，迎娶少女吉祥。"取"通"娶"，少男娶少女成为夫妇就是吉利的事。

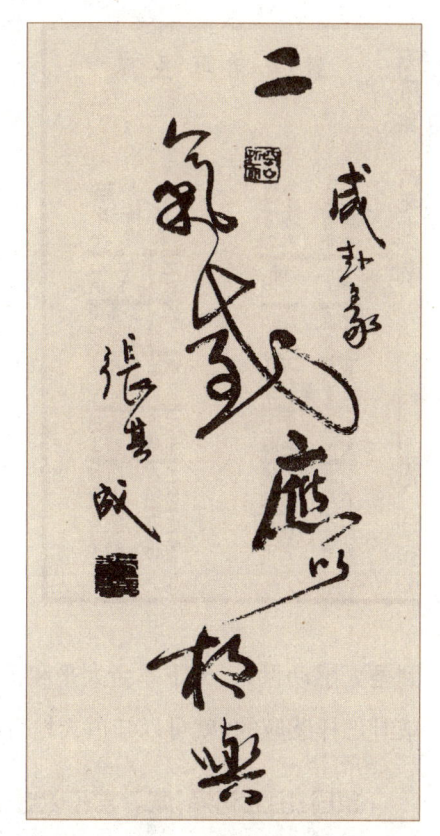

彖曰：咸，感也。柔上而刚下，二气感应以相与。止而说，男下女，是以亨利贞，取女吉也。天地感而万物化生，圣人感人心而天下和平。观其所感，而天地万物之情可见矣。

【语译】

《彖传》说，咸，感的意思。上卦兑为柔卦，下卦艮为刚卦，阴阳二气互相感应和合。止于喜悦，艮卦少男在兑卦少女的下面，亨通而符合正道，娶妻能获得吉祥。天地相感应而万物开始化生，圣人从心的角度来感动世人，天下才会太平和谐。只要观察咸卦是怎样感应的，就可以知道天地万物的情状从何而来。

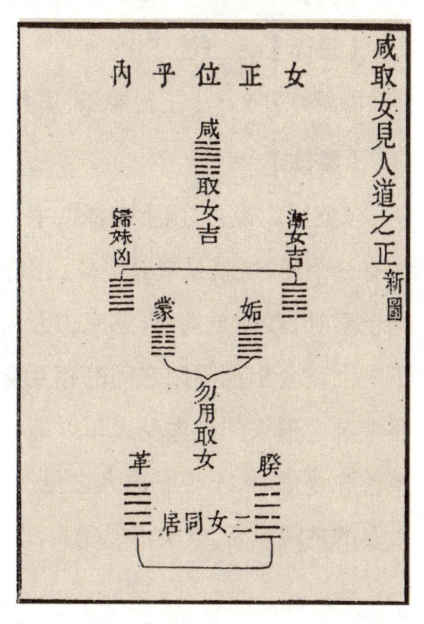

【解读】

《彖传》说，"咸"意为感，下面通"心"。"柔上而刚下"，咸卦上卦兑为少女，为阴卦，为柔卦；下卦艮为少男，为阳卦，为刚卦。少男少女在一起就会有感应，也就是阴阳、刚柔在一起会有感应。"与"就是帮助，"相与"就是互相帮助、互相推动的意思。"二气感应以相与"，无论刚柔、男女都属于阴阳二气里面的。他们互相感应之后，进一步就会和合，在一起互相帮助。上卦的兑卦为悦，下卦的艮卦为止，男在女以下，跪在下面主动追求那位女子，要

355

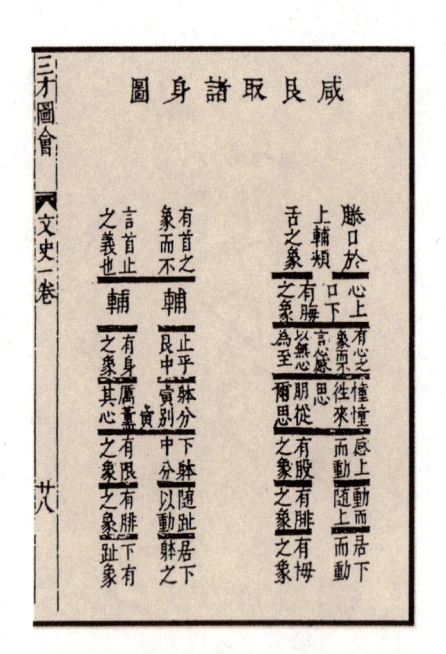

娶那位女子，所以"亨利贞"，亨通而符合正道。古代女的主动追求男的，是不符合正道的。这是男女之间的感应，下面引申了天地的感应、圣人的感应。"天地感而万物化生，圣人感人心而天下和平。观其所感，而天地万物之情可见矣。"天地相感应而万物才开始化生，中国人是化生观。圣人从心的角度来感动世人，天下才会太平和谐。感应要从心上来感动别人，从"感"到"咸"，实际上是从有心到无心。"感"是一种有意识态，而"咸"是一种无意识态，真正的感应要从有意识到无意识。由男女感应而家庭和谐，推广到圣人感动世人，天下才会太平和谐，天地相感应，万物才会化育生长。只要观察咸卦怎样感应的，就可以知道天地万物的情状从何而来，万物从何化生。

象曰：山上有泽，咸。君子以虚受人。

【语译】

《象卦》说：山上面有泽，咸卦之象。君子要以虚心的态度接受容纳众人。

【解读】

《象传》说，"山上有泽"，上卦为兑卦，兑为泽；下卦为艮卦，艮为山，山的上面有一个泽，这就是咸卦之象。山属刚，泽属柔，阴柔之气在阳刚之气的上面就相当于泰卦，泰即是沟通，感应。因为上面的阴气要下降，下面的阳气则要上升，一下一上就会出现阴阳之间的相互交流，感应和合。君子看到这样的卦象，就要按照咸卦之道来"以虚受人"，以虚心的态度接受容纳众人。所以要与别人搞好关系首先要虚心，不要有先入之见。所以"没心没肺"说得也对，要宽容。不要有太多的主观臆断，以实不能受人，以虚方可受人。

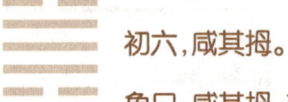

初六，咸其拇。

象曰：咸其拇，志在外也。

【语译】

初六，从脚拇指开始感应。

《象传》说，从脚拇指开始感应，说明感应向外有所显示。

【解读】

"拇"就是脚拇指。"咸其拇"，就是指从脚拇指开始感应。初六，先从脚拇指感应，其实在少男少女感应的时候是不会去考虑脚拇指如何动的，所以男女之间的感应，一开始往往不用有意地考虑，而是自然而动的。

《象传》说，"咸其拇"，脚拇指开始受到感应，意味着"志在外也"。意思是说，感应先从心里有所动，心一动就要向外有所显示了。人动脚拇指先动，心动带动形动。心智影响到脚拇指，但人动不会去考虑脚拇指动，因为这是自然而动。

六二，咸其腓，凶，居吉。

象曰：虽凶居吉，顺不害也。

【语译】

六二，感应到了小腿肚上，有凶险，在家安居就吉祥。

《象传》说，虽然有凶险，但在家安居就吉祥，因为顺应感应之道不会有害。

【解读】

"腓（féi）"就是指小腿肚。六二，"咸其腓，凶"，感应到小腿肚，有凶险，"居吉"，在家安居就吉祥。

《象传》说，"虽凶居吉"，六二继续感应遇到了凶险，但只要安居下来就会吉了，是因为"顺不害也"。真正的感应之道就是"静"，是自然而然的。六二的时位又中又正，只要安静下来，不要盲目冲动，行的是中正的感应之道，就是顺应天地自然的感应之道，自然不会有害的。

九三，咸其股，执其随，往吝。

象曰：咸其股，亦不处也。志在随人，所执下也。

【语译】

九三，感应到了大腿，执着而盲目地跟随别人，这样前往必有遗憾。

《象传》说,感应到了大腿,别人都无法安处。若有意要追随于他,太执着了也会适得其反。

【解读】

"股"就是大腿。九三,"咸其股",感应到大腿,"执其随",执着盲目地跟随别人,"往吝",这样前往必有遗憾。六二爻是先凶后吉,居静为吉。九三爻"执其随",太执着了也是不行的。

《象传》说,"咸其股",跟得越来越紧,"亦不处也",让别人都无法安处了,也就是太执着了。"志在随人",若有意要追随于他,"所执下也",太执着了也是不好的,可能会适得其反。做任何事太执着了也是不行的,真正的感应就应该是无心的感应,要懂得随遇而安。

九四,贞吉,悔亡。憧憧往来,朋从尔思。

象曰:贞吉悔亡,未感害也。憧憧往来,未光大也。

【语译】

九四,守持正道可获吉祥,悔恨就会消亡。如果心意不定而频繁往来,朋友就会随从你的感应。

《象传》说,守持正道可获吉祥,悔恨就会消亡,去感应也不会有危害。如果心意不定而频繁往来,这是没有光大感应之道。

【解读】

"憧憧"即心意不定,忽左忽右。"往来"是往往来来。"朋从尔思","尔"指九四爻,朋友也就会随从你的感应,心意不定,忽左忽右。九四,"贞吉,悔亡",守持正道去感应可获吉祥,悔恨就会消亡。"憧憧往来,朋从尔思",如果九四爻感应的时候心意不定,忽左忽右,自己心意不定则朋友也不会定。因此,感应之心贵在稳定,稳定的感应方能有朋友来跟随。

《象传》说,"贞吉悔亡,未感害也",九四爻位不正,若他能守正,就不会有悔恨,去感应也不会有危害。"憧憧往来,未光大也",若感应的时候,心术不正,朝三暮四,这是没有光大感应之道。其实九四爻也指"咸其胸腹",心居胸中,咸其心,心里的感应,心心相印则会贞吉,否则会有悔恨。

九五，咸其脢，无悔。

象曰：咸其脢，志末也。

【语译】

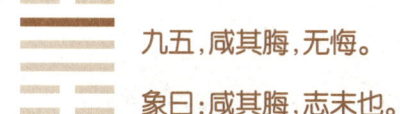

九五，感应到了后背，但没有悔恨。

《象传》说，感应到了后背，志向没有实现。

【解读】

"脢（méi）"就是背脊肉，比喻和你意见不同的人。"感其脢"，意思是感应到后背，指能和自己意见不同的人感应。九五能和自己意见不同的人感应，当然不会有悔恨。用真心感化那些曾经和你意见相左的人，你就会交到很多和你相知相依的朋友。以真心换真心，这个道理绝对不错。

《象传》说，九五能"咸其脢"，是因为其"志末也"。也就是说，九五的志向很大，他要去感应最末微的东西，所以他不会放弃与自己意见不同的人相感应，他要做的是"圣人感人心而天下和平"的事。九五爻又中又正，用中正之道去感应天下人的心，这是真正的感应之道。

上六，咸其辅颊舌。

象曰：咸其辅颊舌，滕口说也。

【语译】

上六，感应到上牙床、脸颊、舌头。

《象传》说，感应到上牙床、脸颊、舌头，仅仅是嘴巴说出来的感觉。

【解读】

"辅"指上牙床。"颊"指脸颊。"舌"是舌头。上六，往上感应到上牙床、脸颊、舌头，感应到了脸上的部位。此句实际是说，感受到耍弄言辞口舌。上六居咸卦之末，感应之道将要结束，这时候的感应只是徒送口舌，言语相感而已，不再有真心实意在其中。

《象传》说，感应的部位全在脸上，这样的感应是"滕口说也"。"滕"相当于飞腾的"腾"，施展。"滕口说"指施展你的嘴巴来说，花言巧语，这种感应是假的感应，表明感应全在口头上，太花言巧语，甜言蜜语，不是真感应。也可指男女有真感应,甜言蜜语。

　　咸卦总体上是在提示我们该如何处理人际关系。人与人之间要用心去感应,真心地感应,不能花言巧语。因为不论是整个社会还是某一个组织的稳定性,靠的都是人与人之间的和谐关系。要想在人际交往中左右逢源,首先就要做到心胸宽广,要用虚心来容纳众人。要做大事、成大器就要与别人搞好关系,就要有一颗宽容的心,不要有太多的主观臆断。人人都有宽容的心,天下才得以和平、和谐。

　　当然对这一卦还有很多不同的理解,有的人将它看成是讲气功修炼的,意守部位从脚趾逐渐往上,也有人认为这一卦是讲男女房中交合的过程的。我看不能局限于某一个具体问题,它是讲大法则的,所以可以运用于很多方面。

恒卦第三十二——持之以恒

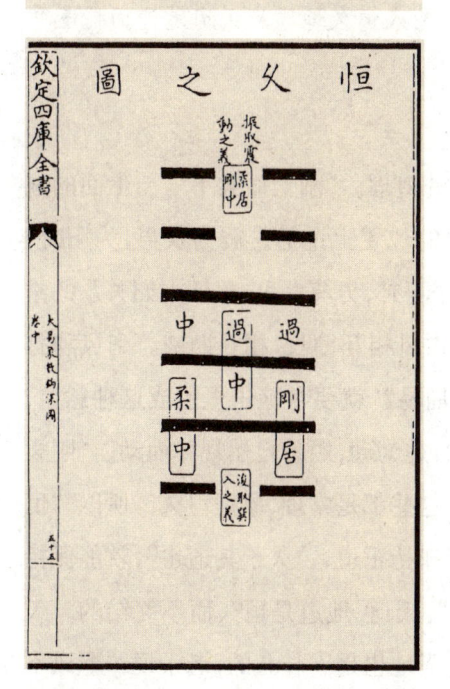

恒，亨，无咎，利贞，利有攸往。

【语译】

恒卦，亨通，没有灾祸，利于守持正道，利于继续前行。

【解读】

"恒"是长久的意思。《说文解字》说："恒，常也。"《序卦传》说："夫妇之道不可以不久也，故受之以恒。恒者，久也。"《周易》以讲人伦发端的男女关系的咸卦居下经之首，咸卦少男在少女之下，有男女交感之意。恒卦的下卦巽为长女，上卦震为长男，长男在长女之上，符合夫妇之正道。夫妇的正道不可以不长久，所以感应之后就是恒卦。恒卦是咸卦的覆卦，这一卦实际上是阐明事物的"恒久"之理，就人事而言，即教人立身处世要有"持之以恒"的精神，教我们怎么做长久的事。这包括了很多，例如人怎么长寿，事业怎么做得长久，基业怎么常青，感情怎样才能天长地久，等等。有恒心事情才能做得长久，所以恒字带有一个竖心旁。"心"是最重要的，感应是用心，感应之后的恒久更要用心。

彖曰：恒，久也。刚上而柔下，雷风相与，巽而动，刚柔皆应，恒。恒亨无咎，利贞，久于其道也。天地之道恒久而不已也。利有攸往，终则有始也。日月得天而能久照,四时变化而能久成,圣人久于其道而天下化成。观其所恒,而天地万物之情可见矣。

【语译】

《象传》说,恒卦,长久的意思。震为刚卦居上,巽为柔卦居下,雷风相互助长,顺着自然规律而动,(六根爻)都是阴阳相呼应的,恒久。恒卦亨通而没有灾害,有利于守持正道,天道、地道是恒久而不终结的。利于继续前往,因为它是终而复始的。日月按照天道规律运行而能长久地照耀大地,四季按照规律变化而能长久地保持下去,圣人恒久地顺应天道地道而能教化天下百姓。观察恒久之象,可见万物之情状。

【解读】

《象传》说,恒卦,"久也",讲的是长久的道理。"刚上而柔下",与上面的咸卦相反,它是刚居上、柔居下的,这是从卦象的位置上说的。震为长男,为阳卦、刚卦,位居上卦;巽为长女,为阴卦、柔卦,位居下卦,男尊女卑,象征夫妇关系的常理。"雷风相与",雷乘风而行,风因雷增势,雷风相互助长,相互助威。刮风和打雷,都是相连着的,这是一种意象,我们看《周易》就要在脑子里形成这种意象,雷和风在一起,雷风大作。"巽而动",巽为顺,震为动,顺着自然规律而动。"刚柔皆应,恒",恒卦的六根爻都是阴阳相呼应的,这些都是常理,象征恒久。所以"恒亨无咎,利贞",恒卦亨通而没有灾害,有利于守持正道,"久于其道也",就能保持事业的长盛不衰。"天地之道恒久而不已也",天道、地道是恒久而不终结的。天地跟人相比当然是恒久的,可是在老子看来,天地也是不长久的,老子说:"飘风不终朝,骤雨不终日。孰为此者? 天地。天地尚不能久,而况于人乎。"(《老子》第二十三章)那么天地到底是长久还是不长久? 这是相对的,天地对人来说,当然是长久的,但如果相对于整个宇宙、对于天地以外的东西来说,又是不长久的,这都是相对的,这里是对人来说的,当然是长久的。"利有攸往,终则有始也",为什么有利于前往呢? 因为它是终而复始,这不就长久了吗? 如果是终而不始,那当然是不长久的。为什么终而复始呢？因为雷和风永远在循环往复。"日月得天而能久照，四时变化而能久成，圣人久于其道而天下化成"，日月按照天道的规律运行，所以能长久地照耀大地；春夏秋冬四季按照地道的规律运行，就能使春去冬来，四季交替，循环往复的状态长久地保持下去；圣人恒久地顺应天道地道的规律，就能化育天下的百姓，使他们都有所成就。所以"观其所恒，而天地万物之情可见矣"，上卦说"观其所感，而天地万物之情可见矣"，"感"和"恒"要对照着来看，才能明了万物之情状。

象曰：雷风，恒，君子以立不易方。

【语译】

《象传》说，雷风互助，恒卦之象。君子立身修德而不改变自己的操守。

【解读】

《象传》说，"雷风"，上卦为震，震为雷；下卦为巽，巽为风，雷与风互相地推动是符合自然规律的，是恒久不变的，这就是恒卦之象。君子看到这样的卦象，就要按照恒卦之道来"以立不易方"，就要立身修德而不改变自己的操守——方正之道。君子学习恒卦，就是要学习如何守恒——事业的恒久、感情的恒久、寿命的长久等等。恒卦给我们的启示，首先是要守持正道，不要朝秦暮楚；其次是要懂得保持恒久，事物之间需要相互的推动和帮助，也就是要懂得和谐之道的重要性。一个事物、一个企业怎么才能长久？首先是顺应天地之正道，其次是其内部与外部一定要有一个互相帮助与互相推动的和谐的环境。

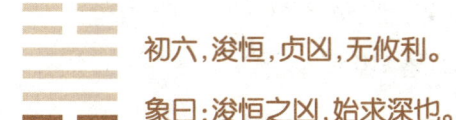

初六，浚恒，贞凶，无攸利。

象曰：浚恒之凶，始求深也。

【语译】

初六，深求恒久之道，有凶险，没有什么好处。

《象传》说，深求恒久之道，有凶险，因为（在初爻）一开始就求得很深。

【解读】

"浚（jùn）"是深的意思，这里指深求、深究。初六，"浚恒"，一开始就深求恒久之道，"贞凶"，坚持这么做，会有凶险。"无攸利"，没有什么好处。

《象传》说，"浚恒"之所以是凶，是因为"始求深也"。意思是我们在初六爻的时候不要求得很深，为什么？有一个成语叫"欲速则不达"，就是一开始就求得很深，太急切了，是达不到的，反而不利。

九二，悔亡。

象曰：九二悔亡，能久中也。

【语译】

九二，悔恨自行消除。

《象传》说，九二爻悔恨自行消除，因为长久地居中。

【解读】

九二，"悔亡"，悔恨消亡。

《象传》说，九二爻能够悔恨消亡，是因为他能"久中也"，长久地居于中。所以想要长久，而没有悔恨，必须走中道。《中庸》说："中也者，天下之大本也。"怎么能长久又没有悔恨呢？那一定要居中，长久守住这个"中"。初六爻教我们不要一开始就追求那么深，九二爻告诉我们要守中。

九三，不恒其德，或承之羞，贞吝。

象曰：不恒其德，无所容也。

【语译】

九三，德行不能恒久，有时候就会遭到羞辱，就会有遗憾。

《象传》说，如果德行不能恒久，连容身的地方都没有。

【解读】

"不恒其德，或承之羞"，是非常有名的八个字，因为在《论语·子路》里面记载了孔子的观点："'南人有言曰：人而无恒，不可以作巫医。''善夫！''不恒其德，或承之羞。'子曰：'不占而已矣。'"孔子绝对钻研过《易经》，"人而无恒，不可以作巫医"，巫医在当时的地位非常高。人如果没有恒心，就不能做一个很好的巫医。"不占而已矣"，不要去占卜了。荀子就明确说过："善为易者不占。"你精通了易道之后就不需要去求神问卜了。孔子的观点是说，人要有恒心，要懂得守恒之道，而不必要去求神问卜，只要守恒就可以了。"不恒其德，或承之羞"这八个字是什么意思？就是如果德行不能恒久的话，那么有的时候就会遭到羞辱。"贞吝"，就会有遗憾。"吝"，可以理解为遗憾。

《象传》说，"不恒其德，无所容也"。就是说一个人如果没有恒德，天下之大，估计他也是没办法容身的。这个程度比"或承之羞"可严重多了，直接把"不恒其德"者的地球球籍给开除了，要把他轰出地球去。《诗经·卫风·氓》讲述了一个无良男人对女子始乱终弃的故事。描述男子不义之举所用的句子是："士也罔极，二三其德。"这个男人也曾经对女人好过，但是这种好终于没有坚持下去，"二三"意为三心二意、感情不专一。其实也就是不恒的一种，只不过特定指明了是发生在男女感情方面。这个男人的故事经由一个怨妇的口中道出，很"幸运"地被收录进了我国第一部诗歌总集《诗经》中，这个堪称中国第一负心汉的男人也因此而扬名立万，"二三其德"也因此成了形容男子负心薄幸的代名词。

恒卦九三爻为什么要讲恒德呢？因为它是下卦的最上爻，处在人生比较关键的阶段，正是进德修业的绝佳时期，所以正该趁此时机进行修炼。当然人生六阶段时时都要修炼，要"恒其德"，要的就是持之以恒、一以贯之的功夫。

九三爻的爻辞不太吉利，因为它是从反面来说的，是说如果"不恒其德"的话会怎么样。我们转到正面去，如果能"恒其德"，自然就会逢凶化吉、遇难成祥。而且，九三爻是阳爻，这个"德"还是阳刚之德，刚性的德。这个德就蕴藏在我们自己心里，我们要做的就是把它发掘出来。所以不要去求神问卜，不灵，恒德心中求，这样才能恒久。

最后告诫大家一句：一定要有恒心，还要有恒德。恒德最重要。

九四，田无禽。

象曰：久非其位，安得禽也。

【语译】

九四，打猎没有收获。

《象传》说，九四爻长久不当其位，打猎怎么会有收获呢？

【解读】

"田"，打猎。九四，"田无禽"，打猎没有收获。为什么呢？

《象传》解释说，因为"久非其位"，九四爻长久不在其位了，即不按正道行事了，所以"安得禽也"，怎么会有收获呢？劳而无获。九四爻处恒之时，以阳居阴位，位不正，说明一个人如果心术不正的话，是没有办法恒久的，其做事必然徒劳无功，是没有收获的。

六五，恒其德，贞。妇人吉，夫子凶。

象曰：妇人贞吉，从一而终也。夫子制义，从妇凶也。

【语译】

六五，恒久保持美德，守持正道。女人可获吉祥，男人则会遭凶险。

《象传》说，妇人守贞吉祥，因为从一而终。男人处理事情必须合义，如果具有妇人之德，就凶险。

【解读】

六五，"恒其德，贞"，恒久地保持美德，应当守持正道。"妇人吉，夫子凶"，女人可获吉祥，男人会遭凶险。

《象传》解释说，"妇人贞吉"，妇人守贞吉祥，是因为"从一而终也"。"一"就是一夫，所以"恒其德"，是什么"德"？是女德，六五爻是女主德，是柔媚之德，表现在哪里呢？从一而终。"夫子制义，从妇凶也。""制"，就是制裁、制定、处理的意思。"义"，就是适宜。"从妇"，如果这个男人处理事情是顺从妇人的，或者说具有妇人的柔媚之德，那么就凶。六五爻，以阴柔处中，下应九二阳刚，以阴柔之体去持守中道，能坚持到底、从一而终，所以吉祥。但若是男子汉在守持正道上就不能太柔弱、柔媚，应该刚强果断，否则就是凶。这是不同的人在同一的时位会有不同的情况，不同的结果。

上六，振恒，凶。

象曰：振恒在上，大无功也。

【语译】

上六，动摇了恒心，有凶险。

《象传》说，守恒到最后，获得了高高在上的地位，大而无功。

【解读】

"振"就是震动。"振恒"说明恒心受到干扰、震动。上六,动摇了恒心,有凶险。

《象传》说,"振恒在上",守恒到最后,获得了高高在上的地位,这时候内心一直坚守的信念却发生了动摇,这样的话就会"大无功也",肯定会是大而无功的。因为上六爻是在这一卦的最上面,而且是个阴爻,守恒已经到头了,也就是承受不住内心邪念的冲动,所以震动不安。都坚守到最后了,结果动摇了信念,功亏一篑,当然就无功了。一个人如果承受不住压力,恒心常常受到干扰,时时感到不安,当然就没有办法成功了。

恒卦很有意思,没有一根爻是全吉的,为什么?原因就在于他不能尽恒之道,不能完全按照恒久之道来办事。所以古人说"恒之道,其义难哉",守恒太难了。荀子《劝学篇》说,"锲而舍之,朽木不折",刻一刻就停止,连朽木都不能折断,"锲而不舍,金石可镂",坚持不懈,连金石都可以刻穿,所以要守恒。

恒卦告诉我们一些守恒的道理:第一,守恒要顺应天地之正道,如果守持的不是正道,要想恒久是不可能的。第二,要懂得守恒是一个过程,要循序渐进,不能一开始很猛,后劲不足。第三,要有"从一而终"的信念,不要朝秦暮楚。第四,构建一个和谐的环境,是守恒的必要条件,一个人身心不和谐,他的生命就不可能恒久;一个企业、一个组织内部人员不和谐,外部没有一个安定和谐的环境,他们的事业也不可能恒久。

遁卦第三十三——急流勇退

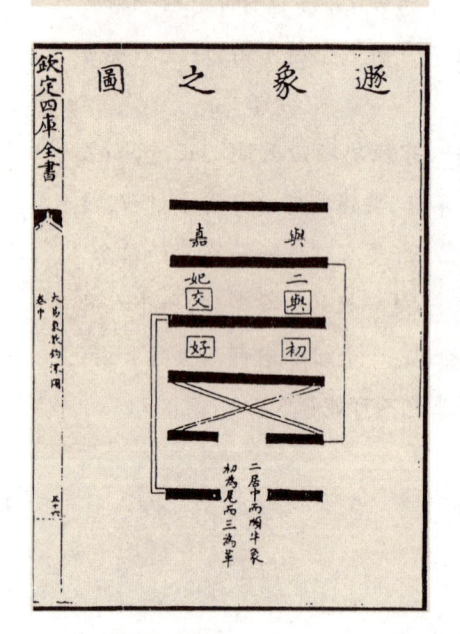

遁，亨，小利贞。

【语译】

遁卦，亨通，柔小的人会有利。

【解读】

"遁"是逃避、隐退的意思。《广雅·释诂》解释"遁"有三个含义：一是"去也"，就是离开；二是"蔽也"，就是隐蔽；三是"退也"，就是隐退。《序卦传》说："物不可以久居其所，故受之以遁。遁者，退也。"万事万物不可能永远地占据某一个位置，不可能永远地只是前进，有进必有退，这是符合天道自然的，所以恒卦之后就是遁卦。遁卦所言的"退避"，并非宣扬无原则的消极"逃世"，而是说当事物的发展受到阻碍时，必须暂行退避，以俟来日振兴复盛。

卦辞说，遁卦，亨通，"小利贞"，即柔小的人有利于守持正道。遁卦告诉我们隐遁、隐退之道。下经首卦为咸卦，告诉我们要感应，感应了之后要守恒，而守恒之后则要隐遁，懂得有进有退，才能真正地保持恒久。所以遁卦讲的是怎么离开，然后退避、归隐，讲一种急流勇退、功成身退的大智慧。遁卦是十二消息卦之一，代表的是六月，此时阴气逐渐上升到第二位。卦中二阴爻自下而生，阴将长而阳渐消，小人之道长，君子之道消，君子不得不退而避之。

彖曰：遁亨，遁而亨也。刚当位而应，与时行也。小利贞，浸而长也。遁之时义大矣哉。

【语译】

《彖传》说，遁卦亨通，只要隐退就能亨通。刚爻九五爻当位，与六二爻相应，与时俱进。柔小者更有利于守持正道，遁卦的阴气渐渐地往上长。遁这个时位的意义太伟大了。

【解读】

《彖传》说，遁卦，亨通，"遁而亨也"，只要隐退就能亨通。"刚当位而应"，刚爻九五爻当位了，处于正位了，并且与六二爻相应，这样就可以隐遁了。"与时行也"，即与时偕行、与时俱进。"行"不是专指前进，而是包括了进与退两方面，退也是一种"行"，所以此处"与时行也"是指与时遁也、与时俱遁，这个时位该隐遁了就应隐遁。意思是九五爻即使是帝王，是至尊，居于高位了，也还要隐遁，这样做就是"与时行也"，绝对能够亨通。注意这个时位并不只是每一根爻的时位，每一卦都是一个大时位，六十四卦是六十四个时位，而整个六十四卦又可以看成是一个更大的时位。走到遁卦这个时位时，如果想要恒久就得要隐遁，隐遁了那才能更恒久。"小利贞"，柔小者更有利守持正道，所以遁卦崇尚柔小。"浸而长也"，"浸"是渐渐的意思，表示遁卦的阴气渐渐地往上长，已经长到了第二位。"遁之时义大矣哉"，遁这个时位的意义太伟大了。这也是我一贯认为的《易》，它贯穿了儒家和道家，该刚则刚，该柔则柔，两家都有这个思想。

象曰：天下有山，遁。君子以远小人，不恶而严。

【语译】

《象传》说，天下面有山，遁卦之象。君子宜远避小人，不厌恶却很庄严。

【解读】

《象传》说，"天下有山"，上卦为乾，乾为天；下卦为艮，艮为山，天下面有山,这就是遁卦。大家可以想象一下这个意象:天在上面、在外面,而山在下面、在里面,天逐渐向上向外隐退,而山则逐渐向下向内隐退,这样天就越来越远离了山,越来越隐遁,逐渐消失。天是代表已经坐到了非常高的位置,那样才能隐遁,而不是指一生下来什么事情都不做就隐遁。君子看到了这样的卦象,就要按照遁卦之道来"远小人,不恶而严"。君子此处好比是天,而小人则指山。"远"应读为去声,是一个动词,表示远离。"不恶而严",不厌恶,但却很威严、很庄严。这里是说,君子宜远避小人,但这种疏远应是内怀厌恶之心而不表露于外,要敬而远之,保持庄严持重,使小人敬畏。当然这种远离,不是无原则地消极躲避。

初六,遁尾,厉,勿用有攸往。
象曰:遁尾之厉,不往何灾也。

【语译】

初六,隐遁尾巴很危险,不要再有举动,不要再前进。
《象传》说,隐遁尾巴有危险,停止不前往的话还会有什么灾祸呢?

【解读】

初六,"遁尾,厉",隐遁尾巴,是很危险的,"勿用有攸往",不能再前往了。《周易》中常用尾巴来做比喻,如履卦的"虎尾"、既济卦和未济卦的"狐尾"等,而此处的尾巴指狗尾巴,因为遁卦下卦为艮卦,艮卦为狗。爻辞显示,隐藏尾巴难度颇不小,竟然落了个"厉"的断语。(在《周易》九断语中"厉"的凶险程度仅次于"凶"和"咎",表示危险已经潜伏,祸根已经种下,不过尚可挽回;此时一不小心,潜在的危险就会变成现实中真正的灾祸和损失。)《西游记》中孙悟空为逃避二郎神的追杀变成一座小庙,可惜猴尾无法安置,只好变了一根旗杆竖在庙院里,结果二郎神还是从旗杆识破了大圣的行藏。可见无论古今,不管虚幻小说还是真实生活,尾巴都是一个很棘手的麻烦。想想也是,要不怎么会有"尾大不掉"的成语传世呢?看来其他器官都不存在类似的问题。

《象传》说,"遁尾之厉,不往何灾也"。隐遁尾巴是很困难的,所以应停止不前,不前往那还会有什么灾祸呢?尾巴隐藏不好就无法继续前进,一条狗尾巴何至于这般神通广大,这个意象究竟指代什么?看完解释你就不会奇怪了。

此处的尾巴是指人的正反两面。正面：一个人的成就、名声如果太大，财富如果太多，若是一下子将其全部抛掉，即便不是守财奴估计实施起来也很困难。像陶朱公范蠡那么明智、洒脱的人从古到今也没出过几个。别看古人们写了那么多要退隐山林、陶冶情操的文章，真退的还真没几个；而就这几个当中还有大多数是扛着家产进山的。估计如果山下的大宅院能乾坤大挪移的话，他们也会不遗余力地将之挪到山上。这就是一部分所谓隐士的嘴脸。功成名就的大人物，身家难舍啊。

反面：如果一个人的陋习太重，想把它隐掉、改掉也很困难。再扩大一下考察对象，一个实体、一个国家无不如此，概莫能外，矛盾积累得深了、久了，积重难返，牵一发而动全身，如果不好好反思，找出矛盾根源之所在，然后以雷霆万钧之势痛下杀手，那么就只能眼睁睁地看着悲剧发生。

明亡以后，不少人都对吊死煤山的明思宗，也就是崇祯帝很表惋惜和同情，认为明朝亡在他手里是他命不好、点儿背。为什么？崇祯即位时大明王朝已经是日暮途穷、气息奄奄，各种矛盾根本无法调和，灭亡只是个时间问题。慢说崇祯没有多少政治才干，即便他有，折腾一番后照样回天乏术，也得眼睁睁看着太祖打下的江山玩完。事实上崇祯不是没有折腾，他还折腾出了挺大动静，只可惜明朝从根子上坏了，一切举措都是治标不治本。所以，崇祯最后的结局很凄凉，而且他至死都没弄明白自己殚精竭虑地操劳国事，怎么还会落到死后无颜见先皇于地下的田地。

把话题转回到陋习上，打个不太恰当的比方，陋习就像毒品，一旦沾染上就很难戒掉。这时候怎么办？就需要暂时停下前进的脚步，"勿用有攸往"，要好好进行反思。因为如果带着陋习上路，随着你的不断进步，陋习也会以几何级数的速度被无限量放大。等到你再次明显感知到它的存在时，后果也许就不堪设想了。

好好进行反思，彻底改掉陋习，这是一定时期内比前进还要重要的事情。只有彻底改掉陋习，我们才能放下包袱，轻轻松松全力前进。这就是遁卦初六爻给我们的启示。

六二，执之，用黄牛之革，莫之胜说。

象曰：执用黄牛，固志也。

【语译】

六二,用黄牛皮做成的皮革把它捆起来,没有人能够解脱掉。

《象传》说,用黄牛皮做成的皮革将自己捆起来,坚固隐退的意志和决心。

【解读】

"执之"是指束缚六二爻。"莫之胜说","说"通"脱",指没有办法把它解脱掉。六二,"执之,用黄牛之革",用黄牛做成的皮革把自己捆起来,没有人能够把它解脱掉。

《象传》说,"执用黄牛",用黄牛做成的皮革将其捆起来,是"固志也",比喻加强、坚固自己隐退的意志和决心。这样就不会受任何东西的干扰了。用黄牛者是因为黄色为中央色,而六二爻是居中的。

九三,系遁,有疾厉。畜臣妾,吉。

象曰:系遁之厉,有疾惫也。畜臣妾吉,不可大事也。

【语译】

九三,有牵挂地隐退,这样会有疾患、危险。如果蓄养臣仆、侍妾,就会吉利。

《象传》说,有牵挂地隐遁是危险的,会有疾病而且疲惫不堪。回家养老婆孩子则是吉利的,不能去做大事。

【解读】

"系",即羁系,引申为有牵挂。九三,"系遁",是指有牵挂地隐退,那样就"有疾厉",有疾病且有危险。意思是说九三处遁世,一定要超然远遁,而不应有所牵挂,否则会有不好的情况发生。"畜臣妾,吉","畜"通"蓄",指隐遁回家养老婆孩子,那样是吉利的。"臣妾"此处是指六二爻和初六爻,喻指要隐遁回家,回到原来的始点上去,而不要有所牵挂。

《象传》说,"系遁之厉",有牵挂地隐遁是危险的,因为"有疾惫也",会有疾病而且疲惫不堪。"畜臣妾吉",回家养老婆孩子则是吉利的,因为"不可大事也",不能去做大事。九三,一定要超然远遁,而不应有所牵挂。在这个不可做大事的时势下,应该隐遁回家养老婆孩子,比喻将原来的事业彻底抛开,不要有所留恋,要学会舍弃,有舍才有得。俗话说,"留得青山在,不怕没柴烧",有时候毅然决然地放弃自己心爱的东西,可能是一种最好的选择。

九四,好遁,君子吉,小人否。

象曰:君子好遁,小人否也。

【语译】

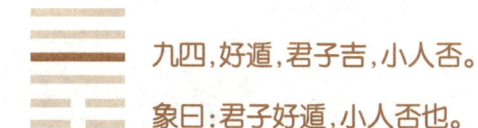

九四,非常喜悦地隐退,对君子来说是吉利的,对小人来说不吉。

《象传》说,君子能喜悦地隐退,小人则做不到。

【解读】

"好",这里指心情好。九四,"好遁",喜悦地去隐退,就是《乾卦·文言传》所说的"遁世无闷,不见是而无闷",指隐遁的时候一点也不郁闷,而是心情非常喜悦地去归隐。"君子吉,小人否",这样对君子是吉利的,而小人不能做到这样,所以是不吉的。

《象传》说,"君子好遁",君子能审时度势,知进退之时机,所以"好遁",他的归隐是一种从内心自觉发出的行为,是心情喜悦地隐退。"小人否也",而小人则是做不到这一点的。小人做事一般只知进,不知退,即使形势逼迫他退,也是心不甘情不愿的。

九五,嘉遁,贞吉。

象曰:嘉遁贞吉,以正志也。

【语译】

九五,在美好之时隐遁,守持正道,吉利。

《象传》说,在美好之时隐遁,是守持正道;吉祥,明正志向。

【解读】

"嘉",惠也,指美好。九五,"嘉遁",在美好之时隐遁。"贞吉",守持正道,是吉利的。

《象传》说,"嘉遁贞吉",在美好之时、在人生最成功的时候隐遁,是守持正道,是大吉大利,但这是常人难以做到的。"以正志也",只有像九五这样的中正之人,才能实现这一美好的愿望,达到人生的美好境界。

上九,肥遁,无不利。

象曰:肥遁无不利,无所疑也。

【语译】

上九,飞快地隐遁,没有什么不吉利。

《象传》说,飞快地隐遁没有什么不利,因为没有迟疑。

【解读】

"肥"通"飞"。上九,"肥遁",飞快地隐遁,高飞而远遁,正如天飞快地离开下面的那座山,"无不利",这样是没有什么不吉利的。

《象传》说,高飞而远遁,没有什么不利,是因为"无所疑也",没有什么可迟疑、可阻碍的,形容隐退得迅速和久远,也表明隐退的决心。

"杯酒释兵权"这个典故,想必大家都听过。话说宋太祖赵匡胤"黄袍加身"后不久,建隆元年四月,昭义节度使李筠起兵反宋,被侍卫马步军副都指挥使石守信等击败于长平。一波未平,一波又起。建隆元年九月,后周太祖郭威的外甥淮南节度使李重进在扬州反叛,打出"驱逐赵贼、恢复周室"的旗号。这次宋太祖决定亲自带兵出征,近两个月后,叛乱终于平定。

因为"二李之乱",宋太祖心里总是不踏实。有一天,他单独召见赵普:"自从唐朝末年以来,换了五个朝代,没完没了地打仗,不知道死了多少老百姓。这到底是什么道理?"

赵普说:"道理很简单,藩镇权力过大。如果把兵权集中到朝廷,天下自然太平无事了。"

赵普说完,立时明白了宋太祖的良苦用心,原来是想借自己的口把他不好说出来的话说出来啊。于是赵普大胆地给出了建议:"禁军大将石守信、王审琦两人,兵权太大,请皇上把他们调离禁军,以防后患。"

宋太祖说:"这两人我很信任,他们绝对不会有负于我的。"

赵普说:"臣并不担心他们叛乱。但是据臣所知,这两个人的领导才能有限,管不住下面的将士。有朝一日,下面的人闹起事来,只怕他们也身不由己呀!"

几天后,宋太祖宴请石守信、王审琦等几位老将。酒过三巡,宋太祖举起一杯酒,先请大家干了杯,然后说:"要不是有诸位辅佐,朕根本不可能坐上皇位。但是你们不知道啊,做皇帝其实还不如做个节度使自在。不瞒各位,这一年来,朕就没有睡过一夜安稳觉。"

石守信等人听了连忙问是什么缘故。宋太祖说:"这还不明白?皇帝这个位子,谁不眼红呀?"

石守信等人听后连忙跪在地上表忠心:"现在天下一统,谁还敢对陛下三心二意?"

宋太祖摇摇头说:"对你们几位我还信不过?只怕你们的部下贪图富贵,也把黄袍披在你们身上啊!"

石守信等听到这里,感到大祸临头,连连磕头,请求圣主给指一条生路。于是,宋太祖隐晦地说明了自己的意思。第二天,石守信、王审琦等人便上书声称自己有病,要求解甲归田。宋太祖自然是欣然同意,收回他们的兵权,并赏给他们一大笔财物,打发他们到地方做闲职去了。后来还把两个女儿分别嫁给石守信和王审琦的儿子。

这就是历史上有名的"杯酒释兵权"。其实这个故事讲的也正是遁卦的上九爻所要告诉我们的道理。

对于开国帝王而言,开国元勋们"功高盖主"的问题是最为困扰他们的难题,尤其是对于那些出身低微的开国帝王。因此才有了一幕幕"飞鸟尽良弓藏,狡兔死走狗烹,敌国破谋臣亡"的历史惨剧不断上演。明成祖朱元璋对待开国功臣们当然也不例外,"胡蓝之狱"使得大明的开国功臣几乎被屠戮殆尽。但是石守信等人却得以善终,在当时实属罕见。这就是急流勇退的智慧。如果石守信等人当时恃仗军功,不主动请辞或者干脆谋反,那结果就可想而知了。

> 遁卦是讲隐退之道的,如何在得意美好和功成名就之时毅然决然地归隐?这需要勇气和智慧。欧阳修说"遁者,见之先也",意思是隐遁是表现的开始,只有隐退了才能展示出来,只有退才能进,退为进之母。程颐解释本卦时说"君子退藏以伸其道",指君子隐退是为了弘扬他的正道。张衡曾作《归田赋》,言"苟纵心于物外,安知荣辱之所如",是说如果将心纵行于物外,那么谁还会关心荣辱所带来的结果呢?因此,遁卦里所说的归隐,不是无原则地消极逃世,而是一种以退为进的智慧。在事业发展中要有进有退,不能一味冒进。这就是所谓的"文武之道,一张一弛"。当然在功成名就之时,也要隐退,不要太张扬,要知足常乐。

大壮第三十四——强盛法则

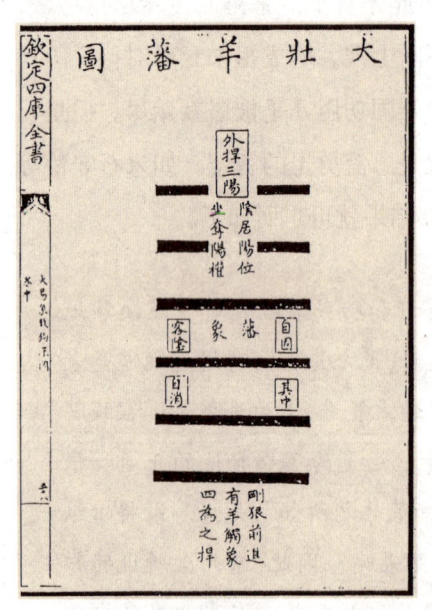

大壮,利贞。

【语译】

大壮卦,有利于守持正道。

【解读】

"大壮",是强大兴盛的意思。这里表示阳气很壮大强盛。《序卦传》说:"物不可以终遁,故受之以大壮。"事物不可能永远地隐遁、后退,到一定阶段后会终止后退而转往前进,所以遁卦之后是大壮卦。大壮卦是十二消息卦之一,代表阴历的二月,是阳气渐渐壮大的时候,下面四根阳爻,上面二根阴爻,下面的阳爻还在往上长,说明阳气大为强盛。

卦辞说,大壮卦,"利贞",有利于守持正道。大壮卦是阳气大为强盛的时候,此时如何保持"盛壮"是至为关键的问题。卦辞以"利贞"二字,揭示了守正处壮,必获吉祥的道理。

彖曰:大壮,大者壮也。刚以动,故壮。大壮利贞,大者正也。正大而天地之情可见矣。

【语译】

《彖传》说,大壮,强大而雄壮。刚强地动,所以大壮。大壮有利于守持正道,强大的事物走的是正道。正大而光明，就能看出天和地之间的情怀。

【解读】

《象传》说，大壮卦，"大者壮也"，就是强大而雄壮。"刚以动"，大壮卦下卦为乾卦，为纯刚，上卦为震卦，为动，就是刚强地动，所以大壮。在十二消息卦中，大壮表示阳气已经走到了第四位，所以非常的强壮。"大壮利贞"，大壮有利于守持正道，因为"大者正也"，强大的事物走的是正道，也就是说，只有符合正道的事物才能走向强大。"正"即正直，"大"即刚大，"正大"，即正直而刚大，正大而光明，"天地之情可见矣"，从"正"和"大"里面就能看出天和地之间最根本的情怀。大壮卦表示事物发展的强盛阶段，它告诉我们的是如何保持住这种强盛的势头，那就是要走正道。

象曰：雷在天上，大壮。君子以非礼弗履。

【语译】

《象传》说，震雷响彻天空，大壮卦之象。君子不做不合乎礼的事情。

【解读】

《象传》说，"雷在天上"，上卦为震，震为雷；下卦为乾，乾为天，震雷响彻天空，表现出大为强盛之势，这就是大壮卦之象。这个卦象下面是四个阳爻，上面是两个阴爻，表示阳气上升，也表示阳气大为强盛。雷在天上轰轰作响，这种气势是刚大而雄壮的，足以惊天地而泣鬼神。君子看到这样的卦象，就要按照大壮卦之道来"非礼弗履"。"履"即履行，君子不做不合乎礼的事情。孔子说："非礼勿视，非礼勿听，非礼勿言，非礼勿动。"（《论语·颜渊》）只有符合礼的事情才能去做，否则就要遭到雷打的惩罚。这也是说，要想保住强盛，君子做事就要处壮守正，正大光明，这是天地之间最根本的情怀。只有符合天道、符合礼节的事情才能去做，否则就要遭到惩罚。即使是在成功之时，即处于大壮的时位时，也要走正道、守礼制，这样才能永保强壮之势。

初九,壮于趾,征凶,有孚。

象曰:壮于趾,其孚穷也。

【语译】

初九,脚趾强壮有力,往前进发会有凶险,应当保持诚信。

《象传》说,处于下位就很强壮,是无诚信的表现,就有凶兆。

【解读】

初九,"壮于趾",从脚趾开始大壮,脚趾的力量很强盛。"征凶,有孚",往前进发会有凶险,应当保持诚信。《周易》中很多卦都是从脚开始向上延续的,如咸卦说"咸其拇",从脚一点点往上走。大壮全卦基本上都是凶,只是有条件的吉。

《象传》说,"壮于趾,其孚穷也"。初九爻位于大壮卦的最下位,取象人体为足、为脚趾。处于下位就很强壮,意味着不顺于上,是无诚信的表现。也可以说,从一开始就妄动,猛烈地动,说明他定力不够,耐力不足,那么他的诚心、诚信就会穷尽。这样就有凶兆了。

九二,贞吉。

象曰:九二贞吉,以中也。

【语译】

九二,守持正道,吉利。

《象传》说,九二爻吉利,因为居中位。

【解读】

九二,"贞吉",守持正道,吉利。

《象传》说,九二为什么直接说"贞吉"呢?是因为"以中也"。因为这一爻是阳刚之人居阴柔之中位,说明不过分地显示自己强硬的本领,懂得谦虚之道,保持中庸之德,所以是吉利的。

九三,小人用壮,君子用罔,贞厉。羝羊触藩,羸其角。

象曰:小人用壮,君子罔也。

【语译】

九三,小人显示自己的强壮,君子隐藏自己的实力,这样都有危险。像公羊顶触藩篱,被缠住了羊角。

《象传》说,小人显示自己的强壮,君子隐藏自己的实力。

【解读】

九三,"小人用壮,君子用罔",本爻从小人、君子两个角度对比来说,分别评判他们做得如何。大壮卦的整个六爻都是在强壮、雄壮之时,而小人用了这种壮,故意显示出自己强壮的势力;君子却反而在大壮之时不显示强壮,这两者都是"贞厉",坚持这样做都是凶的。因为前者是品行不端,后者是丧失良机。"羝羊"就是公羊,因为所处的是九三爻,是阳爻的位置。"羸"本指瘦弱,此处是缠住的意思。"羝羊触藩,羸其角",公羊喜欢用头角去冲撞羊圈的藩篱,结果就被缠住了羊角而动弹不得,比喻人任其刚壮必至困境。

《象传》说,"小人用壮,君子罔也"。九三爻阳爻居阳位,又在下卦乾卦的最上一爻,刚健至极,如此之壮,必难以为继,不知者忘乎所以,明智者必不以为然。这里用对比的手法,以羝(dī)羊——公羊顶触藩篱结果被缠住了羊角而动弹不得这一景象,比喻小人以为强壮可用,故意显示自己强壮的势力;君子虽然强壮却不以为然,表示过于保守,该用强的时候却不用,错过时机,这两者都是不好的。

九四,贞吉,悔亡。藩决不羸,壮于大舆之輹。

象曰:藩决不羸,尚往也。

【语译】

九四,守持正道就吉祥,悔恨就会消除。公羊拼命将藩篱撞开没有被缠住羊角,就如同大车的车輹一样作用强大。

《象传》说,公羊拼命地将藩篱撞开,是崇尚前进。

【解读】

九四,"贞吉,悔亡",守持正道就吉祥,悔恨就消亡。"藩决不羸",是说那只公羊拼命地将藩篱捣开,而不是被其缠住羊角。"大舆"就是大车,"輹"是用来控制车轮前进的零件。"壮于大舆之輹",意思是说大壮之势显示出来,就如同大车的车輹那样作用强大。九四在这里展现了一幅与九三爻情景一样,但结果相反的画面：公羊拼命地捣开藩篱，羊角没有被藩篱缠住。同时又用大舆之輹作比喻，表示作用强大。说明此时君子抓住了时机，显示出了强盛之势，也说明要前进就要有主动出击、一往无前的精神。

《象传》说，"藩决不羸"公羊拼命地将藩篱捣开，而不是被其缠住羊角，是"尚往也"，是崇尚前进。因为从九四爻开始已进入上卦的震卦，震卦是主动的，所以要前进要行动，而不可当断不断。那是非常有利的时机，这个时候你就要拿出主动出击的精神。

六五，丧羊于易，无悔。

象曰：丧羊于易，位不当也。

【语译】

六五，这头羊在田边走失了，但没有悔恨。

《象传》说，羊在田边走失了，因为六五阴爻处阳位不当。

【解读】

"易"通"埸"，是疆场、田畔的意思。六五，"丧羊于易"，就是这头羊在田边走失了，但是没有悔恨。

《象传》说，"丧羊于易"，羊在田边走失了。什么原因呢？因为"位不当也"。六五阴爻处阳位，所以是不当。六五，以田边走失羊为比喻，说明所处位置不适当，会有损失。但小损失不值得悔恨，有失必有得。整个卦是讲大壮的，这根爻是最关键的，应该有大壮品格的人才能居于此位，也说明居于最高尊位时，应该有雄心壮志、阳刚气质，否则的话就难以保住那些你已经获得的财物、地位。

上六，羝羊触藩，不能退，不能遂，无攸利，艰则吉。

象曰：不能退，不能遂，不详也。艰则吉，咎不长也。

【语译】

上六，公羊顶触藩篱，既不能退也不能进，没有什么好处，但是挺过难关就吉利了。

《象传》说，公羊顶触这个藩篱，既不能退也不能进，即不吉祥了，在艰难的环境里反而吉利，灾祸不会太长久。

【解读】

"遂"就是进。上六,"羝羊触藩",公羊顶触藩篱。"不能退,不能遂",既不能退,也不能进。"无攸利",没有什么利益。"艰则吉",但艰辛地去做,那是能吉利的。上六,第三次用公羊顶触藩篱作比喻,其结果与前两次都不相同,是进退两难,说明处世不够周详,处境艰难,此时更要坚持守住大壮的局势,只要你不屈不挠,那么灾祸就不会长久。

《象传》说,"不能退,不能遂",公羊顶触这个藩篱,既不能退也不能进,"不详也","详"通"祥",即不吉祥了。"艰则吉",但在艰难的环境里,你能坚持住,不屈不挠,那么"咎不长也",灾祸也就不会太长久。

大壮卦虽然讲的是强壮,而告诫我们的却是不要显示这种强壮。这似乎与《周易》全局不相一致,因为《周易》主张崇阳抑阴,所以把乾卦置于首位,而大壮卦和前面的遁卦却都告诉我们隐退才能吉,要想进就要先退,如果乱动妄动,过于显示自己的强壮反而是凶的,所以其用意是告诫我们不要过于显示你的强势,有时也要懂得柔弱胜刚强的道理。表面上看好像不一致,而实际上却是完全一致的。大壮卦还告诉我们在做事的时候要经常审时度势,要把握时机,只有时机成熟的时候,才可以前进,而一旦前进就不要瞻前顾后,要一往无前、勇猛前进。

晋卦第三十五——提拔晋升

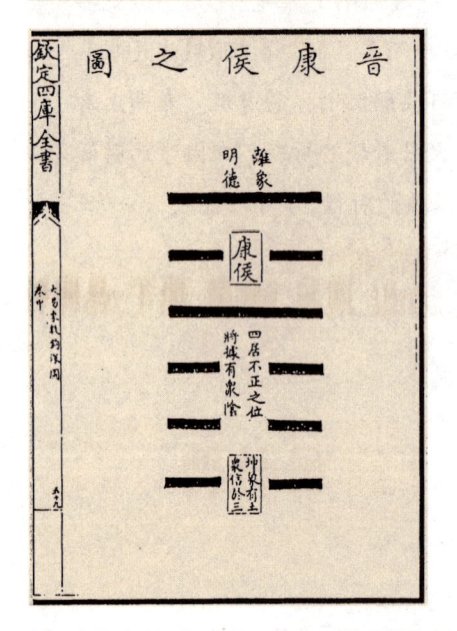

晋，康侯用锡马蕃庶，昼日三接。

【语译】

晋卦，诸侯被天子赏赐了众多的车马，一天之中受到了多次接见。

【解读】

"晋"，就是前进的意思。《说文解字》解释说："进也，日出万物进。"《序卦传》说："物不可以终壮，故受之以晋。晋者，进也。"事物又不可能始终都是大壮，不可能永远强盛，要保持强盛就要继续前进、上升，所以大壮卦之后就是晋卦。晋卦的卦象下面是坤卦，坤为大地，上面是离卦，离为太阳，好比太阳从大地上升起。这就是一种上进的景象，所以这一卦是讲晋升之道的。

卦辞所说的"康侯"究竟是谁？顾颉刚先生认为是指周武王的弟弟卫康叔。我认为此处不应将康侯看作一个具体的人，应视为一个尊贵的王侯，一个尊贵的领导者。因为得到了尊贵领导者的赏识，所以才能晋升。"蕃庶"是繁殖、众多的意思，"康侯用锡马蕃庶"，是说康侯用天子赏赐的良种马去繁殖出众多的马，在古代优质品种的马是非常尊贵的，康侯的这种做法是非常伟大的，所以"昼日三接"，一天之中，受到了天子三次接见，表示他受到了天子的赏识。

彖曰:晋,进也。明出地上,顺而丽乎大明,柔进而上行,是以康侯用锡马蕃庶,昼日三接也。

【语译】

《彖传》说,晋,前进,上升的意思。太阳从地上生起,柔顺地依附于正大光明之道,柔顺而逐渐地由下往上前进、前行,所以诸侯被天子赏赐了众多的车马,一天之中受到了多次接见。

【解读】

《彖传》说,"晋,进也","晋"就是前进,上升。"明"指太阳,"明出地上",太阳从地上升起。"顺"是顺应,从卦象上指下卦的坤卦,坤为顺。"丽"是依附,从卦象上指上卦的离卦,离为丽。"大明"这里既指太阳,也指如太阳一样的光明正大之道。"顺而丽乎大明",柔顺地依附于正大光明之道。"柔进而上行",大地是最柔顺的,柔顺而居下,逐渐地由下往上前进、前行,如果做到了像"康侯用锡马蕃庶"一样,就会得到"昼日三接"的赏赐。其实,《彖传》说的是一个人为何会受到赏赐,为什么会得到晋升的道理。那么一个人在什么状态下会成功,会受到领导赏识呢? 这里有两点非常重要,第一要顺,"顺而丽乎大明";第二要柔,"柔进而上行"。这个顺和柔有着密不可分的关系,但还有一定的区别,顺就是要顺应,柔就是要温柔。这实际上反映了一种道家的思想。晋卦的下卦是坤,道家主张的居下的、柔顺的代表就是"水善利万物而不争",但正因为不争,"而万物莫之能胜",万物没有谁能胜过它。所以正因为它是柔和顺,它才能前进、上行。这是一种大智慧。

象曰:明出地上,晋。君子以自昭明德。

【语译】

《象传》说,太阳从地上升起,晋卦之象。君子要明明德。

【解读】

《象传》说，"明出地上"，上卦为离，离为光明；下卦为坤，坤为地，太阳从地上升起，这就是晋卦之象。君子看到这样的卦象，就要按照晋卦之道来"自昭明德"。"昭"就是明的意思，"昭明德"就是明明德。什么是"明明德"？"德"就是日出地上的太阳之德。"明德"就是日出地上给万物带来光明的太阳之德，这里象征正大光明的品德。那么，怎样才能使人具有太阳这样的"明德"呢？这里有一个字，非常重要，那就是自己的"自"，要从自己的内心出发，使得像太阳那样的品德显示出来，使得自己内在固有的品德更加昭彰、昭著。"明明德"也是古代《大学》的三纲领之一，这三纲领是："大学之道，在明明德，在亲民，在止于至善。"怎样才能达到"明明德"？《大学》说："古之欲明明德于天下者，先治其国；欲治其国者，先齐其家；欲齐其家者，先修其身；欲修其身者，先正其心；欲正其心者，先诚其意；欲诚其意者，先致其知，致知在格物。"也就是说，要通过"八条目"，即"格物，致知，诚意，正心，修身，齐家，治国，平天下"才能实现。儒家认为，只有按照这八种次序做了之后，才能"明明德于天下"，也就是才能"平天下"。

初六，晋如摧如，贞吉。罔孚，裕无咎。

象曰：晋如摧如，独行正也。裕无咎，未受命也。

【语译】

初六，有时前进，有时后退，守持正道是有好处的。虽然还没得到别人信任，但要宽容自处，就没有灾祸。

《象传》说，有时前进，有时后退，独自行动保持正道，宽容自处则没有灾祸，因为还没有接受大的使命。

【解读】

"晋如"，前进的样子。"摧如"，受到摧残而后退的样子。"晋如摧如"，就是进进退退的样子。"贞吉"，守持正道是有好处的。"罔孚"，就是无孚，即没有诚信。"孚"，就是诚信。"裕"，就是宽容、容忍。"罔孚，裕无咎"，虽然还没有被人信任，但只要有一种宽裕、宽厚、宽容、宽广之心，即使别人不信任我，我也能够容忍他，这样做的话就是"无咎"的。

《象传》说，"晋如摧如，独行正也"，我进进退退，该进的时候进，该退的时候退，只要我守正道，即使是独自行动也没有关系。"裕无咎"，这时候采取宽容的态度，没有灾祸，是因为"未受命也"，还没有接受大的使命。也就是说，初六，是刚刚走向社会，还不能担当重要职务的时候，别人对你不信任是正常的。因此自己要宽容待人，做到可进可退。只要具有包容心，就不会有灾祸。初六也是下面坤卦的最下一爻，要学习大地包容万物那样的精神。

六二，晋如愁如，贞吉，受兹介福，于其王母。

象曰：受兹介福，以中正也。

【语译】

六二，上进时充满着忧愁，守持正道就吉祥。将会得到一种大的福报，这福报是来自于祖母的。

《象传》说，得到大的福报，因为六二居在正位，而且守中道。

【解读】

六二，"晋如愁如"，六二比初六又前进一步了，但是开始发愁了，是说在前进的过程中，有时会有忧愁了。"贞吉"，只要继续守持正道仍然吉祥。"兹"，就是这种、这个的意思。"介福"，就是大福。"受兹介福"，就是受到这个大福报。受到谁的大福报呢？是"于其王母"，由于有"王母"的支持，"王母"就是祖母，祖母在这个卦中就是六五爻，他受到了六五爻的支持，所以他会得到一种大的福报。

《象传》解释说，"受兹介福"，是因为"以中正也"，因为六二居在正位，而且守中道，这种品德得到了"王母"的赞赏，所以"王母"给予了很多的赏赐。这实际上也是指一个人在刚开始工作的时候，不但要有一种宽容的心，并且能够找准自己的位置，坚持奋斗。这样才能获得大福。这种大福泽是来自柔顺的上级领导。

六三，众允，悔亡。

象曰：众允之志，上行也。

【语译】

六三，获得了众人的信任，悔恨也就消亡了。

《象传》说，众人都信任他，是因为六三能顺应时势，柔顺地上行。

【解读】

六三是下卦的最上一爻,也就是人生第一阶段的终了。这个时候是"众允,悔亡"。因为经过了"晋如摧如"、"晋如愁如"的阶段,众人已经对他有所了解,就应允他了,也就是信任他了,这样他的悔恨就消亡了,也就是无悔了。

《象传》说,"众允之志",众人都信任他,是因为"上行也"。在处于晋卦的时候,众人都崇尚升进,六三能顺应时势,柔顺地上行,所以获得了众人的信任。

九四,晋如鼫鼠,贞厉。

象曰:鼫鼠贞厉,位不当也。

【语译】

九四,像硕鼠那样的人获得晋升,是很危险的。

《象传》说,像硕鼠那样的人获得晋升就很危险,是因为所处的位置不当。

【解读】

"鼫(shí)鼠"就是硕鼠,大老鼠,比喻没有一技之长而窃得高位的人。《诗经·魏风》里有一篇《硕鼠》,"硕鼠硕鼠,无食我黍;三岁贯女(汝),莫我肯顾",这是指剥削者。此处用硕鼠来比喻九四,"晋如鼫鼠",通过不正当的手段,获得了晋升,窃取了高位,"贞厉",这种人固守这个位置是很危险的。

《象传》说,"鼫鼠贞厉",像"硕鼠"一样的人,固守不动有危险,是因为"位不当",即所处的位置不当。因为他占据这种位置,就会阻挡别人的升进。从象上讲,四位为阴位,九四刚爻居阴位,位不正。这也从反面告诉我们,在升迁提拔的时候,一定要提拔那些品行端正的人。

六五,悔亡,失得勿恤,往吉,无不利。

象曰:失得勿恤,往有庆也。

【语译】

六五,消除悔恨,不需要患得患失,继续前往是吉利的,没有什么不好。

《象传》说,不需要患得患失,前往会有吉庆、福庆。

【解读】

六五,"悔亡",悔恨消亡了。"失得勿恤",不需要忧虑得失了,不必来为这个得失忧愁。"往吉，无不利"，继续前往是吉的，没有什么不利，没有什么不好。

《象传》解释说，"失得勿恤"，是因为"往有庆也"。六五，不要考虑个人得失地勇往直前，是因为前往会有吉庆、福庆。六五爻虽然已居尊位，本无须再继续往前升进，继续往前升进会失去这个尊位，但六五依然义无反顾地往前升进，虽然有所失但会有所得，因为前面是上九爻，是阳爻，会得到处于最高位的上九爻的帮助，所以是吉庆的。此处是"失得"，而非得失，是要先舍才能得，这是一种大智慧。

上九，晋其角，维用伐邑，厉吉，无咎，贞吝。
象曰：维用伐邑，道未光也。

【语译】

上九，上升到头了，适合于讨伐别的邑国，虽然危险但可以获得吉庆，没有灾祸，然而有遗憾。

《象传》说，适合于讨伐别的邑国，说明文明的怀柔之道还没有发扬光大。

【解读】

上九，"晋其角"，上升到头了，到角了，因为上九是卦的最上一爻，就是到头了，到极点了。好比说，钻牛角尖，到了这个角上了。"维"通"惟"，也就是要考虑，计划。"伐邑"，讨伐邑国（自己的所属国）。"维用伐邑"，就是上九在盘算着如何讨伐自己治下的属国。"厉吉，无咎"，虽然有危险，但可以获得吉庆，不会有灾祸。"吝"，有遗憾。"贞吝"，上九以阳刚处晋卦之终，离卦之最上爻，是为明将息而欲进，有不以文明为治，而尚刚武之义，上九爻放弃怀柔的政策，而去崇尚武力，是令人遗憾的。

《象传》解释说，"维用伐邑"，是因为"道未光也"，文明的怀柔之道还没有发扬光大。为什么要去讨伐自己治下的邑国？肯定是边远的属国不太顺服自己了，若上九再不去讨伐的话，可能就会失去这个属国，属国有可能会独立或臣服别国，那就会有遗憾。由于属国地处边远，去征讨会有危险，但由于上九去征讨是为了彰显王者之道，并不是去欺负杀伐，所以最终会取得成功。

晋卦第三十五——提拔晋升

387

一个人在什么状态下才会成功晋升为尊贵的领导者呢？或者说一个人如何走向成功？晋卦带给我们这样一些启示：首先，要被别人赏识就要做到以下两点，第一要顺，第二要柔。其次，要像水一样遇到阻碍时想办法择路而行，勇往直前。第三，我们还要"自昭明德"，从自己的内心出发，彰显自己的品德，这样就能使自己更加受人瞩目。具体的做法是，一要宽容，二要有忧患意识。从行为上来说，要懂得进退自如，在顺境之中要有忧患意识。第四，在大家都信任你的情况下要努力奋斗，取得更大的成就。第五，如果用不正当的手段去谋求晋升，窃取高位是很危险的。

明夷卦第三十六——韬光养晦

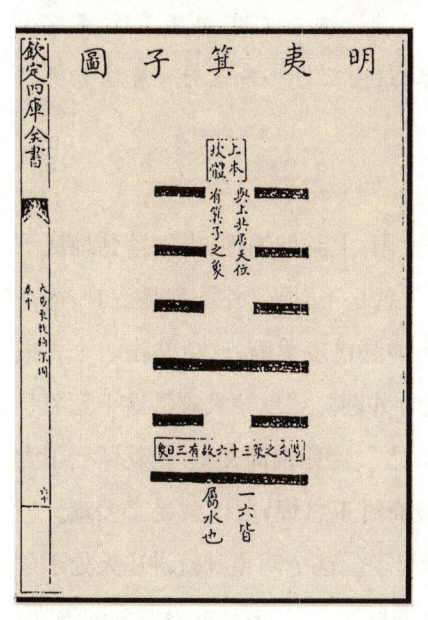

明夷,利艰贞。

【语译】

明夷卦,光明减退时,宜于默记艰难、守持正道。

【解读】

"明",指太阳;"夷",是受伤。"明夷"的意思就是太阳受伤了,太阳落山了,泛指一切光明的事物受到损伤。明夷卦和晋卦恰恰相反,它是地在上,日在下,就是太阳落山了,变明为暗了。《序卦传》说:"进必有所伤,故受之以明夷。夷者,伤也。"前面的晋卦表示前进,前进必有所伤,在前进的道路中,一定会受到一些阻挠和伤害,就太阳这一事物来说,太阳升到中午了,肯定要下降,最后逐渐地落到地下去,所以晋卦之后就是明夷卦。明夷卦以"明入地中"为喻,展示了政治昏暗、光明泯灭之世的情状,以及君子自晦其明、守正不移的品质,也说明了昏君执政、世道黑暗,光明正大之人必受损伤。

卦辞说,明夷卦,"利艰贞",有利于艰难地守持正道。整个卦预示由明转暗的危险,当灾难来临时我们该怎样应对?当企业遇到困难时我们该怎么解决?它不是刚开始时的危险、灾难,也不是指前进路上的危险、灾难,而是指已经成功了,现在又有挫折了,是由明转暗的危险、灾难。在社会动乱或处境艰险的时刻,怎样保存实力,怎样在困境中摆脱艰难,怎样使自己重新振兴起来,这不仅需要勇气,而且需要智慧。这一卦就是教我们这种智慧的。明夷卦对我们做人、做事、做企业都是很有启发的。

象曰:明入地中,明夷。内文明而外柔顺,以蒙大难,文王以之。利艰贞,晦其明也。内难而能正其志,箕子以之。

【语译】

《象传》说,太阳落到地底下去了,这就是明夷。内含文明,外显柔顺,蒙受大难时像周文王那样。艰难中守持正道,韬光养晦,内部发生危难时坚守自己的志向,像箕子那样。

【解读】

《象传》说,"明入地中",因为下卦离是太阳,上卦坤为地,太阳落到地底下去了,这就是明夷。"内文明而外柔顺","内"就是下卦,"外"就是上卦,内是文明的,因为离卦代表文明,外是柔顺的,因为坤卦代表柔顺,这也是指一个人内在要光明,外在表现出来的要柔顺,这叫"内方外圆"。"以蒙大难",这个意象是蒙受了大难,因为太阳落到地下去了。"文王以之",比如说周文王,他就蒙受了大难,周文王义而服众,三分天下有其二,因此被商纣王忌恨,所以蒙受了大难。但他最后又逐渐地兴起,他的儿子又把商纣王给灭了。这个明夷卦就讲述人处于危险境地,然后该怎么做,怎么转危为安,怎么变不利为有利,最后取得胜利的道理。这个道理就是"利艰贞,晦其明也",就是说,处于明夷这种危险的时候,要有在艰难中守持正道的品格,明未息只是晦藏而已,有难而不改其志,要有卧薪尝胆的精神,要有韬光养晦的策略。"内难而能正其志,箕子以之",在内部发生危难的时候,他能坚守住自己的志向、自己的正道,就像箕子那样。箕子是商纣王的叔父,他已遭受"内难",内难表示一种内部的困难,因为商纣王和箕子是亲戚,是家里人,所以这个"内难"是家里、内部的灾难。这时箕子被商纣王贬为奴隶,后来又因在天牢里，当然这是一种家难，但是他自己不忍心离开商帝国，后来他就假装发疯，于是就躲过了这个灾难。周武王灭了商纣王之后，向箕子讨教治国的最大方略，箕子告诉他"洪范九畴"。明夷卦告诉我们如何在艰难中摆脱艰难，而且这种艰难是来自内部的，这对我们做人做企业是很有启发的。家人对我们不理解时我们该怎么做？企业有难时我们该怎么做？明夷卦是教我们这种智慧的。

象曰：明入地中，明夷。君子以莅众，用晦而明。

【语译】

《象传》说，太阳落到地底下去了，明夷卦之象。君子要学会统领众人，韬光养晦以赢得光明。

【解读】

《象传》说，"明入地中"，下卦为离卦，离为日；上卦为坤，坤为地，太阳落到地底下去了，这就是明夷卦之象。君子看到这样的卦象，就要按照明夷卦之道来"莅众，用晦而明"，就是学会怎么样统领众人，特别是在逆境中统领众人，在不利的、晦暗的情况下使局势变得光明。"用晦而明"，也可以理解为怎样运用韬光养晦的策略，以赢得光明的未来。

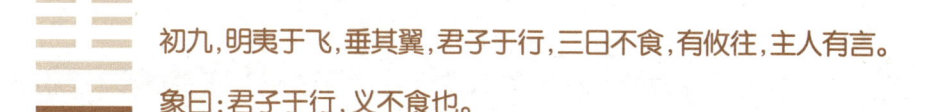

初九，明夷于飞，垂其翼，君子于行，三日不食，有攸往，主人有言。
象曰：君子于行，义不食也。

【语译】

初九，光明减退时不向外飞，垂下自己的翅膀，君子快速行动，三天不吃东西，赶快前往，但还是受到了主人的责怪。

《象传》说，君子要快速隐退，因为不求禄食。

【解读】

初九，"明夷于飞"，就是在这个乱世，这个黑暗之世中怎么飞行呢？一定要"垂其翼"，要垂下自己的翅膀，意思就是不要飞了，要勇退归隐了。"君子于行"，君子在这时要快速地隐退。"三日不食"，三天都顾不上去吃东西，表示引退得要快。实际上，"食"指入食，指受俸禄，做官。"有攸往"，有利于前往隐退。"有言"，就是责怪，"主有言"，主人就会责怪，不理解。但虽然是这样，仍然不去做官。

初九，垂下自己的翅膀，意思就是不要飞了，要勇退了，要归隐了。人逢乱世，要懂得隐退，才是大智慧。要经得住高官厚禄的诱惑，即使主人、上级和家人会不理解你、责怪你，仍然隐退。

《象传》解释说，"君子于行"，是因为"义不食也"，按照道义来说，不求这个禄食、俸禄，不应该做官，还是要隐退，这实际上是一个大智慧。我们知道，殷纣王时期，有三位大臣：箕子、微子、比干。我们看这三位大臣，他们的情况就大不一样。箕子是装疯（也是一种隐退），他避过了这个大难，后来成为周武王的老师，得以保命；微子也劝诫纣王不要荒淫无道，纣王不听，还要处罚他，微子也隐退了，所以他也活下来了；但比干却是死谏，一次不成又一次，最后被挖了心，所以这里讲危难之时一定要"垂其翼"，在乱世中要隐退。

六二，明夷，夷于左股，用拯马壮，吉。

象曰：六二之吉，顺以则也。

【语译】

六二，在黑暗中行走，左腿又受了伤，用强壮的马帮助行走，是吉祥的。

《象传》说，六二的吉祥，因为六二爻柔顺处事。

【解读】

"夷"，伤。"左股"，左边的大腿。六二，"明夷，夷于左股"，在"光明"受伤害的乱世，左股受到了伤害，伤在左不在右，表示受伤不严重。"拯"就是救。"用拯马壮，吉"，依靠这匹良马得以拯救，然后逐渐壮大，这样就获得了吉祥。

《象传》解释说，六二的吉祥，是因为"顺以则也"。六二爻阴柔居中，处艰难之乱世，能柔顺处事，持守中正之道，说明心中的光明没有熄灭。九三是阳爻，用马来比喻，是一匹强壮的良马，六二处其下，表明能顺承于它，这个时候左股受了伤，只有依靠这匹强壮的马才能获得解救。"马"在这里可指明君，六二身处乱世，乃至受到了伤害，但内心的志向没有泯灭，一直在寻找明君，依靠明君才能摆脱黑暗，迎来光明，然后逐渐又会变得强大，这当然是吉祥的。

九三，明夷于南狩，得其大首，不可疾，贞。

象曰：南狩之志，乃大得也。

【语译】

九三，在黑暗中向南方讨伐，俘获了对方的首领，但是不可操之过急，应当守持正道。

《象传》说，在黑暗中向南方讨伐，会大有收获。

【解读】

"南狩"，在南边狩猎，狩猎也可以指征伐，讨伐。"得其大首"，就是得到了对方的首级，也就是诛杀了对方的最高首领。"不可疾"，但是不可操之过急。要"贞"，要守正道，要贞固。到了九三爻，处于下卦离卦的最上一爻，离卦位居南方，南方又代表君位，刚爻居阳位，得正，说明这位君主刚强有力，在这个光明受损的时候，有南边的叛乱分子寻衅滋事，使南边的百姓处于危难之中，这时就不能再隐退了，而是要去南方征讨，因为征伐有力，能取得大的捷报，以俘虏其首领比喻成功，但不要操之过急。说明做事首先要识时位，然后坚定志向，只要符合时位、抓住机遇，肯定会获得成功。

《象传》解释说，"南狩之志"，首先要有这样的志向，是指识时位的志向。理学家朱熹有一个解释，他说，"成汤起于夏台，文王兴于羑里"，成汤是从夏台兴起的，周文王是从羑里起来的。就是说，无论是在古代还是现代，大的事情还是小的事情，只要抓住了这个时位，然后坚定志向，肯定会"大得也"，即大有收获。

六四，入于左腹，获明夷之心，于出门庭。

象曰：入于左腹，获心意也。

【语译】

六四，进入了左边的腹地，心里想着黑暗中的艰险，毅然跨出门庭远去。

《象传》说，进入了左边的腹地，说明能了解内在志向。

【解读】

六四，"入于左腹"，就是要退到左边的腹地上，师卦六四爻说："师左次。"就是军队要在左边驻扎，和这意思差不多。"获明夷之心"，就是处在那种艰险、幽暗之中的心志。"于出门庭"，跨出门庭。六四，此时就要深入到腹地，因为已经进入上卦大地了。一定要根据不同的时位来做事，跨出门庭就表示要立即行动。

《象传》解释说,"入于左腹",是因为"获心意也"。就是说,六四这个时候,获得了也就是深刻地了解了光明受损之时的心意。由于六四是阴爻,自身力量不够,很难像九三一样有所作为,所以这个时候就要尽快采取行动进入到腹地,把自己隐藏起来,以等待东山再起的时机。

箕子规劝商纣王,纣王不听从而且要处罚他,这时他就明夷,把自己的才华隐藏起来,具体的做法就是装疯,把自己的志向藏起来了,这样才得以保全性命。虽然装疯,但是箕子心中的志向并没有熄灭,仍在伺机而动。

我们今天当然不用再担心会碰上过去那种腥风血雨、瞬间脑袋搬家的惨烈场景,可是身处社会,各种各样暂时无法解决又不能躲避的麻烦随时会找上门来,你怎么办?只有暂时隐退一途可走。那就不要留恋,索性痛快地退下来,正好可以给长期紧张的心情放个假,彻底放松一阵,或者想些以前没有做到的事情去弥补一下。不过也不要放松到了忘记给自己加油充电的地步,适可而止,因为这并不代表你已彻底退出江湖。

暂时归隐,静观其变。最初肯定是被逼无奈,也许不久后你就会发现,这其实是你内心深处真正的梦想和渴望,只不过被尘俗埋藏太久有些褪色罢了。趁此大好时机,好好地歇一歇吧。等你再次背起行囊踏上征途,你一定要把这段日子深藏在心底,因为它是你生命中一抹不可多得的亮色。

六五,箕子之明夷,利贞。

象曰:箕子之贞,明不可息也。

【语译】

六五,(处于最黑暗的时候)箕子装疯隐藏志向,这样是有利的。

《象传》说,箕子这种坚守正道的做法,因为心中的志向还未熄灭。

【解读】

六五,"箕子之明夷"这里说了箕子在光明受损时的做法。殷商末期,殷纣王的叔父箕子规劝纣王,纣王不仅不听从他的劝诫而且要处罚他,这时他就把自己的志向、才华隐藏起来,具体的做法就是装疯,结果躲过了被杀的灾祸。箕子这种明夷的做法,"利贞",是有利于守持正道的。

《象传》说,"箕子之贞",箕子这种坚守正道的做法,是因为"明不可息也"。

他虽然装疯了,但是心中的志向还是没有熄灭,仍想着伺机而起。

☷☲ 上六,不明晦,初登于天,后入于地。

象曰:初登于天,照四国也。后入于地,失则也。

【语译】

上六,不发出光明、昏庸无道的君主,起初时登临了高位,最终堕落于地下。

《象传》说,起初时登临了高位,光明能照耀到四方之国。后来堕落于地下,因为失去了法则。

【解读】

上六,这一爻暗指商纣王。"不明晦",指像商纣王这样的人,他不明,不能发出光明而给天下带来晦暗,这样他就不能够守住自己的位置。"初登于天",虽然起初的时候他做了天子,"后入于地",但最终还是会堕于地下。

《象传》解释说,"初登于天",开始做了天子,"照四国也",其光明能照耀到四方之国;"后入于地",后来堕于地下,光明熄灭,"失则也",是因为失去了法则,不遵守天道天理、正确的法则。

> 明夷卦指出了社会动乱或环境危险的时刻,如果已经成功的事业遭遇挫折和打击,处境艰险,就要保全自己的实力,才能够使自己重新振作。掌握这种智慧最重要的是,首先内心要像太阳和烈火一样,心地光明,刚强中正,要坚定不移地守住志向,心里要坚信自己会东山再起。其次对外要像坤卦一样柔顺,顺时而行,要谦虚谨慎,而且要隐藏志向,就像火藏在地下一样。处在不同的境遇就要有不同的做法。比如箕子、微子,还有文王,他们所采取的做法虽然各不相同,但有一点是一致的,那就是他们的志向永远不变,而外在的做法则随机而变,这两者结合,就能走出困顿。

明夷卦第三十六——韬光养晦

家人卦第三十七——治家有方

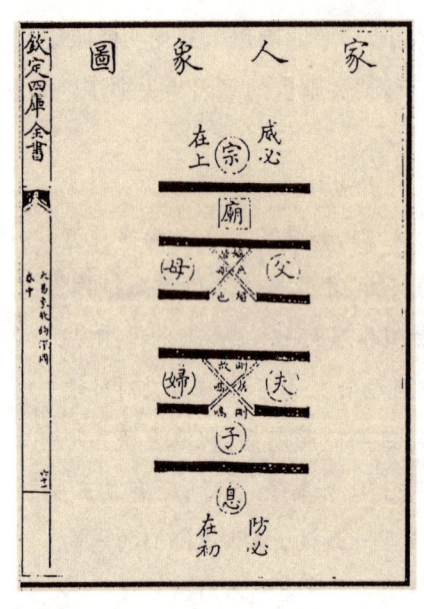

家人，利女贞。

【语译】

家人卦，有利于女子守持正道。

【解读】

"家人"，即一家之人，亦即家庭的意思。《序卦传》说："伤于外者必反于家，故受之以家人。"在外面受到了伤害，一定会返回到家里来，所以明夷卦之后就是家人卦。孔颖达《周易正义》上说，家人卦是"明家内之道，正一家之人"，也就是说，家人卦是讲治家之道的。我们来看这个"家"字，上面是一个宝盖头，那就是房子，下面是"豕"，就是猪。这个字的原意是房子里养了猪，说明只有饲养了牲畜，才能称其为"家"。治国要从治家开始，要做大事业，首先家道要正。

卦辞说，家人卦，"利女贞"，有利于女子守持正道。为什么是有利于女子呢？是不是不利于男人呢？我们先来看一个字，平安的"安"字，安字上面是宝盖头，就是房子，下面是女人，就是家中有女为安。实际上在一个家里，女子，也就是母亲，起的作用最为关键，因为女主内，男主外，下面的《象传》就说明这个道理，即人道规律。女子在一家之中是最重要的，但并不是说，只是利于女人守持正道，而不利于男人,不是这样的意思。实际上这里的女也含有男,这个卦二爻和四爻是阴爻,是讲女子的,其他的四根爻都是阳爻,那是讲男人的。这个卦是同时阐发男女该如何"正家"的道理。

彖曰:家人,女正位乎内,男正位乎外。男女正,天地之大义也。家人有严君焉,父母之谓也。父父,子子,兄兄,弟弟,夫夫,妇妇,而家道正。正家而天下定矣。

【语译】

《象传》说,家人卦,女正位在内,男正位在外。男主外女主内符合天地大道。家里人有严明的君主,就是父亲和母亲。父亲要尽父亲的责任,儿子要尽儿子的责任,丈夫要尽丈夫的责任,妻子要尽妻子的责任,家道就端正了。从治家开始,才能治国平天下。

【解读】

《象传》说,家人卦,"女正位乎内",女的正位在内,这个女当然是指六二爻,六二阴爻在内卦即下卦居中得正,象征古代家庭中女子的正道在于主内。"男正位乎外",男的正位在外,这个男就是指九五爻,九五阳爻在外卦即上卦居中得正,象征古代家庭中男子的正道在于主外。女主内,男主外,在古人看来,是天地之间的正道。男主外女主内实际上没有什么不好,因为这是他们的天性。当然主内不是说就只管内部不管外部,主外也不是只管外部不管内部,是指他们的侧重点不同。"男女正,天地之大义也",这种男主外女主内的格局,是符合正位的,这是天地之间的大道。"家人有严君焉,父母之谓也",家里人有严明的君主,就是有严明的主宰、领导,这个领导是谁呢?就是父亲和母亲,所以这个卦是就父母而言。"父父,子子,兄兄,弟弟,夫夫,妇妇,而家道正",这些重叠字的头一个字都是动词,这是指父亲要尽父亲的责任,儿子要尽儿子的责任,哥哥要尽哥哥的责任,弟弟要尽弟弟的责任,丈夫要尽丈夫的责任,妻子要尽妻子的责任,这样家道就正了,孔子说的"父父,子子,君君,臣臣"(《论语·颜渊》),也可以这么理解。我们这里讲了三对关系,一是父子,二是兄弟,三是夫妇,后来儒家又把它推广为五种关系,就是五伦,五伦就是君臣、父子、夫妇、长幼、朋友,对五伦的要求是君臣要有义,父子有亲,夫妇有别,长幼(指兄弟)有序,朋友有信。就家人卦来说,对一个家庭而言,就不存在君臣和朋友,所以去掉这两伦,一个家庭主要就是这三伦关系。我的老家徽州,几乎家家都贴着一副对联,叫做:"事业从五伦做起,文章本六经得来。"你要做大事业,必须先把这五伦做好,而五伦最重要的又是家里这三伦,其他的那两伦是从家的这三伦推广出来的,这个就叫"家道正"。所以这三种关系处理好了,那么家道也就端正了,"正家而天下定矣",这就是儒家的治国平天下思想,它必须从治家开始,修身齐家,才能治国平天下。所以这个卦以一个家庭为基本单位,家庭治理好了,还要推广到治国平天下,即治理企业,治理国家,乃至治理世界。

在周文王演卦的羑里台不远处的安阳县西蒋村,有一个马氏庄园,是清光绪年间头品顶戴、兵部侍郎马丕瑶的故居。这是一座典型的清代官僚府第,比大名鼎鼎的山西乔家大院还要大1300平方米。大门过后,还有一个二门,这门平日里不开,只有婚丧大事才使用。匾额"整齐严肃",楹联"天下无不是的父母,人生最难得这弟兄",都是马丕瑶所撰。中间屏门上镌刻了马氏家训——《周易》第三十七卦家人卦,将整个卦爻辞和《彖传》、《象传》中对于此卦的解释刻在四块匾额上。作为家训,作为持家之道,极具震撼力。我曾带人去参观,带大家一起诵读家人卦。读到"女正位乎内,男正位乎外。男女正,天地之大义也"的时候,我给大家讲了程颐的解释:"家人者,家内之道。父子之亲,夫妇之义,尊卑长幼之序,正伦理,笃恩义,家人之道也。"大家都特别赞同。马家的确是践行家人卦的典范,马丕瑶以自己的一生诠释了"治家"与"治天下"的关系。马家的对联,多是主人自己撰写,处处透出传统社会的士大夫的成长之路和治家之道,有浓厚的耕读气息和深刻的人生哲理。其中有三副对联给

我的印象极深:"一等人忠臣孝子,两件事读书耕田";"继祖宗一脉真传克勤克俭,示儿孙两条道路惟读惟耕";"不爱钱、不徇情,我这里空空洞洞;凭国法、凭天理,你何须曲曲弯弯"。这应该成为我们所有人为官做人的座右铭。

象曰:风自火出,家人。君子以言有物而行有恒。

【语译】

《象传》说,风从火里出来,家人卦之象。君子言语要切合时务,行为端正要恒久不变。

【解读】

《象传》说,"风自火出",上卦为巽,巽为风;下卦为离,离为火,风从火里出来,这就是家人卦之象。利用火是人类的伟大成就,人类在利用火的时候,能从火势的偏向感觉到风的存在,也感觉到风对火的重要性。自从人类学会了利用火之后,火就成了人类生活中不可或缺的东西,因此,这里的风与火这两种卦在一起,就构成了家人卦。君子看到这样的卦象,就要按照家人卦之道来"言有物而行有恒"。"言有物",就是言语要诚实,要切合时务,不说假话。"行有恒",是行为端正要恒久不变,这个行为是指品性,不能三天两头地变化。言行对君子来说至关重要,"言有物"与"行有恒"是君子必须具备的两大素质。君子只有自己修好身以后,才能去治好家,所以君子做到"言有物"与"行有恒",推行家道就有了保证。君子从"风自火出"得到了启示,治家来自于修身,治国又来自于治家,也就是要按照治家的精神来治国,先要治家后要治国,治国的过程就是风从火出的过程,是自内而外的,我们所说的"社会风化",就是把"言有物而行有恒"这种治家之道慢慢地推广到全社会,然后形成一种习惯。这就是家人卦给我们的一些启发。

初九,闲有家,悔亡。

象曰:闲有家,志未变也。

【语译】

初九,防止外面的不正之风以保住自己的家庭,就没有悔恨。

《象传》说,防止外面的不正之风以保住自己的家庭,确保家庭成员的志向不会改变。

【解读】

初九，这一爻是阳爻，表示家道初立的时候，男人——父亲治家。怎么治家？"闲有家"，"闲"里面是一个木字，外面是一扇门，表示要防止，防止什么？防止邪恶。在一个家里面，一定要严防邪气、邪恶。而要防止邪恶，首先就要去确立一个严格的家规，这个家规不能随着外面的变化而变化，同样治国就要立一个国法，这样就会防患于未然。所以治家一开始就要把好这道门，以防止邪恶进来，这样悔恨就会消亡。

《象传》解释说，"闲有家"，确立一个严格的家规，是为了"志未变也"，是说为了确保家庭内部成员的志向不会改变。没有严格的家规，家庭成员的良好心志就有可能受外界不良风气的影响而变坏。所以古人对家规是非常看重的，而且从孩童时期就接受家规的教育。

六二，无攸遂，在中馈，贞吉。

象曰：六二之吉，顺以巽也。

【语译】

六二，没有大的成就，在家里掌管饮食，守持正道就能获得吉祥。

《象传》说，六二吉利，是因为柔顺。

【解读】

"遂"这里指成就，也可以指专断。"无攸遂"，就是不要专断、独断。这是对谁而言的呢？是六二爻，六二爻是妇人，是对于女子而言。妇人遇事不要独断专行，要"在中馈"，"馈"指饮食，要在家里掌管饮食、教子的事情，不要管外面的事，女主内男主外。妇人要柔顺中和，恪守家道，遇事不要独断专行，职责在于料理家中饮食一类的事务，这就是坤道、正道。"贞吉"，守持这样的正道，就是吉利的。

《象传》解释说，六二爻之所以吉利，是因为"顺以巽也"，即在于她柔顺而且谦虚，"巽"表示柔顺、谦虚而不专断。六二爻是阴爻居于阴位，而且守着中道，居在家中，这就是妇德的一种最好的体现，也就是所谓的"女正位乎内"。"女正位乎内"，不能看成是一种对女性的束缚，而应视为天地的大义。一般认为女性的生理特性适合处理家里的事，而且她们的品德是柔顺的、谦逊的，当然对于一个男子来说，你主管内在的事务时，也要柔顺、谦逊。

九三，家人嗃嗃，悔，厉吉。妇子嘻嘻，终吝。

象曰：家人嗃嗃，未失也。妇子嘻嘻，失家节也。

【语译】

九三，家人嗷嗷哭叫，尽管有些过意不去，虽然太严厉了，终究是吉利的；妻子儿女每日嘻嘻哈哈，终究是会有遗憾的。

《象传》说，家人苦于家法之严，嗷嗷哭叫，没有失去治家的原则。妻子儿女整天都嘻嘻哈哈，失去了家中的礼节。

【解读】

"嗃嗃（hè）"，义同"嗷嗷"，愁苦之声。"嘻嘻"，就是嘻嘻哈哈，欢笑之声。九三，"家人嗃嗃"，家人嗷嗷哭叫，表明男子治家非常严厉，治家的礼节非常严明，家人都有点受不了了。"悔"，有些过意不去。"厉吉"，虽然太严厉了，但对整个家庭来说终究是有利的。"妇子嘻嘻"，而管理过于宽松，放任自流，虽然家人整天嘻嘻哈哈，到处欢乐笑闹，感到高兴，"终吝"，但终究是有害的。说明管理之道，不能只看眼前的现状，要看终期的结果。

《象传》解释说，"家人嗃嗃"，为什么家人都嗷嗷叫了，还要继续坚持这种治家的方式，认为最终是吉利的呢？是因为它"未失也"，没有失去治家的原则。"妇子嘻嘻"，为什么家人都嘻嘻哈哈，很高兴，却反而认为这种治家的方式是会有遗憾的呢？是因为它"失家节也"，失去了家中的礼节。这就告诉我们治家的礼节要严厉，不能放任自流，不能放任纵恶，所以"未失"的"失"，又可以通"佚"，就是放佚、放纵，"未失"，就是没有放佚、放纵。

古代女性是没有地位的，男尊女卑，未嫁之前要听父亲的，出嫁之后要听丈夫的，家庭暴力时有发生，甚至还被任意买卖。那个时代女性的命运真的很悲惨，但时至今日，不管我们承认不承认，男尊女卑的观念还在左右着一些人的思想和行为方式。

在我看来，只要一个家庭夫妻和谐，日子幸福美满，一家之主是男是女倒并不重要。问题是很多女同胞翻身之后，不免会有些过，有些大女子主义，所以某些男同胞的日子就不大好过了。天长日久，矛盾越积越深，总有一天会大爆发。现如今离婚率居高不下，男女地位变化导致的观点冲突无疑是罪魁祸首之一。

除此之外，经济观念的不同也是造成家庭不睦的重要原因。社会地位提升之后，很多女性的经济观念也慢慢发生了变化，觉得任何感情都不如实实在在的金钱来得可靠。"贫贱夫妻百事哀"嘛，再忠贞的爱情如果没有面包做后盾也终会灰飞烟灭。

妥善处理夫妻关系，没有谁可以提供一套详细具体、可操作性强且行之有效的方法方案。只能笼统地说：夫妻双方要互相尊重、理解；有小矛盾别藏着掖着，要在第一时间摆在桌面上敞开了谈；包容、忍让是家庭和睦最好的润滑剂。

六四，富家，大吉。

象曰：富家大吉，顺在位也。

【语译】

六四，使家庭富裕，大为吉祥。

《象传》说，使家庭富裕，大为吉祥，因为六四爻柔顺而得位。

【解读】

六四，"富家"，"富"是动词，使家庭富裕，"大吉"，那是大为吉祥的。这个家庭富裕表现在什么方面呢？应该表现在两个方面，一个是物质上要富，另外精神上也要富，所谓家和万事兴，家和才能富裕。

《象传》解释说，"富家大吉"，是因为"顺在位也"，六四爻阴爻居阴位，柔顺而得位。实际上，怎么使家里物质上富裕，这责任主要在九五爻，主要是取决于男人，男主外嘛！那么家里的富裕应该说和女人的关系也是非常密切的，所以六四爻这个富裕还有另外一层意思，就是精神要富裕，这里就体现在要顺应九五爻，要上下呼应，因为九五是阳爻，阳在上，六四为阴爻，阴在下，阴承阳，是符合正道的，符合阴阳和合、顺应之道的，这就叫做"顺在位也"。这样的比和就构成了一种和谐，家和万事兴，家和才能富裕。

九五，王假有家，勿恤，吉。

象曰：王假有家，交相爱也。

【语译】

九五，君王也要感化家人才能保有家庭，无忧无虑，这样就吉祥。

《象传》说，君王也要感化家人才能保有家庭，因为家庭成员之间相互友爱。

【解读】

这个九五爻是这个卦里最为重要的一爻，若在一个家庭里，就是一家之主了，当然就是指父亲了，父亲就好比一个国家的君王。这个君王（也就是这个父亲），他怎么治理家呢？"王假有家"，"假"，就通格物致知的"格"，这个"格"在这里叫做"感格"，感格实际上就是感化，用感化之法来治理家，也就是说，要用美德来感化家人。君王治家以六亲和睦为要。"勿恤，吉"，就是不要忧虑不绝，这样就会大吉。同理，治理企业，董事长要以美德来感化员工；治理国家，国家领导要以美德来感化国民。治理任何一个部门，领导都要以德服人。这一点特别重要。

《象传》说，"王假有家"，君王治家的目的，是要"交相爱也"，"相"就是互相，"交"也是指相交，交通。这就是说，治家的目的是要家庭成员之间相互友爱。这种互相友爱的关系，就是那种"父父、子子、兄兄、弟弟、夫夫、妇妇"的关系。父爱子叫做"慈"，子爱父就叫做"孝"，这就是"父子有亲"；兄爱弟，弟爱兄有专门一个字，就是"悌"，这就是"长幼有序"；夫妇之间需要互敬互爱，这就是"夫妇有别"。墨子有一个非常著名的学术观点，就叫做"兼相爱，交相利"，就是兼爱，交利，都是互相的，不是单向的。交相互爱是治家非常重要的一个点，叫做治家之道，进而推广到治国。在社会上，治理任何一个部门和企业，都是这样，都要有互相观念，要交相爱，要仁爱，要相互感应，相互感化。所谓的感应，也就是上面感应下面，下面也能感应上面，是互相的。那么，在我们这里，九五爻和谁感应呢？就跟六二爻感应，这个感应刚好是阴阳的呼应，而九五在上，六二在下，一个阳，一个阴，一个尊，一个卑，应该说一个上，一个下，交相爱，这就交成一个治家之道。

上九，有孚威如，终吉。

象曰：威如之吉，反身之谓也。

【语译】

上九，以诚信和威严治家，终究是吉祥的。

《象传》说，有威仪而吉祥，因为修身。

【解读】

上九，这里说了治家的两个方面，一个是"孚"，一个是"威"。"孚"就是诚信，"有孚"，主人要讲诚信。"威"就是威仪，"威如"，主人要有威严，要有威信。也就是说，主人在治家的时候，要软硬兼施，法治和德治并重。"终吉"，最终会获得吉祥。

《象传》解释说，威严治家为什么吉利呢？是因为"反身之谓也"。"反身"就是反求自身，也就是一种反省反思。这威严治家，怎么才能威严，这个威严怎么才能变成一种威望、威信，而不是一种淫威？要想达到这一点，必须是反身，也就是说要反思反省，要经常地反省自己，这也就是《大学》里所说的"欲齐其家者，必先修其身"，反身就是修身。这是儒家非常重视的一条，就是要反求诸己，《论语》第一篇《学而》就讲到了曾子："吾日三省吾身，为人谋而不忠乎？与人交而不信乎？传不习乎？"这样经常地反思自己，就能建立起威望与威信。

家人卦讲的是治家之道，男子治家要严厉，女子治家要夫唱妇随。男主大政，女主内政。很多人对这种男尊女卑的思想进行了批判，说这是一种不平等意识，实际上这种说法并不全面。因为这里强调的内外，实际上是人的本性的反映。从人的生理、心理角度看，男女各有不同的特点。男人偏于刚强、外向，女人偏于柔弱、内向，因此治家也应该有不同的分工。

这个卦还讲了一个家庭里要有尊卑次序。现在很多人对这一点有非议，认为是封建思想。其实不能简单地这么看。西方人讲究平等，却有许多弊端。他们的孩子因为强调平等所以毫无顾忌，许多人不尊重长辈，没有礼貌，学生可以凌驾于老师之上，子女可以凌驾于父母之上。而中国人讲尊卑，看起来好像不平等，实际上并非如此。因为尊卑是客观存在的，也是可以变化的，是相对的。比如说，父尊子卑，因为父亲岁数大，社会经验丰富，又对子女有养育之恩，那么子女就应该尊重父亲。而且这也是会变的，等儿子将来做了父亲了，自然就成为尊者了，他的子女就要尊重他了！朋友之间也要互相尊重，才能友谊长存。长辈居于尊位要以美德治家，子女居于下位要孝敬父母，这样的家庭才是真正的和谐美善。所以对家庭里的尊卑问题，我们应该客观地来看，要用发展的眼光来看，这就叫"治家之道"。

从家人卦里我们可以得到一些启发，即治理一个企业，一个单位，甚至一个国家，都要互相尊重，要讲究秩序，该严厉的要严厉，该顺从的要顺从。

睽卦第三十八——化分为合

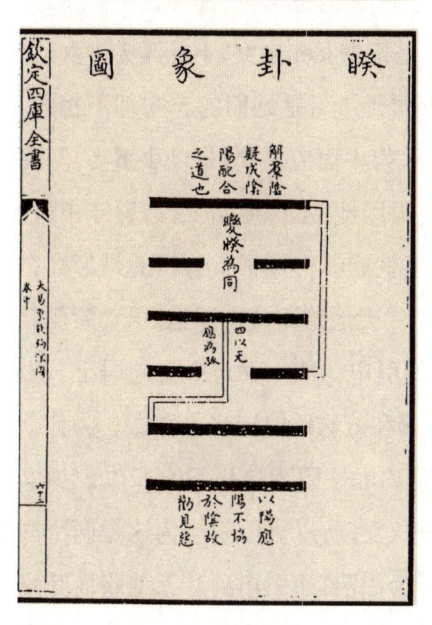

睽,小事吉。

【语译】

睽卦,分离、背离,小心做事是吉利的。

【解读】

"睽"的意思即指两眼相背,表示相互乖离。《说文解字》说:"睽,目不相视也。"《序卦传》说:"家道穷必乖,故受之以睽。睽者,乖也。"如果家道穷困不守正位,那一定会离心离德,会家破人亡,所以家人卦之后就是睽卦。睽卦恰与家人卦相反,家人卦所讲的是一种和合的状态,而睽卦则是一种不和、分离、背离的状态。

卦辞说,睽卦,"小事吉"。小事吉有两种解释,一种解释是指细小的事情是吉利的,另外一种解释则是指小心做事是吉利的。我们认为第二种解释较好。睽卦的卦义是"乖背睽违",在于揭示如何化"睽"为"合"的道理。说明事物虽"睽",必有可同、可合之处,用柔和细致的方法顺势利导,乖背能消,睽违终合。所以睽卦所讲的就是在分离、背离的状态之下,如何化分离为合作、化背离为融合的一种人生智慧。

彖曰:睽,火动而上,泽动而下,二女同居,其志不同行。说而丽乎明,柔进而上行,得中而应乎刚,是以小事吉。天地睽而其事同也,男女睽而其志通也,

万物睽而其事类也。睽之时用大矣哉。

【语译】

《彖传》说，睽卦，火炎在上，泽水流动在下，少女与中女共同处事，志向却不相同。愉悦而依附于光明，柔顺地向上行，遵守中道并且应和阳刚，这样地小心做事是吉利的。天地背离的时候其化育万物的道理却相同，男女背离的时候其交合感应的志向却相通，万事万物背离但类型却相似。睽卦的意义是非常重要的。

【解读】

《彖传》说，睽卦，"火动而上，泽动而下"，上卦离为火，火动在上，下卦兑为泽，泽动在下。"二女同居"，"二女"是指少女和中女，下卦泽为少女，上卦离为中女。少女与中女共同处世，"其志不同行"，可是她们的志向却不相同，行为也就有所背离。"说而丽乎明，柔进而上行，得中而应乎刚，是以小事吉。"在这种状态下心里就应当愉悦而依附于光明，要柔顺地前进，要向上行，遵守中道，做事要适中，并且要应和阳刚，这样地小心做事就能够吉祥了。这指的是怎样在背离的情况下处事，如何变背离为和谐的道理。"天地睽而其事同也，男女睽而其志通也，万物睽而其事类也。"此句为进一步的引申。从少女与中女同居于一室而志向不同，行为乖离，而引申到天地睽、男女睽和万物睽时应当怎样做。为什么少女与中女共居一室时她们的志向、行为有背离呢？因为这里没有长女。少女还不成熟，而中女虽然有所成熟但还是比不过长女，所以可以引申为这是两个同类之事，她们是同属阴性的，一个为少阴，一个为中阴，而引申到"天地睽而其事同"。天与地为阴和阳，男与女也是阴和阳，万事万物也是有阴有阳。天地在背离的时候其化育万物的道理却是相同的，男女在背离的时候其交合感应的志向却是相通的，万事万物虽然背离却都可以分为阴和阳，阴阳的器质和形状是相似的。所以说，"睽之时用大矣哉"，即睽卦告诉我们的道理是非常重要的。整个《彖传》所讲的道理就是在"睽"之时、在背离之时的异而同，即异中求同。

象曰：上火下泽，睽。君子以同而异。

【语译】

《象传》说,火往上炎,泽往下流,睽卦之象。君子应该求大同而存小异。

【解读】

《象传》说,"上火下泽",上卦为离卦,离为火,下卦为兑卦,兑为泽,火往上炎,泽往下流,中间不能沟通,造成的局势就是互相分离、背离,这就是睽卦之象。君子看到这样的卦象,就要按照睽卦之道来"同而异",即君子应该求大同而存小异。《彖传》与《象传》从不同角度都提到了同与异的关系。孔夫子有一句名言,即"君子和而不同,小人同而不和"(《论语·子路》)。那么究竟是应该同还是不同呢?睽卦告诉我们的就是要寻求大同而存小异。大同又指什么呢?就是志向要同,也即"同志";小异指的是什么呢?就是指表现形式、情状可以不同。"君子和而不同"的"不同",说的就是做法不同,表现形式不同,而绝不是志向的不同。本卦告诉我们,分离是有灾害的,而和合是吉利的。和合是指志同道合、同心同德。君子们在一起共事,做法可以不同,表现形式可以不同,但志向、品德绝不能不同。这样虽有差异,但却可以相和,这才是君子的所为。

初九,悔亡,丧马勿逐,自复,见恶人,无咎。

象曰:见恶人,以辟咎也。

【语译】

初九,悔恨消亡。走失的马匹不必去追逐,它自己会回来。与恶人相处,结果却没有灾祸。

《象传》说,与恶人相处,为了避开灾祸。

【解读】

初九,"悔亡",悔恨消亡。"丧马勿逐",走失的马匹不必去追逐。"自复",马匹自己会回来。"见恶人,无咎",会见自己厌恶的人或与自己相背离的人,与之相处,不会有灾祸。初九爻,用走失的马不必追而马自己会回来作比喻,说明在背离的初始阶段,我们在与背离自己的人相接触的时候不要采取太过激的行为,不应该采取与之完全对立、互不交往、敬而远之的态度,而应该继续和他们交往。"见恶人"之"见",即是相见、相接触,要和颜悦色地与他们相接触,让他们从内心有所改正、有所醒悟,然后他们就会自然而然地回来与我们友好相处。

《象传》解释说，"见恶人"，是为了"辟咎也"，"辟"通"避"，即为了避开灾祸。为什么这样说呢？这里用了这样一个意象，即好比一匹马走失了，你去追它，然而越是追，马就会跑得越快，就如同一个恶人，你越是激怒他，他就越会反对你。所以就不要去追逐，不要强行地要求他，而是要慢慢地感化他，听任他自己回归。

九二，遇主于巷，无咎。

象曰：遇主于巷，未失道也。

【语译】

九二，在巷道中与主人不期而遇，没有灾祸。

《象传》说，在巷道中与主人不期而遇，因为没有失去中道。

【解读】

九二，"遇主于巷"，这里的"主人"指的就是居于尊位的六五爻，在巷道中与主人不期而遇了，或者说是狭路相逢了，在二者处在相互背离的状态之下，不期而遇，说明不是强求的，是自然而然的。"无咎"，这样的事是没有灾祸的。

《象传》说，"遇主于巷"，九二能够在背离的状态下，与主人不期而遇，是因为"未失道也"。九二为刚爻，他能够在刚强的时候处于柔位，说明他的行为没有失去中道，没有背离一种"化背离为和合，化干戈为玉帛"的道义，在背离的时候没有强求相和，而是采用了一种柔顺的心态来对待主人，让他自然而然地与其相和，这是一种很好的处世智慧。这也说明了，应该非常小心地处理相互背离的局面。

这一爻告诉我们：和上司发生矛盾或处在背离状态时，先尽量不要意气用事，把矛盾激化，要逼着自己冷静下来，分析一下这么做的结果，这样总有自然而然相和的一天。人在屋檐下，不得不低头，与上司对着干，对自己来说绝对是一种无谓的损耗。这不是教我们丢掉骨气去装孙子，而是情势使然，我们的羽翼还没有丰满，没办法自由搏击长空，只能暂时寄人篱下。

六三，见舆曳，其牛掣，其人天且劓，无初有终。

象曰：见舆曳，位不当也。无初有终，遇刚也。

【语译】

六三，看见一辆大车缓缓前进，驾车的那头牛被牵制住了，赶车的人的额头上被刺了字，还被削了鼻子。开始时互不配合，最终相和了。

《象传》说，看见一辆大车缓缓前进，因为六三爻不当位。开始背离最终相和，因为与上九刚爻相应。

【解读】

六三爻有三个景象出现：第一个景象是"见舆曳"，看到一辆大车拖拖拉拉的很难前进；第二个景象是"其牛掣"，驾车的这头牛被牵制住了也很难前进；第三个景象是"其人天且劓"，人的额头上被刺了字，还被割了鼻子，这是古代的两种非常重的刑罚，这都是指一种背离到极点的景象。六三爻是与上九爻相呼应的，上九爻所讲的是一种猜疑之象，六三爻由于受到上九爻的猜疑而出现了紧张的心理，猜疑自己受到了这种刑罚。然而"无初有终"，是指虽然开始的时候是背离的，但终究却是要相和的。这从另一方面也说明，六三在背离的情景之下，做任何事情，都会被牵制，拖拖拉拉、不利落，严重者还会受到大的伤害。这就进一步说明要结束背离的局面，要化分离为相合。

《象传》解释说："见舆曳，位不当也。"因为六三爻，是阴爻居于阳位，阴性之人却处在阳性的职位上，所以是"位不当"，做事情就会拖拖拉拉、不利落。她是善猜疑的，是柔弱的，又处在背离的情景之下，所以在开始的时候是忧虑、忧惧的，就好比是车子被拽住了，牛也被牵制住了，人额头上被刺了字，鼻子也被割掉了一样。"无初有终"，是因为"遇刚也"。六三爻是下卦的尽头，她所相应的上九爻，是整个卦的终爻，六三为阴，上九为阳，所以说遇刚之后是"无初有终"，最终阴阳相和。

九四，睽孤，遇元夫，交孚，厉，无咎。

象曰：交孚无咎，志行也。

【语译】

九四，在背离的时候十分孤寂，遇到了"大丈夫"，相互地信任，虽然危险却没有灾祸。

《象传》说，相互地信任没有灾祸，因为志向、行为相同。

【解读】

九四，"睽孤"，在背离的时候十分孤寂。"遇"是求遇。"元"为初，"夫"为刚，"元夫"即指初九爻。"遇元夫"，求遇初九大丈夫。因为九四爻无正应，处于六三爻与六五爻之间很孤立,唯初九爻是其同志,所以前往遇之。"交孚",相互以诚相见。九四与初九,本有隔阂,但又为同志,而同志当以诚相见,唯有如此,才能实行其志。"厉,无咎",虽然危险,却是没有灾祸的。

《象传》解释说,"交孚无咎",是因为"志行也"。"志行"即指志向相同,行为也相同。九四爻与初九爻相呼应,二者同属阳,他们的呼应是刚与刚的呼应,可以将初九看作是志向相同的人。虽然九四是孤立的,但有了志向相同的人,而且能够交相呼应、相互讲诚信,那么就能"二人同心,其利断金",即使有危险,也能化险为夷。

六五,悔亡,厥宗噬肤,往何咎。

象曰:厥宗噬肤,往有庆也。

【语译】

六五,悔恨消除了,同宗族的人能有肌肤之亲,这样前往有什么灾祸呢?

《象传》说,同宗族的人能有肌肤之亲,前往会有喜庆。

【解读】

"厥宗噬肤",不是说宗族内部的人在斗争、伤害,而是说有肌肤之亲,比喻相互亲和。六五,"悔亡",悔恨消亡。"厥宗噬肤",前往遇到的是上九爻,上九爻为阳爻,阴承阳,呈现的是一种期待和合、期盼亲和的景象。"往何咎",在这背离的时势下,六五愿意主动地前往与之交和,所以不会有灾祸。

《象传》说,"厥宗噬肤,往有庆也",即继续前往的话不但没有灾祸,而且还会有喜庆。因为六五虽然处于背离的时候,但采取了一种非常和顺、柔顺的态度前去与宗亲内部的人相和合,宗亲内部的人也会冰释前嫌,有如家人的重新团聚,会互相庆贺的。

上九,睽孤,见豕负涂,载鬼一车,先张之弧,后说之弧。匪寇婚媾,往遇雨则吉。

象曰:遇雨之吉,群疑亡也。

【语译】

上九,在遭到背离时十分孤独,看到一头猪背上沾满了泥土,一辆大车上载满了形同鬼魅的人,先是张弓准备射他们,而后却又放下了弓箭,因为发现不是强寇,而是来求婚媾的。前进时遇到了下雨就会吉祥。

《象传》说,遇到了下雨就会吉祥,因为猜疑消亡了。

【解读】

上九,处睽离之极,"睽孤",在极度背离的时候既感到十分孤独,又产生极强的猜疑心,此时就出现了三种猜疑的情景:第一个景象是"见豕负涂",即看到猪背负着泥土;第二个景象是见"载鬼一车",即一辆大车上载满了鬼怪在奔跑,那么他就"先张之弧,后说之弧",即先是张弓准备射这一车的鬼怪,而后却又放下了弓箭,因为他又发现车上的不是鬼怪;第三个景象是发现好像有人来抢东西,但后来仔细一看却又不是强寇,而是来求婚媾的,这时"往遇雨则吉",即遇到了下雨就会吉祥,意即阴阳和合了就会吉祥。六三爻处在背离的状态之下,感到孤独的时候就会猜疑,所以这三种景象也是在猜疑的时候出现的,这是一种心理的变态反应,把这种猜疑祛除之后就会恢复平和的心理状态。

《象传》说,"遇雨之吉,群疑亡也",是指阴阳相合了,即结束了背离的状态,各种猜疑就都消失了,此时他就会诚心实意地与别人相和,就会有吉庆。从人的心理规律来分析,人在分离、孤独的时候容易猜疑,容易出现各种幻象。上九爻是与六三爻呼应的,在六三爻时由于猜疑而出现了种种幻觉,所以在背离到极端的时候,往往会群疑纷纷。那么如何才能解除猜疑呢?这里说是要"遇雨"。雨,一者是指阴阳和合才能下雨,二者是指一种心平气和的状态。比如说猪背上沾满了泥土,经过雨水的冲刷便洗干净了;原来恍恍惚惚看到似乎载了一车的鬼怪,后来因为下雨冲散了迷雾便看得清楚了,这就引申为要破除猜疑、掌握真相,才能化干戈为玉帛。

天地万物的真相都是相交相沟通的,那么背离的情况是怎么形成的呢?那都是人为的,都是因为猜疑而造成的,这一点对我们为人处世有很大的教益,就是一定要求大同、要和合。不同的东西也没有关系,但是要与之沟通,要与之交和,要以柔为事,要小心谨慎,这样才能慢慢地解除猜疑。

猜疑是沟通的大敌。说到猜疑,明朝最后一任皇帝崇祯可以说仅次于曹操。因为正是他的多疑,大将袁崇焕才会冤死狱中,明朝才会提前灭亡。

这话还要从努尔哈赤说起。明朝末年,努尔哈赤败于明将袁崇焕之手,重伤而死。杀父之仇焉能不报?谁来报?当然是努尔哈赤的儿子皇太极。皇太极在服丧一年后即亲率大军分兵三路南下，先把锦州城包围了起来。袁崇焕绝不是泛泛之辈，料定皇太极是声东击西，其真实目标是宁远，于是自己留守宁远，派部将带领四千骑兵援救锦州。果然，援兵还没出发，皇太极的主力部队就到了宁远城下。袁崇焕亲自到城头上督率将士守城，驻扎城外的明军援军和城里明军内外夹击，后金落败。皇太极又掉头攻打锦州，但锦州也固若金汤，后金军士气低落，皇太极无奈退兵。

可是，阉党魏忠贤却把这个战功抢注在自己名下，反而责怪袁崇焕没有亲自援救锦州纯属失职。袁崇焕愤而辞职。

公元1627年，昏庸的明熹宗驾崩，他的弟弟朱由检即位，就是明思宗，也叫崇祯帝（崇祯是年号）。崇祯帝恨透了祸国殃民的阉党，即位当年就宣布了魏忠贤的十大罪状，大力惩办了阉党。此时，许多大臣请求把能力出众的袁崇焕召回朝廷效力。崇祯帝认为这个袁崇焕的确可堪重用，于是一举提拔他为兵部尚书，负责指挥整个河北、辽东的军事。崇祯帝还赐给袁崇焕一口尚方宝剑，准许他全权行事。士为知己者死，袁崇焕感念崇祯的知遇之恩，重新回到宁远，选拔将才，整顿队伍。

公元1629年10月，皇太极再次南下，率领几十万后金军，从龙井关、大安口（今河北遵化北）绕到河北，直扑北京，引起了全城震动。崇祯帝当然是全北京最为心慌意乱的那一个，直到听说袁崇焕已星夜兼程带兵赶到，才稍稍心定了一些。但是阉党余孽却散布谣言，说这次后金兵绕道进京，完全是袁崇焕引进来的，说不定里面还有什么阴谋呢。

三人成虎。崇祯帝本就是个猜疑心极重的人，听了这些谣言，自然也有些起疑。正在这个时候，有一个被后金兵掳去的太监从后金营逃了回来，向崇祯帝密告，说袁崇焕和皇太极已经订下密约，要出卖朝廷。这个消息简直像晴天霹雳，崇祯帝一时愤怒到了极点。

原来，这个太监被后金军俘虏以后，被关在后金营里。有天半夜醒来，听见两个守卫的后金兵在外面轻声闲聊："刚才我看到皇上（皇太极）一个人骑着马朝着明营走，明营里也有两个人骑马过来，跟皇上谈了好半天话才回去。听说那两人就是袁将军派来的，他已经跟皇上秘密约定，眼看大事就要成功啦……"

这个太监偷听了这段话，惊得眼珠子差点掉出来，后来他趁看守他的后金兵不注意，偷偷地逃回皇宫，并立即向崇祯帝如实报告。崇祯帝听了也信以为真。

他哪里知道，这刚好中了皇太极的反间计。

不久，满怀拳拳报国之心、身负冤屈的袁崇焕便走向了生命的尽头，在北京西市口被凌迟处死。所谓凌迟，便是千刀万剐，是极刑中的极刑。刚愎自用而多疑的崇祯皇帝，亲手将最后一个可能挽救他和使大明王朝免于毁灭的人送上了绝路。

崇祯帝在国家生死关头，不分青红皂白，听信谗言杀掉国之栋梁袁崇焕，绝对是其人生最大的败笔。其实只要崇祯帝冷静下来想一想，就会发现其中疑点很多，难道仅凭一个宦官的几句话就要处死一个战功赫赫的大将？证据何在？袁崇焕根本没有叛国的理由啊。但崇祯帝当时已经昏了头脑，被猜疑蒙蔽了心目，终于铸成大错。

曹操也是疑心很重的一个人。早年他在刺杀董卓败露后，被官府通缉，与陈宫一起逃至吕伯奢家。曹吕两家是世交，吕伯奢一见曹操到来，本想杀一头猪款待他，可是曹操先是听到磨刀之声，又听说要"缚而杀之"，便疑心大起，以为吕伯奢起了杀心，于是不问青红皂白，先下手为强，一口气杀了吕伯奢全家。

这世上猜疑酿成的悲剧每天都在上演。我们大家肯定都有被误会的经历，如果误会得不到尽快解除，就会发展为猜疑；猜疑不能及时解除，就可能导致不幸。

喜欢猜疑的人，通常都是心胸狭窄的人。与他们相处时，要非常讲究方式方法。首先还是要多赞美，构筑一个轻松的交流环境。其次，对于一些中伤和猜忌，要有理有节地进行解释，据理力争。

猜疑可以说是沟通最大的敌人。猜疑妨碍了人们的交流，也在人与人之间竖起一面面高墙。我们在生活中想要避免猜疑，就要时时刻刻注意多与别人沟通、交流。人与人之间如果少一些猜疑，就会多一些信任。

> 睽卦告诉我们之所以有背离的情况发生，是因为人与人之间互相猜疑，因此要破除猜疑、掌握真相。这一点对我们为人处世有很大的教益，就是一定要求大同、存小异，要和合，不要分裂。个性不同、观点不同并没有关系，只要与之沟通，与之交和，都可以和合。通观全卦，每一根爻都是在讲如何相和，如何不背离。总结起来，六爻所讲的都是如何小心谨慎，如何柔顺委婉，如何心平气和，这样才能慢慢地解除猜疑，结束背离的局面，达到和谐的目标。

蹇卦第三十九——渡过艰险

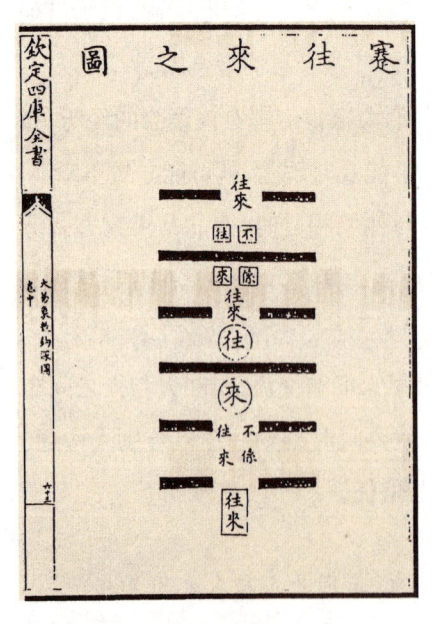

蹇,利西南,不利东北,利见大人,贞吉。

【语译】

蹇卦,身处困境,利于向西南边行动,不利于东北边行动,对"大人"而言是有利的,守持正道就吉祥。

【解读】

"蹇"是艰难的意思。《说文解字》说:"蹇,跛也,从足。"是说蹇为跛脚的意思,引申为行动不便,有艰险困难的意思。《序卦传》说:"乖必有难,故受之以蹇。蹇者,难也。"我们知道《周易》第三卦"屯"卦也表示艰难,那么这两个艰难有什么不同呢?"屯"卦是事物刚开始阶段的艰难,而"蹇"卦则是在行进道路上、事物发展到一定阶段的艰难。本卦的用意就是要告诉我们如何解除这种艰难。

蹇卦的卦辞为什么说"利西南,不利东北"?因为西边兑卦和南边离卦都属阴卦,东边震卦和北边坎卦都属阳卦,这句话实际上是说,蹇卦利于阴柔,而不利于阳刚。意思是在艰难的时候,如果以阴柔的方法处理则是有利的,如果以冒进的方法处理则是不利的。从另一角度看,西南边为坤卦,东北边为艮卦,坤卦表示大地,艮卦表示高山,蹇卦的西南象征着平地,而东北则象征着山冈,即是说在平地上是有利的，而在高山上则是不利的。"利见大人，贞吉"，对"大人"而言是有利的，守持正道就吉祥。

彖曰：蹇，难也，险在前也。见险而能止，知矣哉。蹇利西南，往得中也。不利东北，其道穷也。利见大人，往有功也。当位贞吉，以正邦也。蹇之时用大矣哉。

【语译】

《彖传》说，蹇，艰难，因为危险就在前边。遇险而能及时停止，是很明智的。在西南边是有利的，再前往就要按照中道来做。不利于向东北方，继续前往就会无路可走。对大人是有利的，再前往能成就功业。（除初六爻外）各爻均当位，所以守持正道而吉利。蹇卦所代表的时位是非常重要的。

【解读】

《彖传》说，"蹇，难也"，蹇是艰难的，"险在前也"，因为危险就在前边。"见险而能止"，上卦为坎，坎表示艰险；下卦为艮，艮表示停止，见到危险而能及时停止，意思就是遇到艰险的时候千万不可冒进，这是很明智的。"蹇利西南"，在西南边是有利的，因为西南方"往得中也"。西南边为大地，大地居于中位、遵守中道，再前往的话就要按照中道来做，知进则进、知退则退、不偏不倚，既不是冒进也不是停止不前，所以是吉利的。为什么"不利东北"呢？是因为"其道穷也"。东北方为高山，走在崎岖的山路上，继续前往就会无路可走，正所谓"穷途末路"，所以就是不利的。"利见大人"，对大人是有利的，因为"往有功也"，再前往能摆脱困境，这就有功了。大人者，是有能力的人，具体说就是本卦的九五爻。本卦中除了初六爻外都是阴爻居阴位、阳爻居阳位，也就是"当位"的，所以"贞吉"，守持正道而吉利。"以正邦也"，用之治理国家就会正邦兴国。"蹇之时用大矣哉"，所以说蹇卦所代表的时位、所蕴涵的哲理是非常重要的。蹇卦卦义在于喻示涉蹇济难的道理，有三层意思，一是必须进退合宜；二是"大人"是济蹇的主导因素；三是济蹇必须守正道。

象曰：山上有水，蹇。君子以反身修德。

【语译】

《象传》说，山上面有水，蹇卦之象。君子要反躬自省，修身养德。

【解读】

《象传》说，"山上有水"，下卦为艮，艮为山；上卦为坎，坎为水，山上面有一汪浩大的水，山阻水险，这种局面是艰难而不利于前行的，这就是蹇卦之象。君子看到这样的卦象，就要按照蹇卦之道来"反身修德"。君子从本卦中学习到的智慧是，凡是自己的行动受到了阻难而得不到支持，就应该反躬自省，进一步充实自己的德性与才能。这是古人自我修养的一种方法。所以孟子在《离娄》篇中说："行有不得者，皆反求诸己。"程颐解释本卦时也说："君子之遇险阻，必反求诸己而益自修。"君子遇到艰难，既不蛮干，也不颓废，而是冷静下来总结自己的经验教训，增强自己克服困难的信心与能力，以便不失时机地冲破艰难险阻。这是儒家思想的闪光之处。

孟子像

初六，往蹇，来誉。

象曰：往蹇来誉，宜待也。

【语译】

初六，往前走艰难，退一步就能获得美誉。

《象传》说，往前走艰难，退一步就能获得美誉，适宜于等待时机。

【解读】

初六，"往蹇"，往前走很艰难，"来誉"，归来就能获得美誉。初六爻以阴柔处蹇难之始，在上无应，上行则深涉其难，又处于下卦艮卦之初，艮为止，有止之于初之义。能遇见前险，停止前往而待时，故可称道。

《象传》解释说,"往蹇来誉",是因为"宜待也",就是说在艰难的时候,适宜于等待时机。初六,一开始就要懂得,在艰难时期能退后一步,蓄势待发,是非常适宜的。反思现实社会中,很多人只知道进而不知道退,只知道得而不知道失,这是很危险的。

知难而退好像有违勇往直前的奋斗精神。从小到大,我们受的传统教育更多是倾向于积极进取的,要求我们迎难而上、勇猛精进。至于前进路上大大小小的困难和挫折,在传统教育的项目和懵懂少年的字典里差不多已经被消解殆尽了。即便偶尔存在,存在的目的也只是作为反面教材衬托成功的来之不易,进而夸大成功沉甸甸的果实感。

世上没有迈不过去的坎,没有走不通的路,这是一部分尚未摔过跟头或者摔了跟头爬起来一看没有伤筋动骨于是咬紧牙关继续前行者抱持的普遍心态。毫无疑问,这种一不怕苦、二不怕死的奋斗精神是我们想要做出一番事业所必需的。但是,世间事往往不能一概而论,从不同的侧面、不同的角度看会得到截然不同乃至完全相反的结论。举个最简单的例子。譬如说过一条河,浪涌波翻,深不可测,无桥无船无任何渡河工具。这时候该怎么办?最实在的一类人会在瞬间忘掉自己不会游泳的事实,脑袋一热,一个猛子扎下去,那就只好来世再见了。有些头脑的人会停下来想一想,到底是造船合适还是架桥方便,然后便着手实施,不管怎么费劲,最终结果是他平安过去了。最聪明的一类人当即就会停下来,接着广泛搜集关于渡河的各种信息,他显然认为架桥和造船都不是最佳选择。最后,或者他可以从其他地方搞一条船过来,或者运气好,听到了天气突然降温的消息,那就等吧。第二天,河上结了厚厚的冰,聪明人走在上面如履平地。

这就是特定时候迎难而上和知难而止的最大差别。事实上,渡河这个例子举得的确不太恰当,因为现实生活中有很多艰难险阻是我们穷尽所有力量也无法逾越的,这是不争的事实。如果这时非要往牛角尖里钻,非要往南墙上碰,那么你的表现会让大家很痛惜,因为知道你会头破血流;结果也会让大家很失望,因为南墙还好好地矗立在那里,而你已颓然倒地。

先贤们其实也并没有过分强调一定要让我们"明知山有虎,偏向虎山行","虽万千人,吾往矣",或者干脆就拿个鸡蛋往石头上碰,不碰碎不算完;碰碎了还不算完,换个鸡蛋再往上碰。这里他们提倡的只是一种无所畏惧的精神,而不是那种不自量力、不计后果的鲁莽行为。譬如,他们也创造了"螳臂当车"等成语对不自量力者予以嘲讽，他们也宣扬识时务者为俊杰，他们在无力"兼济天下"的时候也会选择"独善其身"，虽然显得有些心不甘情不愿，但是他们明白，有些困难的确是无法解决的。

面对无法解决的困难，最明智的选择就是知难而止。当然，停止下来并不意味着彻底放弃，可是只有停下来我们才能全神贯注、开动脑筋去想办法，或者换条路走，或者折回去从头来过。知难而退的"难"必须是经过考察后的确超越了我们解决问题的极限的，说出大天来我们也无能为力、回天乏术的。否则，但凡有一点可能，我们还是崇信那一句话："世上无难事，只要肯登攀。"

六二，王臣蹇蹇，匪躬之故。
象曰：王臣蹇蹇，终无尤也。

【语译】

六二，大王的臣子陷入困境而努力突围，却不是为了自己的缘故。
《象传》说，大王的臣子陷入困境而努力突围，不会有什么怨尤的。

【解读】

六二爻，"王臣蹇蹇"，大王的臣下为了摆脱困境而努力又艰难地奔走，"匪躬之故"，却不是为了自己的缘故。

《象传》解释说，"王臣蹇蹇"，大王的臣下，在处于困境时不畏艰难地、不计成败地努力奔走，并且这样做并不是为了一己之利，而是为了大王能"终无尤也"，所以不会有什么怨尤的。大王在卦中就是指九五爻，六二爻以柔顺处中，得正，顺应九五爻，在蹇难之时，九五身处坎险之中，六二忠臣涉蹇济主，日夜操劳，任劳任怨。

九三，往蹇，来反。
象曰：往蹇来反，内喜之也。

【语译】

九三，往前进有艰难，返回到原来的地方。
《象传》说，往前进有艰难，返回到原来的地方，会得到大家的欢迎。

【解读】

九三,"往蹇",既然前进不了,就要果断地后退了,"来反",退回到原点。暗示我们每当遇到艰难挫折之时,一定要反思终极的原因和终极的归宿。

《象传》说,"往蹇来反",就会"内喜之也",即会得到大家的欢迎。此处的"内"是就初六爻和六二爻而言的。此二爻为阴爻,九三爻为阳爻,阳爻果断地后退了,那么他的下属就感到非常高兴,这是"患难见真情"啊。

六四,往蹇,来连。

象曰:往蹇来连,当位实也。

【语译】

六四,往前进有艰难,往回走又接二连三地遇到艰难。

《象传》说,往前进有艰难,往回走又接二连三地遇到艰难,因为阴爻居阴位是当位的。

【解读】

六四,"往蹇",往前进有艰难,"来连",往回走又接二连三地遇到艰难。

《象传》说,"往蹇来连,当位实也"。六四爻上行有难,返归亦有难,但因为阴爻居阴位,是当位的,所以能行正道,不会妄为。"实"是指位当其实,即得位。王弼注释说:"往者无应,来者乘刚。往来皆难。"这一爻本应与初六爻相呼应,但两者皆阴而不相应;往下又乘在阳爻之上,不吉,所以往来皆难。这说明了相应、相合的重要性。

九五,大蹇,朋来。

象曰:大蹇朋来,以中节也。

【语译】

九五,遇到更大的艰难,朋友皆来相助。

《象传》说,遇到更大的艰难,朋友皆来相助,由于处中行正。

【解读】

九五,"大蹇",虽然遇到大的艰难,但会"朋来",能得到大家的帮助。

《象传》解释说,"大蹇朋来",是因为"以中节也"。因为九五是阳爻居阳位,居中居正，虽然遇到大的艰难，但由于处中行正，能保持住阳刚中正的气节，所以就能得到大家的帮助。具体说，九五爻与六二爻相应，且上下都为阴爻，故能得到他们的辅助。

上六，往蹇，来硕，吉，利见大人。
象曰：往蹇来硕，志在内也。利见大人，以从贵也。

【语译】

上六，往前进有艰难，归来却能收获硕果，这是吉祥的，对"大人"有利。

《象传》说，往前进有艰难，归来却能收获硕果，因为志向向内部发展。对"大人"有利，因为顺从尊贵。

【解读】

"来硕"，意指回来能获得硕果。上六，"往蹇，来硕"，前往艰难而归来却能收获硕果、建功立业。"吉"，这是吉祥的，"利见大人"，有利于见到大人。

《象传》说，"往蹇来硕"，是因为"志在内也"，也就是说，志向是向内部发展，不向外部发展。上六爻处蹇难之极，前往已无路，所以说"往蹇"；归来向内助九五则终其天下之蹇难，能建功立业，所得丰硕，所以说"来硕"。"利见大人"，是因为"从贵也"。"贵"是对九五爻而言。九五爻尊贵权威，上六爻返回来能顺从九五爻，所以能吉利。

蹇卦告诉我们如何渡过艰险，可给我们如下启发：第一，见到危险而能及时停止下来，若想渡过艰险必须知止则止，如果一味冒进只能导致更加的艰险。知止则止，知进则进，知退则退，不偏不倚，既非冒进也非停止不前，是大智慧的表现，所以是吉利的。但这里的"止"是指要停止下来反思自己。第二，要能够与周围的人同舟共济、相互呼应，要志向合一、坚守正道，还要时刻想着周围人的利益，以求得大家的支持和帮助，不能为一己私利而不顾别人。第三，在困境、艰难中更能锻炼人的品格，所以君子用蹇卦来反身修德。

解卦第四十——排忧解难

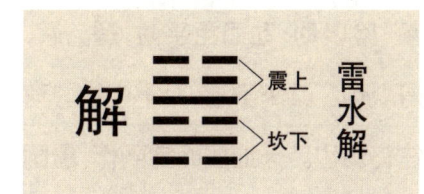

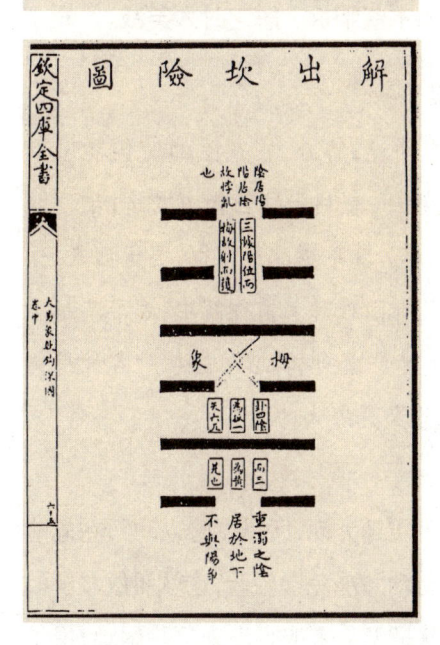

解，利西南，无所往，其来复吉。有攸往，夙吉。

【语译】

解卦，有利于往西南方前进，（解除困难后）就不要继续前往，要退回来才吉利。（又有困难时）前往解决，越早就越吉祥。

【解读】

"解"为缓解、解除、疏解的意思，这里指解除艰难。《序卦传》说："物不可以终难，故受之以解。解者，缓也。"所有的事物都不可能始终处于艰难的状态，因此要积极地想办法解决困难，所以蹇卦之后就是解卦。再看"解"这个字，《说文解字》说："解，判也，从刀判牛角。"解是一个会意字，由三个部分组成，一个是角，一个是牛，另一个是刀，原意是用刀把牛的那个角分解掉，引申为舒缓、散释。解卦阐明的是用积极行动脱离危险的道理。

卦辞说，"解"也是"利西南"，有利于西南方。西南方为坤卦，坤为众，是众人聚居的地方。人多的地方，也是容易出现险难的地方。为什么先是"无所往"，后是"有攸往"？因为前面是指在解除困难后就不要继续前往了，要退回来，"其来复吉"，这样才能恢复到吉的状态。"有攸往，夙吉"，后面是在困难又

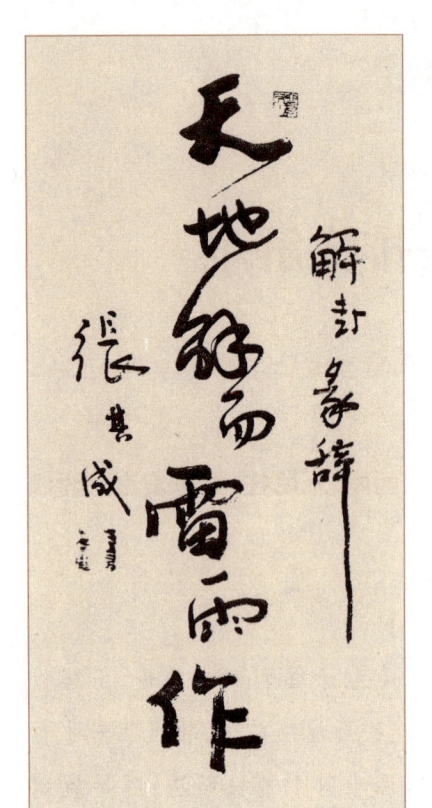

产生的时候,还得早早前往解决,越早就越容易解决,越容易恢复吉祥的局面。这是说明时位的不同,采用的做法也不同。解卦是说明"疏解"险难的道理。卦辞先言解难利在施于"西南"众庶之地,强调其目的是使群情共获舒缓。然后分两层揭示解难的基本原则:无难,以"来复"安居为吉;有难,以早去速解为吉。

彖曰:解,险以动,动而免乎险,解。解,利西南,往得众也。其来复吉,乃得中也。有攸往夙吉,往有功也。天地解而雷雨作,雷雨作而百果草木皆甲拆。解之时大矣哉。

【语译】

《彖传》说,解卦,在危险的时候要采取行动,采取行动才能免除艰险,这就叫做解。解卦,有利于往西南方前进,要使众人都解除困难、险阻,使众人得利。(解除困难后)就不要继续前往,要退回来,这样才能恢复到吉的状态,因为走的是中道。(又有困难时)前往解决,越早就越吉祥,前往可取得功绩。天地阴阳二气之结解散时雷雨交加,雷雨交加时各种果树草木的胚胎、蓓蕾裂开、绽放了。"解"的时位意义是宏大的。

【解读】

《彖传》说,解卦,下面是坎卦为险,上面是震卦为动,所以"险以动",在危险的时候要采取行动。"动而免乎险",只有采取行动才能免除艰险,这就叫做"解"。那应该采取什么行动呢?解卦的六根爻讲的就是怎么采取行动来免除困难,用了很多比喻。"利西南"在很多卦中出现,第一次在坤卦说到"西南得朋,乃与类行",前面蹇卦也讲到"利西南,不利东北",解卦也是"利西南",但三个地方意思不同。这里的"西南"指众人,因为西南边为坤卦,坤为众。蹇卦里的"利西南"指平易、平常的意思,解除困难从平易入手,坤卦中讲的是柔顺,三者意义不同。"解,利西南,往得众也",这里是说要使众人都解除困难、险阻,使众人得利。

"其来复吉",在困难解除之后,就不必要前往了,返回来就可以恢复到那个吉祥的局面,为什么呢?"乃得中也",因为走的是中道,顺应的是中道。"有攸往夙吉",前面是无所往,现在是有所往。当困难又来的时候,越早前往越好,因为"往有功也",在困难刚萌芽的时候,就去解决,更容易解决困难,因此也更容易取得功绩。"天地解而雷雨作",解卦坎下震上,震为雷,坎为水,雷下之水,故为雨,雷雨交加,是天地(阴阳二气)之结得以解散的时候。"雷雨作而百果草木皆甲拆","甲"指植物种子的皮壳。"拆"通"坼",裂开的意思。在春回大地的时候,万物复苏,各种果树草木的胚胎、蓓蕾裂开,绽发了,出现了生机勃勃、欣欣向荣的景象。这里用了一个非常形象的比喻。"解之时大矣哉","解"的时位作用、所预示的实事的意义也是非常宏大,非常广大的。

象曰:雷雨作,解。君子以赦过宥罪。

【语译】

《象传》说,雷雨交加,解卦之象。君子要赦免有过失、宽恕有罪过的人。

【解读】

《象传》说,"雷雨作",上卦为震,震为雷,下卦为坎,坎为水,雷下之水,故为雨,雷雨交加,表示阴阳二气由郁结转为释放,这就是解卦之象。第三卦屯卦是上水下雷,上水下雷说明水没有下来,还在积累,表示刚开始时候的艰难,预示着将要发生大事情。而解卦则是打雷之后雨水已经下来了,所以说明艰难的局面可以被解除了。君子看到这样的卦象,就要按照解卦之道来"赦过宥罪"。"赦",就是宽恕、赦免的意思。君子要赦免有过失、宽恕有罪过的人,就是要模仿、效法雷雨兴起,万事万物都疏解了,对人的罪过也要解除,不要以怨报怨,要以德报怨,以一种宽舒之情开释这些有过之人。这实际上就是儒家仁政的思想。

初六,无咎。

象曰:刚柔之际,义无咎也。

【语译】

初六,没有灾祸。

《象传》说,初六处于柔位,顺应阳爻,在道义上是不会有灾祸的。

【解读】

初六,"无咎",在艰险刚刚解除的时候,是没有灾祸的。如果把艰难比喻为矛盾,在矛盾刚刚解除时,事物的各方都重新回到了和谐的局面,这时候一般情况不会很快产生新的矛盾,所以不会有灾祸。

《象传》解释说,"刚柔之际",初六处在最初位,处于柔位,前面与他相邻的是九二爻,为阳爻,阴承阳,是柔爻顺应阳爻,所以"义无咎也",在道义上是不会有灾祸的。另外,初六还与九四爻相呼应,九四爻为阳爻,刚柔、阴阳互相感应。在艰难刚刚解除的时候,大家都处于互相呼应、和谐的状态,从这个意义上来说就没有灾祸。

九二,田获三狐,得黄矢,贞吉。

象曰:九二贞吉,得中道也。

【语译】

九二,打猎时捕获了三只狐狸,得到了金黄色的箭,非常吉祥。

《象传》说,九二能守持正道而吉祥,因为刚直居中。

【解读】

九二,这里用了一个比喻,"田"指打猎,"田获三狐",打猎的时候捕获了三只狐狸,"得黄矢",又得到了金黄色的箭,"贞吉",守持正道就会吉祥。这是一个什么样的比喻呢?因为狐狸看到人来的时候是要躲藏的,它非常狡猾,预示在危险解除之后潜藏着很多隐患。"三"代表很多个隐患,要去发现并且清除那些隐患。这也就是说要有一种忧患意识,而且这种忧患意识要持续不断。"黄矢",黄色的箭,比喻居中不偏的美好品德。这是说在危难已解除之后,要守持正道,才能防患于未来,不至于又走上艰难的局面,这样才能保持来之不易的吉祥局面。

《象传》解释说,"九二贞吉",九二能守持正道而吉祥,是因为"得中道也"。九二爻是指一个阳刚之人,但是居在阴柔之位。虽然这个位置不是很适合他,但他仍然坚守着中道,这叫做刚直居中。这是一种美好珍贵的品德,是危难解除之后开创新局面必须具备的品德。

六三,负且乘,致寇至,贞吝。

象曰:负且乘,亦可丑也。自我致戎,又谁咎也。

【语译】

六三,背负贵重的东西坐在华丽的大车上,必将招来强盗来抢取,非常遗憾。

《象传》说,背负贵重的东西坐在华丽的大车上,是一件丑恶的事情。因为自己的缘故而招来兵寇,又能怪谁呢?

【解读】

六三,"负且乘",背负着贵重的东西,乘着华丽的车子。"致寇至",这样做必将招来强寇前来抢夺。"贞吝",持守正道可以防范危险,避免遗憾。

《象传》说:"负且乘,亦可丑也。"六三是一个阴爻居于下卦最高位,居于非分之位,好比是解除危难之后,一个小人窃取了一个高位,到处炫耀自己,这是一件很丑恶的事情。"自我致戎,又谁咎也。"不是因为别人而是因为自己的缘故而导致招来兵寇,兵戎相见,只能归咎于自己,不要去追究别人,所以要反思自己。这里也是规劝小人要改邪归正,走正道,否则会有祸患。小人得志,窃取了高位,这种危难解除后的隐患不是很容易就能解除的。

九四,解而拇,朋至斯孚。

象曰:解而拇,未当位也。

【语译】

九四,解除脚拇指上的束缚,朋友就会来帮助你。

《象传》说,要解除脚拇指上的束缚,因为不居正位。

【解读】

"而"相当于"汝","你"的意思。"拇"指脚拇指。"解而拇",解除你脚拇指的束缚。"朋至斯孚",因为感受到了你的诚意、诚信,朋友也就来到你的身边来帮助你。九四爻是说,只有摆脱小人的纠缠,解除这种潜在的隐患,用你的诚意、诚心来感应朋友,朋友就会来帮助你。"朋"就是指初六爻。"小人"就是指六三爻,他整天跟在九四后面,阿谀奉承,九四被灌了迷魂汤,丧失了刚正不阿的本性。"孚"就是诚信的意思,是解除隐患的方法。

《象传》说，"解而拇"，九四要解除自己脚拇指的束缚，就是指要摆脱小人的纠缠，因为他现在已经"未当位也"。九四爻不是居在正位上，一个阳爻居于阴位是不当位，比喻九四被小人纠缠，处事既不中又不正，丧失了阳刚正直的品性，原来的那些朋友也就慢慢地远离他了。在这个时候他一定要去认清所处的环境，毅然地摆脱小人的纠缠，用诚心、诚信去打动原来的朋友，朋友也就会回到他的身边。

六五，君子维有解，吉。有孚于小人。

象曰：君子有解，小人退也。

【语译】

六五，君子虽然有艰难，但是能够解除，是吉祥的。要用诚信感化小人。

《象传》说，君子能够解除艰难，小人就退避了。

【解读】

"维"可以理解为维系，引申为束缚、艰难。六五，"君子维有解，吉"，君子虽然有艰难，但是有解除艰难的办法，是吉祥的。"有孚于小人"，并要用诚信感化小人。

《象传》说，"君子有解"，君子有了解决羁绊的方法，"小人退也"，小人就后退了，就不再作乱了。六五爻要用诚信来感化小人，这样解决矛盾、走出困境之后，小人自己就会意识到自己的错误，自然而然也会放弃邪恶，转恶为善，自觉后退。六五爻为什么能做到这些呢？这是因为六五爻为柔爻居中，不是用强硬的方法来限制小人，而是采用柔顺的策略，居中道不偏执的方法去排除隐患、感化小人。

对于小人的无理纠缠，最重要的是要有一种宽容之心，实行仁政，以规劝他、感化他积极向上为主，让他自觉地去改过从善。但是一旦小人居于高位而且非常凶猛地与自己彻底背离时，这个时候也不能一味迁就、心慈手软，要准确干脆彻底地对之进行打击。

多个朋友多条路，多个敌人多堵墙。要尽量化敌为友，转恶为善。要以诚信为根本、感化为手段，使小人自己认识错误，自觉地加入到我们的队伍中来。刚柔相济，感化为主，其针对的对象主要是我们曾经的对立面。但是只要策略运用得当，再辅以一颗真心的感召，相信结果绝对不会让你失望。曾经的敌人也可以相逢一笑泯恩仇，化干戈为玉帛，最终成为肝胆相照、并肩作战的亲密战友。这是解决矛盾最高明的智慧。

上六：公用射隼于高墉之上，获之无不利。

象曰：公用射隼，以解悖也。

【语译】

上六，王公把猛禽从高高的墙上射下来，一举捕获，这样就无所不利。

《象传》说，王公把猛禽射下来，为了解除有悖逆之心的人。

【解读】

上六爻，处解卦的最高一爻，表明最终要解决矛盾、困难。"公"为位最高的王公大臣。"隼"，猛禽，即凶残贪食的鸟，比喻乱臣贼子。"墉"为墙，"高墉"即高墙。"公用射隼于高墉之上"，王公把那只猛鹰从高高的墙上射下来，比喻公能适时清除窃居高位的"乱臣贼子"。"获之无不利"，一举就捕获，这样就无所不利了。这里所说的猛鹰与第二爻所提到的狐狸，都指忧患、灾患。而这里的猛鹰不再是比喻一般的隐患，而是一种非常明显的灾祸了。和自己背离的那种人，对社会造成危害的那种人，要用箭把他射下来。而对于那种居于高位的背离之人，就应该彻底地用强势来解决。只有这样，才能解除危难、解除艰险。

《象传》说，"公用射隼"，是为了"解悖也"，即解除有悖逆之心的人。

> 有一句名言是"堡垒往往是从内部攻破的"，因此要想解除隐患、危难，就一定要先从内部去寻找那些潜伏的危险，然后用诚信、守中道的方法去解除。解卦最重要的启发是，要有一种宽容之心，以规劝感化他人，要一心向善，让他人自觉地去改过。但是，一旦他人居于高位而且非常凶猛，与自己彻底背离时，就不能心慈手软，要准确、干脆、彻底地予以解决。

损卦第四十一——有舍有得

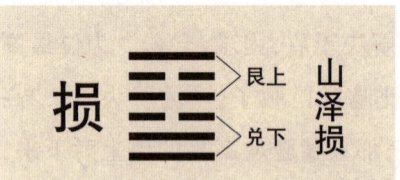

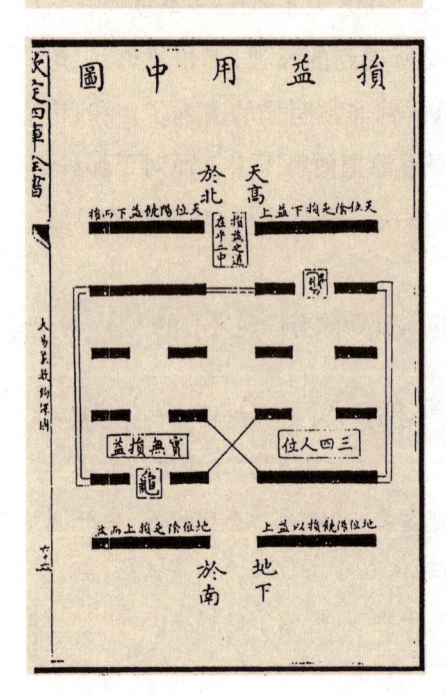

损,有孚,元吉,无咎,可贞,利有攸往。曷之用,二簋可用享。

【语译】

损卦,心里要诚敬,这样一开始就会吉祥,没有灾祸,可以守持正道,有利于往前行。怎么来表示呢?用两簋食物来做祭品即可。

【解读】

"损"是减损、减少的意思。《序卦传》说:"缓必有所失,故受之以损。"困难解除了,矛盾缓解了之后,往往容易懈怠,懈怠就会招来损失,所以解卦之后就是损卦。损卦讲的就是减损之道,它告诉我们要减损自己去增益别人,减损自家去有益于大家,有益于天下。减损包括减损自己的私欲、减损自己的财富,这样做会有益于众人。

卦辞说,损卦,"有孚,元吉,无咎,可贞,利有攸往",减损之道要做到心里诚敬,这样一开始就会吉祥,没有灾祸,可以守持正道,有利于往前行。"曷"通"何","曷之用"意思是减损之道用什么来比喻、来象征呢?"簋"是用竹子编的盆子,用来盛祭品的。"享"表示奉献。"二簋可用享",意思就是用两个簋来献上祭品。在古代,祭祀一般用的是八簋、六簋、四簋,很少用二簋的。所以,这里"二簋"就比喻微薄之物,很少的东西。用很少的东西来祭祀祖先和神灵,只要心中有诚信就不在乎物质的多少,食物再少也没关系。这就体现了一个减损之道,只要心中虔诚就行了,不用在乎物质的多少。这个减损之道在我们这个社会中实际上是非常重要的。现实生活中,我们一般都是追求多,而不希望减损;都在追求得,而不愿意去舍。中国佛教协会名誉会长一诚法师说了一句令人深思的话,他说,现在的人都是撑死的而不是饿死的。实际上,大舍才能大得,这就是损卦所要告诉我们的一个道理。

彖曰:损,损下益上,其道上行。损而有孚,元吉,无咎,可贞,利有攸往。曷之用,二簋可用享。二簋应有时,损刚益柔有时,损益盈虚,与时偕行。

【语译】

《彖传》说,损卦,减损下面的,增益上面的,就是要向上奉献。减损要有诚心,这样开始就会吉祥,没有灾祸,可以守持正道,有利于往前行。怎么来表示呢?用两簋食物来做祭品即可。用两个簋盛东西去祭祀祖先,一定要符合时机。减损阳刚增益阴柔,要符合时机。有损一定有益,有盈一定有虚,都要符合时机。

【解读】

《彖传》说,减损之道,就是"损下益上",减损下面的,增加上面的,这是什么意思呢?损卦是从泰卦变来的。泰卦的九三爻减损后去增益上六爻,这样就变成损卦的六三爻和上九爻,这就是"损下益上"。这也就是说下者要去奉献上者。这给我们什么启发呢?这告诉我们要去减损自己增益别人,要减损自己的私欲,去做有益于众人、有益于大家、有益于天下的事。"其道上行",就是要向上奉献,比喻减损之道所体现的是一种积极向上的奉献精神。"损而有孚,元吉,无咎,可贞,利有攸往",告诉我们虽然减损自己有形的物质财富很重要,但更重要的是要有诚心,也就是要更多地去减损那些无形的私欲,在精神上把欲望给减少了,这样才能有益于大家。这样做就是大吉大利的,不会有灾祸,有利于守持正道,有利于往前行。"曷之用,二簋可用享",减损之道如何体现呢?在祭祀的时候,只要心诚,两只簋这样简单的祭品就可以祭祀了。"二簋应有时",就是说用两个簋盛东西去祭祀祖先,一定要符合时机。"损刚益柔有时",意思是减损下面的阳刚去增益上面的阴柔,这也要符合时机。所以,这个时机特别重要。"损益盈虚,与时偕行",这个卦虽是讲损的,但有损一定有益,有往一定有来,有盈一定有虚,这都要符合时机。也就是说,当损的时候一定要损,当益的时候一定要益,当盈的时候一定要盈,当虚的时候一定要虚。我们说了,损卦是由泰卦变来的。泰卦在一定的时候,下面的第三根阳爻要减损自己去增益最上爻,这样它减损之后就变成阴爻,最上爻就变成阳爻,但这是要符合时机和时宜的。

象曰:山下有泽,损。君子以惩忿窒欲。

【语译】

《象传》说,山下有泽,损卦之象。君子要抑制愤怒,控制私欲。

【解读】

《象传》说,"山下有泽",上卦为艮,艮为山,下卦为兑,兑为泽,山下有泽,减损泽中的土来增益山,所以山越来越高,泽越来越低,这就是损卦之象。君子看到这样的卦象,就要按照损卦之道来"惩忿窒欲",意思就是君子要按照减损之道来抑制愤怒,控制私欲,以修养自己的德行。换句话说,就是要去减损那些不善不好的东西。

初九,已事遄往,无咎,酌损之。
象曰:已事遄往,尚合志也。

【语译】

初九,完成了修养之事,就要迅速前行,没有灾祸,要斟酌地减损自己。
《象传》说,完成了修养之事,就要迅速前行,因为与上面志同道合。

【解读】

"已"是动词,表示完成,"已事"就是完成事情了。完成了什么事呢?完成了修养之事。"遄"是迅速的意思,"遄往"就是迅速地前往。初九爻是一个卦的开始,也是前一卦的结束。损卦的前一卦是解卦,它讲的是解除困惑、解除艰险,困惑和艰险解除完了之后就要迅速地前往,去辅助别人,补益大家,这样才能"无咎",即没有灾祸。"酌损之",要斟酌地减损自己。为什么要斟酌呢?这就是说要看时机,要看对方。

《象传》解释说,"已事遄往",为什么困惑和艰险解除完了之后就要迅速地前往呢?是因为"尚合志也","尚"通"上","尚合志"实际上就是合上志,与上面志同道合。这里指初九爻为阳爻,六四爻为阴爻,阴阳相应。在损卦之时,初九爻阳爻比喻家底比较富裕,六四爻阴爻比喻家底比较贫穷,因此初九爻要尽快地减损自己去补益六四爻。

九二,利贞,征凶,弗损益之。

象曰:九二利贞,中以为志也。

【语译】

九二,有利于守正道,但是轻举妄动就会有凶险。不用自我减损,就可以有益于别人。

《象传》说,九二爻有利于守持正道,因为以守中道作为自己的志向。

【解读】

九二,"利贞,征凶",有利于守正道,但是去征伐别人就会有凶险。在损卦之时,你不但不去减损自己,反而去抢占别人的东西,当然会引起众怒,给自己带来灾祸。"弗损益之",这个时候不用自我减损,就可以有益于别人。

《象传》解释说,"九二利贞",为什么九二爻有利于守持正道,不用自我减损,就可以有益于别人呢?是因为"中以为志也",就是把守中道作为自己的志向。九二,告诉我们要在多余的时候减损自己,不多的时候就不用损自己。九二爻居中,不多也不少,所以不必要减损自己。但要用自己的志向和精神上的东西去补益尊者。九二爻居中守中道,与他相应的六五爻也居中守中道,志向相同,所以九二爻虽然财富不多也不少,不用在物质上自我减损,去补益六五爻,但在志向与精神上要补益六五爻。

损卦第四十一——有舍有得

431

六三，三人行，则损一人；一人行，则得其友。

象曰：一人行，三则疑也。

【语译】

六三，三人出行，将会损失一人；一人出行，将会得到朋友。

《象传》说，一人出行，将会得到朋友；三人出行，将会招来别人的怀疑。

【解读】

六三，"三人行，则损一人"，损卦是从泰卦变过来的，泰卦的下卦三爻全是刚爻，现在变成损卦后，原先的九三爻就变成了现在的六三爻，"损一人"就是这个意思。"一人行"，这一人是指泰卦的九三爻，他往上行就变成损卦的上九爻，这样就能"得其友"，得到自己的朋友，即六四和六五这两个柔顺的朋友。同样，六三爻往下行也得到了初九与九二这两位刚健的朋友。

《象传》说："一人行，三则疑也。"泰卦的九三爻往上前行能得到自己的朋友，但是如果下面的三根阳爻全部往上行，就会招来别人的怀疑。如果泰卦下面三根阳爻全部上行，那就变成否卦了，这反而是一种不好的局面。这里实际上讲了一个专一之道，告诉我们不要去贪多，要专注地做事情。只有专一才能做到第一。这一点对我们无论是做人还是做事都有非常大的启发。该减损自己的就要减损，减损到最后就剩下一个"一"，一心一意、专心致志，这样才能得到别人的帮助，也才能得到别人的信任，达成自己的理想。

只有专一才能成就第一，企业的发展也是如此。多元化经营虽然可以资源共享，但有一利必有一弊，我们也不能忽视或否定了企业"多元化"可能遭遇的风险。"多元化"很容易使企业精力分散、资源分散，这是不争之实。很多企业就没有意识到这一点，立足未稳，就开始仓促转型，结果不但没有分散企业的经营风险，反而使其经营状况雪上加霜，不少企业还加速陷入了财务危机甚至走上了破产之路。

想要在喧嚣的当下静下心来，专一做一项事业，不受其他欲望的摆布，是一件多么艰难的事啊。这意味着你有可能要放弃很多机会，意味着遭遇困难不能退缩，但是许多前驱者的倒下证明，只有这样才能达到胜利彼岸。因为再好的机会，如果不适合自己，也只会白白浪费资源和精力；再大的困难，出现了总会有办法解决。别人三心二意、四处出击的时候，专一会带来更多的成功机会。

六四,损其疾,使遄有喜,无咎。

象曰:损其疾,亦可喜也。

【语译】

六四,迅速地减掉自己的毛病,这样才会令人喜悦,没有灾祸。

《象传》说,迅速地改掉自己的毛病,当然可喜。

【解读】

"疾"在这里可以引申为自己身上的那些恶习、那些贪欲。"遄"是快速的意思。六四,"损其疾",就是把这些恶习、贪欲都减损掉。"使遄有喜,无咎",这样做自己的心里马上就会喜悦起来,当然不会有灾祸。

《象传》进一步认为,"损其疾,亦可喜也",如果一个人能减损掉恶习和私欲,那当然是一件可喜的事。不要认为自己拥有的物质多了,能得到过度的享受,自己就高兴,就幸福了。而事实上,物质跟幸福往往不是成正比的。在特定的情况下,减少了物质的东西和自己的私欲,反而心中就愉悦了,就有幸福感了。人对于外物的追求是无止境的,拥有的东西多了还想更多,你永远也不会感到满足,不满足就不幸福。有时不妨换个思路,舍弃一些外物试试看。

六五,或益之,十朋之龟,弗克违,元吉。

象曰:六五元吉,自上佑也。

【语译】

六五,有时别人为了表达敬意,送来价值二十贝的龟,自己不要推辞,是吉祥的。《象传》说,六五吉祥,因为来自上天的保佑。

【解读】

六五,"或益之",有时候别人来对他表示敬意。"朋"是古代的货币单位,一般是两个贝为一朋,所以"十朋"就是二十个贝。龟在崇尚卜筮的古代是很贵重的,"十朋之龟",说明这个龟很昂贵,是十分贵重的礼品,这里比喻那些很珍贵的东西,可以是有形的,也可以是无形的。"弗克违",是指他自己又不能推辞。损卦的下卦重在讲减损自己,上卦重在讲受益。六五接受了昂贵的灵龟,很是受益,这种事是"元吉",是最吉祥的。

损卦第四十一——有舍有得

433

《象传》解释说，"六五元吉"，为什么六五接受了昂贵的灵龟，很是受益，而且不需要推辞，是大吉大利的呢？因为是"自上佑也"，就是说这是上天赐给的一种保佑，是上天赐予的一种最珍贵的礼物。也就是说，接受这种礼物是符合天道的，因为"天之道，损有余而补不足"。六五柔顺地行中道，品德高尚，这样的人自然会得到上天的保佑。

上九，弗损益之，无咎，贞吉，利有攸往，得臣无家。

象曰：弗损益之，大得志也。

【语译】

上九，不用自我减损，同样也能被别人补益，没有灾祸。守持正道吉祥，有利于前往，能得到广大臣民的爱戴，而不限于一家一户。

《象传》说，不用自我减损，同样也能补益，大得民心。

【解读】

上九，"弗损"，不用自我减损，同样也能"益之"。这里的"益之"是被别人补益，被谁呢？被六三补益。"无咎"，接受别人的补益当然是没有灾祸的。"贞吉，利有攸往"，守持正道，就有利于前往。"得臣无家"，得到广大臣民的爱戴，而不限于一家一户，这就是大得民心。

《象传》说，"弗损益之"，在损卦之时，上九为什么不自我减损反而有补益呢？是因为他"大得志也"，即大得民心。上九爻以阳刚居最高位，为君王，三阴爻顺处于下，众归之象，天下归一，大得民心，所以六三损了自己的小家去益上九这个大家。

古往今来，无数事例证明：人心向背，决定成败。想当年，刘邦率领大军攻入关中，距离秦都咸阳只有几十里路了，在霸上这个地方歇脚。子婴眼看江山不保，只好向刘邦投降。刘邦进咸阳一看，那叫一个眼花缭乱，心想终于到了享受的时候了，就想立即见识一下豪华的秦王宫。但他的心腹樊哙和张良却立马阻止了他，劝他别为此失掉民心。刘邦虽然心痒难耐，还是接受了他们的意见，下令封闭王宫，并留下一些士兵保护王宫和藏有大量财宝的库房，随即还军霸上。

为了赢取更多的民心，刘邦心一横，把关中各县父老、豪杰全召集到一处，郑重地向他们宣布道："秦朝的严刑苛法，把众位害苦了，应该全部废除。现在我和众位约定,不论是谁,都要遵守三条法律。这三条是:杀人者要处死,伤人者要抵罪,盗窃者也要判罪!"然后在霸上静候各诸侯军的到来。这就是历史上有名的"约法三章"。接着,刘邦又派出大批人员,到各县各乡去宣传约法三章。百姓们果然十分捧场,纷纷取了牛羊酒食来慰劳刘邦的军队。

由于坚决执行约法三章,刘邦得到了关中百姓的信任、拥护和支持,关中是秦朝的发源地,也是兵家必争的战略要地,能否取得关中的民心是成功与否的关键。刘邦的"约法三章"使原本惊恐不安的关中民众放下心来,因此获得了关中百姓的全力支持,这为他日后夺得天下,奠定了坚实的基础。

而项羽就不同了,他进军咸阳后,将秦宫中财宝、美女洗劫一空,然后纵火焚烧阿房宫,大火三月不止。此举使他失去了大部分民心。

在竞争激烈的商场、职场、官场,同样是得人心者的天下。如果你要在激烈的竞争中永远立于不败之地,就必须设法赢得人心。

> 损卦所讲的减损之道有两点值得注意:第一点,要符合时机。在不同的时位减损的方式是不同的,就是要损所当损。无论是减损物质财富,还是减损精神财富,都要符合时机。第二点,要符合心志,要有诚信之心。损小家而益大家、损私欲以益大众,适当减损自己,就能使别人受益,这样才能大得民心。

益卦第四十二——损己益人

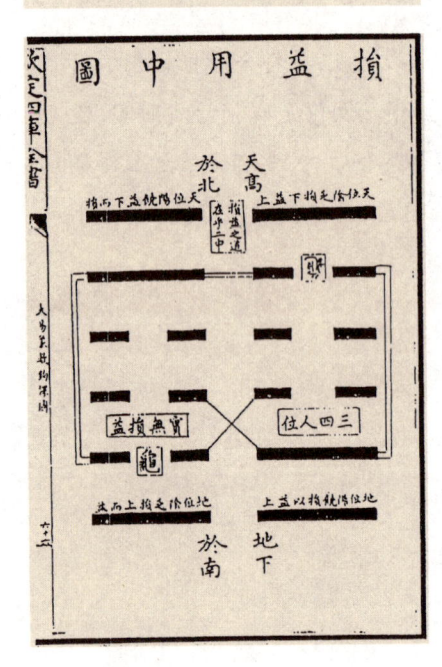

益,利有攸往,利涉大川。

【语译】

益卦,有利于前往,有利于渡过大河大川。

【解读】

"益"是增益、增长的意思。《序卦传》说:"损而不已必益,故受之以益。"不断地减损,减损到头了,到一定的程度了,就会向反面转化,必然会转化为增益。益卦要跟损卦结合起来看。益卦也是讲如何主动地减损自己,去增益别人的。

卦辞说,益卦,"利有攸往",有利于前往,"利涉大川",也有利于渡过大河大川的。

彖曰:益,损上益下,民说无疆。自上下下,其道大光。利有攸往,中正有庆。利涉大川,木道乃行。益动而巽,日进无疆。天施地生,其益无方。凡益之道,与时偕行。

【语译】

《彖传》说,益卦,通过减损上卦来增益下卦,老百姓很喜悦。从上面把利益布施给下面,道义光明。有利于前往,因为中正有喜庆。有利于渡过大河大川,木道通行。下卦为动,上卦为巽,要使自己的品德每天都能进步得非常快。天施恩于大地,大地才能化生,这种益处是非常广大的。益卦告诉我们这样一个道理,就是要符合时机地行动。

【解读】

《象传》说,益卦,"损上益下",损卦是"损下益上",两者刚好相反。益卦是通过减损上卦来实现增益下卦的,益卦是由否卦变来的,即否卦的上卦乾的九三爻下到下卦坤的初六爻。上卦代表君主,统治者,管理者;下卦代表老百姓,代表被领导者。"损上益下",表明领导者要主动地减损自己,去增益老百姓。"民说无疆","说"通"悦","无疆"表示程度,很、非常的意思。这样做老百姓自然就很高兴、喜悦。"自上下下,其道大光",从上面把自己的利益布施给下面,这种道义当然是一种大光明,是一种非常了不起的做法。"利有攸往",前往是有利的,因为他能做到"中正",即能守中道,这里指九五爻刚中又纯正,而且能不断地减损自己去增益下面,所以最终是"有庆",是有喜庆的。"利涉大川,木道乃行","木道"是指船,意思就是用船能渡过大河大川。我们再看益卦的卦象,上面是巽,下面是震,巽和震都对应于五行中的木,所以说"木道乃行"。益卦下面是震卦,震卦为动,上面是巽卦,所以说"益动而巽"。"动"为进,"巽"为谦逊,这里可以说是不断地加强道德修养。"日进无疆",自己的品德每天都能进步得非常快。"天施地生,其益无方",上天不断地施恩于大地,这样大地才能化生,这种益处当然是非常广大,是无边无际的。"凡益之道,与时偕行",益卦告诉我们这样一个道理,就是要"与时偕行",要符合时机地去减损自己,增益别人。

象曰:风雷益,君子以见善则迁,有过则改。

【语译】

《象传》说,风雷互相增益其势,益卦之象,君子见他人有善言善行就虚心学习,有缺点就改正。

【解读】

《象传》说,"风雷益",上卦为巽,巽为风,下卦为震,震为雷,风与雷在一起往往是相互助力的,相互增益的,风送雷声,雷助风势,风雷互相增益其势,这就是益卦之象。君子看到这样的卦象,就要按照益卦之道来"见善则迁,有过则改",见他人有善言善行就虚心学习,那么自己也可以为善;知道自己有缺点就改正,来增益自己的道德修养。

初九,利用为大作,元吉,无咎。

象曰:元吉无咎,下不厚事也。

【语译】

初九,有利于做大事情,一开始就是大吉祥,没有灾祸。

《象传》说,一开始就是大吉祥,没有灾祸,因为初九爻是不能胜任大事的。

【解读】

初九,"利用为大作",有利于做大事情,"元吉,无咎",一开始就大吉祥,没有灾祸。

《象传》解释说,"元吉无咎",是因为"下不厚事也",是说初九爻本来是不能胜任大事的,因为他是处于刚开始的阶段。事物刚开始的时候当然不可做大事。但是,益卦的下卦是受益的,接受别人的补益。所以,这个时候,初九爻也可以做大事,因为他得到六四爻的资助。而且,一做就是大吉利,不会有灾祸。实际上,"大作"在这里的意思是初九爻要把自己受到的资助广泛地施给别人,不能占为己有。

六二,或益之十朋之龟,弗克违,永贞吉。王用享于帝,吉。

象曰:或益之,自外来也。

【语译】

六二,有人送给价值二十贝的灵龟,没有办法去拒绝。永保正道就会吉祥。君王用这灵龟祭祀"天帝",会获得吉祥。

《象传》说，有人送给价值二十贝的灵龟，此礼物来自外面。

【解读】

益卦六二爻的爻辞与损卦六五爻的爻辞，它们的意思基本上是一样的。"或"就是有人。"或益之十朋之龟"，有人送给价值十朋的灵龟。"弗克违"，没有办法去拒绝。"永贞吉"，永保正道就会吉祥。"王用享于帝，吉"，大王应该将这灵龟献给天帝，这样天帝就会降福，会获得吉祥。

《象传》解释说，"或益之"，有人送给价值十朋的灵龟，是"自外来"的。"外"在这里指九五爻。意思是说，六二爻得到的灵龟是九五爻送的，是君主送的。为什么六二爻能得到九五爻的资助？这是因为，六二爻也居中，是以柔中之德来获得九五爻这个刚爻的补益。损卦的六五爻也有柔中之德，所以也得到九二爻的补益。

六三，益之用凶事，无咎。有孚中行，告公用圭。
象曰：益用凶事，固有之也。

【语译】

六三，自己受益之后就要去处理凶险的事情，才会没有灾祸。心中要有诚信，按照中道行事。见王公时拿着玉圭。

《象传》说，自己受益之后就要去处理凶险的事情，能保持所获之益。

【解读】

六三，"益之"，"之"指自己，意思就是自己受益。自己受益之后就要去"用凶事"，去处理凶险的事情，这样才会没有灾祸。"有孚中行"，心中要有诚信，然后按照中道来谨慎地行事。"告公用圭"，拿着玉圭去告知王公。

《象传》说，"益用凶事"，自己得到益处后，不能据为己有，自我享受，还必须拿去处理那些凶险的事情，去帮助那些处于凶险之中的人，"固有之也"，这是本来应该有的事，也就是说这是符合道义的。这样做的话，恰恰能保住这些利益。老子早就说过"外其身而身存"（《老子·七章》），如果把自己置之度外，反而能保住自身。"用凶事"，处理那些凶险事情的时候，要像手里拿着玉圭去告知王公一样，心里要很恭敬，很虔诚。这就告诉我们要懂得去付出，而且付出的时候，心中要诚心诚意。

学会分享是所有企业家成功的秘诀。在这方面，比尔·盖茨的表现首屈一指。微软公司从 1975 年成立到现在，已经走过了 40 年的历程，从最初的两个人发展到现在的几万人，比尔·盖茨也从一个电脑爱好者一跃成为世界排名前三的大富豪。这一切都与比尔·盖茨高明的激励机制分不开。

比尔·盖茨对待员工一点都不吝啬，他始终认为，人才是公司最大的财富。他曾经公开说过一句话："如果把我们顶尖的 20 个人才挖走，那么我告诉你，微软会变成一家无足轻重的公司。"

为了留住人才，微软明文规定，职员可以拥有公司的股份，并可享受 15% 的优惠，公司高级技术人员可享受更大幅度的优惠，公司还给任职一年以上的正式职员一定的股票买卖特权。

这一举动立即引发了人们的巨大关注，因为微软是第一家用股票期权来奖励普通员工的企业。公司故意把薪水压得比竞争对手还低，但公司职员拥有股票的比例比其他任何上市公司都要高，股票升值才是职员们主要的收益。不过，微软不给股票持有者股息，持股者回收到的利润纯粹来自市场价格的攀升。从而，微软将员工个人利益同企业的效益紧紧结合在了一起。截止到目前，微软已经成功造就了超过 1 万名百万富翁，当然，比尔·盖茨的总资产每年也都以惊人的速度攀升；2005 年，他的总资产达到了 510 亿美元，连续第 11 年蝉联福布斯富豪榜榜首。

同时，微软与所有硬件厂商和软件厂商也分享着 Windows 操作系统火爆的市场商机。现在，很多硬件厂商的产品都支持微软的所有操作系统和软件，所有软件厂商的产品也都能在微软的操作系统中运行，这就是微软的分享精神。如果微软不把火爆的操作系统市场分享给硬件厂商和软件厂商，仅凭它一己之力，可能会有今天的辉煌吗？它能有今天的业绩，一直得益于它的分享精神和感恩之心。

中国的企业家马云也非常清楚这个道理，2008 年 8 月 2 日，他向阿里巴巴员工发布了一封名为"冬天里的使命"的内部邮件，指出阿里巴巴"肩负着比以往更大的责任，我们不仅仅要让自己不倒下，我们还有责任保护我们的客户——全世界相信并依赖阿里巴巴服务的数千万中小企业不能倒下"，"此时此刻，非我莫属"。

2008 年 10 月底，阿里巴巴集团宣布，经过半年多的精心筹备，帮助中小企业过冬的"150亿援冬计划"开始正式启动,其目的是帮助所有客户渡过这场金融危机。

马云无疑很聪明,也很懂得分享的道理,他知道企业与客户是血脉相连的,"一损俱损,一荣俱荣",如果客户倒下,自己也将很快倒下。"援冬计划"不仅是在帮助客户,更是在帮助自己。

所以,你也一定要记住:你如果想要成功,也必须学会跟人分享,不仅要与别人分享财富,还要与别人分享痛苦和快乐。

六四,中行告公从,利用为依迁国。

象曰:告公从,以益志也。

【语译】

六四,守中道行事,去告诉王公,为了大众利益君主听从(建议)迁移国都。《象传》说,告诉王公,王公听从因为增益心志。

【解读】

六四,"中行告公从",意思是做事要守中道,要公正地去处理事情,这样去告诉王公,王公就会言听计从。"利用为依迁国",能依照老百姓和君主的利益去迁移国都。现代若要迁移一个国都,那是非常困难、非常大的一件事情,但是在古代,经常迁移国都,这是为了避害趋利。六四爻已经到了上卦,上卦是在减损自己。在这里就表示,君主为了老百姓的利益而去迁都,去做那些有利于老百姓的事情。

《象传》说:"告公从,以益志也。"告知君主有利于天下的事情,君主听了之后能做出迁移国都的决定。六三爻和六四爻都有"中行",可是这两个爻在上卦和下卦来说都不在中位,不在二爻也不在五爻。但从整个卦来看,三爻和四爻刚好居中,所以这里强调要中行,这就告诉我们要守中道,内心要诚敬地去主持公道,哪怕再大的困难(比如迁都),也要克服;哪怕再大的付出,也在所不惜,真心实意地去为老百姓办事情。

九五,有孚惠心,勿问元吉,有孚惠我德。

象曰:有孚惠心,勿问之矣。惠我德,大得志也。

【语译】

九五，诚心实意地施惠于天下人，毫无疑问这是大吉祥的，因为天下人也就会诚心实意地报答他的恩德。

《象传》说，诚心实意地施惠于天下人，毫无疑问是大吉的。报答我的恩德，能大得民心。

【解读】

九五，"有孚惠心"，有诚心实意地去施惠于天下人的心愿，"勿问元吉"，毫无疑问是大吉的。"有孚惠我德"，"我"指九五爻，指君主，意思是说，只要君主诚心实意地去施惠于天下人，天下人也就会诚心实意地报答他的恩德。因此，"有孚惠心"与"有孚惠我德"是因果关系，或者说是条件关系，强调首先要去施惠天下人，这样天下人才会反过来报答你。我们说过，益卦的上卦是损，在这里首先减损自己然后补益别人，这样自己反而能受益。这里的关键是要有"孚"，有"心"。

《象传》说，"有孚惠心"，毫无疑问是大吉的，所以说"勿问之矣"。"惠我德"，报答我的恩德，是因为"大得志也"，能大得民心。这是一种损上益下的大品德。

上九，莫益之，或击之，立心勿恒，凶。

象曰：莫益之，偏辞也。或击之，自外来也。

【语译】

上九，没有人来助益他，反而有人要攻击他。心志不够恒定，凶险。

《象传》说，没有人来助益他，是因为言辞片面。有人要攻击他，因为遭到外人的攻击。

【解读】

上九，"莫益之，或击之"，没有人来增益他，反而有人要攻击他。"立心勿恒，凶"，心志不够恒定，这样是有凶险的。益卦的上九是损人益己，所以别人当然不会去增益他，反而有人要攻击他。而损卦的上九是损己益人，所以是吉的。

《象传》说，"莫益之"，没有人来增益他，因为"偏辞也"，意思是言辞片面，因为他片面地求益，追求自己的利益，这样的结果就是"或击之，自外来也"，即会遭到外人的攻击。上九爻以阳刚居卦之终,处于益卦之时,表示受益已极而继续求益。益已盈,何以益? 贪得无厌,受人攻击亦属难免。

> 益卦和损卦要结合起来理解。这两卦告诉我们,如果想受益,必须先自损。反之,如果一味求益,必然会受损。尤其是领导者,应该有益于别人,不要把天下公器贪为己有。天道是公平的,而人道则有违天道,会遭遇灾祸。同时,利弊、祸福、吉凶等可以交互转换。越想求福反而越会有祸,越有忧患意识反而越会有福。孔子在读到损卦和益卦的时候,曾经发出"自损者益,自益者缺"的感慨。《淮南子》中也说:"益损者,其王者之事与! 或欲以利之,适足以害之;或欲害之,乃反以利之。利害之反,祸福之门户,不可不察也。"

夬卦第四十三——果断决策

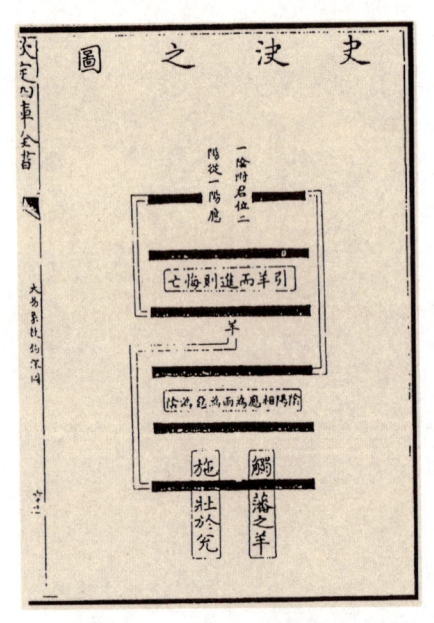

夬,扬于王庭,孚号有厉,告自邑,不利即戎,利有攸往。

【语译】

夬卦,在王庭上当众公布小人的罪恶,诚心号令大家提高警惕。城邑里发布公告,不利于立即动用武力,有利于继续前进。

【解读】

"夬"是决断、果决、溃决的意思。《说文解字》说:"夬,分决也。"夬卦有五根阳爻,一根阴爻,是诸阳长进,要共决一阴之象,所以卦名为"夬"。《序卦传》说:"益之不已必决,故受之以夬。夬者,决也。"不断地增益,增益到了极点,盈满了,就要溃决,所以益卦之后就是夬卦。夬卦是十二消息卦之一,十二消息卦是从复卦开始的,复卦代表农历十一月份,依次是复、临、泰、大壮、夬等等,可以看出夬卦代表农历三月份。夬卦下面是五根阳爻,上面是一根阴爻,表示阴气马上就要决断,阳气马上就要充满了。夬卦立义于"果决",正是从阴阳矛盾激化的角度,强调阳刚必须以"决断"性的气魄制裁阴柔,换言之,即"君子"应当清除"小人","正气"应当压倒"邪气"。

卦辞说,"夬,扬于王庭",夬卦的意思是要在王庭上当众公布小人的罪恶。夬卦的最上一爻是阴爻,代表小人,他居于君子之上,所以要公布他的罪恶,予以制裁。夬卦上一阴，下五阳，为阳盛阴衰之象，比喻君子之道盛，小人之道消，所以君子可以在朝廷上制裁小人。"孚号有厉"，"孚"指诚信，"号"即号令，心中要诚实地去号令大家提高警惕，防范小人。夬卦是刚决柔，然阴柔在上尚未去除，故有危险，九五正中处尊，故能"孚号"。"告自邑"，要在城邑里广为公布小人的罪恶。"不利即戎"，不利于出兵作战，就是说这时候不宜于用武力去惩罚小人，要靠道德去感化，只要公布他的罪恶就行了。"利有攸往"，有利于遵循决断之道前往。所以夬卦就是告诉我们怎么做决策，怎么做决断。

夬卦象曰泽上於天 居德则邑 张其成 施禄及下

彖曰：夬，决也，刚决柔也。健而说，决而和。扬于王庭，柔乘五刚也。孚号有厉，其危乃光也。告自邑，不利即戎，所尚乃穷也。利有攸往，刚长乃终也。

【语译】

《彖传》说，"夬"，是决断，是阳刚对阴柔的决断。上乾刚健且下兑为悦，刚决于柔故而和谐。在王庭上当众公布小人的罪恶，是由于上六阴爻乘于五阳爻之上。诚心号令大家提高警惕，有危机感才能走向光明。城邑里发布公告，不利于立即动武，因为所崇尚的武力行不通。有利于向前挺进，阳爻不断向上生长，最终上六阴爻将被阳爻代替，变成乾卦。

【解读】

《彖传》说，"夬，决也"，"夬"就是决断、决策。"刚决柔也"，刚爻要对柔爻果断地采取措施。"健而说，决而和"，"健"即代表下卦的乾卦，"说"即代表上卦的兑卦，意思是说这时候内心要刚健，面容要有喜悦之色，这样做出的决断才能取得和的局面。刚为阳爻，既代表果断的外在行动，也代表道德，就是要靠道德去感化而不是用武力去取胜。这实际上是告诉我们，要通过刚毅果断的气势来达到和谐的目的，所以夬卦就是讲通过果断的决策来达到和谐。"扬于王庭，柔乘五刚也"，"柔"指上六爻，是小人；"刚"指下面的五根阳爻，是君子，意思就是小人居于君子之上,所以要在王庭上公布他的罪恶。"孚号有厉,其危乃光也",要心中虔诚地去号令大家提高警惕,让大家都有危机感,这样才能走向光明。"告自邑,不利即戎,所尚乃穷也",是说崇尚武力的话,其道必穷。"利有攸往,刚长乃终也",有利于前往是因为阳爻是不断地往上生长,最上一阴爻最终将被阳爻所代替,就变成乾卦,其结局必然是好的。

象曰:泽上于天,夬。君子以施禄及下,居德则忌。

【语译】

《象传》说,泽水已上升到天上,为夬卦之象。君子要将利禄施予下面的人民,若以功德自居,就会招来忌恨。

【解读】

《象传》说,"泽上于天",上卦为兑卦,兑为泽,下卦为乾卦,乾为天,好比泽水已上升到天上,比喻水已盈满就会溃决倾泻而下,也就是说,雨水会从天上倾盆而下,润泽万物,这就是夬卦之象。君子看到这样的卦象,就要按照夬卦之道来"施禄及下",要及早将利禄施予在下的人民,如同天上的雨普润大地。但是"居德则忌",如果占据功德、居功自满而不施惠于老百姓,那就会招来老百姓的忌恨,这是夬卦给我们的一个启发。夬卦的《彖传》和《象传》的解释是不太一样的。《彖传》的解释是君子要果断地去制裁小人,《象传》的解释则是君子要果断地将自己的恩德施惠于老百姓。看起来解释不一样,其实是有内在联系的,其中心思想都是讲要果断地行事。

初九,壮于前趾,往不胜为咎。

象曰:不胜而往,咎也。

【语译】

初九,脚前趾壮大,前进不会胜利,是有灾祸的。

《象传》说,没有取胜的把握就急于前往,必然有灾祸。

【解读】

初九,"壮于前趾",意思是刚开始前进就很强盛。初九爻是阳爻居阳位,刚爻居刚位,太盛了,而事情刚刚开始是不宜太强盛、太冒进的。"往不胜为咎",如果强盛、冒进地前往,不能取得胜利,还会有灾祸的。这根爻告诉我们做决策做判断的时候,不能太冒进,要慎重,要做详细的调查研究。

《象传》说,"不胜而往",事先没有做好准备,没有取胜的把握就急于前往,"咎也",肯定会失败,遭遇灾祸。

九二,惕号,莫夜,有戎勿恤。

象曰:有戎勿恤,得中道也。

【语译】

九二,警惕呼号,晚上出现兵乱,不必担忧。

《象传》说,出现兵乱不必担忧,是因为九二处于内卦中央。

【解读】

"惕"是自己警惕,"惕号",是告诉他人要警惕。"莫"通"暮","莫夜"就是晚上。"有戎勿恤",出现兵乱,不必要担忧。九二爻是说,由于时刻警惕,又能警告别人,所以即使在晚上出现兵乱,也不必要去担忧。

《象传》说,"有戎勿恤",是因为"得中道也"。九二爻虽为阳刚之质,但处中居柔,有能进善守之象,以其警惕防备,故可应付不测。不但自己内心警惕,同时又能告诉别人也要警惕,所以即使晚上出现兵乱,也不需要去担忧。

九三,壮于頄,有凶,君子夬夬,独行遇雨,若濡有愠,无咎。

象曰:君子夬夬,终无咎也。

【语译】

九三,怒形于脸,有凶险。君子做事要果断,独自前行遇到下雨,被雨沾湿了衣衫,心里感到恼怒,没有灾祸。

《象传》说,君子做事要果断,最终没有灾祸。

【解读】

"壮"是强壮。頄(kuí)"是颧骨、面颊骨,这里代指上六爻(因其居上如人之颧在人体之上部)。"壮于頄"就是使上六爻强壮。"有凶",这肯定有凶险。"君子夬夬",表示君子很果断的样子。九三爻独与上六爻为应,似以情相牵而不能决,故戒之夬夬,则为君子。"独行遇雨",独自前行,遇到下雨。全卦唯有九三爻与上六爻相应,所以说独行。为什么会遇雨呢?因为上卦为兑,兑为雨,上六爻处兑卦的最上爻,为阴爻,阴有雨象,雨已下下来了,所以说遇雨。在这里可以将雨比喻为遭到他人的猜忌、怀疑。"若濡有愠","濡"指淋湿,"愠"指不愉快的样子,表示被人怀疑为与上六爻有关系,就像被雨沾湿了衣衫,心里感到很恼怒。九三爻不与其应,没有与上六发生关系,所以以不濡为乐。"无咎",这样就没有灾祸了。说明九三能认清形势,能理智地做出正确的决策,与其他刚爻一起制裁阴爻,所以没有灾祸。

《象传》解释说,"君子夬夬",即使遭到他人的猜忌,名誉遭到一定的玷污,但只要内心果断,不受干扰,能做出正确的决断,"终无咎也",最终也是没有灾祸的。

愤怒是我们常见的一种情绪,举世滔滔,可以说没有谁一生中没发过脾气的,只不过有些人善于控制,能做到喜怒不形于色,而另一些人的确是生性温和,不会大发雷霆、暴跳如雷罢了。日常生活中,我们经常会在街头巷尾看见数人聚拢一起,互挥老拳且破口大骂。这是愤怒的最常见表达方式,也是战国时那个敢于公开和秦王叫板的唐雎所谓的"布衣之怒",其结果轻则"免冠徒跣,以头抢地",重则"伏尸二人,流血五步"。当然,要是打群架,也可能会"伏尸数人"。搁在今天,经过一系列法律程序之后,肯定还要再"伏尸数人"、徒刑数人。是人就有怒的权利,匹夫能怒,那么天子更能怒。"天子一怒,伏尸百万,流血千里。"能把人间顷刻间变成尸山血海。

怒是儒家、佛家、医家公认的"七情"之一,是人生来就有、不学就会的本能之一。作为一个正常的有血有肉、有着正常思维感情的人而言,你让他一辈子"不出恶声"显然不可能。我佛如来为慑服邪魔歪道,尚且要作狮子吼,金刚还要怒目,我辈凡夫俗子更不在话下,不怒上几怒恐怕就枉为人了。问题是你具体表达愤怒的方式是什么,你愤怒时会不会丧失理智。我们这里姑且不理会气大伤身、怒伤肝等说法,因为我们既不是社会调解人员,也不是医家。

激怒这个词相信大家都知道,而被激怒者的后果大家想必也都不陌生,尤其是看演义小说时,两军对垒,各举刀枪,如果有一方事先已被激怒,那么,大家用膝盖就可以想得到这位的结局,不是当场玩完就是被人生擒活捉,总之讨不了好去。现如今发生的形形色色的刑事案件中,不和愤怒扯上关系的似乎少之又少,不是长期积怨就是一时气急,总之当事人一定是气急败坏、丧失理智了。

我上面说的这些都是愤怒的极端表现，当然还有不极端的。诚然，一个人在受到欺骗、侮辱等各种形式的攻击或伤害时，很少有能岿然不动、面不改色的，大多数人立马就得怒发冲冠、揎臂抡拳，状如斗鸡。这是可以想象得到的自然反应。没关系，虚张声势不会造成什么严重后果。要紧的是你下一步的举动。只要能理智地控制自己，对形势和后果做出正确判断，不跟着一个箭步冲上去，效鲁提辖对付镇关西的套路，其他都好商量。还有，在运作企业的过程中，难免也会遇到一些让决策者愤怒甚至出离愤怒的事情，这时就需要决策者保持清醒的头脑，进行周密细致的分析和判断，然后才能做出正确的决策。否则，你一旦被怒火烧昏头脑，胡乱决策，说不定正好掉进躲在暗处的敌人或小人彀中。俗话说，商场如战场，因为不见硝烟所以更多暗箭。这一点不可不慎重考虑。

记住：不管任何时候、任何处境，千万不要让愤怒影响了你的判断，控制了你的决策。

九四，臀无肤，其行次且，牵羊悔亡，闻言不信。
象曰：其行次且，位不当也。闻言不信，聪不明也。

【语译】

九四，屁股上脱掉了皮，行动赵趄艰难。牢牢地牵着羊，就不会有悔恨。听到别人的忠告，却不相信。

《象传》说，行动赵趄艰难，因为九四阳爻居位不正。听到别人的忠告，却不相信，是不明智的。

【解读】

九四，"臀无肤"，屁股失去皮肤，表示失去了下属的帮助。这样的话，"其行次且"，"次且"通"赵趄"，表示行动艰难。"羊"在这里指九五爻，"牵羊悔亡"，是指九四爻要牢牢地依附九五爻这种地位尊贵的人，就不会有悔恨。"闻言不信"，不相信别人的忠告，这种人肯定会吃大亏的。

《象传》解释说，"其行次且"，是因为"位不当也"。九四阳爻居阴位，所处时位不正，得不到大家的帮助，行动会遇到困难。"闻言不信"，别人告诉他正确的道理，即"牵羊悔亡"的道理，他不相信，这就是"聪不明也"，意思是这个人很固执，不太聪明，不知道兼听则明的道理。

九五，苋陆夬夬，中行无咎。

象曰：中行无咎，中未光也。

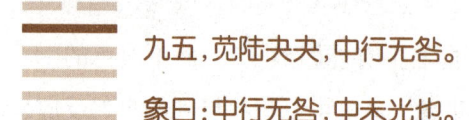

【语译】

九五，要像斩断马齿苋那样果断，刚毅中正的行为没有灾祸。

《象传》说，刚毅中正的行为虽无灾祸，但中正之道还没有发扬光大。

【解读】

"苋陆"指马齿苋。九五，"苋陆夬夬"，意思就是要像斩断马齿苋那样果断，在这里比喻居于九五爻的尊者要果断地惩罚制裁居于上六爻的小人。"中行无咎"，九五行的是中正之道，所以不会有灾祸。

《象传》说，"中行无咎"，九五爻又中又正，能行中道，所以不会有灾祸，但是"中未光也"，中正之道还没有发扬光大，为什么？因为它的上面还有一根阴爻，处在阴爻的下面。言外之意，就是要把这根阴爻给决断掉，这样才能把阳刚的中正之道发扬光大。

上六，无号，终有凶。

象曰：无号之凶，终不可长也。

【语译】

上六，不必要哭喊求饶，最终难逃凶险。

《象传》说，不必要哭喊求饶，最终难逃凶险，不会持续太久。

【解读】

上六，"无号"，不必要呼号，不必要大喊大叫。"终有凶"，终究是有凶险的，为什么？小人凌驾于君子之上，虽然能得一时之势，但最终是要受到惩罚的。

《象传》解释说，"无号之凶"，是因为"终不可长也"。上六是全卦唯一的柔爻，代表小人；下面五根阳爻代表君子，君子的力量很强大，在这种"君子道长，小人道消"的时势下，小人虽然还有一定的权势，但已经惶惶不可终日，即使到处呼号求助也无法挽救即将消亡的命运。上六已经认识到了其亡不可免，所以"无号"。

夬卦告诉我们果断决策的道理。要想与小人决断，必须做到以下几点。第一，开始时要谨慎，不能太强行冒进，要把握时机。第二，要守中道，要公正，要敢于在大庭广众之下宣判小人的罪恶。第三，要时刻保持警惕，即使有小人陷害，也会化险为夷。第四，不要崇尚武力，要以德服人。

姤卦第四十四——相遇相知

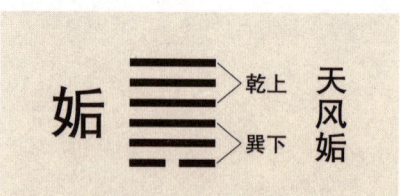

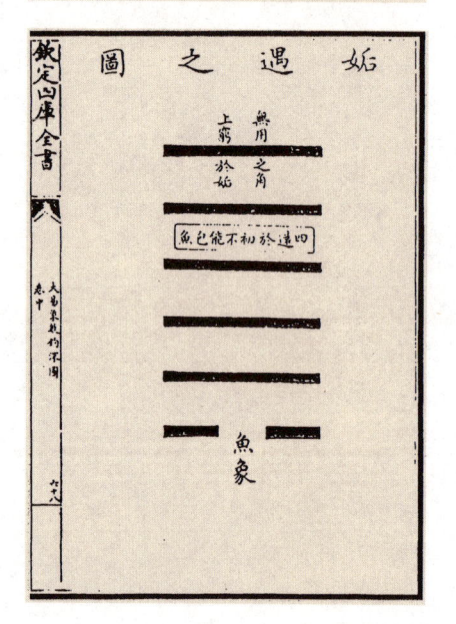

姤，女壮，勿用取女。

【语译】

姤卦，女人强盛，不宜娶这样的女人。

【解读】

"姤"有意外相遇的意思。《序卦传》说："夬必有所遇，故受之以姤。姤者，遇也。"解体溃决之后，必然会有所遇合，所以夬卦之后就是姤卦。姤卦的卦象跟夬卦恰好相反，是夬卦颠倒后的卦象。姤卦也是十二消息卦之一，代表农历五月份。

卦辞说，姤卦，"女壮"，女人太强盛，因为姤是一女遇五男，与之相遇的男人太多了。"勿用取女"，这样的女人是不宜把她娶回去的，说明不可与行为不正的女子长久相处。这个卦辞反映了《周易》崇阳抑阴和男尊女卑的思想。姤卦讲的是相遇的智慧。它从反面来讲相遇的道理，它反对一女遇五男的这种男女相遇，主张"相遇"之道必须合礼守正，而不应失节乱伦。

彖曰：姤，遇也，柔遇刚也。勿用取女，不可与长也。天地相遇，品物咸章也。刚遇中正，天下大行也。姤之时义大矣哉。

【语译】

《彖传》说,"姤",就是相遇,一个柔爻遇到五个刚爻。不能娶这样的女人,是因为不能与她长久相处。天气与地气相遇交合,才化生了万物。阳刚遇到中正的阴柔,正道就大行于天下了。姤卦的意义非常伟大。

【解读】

《彖传》说,"姤,遇也","姤"就是相遇,是"柔遇刚也",是一个柔爻遇到五个刚爻,是一女遇五男。"勿用取女,不可与长也",这样的女人是不能娶回来的,因为是不能跟她长久相处的。"天地相遇,品物咸章也",这里就是从正面来说的,天之阳气与地之阴气相遇在一起,阴阳合和,风调雨顺,万物化生,各自都彰显出自己的品性,一片生机勃勃、欣欣向荣的景象。"刚遇中正,天下大行也",刚正的男人如果遇到能够持正守中的女人,那么人伦正道就会大行于天下。"姤之时义大矣哉",姤卦所揭示出的意义是非常伟大的,它告诉我们天地、阴阳、男女等世间万物要如何相遇。我们从中也能得到启发,在做事业的时候如何与对手相遇,如何知遇我们的下属。

象曰:天下有风,姤。后以施命诰四方。

【语译】

《象传》说,上乾天下巽风,风行于天下,就是姤卦之象。君王要效法姤卦之义向天下昭告命令。

【解读】

《象传》说,"天下有风",上卦为乾卦,乾为天,下卦为巽卦,巽为风,风行天下,遍及四方,与万物相遇,引申为发布政令,告知四方,这就是姤卦之象。"后"指的是君主,不是王后,君王看到这样的卦象,就要按照姤卦之道来"施命诰四方",要像风在天下面流动一样广泛地向天下昭告命令,让每个人都知道,这样就能做到上下通达相遇。

初六,系于金柅,贞吉,有攸往,见凶,羸豕孚蹢躅。

象曰:系于金柅,柔道牵也。

【语译】

初六,系在牢固的刹车器上,守正才会吉利。向前走,会出现凶险,像瘦弱的母猪一样躁动不安。

《象传》说,系在牢固的刹车器上,是要牵制阴柔。

【解读】

"金柅"指金属做的刹车器。"羸豕"在这里指瘦弱的母猪。"孚"指轻浮。"蹢躅"是徘徊游荡的意思。初六,"系于金柅",系在牢固的刹车器上,"贞吉",守正才会吉祥。"有攸往,见凶",如果急着向前走,会有凶险。"羸豕孚蹢躅",就像瘦弱的母猪一样浮躁得到处徘徊游荡。初六,用了两个景象作比喻,一个是系在牢固的刹车器上,说明相遇之心要坚固,内心要守正;另一个以瘦弱的母猪蠢蠢欲动作比喻,告诉我们相遇时不能太轻浮,不能太浮躁。

《象传》解释说,"系于金柅",是因为"柔道牵也",即柔道的上进要受到牵制。意思是指处于初六这样的时位,在相遇的时候,面对前面五个阳刚之人,不要蠢蠢欲动,要沉得住气,要守持正道,要安稳,不能轻浮,不能冒进,要等着前面的人主动来与自己相遇。

九二,包有鱼,无咎,不利宾。

象曰:包有鱼,义不及宾也。

【语译】

九二,厨房里有鱼,没有灾祸,但是不利于用来招待宾客。

《象传》说,厨房里有鱼,但不应该用它招待宾客。

【解读】

"包"通"庖"。九二,"包有鱼,无咎,不利宾",意思是厨房里有一条鱼,那是没有灾祸的,但是这条鱼不利于用来招待宾客。在这里,"宾客"是指九五爻,因为九二爻是跟九五爻相遇的。九二,不利于用鱼来招待宾客,说明不应该把相遇之人当成是宾客。若是把对方看成是宾客的话,反而见外了。

《象传》解释说，"包有鱼"，不利于用鱼来招待宾客，是"义不及宾也"，即从道义上不应该把九五爻当成是宾客。为什么呢？因为两爻原本就有遇合的缘分，已经是朋友了。拿鱼招待显得太客气、太见外、太生分，有可能影响到进一步发展或者继续保持平等的朋友关系。

这个交友细节还是很有用处的。因为的确有那么一种人，我们可以肯定他们完全是出于真心，可表现出来总是过分热情、客气，甚至肉麻。让你每次交往都如芒刺在背，不自在得很，每次交往下来都得损失好多脑细胞。久而久之，你的交往热情也就淡了，朋友铁定就没法处了。当然，他还觉得莫名其妙，觉得自己冤枉。朋友之间交往，要的就是那种宽松的环境、轻松愉悦的气氛。如果每次见面都如同受刑，那肯定谁都不干。

记住：过分热情客套和拒人于千里之外一样，在交朋友时，都是不招人待见的。轻松自然、不卑不亢就好。

九三，臀无肤，其行次且，厉，无大咎。

象曰：其行次且，行未牵也。

【语译】

九三，屁股没有皮肤，走路趑趄艰难，虽然危险，却没有大灾祸。

《象传》说，走路趑趄艰难，是因为行动没有受到牵制。

【解读】

九三爻跟夬卦九四爻的爻辞内容差不多。"臀无肤，其行次且，厉，无大咎"，屁股没有皮肤，走路艰难，这虽然是危险的，但是没有大的灾祸。

《象传》说，"其行次且"，是因为"行未牵也"，即行动没有受到牵拉、搀扶。九三爻是下卦的最上一爻，是刚爻，太刚又不居中，上无应下无遇，没有人帮扶，比喻做事比较艰难，心里也不安定。

九四，包无鱼，起凶。

象曰：无鱼之凶，远民也。

【语译】

九四，厨房里没有鱼，就会出现凶险。

姤卦第四十四——相遇相知

《象传》说，没有鱼的凶险是因为远离大众。

【解读】

"鱼"也可通"遇"，表示知遇的人。九四，"包无鱼"，厨房里的鱼不见了，比喻失去了知遇的人。"起凶"，就会有凶险出现。

《象传》解释说，"无鱼之凶"，是因为"远民也"。这里的"民"指初六爻，本来初六爻与九四爻相应，但在姤遇之卦里，上面五个刚爻都争着与初六相遇，九四离初六太远了，初六已经与邻近的九二爻相遇了。这也告诉我们，想要得到知遇的人，不应该高高在上，应该主动地贴近大众，不能等着别人来与自己相遇。

九五，以杞包瓜，含章，有陨自天。

象曰：九五含章，中正也。有陨自天，志不舍命也。

【语译】

九五，用杞柳的枝叶包裹甜瓜，就像隐含才华一样。机遇就会自天而降。

《象传》说，九五隐藏才华，是因为居中守正。能得到来自上天恩赐的福泽，是因为志向没有违背天命。

【解读】

"杞"即杞柳，是一种高大而多藤的树。九五，"以杞包瓜"，意思是杞柳上结了很多瓜，这些瓜都在杞柳的庇护之下。"含章"，把自己的才华隐藏起来。"有陨自天"，一定有自己理想中相遇的人到来。

《象传》解释说，"九五含章，中正也"，因为九五爻又中又正，地位尊贵，能把自己的才华隐藏起来，能包容与自己相遇的贤人，如同杞柳庇护瓜果。"有陨自天，志不舍命"，由于自己的志向没有违背天命，所以必然会与贤人相遇。南宋诗人杨万里在解释这句话的时候说："舜禹尧为天人之和。"就是说尧从天命出发，遇到舜并把位置让给他，舜后来也一样，把位置让给禹，他们之间的相遇犹如天人之和。我们再看九五爻这个意象，杞柳这棵高大的树上结着成熟而又甜美的瓜，有个成语叫"瓜熟蒂落"，这也就是"有陨自天"，时机成熟了，自然就会遇到贤人。

上九，姤其角，吝，无咎。

象曰：姤其角，上穷吝也。

【语译】

上九,碰到空荡荡的角落,有遗憾,没有灾祸。

《象传》说,碰到空荡荡的角落,因为上九已经处于最高位了。

【解读】

"角"的一种解释是空荡的角落。上九,"姤其角,吝,无咎",在相遇的时候,遇到了死角,很遗憾,但没有灾祸。"角"的另一种解释是牛角、羊角等。上九是和九三相应的,两个爻都是阳爻、刚爻,这就好比角与角对碰,互相抵触,不能相遇,这是很遗憾的。为什么呢?在这一卦里,五根阳爻都争着与初六这一根阴爻相遇,现在是同类相遇,当然会互相排斥,这里强调的是不同类相遇,"君子和而不同",强调的是不同类之间的互补。

《象传》解释说,"姤其角",是因为"上穷吝也"。上九已经处于最高位了,是乾卦的最上一爻,相当于在天边最远、最角落的地方,姤遇就近而不就远,就低而不就高,上九爻高居其上,远离其下,已无所遇。九四爻的时候就因为"远民"而失去了相遇的人,那么上九爻这么远离民众,自然没有人会和他相遇。

> 姤卦告诉我们一种相遇的道理。对一个君子来说,首先最重要的是要中正,要有包容之心,不要把相遇的人当成宾客,要隐藏起自己的才华,要能庇护贤人,不能浮躁。另外还要主动去贴近民众,不要高高在上,等着别人来与自己相遇。做到这些,必定会与贤人相遇。

萃卦第四十五——会聚之道

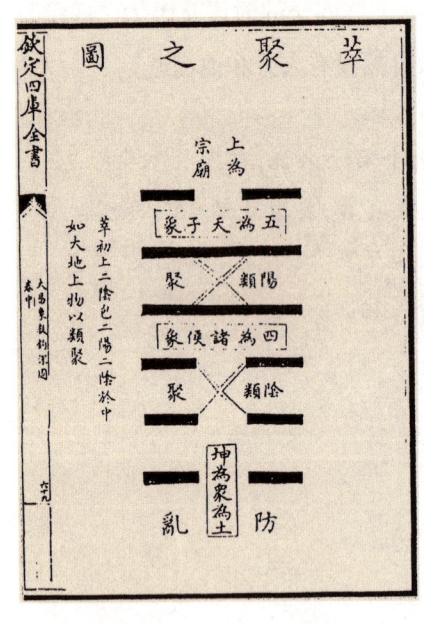

萃,亨,王假有庙。利见大人,亨,利贞。用大牲吉,利有攸往。

【语译】

萃卦,亨通,君王感召神灵到庙堂里祭祀。有利于会见贤明之人,亨通,有利于守持正道。用大牲口吉利,有利于前往。

【解读】

"萃"这个字是草字头,下面的"卒"是代表声音,上面这个"草"代表意思,是草木滋生的意思,草木滋生就叫会聚。《序卦传》说:"物相遇而后聚,故受之以萃。萃者,聚也。"事物互相遇合后,就慢慢地会聚在一起,所以姤卦之后就是萃卦。萃卦实际上讲的就是会聚之道,即怎么样会聚人才,怎么样会聚财物,怎么样会聚美德。

卦辞说,"萃,亨",萃卦这个会聚之道是亨通的。"假",通"格",叫"感格",感格就是感应。"王假有庙",是说这个君王感应了神灵,他用祭祀来感应神灵,就能保住自己的宗庙,也就是保住自己的江山社稷,这属于会聚自己的美德来感应神灵。"利见大人,亨,利贞",会聚之道对大人来说是有利的,亨通的,有利于守持正道,那言外之意对小人来说是不利的。这是指只有像君王、大人那样品德高尚的人才能用好会聚之道。"大牲",是大的牺牲,用来祭祀的。一般用三牲,就是牛、羊、豕，有牛就是大牲了，所以《说文解字》上说："牛，大牲也。""用大牲吉，利有攸往"，既然是君王，他的祭祀就一定要用大祭品来表示虔诚，这样才有利于继续前往。这里通过一个君王的祭祀来会聚神灵，这个神灵实际上是指祖先的精神美德。只有会聚、继承和发扬了祖先的这种美德，才能保住自己的宗庙、江山社稷。因为是君王，所以在会聚的时候一定要用规格高的牺牲，要用大的牛。对于那些一般人的祭祀，也不一定非要在乎这祭品的大小。在这个卦里，即使用一种很微薄的祭祀，也是可以的，也是有利的，只要你心中有诚信。

彖曰：萃，聚也。顺以说，刚中而应，故聚也。王假有庙，致孝享也。利见大人，亨，聚以正也。用大牲吉，利有攸往，顺天命也。观其所聚，而天地万物之情可见矣。

【语译】

《彖传》说，"萃"，会聚的意思。柔顺又喜悦，刚爻居上卦的中央，且与六二爻相呼应，所以会聚了。君王感召神灵到庙堂里祭祀，是为表达孝道，奉献诚心。有利于会见贤明之人，亨通，因为会聚之道遵循中正之道。用大牲口祭祀是吉利的，有利于继续前往，顺应天命。体会萃卦会聚的内涵，那天地万物的性情就可以显现出来了。

【解读】

《彖传》说，"萃，聚也"，"萃"就是会聚的意思。"顺以说，刚中而应，故聚也。"为什么这个卦象是聚呢？因为这个卦的下面是坤卦，坤为顺，上面是兑卦，兑为喜悦。既柔顺又喜悦，九五刚爻又居上卦的中央，走中道，并且能与下面的六二爻相呼应，上下呼应，当然就是会聚了。因此我们可以看出，这个君王是指又中又正的九五爻，他能够会聚下面的三根阴爻，所以叫做会聚。"王假有庙"，王为什么能感应神灵而保住宗庙呢？因为是"致孝享也"，他表达的是一种孝道，奉献的是一种诚心，所以这个孝字非常重要，对祖先、对上要孝，要奉献（"享"就是奉献）诚心，这样先祖就会保佑你了。"利见大人，亨"，为什么对大人来说是有利的，是亨通的呢？"聚以正也"，因为会聚之道遵循的是一种正道。"用大牲吉，利有攸往"，祭祀就一定要用大祭品来表示虔诚，这样才有利于继续前往。"顺天命也"，用"大牲"献祭表明有足够的诚心来顺应天命，这种天命实际上就是指一种天道，自然规律。这是指会聚是要符合天命的。比如说你要会聚人才或者说要会聚钱财，那都是要顺从于天命，你要是不顺天而行，虽然暂时会有一些聚集，可是终究会遭到天谴，终究是保不住的。这是无数的事例都已证明过的。所以"观其所聚，而天地万物之情可见矣"，这个萃卦会聚的意思可以体现出天地万物的性情，只要是天地万物，只要是会聚，无论是聚什么，它的一些情况都可以从中体现出来。所以我们不能说这个"聚"就是聚钱财，或者说聚人才，那不一定。因为天下万物，只要是会聚，其中的道理都可以在萃卦里面体现出来。

象曰：泽上于地，萃。君子以除戎器，戒不虞。

【语译】

《象传》说，泽位于地上，就是萃卦之象。君子要修整兵器，戒备不测之变。

【解读】

《象传》说，"泽上于地"，上卦为兑卦，兑为泽，下卦为坤卦，坤为地，泽是在地的上面，沼泽里面有水，水会聚在地上，这就是萃卦之象。君子看到这样的卦象，就要按照萃卦之道来"除戎器，戒不虞"。这里的"除"不是去除的意思，而是修理、修治、修整的意思。"戎器"就是兵器。"不虞"就是不测之变。君子要修整这个兵器，戒备这个不测之变，防患于未然，因为修理、修整兵器也是会聚的一种具体的体现，所以会聚之道是用来"戒不虞"的，就是用来戒备将来的那个变乱的。我们来看，萃卦这个意象是水聚集在地上，这就好比修一个堤坝，把水泽里面的水聚集在一起，把它围起来，而这个堤坝是容易溃坏的。它怎么溃的呢？有可能是"千里之堤，溃于蚁穴"，因为蚂蚁洞，造成整个堤坝的崩溃，所以一定要防备。这个卦告诉我们两个意思：一个意思是要会聚人才、钱财、善事、美德，这是从正面来讲怎么会聚；另外一个意思是从反面讲那些将来的灾祸，它也是从小的东西会聚而成的，所以我们要时刻保持警惕，要戒备。

初六，有孚不终，乃乱乃萃。若号，一握为笑，勿恤，往无咎。

象曰：乃乱乃萃，其志乱也。

【语译】

初六，心中有诚信，但不能保持到最后，必然会造成混乱聚会。如果嚎叫，可以握手言和欢笑。不必担忧，前往相聚没有灾祸。

《象传》说，混乱会聚，因为他们的心志迷乱。

【解读】

初六，"有孚不终"，有了诚信，但是不终了，不能保持到最后。"乃乱乃萃"，于是必然会造成混乱，这种聚会当然是乱聚。会聚之道最重要的是诚信，只有用心才能感应，达到会聚的目的。而且我们这种诚心一定要坚持到底，因为这个初六是才开始，有始就要有终，如果不能终了，它就是属于胡乱的一种聚会。"号"，就是号叫、呼号，或者是哭号，是为了引起别人的关注或同情，是一种感应的表现。初六这个时候"若号"，如果大声号叫，呼号，"嘤其鸣矣，求其友声"，初六的正应是九四，九四必应声而至，与初六"一握为笑"，就是说来与初六会聚，初六感受到了温暖，面上露出了笑容。"勿恤，往无咎"，这时候阴阳和合了，聚会了，力量强大了，所以就不用担忧了，前进的话也不会遭遇灾祸。

《象传》解释说，"乃乱乃萃"，为什么会出现一种混乱的会聚呢？因为"其志乱也"。因为会聚时的心志迷乱了，当然就会造成一种乱聚的结果，所以会聚是要从心开始的，心若乱，你的会聚必定乱；心若正，你的会聚也就正，你聚集的人也必定是正的。

这里又告诉我们与人交往的一个原则：从心开始，自己的心态一定要放正。这你才能会聚、结识到有德之人。

六二，引吉，无咎，孚，乃利用禴。

象曰：引吉无咎，中未变也。

【语译】

六二，受引导而聚会是吉利的，没有灾祸。只要内心虔诚，用微薄的祭祀也是吉祥的。

《象传》说，受引导而聚会是吉利的，没有灾祸，因为中正之心没有变化。

【解读】

六二，"引吉"，受别人的引导而聚会是吉利的，"无咎"，没有灾祸。"孚，乃利用禴"，只要心中有诚信，即使是"用禴"，即用比较微薄的祭祀也是吉利的。"禴"，是古代春季时用的一种比较微薄的祭祀。这里是说，祭祀礼仪的大小并不是很重要，最重要的是心中的诚信，心中的这种中正之志才是最重要的，它是会聚的出发点。

《象传》解释说，"引吉无咎"，六二与九五正应，受九五的牵引而会聚是吉利的，因为"中未变也"，意指这种柔顺中正之心没有变化。六二居中得正，心存中正之志，心中有了这种中正之志，即便是祭礼微薄也可以献给神灵，也可以获得神灵的一种赐福；同样，即便是礼品微薄也可以去会聚他人，也会获得他人的感应，前来与自己会聚。从象上讲，六二与九五相应，六二要去会聚九五，九五也居中得正，这叫志同道合，志同道合的人会聚，注重的是精神上的感应与沟通，而不在乎物质上的馈赠与享受。

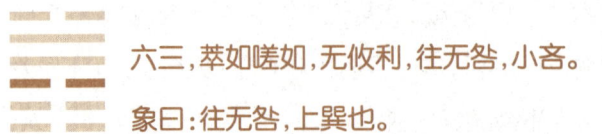

六三，萃如嗟如，无攸利，往无咎，小吝。

象曰：往无咎，上巽也。

【语译】

六三，聚合的希望在叹息声中破灭，没有益处。前行没有灾难，却有小小的遗憾。

《象传》说，前行没有灾难，因为六三柔爻顺从了上面的九四和九五阳刚之爻。

【解读】

"嗟"是感叹的意思。六三,"萃如嗟如,无攸利",会聚而没有人的时候心中发出感叹,那是没有什么利益的。"往无咎,小吝",这个时候前往也没有灾难,只是有小小的遗憾。为什么六三会聚的时候会叹气呢?是因为会聚不到人,六三爻与最重要的九五爻是既不相应也不相比,这就表示会聚不得,得不到想会聚之人,所以他就感叹了。那前往与九四爻会聚,就可以成比了。九四爻和六三爻构成比的关系。那为什么会有小小的遗憾呢?因为六三爻和九四爻都不得位,都不居在正位上,所以要有小小的遗憾。

《象传》解释说,"往无咎",是因为"上巽也"。为什么再前往没有大的灾祸呢?因为往上六三柔爻是去顺从(巽就是顺从)于九四阳刚之爻,这是不会有灾祸的。另外"上巽也",也可以看成六三爻往上与九四爻、九五爻构成一个巽卦,也表示顺从。会聚一般是双方的相互感应而聚集在一起,那是吉祥的。如果没有得到对方的感应,自己就主动柔顺地去与他会聚,当然也是可以的,对方一般也不会拒绝,但对自己来说有些遗憾。

九四,大吉,无咎。

象曰:大吉无咎,位不当也。

【语译】

九四,大吉大利,没有灾祸。

《象传》说,大吉大利没有灾祸,因为九四居位不当。

【解读】

九四,"大吉,无咎",在大吉大利的情况下,没有灾祸。

《象传》说,"大吉无咎",这个九四爻没有爻辞,单单说是大吉利,没有灾祸。没有爻辞已够奇怪,"大吉"和"无咎"还能同时出现,更奇怪。为什么呢?因为萃卦九四爻下面衬的三根全是阴爻,表示会聚之时统领了下面的众人。三根阴爻形成坤卦,坤卦为众,表示九四爻能统领众人,得到众人拥戴,故而能够大吉。虽然表面大吉,但是位置不当,"位不当也",九四爻是阳爻居阴位,本来应该有灾,只有大吉的时候才能免灾。所以大吉在此可以看作没有灾祸的条件,因为大吉所以无咎。这就是得人心的作用,本来应该有灾祸,可是因得人心而"大吉",一经冲抵，成了"无咎"，灾祸消弭于无形。

九五，萃有位，无咎。匪孚，元永贞，悔亡。

象曰：萃有位，志未光也。

【语译】

九五，聚会时居于尊贵的地位，没有灾祸，还未广泛地取信于民，只有一开始就坚守正道，这样就不会有悔恨。

《象传》说，聚会时虽身居尊位，但志向还没有发扬光大。

【解读】

九五，"萃有位，无咎"，九五爻高居尊位，有会聚之心，没有灾祸。"匪孚"，只是还不能广泛地去取信于民。"元永贞，悔亡"，一开始就坚守住中正之道，走正路，这样就不会有悔恨。这是指九五所处的是大会聚人才，大会聚钱财，大会聚功业的最佳时位。

《象传》说，"萃有位"，尽管这个时候会聚最得尊位，但"志未光也"，即他会聚天下的这一志向还没有发扬光大，所以他还不能广泛地取信于民。这是说九五刚刚即位，有广聚天下人心的雄心，但臣民对他还不完全了解，需要一个了解的过程，还不到积极响应的时候。宋代理学家朱熹对此有这么一个解释："此言有位而无德，虽萃而不能使人信。"他有位而没有这个德，没有这个诚实诚信的心志，那么虽然是有会聚之心，但不能使人相信。"各有未信，则亦修其元永贞之德而悔亡矣。"就是说，人们不相信他，他只有一开始就保持这颗贞固之心，这种中正之德，而且要长期坚持下去，要坚持到最后，路遥知马力，日久见人心，最终会实现自己会聚人心的目的，这样才没有悔恨。

上六，赍咨涕洟，无咎。

象曰：赍咨涕洟，未安上也。

【语译】

上六，哀叹痛哭流涕，没有灾祸。

《象传》说，哀叹痛哭流涕，因为不能安居于上面。

【解读】

"赍咨",就是叹息,嗟叹。"涕"指眼泪,"洟"指鼻涕,"涕洟",就是痛哭流涕。上六只有哀叹,只有痛哭流涕,才能"无咎",才没有灾祸。

《象传》说,"赍咨涕洟",上六之所以痛哭流涕,是因为"未安上也"。上六爻居于最高位,高处不胜寒,他本来应该与六三相应,但两爻都是阴爻,为敌应,即不相应,又乘九五刚爻,为不吉,所以惶恐不安,不能安居于上。在这天下会聚的时候,自己无人会聚,鳏寡孤独,整天哀叹、流涕是没有用的,这时候真正要做的是反省自己,问问为什么会这样,是不是自己有什么地方做得不对,若能反求诸己,知错能改,见贤思齐,那么就会改变目前的困局,内心也会获得安宁。

说到流涕,大家可能脑海中会立即浮现出一个人,刘备。刘备无疑是《三国演义》中最能哭的人了,翻遍整部《三国演义》,竟然发现有三十余处。刘备作为一代"枭雄",罕见地能哭,而且哭的作用往往能被他发挥得淋漓尽致,不能不叫人佩服。哭就是刘备招揽人才、赢得人心的重要手段,毛宗岗曾说:"先主基业,半以哭而得成。"一句话道出了刘备能哭的奥妙和玄机。

当然,我不是教大家都用哭的手段来招揽人才,这也是不太实际的,要具体问题具体分析。但领导者一定要懂得包容人才之道。一个领导用人如果像"武大郎开店",只要比自己矮的,比自己高的人一律免谈;或者勉强要了心里却百般不是滋味,老惦着给人穿小鞋、上眼药,这样就大错特错了,你的事业和企业肯定经营不好。我们一定要包容比自己更强的人,为企业延揽更多更高更强的人才。

> "物以类聚,人以群分",怎么样来以类相聚?萃卦给我们很大的启发。会聚有两个方面的意义:一是从正面来说,就是会聚神灵,会聚祖先,会聚"大人",会聚钱财。这首先要有虔诚之心,要有中正的美德,要用虔诚之心和中正的美德来感应神灵,感应百姓、万物。二是从反面来说的,那就是会聚灾祸,会聚"小人"。如果那些小灾祸、那些"小人"不断地会聚的话,也会酿成大的灾祸。所以会聚一定要守正道,然后把这种会聚之道推广到万物之中。

升卦第四十六——顺势上升

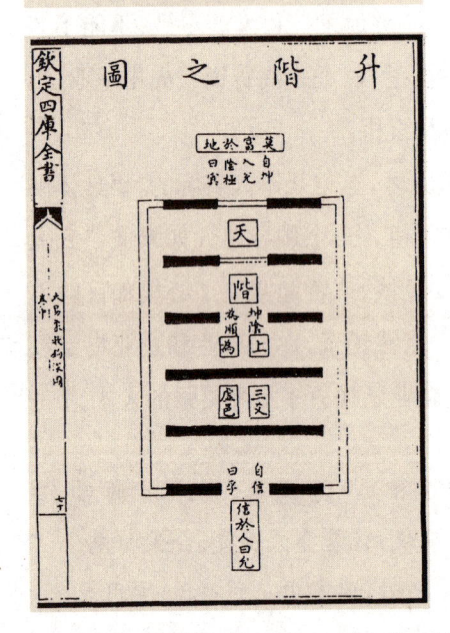

升，元亨，用见大人。勿恤，南征吉。

【语译】

升卦，一开始就亨通，有利于出现大人物。不用担忧，往南边征战吉利。

【解读】

"升"的意思是前进或上升。《序卦传》说："聚而上者谓之升，故受之以升。"萃卦是会聚，会聚之后就要慢慢地上升，所以萃卦之后就是升卦。升卦刚好是萃卦颠倒过来的一个卦。升卦象征着上升的这种趋势，因此升卦讲的是事物顺势上升、积小成大的道理。

卦辞说，"升，元亨"，升卦一开始就亨通。"用见大人"，它的作用有利于出现这个大人，也就是说上升之道适合于为大人所用，不利于为小人所用，适合于做大的事业，有大的作用。"勿恤"，不用担忧。"南征吉"，往南边去征战，肯定是大吉大利的。那为什么要往南面去征战呢？南方是离卦，离为火，为光明，意思是要心中光明。也就是说，这是一种正义的征讨，所以是吉利的。我们看这个卦象，上面是坤卦，下面是巽卦，坤卦为西南，巽卦为东南，刚好都有一个"南"字。

彖曰：柔以时升，巽而顺，刚中而应，是以大亨。用见大人，勿恤，有庆也。南征吉，志行也。

【语译】

《象传》说，柔顺而适合时机地上升，谦逊而柔顺，九二阳刚居中与六五之柔相应，所以大亨通。利于遇见大人，不用担忧，会有喜庆。往南方征战，吉利，因为符合自己的志向。

【解读】

《象传》说，"柔以时升"，升卦是很柔顺地，又适合时位地往上升。"巽而顺"，下卦为巽卦，巽为谦逊、柔顺；上卦为坤卦，坤也为柔顺，从下往上是从谦逊到柔顺，都是柔。"刚中而应"，九二阳刚居中与六五之柔中相应，阴阳相应。"是以大亨"，因为升卦从下卦到上卦是既谦逊又柔顺，是柔顺地、符合时机地往上升，而且阴阳相应，这说明事物在上升的过程中处于和谐的状态之中，并且都把握住机遇，所以说大亨通。"用见大人，勿恤"，在上升的过程中，利于见到大人，不要有所担忧，因为"大人"就是品德高尚的人，是与"天地合其德"的人，只要是符合天道的上升，都会得到"大人"的佑护，所以是"有庆也"，这是值得喜庆的。"南征吉"，为什么往南征进会吉呢？因为"志行也"，这是符合自己的志向而行动的。往南征进意思是往光明的方向去发展，这是符合心志的上升之道的。

象曰：地中生木，升。君子以顺德，积小以高大。

【语译】

《象传》说，树木从大地里面生长出来，就是升卦之象。君子要顺应美德，积累小善，以变得崇高、宏大。

【解读】

《象传》说，"地中生木"，上卦为坤卦，坤为地，下卦为巽卦，巽为木，树木在大地的下面,它肯定要冲破大地,往上生长,这就是升卦。树木从小到大,从微到著,是一种上升的景象。君子看到这样的卦象,就要按照升卦之道"以顺德,积小以高大",即要顺应这个美德,积累小善,然后逐渐地变得崇高、宏大,最终成为"大人"。《老子·六十四章》里有一句话:"合抱之木,生于毫末;九重之台,起于垒土。"就是说这个升卦好比一棵树木,它慢慢地从很小很小,一毫米一毫米地往上长,然后长成了一棵合抱的大树。我们看到升卦就要使我们的美德也要从小慢慢、慢慢地长大,我们的事业也要从小慢慢、慢慢地做大,这就是乾卦所说的"进德修业"。朱熹解释说,"木一日不长便将枯衰",就是说树木如果一天不往上长的话就要枯萎了,"学者之于学不可一日稍懈",就是说学者如果做学问的话不能有一点点的懈怠。因为懈怠一点,那么从小到大,你就可能有更多的懈怠。

初六,允升,大吉。

象曰:允升大吉,上合志也。

【语译】

初六,宜于上升,大吉大利。

《象传》说,适宜地上升,大吉大利,因为上升符合树木向上生长的志向,志同道合。

【解读】

"允"有两个意思,一个意思是指悖信、诚信,还有一个意思就是"合适",相当于"宜",即适宜。"允升"就是要诚信地、符合时宜地升进。初六好比是这棵树的树根,比较弱小,所以一开始就要非常的诚信,只有靠着诚信慢慢地、一点点地、符合时宜地往上升进,才能"大吉"。

《象传》解释说,"允升大吉",是因为这种升进与"上合志也"。这个"上",有两个意思,一是指与初六相邻的上面两根爻都是阳爻,是阴爻顺服于阳爻;二是指上面这个卦,上卦为坤,坤为顺,志向相同。所以初六与上面都"合志",是"上下合志"。初六为巽卦的最下一爻,本身就很柔顺,一个巽,一个顺,志同道合。只有志同道合你才能逐渐地往上升,所以这也告诉我们要想上升的话,一定要找到一个志同道合的人,但是你怎么去找呢?必须要"允升",心中要诚信。

升卦初六爻告诉我们一个人际交往的特例,即要想升迁该怎么办。方法是在上面找一个志同道合者,这样你的优点会较容易被发现,也就较容易得到提携。当然,这么做还有一个前提——心中要有诚信,要行得正。有句俗话说:"朝中有人好做官。"听起来功利了些、世俗了些,但反映的的确是实际情况。这也从侧面说明了人脉的超强能量。这个时代本来就是崇尚张扬个性、竞争推销的时代,只要我们心怀诚信,为了实现自我,不妨试试人脉。

九二,孚,乃利用禴,无咎。

象曰:九二之孚,有喜也。

【语译】

九二,内心虔诚,微薄的祭祀也是有利的,没有灾祸。

《象传》说,因为九二的诚信美德,所以有喜庆。

【解读】

九二,"孚乃利用禴,无咎",前面萃卦的六二爻也是这么说的。"禴",就是很薄的祭祀。只要你心中有"孚",讲诚信,有这样的美德,那么即使是微薄的祭祀也没关系,也没有什么灾祸。前面萃卦是六二爻,是柔爻居中,这里九二爻是刚爻居中,所以只要心中有中正之道,那么即使是微薄的祭祀也能够感召神明,神明也会来帮助你,意思就是说你有尊崇先祖的那种美德、那种精神,你就会得到庇佑,那样就没有灾祸。

《象传》说:"九二之孚,有喜也。"九二正因为有孚,就是说有守中道的诚信,所以会有喜庆。

九三,升虚邑。

象曰:升虚邑,无所疑也。

【语译】

九三,上升到一个虚空的境地。

《象传》说,上升到一个虚空的境地,没有什么迟疑。

【解读】

九三,"升虚邑",就是上升到一个虚空的境地里去了,因为九三爻是下卦的最上一爻,再向上就升到坤卦,坤为虚,就是虚空。

《象传》说,"升虚邑,无所疑也",就是说你可以直接地进入到虚空之境,没有什么可疑虑的。这里既不说吉也不说凶,那就完全要看你升的这个人。理学家程颐有一个解释,说这个"三"是阳刚之才,正而且顺,"上皆顺之复有接应,以是而升,如入无人之邑"。程颐的解释就是说,这种上升是很顺利的,马上就要进入一个城堡没有人阻拦,那当然是非常的通畅。这不仅是因为上面有呼应,九三与上六相应,而且上卦是坤卦,坤卦展现了一条道路,一条虚空的好比是没有阻拦的道路,是光明大道。这表示九三爻的升进如入无人之境,是非常的顺利。

六四,王用亨于岐山,吉,无咎。

象曰:王用亨于岐山,顺事也。

【语译】

六四,周文王在岐山祭祀神灵,吉利,没有灾祸。

《象传》说,周文王在岐山祭祀神灵,是顺从了天道人意。

【解读】

六四,"王用亨于岐山","王"此处指周文王姬昌,此爻给我们讲述的是一个周文王祭岐山(今陕西岐山)的故事。周文王名姬昌,是商朝末期的诸侯,以仁义著称。其实周文王活了一辈子也没当上王,只是个西伯侯(地方诸侯),"文王"是他儿子周武王灭商建周之后追封他的。文王在世的时候,每年都要在岐山祭天。因为他非常有德信仁义,所以其他诸侯国都支持他,给他面子,无形中都以他为首领。所以他每年祭天时,其他诸侯国都纷纷不请自来,这表明文王已经获得了人心。所以"吉,无咎",这是大吉,没有灾祸。

《象传》说,"王用亨于岐山",周文王每一年都要在岐山祭祀神灵,是为了"顺事也"。就是说他是顺从了天道人意,顺从了事物发展的规律。当时的老百姓是非常重视祭祀神灵的,而到岐山祭祀神灵是聚拢民心最好的方法,周文王就是通过这种方法知道民心可用,所以最终与他儿子一起成就了西周大业。

人心向背定吉凶,这是一个十分古老但至今依然洋溢着活力的命题。自古至今,人心所向都是决定一个集团乃至政权存亡最主要甚至唯一的因素。当然,也有人不相信人心并对之进行公然挑衅,很不幸,这些挑战者无一例外全部成了验证人心力量不可战胜的反面论据,一一被钉在了历史的耻辱柱上。而那些聪明和开明的统治者则都把笼络人心作为巩固基业的第一要务,历史的发展也证明,他们真的是聪明而开明的。

俗话说:"公道自在人心。"何为公道?天道、地道、人道都是公道。如此,则人心就是天地人三道的代言人,自然无往而不利。公道,万古而常青;人心,亘古而不变。因此,时至今日,人心向背依旧是一个集团、一个组织能否维系并发展的试金石。因此,非独为政者应该重人心,为商者亦应重人心,为家者仍应重人心。当代社会中,谁敢说家庭不是一个社会组织?

人心,无论何时何地,都需珍而重之。尤其是在一个集团的肇始之初,百废待兴,人心惶惶,惧而未定。当是时,谁能抢先一步拢住人心,谁就不但占了先机,至少成功了一半。

六五,贞吉,升阶。

象曰:贞吉升阶,大得志也。

【语译】

六五,守正道吉利,就像沿着阶梯步步上升。

《象传》说,"守正道吉利,就像沿着阶梯步步上升",因为极大得到了上升之志。

【解读】

六五,"贞吉,升阶",守持正道,能够大吉,就好比是沿着这个台阶,沿着这个阶梯一步一步地往上升,一点一点地往上升。

《象传》说,"贞吉升阶",是因为"大得志也",大得上升之志,上升之道。此爻以柔顺居中位、尊位,因此大得民心,大得天志。所以说只有符合天道、符合民心,才能一步一步地往上升,升到最高。升到最高是什么呢?故宫里面有一级台阶,台阶中间的大理石上有一个鳌头,升到最高处就是这个鳌头,这就叫"独占鳌头"。三元及第,独占鳌头,就说明升到了最高处。

上六,冥升,利于不息之贞。

象曰,冥升在上,消不富也。

【语译】

上六,昏昧糊涂地上升,有利于不停止地守持正道。

升卦第四十六——顺势上升

《象传》说,昏昧糊涂地追求升进,就会消亡,不能富盛。

【解读】

"冥",是一种糊里糊涂的、昏昧的状态。"冥升",就是糊里糊涂、昏昧地往上升。升进到上六,说明已经处于极高的位置了,高处不胜寒,物极必反,这时候再要往上升就是一种昏昧的上升了,"冥升"就会走向反面,会从高处坠落下来。那么这时候怎么做最有利呢?只有"利于不息之贞",即只有不停息地坚持正道才是有利的,否则的话就是不利的。也就是说,不要总想着升进,升进也是要符合正道的,该升进的时候升进,不该升进的时候就不要升进,这样才能永葆吉祥。

《象传》解释说,"冥升在上",即如果继续糊里糊涂地追求升进的话,那就会"消不富也",是说就会消亡了,肯定就不能富贵了,这是一种凶象。此时的守正道就是要静止,不要继续去追逐名利,这样才是有利的,才能保住已有的富贵。明代易学家来知德说这个爻是开了一扇门,开了一扇迁善之门,迁于善也就是向善做好事,做积德的事。

升卦告诉我们的实际上是一个积小成大、顺势上升的道理。着重强调的就是要刚中,要柔以时升,要外柔内刚而且要上下呼应,要得民心和天道,只有这样才能够不断上升。我们人人都想上升,做官的想继续升官,做生意的想继续增长财富。谁都想上升,过一种有意义的人生。但上升一定要记住:要符合天道,要光明正大,千万不要搞歪门邪道。所以升卦卦辞和象辞里都有"南征吉"的字样,南寓示着光明,光明就是要坦坦荡荡,要符合自然规律,要符合天道。六十四卦中晋卦跟升卦意思比较相近,它强调要顺民,侧重揭示要顺应光明、积极进取这方面的意思。而升卦则强调要顺势上升,侧重于遵循天道、自然规律方面。两者既有相同之处,又各有特色。

困卦第四十七——困境求通

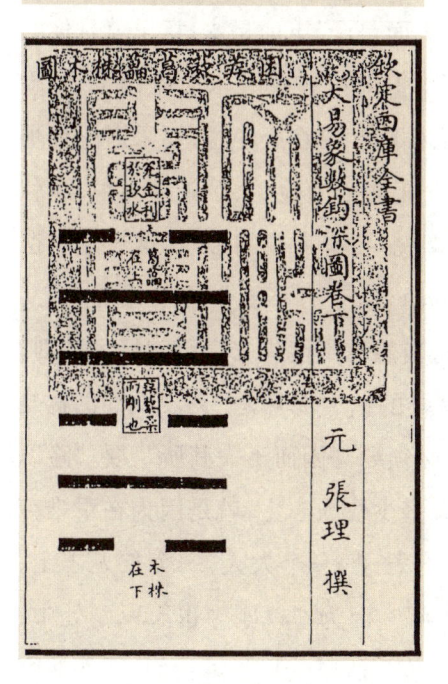

困䷮兑上 泽水困
坎下

困,亨,贞,大人吉,无咎,有言不信。

【语译】

困卦,亨通。坚守正道,大人吉祥,没有灾祸。在困境中所说的话,难以让人信服。

【解读】

"困"是困穷、困难的意思。《序卦传》说:"升而不已必困,故受之以困。"为什么在升卦之后是困卦呢?因为如果继续上升而不停止,那么物极必反,肯定就会穷困。这个卦实际是告诉我们怎样在困境中奋起,怎么摆脱困境,在困境当中应当怎么做。

卦辞说,"困,亨",困卦,亨通,在困顿的时候只要努力就必然会亨通。"贞",应该坚守正道。"大人吉,无咎",做一个大人就吉祥,就没有灾祸。"有言不信",在穷困的时候,你说的话别人是不相信的。在困难的时候说话别人往往是不会相信的,这是从古到今都有的一种现象。那人在逆境中应当怎么办呢?就应该少说话,不说话,因为你多说了别人也不听。

彖曰:困,刚掩也。险以说,困而不失其所,亨,其唯君子乎。贞大人吉,以刚中也。有言不信,尚口乃穷也。

【语译】

《象传》说，困卦，刚性被掩蔽了。用平和愉悦的心态面对艰险。面对困难，没有失去自己的志向，必定亨通，这只有君子才能做到了。坚守正道，做一个"大人"就吉祥，因为以阳刚处于中正之位。在困境中所说的话，难以让人信服。专尚言辞，必将更加穷困。

【解读】

《象传》说，困卦，就是"刚掩也"，是说在困穷的时候，自己的本性，自己的刚性被掩蔽了，被湮没了，不能够生长。这个卦的卦象上面是泽，下面是水，意思就是你的刚性、你的阳性，被泽和水所淹没了。"险以说"，在艰险的时候，遇到了险阻，你要怎么样呢？要在心中悦，要采用一种平和的愉悦的心态来对待艰难。因为这个卦下面坎卦为险，上面兑卦为悦，这就告诉我们在艰难的时候，心态最重要了，要喜悦，要有良好的心态，这一点对摆脱困境很重要。"困而不失其所"，在困难的时候，千万不要失去自己的信心，不要失去自己的志向，不要失去自己的使命，当然也不能失去自己的行为准则。"亨，其唯君子乎"，这样的话就必定亨通，这样的话才能算是一个君子，也就是前面所说的"大人"。卦辞上讲的"大人"必须要"困而不失其所"，要"险以说"。这一点是非常困难的，但是从古到今有多少仁人志士，就是因为在艰难穷困的时候，不改变自己的志向，最终成为一个君子，一个大人，一个仁人志士。"贞，大人吉"，为什么坚守正道，对大人就吉呢？因为"以刚中也"，以刚处中，从卦象来看，九二爻与九五爻为刚爻，都居中位。所以这里告诉我们，即使在穷困的时候，也要坚守那种阳刚的、坚贞不屈的、走中道的美德，这一点非常重要，要是坚持住了那就吉。"有言不信"，就是说在困难的时候，你说的话别人是不会相信的。"尚口"，就是崇尚言辞。"尚口乃穷也"，就是说在困穷的时候能说会道，只说不做，这样必将更加穷困。所以这个时候要多修己德，要少说为佳，要不改变自己的志向，以刚处中，这是对待穷困的一种策略。

象曰：泽无水，困。君子以致命遂志。

【语译】

《象传》说，水位于泽下面，泽中无水，就是困之卦象。即使舍弃生命，也要实现自己的志向。

【解读】

《象传》说，"泽无水"，上卦为兑卦，兑为泽，下卦为坎卦，坎为水，水在泽的下面，表示水都渗入到沼泽地的下面去了，因此泽中干枯无水了，没有水当然就很困难了，很穷困了，这就是困卦之象。君子看到这样的卦象，就要按照困卦之道来"致命遂志"。"致命"，就是要舍弃生命。"遂志"，就是实现志向。意思就是说，即使舍弃生命，也要去实现自己的志向。

若问穷困、困厄的极致是什么，相信不少朋友都会说：当生命受到威胁。没错，一个人的生命只有一次，没了就没了，一切其他都随之成空。所以，古人才会感慨："千古艰难唯一死"，"除死无大事"。

当生命受到威胁时，一般人的表现当然是恐惧、害怕、不愿意死等，君子呢？特别是当君子不得不在生命和信仰志向中择其一的时候呢？就是要舍弃生命去实现志向。身处和平年代的我们听着有些毛骨悚然，可是想想仅仅六十年以前为我们的新中国建立而牺牲生命的革命先烈们，他们不是一个个都义无反顾地以生命殉了志向吗？

孔夫子说："三军可夺帅也，匹夫不可夺志也。"就是说统率三军的将帅都可以失去，一个人的志向却是很难改变的，说明了志向对于人的重要性。孔夫子还说过一句话："无求生以害仁，有杀身以成仁。"不要为了自己的生命去伤害仁义，要舍弃生命以成就仁义。而仁义之道正是君子们孜孜以求的远大志向。孟子也说过："生吾所欲也，义吾所欲也，二者不可得兼，舍生而取义者也。"这都是致命遂志更具体的表述。

南宋末年的文天祥是大家都熟悉的人物。他二十岁即高中状元，前半生春风得意，养尊处优，可是一旦国难当头，元军大举进犯，他立刻就显露出了男儿本色，为抗击元军而奔走呼号。要知道文天祥毕竟是文弱书生,军事指挥才能的确不怎么地,组织了一支又一支义军,结果都是惨败,他本人在辗转奔波中不知有多少次和死神擦肩而过,但是一颗赤诚之心始终是火热的。

1278年冬,文天祥在广东海丰一带兵败,又一次被俘。这也是最后一次。

文天祥让世人扼腕长叹、热血澎湃的事迹主要发生在他被俘以后,在长达五年的时间里,他拒绝了旧同事、老部下、元贵族等一拨又一拨人的劝降,矢志不渝,要拼一死以全忠义。你想啊,他前半生锦衣玉食惯了,竟然能够在大都(今北京市)的牢狱里一待三年,大都牢狱的环境之恶劣他曾在《正气歌》中有所描述。细想一下,我们不得不佩服他的坚强意志。

1283年冬,文天祥在大都柴市刑场从容就义,死前只求面南而跪,以示不忘故国,不负故国。

文天祥留下的文章最有名的是诗歌《过零丁洋》和《正气歌》,我们这里还要提一下他的绝笔,是死后从他衣带中发现的。文曰:"孔曰成仁,孟曰取义,唯其义尽,所以仁至。读圣贤书,所学何事?而今而后,庶几无愧。"读来让人激昂之余,不免唏嘘。

困厄对于一个人的磨砺是无形的,但却又是大有裨益的。"沧海横流,方显英雄本色。"只有经历过困厄磨砺而仍不改其志者才称得上当之无愧的真君子、伟丈夫。

总结一下做君子的条件:要在遇到艰难险阻的时候保持平和而愉悦的心态,然后要时刻不忘自己的使命和志向,对未来抱有充足信心,同时行为准则也不能改变。

可见做君子挺有难度。要不那么多人不声不响、偷着摸着都去做小人了。做小人没有什么技术含量,脸皮厚、心肝黑就成。

初六,臀困于株木,入于幽谷,三岁不觌。

象曰:入于幽谷,幽不明也。

【语译】

初六,臀部卡在木桩上,退到幽深的山谷中,三年没有露面。

《象传》说,退到幽深的山谷中,因为处于幽暗的地方。

【解读】

"株木",就是树根。"觌",就是见的意思。"不觌",即不见,就是隐居了,隐退了。这卦的六根爻都讲到了"困"字,讲的是六种在困境当中的景象,以及相应的做法。不同的做法导致不同的结果。初六的困,是"臀困于株木",就好比是臀部困在了株木当中,形容陷入困境之深,难以自拔,所以只能"入于幽谷",退到幽深的山谷里,"三岁不觌",三年也不能露面,不能相见。因为这个爻是初六爻,本身就是比较柔弱的,没有能力摆脱困境,所以只有隐退。

《象传》说,"入于幽谷,幽不明也",就是在幽谷中那些不明的、不为人知的地方,把自己隐藏起来。

九二,困于酒食,朱绂方来,利用亨祀,征凶,无咎。

象曰:困于酒食,中有庆也。

【语译】

九二,为醇酒美食所困扰,但荣华富贵即将到来。有利于主持祭祀,征讨别人虽有凶险,但没有大的灾祸。

《象传》说,为醇酒美食所困扰,但荣华富贵即将到来。因为持守中道,必有喜庆。

【解读】

九二的困,是"困于酒食","于"就是被的意思,有两种理解,一种理解就是没有酒食了,就是没有吃的、没有喝的,表示一种艰难坎坷;另一种理解就是说自己在贫穷的时候,拼命地去喝酒,就像李白那样,借酒浇愁愁更愁。前一种理解比较好。"朱绂"就是红色的绶带。古人在祭祀的时候要穿饰有绶带的服装,而"朱绂"这种红色的绶带是比较高贵的人才能穿的。"朱绂方来",就是说荣华富贵即将到来。"利用亨祀","亨"通"享",在这个时候你即将主持宗庙的祭祀大典,就是即将被委以重任,那么这个时候"征凶,无咎",如果你出征呢,你急于去征讨别人,那么就是凶险的,但是没有大的灾祸。

《象传》为什么说"困于酒食",但"中有庆"呢?因为九二爻居中,能够守着中道,也就是《象传》所说的"刚中",以刚处中,就表示心中的那个坚定的志向,不为艰难所屈服,即使在没有酒食的时候,他仍然能坚守着这种志向,能安贫乐道,所以最终能够走出困境,会有喜庆,有荣华富贵。

六三:困于石,据于蒺藜,入于其宫,不见其妻,凶。
象曰:据于蒺藜,乘刚也,入于其宫,不见其妻,不祥也。

【语译】

六三,被乱石困住,被带刺的荆棘绕住,脱困回到家中,又见不到自己的妻子,凶险。

《象传》说,被带刺的荆棘绕住,因为六三阴爻乘九二刚爻。脱困回到家中,又见不到自己的妻子,这是不吉祥的。

【解读】

六三的困,是"困于石,据于蒺藜",就是被石头困住了,被带刺的荆棘缠住了。"蒺藜"就是荆棘。"入于其宫,不见其妻,凶",这个时候即使能摆脱回到家中,也不见其妻来迎接,所以是很凶的。这个"妻"是指上六爻。两个都是阴爻,互不相应,而六三又不正,因为阴爻处在阳位上,所以这个时候的困难、穷困的程度是最高的。在处于困境的时候,别人都不理睬他,甚至连自己的妻子也不能理解他、同情他、帮助他,比如说战国时期的纵横家苏秦,当他穷困之时,他家里人都嘲笑他,他的嫂子嘲笑他,他的妻子也不理他。后来他发愤读书,苦读了六年,有了很大的成就,再回到家里的时候,嫂子见到他的影子就下跪了,觉得很惭愧,他妻子也非常惭愧。所以在不得志的时候,你说什么别人也不相信,只有自己奋发图强,取得成就来改变自己在别人心中的地位。

《象传》解释说,为什么说"据于蒺藜"呢?因为"乘刚也",即六三乘的是九二刚爻,"蒺藜"这种刺比较刚硬,所以用它作比喻。为什么说"入于其宫,不见其妻"呢?因为六三爻与呼应的对象上六爻不相应,所以"不祥也",暗示这是一种不祥的征兆。

历史上曾经有很多人占卜的时候都占到了这个爻,比如说《左传·襄公二十五年》里面记载,齐国的齐棠公死了,有个叫崔武子的来奔丧,他一见到棠公的美丽的妻子棠姜,就想娶她。通过占卜得到困之大过卦,就是指困卦的六三爻变了,这个六三爻写的是凶呀,可是占卜的史官都说这不是凶,是吉,可有一个叫陈文子的人却说这个是凶,不是吉。怎么是凶呢?他说:"夫从风,风隰妻不可取。"下面这个坎卦的六三爻变了之后，就成了阳爻，那不就变成巽卦为风了吗？夫从了风，风又隰了妻，就是这个妻子会随风而亡，所以不可取。爻辞也说"不见其妻"，那肯定是凶险的。那么崔武子究竟是娶还是不该娶呢？崔武子就说，一个没有丈夫的寡妇，能有什么祸害，这些凶险都被她以前的男人给承担了，所以娶她肯定是没有问题的，于是他就娶了这个棠姜。

还有一个故事是非常有名的，"铁齿铜牙"的纪晓岚准备参加举人考试，他的老师就为他占了一卦，也是占到了困之大过，也就是困卦这个六三爻变了。老师就断为凶。纪晓岚却说："我要考第一名。"这个爻辞不是说凶吗？那为什么还能考第一名呢？老师不解了。纪晓岚说"不见其妻"，没有妻子就是无偶，无偶就是第一，所以要考第一。"困于石"，就是说第二名是带石字旁的，然后"据于蒺藜"，第三名肯定是带米字旁的。后来果然如此。因此看卦爻辞关键在于你处在什么环境、什么情况下，用什么心态来解释。同样是一个"凶"字，你要根据不同的时机、不同的情况来解释，这样才叫善于占卜。如果完全照用，它说凶就凶，它说吉就吉，那就太机械了、太拘泥了。

九四，来徐徐，困于金车，吝，有终。

象曰：来徐徐，志在下也。虽不当位，有与也。

【语译】

九四，慢腾腾地到来，因为途中被一辆金车所困，虽然遇到了一些麻烦，但是能够善终。

《象传》说，慢腾腾地到来，因为九四爻的志向在下。九四爻阴爻处阳位，不当位，能够与下呼应，能得善终。

【解读】

"来徐徐"，就是慢慢地前来，表示一种迟疑的景象。九四的困，是"困于金车"，被一辆金车所困扰。"金车"就是指一种很高贵的车，只有非常高贵的人比如说亲王啊、重臣啊才能去乘坐的车。这里意思是说，为那些名利所困惑、所困扰。"吝"，就是有所遗憾。"有终"，就是最终能够善终。

《象传》解释说，为什么"来徐徐"呢？因为"志在下也"。九四爻的志向在下，因为与他相应的是初六爻。"虽不当位，有与也"，九四爻是阳爻处在阴位，所以不当位，但是"有与也"，他能够与下面的人相呼应，与初爻相呼应，能得到下面的人的帮助，所以他一定能够摆脱名利的困扰，摆正自己的心态，能够获得善终。九四这个时候，已经取得了荣华富贵了，不再是当初的"据于蒺藜"，而是"困于金车"了。想想居下位的时候，别人对自己不理不睬，自己只好躲藏起来，"三岁不觌"，三年不露面和隐居的情景，所以现在还是要谦虚，不能说我乘的是一种金车了，我这么富贵了，就忘了以前，忘记了当初的情景。所以这里的"志在下"，一方面指还要坚持初始时，即在困境中发奋图强时的那种信念，另一方面指当看到与自己相应的人也处于自己当初的那种困境中，应该给予他帮助。

九五，劓刖，困于赤绂，乃徐有说，利用祭祀。

象曰：劓刖，志未得也。乃徐有说，以中直也。利用祭祀，受福也。

【语译】

九五，施行削鼻子、截足的重刑，被尊位所困，只有慢慢地摆脱这种困境，才有利于进行祭祀。

《象传》说，施行削鼻子、截足的重刑，因为九五的志向没有得到实现。只有慢慢地摆脱这种困境，推行刚中正直之道，才有利于进行祭祀，得到福祉。

【解读】

"劓"就是削鼻子。"刖"就是削足，把脚给斩断了。"劓刖"，就是两种酷刑。"赤绂"就是前面讲的朱绂。九五的困，是"困于赤绂"，就是被赤绂所困，被荣华富贵、被自己的权力所困，这里指居于最高位的时候，君主动用这种酷刑来治理众人，惩罚众人，实际上是为自己的权力所困。"乃徐有说，利用祭祀"，"说"通"脱"，这个时候只有慢慢地摆脱这种滥施权力的情况，才能长期祭祀宗庙，才能保住社稷江山。因此在自己有权力的时候注意一定不要滥施重刑，要去取信于众人，教化众人。

《象传》解释说，为什么九五要采用"劓刖"这两种酷刑呢？因为"志未得也"。什么志向未得呢？九五至尊嘛，这种即位祭祀的志向没有得到。夺取九五至尊的权位，开始时不得不用一些暴力，等取得了权位后，"乃徐有说"，再慢慢地摆脱这种酷刑，"以中直也"，然后去推行刚中正直之道。只有行中正之道，才能取信于民，才能"利用祭祀"。以中正之德去祭祀，就能够感召神灵，神灵就会降下福祉,所以"受福也",最后是有福的。

上六,困于葛藟,于臲卼,曰动悔,有悔,征吉。

象曰:困于葛藟,未当也。动悔有悔,吉行也。

【语译】

上六,被藤蔓绊住,处在动荡不安的山石环境,如果迅速悔悟,有了悔悟,出征是吉利的。

《象传》说,被藤蔓绊住,因为上六爻处最高位,位不当。如果赶快悔悟,行动就会吉祥。

【解读】

"葛藟",就是一种蔓藤。上六的困,是"困于葛藟",就是被藤蔓缠住了。"臲卼",就是惶恐不安的样子。上六,被藤蔓困扰住了,处在动荡不安的环境里,这个时候,若"动悔,有悔",如果他动不动就后悔,赶快地醒悟,"征吉",这样再征进就变得吉祥。

《象传》解释说,"困于葛藟",是因为上六爻已经到了这一个卦的尽头了,处最高位,贵而无位,高而无民,下面又乘两个刚爻,而且没有相应之人,也就是到了困穷的极点了,所以说"未当也",处于这样的境遇中太不适当了。"动悔有悔",这个时候若能马上悔过,及时醒悟,自我反省,修身养性,不再高高在上,目空一切,转而柔顺地归服于九五爻,这样的行动就会获得吉祥。

困卦有三根阴爻,三根阳爻,三根阴爻一般都是柔顺、退让,在困难面前,退让隐退,不去力争。而三根阳爻在困难的时候,都是要保住坚强的意志、阳刚的本性,能够守持正道,最后能够脱离困境。我们看初六爻是讲隐的重要性,到了上六爻是悔,要反省自己,这样就能化凶为吉。所以这个卦告诉我们在困境之中怎么样摆脱困境,三根阴爻说明要用很巧妙的方法——后退、隐居、后悔,这样做不能说是消极,而是一种策略;三根阳爻说明一定要坚守刚正的美德,在困难的时候舍生取义、保持气节。

困卦第四十七——困境求通

井卦第四十八——修己养人

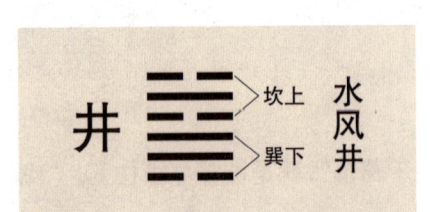

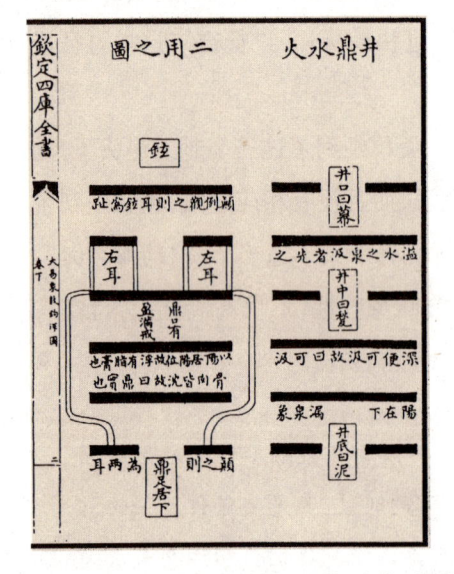

井,改邑不改井,无丧无得,往来井井。汔至,亦未繘井,羸其瓶,凶。

【语译】

井卦,村庄可以迁移,井不能迁移。它既不枯竭也不满盈,来来往往的人都汲用这井水。就要把汲水瓶提到井口时,却打翻了汲水瓶,有凶险。

【解读】

"井"的意思是井养。《序卦传》说:"困乎上者必反下,故受之以井。"困穷于上面那必定要返回到下面,来找到一口井,那么这口井是用来干什么的呢?是用来滋养人的,是维持生命的。

卦辞说,井卦,"改邑不改井","邑"就是村庄,就是说村庄可以迁移,但是井不可以迁移。"无丧无得",它既不枯竭也不满盈。"往来井井",来来往往的人,都在用这个井水。"汔",就是几乎。"繘",是汲水用的绳子。"汔至,亦未繘井,羸其瓶,凶",意思是几乎要把这个水瓶提到井口了,突然把水瓶打翻了,这是表示功亏一篑,是凶兆。

彖曰:巽乎水而上水,井。井养而不穷也。改邑不改井,乃以刚中也。汔至亦未繘井,末有功也。羸其瓶,是以凶也。

【语译】

《象传》说，顺应水性，引水上来，就是井卦之象。水井的养育功德没有穷尽。村庄可以迁移，但是井不可以迁移，是因为阳刚居中。就要把汲水瓶提到井口时，却打翻了汲水瓶，没有实现水养人的功德。把瓶打翻了，当然就凶险了。

【解读】

《象传》说，"巽乎水而上水，井"，井卦下面是巽卦，巽为顺，是说我们要顺应水性，在地上开个孔，把水引上来，这就是井。"井养而不穷也"，水井的作用是养人的，它的功德是没有穷尽的。"改邑不改井"，一个村庄或者城市是可以改变迁移的，但是井是不能改变的，为什么呢？"乃以刚中也"，上卦是个坎卦，坎为水，它的中间是一根阳爻，是刚爻，表示刚劲，所以水的美德是外柔内刚的，是阳刚居中，这种本性不可以改变，这里也指井养人的这种品德不会因为环境的变化而改变。"汔至亦未繘井"，这个水瓶快要出井口的时候被打翻了，"未有功也"，当然就没有实现水养人的目的。"羸其瓶，是以凶也"，把瓶打翻了，当然就是凶。这比喻人的德行要始终保持，越到最后的时候越是艰难，越到最后的时候越要坚持，否则就会功亏一篑。这个卦告诉我们要有刚中的品德，要坚持如同井水一样的品德，不要枯竭也不要满盈。井卦的大旨，是将"井"人格化，通过展示水井"养人"的种种美德，譬喻君子应修养自身，惠物无穷。

象曰：木上有水，井。君子以劳民劝相。

【语译】

《象传》说，木上面有水，就是井卦之象。君子为民众不辞辛劳，并号召民众互相帮助。

【解读】

《象传》说,"木上有水",上卦为坎卦,坎为水,下卦为巽卦,巽为木,木上面有水,这就是井卦之象。古人经常在井底下放几块木头,以除去淤泥,因此井卦就是取这个景象。"井"字就是水底有四根木头。君子看到这样的卦象,就要按照井卦之道来"劳民劝相",就是去慰劳民众,并号召民众互相鼓励、互相帮助。

初六,井泥不食,旧井无禽。

象曰:井泥不食,下也。旧井无禽,时舍也。

【语译】

初六,井底有淤泥就不能食用,年久失修的老井,连飞禽也不来了。

《象传》说,井底有淤泥就不能食用,因为初六居底下。年久失修的老井,连飞禽也不来了,说明(此井)已被时代抛弃。

【解读】

初六,"井泥不食",表示井底有泥了,水就不能食用了,"旧井无禽",连飞禽也不来了。初六,井底有了淤泥,井水就会混浊,表示一个人心里有了污染,有了尘土,这时就应该修心。你要去滋养别人,你就要修养好,这就是"时时勤拂拭,莫使惹尘埃",要点点滴滴地修行,"出淤泥而不染,濯清涟而不妖"。如果不这样的话,连飞鸟也不来了,你这个井就没用了。

《象传》解释说,"井泥不食",是因为"下也"。初六是井卦位置最低的一爻,就如同处在井底的位置,井底有淤泥,井水很混浊,所以不能食用。井底堆满了淤泥,说明此井年久失修,是口"旧井",连飞禽也不来饮用了。"时舍也",说明此井已经被时代抛弃了,不但是口旧井,还是一口废井。这一爻是告诉我们每一个人,要不断地修持自己,要成为对社会、对他人有用的人,否则就会被时代所淘汰,也没有人会理睬你。

九二,井谷射鲋,瓮敝漏。

象曰:井谷射鲋,无与也。

【语译】

九二,井中出水的穴窍用来养小鱼,水瓮破损漏水。

《象传》说，"井中出水的穴窍用来养小鱼"，因为没有人和九二接应。

【解读】

"井谷"，指井里冒水的穴窍。"鲋"就是小鱼，"射鲋"，古代的一种小游戏，就是用井里的水养鱼来玩射鱼的游戏。井水本来是用来喝的，这里却用来射鱼了，说明井水污染了，不能食用了。"瓮敝漏"，瓮破旧了，不能用来取水了，这都表示没有用处了。

《象传》说，"井谷射鲋"，是因为"无与也"。九二阳爻居阴位，位不正，表明他不走正道。九二与九五不相应，表示没有与他在一起共事的人。这里表示没有人愿意与九二共事，九二的才能没有地方发挥，所以只好用来"射鲋"，说明了正己修身的重要性和迫切性。

"井谷射鲋"这则类似于寓言的小故事能够告诉我们什么道理呢？就是解决问题的时候，一定要对症下药，采取合适的解决手段或者措施。九二这个人还是具备一定的解决问题的实力，就像爻辞中说的，他是有工具的，弓箭就是。但是弓箭用来干"射鲋"这件事显然有些不着调，有点像高射炮打蚊子了，应该换一种轻便灵巧的工具。引申开来，就是解决问题的方式方法不对，所以好心办了坏事，或是无心办了错事。总之结果一样，把事情办砸了，还出了其他方面的纰漏。而且，从想要得到的小小鲋鱼和弄破的汲水工具瓮的价值对比来看，纰漏造成的损失还不小。

现实生活中类似的人、类似的事也有很多。有些人天生一副热心肠，看不得别人有什么难处，可是偏偏他又天生是个急脾气、冒失鬼，做事不讲究策略，更无任何方式方法可言，脑袋一热，一撸袖子就上，结果可想而知，多半会把事情搞砸了，而这个人也往往成为大家无心的笑柄。还有些人，谁都知道他有一定的能力，可就是办一件事坏一件事，问题出在哪里？就是一个方式方法。

俗话说，一把钥匙开一把锁。在办事方面，虽然未必有那么绝对，因为很多事情不仅仅只有一个办理方法，很多问题也不仅仅

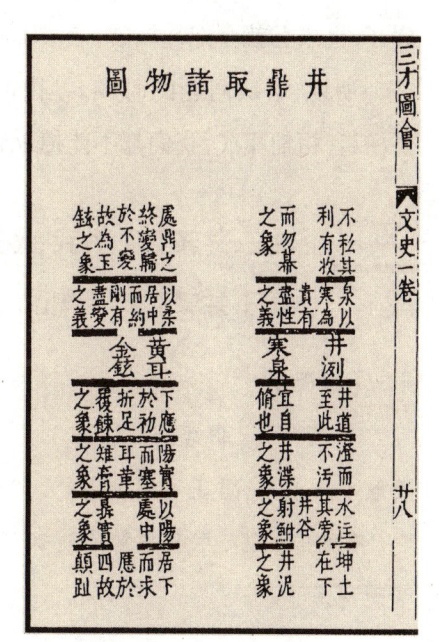

只有一个解决方案,但聪明人在百般衡量之后,往往就能找到最接近完满的一种解决策略。一般人就不一样了,只求解决,或者随便找到一个方案,不管利弊就去实施,这样带来的后果除非侥幸,肯定是非常糟糕,正事没办成不说,还留下一个烂摊子让别人替他揩屁股。

中医上讲究对症下药,和解决问题的思路是一样的。要想治好病症,首要问题是先辨明这是什么病,要用哪几种药物,有些什么禁忌,这样才能着手施治,做到药到病除。如果不考虑周全就盲目用药,后果是不堪设想的。

解决问题也一样。问题出现了,肯定有它的来龙去脉,能寻出解决它的蛛丝马迹,这是第一步。然后才是多方寻求解决问题的方法,一定不要随随便便想到一个方法就贸然尝试。因为解决的办法往往很多,我们需要的无疑是最好的那一种。这就要集思广益、多方假设求证了。譬如井卦九二爻的那位,手边单有弓箭还不够,还要去寻找其他更好的工具,例如渔网什么的,比较一下哪种工具最适合捉鱼之后再下手也不迟。

同理,我们经过多方求证之后,总会找出最合适的一种办法,这种办法不但可以干净利落地解决问题,还能把实施过程中有可能遭受的损失控制在最低限度。最后一步,动手实践。这一步同样重要。好办法有时也能办坏事,就是因为用人不当或者实践过程中没有进行必要的监控,结果横生枝节,最终把事情搞得一塌糊涂。九二爻的弓箭手如果技艺高超、百步穿杨,或者"射鲋"时小心一些,把瓮挪开,也未必就会把瓮搞破,造成不必要的损失。

所以,解决问题的时候,寻找正确的方法固然重要,如何实施解决也同样重要,二者相辅相成,我们都不能掉以轻心。

九三,井渫不食,为我心恻,可用汲,王明,并受其福。

象曰:井渫不食,行恻也。求王明,受福也。

【语译】

九三,井水非常清洁(却)无人饮用,我心中(为之)感到恻隐悲痛。可以汲取井水饮用,君王圣明,这样大家就享受福泽了。

《象传》说,井水非常清洁却无人食用,令人恻隐。期盼君王圣明,大家就可享受福泽了。

【解读】

"渫",除去之意。九三,"井渫不食,为我心恻",井中的泥沙已经除去,涌出了洁净之水,这个井水非常清洁,却不被食用,比喻人有才德不见举用,这样的状况令人恻隐。"可用汲,王明,并受其福",应该赶快地汲取这个水,因为这水非常清洁,君王也圣明,这样就都受福泽了。

《象传》解释说:"井渫不食,行恻也。"井水非常的清洁却不被食用,井水清澈比喻有才能、有道德,有如此高洁行为的人不被重用,确实令人恻隐。"求王明,受福也",这时候只有企盼君王圣明,让这样的人能得到重用,这样君王和臣民就能共同受到福泽。通过下面两个阶段的修整,到九三爻已经修整得很好了,很清洁了,这个时候要赶快去取水。九三爻是阳爻居阳位,是很清洁的,但是君王不赏识他。好比屈原,屈原是"举世皆浊唯我独清",但是不被重用,所以他心中隐隐作痛,祈求圣明的君主,赶快来用他这个清水吧。可是楚怀王分不清忠奸,被佞臣、宠妃所迷惑,于是疏远了屈原,只相信那些小人,最后兵削地挫,亡其六郡,客死于秦,为天下人所耻笑。

六四,井甃,无咎。

象曰:井甃无咎,修井也。

【语译】

六四,修砌水井,没有灾祸。

《象传》说,修砌水井就没有灾祸,是因为不断地修缮井。

【解读】

"甃"指对井壁整治维修。六四,"井甃,无咎",井壁损坏能修补,就没有灾祸。

《象传》说,"井甃无咎,修井也",井不断地去修整,就没有什么灾祸。六四爻是阴爻,位正,得位,但是下无所应,因此要修整,但是要慢慢地修,不要冒进,只有自己修养好了,才能去施教于别人。

九五,井冽,寒泉食。

象曰:寒泉之食,中正也。

井卦第四十八——修己养人

487

【语译】

九五,井水清冽,像甘甜凉爽的泉水一般可以食用。

《象传》说,像甘甜凉爽的泉水的清冽井水可以食用,(因为)九五居中正之位。

【解读】

"冽"是洁净。"寒泉"就是清冽的井水。九五,"井冽,寒泉食",经过了六四爻的修整,这个井水就洁净了,就可以食用了。

《象传》解释说,"寒泉之食",为什么只有到了九五,井水才可以食用呢?因为"中正也"。九五阳刚之爻,居中正之位,也就是说通过前面的修炼,自己达到了最尊贵的位置,比如说你当领导了,你有了这个位置,就能去帮助别人了。寒泉,这种泉是非常清洁的,可以供天下人濯而饮之,表示九五具有一种至美的品德,只有这样才能去帮助别人。

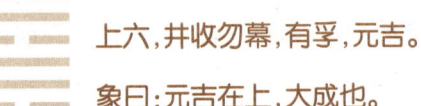

上六,井收勿幕,有孚,元吉。

象曰:元吉在上,大成也。

【语译】

上六,水井已经修整完工了,不要覆盖住井口,怀着诚信之心,大为吉祥。

《象传》说,上六大为吉祥,因为已经大有成就。

【解读】

"收"是修整完工。"幕"是覆盖。上六,"井收勿幕",水井已经修整完工了,不要盖住井口。"有孚,元吉",这时有诚信之心,就会大为吉祥。这一爻是说,当你自己修养好后,不要独善其身,要去兼善天下,广泛地去滋养施惠于别人。

《象传》说,"元吉在上",是因为已经取得"大成也"。这是说到了上九的时候,你已经大有成就,你已经功德圆满,可是仍然要低调、要谦虚,千万不要把你的功德封闭住,要去广泛地滋养别人,这样才能"元吉",一开始就吉祥,才能达到《象传》所说的"大成"境界,有大的成就。井在这里已经完全人格化,比喻君子做人的美德。

通观井卦五、六两爻,不难发现,主旨还是在教导我们获得一定社会地位以后,要"德普施也"。不能忘本,有好处要和大家分享,这里的大家可以涵盖你能接触到的所有人,行有余力甚至是包含整个社会。现在不是有不少企业逢年过节或在企业各种庆典之际打出旗号说是要回报社会吗?如果是发自真心而非一种变相的促销手段，那敢情好，值得大力提倡发扬，说明企业领导人至少把《周易》的井卦给读懂读透了，也领悟了。

可以作为反面教材的是，也有那么一些企业、一些领导，挂着羊头，卖的却是狗肉，满口说着要回报社会，心里却恨不得伸出一只无形的罪恶之手来掏空顾客的钱袋。还有一些人则干脆学会了铁公鸡的做派，任你舌灿莲花，我就是一毛不拔，反正钱是我自己赚的。也有人为了避免肥水流入外人田，索性采用家族式管理，不管成与不成，七大姑八大姨统统塞进企业的要害部门，而对那些任劳任怨、劳苦功高的员工却吝啬到了苛刻的地步。这样又怎么能把事业做强做大呢？

以上种种做法和行为都是完全要不得的。须知，虽然你一个人获得了成功、荣誉、金钱以及掌声，但没有大家的共同帮扶和努力，社会各方面的合作与照顾，这一切很快就会离你而去。一个篱笆三个桩，一个好汉三个帮，古语讲的今天仍然适用。

举个历史上的例子。秦朝末年，楚汉争雄。战争初期，楚霸王项羽很是不可一世，汉王刘邦根本就没有被他放在眼里，收拾刘邦对他而言只是举手之劳、小菜一碟的事，所以鸿门宴上他才示好放了刘邦。项羽这个人，史书上评价他是"妇人之仁"，小恩小惠的看起来毫不在乎，遇到裂土封侯这样的大事，他就舍不得了。手下的将士们跟着他南征北战，图的还不就是封侯拜相吗，所以在这个至关重要的大问题上，项羽完败给了刘邦。

说实话，刘邦这个流氓无赖出身的家伙也不是什么好鸟，可是他聪明，一下就看出了问题的症结所在，当韩信举兵百万在战场上为他卖命时，他假装痛痛快快就封了韩信一个王的名号，为什么？要笼络人心就只能如此。事实证明，刘邦笑到了最后，曾经叱咤风云的项羽倒在了自己的血泊之中。当然，天下一定，刘邦便凶相毕露，前前后后用了数年时间，把异姓诸侯王差不多铲除了个干净。这一点是我们不能效仿学习的。

有好处莫忘与大家分享，考验的是一个成功人士的度量和胸襟，也是能把事业做大做强者必须具备的素质。真心实意地和大家分享胜利果实，才能使你获得大家的信任和拥戴，你的胜利果实在将来才会更大更丰满。

> 综观井卦，我们可以发现这口井，已经被人格化了，比喻君子做人的美德。井水是容易污染的，表示人需要随时修身；井水是养人的，表明要把自己的美德广施于人。

革卦第四十九——革除旧弊

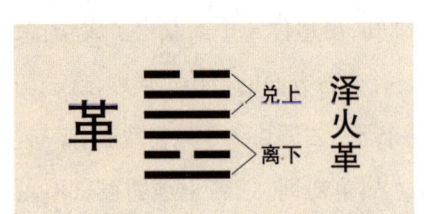

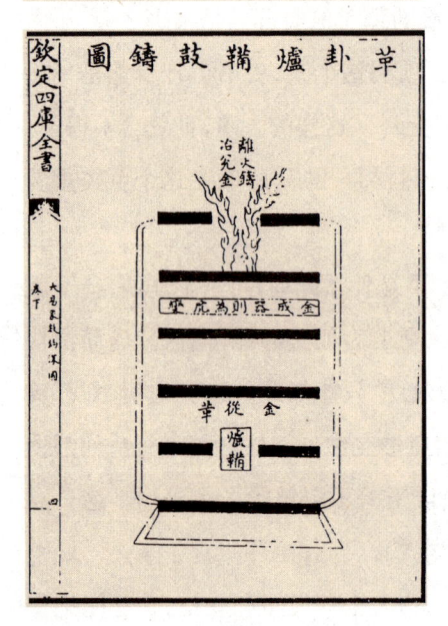

革,己日乃孚,元亨,利贞,悔亡。

【语译】

革卦,在己日施行变革,能取信于民。一开始就亨通,有利于持守正道,悔恨终将消释。

【解读】

革卦讲变革、改革,这个卦是《周易》里比较重要的一个卦,因为《周易》就是讲变的。这个"革"和"变"有什么区别呢?"革"指变革,是一种大的变。《说文解字》说:"革,兽皮治去其毛,革更之象。""革"还指皮毛、皮革,也指把兽皮上的毛去掉的过程,引申为革新、革命、改革。《序卦传》说:"井道不可不革,故受之以革。"井是一定要维修的,井水是要不断更新的,所以井卦之后就是表示革新的革卦。

卦辞说,革卦,"己日乃孚,元亨,利贞,悔亡",在己日的时候推行变革,一定能取信于民,一开始就会亨通,有利于守持正道,悔恨会消亡。那么为什么要在"己日"呢?"己"是天干之数。天干甲子早在殷商时期就已经有了,我们看商朝帝王的名号,如商汤的名号叫天乙,他的儿子叫太丁、外丙等。天干地支最早是用来记日的,在甲骨文里已有大量的记载。从春秋时期鲁隐公三年,也就是公元前722年,天干地支已用来连续不断地记日了,不仅是记日,还用来记月、记年、记时,一直记到清宣统三年,也就是1911年,两千六百多年来一直使用。"己"在天干中排第六位,实际上是后五位的开始,前五位是从甲开始的,所以"己"有变更之意。"五"在古代是一个思维的模型,指五行、五脏、五方、五气等,后来又成为河图、洛书的中间数。佛家称合掌为合十,就是两个五相加。可见"五"在中国乃至东方都是被非常重视的。这样"五"之后的"六"(己),就成为变化之后新一个阶段的开始,与之相应,就在己日实行变更、变革。革卦指激烈性质的变革,卦辞强调取得成功的两大要素:首先,要把握时机,犹如选择期待转变的"己日"一样断然推行变革,必能顺畅;其次,要存诚守正,即推行变革者必须遵循正道,以孚诚之心取信于人。

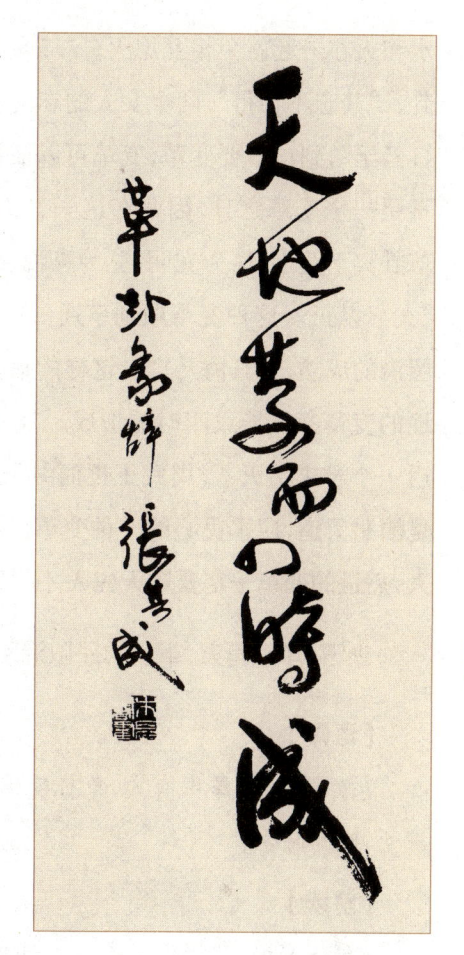

彖曰:革,水火相息,二女同居,其志不相得,曰革。己日乃孚,革而信之。文明以说,大亨以正,革而当,其悔乃亡。天地革而四时成,汤武革命,顺乎天而应乎人,革之时大矣哉。

【语译】

《彖传》说,革卦,水和火相遇就会使火熄灭。上卦兑为少女,下卦离为中女,居住在一起,她们的志向却不相合,这就叫"革"。己日时推行变革能取信于民,是因为变革被百姓信任。改革的目的是使天下人心中光明,人心愉悦。这种变革极大亨通,符合正道。改革需正当,这样悔恨就会消亡。天和地的变革导致四时的形成。商汤、周武王推翻前朝的革命,是顺应天道、应乎民心的。革的时效是多么的重大。

【解读】

《彖传》说,革卦,"水火相息",上卦为兑,兑为泽,为水;下卦为离,离为火,

革卦第四十九——革除旧弊

水和火在一起就会相互熄灭。"二女同居",上卦兑为少女,下卦离为中女,同居一卦,"其志不相得",两个女人的志向不相合,肯定要产生变化,就叫做"革"。"己日乃孚",到己日要变革,变革可以被百姓信任接受,能深入民心。"革而信之",己日是一个变革之日,因此在这一日进行改革,天下人都能信任他。"文明以说",革卦离下兑上,离为文明,兑为喜悦,改革的目的是使天下人心中光明,人心愉悦。"大亨以正",这种变革顺利亨通,符合正道。"革而当",改革正当合理,能够取得圆满的成功。"其悔乃亡",这样的话,那些悔恨必然消亡。"天地革而四时成",天地的变革必然导致四时的形成。"汤武革命,顺乎天而应乎人",商汤把夏朝的最后一个君主给灭了,周武王把商纣王给灭了,革了他们的命,这是一种大的变革,是顺乎天道,应乎民心的一种变革。所以"革之时大矣哉",革的时效是多么的重大,后世的变革一定要顺天应人才能成功。

象曰:泽中有火,革。君子以治历明时。

【语译】

《象传》说,泽中有火,象征变革,就是革卦之象。君子要根据变革规律制定历法,明确时令。

【解读】

《象传》说,"泽中有火",上卦为兑卦,兑为泽,下卦为离卦,离为火,火在下,蒸发其泽,泽在上,则灭火势,两不相得,所以泽中有火,象征变革,这就是革卦之象。火和水是不相容的,它们在一起,是一定要产生大的变革的。所以君子看到这样的卦象,就要按照革卦之道来"治历明时",即制定历法,明确时令,阐明四时的变化,以便人们根据季节的变化安排生产耕种以及作息等事。这表明一个重大的变革往往要变更历法,如夏代把正月定为一月,商代把正月定为十二月,而周代把十一月定为正月,这也是重大变革的一种表现。制定历法是为了彰明四季的变化,实际上指朝代变更了历法也变了,这就是与时俱进,与时偕行。

初九,巩用黄牛之革。

象曰:巩用黄牛,不可以有为也。

【语译】

初九,用黄牛的皮牢固捆绑住。

《象传》说,用坚韧的黄牛之皮捆绑住,使他不能有所作为了。

【解读】

"巩"指坚固。初九,"巩用黄牛之革",就是用坚韧的黄牛皮把他固守住。

《象传》说,"巩用黄牛",意思是"不可以有为也"。"黄牛之革",表示坚韧。初九是刚爻,刚健有为,在天下变革之时,跃跃欲试,想要有一番作为,但初九位低时初,力量微薄,处于天道变革的初期,上又没有援助,他与九四爻不相应,这时候要用坚韧的黄牛之皮把他束缚住,目的是要他不要乱动,沉得住气,坚守住信念,潜心下来,积蓄力量,等待时机。

革卦是大变革的一卦,和下一卦的鼎卦相连有革故鼎新之说。然而,初九爻的运气似乎不太好。原因是,改革刚刚开始的时候,大家可能都不太理解,上面又缺乏强有力的人物援助,此时只能坚守信念,决不可以大胆妄为。如果不明白改革伊始所遭遇的困境,可以想想戊戌变法是怎么被顽固势力绞杀的——上面无人,光绪帝自身难保;下无群众基础,普通老百姓根本不理解以六君子为代表的维新派抛头颅洒热血是为啥、是为谁。所以,袁世凯一告密,西太后一发话,荣禄一动军队,一场轰轰烈烈的维新运动就这样被平息了。

六二,己日乃革之,征吉,无咎。

象曰:己日革之,行有嘉也。

【语译】

六二,在己日推行变革,前进吉祥,没有灾祸。

《象传》说,在己日进行变革,前行定会获得嘉奖。

【解读】

六二,"己日乃革之",这个时候,就是己日了,所以可以变革了,"征吉,无咎",前往会吉祥,不会有灾祸。

《象传》说,"己日革之",己日这一天进行变革,"行有嘉也",往前行肯定会获得美好的功德。己日属中,而且是天干中第二个五的开始,是符合天时的,六二是柔爻得中,得位,故可以变革。

九三,征凶,贞厉,革言三就,有孚。

象曰:革言三就,又何之矣。

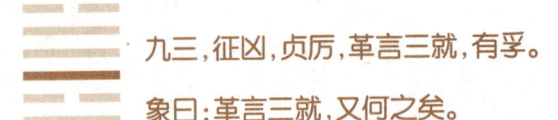

【语译】

九三,急进会有凶险,即使行为正当亦难免危险,变革的言论要被多次讨论,才会被百姓信服。

《象传》说,变革的言论本要被多次讨论,又何必冒进呢?

【解读】

"革言",主张变革的言论。"三"是虚词,指代多人。"就"即为合。"革言三就",指变革的言论获得了多人的认同,也可以说变革要再三迁就民众。九三,"征凶,贞厉",如果急于改革就有凶险,但是正固不动,也有危险,说明要掌握时机。九三爻处于下卦的最高位,是阳爻居阳位,最容易急躁冒进,最容易犯错误,所以要再三反思,再三听从老百姓的意见,变革没有获得民众的认同,就会失败的,只有"革言三就",才能避免犯错误,才能得到老百姓的帮助和信任。

《象传》说:"革言三就,又何之矣。""之"是动词,既然变革要再三迁就老百姓,那样又何必冒进呢?所以想要变革取得成功,就要符合天时、地利、人和。

九四,悔亡,有孚,改命吉。

象曰:改命之吉,信志也。

【语译】

九四,悔恨消除了,有诚心,改变命运是吉利的。

《象传》说,改变命运能获得吉祥,是因为坚定自己(变革的)志向。

【解读】

九四,进入了兑卦,就是第二阶段的开始,这是一个转折,是一种改变。"悔亡,有孚,改命吉",这个时候悔恨消亡了,只要有诚心,就能改变命运,所以是吉的。此为刚爻居于阴位,不是处于正位,所以要去改变自己的命运,才能达到九五。命是可以改变的。很多人把《周易》看成是算命的书,可是《周易》更多的是告诉我们怎样改命的。你看九四爻是阳爻居于阴位,比如当领导吧,本来他应该当一把手,可是现在让他当副手,但这时仍然要谦虚,要去慢慢改变命运。

《象传》说,"改命之吉",改变命运能获得吉祥,是因为"信志也",这里的"信"通"伸",就是只要坚定地伸张自己变革的志向,下定决心,就能改变命运,就能达到九五爻,就能获得吉祥。

九五,大人虎变,未占有孚。

象曰:大人虎变,其文炳也。

【语译】

九五,"大人"像猛虎一样推行变革,没有占卜,也能获得别人的信任。

《象传》说,"大人"像猛虎一样推行变革,是因为他的美好品德彰显于天下了。

【解读】

九五,"大人虎变",是说"大人"像猛虎一样去推行变革。"未占有孚",不必要去占卜,自然就获得别人的信任了。

《象传》说,"大人虎变",是因为"其文炳也"。"炳"就是很灿烂的样子。"文炳"就是指心中的道德美好,九五居中守正,有中正之美德。九五,为什么要像猛虎一样去推行变革呢?虎为百兽之王,因此"虎变"是指一种重大猛烈的变革,是一种君主统领全局的变革。老虎有花纹美丽,比喻"大人"有美好的道德,他推行的变革犹如虎纹一般文采彰明。九五以阳刚中正处尊位,为革卦之主,其变革正大光明,有条理,而且一旦开始变革就会像老虎一样大胆、迅猛。

上六,君子豹变,小人革面,征凶,居贞吉。

象曰:君子豹变,其文蔚也。小人革面,顺以从君也。

【语译】

上六,君子像豹子一样推行变革,庶民改变自己的面貌。冒进会有凶险,定居不动,守住正道是吉祥的。

《象传》说,君子像豹子一样推行变革,他的文采美德蔚为大观。庶民改变自己的面貌,顺从九五君王的美德。

【解读】

上六,"君子豹变",豹变和虎变有什么区别呢?豹子虽然也很凶猛但是比不上老虎,虎为百兽之王,因此虎变是指一种重大猛烈的变革,豹变就要稍微小一些,是虎变之后的一种继续变革;豹纹细密亦可观,但不及虎纹彰明。这句爻辞从正反两方面来说的,前一句说"君子豹变",即君子要像豹子一样去变革,后一句说"小人革面",是说庶民也要去改变自己的面貌,指两种不同层面的人其变革有不同的目的。"征"指动,"居"指静。"征凶",征进为凶,"居贞吉",居而守正为吉,说明了革的两种不同做法带来的两种不同结果。居为静处,但不等于不变,而是静观其变,静思其变。

《象传》说,"君子豹变,其文蔚也","蔚"在程度上要比"炳"稍弱一些,"蔚"指文采美德蔚为大观,是由于受了虎变的影响。"小人革面,顺以从君也",庶民必须改变自己的面貌,顺从九五君王的美德。我们所处的环境每天都在发生各种变化,我们只有及时地调整自己的目标和思路,迅速开始行动,革故鼎新,才能处于不败之地。

> 整个革卦是告诉我们改革、变革的一种方法,即改革、变革一方面是要顺应天道,另一方面是要顺应人道。革卦的六根爻表示不同时位、不同特征、不同做法的变革,以及产生的不同结果。

鼎卦第五十——破旧立新

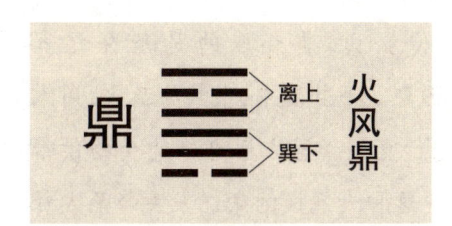

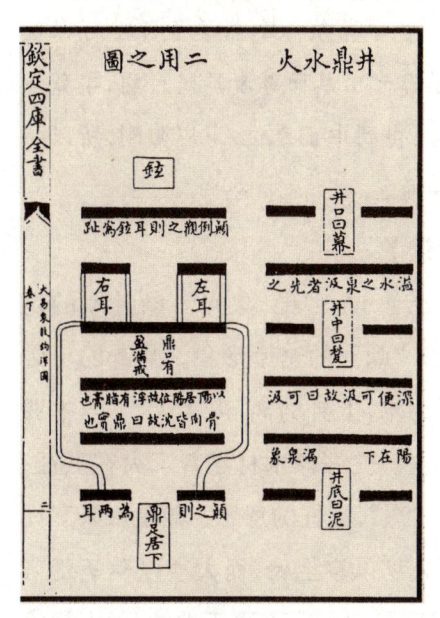

鼎,元吉,亨。

【语译】

鼎卦,一开始就大吉,亨通。

【解读】

"鼎"有两义,一指烹饪之器,二指古代统治者用以象征权力的象器。《序卦传》说:"革物者莫若鼎,故受之以鼎。"能变革事物的没有比得上"鼎"这种东西的,所以革卦之后是鼎卦。有个成语叫"革故鼎新",就是来源于这两个卦。革是革掉旧的东西,鼎是开创新的东西。把旧的东西革掉之后就必须创新了。那么这个"鼎"是什么呢?"鼎"最下面是足,中间是腹部,最上面是耳朵。鼎最主要的特征就是三足两耳,三个脚两个耳朵。我们从鼎卦卦象来看,最下面是一根阴爻,好比脚。第五根爻也是阴爻,好比两个耳朵。中间阳爻则属于鼎的肚子。鼎最早是用来烹饪的,后来演变为一种礼器,一种象征权力的礼器。所以大禹铸了九个鼎,象征九州,作为传国之宝。汤王革命的时候把鼎迁到了商,而武王革命的时候又把鼎迁到了周,可见这个鼎是权力的象征。鼎一般由铜铸成,钟鼎即钟和鼎。这里用鼎表示鼎新、创新。鼎表示权力的至高无上,也表示创新,开创新局面。

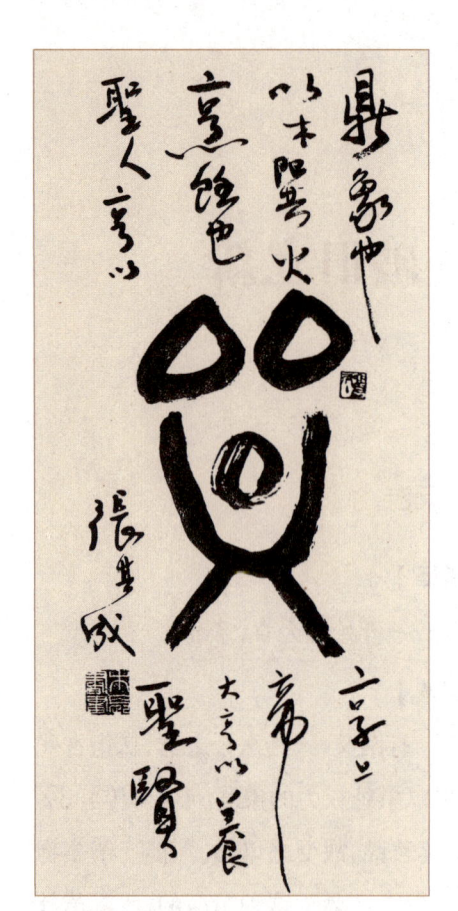

卦辞说，鼎卦，"元吉，亨"，大吉大利，亨通。

彖曰：鼎，象也。以木巽火，亨饪也。圣人亨以享上帝，而大亨以养圣贤。巽而耳目聪明，柔进而上行，得中而应乎刚，是以元亨。

【语译】

《象传》说，鼎卦取的是烹饪之器"鼎"的形象。下卦巽木，上卦为离火，用木材点火进行烹饪。圣人用烹饪的食物供奉神明，还用这种大规模的烹饪来蓄养圣人贤人。巽卦表示顺从（奉养了圣贤就可以使贤人顺从尊者），从而尊者耳聪目明，柔顺地往上升进，得到中正之位，下应阳刚，所以一开始就亨通。

【解读】

《象传》说，"鼎，象也"，鼎卦取的是烹饪之器"鼎"的这个形象。鼎卦的下卦为巽，巽为木，上卦为离，离为火，"以木巽火，亨饪也"，就好像木材点着了火在烹饪。"亨"通"烹"，烹饪的意思。鼎是用来烹饪的。"圣人亨以享上帝，而大亨以养圣贤"，圣人用鼎烹饪是用来祭享天地的，而大规模的烹饪是用来供养圣贤的。"巽而耳目聪明，柔进而上行，得中而应乎刚"，巽卦表示顺从，奉养了圣贤就可以使贤人顺从尊者，从而尊者耳聪目明。尊者柔顺而谦虚地往上升进，占据中正之位，下应阳刚的贤人，"是以元亨"，所以一开始就亨通。

象曰：木上有火，鼎。君子以正位凝命。

【语译】

《象传》说，木上燃烧着火（就好像鼎里面煮着食物，有化生为熟以养人，吐故纳新之义），为鼎卦之象。君子需处于正确的位置，严守（自己的）使命。

【解读】

《象传》说，"木上有火"，下卦为巽卦，巽为木，上卦为离卦，离为火，木上燃烧着火，就好像鼎里面煮着食物，有化生为熟以养人，吐故纳新之义，这就是鼎卦之象。君子看到这样的卦象，就要按照鼎卦之道来"正位凝命"，即端正自己的职位，严守自己的使命。这都是按照鼎这个形象来说的。因为从鼎这个形状来看，三足两耳，是最庄严最神圣的，所以它既能养人，又是一种严肃、庄重之象。从这个卦象我们能得到这两方面的启发。下面六爻的卦象，都是从鼎的形态来说的。

初六，鼎颠趾，利出否。得妾以其子，无咎。
象曰：鼎颠趾，未悖也。利出否，以从贵也。

【语译】

初六，鼎足颠翻，有利于倒出里面的废物。娶了一个小老婆生了孩子后扶为正室，没有灾祸。

《象传》说，鼎足颠翻，没有违背常理。有利于倒出鼎中残留物，是为了顺从尊贵之人。

【解读】

初六，"鼎颠趾"，意思是把鼎颠倒过来，要创新首先要清空归零。这是指抛弃旧有的东西，也就是打破思维惯性，把过去的一些东西来个彻底的否定。"利出否"，有利于倒出里面的废物。"得妾以其子，无咎"，就像娶了一个小老婆生了孩子扶为正室一样，没有灾祸。在古代，实行一夫多妻制，正妻主鼎，其妾相从，现妾得之，形同倒鼎；旧以生子传宗接代为大，得子如纳新。

《象传》说，"鼎颠趾"，把鼎颠倒过来，"未悖也"，即并没有违背常理，因为鼎颠倒过来，有利于清洗里面的残留物，这是正常的现象。"利出否"，把鼎里面的残留物清理干净，"以从贵也"，是为了顺从尊贵的。这实际上是比喻卑贱的不去，尊贵的不来。我们平常说的洗心革面，也说的是这个道理。初六位居卦最下一位，地位卑贱，他要摆脱这种地位，就像把鼎颠倒过来，自己的力量不够，需要顺从上面的尊贵者，即九二爻与九四爻，以取得他们的支持。初六与九二相比，与九四相应，所以能得到他们的帮助。

九二：鼎有实，我仇有疾，不我能即，吉。
象曰：鼎有实，慎所之也。我仇有疾，终无尤也。

【语译】

九二，鼎中装满了食物，我的配偶患有疾病，不能与我亲近，吉利。

《象传》说，鼎中装满了食物，要谨慎所要前行的方向，我的配偶患有疾病（六五阴爻居阳位，位不正），最终是没有怨尤的。

【解读】

九二，"鼎有实"，鼎中装满了食物。"仇"是配偶的意思，不是现在说的仇敌。"我仇有疾"，我的配偶，指六五爻，有疾病。"不能我即，吉"，她暂时不会来靠近我，不来加重我的负担，因为这时候鼎里面已经盛满了食物，很重的，所以这是吉祥的。

《象传》说，"鼎有实"，鼎中装满了食物，所以要"慎所之也"，即要谨慎往前行，要不然，鼎里面的食物就会溢出来，预示在创新的时候要慎重，谨慎向前，才能获得成功。九二爻是阳爻得中位，阳有实，所以鼎中有实之象。"我仇有疾"，九二的配偶及六五爻出了点毛病，"终无尤也"，终究是不用去担忧的。因为六五爻阴爻居阳位，位不正，所以"有疾"，但由于她能以柔守中，又与九二爻相呼应，所以不需要太担忧，不会有太大的过错，即使有也会很快改正。

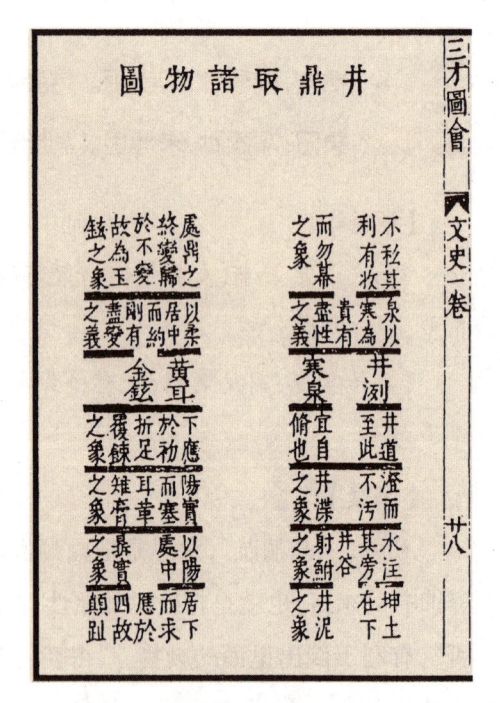

九三,鼎耳革,其行塞,雉膏不食,方雨亏悔,终吉。

象曰:鼎耳革,失其义也。

【语译】

九三,鼎的耳朵有变革了,阻塞了,插不进抬鼎的杠,精美的野鸡羹不能吃上,等到下雨的时候,有惭愧之心,终究吉利。

《象传》说,鼎的耳朵被革除了,就失去了鼎的意义。

【解读】

九三,"鼎耳革",鼎的耳朵有变革了,阻塞了,插不进抬鼎的棍子,所以"其行塞",搬动的路上就会阻塞。结果是"雉膏不食",野鸡羹也吃不上。"方雨亏悔",等到下雨的时候,自己就会惭愧后悔,但"终吉",这样终究是吉利的。九三,处于下卦的最上一爻,阳爻居阳位,位正,在革故鼎新的时期,说明九三刚健有为,积极去改革创新,把"鼎耳"给革除了,结果导致鼎不能抬,道路被堵塞,野鸡羹也吃不上,比喻创新过程中遇到了困难。这实际上是指九三的革新过于激进,遭遇困境,最后被雨一淋,头脑清醒了,有点后悔了,于是对自己的行为加以反思,对一些不当之处进行改正,这样最终会取得成功的。这也告诉我们,在改革创新的时候,要冷静、谨慎。

《象传》说,"鼎耳革",鼎的耳朵被革除了,"失其义也",也就失去了鼎的意义。这也是告诉我们,改革创新若过于激进,没有处理好各方面的关系,结果使局面变得更糟,也就失去了改革创新的意义。

九四,鼎折足,覆公𫗧。其形渥,凶。

象曰:覆公𫗧,信如何也。

【语译】

九四,鼎折断了足,王公的美食被倒出来了。鼎身也被玷污,凶险。

《象传》说,王公的美食被倒出来了,诚信能怎么样呢?

【解读】

"𫗧",是鼎中的食物。"渥",指沾湿。九四,"鼎折足",鼎折断了脚,"覆公𫗧",王公的美食倒出来了,"其形渥,凶",鼎的形体也弄脏了,这是有凶险的。九四,不中不正，行事又自不量力，容易造成凶险的后果，就好比鼎器过于负重而断足倾倒一样。历史上有一个故事，《论衡》中记载，当时鲁国要去攻打越国，孔子的学生子贡占卜占到这个九四爻。他认为鲁国是凶的，而孔子则认为是吉的。孔子说，越国人居住在水边，善于用舟而不善于用脚，他们会折断脚。后来鲁国果然取胜了。因此看爻辞，不能机械地比附，一定要按照当时的情况分别对待，从中学到一种智慧。

《象传》说，"覆公𫗧"，王公的美食倒出来了，"信如何也"，也就是说，诚信怎么样？这里实际上是指信用不足，表示不被别人所相信。九四爻，阳爻居阴位，不中不正，很显然不太讲诚信。这样的人做事情，往往会失信于人，容易半途而废。

六五，鼎黄耳，金铉，利贞。

象曰：鼎黄耳，中以为实也。

【语译】

六五，鼎有黄色的两耳，金属做的鼎杠，利于持正。

《象传》说，鼎有黄色的两耳，居中所以获得坚实。

【解读】

"鼎黄耳"，鼎器配的是黄色的两耳。"金铉"，是用金属做的铉，也就是刚硬的杠。六五，鼎有黄色的两耳，接纳用金属做的杠，利于守持正道。

《象传》说，"鼎黄耳"，六五，这一爻好比鼎的两耳，以柔守中，黄色为中，所以是"黄耳"。"中以为实也"，居中所以获得坚实，也就像那个鼎一样的坚实。六五顺承上九，以柔纳刚，能接受这个鼎杠，所以是吉的。

上九，鼎玉铉，大吉，无不利。

象曰：玉铉在上，刚柔节也。

【语译】

上九，鼎有玉质的杠，大为吉祥，没有不利。

《象传》说，鼎有玉质的杠，表明阴柔阳刚相济，互相调节。

【解读】

六五爻取得是金铉,金是坚硬的。这里是玉铉,玉是温润的。上九,"鼎玉铉",鼎有玉质的杠,"大吉,无不利",大为吉祥,没有不利。

《象传》说,"玉铉在上",是因为"刚柔节也"。这个时位是阴柔之位,阴柔需要用阳刚来调节,这样才能相得益彰。上九爻以阳刚处阴柔之位,刚而能柔,犹如玉体刚中有柔,柔中有刚,所以这里用"玉铉"来表示。

> 鼎有两个主要用途,一个是用来烹饪的,以此来供养人;另一个是一种法器、礼器,象征着权力。所以鼎卦给我们也有两大启发,一是要去供养圣贤之人,顺应天道人意;二是要端正自己的位置,严守着自己的使命。但无论哪一种用途,都需要荡涤旧迹,需要创新。鼎卦告诉了我们居不同时位的创新方法。

震卦第五十一——警惕戒惧

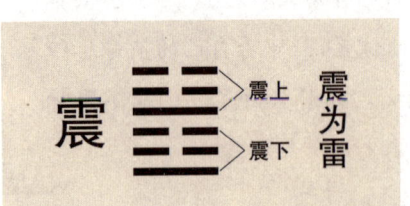

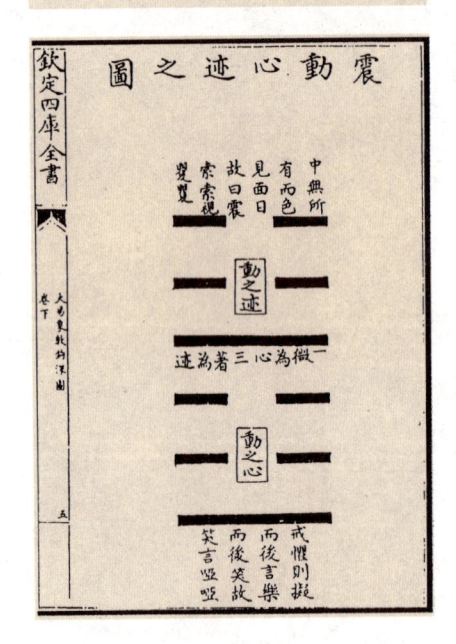

震,亨。震来虩虩,笑言哑哑,震惊百里,不丧匕鬯。

【语译】

震,亨通。惊雷滚滚而来,非常恐惧,后来谈笑自如。震雷响惊百里,没有丢失祭祀的食匙和香酒。

【解读】

"震"是震动、震惊的意思。《序卦传》说:"主器者莫若长子,故受之以震。"鼎是一种祭祀的礼器,那么,主管祭祀的是"长子",所以接下来就是震卦,因为震卦是长子。那么这个震卦是讲什么的呢?就是讲我们在面临惊险时,如何警惕戒惧、谨慎小心地度过惊险的道理。

卦辞说,震卦,亨通。"虩虩(xì)",恐惧的样子。"震来虩虩",震卦的上面是雷,下面也是雷,这就象征着一个接一个地打雷,惊雷滚滚而来,万物当然都惶恐惊惧。这时候只有保持一种谨慎小心的态度,才能转危为安,才能获得"笑语哑哑","哑哑"就是一种笑的声音,即笑语声声。"匕",原指盛食物的器具,是像勺子一样的一种器具,这里指祭祀时用的器具。"鬯",古代祭祀用的香酒。"匕鬯"在这里指代祭祀。"震惊百里,不丧匕鬯",这里比喻君王的号令像惊雷一样要让天下所有的人都有一种畏惧感,都能令行禁止,这样才能使宗庙祭祀、江山社稷长盛不衰。从此可以看到,震卦为什么亨通？就是因为在打雷的时候保持一种恐惧的心理,是遵守了自然法则,没有去抗拒、斗争,而是顺势而为。

彖曰:震,亨。震来虩虩,恐致福也。笑言哑哑,后有则也。震惊百里,惊远而惧迩也。(不丧匕鬯,)出可以守宗庙社稷,以为祭主也。

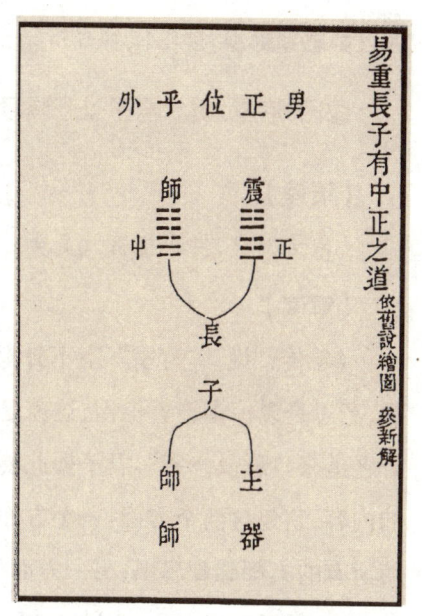

【语译】

《彖传》说,震卦,亨通。惊雷滚滚而来,保持恐惧谨慎,恐惧能带来福泽。后来谈笑自如,是因为遵守了法则。震雷响惊百里,使远方震惊,近处畏惧。即使君主外出,也可以守住宗庙和社稷,成为祭典的主持人。

【解读】

《彖传》也说,震卦是亨通的。"震来虩虩,恐致福也",在惊雷来的时候,保持一种恐惧谨慎的心理,就能带来福泽。"笑言哑哑,后有则也。"为什么笑语声声呢？是因为遵守了法则,说明保持谨慎之后,还要遵守法则,这样才能出现笑语声声。"震惊百里,惊远而惧迩也",使得远近都惊惧,"远近",是指这个国家内,不管是远的还是近的,都感到惊惧,表示疏而不漏,上下一致,也就是指君王的号令像惊雷一样,是所有的人都必须听从的,所有的人都有一种畏惧感,这样才能"不丧匕鬯"。"出",这里是指君主外出。"出可以守宗庙社稷,以为祭主也",即使君主外出的时候,也可以保持住、坚守住宗庙和社稷,并且成为祭典的主持人。这个就是指震卦,震为长子,君主外出了,长子在家里,他也可以守住江山社稷,前提是什么呢？就是号令要像惊雷一样,要使

远近都感到惊惧,能够做到令行禁止。

象曰:洊雷,震。君子以恐惧修省。

【语译】

《象传》说,再次打雷就是震卦之象。君子要用恐惧修身省过。

【解读】

《象传》说,"洊雷",上下卦都为震卦,震为雷,"洊"是再的意思,是再次打雷,意思是说惊雷连着惊雷,这就是震卦之象。君子看到这样的卦象,就要按照震卦之道来"恐惧修省",君子据此要戒慎恐惧,自我修身省过。这是震卦告诉我们的内容,它包含两个方面:一个方面是说,君主的号令应该像惊雷一样,无一遗漏,使所有的人都感到恐惧;另一方面是说,我们自己也要有一种诚惶诚恐、恐惧谨慎的心态,经常反省自己,有过则改。

初九,震来虩虩,后笑言哑哑,吉。

象曰:震来虩虩,恐致福也。笑言哑哑,后有则也。

【语译】

初九,惊雷开始滚滚而来时,非常恐惧,后来就谈笑风声了,这是吉祥的。

《象传》说,惊雷到来令人恐惧(人能保持这种恐惧谨慎的心态),恐惧能带来上天的福佑。谈笑风声,然后知道遵守法则的重要性。

【解读】

初九,"震来虩虩",惊雷滚滚而来,非常恐惧,"后笑言哑哑",然后笑语声声,"吉",这是吉祥的。这里和卦辞的前句意思一样,表示一开始就要保持一种谨慎小心、诚惶诚恐的态度。

《象传》解释说,"震来虩虩",惊雷令人恐惧,"恐致福也",人能保持这种恐惧谨慎的心态,就会"致福",可以招致上天的福佑。获得福佑后,人们就会"笑言哑哑",笑语声声,"后有则也",然后知道遵守法则的重要性。

六二,震来厉,亿丧贝,跻于九陵,勿逐,七日得。

象曰:震来厉,乘刚也。

【语译】

六二，惊雷到来，很危险，失去了大量钱财，登上很高的山陵寻找，不用寻找，过了七天会失而复得。

《象传》说，惊雷到来，很危险，是因为六二阴爻乘初九阳爻。

【解读】

"亿"是大、多的意思，"贝"是古代的钱币，"亿丧贝"就是丢掉了很多钱币。六二，"震来厉，亿丧贝，跻于九陵，勿逐，七日得"，我们可以想象一下，一个人遇到了打雷，这个雷非常厉害，他一慌张把自己的很多钱币全部都丢掉了，后来他登上了很高的山坡，想去找回这些钱，最后没能找回来，其实不需要特意去找，过了七天自然就会失而复得。为什么七日能回来？震卦最下面这一根是阳爻，我们知道，如果下面的一根爻是阳爻，上面五根爻都是阴爻的话，就是复卦，复卦就叫"七日来复"。因为六二爻居中守正，另外六二爻和六三、九四一起构成了一个艮卦，艮卦就是要停止，就是不需要去找，所以六二爻只要能守中，得正，柔顺，能反省自己的过错，那么身外之物自然会失而复得。

《象传》解释说，"震来厉"，是因为"乘刚也"。六二是一根阴爻，它下面乘的是一根阳爻，阴乘阳是不吉利的，虽得正位，亦不能保，雷震一来就有危险，将要伤其资财，所以有危厉伤财之说。

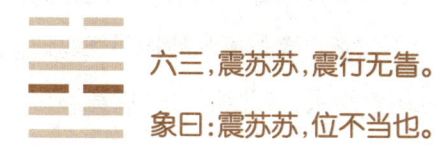

六三，震苏苏，震行无眚。

象曰：震苏苏，位不当也。

【语译】

六三，惊雷响起之时，惶恐不安，因恐惧而谨慎行事是没有灾祸的。

《象传》说，惊雷响起之时，惶恐不安，因为六三爻处于不正当的位置。

【解读】

"苏苏"，也是恐惧不安的样子。六三，"震苏苏，震行无眚"，在惊雷声中，非常恐惧地往前走，这样不会有大的灾祸。"无眚"，是指没有大的灾祸。这里强调了要保持一种畏惧的、诚惶诚恐的心态，处事、行动很小心谨慎，这样即使有危险，那么也不会有大的灾祸。

《象传》解释说，六三为什么"震苏苏"，惶恐不安呢？因为"位不当也"。

六三已经居在下卦的最高位了,这个位本来是个刚位,但他却是一个阴柔之人,占据了不当的位置,故害怕震雷,所以这个时候要有恐惧心理并努力修行,才能避免灾祸。

九四,震遂泥。

象曰:震遂泥,未光也。

【语译】

九四,惊雷响起之时(惊惶失措),坠陷在泥淖中。

《象传》说,惊雷响起之时,(惊惶失措)坠陷在泥塘泥淖里去了,是因为阳刚之德没有发扬光大。

【解读】

九四,"震遂泥",就是在打雷的时候,他惊惶失措,一下子掉到泥塘里去了。

《象传》说,"震遂泥",是因为"未光也",因为阳刚之德没有光大。九四,阳刚之人,但不当位,又处在上卦之初,此爻和上下爻合成一个坎卦,就像一个人掉进了泥塘中,陷在里面,自己那刚健的才能也发挥不出来,所以没有办法光大阳刚之德。

每个人都知道,人生这条道绝对不是坦途。即便是还不知道何为人生的小孩子,他的意识里也肯定留存有这样那样的委屈和不如意。譬如偷吃嘴挨了爸妈训了,和邻居家小孩打架吃了亏了,想要新衣服爸妈没给买,如此等等,一点都不比尝遍愁滋味的大人们少,倒有可能比他们的还要多。

大人们呢?个儿顶个儿都是人生路上摸爬滚打过来的,撂在各种沸水锅里煮过许多遍的人,一身的伤,满心的痛(至少他们自认为如此),不提起倒还罢了,一提起……却道天凉好个秋。别信辛弃疾那一套,不管用。人家是豪放派词人,东西写完往教坊一放,哥儿几个吃五喝六寻乐子去了。基本上不用考虑职场、上班、老板这一套。我们都是在十丈软红尘中讨生活的凡夫俗子,怀揣着一肚子的不如意,还要步履蹒跚地往前赶路,而且,漫漫前路上,我们深知,不如意事仍旧是十之八九。

我们该怎么办?台湾作家林清玄在他的作品里给大家开过一个药方,叫做"常想一二"。就是说,就算人生十之八九是不如意,总还有十之一二是如意的。

不如意的十之八九里经常想想如意的十之一二，心情自然会好起来，因为我们会发现，生命中也并不全是晦暗的灰色和绝望的黑色，也有亮色和希望。

这不失为一个好办法，不过总有点精神鸦片的嫌疑。暂时疗住伤痛之后，最好能再拔高一下，赋予大家一个积极向上的心态。"天将降大任于是人也，必先苦其心志，劳其筋骨，饿其体肤，空乏其身，行拂乱其所为，所以动心忍性，增益其所不能。"

先有一个平和的心态，再加一种天将降大任于己的豪迈。坎坷前路，漫漫人生，我们咬咬牙，挺直腰板，再观赏一下沿路的风景，默念两遍主席的教诲"无限风光在险峰"，人生自然也就充实而有意义了。

再说了，不如意也并非一两个人不如意，天塌下来砸大家，几乎所有的人都感觉不如意，至少从咱们老祖宗的《周易》时代，就已经有了许许多多的不如意。六四爻说的就是不如意的事。第四爻的时位也在一个阶段之初，只要能把不如意事抛在脑后，奋力拼搏，自然也利于开基创业。

人生不如意事常八九，这正是上天对我们的鞭策和磨练，为了让我们有一身钢筋铁骨去寻觅那无限美好的十之一二。

六五，震往来，厉，亿无丧有事。

象曰：震往来厉，危行也。其事在中，大无丧也。

【语译】

六五，惊雷不断，危险。只要谨慎行事，就没有大的损失。

《象传》说，惊雷不断有危险，是一种危险的行动，由于他处理事情恪守中道，不会有大的损失。

【解读】

六五，"震往来，厉"，打雷的时候，来来往往，是很有危险的。"亿"就是大，十万为亿，非常多，非常大。"有事"，在这里指保住社稷大业。"亿无丧有事"，大的方面不会有什么损失，可以保有江山社稷。

《象传》说，"震往来厉"，六五在打雷的时候，来来往往，"危行也"，是一种危险的行动。但是由于他能够"其事在中"，即处理事情能够谨慎地守住中道，所以"大无丧也"，不会有大的损失。六五本身就是一个阴爻，以阴处阳位，又逆乘阳刚之爻九四，所以往来危险，但阴柔之人居在上卦的中间、尊位，守中道，能够谨慎地前行，所以没有大的灾祸，不会有什么闪失。这说明在惊险面前做事要谨慎小心，守住中道，就能保住自己的事业。

☳☳ 上六，震索索，视矍矍，征凶。震不于其躬，于其邻，无咎。婚媾有言。
象曰：震索索，中未得也。虽凶无咎，畏邻戒也。

【语译】

上六，惊雷响起之时，畏缩不前，视线左右惶顾，冒进有凶险。雷电没有击在自己身上，而是击在邻居身上（因为预先戒备了），没有灾祸。婚配会导致口角。

《象传》说：惊雷响起之时，畏缩不前，是因为这一爻不是居在适中的位置。虽然凶险，却没有灾祸，是因为害怕自己和邻居一样遇到灾祸所以预先戒备了。

【解读】

"索索"，也是指恐惧不安的样子。上六，"震索索"，就是在打雷的时候惊惧不安，畏首畏尾，不敢前进。"视矍矍"，两眼也是惶恐不安，或者说露出惶恐不安的眼神。"征凶"，再往前冒进的话，必然有凶险，因为已经到上六了，到头了，你本身又是一个阴柔之人，能力又不够，还要再去冒进，当然会有凶险。"震不于其躬，于其邻，无咎"，在这个惊雷还没有涉及自身，刚刚涉及邻居的时候，你就要预先地戒备了，惊惧了，这样的话才没有大祸。"媾"，婚姻，"婚媾"，也就是阴阳的配合。"言"，就是争议。"婚媾有言"，是说如果要谋娶，那就会导致有争议，实际上是说这个时候也不宜去乱动，不宜去谋求阴阳的应和。

上六，连续展现了三种情景，开始天上打着惊雷，自己两眼惶恐不安，不能前行，说明不要冒进，这样才能避开风险，否则的话，就一定会有凶险；接着当惊雷刚刚击到邻居还没有伤到自身的时候，要预先戒备，防患于未然；最后觉得没有危险了，就去求婚配，也就是去求六三爻，但两个都是阴爻，不能配，所以发生了语言的争执，这说明阴阳应和的重要性。

《象传》说，"震索索"，打雷的时候，恐惧不安，是因为"中未得也"。"中未得"就是"未得中"，就是说，这一爻不是居在适中的位置，所以内心很不安。这时候不能冒进，否则会有凶险。当惊雷危及邻近的人，而还没有涉及自己的时候，由于自己"畏邻戒也"，即畏惧邻居受到雷的惊扰，预先有所戒备，所以"虽凶无咎"，虽然有凶险，但不会有灾祸。所以这根爻说明了，虽然有危险，但是只要预先去戒备，不要冒进，同样可以转危为安，没有灾祸。

盲目冒进是一个人初步成功之后最容易犯下的错误，闯王李自成之所以失败，原因也在于此。

明朝末年，李自成在陕西米脂起义，不久投奔高迎祥，成为高迎祥手下的一名闯将。高迎祥死后，李自成被拥为"闯王"，率领起义军转战于河南一带。当时，河南是灾情比较严重的地区，李自成在谋士的帮助下，提出"均田免粮"的口号，赢得了广大农民的支持，人们互相流传"杀牛羊，备酒浆，开了城门迎闯王"。起义军迅速壮大，发展到百万人。1643年，李自成攻下襄阳，改为襄京，称新顺王。1644年1月，李自成在西安称帝，尊西夏李继迁为太祖，建国号"大顺"。刚登上帝位四十多天，还没站稳脚跟，李自成便又慌忙率领五十万大军攻打北京城，北京城不攻自破，崇祯帝朱由检吊死煤山。

李自成及其将领被一次又一次胜利冲昏了头脑，进驻北京城后根本没有施行任何巩固政权、加强队伍纪律的措施，烧杀劫掠，劣迹斑斑。更要命的是，刚刚攻下北京城不到一个月又仓促率领步兵六万出征，号称十万大军，奔赴山海关征讨吴三桂。这支疲惫的部队遇到军纪严明、经验丰富、训练有素的吴三桂部队，结果自然是一败涂地。逃回北京时，仅剩三万余人。莫名其妙的是，在这样糟糕的处境之下，李自成非但不命令部队休养生息，还在三天后再次称帝，并怒杀吴三桂一家大小三十四口，逼得吴三桂一气之下投降了清军。称帝后第二日，李自成便外逃西安，由山西、河南两路撤退。从此，一溃千里，节节败退，三十九岁即兵败身亡。

纵观李自成的一生，几乎都是在马背上度过的，从没有停下来整顿反思的时刻，不顾自己的实力，屡屡盲目冒进，终于兵败垂成。而同样是农民起义军，明太祖朱元璋当年的策略就高明得多，他采取了"高筑墙、广积粮、缓称王"的稳健战略，"高筑墙"就是巩固根据地，"广积粮"就是加强后勤保障，"缓称王"就是既避免自己成为众矢之的，又不破坏反元联盟。然后再伺机消灭其他地方割据势力如陈友谅、张士诚、方国珍等，最终顺理成章坐上皇帝的宝座。

震卦取了雷动之象，就是打雷，意思是告诉我们，在雷动时要谨慎行事，千万不要触犯法律，因为在古人那里，打雷就是上天震怒的表示。你触犯法律、触犯天道了，天理就不容，俗话说"天网恢恢，疏而不漏"，就像打雷一样，它会打到任何一个地方，所以震卦有两个意思：一个就是要谨慎戒惧，按照天道来做，这样才能有福。另一个借指君主的号令，因为君主的号令也要贯彻执行到所有的人、所有的地方，远近无一遗漏，这样才能保住江山社稷。其六爻则指处在六种时位的不同做法，会导致不同的结果。

艮卦第五十二——止欲臻善

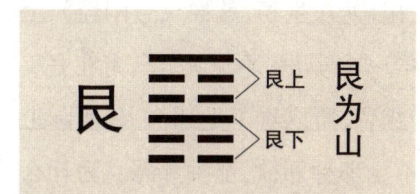

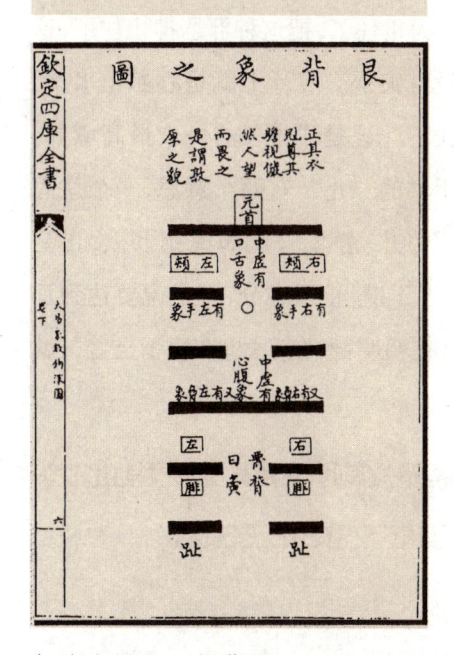

艮，艮其背，不获其身，行其庭，不见其人，无咎。

【语译】

艮卦，制止自己的背部，不要使身体面向所止的地方。行走在有人的庭院里，没有见到这个人，没有灾祸。

【解读】

"艮"是停止、制止、抑止、终止的意思。在马王堆帛书《周易》中写作"根"。《说文解字》解释说："艮，恒也。"段玉裁注："恒者，不听从也，一曰行囊也，一曰止也，可兼三义。"一是说不听从，二是说行动艰难，三是说停止。简单地说艮卦就是讲停止、静止。我们先来看这个卦象，"艮"就是山，上下都是山，山连着山。在古代"三易"（《连山易》、《归藏易》、《周易》）中，《连山易》的头一卦就是艮卦，所以这个艮卦对春秋战国时期的墨家思想有重大的影响；《归藏易》以坤卦为第一卦，主要影响了道家；《周易》以乾卦为第一卦，主要影响了儒家。可见春秋战国时期的三大家，分别受到这三部《易》的影响。《序卦传》说："物不可以终动，止之，故受之以艮。艮者，止也。"事物不可能始终都在动，动了之后要停止下来，所以震卦之后就是艮卦。艮卦表面上是讲事物停止的道理，实际上是讲人如何抑止邪欲的道理。

卦辞说，艮卦，"艮其背"，为什么要停止在背上，而不是停止在胸，停止在手，停止在脚呢？"背"有背离、相悖的意思，又有抑止的意思，比喻抑止人的欲望，与邪欲彻底背离。"不获其身"，不要让自己的身体沾上私欲。人体前边有各种器官，比如说眼、耳、鼻、舌、口，而背上是什么也没有，意思是指一种极为静止的状态，是无我相，无人相，无众生相，就像《金刚经》上讲的一样。"行其庭，不见其人"，走在庭院里，由于相背，所以看不见那个人，实际上是指看不见那种邪欲、那种邪恶。为什么呢？因为止住了，把这种邪恶抑止住了，这样就没有灾祸。实际上就是心如止水，已经无我了。这是"止"的一个最高境界。艮卦所讲的"止"有两个意思，一个意思是要"停止、静止"，比如说止邪欲，止妄动，另一个意思是"达到"的意思，比如说止于正道，止于本分，就是说要达到那一种境界，就像《大学》里说的，"大学之道，在明明德，在亲民，在止于至善"，就是说要达到至高至善的境界。

象曰：艮，止也。时止则止，时行则行。动静不失其时，其道光明。艮其止，止其所也。上下敌应，不相与也。是以不获其身，行其庭不见其人，无咎也。

【语译】

《象传》说，艮卦，就是止的意思。应该静止的时候就要静止，应该前进的时候就要前进。动和静，不要失去应有的时位，前途就是光明的。艮卦表达的"止"，是止于合适的时位。同阴，同阳敌对相应而不是相互交和。因此，制止自己的背部，不要使身体面向所止的地方。行走在有人的庭院，没有看见这个人，没有灾祸。

【解读】

《象传》说，"艮，止也"，就是要静止，要停止。这个"止"是针对"行"来解的,动是针对静来讲的。"时止则止,时行则行",就是说在时位上,应该静止的时候就要静止,应该前进的时候就要前进。"动静不失其时",无论是动还是静,只要不失去时位,不违背时位,那么,"其道光明",前途就是非常光明的。"艮其止,止其所也",艮卦讲停止,是说要止在合适的时位上,这是指止的位置、时机要适当。"上下敌应",此卦当中,六根爻上下都是相对的,都是不相应的,所以"不相与也",都是不相交往的。"是以不获其身",就是不让私欲沾染到自己的身上。"行其庭不见其人",这里打了个比方,好比都走在庭院里,却两两相背,看不见那个人,实际上是指看不见那种邪欲。为什么呢？因为把这种邪恶抑止住了,所以"无咎也",即没有灾祸。

象曰：兼山,艮。君子以思不出其位。

【语译】

《象传》说,两山重叠,为艮卦之象。君子效法此考虑不要超出自己的本分。

【解读】

《象传》说,"兼山,艮",艮卦上卦是山,下卦也是山,两座山重叠,为静止不动之象,这就是艮卦之象。君子看到这样的卦象,就要按照艮卦之道来"思不出其位",君子从中受到启发,悟知抑止邪欲之理,所以君子考虑问题不敢超出自己的本位,不敢越过自己的本分,这也是止的一个意思,就是止于本分,止于正道。无论是墨家,还是儒家、道家乃至于中国化的佛家,都非常注重这一个"止"字。儒家讲"止于至善","知止然后有定";道家也讲止,"致虚极、守静笃";佛家也讲止,叫"戒定慧","止观法门"。整个艮卦六根爻,都是围绕着"止"字来做文章,表达从下到上"止"的过程、"止"的六个阶段。

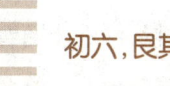

初六,艮其趾,无咎,利永贞。

象曰：艮其趾,未失正也。

【语译】

初六,停止脚趾的运动,没有灾祸,有利于守持正道。

《象传》说,停止脚趾的运动,是没有失去正道的。

【解读】

初六,"艮其趾",停止在自己的脚趾上,"无咎",这样必无灾祸,"利永贞",

有利于守持正道。

《象传》说,"艮其趾",这样就不会"失正也"。初六处于艮卦的最下一爻,好像一个人的脚趾,脚趾不动了,人也就不会走邪路了。也是指刚一开始出现不好的苗头时就要停止,这样就没有失去正道,因为初六是阴爻,且位不正,所以这个时候不能妄动,静止不动是符合正道的。

六二,艮其腓,不拯其随,其心不快。

象曰:不拯其随,未退听也。

【语译】

六二,停止腿的运动,不要跟随上位一起行动,以致心中不畅快。

《象传》说,不要跟随上位一起行动,(即使命令他了)却仍没有退后听从。

【解读】

六二,"艮其腓",就是要停止在小腿肚子上。"腓"就是小腿肚子。"拯"就是承接的承。"不拯其随",不要上承腰部的运动,意思就是说不要随着上面动,这个上面就是九三爻,就是"限","限"就是腰部。"其心不快",即心中不能畅快。

《象传》说,"不拯其随",六二上承九三,阴爻顺从阳爻,阳爻动,阴爻跟着动,按道义是可以的,在艮的时候,却不能随着腰部运动,也就是说不能随着九三爻运动,所以心中不得畅快。"未退听也",尽管命令他不能动了,但他心里实在不愿意,所以没有退后听从。

九三,艮其限,列其夤,厉熏心。

象曰:艮其限,危熏心也。

【语译】

九三,抑制腰部的活动,裂开了背脊的肌肉,危险(就像烈火一样在)熏烤着自己的心。

《象传》说,抑制腰部的活动,其危害就像烈火在熏烤着自己的心。

【解读】

六三,"艮其限",停止在腰部。"列"同"裂",开裂。"夤"是脊背的肉。"列其夤,厉熏心",背脊的肉都裂开了,所以是很危险的,就像烈火一样在熏烤着自己的心一样。

《象传》说,"艮其限",停止腰部的运动,其危害就像"熏心也"。九三爻,是一根阳爻,又得位,他本来是刚健有为,按正道行事,却被止住了腰,止腰断脊,这也就是说他正当地行事,正当地发布政令的权力被强制停止了。艮止之道,关键在于止得其所,当静则静,当动则动,时行则行,时止则止,这才是正当合理的处艮之道。如果不合理地强力停止,就会导致危厉的后果。正义之道被停止了,不能大行于天下了,对那些正直的人来说,就像烈火熏烤自己的心。

六四,艮其身,无咎。

象曰:艮其身,止诸躬也。

【语译】

六四,停止上身的运动,没有灾祸。

《象传》说,停止上身的运动,就是要抑制住自己的各种私欲行为。

【解读】

六四,"艮其身"就是要抑制住自己的各种私欲,自己的各种行为,要安守本分,这样的话,也就是卦辞上所说的"不获其身",当然也就"无咎",不会有灾祸。

《象传》说:"艮其身,止诸躬也。"这个"躬"就是"身",各种邪欲都没有了,不让各种邪欲污染自己的身体,就没有灾祸了。抑制私欲,安守本分。这是艮卦六四爻开出的治"欲"药方,讲究在个人修炼上下功夫,重点在于强力抑制。

欲望有两种:积极的欲望,跃动的是对生命的礼敬,对事业、对成功的渴盼。这种欲望是我们必须具备的。有能力的话我们还要把这欲望燃成熊熊大火,我们就要靠着这大火的温暖和指引,披荆斩棘,前去寻找我们成功的殿堂。消极欲望,譬如私欲、贪欲、不正常的爱欲等等,这些欲望盘根错节,纠缠成了通往地狱的阶梯,所以我们必须坚决去除它们;否则,我们可能终有一天要和地狱中的恶鬼结伴为邻。

据说,某纵横官场多年、送礼鲜有失手的行贿者深有感触地说,是人都有爱好,只要他有爱好,咱们投其所好,自然就不会失手。可是这个某人也有束手无策的时候。有一次他遇到一个真正的清官,其他官员喜好的他都不喜好,坏习惯一点也没有沾染,而且非常正直。某人窥伺多时,无从下手。正准备认输,忽然传来小道消息,说是该官员喜欢搜集古玩字画。某人顿时哈哈大笑。

数月之后,该清官如某人所愿,被拉下水。这也再次验证了他那句话:只要有爱好,咱就有办法。

爱好发展到一定程度之后,就会成为贪欲,对所爱好之物产生必欲占有之而后快的贪欲。这种占有的贪欲来势凶猛,不可遏制,有类似毒瘾发作时的症状。至此,乖乖地被别人牵着鼻子走也就在情理之中了。

俗话说:"贪心不足蛇吞象。"又说:"人为财死,鸟为食亡。"西汉贾谊《鹏鸟赋》有句曰:"贪夫殉财兮,烈士殉名。"南宋理学家朱熹有句云:"世路无如人欲险,几人到此误平生?"不用再寻章摘句了,已足够能说明问题。欲望这个恶魔,的确具有超强的破坏力和杀伤力。它能褪下一些惯常满口仁义道德者的华衮,示我等以其本相。但更多时候,它只是对一些可怜的意志薄弱者肆虐。

那么,我们究竟该怎么抵御这个恶魔的侵袭呢?我们给出的答案就是:无欲无求,一等境界。清中叶以主持"虎门销烟"闻名于世的民族英雄林则徐的答案和我们差不多,他说:"壁立千仞,无欲则刚。"诚然,有所求者的腰杆想要直起来总是有一定难度的。他还有另外的名句是:"苟利国家生死以,岂因祸福趋避之。"

无私欲者无所求,无所求就不会为人所利用,也就不会被人揪住小辫子,再往后的一系列悲惨故事的发生也就更无从说起。

六五,艮其辅,言有序,悔亡。

象曰:艮其辅,以中正也。

【语译】

六五,抑制嘴巴的妄语,说话有条理,悔恨消除。

《象传》说,抑制嘴巴的妄语,是为了守持中正之道。

【解读】

六五,"艮其辅","辅"本来是指上牙床,在这里指嘴,六五爻是要抑止住自己的"辅"。这就是佛家所说的五戒当中的戒妄语了,不要说空话,说假话,说大话,说奉承人的话,说伤害人的话。而你的发言呢,要"言有序",要有条理,有顺序,就是说言语要守住正道,要说的是一些正理、正法。"悔亡",这样悔恨就会消亡,就没有悔恨了。

《象传》说,"艮其辅",是为了"以中正也",即守持中正之道。六五居中,行的是中正之道,所以说话也是遵循中正之道。

上九,敦艮,吉。
象曰,敦艮之吉,以厚终也。

【语译】

上九,以敦厚的品德止住邪欲,吉祥。

《象传》说,以敦厚的品德止住邪欲之所以大吉,是因为能够把这种敦厚的品德保持到最后。

【解读】

上九,"敦艮,吉",就是以敦厚的品德来制止各种邪欲,那么就会有大吉祥。

《象传》说,"敦艮"之所以是吉,是因为"以厚终也",就是说能够把这种敦厚的品德保持到终了,因为一直到上九,他都能保持住这种敦厚的品德,所以能够大吉。宋代理学家程颐说:"天下之事,为终守之为难。"天下之事,只有自始至终地坚守它才是最难的事。要保持虚静、静止的品德,那是很难的,而能保持到最后,那肯定会善终,肯定会大吉。

> 艮卦给我们什么样的启示呢?它给我们的启示主要有正反两个方面,一是要止住邪欲和妄念,二是要安于本分和守持正道。卦中六根爻分别指人体的六个部分,先从脚趾开始,然后到腿肚子,然后是腰胯,然后上升到嘴,这是一个逐渐停止的过程,同时又是一个逐渐行动的过程。行和止是一对辩证关系,止的目的实际上也是为了保持正确的行,止邪同时也就是行正,所以这两者是相辅相成的。这六根爻为什么有吉有凶?全在于止与行的把握。如果该停止的时候就停止,该行动的时候就行动,那么就吉;反之,不该行动的时候行动,不该停止的时候停止,那就是凶了。

渐卦第五十三——循序渐进

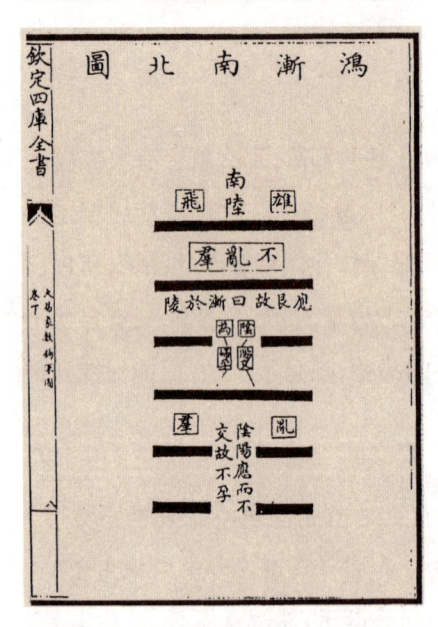

渐,女归吉,利贞。

【语译】

渐卦,女子出嫁吉祥,有利于守持正道。

【解读】

"渐"是循序渐进的意思。《序卦传》说:"物不可以终止,故受之以渐。渐者,进也。"事物不可能永远是静止的,静止之后又要渐渐地前进,所以艮卦之后就是渐卦。

卦辞说,"渐,女归吉",这里用女子出嫁作比喻。古代女子被视为夫家的人,俗称外家女。女子出嫁为有家,故以嫁为归。女子出嫁要遵循礼仪,而按照礼仪渐渐地前进就可以获得吉祥。"利贞",利于守正道。为什么渐卦要与女子出嫁联系在一起呢?因为在古代,女子出嫁是要经过一个非常严格的礼仪的。女子先是处在闺门当中,男子要行六礼,才能迎娶。六礼是指纳采、问名、纳吉、纳征、请期、亲迎这六种礼仪。逐步经过这六种礼仪,才算完成了礼。所以迎娶新娘是一个渐进的过程,渐卦就是以这个意象来说明做任何事情都是一个循序渐进的过程。那么人生的成长也有一定的次序,也是一个循序渐进的过程。《孟子·公孙丑》里说了一个非常有名的"揠苗助长"的故事。你如果急着想要禾苗生长,把苗拔起来,那反而会使禾苗枯死,这从反面说明了事物都要经历一个渐进的发展过程，不能违背这个规律。渐卦就是讲事物发展过程中循序渐进的道理的。

彖曰：渐之进也，女归吉也。进得位，往有功也。进以正，可以正邦也。其位，刚得中也。止而巽，动不穷也。

【语译】

《象传》说，渐渐地往前行进，好比女子出嫁是吉祥的。前进获得时位，往前就会成功。渐渐遵循着正道前进，就可以端正国家。居于尊位，阳刚得处中正位。和顺的抑止，行动才不会困穷。

【解读】

《象传》说，"渐之进也，女归吉也"，渐渐地往前行进，好比女子出嫁，要循礼，要渐进，这样才能吉祥。"进得位，往有功也"，这个时候渐渐地前进，获得了时位，获得了自己的地位，就能够建功立业。"进以正，可以正邦也"，这个时候前进，渐渐地前进，遵循着正道，就可以端正国家、修正民心。所以渐进是非常重要的，治理一个国家也需要一个渐进的过程。"其位，刚得中也"，你居于尊位，要守着这个正位，要刚健、坚强，但是又要中和、中道。"止而巽，动不穷也"，只有内心静止，而且和顺、谦虚，你的行动才不至于困穷。下卦为艮，上卦为巽，艮止于内则不妄进，巽以行之则不骤进，这种行动自然不会困穷。这个卦立足于渐进，是针对冒进而言的，那么怎么做到渐进？这里强调了一个时位、一个正，还有一个中。渐卦告诉我们，做任何事情都要按照时序，坚守正道，遵循中道，渐渐地往前进，欲速则不达。

象曰：山上有木，渐。君子以居贤德善俗。

【语译】

《象传》说，山上长有树木，为渐卦之象。君子安居以蓄积贤德，改善风俗。

【解读】

《象传》说，"山上有木"，下卦为艮卦，艮为山，上卦为巽卦，巽为木，山上有高大的树木，虽然每时每刻都在生长，但难以为人们所觉察，树木是渐渐地长大的，这就是渐卦之象。同时渐卦的卦象还可以表示上面是风，下面是山，就好比风在山间流动，这个流动也是渐渐的。万事万物都有一个循序渐进的过程，比如渐渐成长壮大，渐渐发展事业，渐渐积累善德，等等。君子看到这样的卦象，就要按照渐卦之道来"居贤德善俗"。"居"，安居下来，就可以渐渐地积累善德、贤德，进而改善风俗。首先这个贤德是指自己，自己要贤，然后再让别人贤，这也是一个渐进的过程，最后使得这一方的风俗都贤了，都改善了。在我的老家徽州有这么一副著名的对联："事业从五伦做起，文章本六经中来。"就是指事业要从人的五种伦理做起，五伦是一个起点，然后渐渐地做事；写文章也是这样，要先从六经读起，读完六经，然后文章就能渐渐地写好了，这个文章不仅仅是为文，而且是为人。做人也要渐渐地积累善德、贤德，每个人都这样做了，整个民风民俗也就改善了，那么整个国家也就振兴了。所以渐卦给我们的启发是非常大的。

初六，鸿渐于干，小子厉，有言，无咎。

象曰：小子之厉，义无咎也。

【语译】

初六，鸿雁渐渐地降落在水边，就像年轻人遇到各种危险。虽有中伤的言语，却没有灾祸。

《象传》说，比喻年轻人遇到各种危险，道义上不会有灾祸。

【解读】

"鸿"就是大雁，整个渐卦的六根爻就是以这个大雁作比喻的。大雁就相当于一个主语。"干"就是指水边，《诗经·魏风》里面有一句"坎坎伐檀兮，置之河之干兮"。初六，"鸿渐于干"，一只大雁渐渐地停在水边。"小子厉"，像小孩一样遇到危险了。"有言"就是遭到了言语的伤害，却"无咎"，没有灾祸。

《象传》解释说，"小子之厉，义无咎也"。大雁还是很小的时候，就像小孩子一样会遭遇危险，但由于它谨小慎微，渐渐地靠近河边，道义上不应该有灾祸。初六阴爻居在阳位上,保持着一种渐进的状态,这样的话就没有灾祸。为什么卦辞是以女子出嫁作比喻,而六根爻辞是以大雁作比喻呢?这个卦究竟是指女子还是指大雁呢?实际上这两个意象有相通之处。大雁是一种什么鸟呢?它叫做随阳鸟。随着阳,就是跟随着雄性的那种鸟,具有随阳的属性。所以这就可以用来比喻女子出嫁从夫,顺从男人。

六二,鸿渐于磐,饮食衎衎,吉。

象曰:饮食衎衎,不素饱也。

【语译】

六二,鸿雁渐渐地降落在大石板上,和乐融融地喝水进食,吉利。

《象传》说,鸿雁和乐融融地喝水进食,不是尸位素饱。

【解读】

"衎衎(kàn)"就是一种和乐融融的样子。六二,"鸿渐于磐",这个时候,大雁渐渐地飞到一个又大、又坚固、又安全的磐石上,"饮食衎衎,吉",停在这上面品尝美食,和乐融融的样子,很吉祥。

《象传》说,"饮食衎衎",尽管大雁在磐石上饮食和乐融融,但是"不素饱也",不是仅仅只是为了吃个饱。这个"素"就是指空的,白白的,有饱食终日而无所用心的意思。这只大雁不是这样的,不要以为它停在磐石上单纯是为了吃顿饭,什么事都不想,它不只停留在安然得食上面,而是有更高的目标要去追求,这个地方只是它前进路上的一个短暂停留的地方。它要逐渐地飞到小山上、大山上,这是一个比喻,比喻它要渐渐地往高处飞,所以它在磐石上只是一个阶段,还要继续往上飞,这样的话才会吉利。六二阴爻居中位,表示这个大雁守中道,它的做法是符合渐进之道的,所以就吉。

九三,鸿渐于陆,夫征不复。妇孕不育,凶,利御寇。

象曰:夫征不复,离群丑也。妇孕不育,失其道也。利用御寇,顺相保也。

【语译】

九三,大雁渐渐飞到了小山上,丈夫远征没有回来。妻子怀孕不能养育,凶险。有利于抵御外敌。

《象传》说，丈夫远征没有回来，是远远地离开了自己的同类。妻子怀孕了却不能养育，是因为违背了夫妻之道。有利于防御外敌，顺应夫妻之道，来确保平安。

【解读】

"陆"是指小山。九三，"鸿渐于陆"，大雁又渐渐地往小山的高处飞了，"夫征不复"，就好比是丈夫出去远征一去不返了。"妇孕不育，凶"，这个妇女在丈夫出征以后怀孕了，说明不守正道，失去贞节了，所以无颜生育，这就是凶。"利御寇"，这里实际上有省略，如果秉持正道，那么就有利于抵御强寇。这是从两个方面来说的，这个妇女如果不守正道而怀孕的话是无颜生育的，如果秉持正道不邪淫，那就是刚健而有利的，因为九三爻非常刚强，是有利于抵御强寇的。

《象传》解释说，"夫征不复"，大雁渐渐地飞到了小山上，就好比丈夫远走而一去不复返，这是"离群丑也"，"丑"是指同类，这是说明九三爻，这个丈夫，这只大雁，远远地离开了自己的同类。我们从爻象上可以看出，上爻、下爻都不是阳爻，都不是它的同类。"妇孕不育"，为什么妻子怀孕了，她无颜生育呢？"失其道也"，违背了夫妻之道，因为丈夫已经一去不复返了，你怎么还能怀孕呢？说明她失去了贞节。九三阳爻居阳位，非常刚强，容易急躁冒进。丈夫出征还没回来，这位女子就等不及了，有失渐进之道。"利用御寇"，为什么又能够抵御外来的强寇呢？"顺相保也"只有守住正道，顺应夫妻之道，才能够保持平安。

六四，鸿渐于木，或得其桷，无咎。

象曰：或得其桷，顺以巽也。

【语译】

六四，大雁渐渐飞到了高树上，有的找到了大树的树杈，没有灾祸。

《象传》说，有的大雁找到了栖息大树的树杈，是因为顺从风向。

【解读】

六四，"鸿渐于木"，大雁又渐渐地飞到了高高的树上。"桷（jué）"，就是树木间的小树枝丫。"或得其桷，无咎"，有时候它能停在树上的枝丫上，当然就很稳了，所以没有灾祸。

《象传》说："或得其桷，顺以巽也。"六四爻温顺又和逊，柔爻居柔位，具有温顺的品格。它跟上面两根爻构成一个卦，即巽卦。巽就为顺应、和逊、谦逊。大雁停留在这个桷上,说明它找到了自己的位置,只有找准自己的位置才能有利。这启发我们一是要顺应,要循序渐进;第二是要谦虚、要谦逊。

九五,鸿渐于陵,妇三岁不孕,终莫之胜,吉。

象曰:终莫之胜吉,得所愿也。

【语译】

九五,大雁渐渐地飞到了高岗上,妇女三年没有怀孕,没有人能够战胜它,吉利。

《象传》说,终究没有人能够战胜它,吉利,达成自己愿望了。

【解读】

九五,"鸿渐于陵",大雁渐渐地又飞到高岗上了。再看这个女人,她的丈夫不是远去了吗?"妇三岁不孕",她三年没有怀孕,说明女子很坚贞。那些男人看到这个女子的丈夫远去了,所以来诱惑她,或者来威逼她,"终莫之胜,吉",但她终究没有屈服,所以吉祥。

《象传》说,"终莫之胜吉",是因为"得所愿也",这是一种坚定的信念、坚定的心愿所致。只要保持住这种心愿,这种思维方式、价值取向,那么就无往而不胜。九五爻和六二爻两个相应,心心相印,夫妻相合,可以推广到一个国家、一个企业、一个家庭,只要上下相合、内外相合,坚守住这个心愿,坚守住这个价值观,那么任何东西都无法战胜你。

上九,鸿渐于陆,其羽可用为仪,吉。

象曰:其羽可用为仪吉,不可乱也。

【语译】

上九,大雁渐渐地飞到了高高的山顶上,它的羽毛可以用来制作典礼的装饰,吉利。

《象传》说,大雁的羽毛可以用来制作典礼的装饰品,是吉祥的,不可以被扰乱的。

【解读】

到了上九爻,这只大雁又飞到山上了。九三这个"陆"是小山,上九这个"陆"就是高山了。上九,"鸿渐于陆",这个大雁飞呀飞,又飞到了高高的山顶上。

"其羽可用为仪,吉",它的羽毛可以用做非常美丽的装饰,是吉祥的。

《象传》说,为什么"其羽可用为仪",是吉祥的,因为"不可乱也",指这个礼仪是不乱的。古代举行仪式的时候,往往要举一个幡旗,这个幡旗上往往用羽毛来做装饰。礼仪不可以乱是指次序不乱,志向不乱,只要不乱,只要渐进,按照那个次序来做,那就是大吉了。而且羽毛也是一种洁白、美丽的象征,是高洁的。这实际上是告诉我们做任何事都要遵循天地间的一种渐进之道。这根爻与古代一位非常有名的人有关系,他就是茶圣陆羽。陆羽,字鸿渐,但他原来不叫这个名字,是按这一爻改过来的。

> 整个渐卦给我们的最大启示就是说事物的发展是有规律的,我们一定要遵循事物发生发展的规律,要循序渐进,不可以揠苗助长。其六爻都是以大雁的飞行作比喻,从初爻到上爻依次展示了大雁由低到高的飞行状态:先到水边,再到磐石上,再到小山上,再到山上的树杈上、山岭上,再到大山上。由低渐渐到高,由近渐渐到远,非常有次序;同时每一根爻都在强调要守正,要渐进,所以大多数是吉。也有凶爻,虽然有的时候是凶,比如说九三爻就是凶,但是你只要顺行了,再坚持住这个渐进之道,那么就可以逢凶化吉。这就告诉我们只要从小事做起,一件件小事积累起来,就会变成很大的成功。"千里之行,始于足下","不积跬步,无以至千里;不积细流,无以成江海"等等,说的都是这个道理。

归妹卦第五十四——少女出嫁

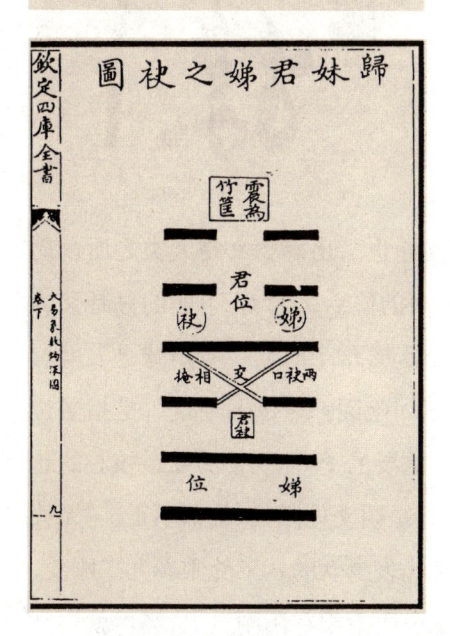

归妹,征凶,无攸利。

【语译】

归妹卦,前进凶险,没有益处。

【解读】

"归"是出嫁的意思,"妹"是指后生的女子,就是少女。"归妹"就是出嫁女儿、出嫁少女的意思。有人把这个妹看成是妹妹,这是不对的。《序卦传》说:"进必有所归,故受之以归妹。"渐进之后必定要有个归宿,所以渐卦之后就是归妹卦。整个卦是以少女出嫁作比喻,说明男婚女嫁、天地阴阳交合的道理。

卦辞说,"归妹",出嫁少女,"征凶",往前进必然有凶险,"无攸利",没有利益。这是指什么呢?前面应该有一个条件,如果行为不当的话,那么往前进必然会有凶险。这是就男女和合之道说的,如果行为不当那么就有凶险。

彖曰:归妹,天地之大义也。天地不交而万物不兴,归妹,人之终始也。说以动,所归妹也。征凶,位不当也。无攸利,柔乘刚也。

【语译】

《彖传》说,出嫁少女体现了天地阴阳和合的大道理。如果天地不交,万物就不会繁荣,出嫁少女是人伦的终结和开始。少女非常喜悦地去行动,这个时候就可以嫁出少女了。前进凶险,是因为居位不妥当。没有益处,是因为阴柔乘在阳刚之上了。

【解读】

《象传》说,"归妹,天地之大义也",这个卦下面是兑卦,兑卦就是少女,上面是震卦,震卦是长男。是指这个少女要嫁给长男。出嫁少女是体现了天地阴阳和合的大道理。"天地不交而万物不兴",如果天地不交的话则万物不会兴起、兴盛,好比是男女,如果不相交合,那么人类就不能繁殖和兴旺。为什么天地不交呢?因为上卦震为雷属阳,阳就要上行,下卦兑为泽属阴,阴就要下行。一个往上走,一个往下走,那就遇不到了,不相交了,整个的卦象就比较凶险了,所以一定要交合,要天地相交。"归妹,人之终始也",出嫁少女是人类之所以周而复始、生生不息的原因。"说以动",同时上面的震卦又为动,下面的兑卦又为喜悦,是指这个少女非常喜悦,高高兴兴地去行动,这个时候"所归妹也",就可以嫁出少女了。"征凶",为什么再往前进必有凶险呢?"位不当也",是指居位不妥当,在这个卦里是指二爻和五爻这两个最重要的爻,体现了男女最核心的这两个爻的位置都不当,九二是阳爻处阴位,九五是阴爻处阳位,位都不正。"无攸利,柔乘刚也",为什么没有利益呢?下面兑卦代表少女的六三爻乘着九二刚爻,上卦六五阴爻也是乘在九四阳爻之上,也就是说阴柔乘在阳刚之上,当然就不利了。这一卦里柔爻都乘在刚爻之上,所以就凶。这个卦是要讲出嫁少女、男婚女嫁的,应该是符合天地之大义,是吉祥的,而这里面却位置不当,有凶险。为什么会是这样呢?这就是《周易》的奥妙之处,它是要我们以一种反向的思维来看。归妹卦阐明了男婚女嫁是人类繁衍的根本因素,强调女子出嫁必须严守正道,以柔顺为本,成内助之功;反此而行,必为凶兆。这反映了古代礼教对女子的约束性质。

象曰：泽上有雷,归妹。君子以永终知敝。

【语译】

《象传》说,湖泽上方有惊雷,就是归妹卦之象。君子要自始至终地知道弊害。

【解读】

《象传》说,"泽上有雷",下卦为兑卦,兑为泽,上卦为震卦,震为雷,就是沼泽地上开始打雷了,雷动则泽随,打着雷表示万物非常欣喜地开始活动了;阳动于上,阴悦而从之,有女从男之象,表示少女要出嫁了,这就是归妹卦之象。君子看到这样的卦象,就应该按照归妹卦之道来"永终知敝",要永远地保持住,自始至终地保持住夫妻之道,不让它敝坏,知道如果淫邪,如果位置不当,如果柔乘刚,如果阴阳不交,就会导致败坏,而不可长久,这是一种告诫。

初九,归妹以娣,跛能履,征吉。

象曰：归妹以娣,以恒也。跛能履吉,相承也。

【语译】

初九,少女出嫁作为侧室,脚跛了却能勉力行走,前往吉利。

《象传》说,少女出嫁作为侧室,因为她持守恒道了。脚跛了却能勉力行走,因为她不是正室,但是她还是努力地去行走,共同侍候这个夫君,所以是吉利的。

【解读】

初九,"归妹以娣",古代有一种习俗,尤其是商代的时候,这个妹妹要陪着姐姐一起出嫁,要共嫁一个丈夫。这里这个"娣"就是指妹妹,指侧室,姐姐就是正室。"跛能履",好像这个脚跛了、瘸了,但是努力地往前走。"征吉",这样前往的话是可以获得吉祥的。初九居于最下位,好比少女出嫁的时候,是陪着姐姐出嫁做侧室,但是因为她具有阳刚的贤德,能以偏助正,所以是吉利的。

《象传》说,"归妹以娣,以恒也",因为她守着的是恒道,是婚嫁的常道。"跛能履吉",好像脚跛了,因为她不是正室,但是她还是努力地去行走。"相承也",说明她能够以偏来助正,共同地侍候这个夫君,所以是吉利的。

九二,眇能视,利幽人之贞。

象曰：利幽人之贞,未变常也。

【语译】

九二,眼睛瞎了一只,勉强能够看到东西,有利于幽居的人守持正道。

《象传》说,有利于幽居的人守持正道,是因为没有改变常规。

【解读】

"眇"是指视力不好。"幽人",就是幽居的人。那么这个幽人究竟是指谁呢？当然是指九二,九二上面配的是六五,六五是阴柔不正,就好比妇道人家嫁的这个人品性不良,不是她所想配的人,这样她自己就好像被幽居了一样。九二爻,"眇能视,利幽人之贞",尽管视力不好,但仍可走路视物,有利于幽静、幽居的人守持正道。

《象传》说,"利幽人之贞",是因为"未变常也",就是说她没有改变这个妇道人家的恒常之道,还是守着这个节操。屈原在《楚辞》里面经常发出像"美人、香草"这样的一种怨恨,跟这根爻是很有关系的。来知德曾经解释说,这个"幽人无贤君,正如九二无贤夫",可是她能够终身不改,所以就吉。

六三,归妹以须,反归以娣。

象曰:归妹以须,未当也。

【语译】

六三,少女以妾的身份出嫁,返归后嫁作侧室。

《象传》说,少女以妾的身份,是不妥当的。

【解读】

这个"须"字,是什么意思呢？就是妾。六三,"归妹以须",这个少女以妾的身份出嫁,做了侧室、偏室。"反归以娣",她就应当返归,等待时机,然后以娣的身份嫁作侧室。

《象传》解释说,"归妹以须,未当也",少女出嫁的时候,就是去做妾,这种行为不太妥当。即使做不了正室,也要等待时机,以娣的身份出嫁去做侧室。六三是阴爻居于阳位上,不当位,所以要返回来等待时机。

九四,归妹愆期,迟归有时。

象曰:愆期之志,有待而行也。

【语译】

九四,待嫁少女延误了佳期,迟迟未嫁是在等待时机。

《象传》说,延误了佳期,是为了等待合适时机之后才前行。

【解读】

"愆"是延误。九四,"归妹愆期",就是待嫁少女超过了佳期。"迟归有时",迟迟未嫁,只好静待时机。

《象传》说,"愆期之志",少女在这个时候超过婚龄了,她现在这个心理状态是什么样子呢?是"有待而行",在静静地等待时机,而后才前行。这是一种很好的心态,这种心态其实是吉的,是一种妇人的贤德之志。那为什么说九四延误了最好的时机呢?因为九四配的是初九,两个都是阳爻不相应,这就好比这个少女愆期未嫁,只有慢慢地等待她的缘分。

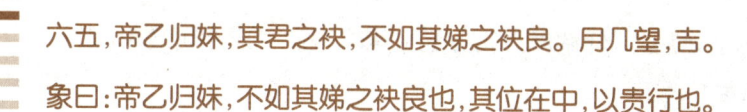

六五,帝乙归妹,其君之袂,不如其娣之袂良。月几望,吉。

象曰:帝乙归妹,不如其娣之袂良也,其位在中,以贵行也。

【语译】

六五,帝乙将女儿嫁出,她穿的衣服还不如侧室好看,月亮将要圆满了,是吉祥的。

《象传》说,帝乙将女儿嫁出,她穿的衣服还不如侧室好看,是因为她处于最尊位(却仍能持守),她的行为难能可贵。

【解读】

"帝乙归妹"是一个有名的故事。这个故事在泰卦里也出现过。帝乙是商纣王的父亲,当时他已经看出了姬昌也就是后来的周文王很得人心,会对他的天下造成威胁,于是帝乙就把自己的女儿嫁给了周文王。因为她是帝王之女,所以她的位置非常之高,嫁给了当时身为侯的姬昌,这是下嫁。但是帝乙的这个女儿品性非常好,她非常谦虚,穿的衣服都非常的节俭、朴素。所以她的衣服,"其君之袂,不如其娣之袂良",还不如侧室穿的精美,说明她虽然处在六五尊贵之位,但是非常的谦逊、守中道,好比是"月几望",就是月亮还没有望,即还没有最圆的时候,接近圆满而不过分圆满,这样就非常吉祥。这里用月亮的盈亏来说明人的品德。"月几望"就是月还没有满,要满了之后,它就太过了,马上就要亏了。这是告诉我们，为人虽然高贵，但是要节俭，虽然取得了成功，但是一定要谦逊，不要太满，一满就有亏了。

《象传》解释说，"帝乙归妹，不如其娣之袂良也"，是因为"其位在中，以贵行也"，这是说虽然她处于最尊位，但守持中道，能节俭、谦逊。位高权重的人有这种宝贵的品德，实属难能可贵。

可是也有人会说："我们为什么要成功，要没日没夜地艰苦奋斗呢？不就是为了过上好日子，跻身上流社会，随心所欲地生活吗？为什么还要低调？"

诚然，成功之后，很多人努力奋斗的初衷得以实现，开始提升自己的生活品质，穿名牌，住别墅，开名车，周游世界。这些本也无可厚非，但是即使你做到了这些，如果不能保持低调的态度，事事谦卑，那你仍然算不得成功，因为你的心态还不是成功者的心态，你的行为举止自然处处显得小家子气，很难赢得真正的尊重，你也难以长久维持这样的成功。

功成名就之后，"低调做人"，方显大家本色。得意不可忘形，财大不可气粗，居功不可自傲。

清代名将年羹尧战功卓著，雍正给他的恩赐到了无以复加的地步，年羹尧志满意得，完全处于一种被奉承被恩宠的自我陶醉中，进而做出了许多超越本分的事情，最终招致雍正的警觉和忌恨，以致家破人亡。

雍正二年（1724年）十月，年羹尧第二次进京陛见，在赴京途中，他令都统范时捷、直隶总督李维钧等跪道迎送。到京时，黄缰紫骝，郊迎的王公以下官员跪接，年羹尧安然坐在马上行过，看都不看一眼。王公大臣下马向他问候，他也只是点点头而已。更有甚者，他在雍正面前，态度竟也十分骄横，"无人臣礼"。年进京不久，雍正奖赏军功，京中传言这是接受了年羹尧的请求。又说整治阿灵阿（皇八子胤禩集团的成员）等人，也是听了年的话。这些话传到了雍正耳中，大大刺伤了他的自尊心。

年羹尧结束陛见回任后，接到了雍正的谕旨，上面有一段论述功臣保全名节的话："凡人臣图功易，成功难；成功易，守功难；守功易，终功难……若倚功造过，必致反恩为仇，此从来人情常有者。"在这个朱谕中，雍正改变了过去嘉奖称赞的语调，警告年羹尧要慎重自持。此后年羹尧的处境便急转直下，直至最后被雍正赐死。

所以，得意而不忘形，财大而不气粗，居功而不自傲，这才是做人的根本。"高调做事"则是一种责任,一种气魄,一种精益求精的风格,一种执着追求的精神。所做的哪怕是细小的事、单调的事,也要代表自己的最高水平,体现自己的最好风格,并在做事中提高素质与能力。

总之,有品位的人不一定低调,有内涵的人不一定低调,成功的人也不一定低调,但反过来讲,低调的人会更有品位,更有内涵,也更成功。无论在官场、商场还是职场,"低调做人,高调做事"都是一种进可攻、退可守,看似平淡、实则高深的处世谋略。它不仅是普通人的处世圣经,更是成功者的做人训诫。总之,只有懂得低调做人、高调做事的人,才能够在人生这段旅途中走好每一段路,宠辱不惊,坚韧前行。

上六,女承筐,无实,士刲羊,无血,无攸利。

象曰：上六无实,承虚筐也。

【语译】

上六,女子捧着筐篮,但筐中没有实物,男子用刀杀羊,却不见出血,是没有益处的。

《象传》说,上六有名无实,好比女子捧着空筐。

【解读】

在古代贵族男女的婚礼上,有一个献祭宗庙的习俗。那就是女子要在筐里面放一些花草,男子要杀一头羊,然后用羊血去祭奠。可这里却是这样一个情景："女承筐,无实",女子手里拿着一个竹筐,竹筐里没有东西；"士刲羊,无血",男子手里拿着一把刀在杀羊,但是又看不到羊流血。这种情景是一种不祥之兆,是"无攸利",不会有任何利益。

《象传》解释说,"上六无实",是因为"承虚筐也"。祭祀时,女子只捧着空筐,男子杀羊不见血,比喻不能进行祭祀,就是婚礼不成,夫妇不能和合。上六爻处卦之终,在下无应,是为至终不相应,夫妇不能应和。为什么会这样呢？上六爻处在最高位,就像出嫁的少女太高贵,反而无所适从了。不能像上六这位女子一样,拿的筐本身就是虚的,那怎么能承载东西呢？这都是说明要想男女和合,要想阴阳和谐,一定要落到实处,根基要坚实,不要去追求那些虚无缥缈的东西。因此这根爻是用物极必反这个意思来告诫女子出嫁要戒备的一些事情。

归妹卦表面上说的是男婚女嫁，实际上它进一步阐发了一种天地阴阳和谐的常道，那就是阴要以阳为归属，阴阳要和谐，这样天地才能长久，万物才能繁衍。所以归妹卦的六根爻很有意思。只有三爻和上爻两爻是凶，是因为这两爻都有非分之想，或者处于太高的位置，下面落实不了，所以才凶。其他四根爻，初爻安于做偏室；二爻虽然嫁夫不良，但是她能够守贞；四爻虽然婚期延迟，但是还能待时而嫁；五爻最好，她是一个贵女，但却十分谦逊、十分节俭。这四爻都符合妇德，符合男女交合之礼。总体而言，归妹卦是从阴的角度，也就是从女子的角度出发来说明天地之大义。

丰卦第五十五——丰盛硕大

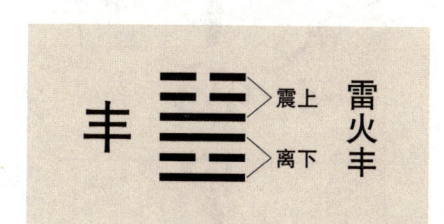

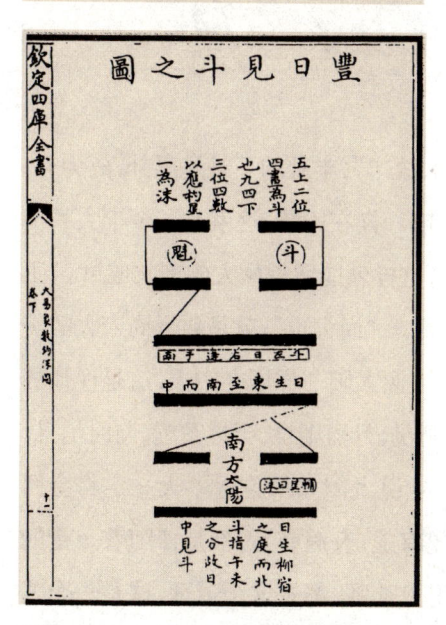

丰，亨，王假之，勿忧，宜日中。

【语译】

丰卦，亨通，君王可以达到丰盛的境界，不必忧虑，应该像正午的太阳盛大丰满。

【解读】

"丰"是丰收、丰满、丰大、丰盛、丰硕的意思。《序卦传》说："得其所归者必大，故受之以丰。丰者，大也。"因为得到自己的归宿，能够回到自己应该回的地方，就一定会丰大起来，所以归妹卦之后就是丰卦。丰卦是说明事物丰大的道理。

卦辞说，"丰，亨"，硕大的时候，丰大的时候，是亨通的。"王假之"，"假"是达到的意思，君王可以达到丰盛的境界。"勿忧，宜日中"，不需要忧虑，应该设法使盛世如日中天一样地保持下去。前面这一句"丰，亨，王假之"，是说要达到丰大的这种境界，后面的"勿忧，宜日中"是说要怎么保持住这个丰大的状态。所以这一卦实际上说了两方面的内容：一是怎样来达到丰大的目的，那必须要有德行，有德的君主才能达到这样的境界；二是说怎么来保持住这个丰大的状态，就是要像太阳一样居于中天，光明常照，这样才可以无忧，否则的话仍然是有忧虑的。显然，丰卦虽取名于"丰美硕大"，却深诫求丰不易，保丰更难，提醒人们丰不忘衰，盈不忘亏,寓意深切。

彖曰:丰,大也。明以动,故丰。王假之,尚大也。勿忧,宜日中,宜照天下也。日中则昃,月盈则食,天地盈虚,与时消息,而况于人乎,况于鬼神乎。

【语译】

《彖传》说,丰就是大。光明而且活跃,所以丰盛。大王如何才能达到这个丰大的境界呢？需崇尚宏大的美德。不必忧虑,应当如正午的太阳一样,适宜普照天下。太阳升到中天后就要西斜,月亮盈满后就会亏损,天和地有盈满有虚亏,随着时令而消长变化,何况人呢,何况鬼神呢。

【解读】

《彖传》说,"丰,大也",丰就是大。"明以动,故丰",丰卦的下卦是离卦,离为火,火为明,上卦是震卦,震为雷,雷为动,光明像雷电一样在闪耀,这就是一个丰大的情景。好比是道德光明并能接下来采取实际行动,这样就能取得硕大的丰收成果。"王假之",就是大王如何才能达到这个丰大的境界呢？"尚大也",就是要崇尚宏大的美德。"勿忧,宜日中,宜照天下也",不必忧虑,应该像太阳一样居在中天,这是说他的圣德要普照天下,才有一种丰大的光辉。"日中则昃,月盈则食,天地盈虚,与时消息,而况于人乎,况于鬼神乎。"这几句非常有名,是说太阳如果位居中天一定将会西斜,月亮如果盈满了一定会亏损,天地自然有盈有虚,有满有亏,都是伴随着一定的时候、时机、时令而消长变化的,何况人呢,何况鬼神呢,都是这个道理,这是一个普遍的规律。所以说大王、君主他们在丰大的时候,一定要考虑到自己的亏损,要适中不要太过,物极必反,这是自然的常理。始终要保持住如日中天的状态是很难的,这就要加强自己的修养,要谦虚,要守持中庸之道。

象曰:雷电皆至,丰。君子以折狱致刑。

【语译】

《象传》说,雷电并作,这就是丰卦之象。君子要效法雷电来正大光明地判决诉讼,执行刑罚。

【解读】

《象传》说,"雷电皆至",上卦为震卦,震为雷,下卦为离卦,离为电,雷电并作,喻为丰大之象,这就是丰卦。打雷发出轰隆隆的响声,表示天是非常威严的,闪电则是天的一种光耀,表示一种光明。雷的威严和电的光明一起到来了,霹雷闪电同时发作,沉雷轰鸣电光闪耀,声势极其盛大,当然是一种丰大的情景,这就是丰卦之象。君子看到这样的卦象,就要按照丰卦之道来"折狱致刑",君子要效法这个雷电来公正地断案执法,动用刑罚。前面讲过"噬嗑"卦,是火雷噬嗑,跟雷火丰卦上下卦象刚好相反。噬嗑卦的《象传》上说:"雷电噬嗑,先王以明罚敕法。"意思跟这里有相同的地方,但也有一定的差别。朱熹做了一个解释,他说那个噬嗑卦是"明在上,动在下",是要先明白事理然后再立法,而这个法是要等到不同时候来用的,所以要明罚敕法。而丰卦跟它相反,是威严在上,明白在下,是在敕法的时候要先明白下情曲折的情况,不然的话,威严、威动在上一定是有过错的,所以要"折狱致刑"。这两个卦实际上都是以火跟雷的威严来说明在执法的时候,一定要明白这个关系事理,这样才不至于执法不公正。

初九,遇其配主,虽旬无咎,往有尚。

象曰:"虽旬无咎",过旬灾也。

【语译】

初九,遇到跟自己匹配的君主,虽然地位相等,但没有灾祸,前往会得到重视。

《象传》说,虽然地位相等,但没有灾祸,想超越去竞争就有灾祸了。

【解读】

初九,"遇其配主",遇到跟自己相匹配的君主,这里可以引申为遇到跟自己实力相当的主人。"旬"通"均","虽旬无咎",虽然地位相等,但不至于招来灾祸。

"往有尚",这样前往就会得到别人的尊敬和崇尚。跟初九相匹配的主人是谁呢？就是九四爻,因为九四爻刚好跟他是相应的,两者都是阳爻,旗鼓相当。

《象传》说,"虽旬无咎",尽管两个爻实力相等,也不至于有灾祸。"过旬灾也",虽然跟自己实力相当,但是不要去相争,自己要处下,因为初九刚刚开始,居最下位。这里很有意思,六十四卦里面都是采用阳跟阴的结合这才叫相配,而丰卦这里取的是两根阳爻相配合,同德而相遇,这时不要去竞争才能够免除灾祸,否则的话两者相遇而去竞争了,那就有灾祸了。

学会处下,甘心处下,这是每一个新入行者的必修课和必经路。惟其如此,你才能静下心来,全力钻研行业的业务,全心提升自己方方面面的能力,退一步讲,就算你的能力再强,也不要指手画脚,做出不符合你彼时身份地位的事来,因为这是每一个新人入行后的必修课和必经路,只有静下心来,踏实做事,以自己的实力和才干说话,才能将这门必修课尽快完成,把这段必经路尽早走完。

六二,丰其蔀。日中见斗,往得疑疾,有孚发若,吉。

象曰："有孚发若",信以发志也。

【语译】

六二,扩大了草席遮住了太阳,以致正午看见北斗星,前往会被猜疑,如果发挥了自己诚信的美德,最终会获得吉祥。

《象传》说,"有孚发若",就是用诚信来发挥自己的志向。

【解读】

"蔀（bù）",原指院中木架上所盖的草席,这里比喻阴暗的东西。六二,"丰其蔀,日见其斗",大白天太阳正当中却能看见北斗星,说明这个时候幽暗而不见光亮了,有阴暗的东西在遮挡。喻示一个人在丰大、丰盛的时候,往往容易把自己的阴暗面扩大,这样就遮住了光明面,"往得疑疾",前往就会受到别人的猜疑。"有孚发若,吉",因此这个时候只有用诚信来保持自己光明的一面,发挥自己的志向和美德,这样才能吉。

《象传》说,"有孚发若",就是"信以发志也",就是用诚信来发挥自己的志向,来阐明自己的美德。六二爻是阴爻居于中位,这就是一种诚信的表示,又中又正,要保持住自己这种诚信的心理,不要让阴暗的东西扩大开来。

九三，丰其沛，日中见沫，折其右肱，无咎。

象曰：丰其沛，不可大事也。折其右肱，终不可用也。

【语译】

九三，扩大了旗帜遮住了太阳，以致中午看见小星星，折断了自己的右臂，没有灾祸。

《象传》说，扩大了旗帜遮住了太阳，说明不可以胜任大事。折断了自己的右臂，最终不可能被重用。

【解读】

"沛"通"旆（pèi）"，就是旗子。九三，"丰其沛"，意思是扩大了旗帜，当然会遮蔽光明。"沫"通"昧"，这里指小星星。"日中见沫"，以致大白天也能看到小星星。"折其右肱，无咎"，这个时候只有把自己的右臂折断，才不至于有灾祸。为什么要把右臂折断呢？这是说要收敛自己，不要使自己那种丰大的才能展现出来，要谨慎从事，这样才可以免除灾祸。

《象传》解释说："丰其沛，不可大事也。"因为你丰大了自己的旗帜，遮蔽了光明，说明你不可以承担大事。"折其右肱，终不可用也"，而你把右臂都给折断了，还有什么大的作用呢？就是说不可以施展自己的才能了，那就要把自己的才能隐藏起来。因为九三爻已经是到了下卦的最上一爻，下卦离为火，为闪电，闪电到头了，所以这个时候一定要归隐，一定要把自己的才华给隐藏起来，这样才不至于招来灾祸。

九四，丰其蔀，日中见斗，遇其夷主，吉。

象曰：丰其蔀，位不当也。日中见斗，幽不明也。遇其夷主，吉，行也。

【语译】

九四，扩大了草席子以遮住太阳，以致中午看见了北斗星，遇到阴阳平和的君主，吉祥。

《象传》说，扩大了草席子遮住了太阳，是因为九四爻居位不当。中午看到了北斗星，说明由于幽暗而不明朗了。遇到了阴阳平和的君主，吉祥，可以继续前行了。

【解读】

九四爻也是"丰其蔀,日见其斗",就是扩大了自己的阴暗面,遮挡住了光明,就好比太阳正当头的时候也能看得到北斗七星。"夷",是平的意思。"夷主",说的也是阴阳相匹配的那种君主。"遇其夷主,吉",只有遇到阴阳平和的主人才是吉的。初九说的是"配主",九四说的是"夷主",那这里的"夷主"是指谁呢?当然是指初九,初九称九四为"配主",九四称初九为"夷主",强调了两个都是阳德,一定要平衡、匹配。如果不平衡,相互争斗,就会凶。

《象传》解释说,"丰其蔀,位不当也",九四爻居位不当,这就好比"丰其蔀"了,把阴暗的东西扩大开来,遮住了光明的东西。"日见其斗,幽不明也",大白天太阳正当中却能出现北斗星,这就说明这个时候幽暗而不见光亮了,有阴暗的东西。"遇其夷主,吉,行也",如果遇到了阳德相平衡的主人,就会获得吉祥,可以继续前行。

六五,来章,有庆誉,吉。

象曰:六五之吉,有庆也。

【语译】

六五,招来有才华的人,必有喜庆和赞誉,大吉祥。

《象传》说,六五之所以吉祥,是因为有喜庆。

【解读】

"章"通"彰",就是有才华的人。六五,"来章,有庆誉,吉",招来有才华的人帮助自己,就能使自己的事业丰大,必有福庆,有嘉誉,而且能大吉祥。

《象传》说,六五之所以吉祥,是因为"有庆也",即有福庆,有福报。六五是以阴爻居在丰卦的最尊位、阳刚之位,这就表明虽然阴柔但还有阳刚的这种因素,而且能守中道,以诚相召,所以他能招来天下有才能的人,得到这些有才能的人的辅助,能使自己的光明丰大起来,因此是吉祥的,会有福报。

上六,丰其屋,蔀其家。窥其户,阒其无人,三岁不觌,凶。

象曰:丰其屋,天际翔也。窥其户,阒其无人,自藏也。

【语译】

上六,扩大了房屋,用帘子遮盖了屋室。透过门缝往里看,静悄悄没有人影,三年都看不见有人,有凶险。

《象传》说,扩大了房屋遮住了太阳,好像鸟在天空中飞翔一样,透过门缝往里看,静悄悄没有人影,是因为自己隐藏了踪迹。

【解读】

上六,"丰其屋",就是扩大自己的房屋,房屋越盖越大。"蔀其家",把自己的家室给遮盖住了。"窥其户",透过门缝往里面看。"阒其无人",里面不见一人,非常安静,毫无人气。"三岁不觌,凶",过了三年都看不见人,这里面的人都没有露面,这是凶的。把房子盖得很大很大,却把人藏得很深很深,像这样做就是一种凶象。

《象传》解释说,"丰其屋,天际翔也",因为上六爻已经是居于最高位了,这个房屋盖得太高又太大,好像是一只飞鸟在天空中飞翔一样,都遮住了太阳,说明丰到极点了,它太自高自大、自鸣得意了,有点得意忘形了。"窥其户,阒其无人,自藏也",这是自己把自己藏起来,隐藏得很深很深,过了三年也看不见这个人,这里是说上六把自己看得太高,不与众人打交道,断绝一切交往,这是自绝于人,是只顾自己丰大而不顾别人,当然是一种凶象。

丰卦的六根爻都提到了在丰大状态下的不同做法,由于做法不同也就导致了吉和凶结果的不同。这就告诫我们一定要意识到,丰大总是暂时的,是相对的,任何事物的发展都是这样,丰大终究要趋向于亏损的,同样亏损也终究要趋向于丰大。因此在丰大的时候,一定要提高警惕,要守住中道,不要自高自大,让阴暗遮住了光明。

旅卦第五十六——行旅客居

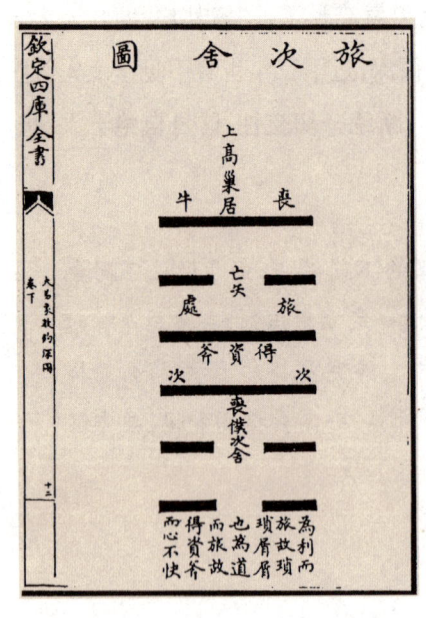

旅，小亨，旅贞吉。

【语译】

旅卦，稍有亨通，在行旅中只有守住正道才能获得吉祥。

【解读】

"旅"，意为羁旅，旅行。《序卦传》说："穷大者必失其居，故受之以旅。"丰是大，大到极点了，就一定会失去它的住处，所以就要向外旅行了。所以丰卦之后就是旅卦，"旅"最初是指失去了自己的住所，然后远离故国，远离故乡，到异国他乡去避难、去客居，有的是为了事业，为了经商、营生，有的是被放逐、流放。这与现在的"旅"——旅游的意思大不一样，现在的旅游是一种消遣、放松。过去的旅居虽有多种情况，但不管哪一种，都是客居他乡，因此都有思念故土的忧愁、忧虑的心情。古代有许多描写这种旅居生活的诗赋，比如伟大诗人屈原的《离骚》："路漫漫其修远兮，吾将上下而求索。"汉代张衡的《思玄赋》："颛羁旅而无友兮，余安能乎留兹？"元代戏曲家马致远的《天净沙·秋思》："枯藤老树昏鸦，小桥流水人家，古道西风瘦马。夕阳西下，断肠人在天涯。"这些都是脍炙人口的名篇名句。

这一个卦其实不仅仅是指旅行、旅居，还可进一步推广到人生万物，正如李白所说："天地者，万物之逆旅；光阴者，百代之过客。"(《春夜宴桃李园序》)天地就好比一个旅馆，我们就好比一个匆匆的过客，万事万物，包括我们人生的过程，实际上就是在天地之间旅行、旅居的过程。所以这个卦还可以推广到诸侯之寄寓，大夫之去乱，圣贤之周游。

卦辞说，"旅，小亨"，行旅的时候只有小心谨慎，才能亨通。"旅贞吉"，行旅的时候要"贞"，就是要守住正道才能获得吉祥。

彖曰："旅，小亨"，柔得中乎外而顺乎刚，止而丽乎明，是以小亨，旅贞吉也。旅之时义大矣哉。

【语译】

《彖传》说，旅卦，稍有亨通，阴柔得处中正并且顺从刚强，静止依附于光明，所以稍有亨通，在行旅中守住正道是吉祥的。旅卦的时间意义是非常宏大的。

【解读】

《彖传》说，"旅，小亨"，旅居、旅行的时候一定要谦虚、小心才能亨通顺利。"柔得中乎外而顺乎刚"，在旅居的时候柔弱守中道，而且顺从那些刚强者。这里的"柔"是针对这一卦中最重要的一爻六五爻而言的，六五爻是柔爻得中位，又在外卦、上卦，顺应的是刚爻，因为上下爻都是刚爻。"止而丽乎明"，静止、安宁而附丽、依附于光明。这个"止"是指下卦为艮，艮为止，上卦离为火，火为明。"是以小亨，旅贞吉也"，这样的话就能亨通，行旅守正道就能获得吉祥。"旅之时义大矣哉"，所以这个旅卦的时义是非常宏大的，因为它不仅仅指行旅，还可以扩大到人生之旅、事业之旅，实际上都是一个旅行的过程。

象曰：山上有火，旅。君子以明慎用刑而不留狱。

【语译】

《象传》说，山上燃烧着火，这就是旅卦之象。君子要光明地，谨慎地执行刑罚，不拖延诉讼。

【解读】

《象传》说，"山上有火"，下卦为艮卦，艮为山，下卦为离卦，离为火，山上燃烧着火，必失其居，就象征着旅行、旅居，这就是旅卦之象。为什么山上有火是旅呢？实际上这是古代的一种祭礼，在《周礼·天官·掌次》这一篇中，有一句话叫"王大旅上帝"。郑玄的解释是："大旅上帝，祭天于圜丘，国有故而祭，亦曰旅。"就是说旅是一种祭祀，祭祀上帝，在哪里祭祀呢？在圜丘那里祭祀上帝。《论语·八佾》中也说："季氏旅于泰山。"朱熹认为这个"旅"就是祭的名称，就是说对泰山施行旅祭的仪式，这种礼仪就叫做旅。这种仪式就是在山上面设一个火坛，然后生火用来祭祀，所以说"山上有火"就是"旅"了。一般的，祭天帝或者祭山川，都要用"旅"这种仪式。君子看到旅这样的卦象，就要按照旅卦之道来"明慎用刑而不留狱"，就是要明以察狱，慎以用刑，裁断诉讼，绝不拖延。前面有好几卦都讲到了刑狱，如雷火丰卦讲到了要"折狱致刑"，火雷噬嗑卦又讲到了要"明罚敕法"，我们可以看出它们都带有一个"火"字，带火的卦象大多是要明，它往往是与用刑、刑罚、讼狱结合在一起，说明这种刑狱之事一定要像火一样光明，不能徇私情。

初六，旅琐琐，斯其所取灾。
象曰：旅琐琐，志穷灾也。

【语译】

初六，行旅之初，举动猥琐、卑贱，就会自己招来灾祸。

《象传》说，行旅之初，举动猥琐、卑贱，说明意志薄弱，招来了灾祸。

【解读】

"琐琐"，就是心里的那种猥琐、卑贱的感觉。初六，"旅琐琐"，行旅之初，如果你的举动非常猥琐、卑贱的话，"斯其所取灾"，这就是自招灾祸。我们来看，如果一个人羁旅在外，他志向上就短人家一截，处处表现出猥琐的那种心态，那别人怎么能瞧得上他呢？所以这个时候一定要保持住自己的气节。

《象传》说，"旅琐琐，志穷灾也"，行旅之初，猥琐卑贱，这就说明自己意志薄弱了，这样当然会招来灾祸。所以说志向很重要，有一句话叫"人穷志不穷"，志一穷你人不穷也得穷了。一般说来行旅在外的人，大多处境很艰难，但是古代很多仁人志士都保持了崇高的气节，比如说屈原，他被放逐，"虽九死其犹未悔"，而且他还在"上下求索"，志向没有穷，气节没有穷。反过来你志向一穷，气节一短，就会处处招来灾祸。

六二，旅即次，怀其资，得童仆，贞。

象曰：得童仆，贞，终无尤也。

【语译】

六二，居住在旅馆里，怀藏着自己的钱财，得到忠贞的童仆，要守持正道。
《象传》说，得到忠贞的童仆，终究没有麻烦。

【解读】

"即"就是"就"的意思。"次"就是"舍"的意思，就是指客舍、旅馆。六二，"旅即次，怀其资，得童仆，贞"，他行旅在外，居住在旅馆里了，而且还怀藏着一些钱财，这是商旅得志之象；又能得到仆人，这个仆人行为很正派，行旅之时能有忠诚可靠的童仆相伴，那是再好不过的事。为什么说六二爻的时候会"怀其资，得童仆"呢？这是因为六二爻在旅行的时候能够柔中居正，也就好比行旅安居在一个旅馆里面了。他上面是九三爻，是一根阳爻，阳爻就好比在资助他，支持他，也就好比他得到资产了。他下面乘的是初六爻，是一根阴爻，就好比童仆，所以他守着正道这样就吉。

《象传》说，"得童仆，贞，终无尤也"，六二爻终究是没有麻烦的，因为他按照行旅之道来做事，而且又守中位，不偏不倚，这样就可以找到旅馆安歇下来，然后又有钱财又能够得到仆人相助。那什么叫六二爻行旅的时候柔顺处中正呢？是指内不失去自己的志向，所以自己也没有什么不安的了；外不失去别人的帮助，所以别人都会帮助他，这就叫做中正之德。守住中道，积累善德，不仅仅是增进自身修养的必需，也是一个人更好地融入社会、获得成功的必需。提升自我之后，你将会有更多的朋友，更和谐宽松的工作环境，更愉悦的工作心态。机会和成功也会在不经意间轻轻敲响你的房门。

九三，旅焚其次，丧其童仆，贞，厉。

象曰：旅焚其次，亦以伤矣，以旅与下，其义丧也。

【语译】

九三,投宿的旅店失火,丧失了自己的童仆,太刚正,有危险。

《象传》说,投宿的旅店失火,也因为失火遭受到损伤,旅途中以不良态度对待仆人,此人的道义丧失了。

【解读】

九三是阳爻处于刚位,下卦最上一位,这个时候"旅焚其次",寄宿的旅馆被火烧了;"丧其童仆",又丧失了他的仆人。"贞,厉",所以这个时候太刚正是非常危险的。

《象传》解释说,"旅焚其次,亦以伤矣",就是说这个行旅的旅馆被火烧了,是因为他遭受到了损伤,因为九三爻是阳爻,很刚强,他太亢了又在躁动,处于下卦的最高一爻,又很主动,所以是非常危险的,因为这不符合行旅之道。旅行在外,寄人篱下,这个时候你怎么能处处表现出那种躁动、亢进、阳刚的心理和行为呢?这里用烧掉自己的旅馆比喻会有灾祸。那为什么又会失去仆人呢?"以旅与下,其义丧也",这是因为行旅的人擅自地"与下",时时、处处地去指使下面的六二爻这个仆人,太过分了,所以从道义上说他肯定会丧失这个仆人的帮助,这就叫做位置越高他的阳刚品性也就越亢进,越亢进他的灾祸也就越深。

九四,旅于处,得其资斧,我心不快。

象曰:旅于处,未得位也。得其资斧,心未快也。

【语译】

九四,行旅中暂时得到了栖息之处,获得了资财器物,但是我的心中不快乐。

《象传》说,行旅中暂时得到了栖息之处,因为九四居位不正。即使得到了资财器物,心中依然不快乐。

【解读】

"处",指处所,暂时的处所,它不是前面那个"次","次"是一个旅馆。"资斧"实际上是锐利的斧子。有一种说法认为"资斧"就是钱币,因为古代钱币的形状就像斧头,这也是能讲得通的。九四,"旅于处",行旅时得到了暂时的居处。"得其资斧",获得了锋利的斧头可以用来披荆斩棘。"我心不快",但是心中仍然是不很快乐,不畅快。

《象传》说："旅于处,未得位也。"九四,居位不正,是阳爻居在阴位上,他没有得到安居,只是得到一个暂时的栖息之处。"得其资斧,心未快也。"既然得到了暂时的居处,而且又得到了利斧或者钱币,为什么心中依然不快乐呢?关键之处就是此时是阳爻处在阴位上,没有找到自己的位置,又是居住在下卦艮山之上,必定是行旅在外,不在自己的故乡、故国,所以心中依然不畅快。这是指其心中的志向还没有改变,思国、思乡之情依然没有改变。

六五,射雉,一矢亡,终以誉命。

象曰:终以誉命,上逮也。

【语译】

六五,射死了一只野鸡,费去了一支箭,最终获得了赞誉和爵命。

《象传》说,最终获得了赞誉和爵命,是因为亲近了居高位的尊者。

【解读】

六五,"射雉,一矢亡,终以誉命",行旅在外,他用弓箭一射就射死了一只野鸡,虽然一支箭亡失了,但是终究获得了美誉,获得了爵命。这是行旅中一种最佳的情况了。这里为什么用野鸡来作比喻呢?因为上卦是离卦,离就是野鸡,比家鸡要漂亮,在这里就比喻美誉。

《象传》说:"终以誉命,上逮也。""逮",就是达到的意思,达到、获得了上等的荣誉。为什么到六五能够获得美誉,而且还有爵命?因为六五柔爻居中,有柔中、文明之德,这个时位是全卦当中最佳的时位了,一射就获得了一只野鸡,比喻自己做出了大的成绩,获得了成功,所以能够得到誉命。

上九,鸟焚其巢,旅人先笑后号咷,丧牛于易,凶。

象曰:以旅在上,其义焚也。丧牛于易,终莫之闻也。

【语译】

上九,鸟的巢穴被烧毁了,行旅的人先是欢笑,后来却嚎啕痛哭,在田畔丧失了一头牛,这是凶险的。

《象传》说,作为旅客在异乡身居高位,表现得高高在上,从道义上讲是要被烧毁殆尽的。农夫在田畔丧失了一头牛,最后没有人能知道。

【解读】

上九,"鸟焚其巢",鸟巢就被烧毁了。"旅人先笑后号咷",行旅的人先是觉得获得了高位而欢笑,后来遭到了灾祸而痛哭号啕。"易",通"埸",田畔。"丧牛于易,凶",就像是在田野中丧失了一头牛,这是有凶险的。

《象传》解释说,"以旅在上,其义焚也",为什么到了上九这个时位就像处在高枝上的鸟巢被烧毁了呢?因为这些行旅之人虽然高居在最高位,但已经穷途末路,却忘记自己客居他乡,此时仍然采用阳刚的做法,表现得高高在上,还要欢笑娱乐,肯定会招来倾家荡产的灾祸,所以说从道理上必然会导致焚巢这种灾难。"丧牛于易,终莫之闻也",这种灾难是倾家荡产的,就好比是在田畔丢失了一头牛,而且这个时候,你的任何消息亲人们都不会知道了,因为你是客居他乡。这说明行旅在外,客居他乡,即使是身居高位,也应该不能忘记自己的家园,自己的国土,否则的话,稍有不慎就会失去一切,而且没有任何亲人会知道你的处境。

> 整个旅卦讲的虽然是一种行旅在外的情景,但是也表示在人生这个旅途当中的所作所为。从这六个爻的整体看,凡是阴柔之爻处中、和顺、谦逊,往往都是吉的;凡是阳刚之爻刚强、高亢、进取,往往是凶的。这里面都包含着一个"志"字,自己的心志一定要正,既不能猥琐、卑贱,也不能因亢奋而改变。可见,整个的旅卦的时义是非常宏大的。

巽卦第五十七——柔顺谦逊

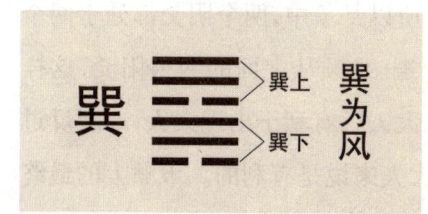

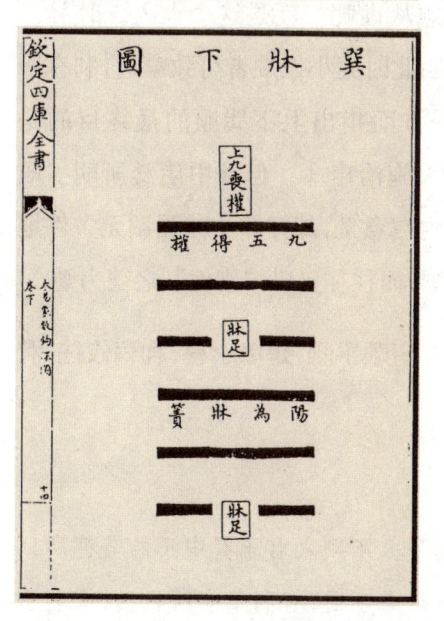

巽,小亨,利有攸往,利见大人。

【语译】

巽卦,谦柔谨慎就会亨通,有利于有所行动,有利于面见大人物。

【解读】

"巽"是入、回归的意思,像风一样无所不入,又为顺从、谦恭、谦让的意思。《序卦传》说:"旅而无所容,故受之以巽。巽者,入也。"就是说旅居在外而没有人能够收容他,所以他就回来了,回到家乡,所以旅卦之后就是巽卦。这个巽卦,上卦和下卦相同,都是巽,象征着顺从,所以巽卦讲的是顺从的智慧。顺从是非常大的学问,我们都处在这个世上,都处在上下级关系、长幼关系、平辈关系中,顺从既是讲下顺从上,也是讲上要顺从下面的意志。那么巽卦除了顺从之外还有一层意思,那就是谦虚、谦逊的意思。同时这个巽又代表风,风是从外边吹进来的,所以它又有"入"的意思,风的流动性很强,适应性很强,无孔不入,这个适应性可以用在人与人之间的关系上。总之谁能顺应这个世界,顺应这个人际关系,谁就能取得成功。巽卦还表示长女,长女本身就有女德,就有谦逊和顺从的意思。

卦辞说,巽卦,"小亨","小"就是小心,谦虚、柔顺,那么就可以亨通。"利

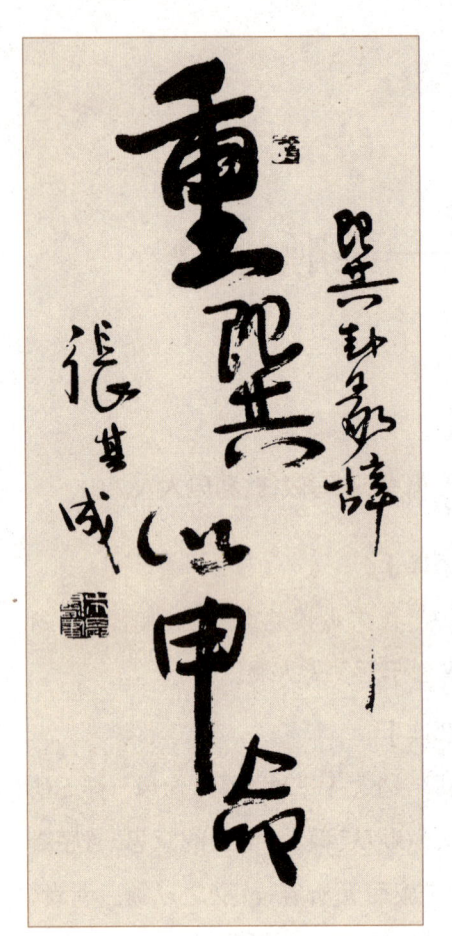

有攸往，利见大人"，利于有所前往，也利于出现大人，或者说，对大人来说是有利的。要从小做起，然后做成一个大人。为什么是"小亨"呢？这里"小亨"是指那根阴爻，因为巽卦一开始就是一根阴爻，阴爻是表示弱小，那么行事要小心，要谦虚、顺从，所以这个卦是阴顺阳，臣顺君，小顺大，这样你就亨通，如果反过来，太刚强，太厉，那么就难以亨通。所以卦象中，两个阴爻都处于两个卦的最下端，是顺从上面的两根阳爻，这样也"利见大人"，有利于出现大人，或者反过来说，对大人来说是有利的。下顺上的最终目的是顺从谁呢？就是这个大人。卦辞一方面表明此时柔小谦顺者可致亨通，利有所往，另一方面指出上下巽顺的最终目的是利于大人施治申命。但卦中诸爻所明"顺从"的内在意义，却并非一味强调无条件地盲从卑顺，而往往是以"刚健"之德为勉。

彖曰：重巽以申命，刚巽乎中正而志行，柔皆顺乎刚，是以小亨，利有攸往，利见大人。

【语译】

《彖传》说，像两个巽卦重叠那样发布政令。阳刚之君子有中正的美德所以它的意志被执行，阴柔者都顺从阳刚者，所以稍有亨通，有利于有所行动，有利于面见大人物。

【解读】

《彖传》说，"重巽以申命"，"重巽"就是巽卦重叠，上下卦都是巽卦，巽为顺，巽顺就是臣民顺从又顺从，宜于君主"申命"，即发布命令、政令。"刚巽乎中正而志行"，具有阳刚之德的尊者、君子，因为有中正的美德，被人顺从，他的志向也就得以实行了。那么具有中正美德的、阳刚的尊者是谁呢？就是这个卦里面的九五爻。"柔皆顺乎刚",阴柔者,也就是下级,都能顺从这个阳刚者,下级能顺从上级,群众能顺从领导,所以"小亨,利有攸往,利见大人"。阴柔者,是指上下两卦的最初爻,也就是第一根爻和第四根爻,这两根爻都顺应刚爻,没有违抗,使得阳刚之爻能够发布政令。

象曰:随风,巽。君子以申命行事。

【语译】

《象传》说,风连着风,就是巽卦之象。君子效法此发布命令,实行政事。

【解读】

《象传》说,"随风",上下卦都为巽卦,巽为风,风连着风,这就是巽卦之象。君子看到这样的卦象,就要按照巽卦之道来"申命行事",发布命令,实行政事。那么这个卦风连着风是个什么景象呢?就是"雷厉风行",像风吹到万事万物,它是无所不至的,万物也无所不顺,所以我们实行命令时,也要像风行天下那样无所不至,使听者无所不顺。这个卦的卦象下面是巽卦,上面也是巽卦,下面表示顺从,是下以顺上,那么上以顺治下,就是下以顺承接着上,上以顺治理着下,两者相辅相成,下能顺从,上可以顺着下面的意思来发布命令,这就是巽卦的意思。巽卦的六根爻辞都是指顺从的不同情况,分别说明在什么时位应该怎样地顺从,如果不顺从了又会造成什么样的情况。

初六,进退,利武人之贞。

象曰:进退,志疑也。利武人之贞,志治也。

【语译】

初六,前进后退迟疑不定,有利于勇武之人坚守中正之道。

《象传》说,进退犹豫,是因为意志不坚定,有利于勇武之人坚守中正之道,因为他们意志能被自己把控。

【解读】

初六,"进退",就是顺从地进进退退,表示犹豫不决,这是巽卦之人的一个毛病。"利武人之贞",有利于勇武的人守持贞固,守持正道。初六,巽卦之人大多犹豫不决。这一爻是阴爻,他处在巽卦的开始,顺从谦卑得太过了,所以该进的时候不进,该退的时候不退,犹豫不决,应该像勇武的人那样果断,这样才有利。

《象传》解释说,进进退退是因为"志疑也",意志不坚定,懦弱,恐惧。"利武人之贞",是因为"志治也",是说这个意志修整了,修理了,意志变得坚定了。这也说明初六爻经历了一个从犹豫不决到意志稳定、坚定的转化过程,毫无疑问这个转化是良性转化,是想要成就一番事业所必须具备的基本素质。只要意志坚定,一切就有可能。

九二,巽在床下,用史巫纷若,吉,无咎。

象曰:纷若之吉,得中也。

【语译】

九二,顺从地趴在床边,效法祝史和巫觋那样谦卑,吉祥,没有灾祸。

《象传》说,效法祝史和巫觋那样谦卑,(就会吉祥)因为九二爻守中。

【解读】

九二,"巽在床下",顺从得到了床底下去了,顺从地屈居在床底下。"史"就是祝史,"巫"就是巫觋。史、巫在古代,都是祭拜或者说是沟通神灵的官职。担任这些官职的人是人与鬼、神沟通的一个中介,在对待天帝、神灵时是非常谦卑的。在我们今天看来,这种人是搞封建迷信的人,但在古代他们从事的是一种职业,或者说担任的是一种官职。所以在古代,他们的地位是非常高的,他们起到了一种沟通天人的作用。"纷若"表示很多的样子。"用史巫纷若,吉,无咎",这个时候能效法史、巫那样的谦卑,那就会获得大吉祥,没有灾祸。

《象传》说,"纷若之吉",是因为"得中也"。九二爻为阳爻,屈居在阴位上,能够守中不偏,表明他能谦逊,像躲在床下一样,像祝史、巫觋侍奉神明那样的谦卑,能顺从上面的九五爻,协助九五爻去发布政令,使政令畅通,还能使下情上达,这样有利于政治清明,所以能有大吉祥。

九三,频巽,吝。

象曰:频巽之吝,志穷也。

【语译】

九三,勉强地顺从,会有遗憾的。

《象传》说，勉强地顺从的遗憾，是因为谦逊的品质已丧失。

【解读】

"频"同"颦"，东施效颦的颦，意思就是皱着眉头，表示忧虑。九三，"频巽，吝"，顺从应该从心里非常乐意，而不应该是勉强的，这里却好像是受了多大的委屈似的皱着眉头，不是心甘情愿去顺从，这样是有遗憾的。

《象传》说，"频巽之吝"，是因为"志穷也"。九三的心志困穷，还没有振作起来，就是说他这种谦虚和顺从的品德已经丧失了，这是勉强装出来的，所以是有遗憾的。九三爻，阳爻处在阳位，位正，但是下面没有阴爻，下面乘的是九二阳爻，上面反而被六四阴爻所驾驭了，所以他只是勉强地屈从，不是心甘情愿地来服从，当然就会有遗憾了。

六四，悔亡，田获三品。

象曰：田获三品，有功也。

【语译】

六四，悔恨消除了，田中打猎获得三类物品。

《象传》说，田中打猎获得三类物品，寓意会有成就。

【解读】

六四爻，"悔亡"，悔恨就消亡了，"田获三品"，田猎的时候可以获得三类物品。古代贵族打猎时获得的物品可以分为三类：第一类叫做干豆，是用来祭祀的，把猎物晒成干肉拿来祭祀的；第二类叫做宾客，是供给宾客、献给宾客吃的；第三类叫做充庖，是献给君主，供君主食用的。这里是说，打猎的时候能获得这些非常好的东西，有大的收获。

《象传》说，"田获三品"，六四爻打猎的时候，能获得这么多的猎物，"有功也"，是有一种大的功德、功劳、功勋。为什么呢？因为他奉行了君命，他在九五爻之下，谦虚和顺地顺应着九五爻，这种谦虚顺从不是一种柔弱、懦弱的表现，而是一种美德。有这种美德的人，上下都能帮助他、支持他，所以能取得大的功勋。

九五，贞吉，悔亡，无不利。无初有终，先庚三日，后庚三日，吉。

象曰：九五之吉，位正中也。

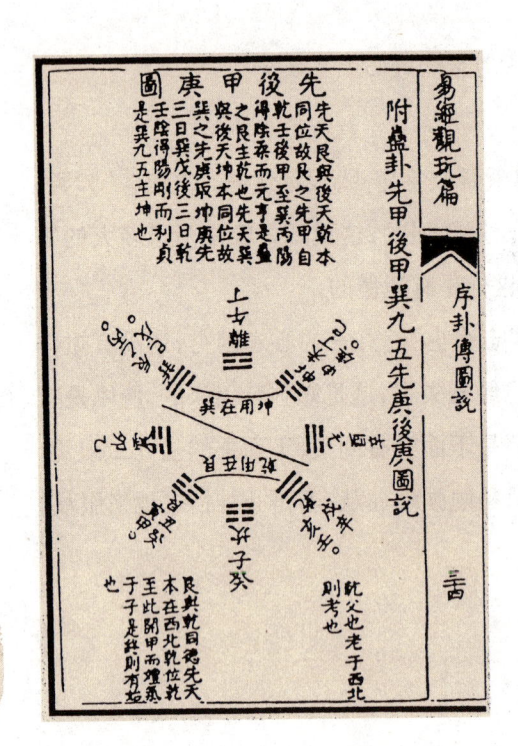

【语译】

九五，只有守持正道才能获得吉祥，悔恨才能消除，没有不吉利。起初可能不太顺利，但最终有好结果。如果在庚日前三天发布命令并在庚日后三天实施命令的话，会获得吉祥。

《象传》说，九五爻之所以吉祥，是因为它居位端正且守持中道。

【解读】

九五爻说的是被顺从的情况。"贞吉，悔亡，无不利"，被人顺从了，那么唯有守持正道才能获得吉祥，悔恨才能消亡，没有什么不利的。"无初有终"，起初的时候不利，但是最终它能够实行，这是指这个君主发布命令，起初可能不太顺利，但是最终一定能够畅通无阻。"先庚三日，后庚三日"，如果在庚日前三天发布命令，和庚日后三天实行命令的话，那么上下政令畅通而获得吉祥。这个"庚"是天干里面的第七位，庚日前面三天是丁日，庚日后面三天是癸日。这里不直接说丁日和癸日，而是以"庚"作为出发点，很有意思，实际上"庚"有"变更"的意思，因为庚已经是第七位了，已经过了中间的数了，所以要求变更。我们会联想到蛊卦的卦辞"先甲三日，后甲三日"，甲日前面三天那是辛日，后三天那是丁日，但是它不直接说辛和丁，而以甲作为出发点，作为计数的依据，这是说甲具有什么意思呢？甲是表示事物的开端、开始。还有革卦的卦辞里面说"己日乃孚"，己是天干里面的第六位，刚好居于中间，戊己都居中间。"己日乃孚"，隐含的意思是要在中间这个时候进行变革。那"先甲三日，后甲三日"，"先庚三日，后庚三日"，为什么说"三日"，先后各说三天呢？先后三天再加上它自己，一共是七日，七日是古代的一个周期，正如复卦所说的"七日来复"，所以它含有一种周而复始的周期性含义。

《象传》解释说，"九五之吉"，是因为"位正中也"。九五爻不仅中而且正，居位端正而且守持中道，这个时候上下都顺从，发布的政令肯定能够畅通无阻，国家会出现蒸蒸日上的发展态势，大吉大利。

上九，巽在床下，丧其资斧，贞，凶。

象曰：巽在床下，上穷也。丧其资斧，正乎凶也。

【语译】

上九，顺从地匍匐在床下，丧失了锋利的斧子，正固不动是凶险的。

《象传》说，顺从地匍匐在床下，上升到了极点，丧失了锋利的斧子，因刚正失去了所以凶险。

【解读】

上九，"巽在床下"，这个时候如果顺从地匍匐到床底下去，那就好比是"丧其资斧"，丧失了这把锋利的斧子了，"贞，凶"，如果继续正固不动，不改变状态，那样的结果肯定是凶险的。

《象传》解释说，"巽在床下"，是因为"上穷也"。为什么前面九二爻躲到床底下，很谦卑，是"无咎"，这里却是"凶"呢？这是时位不同了，这个顺是顺到了极点，一个阳刚之人居在最高的阴位上，表示屈尊到了极点，已经丧失了刚强的本性。"丧其资斧，正乎凶也"，如同斧子失去了锋利的本性，就没有用了，谦卑过头了，会被别人看不起，结果自然会凶险。这也告诉我们，谦卑过头了，就会走向反面，任何时候不能失去刚正之德。

> 巽卦实际上是告诉我们怎样发布政令、行使权力，怎样与人相处，尤其是与比自己位置高的人相处的一种智慧。无论是下顺乎上，还是上被下顺，都要注意以下几点：第一，顺从要保持在适当的时位上，不能太过，不能到上九爻时候你还顺从地躲到床下去。第二，要守正道，要刚正不阿，也就是说该顺的时候一定要顺，不该顺的时候绝对不能顺。第三，顺从别人一定要发自内心，要诚心诚意，不能矫揉造作，也不能勉强犹豫。第四，顺从之时一定要有所作为，比如说九五爻，这个时候"先庚三日，后庚三日"，是一个最顺从的时位，所以一定要发布政令、实行政命，要有所作为。因此顺从不是懦弱的表现，也不是无原则的屈从。

兑卦第五十八——快乐之道

兑，亨，利贞。

【语译】

兑卦，亨通，有利于守持正道。

【解读】

"兑"，是"说"的本字，有说话、喜悦的意思。《序卦传》说："入而后说之，故受之以兑。兑者，说也。"进入了适宜的住所，心中当然就喜悦了，所以巽卦之后就是兑卦。兑卦属于八重卦之一，即上卦为兑，下卦也是兑。"兑"通喜悦的"悦"，《说卦传》说"说万物者莫说乎泽"，就是说兑为沼泽，沼泽用水来滋润万物，使万物多喜悦。同时我们从卦象上可以看出，它下面两根阳爻、上面一根阴爻，这根阴爻好比是一只羊的羊角，所以兑卦也表示羊。羊是最温顺的、讨人喜欢的。我们再来看"兑"这个字，如同张开了一张嘴，张开嘴干什么呢？一个是说话，另一个是笑，所以"兑"字加一个"言"字旁就是"说"，加一个"心"字旁就是"悦"。

卦辞说，"兑，亨，利贞"，兑卦象征着喜悦，心里喜悦了自然就亨通了，有利于守持正道。兑卦说明"欣悦"之道，既说物情欢欣喜悦可致亨通，又强调欢欣喜悦应该守持正道。

彖曰：兑，说也，刚中而柔外，说以利贞，是以顺乎天而应乎人。说以先民，民忘其劳；说以犯难，民忘其死。说之大，民劝矣哉。

【语译】

《彖传》说，兑卦就是喜悦。阳刚居中，柔和处外，心情喜悦并利于守持正道。所以兑是既合乎天道，又顺乎人道。如果君子能从内心里发出喜悦，并且身先士卒，百姓就会任劳任怨。如果君子能诚心诚意地去奔赴艰难，百姓也必然会舍生忘死。喜悦的影响多么宏大！百姓可以以之自我勉励。

【解读】

《彖传》说，"兑，说也"，"说"通"悦"，兑卦讲的就是喜悦。"刚中而柔外，说以利贞"，阳刚居中，心怀诚信，而柔和处外，柔顺谦逊地待人接物，就能心情喜悦并利于守持正道。"是以顺乎天而应乎人"，所以兑卦是既合乎天道，又顺乎人道。"说以先民，民忘其劳。"如果君子能从内心里发出喜悦，并且身先士卒，先于老百姓不辞辛劳，那么老百姓就会任劳任怨，忘记辛劳。"说以犯难，民忘其忧"，如果君子能诚心实意地去奔赴艰难、排除艰难，那么老百姓也必然会舍生忘死。"说之大，民劝矣哉"，喜悦的利益是多么的宏大啊！它可以使老百姓不断地自我勉励。这就是从心里发出喜悦，并且付诸行动所带来的感召的力量。为什么古代有那么多仁人志士出现，那就是受到了君子、大人的精神力量的感召。所以"悦"字是从"心"的，是一种心理活动、一种心理的喜悦，它必须做到刚中柔外，这样才不失正道。

人生的目的，从某种意义说，就是追求快乐。无论是学习还是工作、生活，其实都应该追求快乐。古人有很多这方面的叙述，比如《论语·学而》中说："子曰：学而时习之，不亦说乎？"学习并且常常去实践它，那么就会带来喜悦。《孟子·告子》中也说："理义之悦我心，犹刍豢之悦我口。"就是说要用道理和道义来使自己的心喜悦。宋代诗人张耒在一首诗中说："青山如君子，悦我非妩媚。"青山如同一个君子，它使我喜悦的不是妩媚的姿势，而是它那种坚定的信念。还有一句俗语说："女为悦己者容，士为知己者死。"因此，兑卦说的就是怎样使人快乐、喜悦的。

象曰：丽泽，兑。君子以朋友讲习。

【语译】

《象传》说,泽连着泽,就是兑卦之象。君子用喜悦的心态和朋友一起研习学业。

【解读】

《象传》说,"丽泽","丽"是"连"的意思,就是并连在一起。上下卦都是兑卦,兑为泽,泽连着泽,互相滋益,欢欣喜悦,这就是兑卦之象。君子看到这样的卦象,就要按照兑卦之道来"以朋友讲习",用喜悦的心态和朋友一起讲解道理,研习学业,互相增益。何谓"朋友"?古人说"同门曰朋,同志曰友",同门同志聚集在一起讲习道义,所以心中十分喜悦。这就是《论语·学而》中说的:"学而时习之,不亦说乎?有朋自远方来,不亦乐乎?人不知而不愠,不亦君子乎?"这是对兑卦进一步的引申。俞琰曾经解释这句话说,"若独学无友,则孤陋而寡闻"。所以《论语》中以"学之不讲"为"忧",以"学而时习"为"悦",以"有朋自远方来"为"乐",这都是互相的。因此,这个悦不仅是自己要悦,而且是使别人也悦。在讲习当中若能这样,就可以获得一种真正的悦。

初九,和兑,吉。

象曰:和兑之吉,行未疑也。

【语译】

初九,平和地、喜悦地对待别人,吉祥。

《象传》说,平和地、喜悦地对待别人能获得吉祥,是因为初九行为端正,不会被怀疑。

【解读】

初九,"和兑,吉",平和、喜悦地去对待别人,这样是吉祥的。

《象传》解释说,"和兑之吉",是因为"行未疑也"。初九,是以阳爻居在下位,有一种心甘情愿居于下位的平和的心态,能以喜悦的心情去对待别人。因为初九阳爻处阳位,位正,说明他的行为端正,所以人们就不会怀疑他,再有平和的心态,那一定就是吉祥的。

兑卦初九爻给我们总结了这么一条人际交往的原则:与人交往时喜悦要发乎内心、出乎真情,这样才能感染人、感化人,才能促使别人和你真心换真心,你也才能交到真正的朋友。独乐乐不如众乐乐,大家乐才是真的乐。兑卦初九想要达到的就是这么一种喜悦快乐的境界。

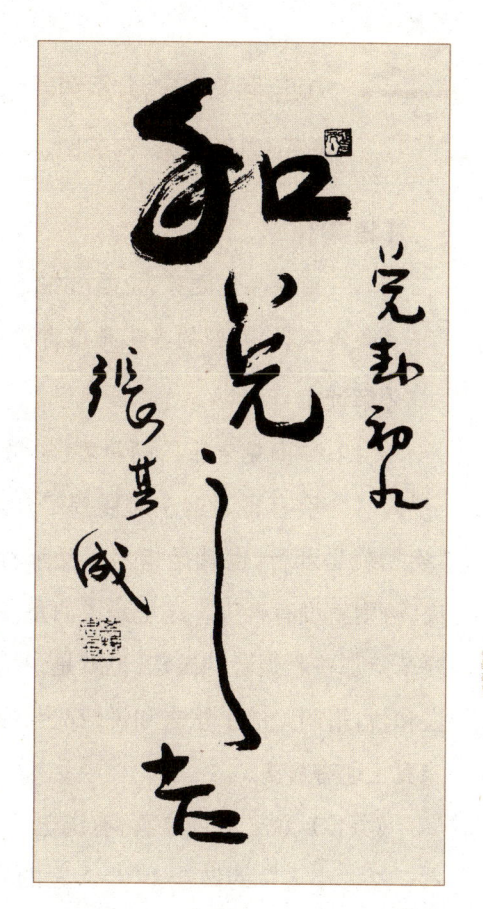

九二，孚兑，吉，悔亡。
象曰：孚兑之吉，信志也。

【语译】

九二，诚信地、喜悦地对待别人，吉祥，悔恨就会消除。

《象传》说，诚信地、喜悦地对待别人就会吉祥，因为九二意志很有诚信。

【解读】

九二，"孚兑，吉，悔亡"，诚信、喜悦地去对待别人，这样就吉祥，悔恨就会消亡。

《象传》说，"孚兑之吉"，是因为"信志也"，即其志信也，就是说九二的内心、意志是很有诚信的。九二，是以阳爻居阴位，居在中位，"中"为孚，为诚信，他又喜悦又诚信，所以就能吉祥。这说明使他人喜悦首先要忠心，要有诚信。拍马奉承地令他人喜悦，这是一种不好的行为。

六三，来兑，凶。
象曰：来兑之凶，位不当也。

【语译】

六三，前来讨人喜欢，有凶险。

《象传》说，前来讨人喜欢，有凶险，因为六三的居位不正当。

【解读】

六三，"来兑"，就是前来谋求喜悦，"凶"，那就有凶险。

《象传》解释说，"来兑之凶"，是因为"位不当也"，因为六三爻的位置不正当，他是阴爻居在下卦最高的阳位，求悦心切，就用那些献媚的手法来求得喜悦，求得别人的欢心。用不正当的手法来求得喜悦就属于一种邪行，所以就是凶险的。

九四，商兑未宁，介疾有喜。

象曰：九四之喜，有庆也。

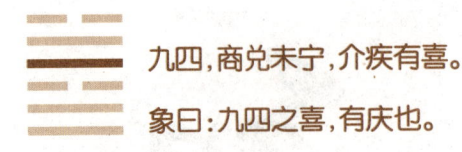

【语译】

九四，商量喜悦之事，但是心中还没有安宁，只有革除邪疾才能有喜庆。

《象传》说，九四的喜庆是值得庆贺的。

【解读】

九四，"商兑未宁"，商量着、思量着所喜悦之事，而心中还没有安宁，还没有宁静。"介疾有喜"，这个时候要"介疾"才能"有喜"。"介"就是隔绝、除掉，"疾"就是邪行，也就是指六三爻那种献媚的做法。隔绝献媚的做法，就会有喜庆，否则就没有喜庆。这里是说商量着喜悦之事，心中还没有安宁，这个时候一定要革除那些献媚者的做法，也就是说千万不要假惺惺地去和悦。你用献媚的手法去和悦，用阴险的手法去和悦，都会导致不好的结果。而只有驱除这些东西，你才能真正地有喜庆。

《象传》说："九四之喜，有庆也。"九四爻是阳爻居阴位，位不正，接近的又是六三爻"小人"的做法、"小人"的喜悦，这种时候一定要警惕，要坚守正道，只有发自内心地、有诚心地去和悦，才是真正值得庆贺的事情。

九五，孚于剥，有厉。

象曰：孚于剥，位正当也。

【语译】

九五，诚信被剥减了，有危险。

《象传》说，诚信被剥减了，九五爻居于中正妥当位置（更要防止自己失位）。

【解读】

九五爻没有说"兑"，实际上是一种剥兑。"孚于剥"，"孚"就是诚信，诚信被别人削弱了、剥除了，"有厉"，这个时候是有危险的。就是说你这种喜悦不能被"小人"所剥夺，"小人"剥夺的是一种诚信。九五爻虽然是阳刚居中正，但他上面却是上六爻，上六爻是根阴爻，上六爻说"引兑"，要引诱他喜悦，就好比说九五把这种诚信的、发自内心的喜悦给了这种"小人"，想跟"小人"一起喜悦，这就有危险了。

说明要推广喜悦之情一定要找准对象，如果你的对象找错了，也是有危险的。

《象传》说："孚于剥，位正当也。"九五爻，阳爻居在阳位，又居在全卦的最中位上，又中又正，要说起来应当是个大喜悦的情景，那为什么反而是"厉"呢？为什么反而有危险呢？九五位高权重，容易被"小人"所迷惑，也是"小人"最想来剥夺的时候，也就是说处在最尊位时也是最危险的时候，因为你的位置太显赫了，所以一定要防范，要警惕，要坚守中正之道。

上六，引兑。

象曰：上六引兑，未光也。

【语译】

上六，引诱别人愉悦。

《象传》说，上六爻引诱别人愉悦，因为内心不够光明。

【解读】

上六，"引兑"，就是引诱他人一起喜悦。上六爻是全卦的最终之爻，这时候整个喜悦已经到头了，所以他要引诱下面的五爻、四爻跟他一起喜悦。这一爻没有说是吉还是凶，那就是说要看九五爻被他引诱之后有没有守住自己的操守，如果他没有守住自己的操守，那么就是凶的。如果坚守住了自己的道德准则，那么他就是吉的。

《象传》说，上六爻这种引诱他人一起喜悦的行为，是"未光也"，内心不够光明正大。正因为内心不是光明正大的，所以叫引诱他人喜悦，这是居心不良。这也告诉我们，一定要警惕那些表面上对你笑呵呵的、阿谀奉承的、溜须拍马的那种人，因为这种人很可能就是在引诱你，他们的心里不是光明正大的，肯定是有所求的。比如说他对你行贿了，那么他是想获得更大的利益，将来的结果肯定是非常危险的。

> 兑卦说明喜悦的情况非常复杂，我们来看卦中的六爻，这六爻里面上卦和下卦最上面的是两根阴爻，这两根阴爻是被否定的，都是一种凶象，因为这是以柔媚、以献媚来取悦于人。而四根阳爻的情况就不一样：初爻是和悦，二爻是孚悦，这都是吉祥的；四爻是商悦，五爻未言悦，关键看自己的行为。

涣卦第五十九——挽救涣散

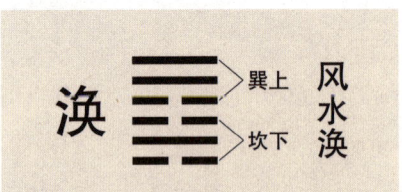

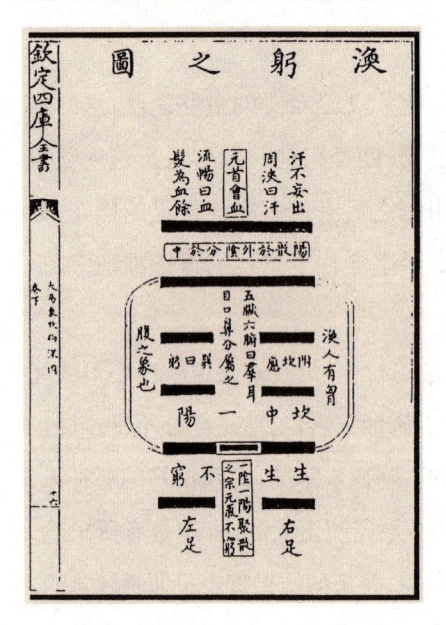

涣，亨。王假有庙，利涉大川，利贞。

【语译】

涣卦，亨通，君王用美德来感召神明才能保住宗庙社稷，有利于渡过大江大河，有利于守持正道。

【解读】

"涣"就是涣散、发散、舒散、散漫的意思。《序卦传》说，"说而后散之，故受之以涣。涣者，离也"，就是说兑卦是喜悦，人心喜悦了，精神自然就舒散了，就轻松愉快了。"涣"字是水字旁，表示水波纹发散开来，《说文解字》上说，"涣，水流散也"，就是一种水散开的样子。这个卦象上面是风下面是水，这个水被风刮了以后，它就开始涣散开来，因此，涣卦就是讲在涣散的时候怎样凝聚人心的。

卦辞说，涣卦，亨通。"王假有庙"，"假"就是"感召"的意思，这里指感召神明，感召人心。当时周文王每年都要到岐山上去举行祭天的仪式。通过这么一种仪式召集其他的诸侯国都来祭天，这就使得人心不至于涣散了，人心就凝聚了。所以这个"庙"是指宗庙，宗庙是古代祭祀的一个场所，是当时国人共同祭拜的地方，实际上是一个凝聚人心的场所。通过这个祭拜大家就有了共同的信念，共同的信仰，共同的目标。这样人心就凝聚了，就能渡过一切困难险阻，当然就可以"利涉大川"，有利于渡过大江大河，也"利贞"，有利于守持正道。涣卦所谓的"涣散"，并非立义于"散乱"，而是兼从对立的角度揭示"散"与"聚"互为依存的关系，说明事物形态虽散而神质能聚，可致亨通，并强调此时行事利于守持正道。

彖曰：涣，亨。刚来而不穷，柔得位乎外而上同。王假有庙，王乃在中也。利涉大川，乘木有功也。

【语译】

《彖传》说，涣卦，亨通。阳刚居住在阴柔中，不会穷困。六四爻居外卦的位置，与九五爻阴阳相合同德。君王用美德来感召神明才能保住宗庙社稷，因为他居正位。有利于渡过大江大河，借助风的便利是有效果的。

【解读】

《彖传》说，"涣，亨"，进一步解释为什么涣散了反而亨通。"刚来而不穷"，就是阳刚之人前来居住在阴柔的中间，所以他不会穷困，这里的阳刚就是指九二爻。他刚好居住在都是阴爻的上下爻之间，这就说明要想凝聚人心，必须要有一个阳刚的领头人，有了这个领头人，其他那些阴柔的人也获得了正位。"柔得位乎外而上同"，这个阴柔的人是谁呢？指六四。六四爻虽然是居在外卦，但是因为他与上面的九五爻即这位阳刚的君主，同心同德，阴阳相合，所以虽然在形体上有所不同，一个柔一个刚，一个阴一个阳，但是形散而神不散，精神是相通的，所以就亨通。"王假有庙，王乃在中也"，这个君王能感召神明，保住社稷、宗庙，是因为什么呢？是因为他不仅居正位，而且守持中道，有中正之德，能够聚合人心。"利涉大川，乘木有功也"，上卦为巽，巽属木，下卦为坎，坎为水，木在水上，有如乘舟而行。

巽又为风,船有风助,乘风破浪,加上大家都在同一条船上,同心同德,同舟共济,一定能克服艰难险阻,渡过大江大河,成功到达彼岸。

象曰:风行水上,涣。先王以享于帝,立庙。

【语译】

《象传》说,风吹在水面上,就是涣卦之象。君王要通过祭祀天帝,建立宗庙来凝聚人心。

【解读】

《象传》说,"风行水上",上卦为巽卦,巽为风,下卦为坎卦,坎为水,风吹在水上,水面被风一吹就涣散开来,就有了波纹了,这就是涣卦之象。君王看到这样的卦象,就要按照涣卦之道来"享于帝,立庙",就是要通过祭祀上帝、祭祀天地来聚合人心,而且要建立宗庙来凝聚人心,因为宗庙是一个凝聚人心的场所。这给我们一个反面的启发,看到风吹在水面上波纹散开了,我们怎样使它不散开呢?就是需要立一个东西,这个东西是什么呢?这个东西看上去是一个有形的宗庙,实际上是一个无形的信仰。只有无形的信仰才能把人心凝聚起来。所以从"风行水上"可以看出,风吹着水面而产生的波纹是有规律的,是有规则的,是散而不乱的,所以非常自然,非常美丽。后人也从这里受到启发,比如说苏东坡的父亲苏洵就说"风行水上",这是"天下之至文",并称"天下之无营而文生者,唯水与风而已"(《嘉祐集》卷十四)。这是一种自然成文的美。明代的李贽也说"风行水上之文,决不在于一字一句之奇"(《焚书》卷三)。顾炎武在评论诗文的"繁简"时也说:"风行水上,自然成文,若不出于自然而有益于繁简,则失之矣。"(《日知录》)这是文学家和哲学家从"风行水上"中体会出的文章之道、文章的美学意义。从涣的卦象上还可以得到其他的一些启发,这需要大家慢慢地去体悟。

初六,用拯马壮,吉。

象曰:初六之吉,顺也。

【语译】

初六,借助健壮的良马,来拯救涣散,吉祥。

《象传》说,初六的吉祥,因为顺承九二阳爻。

【解读】

初六,"用拯马壮,吉",意思就是借助着这匹健壮的良马,靠它的拯救才能获得吉祥。初六是涣散的开始,是一个阴爻,表示他的力量还不足,比较阴柔、柔弱,所以要借助健壮的良马来拯济,那健壮的良马就是指上面的九二爻,靠九二的帮助才能避免涣散,获得吉祥。

所以《象传》说,"初六之吉",是因为"顺也",是因为顺承上面这匹良马。初六是阴爻,九二是阳爻,阴爻顺承阳爻,一般为吉祥。

九二,涣奔其机,悔亡。

象曰:涣奔其机,得愿也。

【语译】

九二,涣散之时及时抽身,悔恨就消失了。

《象传》说,涣散之时及时抽身,(悔恨就消失了,)达成了自己的心愿。

【解读】

"机"通"几",就是几案、条桌,这个桌子古代是用来坐的。在马王堆出土的帛书版《周易》中,这个"机"字是写作"阶",就是阶梯的阶。这两者都是指可以依靠的地方。九二爻看初六爻,好比是一张条桌;初六爻看九二爻就好比是一匹壮马。"涣奔其机,悔亡",涣散的时候,奔向像几案似的可以凭借的地方,这样悔恨就消亡了。

《象传》解释说,"涣奔其机",是因为"得愿也"。这是说九二达成了一种心愿,即和初六相聚合的心愿。这种聚合是阴阳的聚合。下面这个卦是坎卦,坎卦中间这根爻是阳爻,上下爻都是阴爻,上下爻可以表示一种涣散的局面。那九二爻就是要聚,要凝聚上下爻。要靠着自己的这种阳刚而又守中道的美德来聚合上下之爻、上下的人、周围的人。九二要凭借着周围的人,才能实现自己的愿望。

六三,涣其躬,无悔。

象曰:涣其躬,志在外也。

【语译】

六三,涣散自身(的不良习气),没有悔恨。

《象传》说，涣散自身（的不良习气），因为志向是在外面。

【解读】

六三，"涣其躬，无悔"，"躬"是指自身，就是涣散自身，没有悔恨。那涣散自身的什么东西呢？身体可以涣散吗？当然不可以，这里是指涣散自己身上的那种不良的习气，要把它去除，这样才没有悔恨。

《象传》解释说，"涣其躬"，是因为"志在外也"。涣散自己身上的那些不良的东西、不好的习气，是因为他有志于向外发展。六三爻是下面这个坎卦的最高一爻了，坎卦表示危险，他要走出危险，只有往上发展，进入到外卦即上面那个巽卦里。所以他的志向是要向外发展，把自身的不良的东西都涣散掉，然后跟上面的人去聚合，去凝聚在一起，只有这样才能摆脱这个危险。

自身不好的东西首先就是不良的习惯。俗话说"习惯成自然"，"习惯"其实就是一个人的行为经过不断反复，逐渐演变、固化为某个固定意识和行为的过程。人的大脑如同一台摄像机，人的任何行为、语言、思想、意念都会被这台摄像机摄录下来，这些过去所记录的东西，就会时常左右或影响我们现在的行为。也许我们本人并未意识到，但"习惯"对人们日常的工作、生活、行为、思维的影响是实实在在存在的。

古今中外，凡是走向成功的各界人士，之所以能站在成功的巅峰，是因为他们都拥有良好的习惯，而良好的习惯不仅赋予了他们健康的体魄，而且赋予了他们积极进取的心理状态。这使他们在面临困难与挫折或是陷入绝境与失败时，迅速战胜一切，主宰命运走向成功。可见，一个人的习惯是一个人成功的关键因素。

六四，涣其群，元吉。涣有丘，匪夷所思。

象曰：涣其群，元吉，光大也。

【语译】

六四，解散朋党，大吉祥。解散小团体凝聚成大团体。（这种做法）不是平常人的思虑所能达到的。

《象传》说，解散朋党，大吉祥，因为品德光明正大。

【解读】

六四，"涣其群，元吉"，"群"，在这里是指小团体，就是要涣散那些小团体，不要结党营私，这样就能获得大吉祥。那么涣散之后要做什么呢？要"涣有丘"，这里的"涣"字既有涣散的意思，也有凝聚的意思，就好像不破不立，破字当头立就在其中了。涣散了小团体，就会凝聚成大团体，这是辩证关系，是散中有聚。这个"丘"是山丘，山丘比喻成大，是一个大团体，解散那个小团体，要凝聚成一个大团体。这种做法"匪夷所思"，不是平常人的思虑所能达到的，不是平常人所能想象的。

《象传》解释说，"涣其群，元吉"，是因为"光大也"。这是说因为六四的这种品德是光明正大的。六四不是为了一个小团体的利益，而是要凝聚成一个大的团体，所以散中有聚。宋代文学家苏洵就曾经说过，这个"涣其群"的"群"就是"圣人之所欲患以混一天下也"，而人心涣散的时候，是"各相朋党"，大家都去结党营私，"不能混一"，所以只有六四"能涣小人之私群，成天下之公道"（《朱子语类》卷七十三），这样就大吉大利了。

九五，涣汗其大号，涣王居，无咎。

象曰：王居无咎，正位也。

【语译】

九五，像挥发身上的汗水一样发布重大的命令，把君王的积蓄及时散发给人民，没有灾祸。

《象传》说，把君王的积蓄及时散发给人民是没有灾祸的，因为九五居中正的尊位。

【解读】

九五，"涣汗其大号"，九五居尊位，是一位王者、领袖，他像发散身上的汗水一样来发布那个盛大的号令。"涣王居，无咎"，这里的"居"可以理解为大的房子，也可以理解为积聚的财物。意思是说，只有把这些东西散掉了，你才能凝聚人心，这就是《周易》中最为重要的智慧之一，即"财聚则人散"，而"财散则人聚"。这一点对今天的那些成功人士来说尤其重要，你想要会聚人心，你就要仗义疏财，要把财物散掉，守财奴最终剩下的只有他自己。九五能够涣散掉自己居住的那个房子，说明他的品德高尚，恩泽能普施天下，自然能深得民心，不会有什么灾祸。

《象传》解释说，"王居无咎，正位也"，君王居尊位，又中又正，做事能行中正

567

之道，能与百姓同忧患，共富贵，臣民都会聚集在他的身边，即使有艰难，因为上下同心，人心齐泰山移，所以能渡过艰难险阻，不会有灾祸。

上九，涣其血，去逖出，无咎。
象曰：涣其血，远害也。

【语译】

上九，发散掉忧愁，祛除了内心恐惧，没有灾祸。
《象传》说，发散掉忧愁，因为远离灾害了。

【解读】

"血"通"恤"，"恤"就是一种忧虑。那么"涣其恤"的意思就是解除这个忧虑，离开这个忧虑。"逖"通"夕惕若"那个"惕"，在马王堆帛书《易经》中，这个字也写为"惕"，意思是指一种恐惧、惕惧。"去逖出"，就是脱离恐惧。"无咎"，这样就没有灾祸。上九，这个时候是涣散到了极点了，到了最高位了，所以四方又开始聚合了，这叫做物极必反，也就是《三国演义》里说的，"天下大势，分久必合，合久必分"。涣散到极点的时候那必然就会聚合，天下重新归于一统，也就会摆脱在天下涣散时期的那种忧愁，那种恐惧。

《象传》说，"涣其血"，是因为"远害也"。在天下涣散的时候，百姓的生命财产得不到保障，天灾人祸层出不穷，百姓生活在水深火热之中，人心思变。这时候位居最高的上九刚健有为，担当起了凝聚天下人心、拯救百姓于水火的重任。这个时候四方聚合，天下就归于一统，就不是以前的那种涣散的局面了。因为远离了灾害，百姓也就安居乐业了。

涣卦实际上说的是涣散与凝聚的关系，从涣散说到凝聚，其主题就是告诉我们怎样在涣散的时候凝聚人心，讲的是散与聚之间的一种互相依存的辩证关系。怎么立足于散、涣散而不乱，涣散而能凝聚人心，立足于这个基点，它还可以引申为形散而神聚：涣散的是形体，不涣散的是精神。这既是一种社会的美好境界，同时又是写文章的一种美学意境——自然成文，焕然有文。所以涣卦告诉我们，处于涣散时期该怎样来凝聚人心，以达到一统天下的境界，这点对于我们今天的团队建设是非常有意义的。

节卦第六十——节制之礼

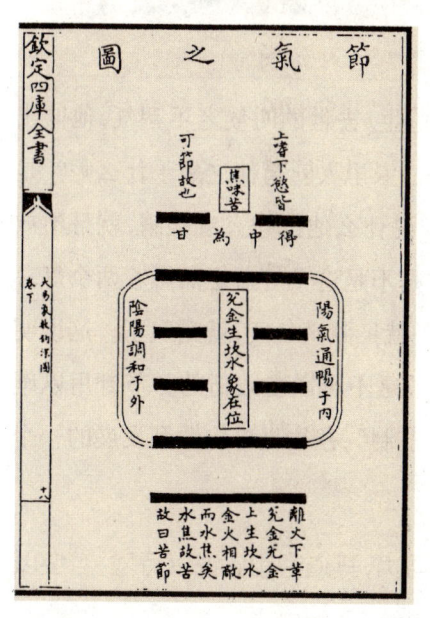

节，亨，苦节不可贞。

【语译】

节卦，亨通，过分节制是不可以守正持固。

【解读】

"节"，本义是竹节，《说文解字》中说："节，竹约也。"繁体字的"節"字是一个竹字旁，取竹节是表示制约、节制、节省的意思。《序卦传》说："物不可以终离，故受之以节。"事物不可能永远是涣散的、分离的，要加以节制，所以涣卦之后就是节卦。"节"字的甲骨文就像人跪坐的形状，跪坐是古代的一种礼节，比如跪拜大礼。与节有关的词非常多，比如骨节、气节、礼节，还有节约、调节、节制、节奏、节拍，等等，它们的基本含义就是节制。儒家将节制、礼节看成是五德之一，即仁义礼智信的"礼"。《论语·学而》中说，"知和而和，不以礼节之，亦不可行也"，意思是说，你知道了和，但你不能按照礼去节制它，那也是行不通的。《礼记·曲礼上》说，"礼不逾节"，礼是不能够违背节制、节度的，说明一切都要从礼仪出发，而礼仪是从节制当中来的。因此，节卦实际上是讲一种节制之道。

卦辞说，"节，亨"，节制了就能亨通，但是"苦节不可贞"，"苦节"是指过分的节制，过分的节制也是不可以守持的。这里说的"节制"实际上是一种适中的调节,若过中了,超过了节制的限度,过分节制了,那就过犹不及,就成了"苦节",让人受苦了、吃苦了,像这样的节制是不可以的。"苦节"相对的是"甘节",甘甜、甘美的节制,这个卦里的九五爻就说的是"甘节"。《孟子·梁惠王上》记载了一个故事,是说齐宣王看到有人牵一头牛准备杀了去祭祀,很不忍心,就说"用羊来替代它吧,我不忍心看到这头牛瑟瑟发抖的样子"。结果老百姓都认为齐宣王是讲"爱",这个"爱"是什么意思呢?就是太吝啬了。当然孟子说:"我认为你是不忍心,有不忍之心。"后来大王也就承认了,"我的确是老百姓说的太吝啬了"。还有一个故事是《儒林外史》记载的:有一个严监生,去世的时候老不咽气,他伸出两个手指来,眼睛还瞪得大大的,就是不闭上。家里人就猜他这是干什么呢?是不是还有两件事没有完成啊?结果无论家人说什么他都睁大着眼睛,就是不放下手指,这个时候有一个人突然明白了,就说是不是这个灯盏里面燃着两个灯芯啊?于是就把灯芯灭掉了一个,严监生一下子就把眼睛一闭,就咽气了。这说明什么呢?太吝啬了,这就叫"苦节",这种苦节是不可以去效仿的。节卦用以阐说"节制"应当"持正"、"适中",适当的"节制",往往是事物顺利发展的一个重要因素。

彖曰:节,亨,刚柔分而刚得中。苦节不可贞,其道穷也。说以行险,当位以节,中正以通。天地节而四时成,节以制度,不伤财,不害民。

【语译】

《象传》说,节卦,亨通。刚健柔顺被区分且阳爻居中位。过分节制是不可以守正持固,因为前进的道路已至困穷。喜悦地去节制,在适当的位置节制,遵循中正之道就能亨通。天和地有节制,四季的循环才能形成,按节制之道制定典章制度,则不会浪费钱财,伤害百姓。

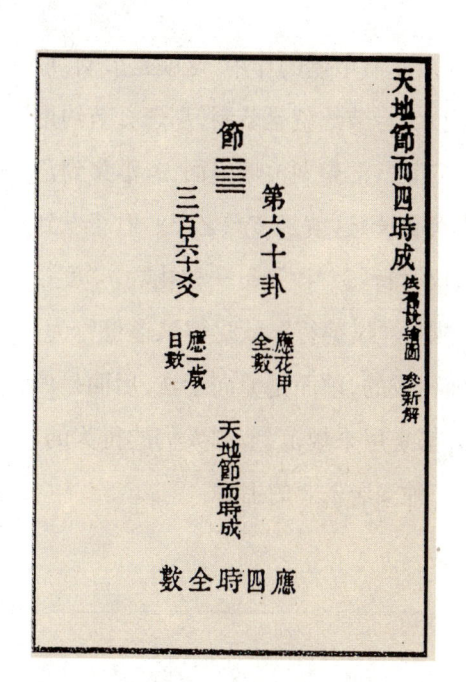

【解读】

《象传》说，节卦，亨通，"刚柔分而刚得中"，这是从卦变来说的，节卦由泰卦变来，泰卦（☷☰）三根刚爻聚于下，三根柔爻聚于上，变为节卦后，三根刚爻中分出九三爻上升到五位，与柔爻聚居在一起，三根柔爻中分出六五爻下降到三位，与刚爻聚居在一起，分离的结果是，刚健、阳刚的九二爻与九五爻都是处于中位，获得中道，这就表示节制的时候都能遵守中道。"苦节不可贞"，过分节制得令人受苦了，这是不可以的，所以"其道穷也"，这样的节制之道太过分了，到极点了，物极必反，大家就要起来反对这种节制了。"说以行险"，"说"是指下卦的兑卦，为喜悦，而"险"为上卦的坎卦，坎为险，号召大家要节制，必须让大家认识清楚节制的必要性，大家是心中喜悦地，也就是心甘情愿地去节制，就是九五爻所说的"甘节"，这才有利于调动大家的主动性、积极性，去克服暂时的困难。"当位以节，中正以通"，居于适当的位置而能节制，行为能够遵循中正之道，这样去做事情、干事业就能够畅通无阻。"天地节而四时成，节以制度，不伤财，不害民"，天地自我节制了，一年四季的循环往复才能够形成，如果天地不节制，那夏天永远是夏天，冬天永远是冬天，怎么能形成春夏秋冬四季的轮回呢？君王按照天地的这种节制之道，去制定典章制度，用这些制度来对人的行为进行调节，这样就不会浪费钱财，伤害老百姓了。这里是从天道讲到人道，天道守节制然后四时成，那么人道守节制的话，就会保民，就会聚财。

象曰：泽上有水，节。君子以制数度，议德行。

【语译】

《象传》说，沼泽上有水，就是节卦之象。君子要以节制之道制定法度，评议道德行为。

【解读】

《象传》说，"泽上有水"，下卦为兑卦，兑为泽，上卦为坎卦，坎为水，沼泽上有水，也就是说，这个水是流在沼泽里面了，泽对水有节制的作用，这就是节制，没有浪费，就像我们今天说的一个词叫"节约用水"。节约就是节制，那怎么节约用水呢？就是把水用到它该用的地方，把它汇集起来，汇聚到池塘里面去，汇集到沼泽里面去，也就好比用堤坝围住沼泽，使水不浪费掉，这就是节卦之象。君子看到这样的卦象，就要按照节卦之道来"制数度，议德行"。"数"是一种礼数，"度"是一种法度，"制数度"就是要制定法度、准则。"议德行"就是评议道德行为。制定法规、制度与制定道德准则，两者是相辅相成的，前面是偏向于法，后面是偏向于德。无论是法还是德，都要有一种准则，都是用来规范、节制人们的行为的，只有这样，社会的生活才有序，人们才能过上一种安居乐业的生活。

初九，不出户庭，无咎。

象曰：不出户庭，知通塞也。

【语译】

初九，不跨出庭院小门，没有灾祸。

《象传》说，不跨出庭院小门，因为知道畅通和堵塞的道理。

【解读】

初九，"不出户庭"，这个时位是节制的开始，所以要慎重，要慎守在家里。"不出户庭"可以引申为不要超过界限。"无咎"，没有灾祸。户庭又可以比喻成言语，就是说言语要谨慎，不要胡说，不要不分场合地去说，要守住秘密，这也是节制的一种体现。

《象传》解释说，"不出户庭"，是因为"知通塞也"，就是知道畅通和堵塞的道理。道路畅通的时候你就去行，道路阻塞的时候你就停止。初九是节制的开始，这个时候就应该知道一些节制的规则了，所以行事就应该谨慎，不能出去的时候就不要出去，这就是一种节制的体现。这个"不出户庭"不是说就不要跨出家了，它还有更深的意义。比如说可以引申出不要超过界限，这个"户庭"就好比是界限，又可以比喻成言语，说话要谨慎，不该说的话就不要说出口，不要口无遮拦，胡说八道，该守机密的一定要守住机密，这也是节制的一种体现。《系辞传上》引用了孔子的话："君不密则失臣，臣不密则失身，几事不密则害成，是以君子慎密而不出也。""密"就是节制，君子如果不节制的话就会失去大臣，大臣如果不节制的话就会失去自己的身家性命。"几事"就是机密大事,如果你不能保密的话就会遭遇灾祸。所以君子要谨言慎行。

九二,不出门庭,凶。

象曰:不出门庭,凶,失时极也。

【语译】

九二,不走出庭院大门,会有凶险。

《象传》说,不走出庭院大门,会有凶险,因为失去了节制适中的时机。

【解读】

九二,"不出门庭,凶",不跨出庭院的大门,会有凶险。同样是"不出户庭",为什么初九是"无咎",到了居中位的九二却是"凶"呢?注意初九是"户",是小门,这里是"门",是大门。初九的时候是事物的初始的阶段,而这个时候是已经居中的阶段,所以节制也应该适中。如果连大门都不出,过分拘泥于节制,那是有凶险的。这就是《易经》了不起的地方,它强调按照不同的时位来看问题。初九的时候,前面有九二的阻挡,道路是不畅通的,所以你不能迈出庭院。九二这个时候,道路已经畅通了,九二的前面是六三,六三挡不住他,阴爻挡不住阳爻,所以这个时候你不能受拘束,这个时候你再这么节制,那是自己限制自己,就叫自限其门,自断其路,这样就会有凶险。

《象传》解释说,"不出门庭,凶",是因为"失时极也",是说失去了这个节制适中的时机。"极"就是房子正中的那个大梁,在这里引申出中、中道。九二爻是中爻,这个时候走出门庭的时机是适中的,不要再节制了,失去了这个时机,就会有凶险,实际上表示对自己不利。所以不要以为讲节制就是要限制住自己,它跟开放,跟放松是相对而言的,该节的时候要节,该松的时候要松,该放的时候要放,这都是由不同的时位和环境所决定的。

这里实际上告诉我们,做事要懂得变通。我国古代有一个可怜的年轻人,叫尾生,他处了个对象,据以后的事态发展看,两个人肯定是山盟海誓过一番的。这一次两人约定在一座大桥下见面。那会儿没有酒吧、咖啡厅什么的,大桥下面既隐蔽又安全,确实是谈恋爱的好所在。尾生遵照千古不变的男人先到的约会守则,提前赶到桥下等待。可是不知道怎么回事,姑娘迟迟不至。尾生于是苦等,死等。天有不测风云,结果一场大水把尾生的死等生生变成了等死。姑娘未来,河水突然暴涨。要知道两人约的可是大桥下面,而不是其他的任何地方,尾生在这千钧一发的生死关头毅然决然做出了一个让他名垂青史的决定:牢牢抱住桥柱子,继续等。姑娘始终没有来;来了也应该不会"举身赴清池",去看看桥柱子那儿有没有人。河水却越涨越高,尾生就这么被淹死了。

这个故事最早见于《庄子·盗跖篇》,太史公的《史记·苏秦张仪列传》亦有转载。后世人感于尾生所为,创造出了"抱柱信"、"抱柱之信"、"尾生抱柱"等典故,连大诗人李白都有吟咏尾生的诗句,见于其《长干行》,句曰:"常存抱柱信,岂上望夫台。"这些都是夸赞尾生的,夸赞他守信重诺,至死不渝。

诚然,数千年来,重义守信一直是中华民族的传统美德,历史上留下来的事例多如牛毛、举不胜举,最有名的要算秦汉之际的季布,以一诺千金称名当世、名垂千古。我们所讲的《周易》中,有关诚信的内容更是贯穿始终,"有孚""中孚"等字眼俯拾皆是。可是,尾生的做法总让人心里别别扭扭的不舒服,感觉他的守信和其他人总有些不同。当然,我这里绝对没有以小人之心诋毁尾生,如此这般是由于爱情的伟大力量使然,若是其他朋友之交,他可能溜得比兔子都快。可能不少朋友抱有和我一样的想法,只是碍于面子不明说罢了。说白了,尾生这个人不是有点拘泥固执,是太拘泥固执了,变成了死脑筋。见过死脑筋的,没见过这么死脑筋的。我敢断言,以他这样的做事方式,就算没有那场给他的生命画上句号的大水,以后也会有一场大雨、一场大火把他带走,总之,早晚要出事,肯定还不是出小事。

很可惜,关于尾生的记载实在不多,仅有的只言片语还是出自善讲寓言的庄周先生之口,而且他和武侠小说里最早出现的高手一样,命中注定就是个垫背的,出场就玩完。于是一切就都成了无头公案,查无可查。不过,我们可以试想一下,如果你在现实生活中不小心遇着这么一位兄台,一旦他跟你较了真,没完没了,不依不饶,不抛弃不放弃,你拿他怎么办?恐怕只能退避三舍,敬而远之。倘要和这种人生活一辈子,日子怎么过你还敢想吗?所以,有些时候我就很为几千年前那位没有被尾生等到的姑娘感到庆幸,两个人要真成了……太恐怖了,不想也罢。

尾生死了,生于庄子的寓言,死于庄子的寓言,可是从千百年的各种声音看,为他摇旗呐喊的大有人在,也就是说,对他的行为方式表示认同并奉为楷模的不在少数。再重申一下,我们在这里拉出尾生作为靶子,并非否认诚信,而是否认他的拘泥和固执。

《周易》重诚信，但更注重一个"变"字。"穷则思变，变则通，通则久。"一语正是其精义所在。所谓"与时偕行"、"与时变化"，说的都是一个意思，就是要赶上形势，做事要懂得变通。儒家把仁义礼智信奉为"五德"，信为其底线。孔子崇奉直道而行，按说应该坐在家里等各诸侯的聘书才对，可他也曾厚着脸皮四处奔走求售，也会委曲求全。

卫国内乱，权臣孔悝被胁迫，孔门弟子子路和子羔（高柴）均为孔悝的家臣。孔子知道消息后，叹道："柴也其来，由也死矣。"意思就是说：子羔快要回来了，子路只怕免不了一死。为什么？孔子晓得子路是个倔脾气、死心眼，一定不会逃走的。果不出他所料，子羔听说乱起，一溜烟往城门口跑，在城外刚好碰见子路往回赶，子羔苦劝他不听。当时城门已经关闭，子路进不去，刚巧有人要出城，就这工夫被他溜进了城。结果可想而知，寡不敌众，子路受重伤，帽缨子也被砍断。他认为君子死不可不正衣冠，于是请求乱军少待片刻，他自己努力结好帽缨，从容死去。

子路"结缨而死"也是一个有名的典故，从孔子的态度上我们不难窥知他的痛惜之情，而子羔临阵逃脱也并未受到他的责罚，可见孔夫子虽然崇尚"义"，却也并不赞同无谓的牺牲，也是讲求变通之道的。

尾生和子路一样，不知变通，都落了个英年早逝。要不然，应该还有许多美好的人生蓝图等他们去描绘，有很多辉煌的事业成就等他们去创造。所以，最后奉送朋友们一句话：遇事不要太固执，变通做事无大错。

六三，不节若，则嗟若，无咎。

象曰：不节之嗟，又谁咎也。

【语译】

六三，没有把握节制尺度，而能叹息后悔，没有灾祸。

《象传》说，没有把握节制尺度，而能叹息后悔，又有谁会造成灾祸？

【解读】

"若"是一个语气助词。六三，"不节若"，就是说不能节制，如果节制的话，要"嗟若"，就是要感叹，要叹息，要后悔，那么就"无咎"，没有灾祸。六三，处于下卦兑卦的最高位了，下面乘着的是两根阳爻，好像是一个柔弱的人踩在两个刚健人的头上，是不节制、为所欲为的意象。如果继续这样下去，那是有灾祸的。如果这个时候自己感叹、叹息、后悔,觉得这样做做得不对,那么就能免除这个灾祸。

《象传》说,"不节之嗟,又谁咎也",如果因为不能节制已经感叹,有追悔补过之心了,还有谁会再施加灾祸呢?从卦象上看,六三阴爻居在阳位上,它是在下卦兑卦的最高位,下面乘着两根阳爻,所以才会显示出不被节制的意象。这个意象看起来好像是一个柔弱的人踩在两个刚健人的头上,所以说是一种不节制的、为所欲为的意象。这个时候如果继续下去肯定会有灾祸。但是如果这个时候自己感叹、叹息、后悔,觉得自己做得不对,那么就能免除灾祸。

节卦六三爻告诉我们的就是一个"亡羊补牢,为时未晚"的道理。但是有一层意思节卦六三爻没有明说,当是题中应有之义,那就是感叹、后悔之后的补救行为。就好像亡羊之后的补牢、楚襄王痛表后悔以后的励精图治,这一点是我们必须明白的。如果只是单纯的后悔,后悔到整天躲在家里蒙着被子以泪洗面,你就是洗一辈子现状还是现状,失去的也不会自己长腿跑回来。还是得要你行动起来,努力补救,这样才可能挽回损失。

还有一点需要注意的是,这也应该是在六三爻中暗含之意,就是损失还没有大到无法弥补的地步。因为六三不是上六,离最顶点还远。仍拿上面的例子说,就是:羊圈里还有不少羊,值得补;楚襄王还没有被秦国干掉,楚国还没有亡,翻盘的机会和资本都还有。

我们再举个切合实际的例子,就说一个人犯了错误,那也得在有回头机会的情况下才可能改悔。如果你不给自己留条回头路,十恶不赦了,那么法律也会成全你。这是我们需要注意的第二点。

总之,本着节卦的原则,我们奉劝大家一句:好好节制,最好不犯错误、不蒙受损失;在羊一只没丢之前先仔细检查,把羊圈修好,比什么都强。毕竟补牢只是一种事后的补救措施,不到万不得已是没有人会愿意采取的。

六四,安节,亨。

象曰:安节之亨,承上道也。

【语译】

六四,安然自得地节制,亨通。

《象传》说,安然地实行节制,因为顺应九五尊道。

【解读】

六四,"安节,亨",安然自得地奉行这个节制,这样就会亨通。

《象传》解释说,"安节之亨",是因为"承上道也"。六四的节制是出自内心的而不是被逼迫的,这里他很安然地实行节制,安然地上承着九五爻,他的节制完全是顺应九五之尊,也就是说顺应着他的顶头上司,这样自然就会亨通。

九五,甘节,吉,往有尚。

象曰:甘节之吉,居位中也。

【语译】

九五,心甘情愿地节制,吉利,前行有嘉奖。

《象传》说,心甘情愿地节制之所以吉利,因为居守中正之位。

【解读】

九五,"甘节,吉,往有尚",心甘情愿地实行节制,就会吉利、吉祥,继续前进的话,一定会受到尊重、崇尚。从六四的安然实行节制,到九五的心甘情愿地去实行节制,其实说出了一种内心的感受。

《象传》解释说,"甘节之吉",是因为"居位中也"。九五爻居最尊位,既守中,又得正,因此这个时候的节制,当然是一种最甘美适中的节制。《论语》中说,"礼之用,和为贵",如果人人都觉得按礼节来做很甘美,很乐意,那么这个礼节就发生作用了,就能达到和美的境界了。因此,九五爻所说的是实行节制、礼节所达到的最高境界。

上六,苦节,贞凶,悔亡。

象曰:苦节,贞凶,其道穷也。

【语译】

上六,过分地节制会带来痛苦,坚持下去有凶险,及时觉悟悔恨才会消亡。

《象传》说,过分地节制会带来痛苦,坚持下去还会有凶险,因为上六节制道路走到了尽头。

【解读】

上六,"苦节",过分的节制给自己带来了巨大的痛苦,这是一种痛苦不堪的节制,说明节制的制度和礼仪已经超过了人心所能承受的限度。"贞凶,悔亡",继续坚持下去会有凶险,放弃这种节制,悔恨就会消亡。"贞凶",这里也可以理解为守正防凶,就是说有节制地守持正道,就不会有悔恨。

《象传》解释说,"苦节,贞凶",是因为"其道穷也"。上六,处于节卦的最高一位,表明节制已经走到头了。从另一角度说,这时候节制已经太过分了,人民已经苦不堪言。如果不及时进行调整,老百姓就会起来反抗了。所以这个时候应该反过来,要化苦为甘,回到九五爻来,去实行"甘节"。

> 节卦所讲的节制可以推及自然界以及人类社会的各种事物、各种情况。一年四季是这样,动植物的生长过程也是这样,都是有节律、有节制的。人类的喜怒哀乐也是这样,要符合这个节度。我们的衣食住行也要有节度,我们做企业、做事业也要有节度,我们用人、处理事情,都要有节度、有节制,所以它具有普遍的意义。有了节制才有节度,才能够达到一种礼仪、礼节,才能达到一种和美的境界。当然实行这个节制、礼节时还要守正、适中,不要太过,太过就苦了。

中孚卦第六十一——诚信立身

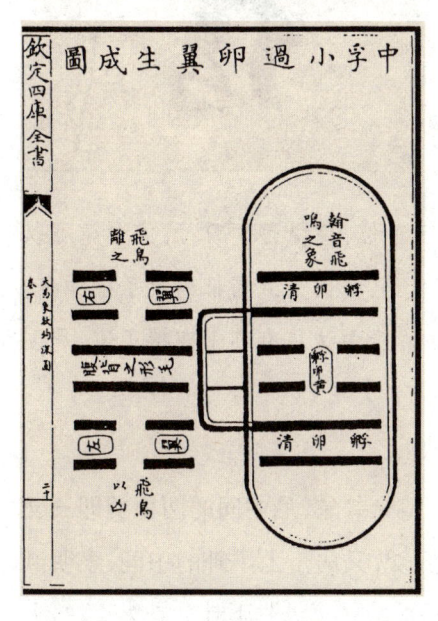

中孚,豚鱼吉,利涉大川,利贞。

【语译】

中孚卦,心中诚信可以感化猪和鱼,是吉祥的,有利于渡过大江大河,有利于守持正道。

【解读】

"中孚"的意思是心中要诚信。《杂卦传》说:"中孚,信也。"《序卦传》说:"节而信之,故受之以中孚。"有了节制就要保持住一颗诚信之心,所以节卦之后就是中孚卦。《说文解字》上说,"孚,从爪,从子,如鸟抱子之象",就像鸟抱着它的孩子。朱熹说,"今之乳字,一边从孚,盖中所抱者,实有物也,中间实盛物,所以人自信之"(《朱子语类》),中间抓着一个实实在在的东西,是可信的,所以这个"孚"就是诚信的意思。"中"是什么意思呢?就是指心中。这个卦中间两根爻是阴爻,是空的,虚的,上下都是实的,这个虚就是表示心中谦虚、诚信。所以中孚卦实际上讲的是诚信、信任、信用。

卦辞说,"中孚,豚鱼吉","豚"就是猪,小猪。"鱼"就是小鱼儿。中孚卦的诚信,能使小猪、小鱼儿这些细小、微弱的事物都受到感动,表示感动感化的面很广,所以"利涉大川,利贞",有利于渡过大江大河的险难,有利于守持正道。汉代大学问家刘向说,做君主的,如果能用他的诚信来感化百姓,那么天下都必然会受到感化,比如说尧和舜,能感化万民、动物与天地,所以"荒外从风,凤麟翔舞,下及微物,咸得其所",无论是凤啊鸟啊,都会为他而歌而舞,各种微小的事物都能受到感化。这个卦就是讲如何用诚信来感化万物。诚信不仅仅是做人的基础,它还是一种社会的伦理道德,不仅仅是一般的社会伦理道德,还包括了特殊的政治道德、各种职业道德。

彖曰:中孚,柔在内而刚得中,说而巽,孚乃化邦也。豚鱼吉,信及豚鱼也。利涉大川,乘木舟虚也。中孚以利贞,乃应乎天也。

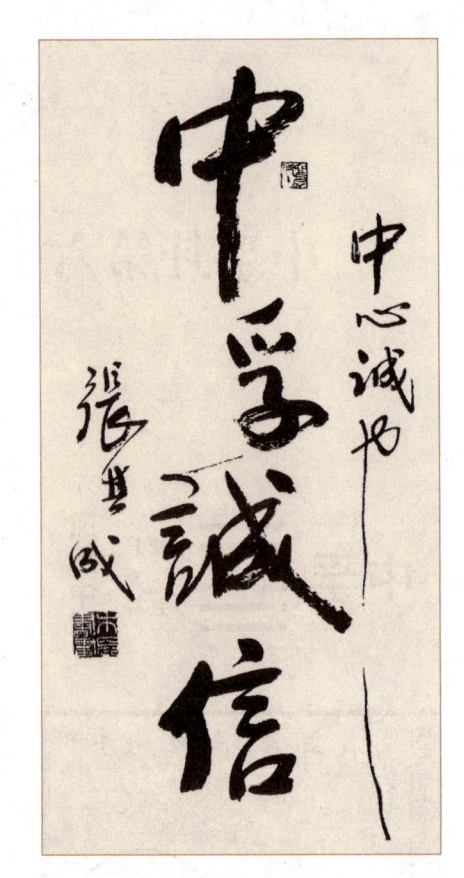

【语译】

《彖传》说,中孚卦,柔爻居内,刚爻得居中正位,喜悦而和顺,诚信之德可以教化国家。心中诚信可以感化猪和鱼,之所以吉祥,是因为诚信都遍及了猪和鱼。有利于渡过大江大河,乘大船行水上,畅通无阻。心中诚信有利于守持正道,是因为顺应了天道。

【解读】

《彖传》说,中孚卦,"柔在内而刚得中",整个卦象,最中间的两根爻即三爻和四爻是阴爻,是柔爻,而刚健之爻即二爻和五爻,又居于上下卦的中间,表明诚信就是内心既要柔顺又要刚健自信。"说而巽,孚乃化邦也",下卦兑卦为喜悦,上卦巽卦为谦逊、柔顺,就是上下都喜悦,都和顺,这样的诚信之德,自然可以教化天下百姓。"豚鱼吉,信及豚鱼也",这种诚信已经遍及小猪、小鱼儿了,也就是说,它能够使小猪、小鱼儿都受到感化了。"利涉大川,乘木舟虚也",为什么有利于渡过大江大河呢?因为这个卦上面巽为木,下面兑为泽,其意象是乘着木舟,这个舟当中是空的,船行在水上,是那样的畅通无阻。"中孚以利贞,乃应乎天也",心中诚信,又能守持正道,这就应合了天道那种诚信不虚的美德,达到天人相应。天德对

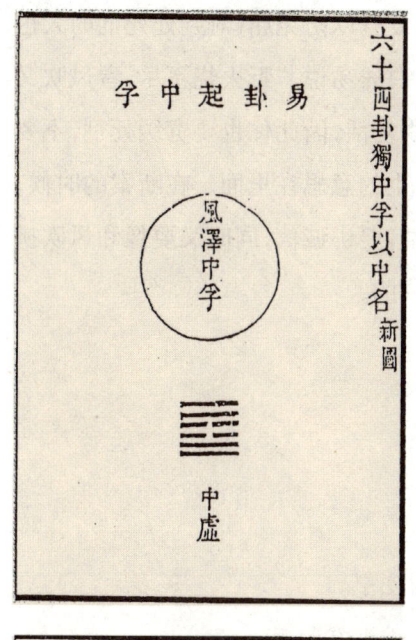

万事万物都是一样的,都是诚信的,它没有偏私,也没有虚假,所以这个卦象既符合天道又符合人道。整个卦象的中间两个爻是虚的,而整个卦是讲诚信,是说诚信必须以中虚为基础,这蕴涵着非常深刻的道理。

曾国藩曾对这个卦做了一番解释:"人必中虚,不着一物,而后能真实无妄。"意思是说,人必须内心是空虚的,不存在一点点私心杂念,这样才能够真实无妄,才能够诚信。"实"是什么意思呢?"盖实者,不欺之谓也",是不欺骗别人,"人之所以欺人……其所以自欺者,亦以心中别着私物也",是因为心中有好多的私心杂念,而"不欺"就是"心无私着,是故天下之至诚,天下之至虚者也","灵明无着,物来顺应,未来不迎,当时不杂,既过不恋,是之谓虚而已矣,是之谓诚而已矣"。什么是虚?什么是诚?就是要"灵明无着",心当中要非常明亮,要虚空不着,不沾染任何一点私心杂念,这样事物就来和他相呼应了,这就做到了虚与诚。

象曰:泽上有风,中孚。君子以议狱缓死。

【语译】

《象传》说,风吹在沼泽上,为中孚之卦象,君子审慎断狱,从缓执行死刑。

【解读】

《象传》说,"泽上有风",下卦为兑卦,兑为泽,上卦为巽卦,巽为风,沼泽上、大泽上吹拂着和风,风吹在沼泽上,它是无所不至的,这就好比我们的诚信,也要遍及外物,也要无所不至,这就是中孚卦之象。另外,这个风是春风,它能够使万事万物得到复苏。君子看到这样的卦象,就要按照中孚卦之道来"议狱缓死"。

君子心中要诚信,在审案判决前要充分地讨论复查以防冤屈;对判处死刑的人也要从缓执行,尽可能地给予减刑并使之从善。白居易说"野火烧不尽,春风吹又生",这个卦正是泽上有风,好比春风,它让万物复活,因此你也要宽缓死刑,不要使人死,所以这个诚信,还有一种宽容、一种春生的意思在里面。在断案的时候,也要像风吹泽岸那样,要秉公执法,不能徇私情,要讲诚信,同时又要像和风吹拂那样,要宽缓,要有恻隐之心,这两者是相辅相成的。

初九,虞吉,有它不燕。

象曰:初九虞吉,志未变也。

【语译】

初九,安守住诚信,如果别有他求就会不得安宁。

《象传》说,初九,安守住诚信,因为初九心志没有改变。

【解读】

初九,"虞吉","虞"就是"安"的意思,就是指安守住诚信,那就吉祥了。"燕"也是"安"的意思。"有它不燕",就是说,如果有他求的话,有其他的那种需求,那就是不安宁的。初九,要全心全意地,没有一点私心地,平稳地、平安地守住这个诚信,那就是吉祥了,如果有一点点的私心杂念,有一点点的其他需求,那就不诚信了。这个初九是诚信的开始,它呼应的是四爻,阴阳互应,所以是吉祥的。

《象传》说,"初九虞吉",是因为"志未变也"。初九阳爻居阳位,位正,意志非常刚强,守信守得很稳,这种信守诺言的心志不会改变。

九二,鸣鹤在阴,其子和之。我有好爵,吾与尔靡之。

象曰:其子和之,中心愿也。

【语译】

九二,仙鹤在山的北面鸣叫,它的同类跟它声声应和。我有甜美的好酒,想和你一起来分享。

《象传》说,它的同类跟它声声应和,因为发自心中的真诚意愿。

【解读】

九二，"鸣鹤在阴"，这个鹤在山的北面鸣叫。"阴"就是指山的北面，"阳"就是指山的南边。为什么说是在山的北面鸣叫呢？因为九二爻刚好是处在两阴的下面。这个"子"，不是指它的孩子，而是指它的同类，在这里就是指九五爻，它们相应。"其子和之"，它的同类跟它声声地应和。"爵"，本来是指酒杯子，这里是指酒。"靡"是指消费，这里指共享。"我有好爵，吾与尔靡之"，我有甜美的美酒，想和你一起来共享。比喻自己以诚待人，则人亦以诚相应。九二，仙鹤一唱一和，这个景象非常美，一唱一和靠的是诚信之德，所以这个声音不能有虚妄。又好比那美酒，我与你共同享受它，那也是因为有诚信，在一起喝酒的时候才能有乐，共饮同乐。如果没有诚信的话，喝起酒来就非常的痛苦，里面有欺诈，你说还能得到真正的乐吗？提防还来不及呢，给我喝酒，那是不是有所求啊？这样就不会得到真正的快乐。这两句有人说就像诗歌，就像《诗经》里的诗句，如果把这几句放到《诗经》里面去，就看不出是《周易》的爻辞，这是一种韵文，不仅句式整齐，而且偶句还押韵，写得非常生动，非常优美。

《象传》解释说，"其子和之"，是因为"中心愿也"。为什么它的同类要跟它声声地应和呢？因为这是发自心中的真诚意愿。只要心中真正的真诚，即使很远，也仍然能够相互呼应，程颐认为这里说的是一种"至诚感通之理"。

六三，得敌，或鼓或罢，或泣或歌。

象曰：或鼓或罢，位不当也。

【语译】

六三，面对强大的敌人，有时击鼓进攻，有时疲惫后退；有时失败哭泣，有时放声高歌。

《象传》说，或击鼓进攻，或疲惫后退，因为六三爻居位不正。

【解读】

六三，"得敌"，就是前面遇到了强敌了。"罢"通疲惫的"疲"，意指后退。"或鼓或罢，或泣或歌"，一会儿击鼓进攻，一会儿又疲惫了；一会儿哭泣，一会儿又唱歌。哭泣是因为什么呢？是因为害怕敌人的反攻。那欢歌又是因为什么呢？因为这个敌人不来侵犯了，所以就欢歌了。这说明六三的心理状态不太稳定，缺乏一种沉着应对的能力，在这一卦里，比喻缺乏诚信。

《象传》说，"或鼓或罢"，是因为"位不当也"。六三阴爻居阳位，位不正，意味着他意志不坚定，诚信不足，没有诚信就会有好多杂念，所以他往往言语无常，行动也无常。

六四，月几望，马匹亡，无咎。

象曰：马匹亡，绝类上也。

【语译】

六四，月亮接近圆满的时候，良马失去了原配，没有灾祸。

《象传》说，良马失去了原配，因为六四断绝匹配，专心上承九五。

【解读】

六四，"月几望"，是指月亮接近圆满了。"匹"是配，指初爻与四爻阴阳相配。"马匹亡"，六四这匹良马断绝了与自己的配偶初九爻相应，而去顺从上面的九五爻。"无咎"，这样做不会有灾祸。六四爻是柔爻居阴位，正而不中，所以它应该上承着九五这根阳爻，这样才能得中。那六四爻具体该怎么办呢？第一不能太满足，要虚心。第二要专一。要专心致志地侍奉九五爻；不可以分心去和初九相匹配，只有与初九相隔绝，它才能无咎。换句话说，在中孚卦中，处于阴位的六四爻需要把工作放在第一位，家庭其次；要专心地跟着领导干事业。这就是中孚卦六四爻要走的正道。

《象传》说，"马匹亡"，是因为"绝类上也"。"绝类"，即断绝了他的同类，也就是断绝了他的匹配初九爻，因为六四爻原本与初九爻相应。"上也"是说他上承着九五爻，六四是臣位，九五是君位，六四对九五很顺从，很讲诚信，可以说是专心致志地去顺承九五爻，尽管有同伴在呼唤他，他也丝毫不为其所动，并毫不犹豫地与其断绝关系，这就是六四的诚信之道。六四的这种行为，是不会有灾祸的。

九五，有孚挛如，无咎。

象曰：有孚挛如，位正当也。

【语译】

九五，用诚信来维系着天下人，没有灾祸。

《象传》说，用诚信来维系着天下人，因为九五爻居位是中正妥当的。

【解读】

九五,"有孚挛如","挛"是系的意思,是说用诚信来维系着天下人的心,"无咎",这样做就没有灾祸。

《象传》说:"有孚挛如,位正当也。"九五,只有诚信,才能维系天下人的心,这样天下人也会以诚信来相应。九五阳爻居阳位,又在上卦的中位,位尊贵,说明九五位尊权重,而且品德很高尚,有中正之德,这样的人自然有至诚至信之心,用这样的心,去维系天下人的心,就会得到天下人心的归顺。

"曾子杀猪"是很有名的一个教育故事,教育的核心就是诚信。曾夫人有一次出门办事,孩子哭闹着非要跟去。曾夫人脱不了身,就骗孩子说:你在家等着妈妈,妈妈回来杀猪给你吃肉肉。孩子哄住了,等曾夫人办完事回来一看,曾子已经把猪捆好,磨刀霍霍,最后还真把猪杀吃了。曾夫人原本只是给儿子开张空头支票,没想到被孩子爹给兑现了。有些人可能觉得曾子很傻很天真,一句敷衍的话愣让他赔进了一头猪。可是细想,孩子是最不能欺骗的,他会把外界加诸他的一切都当做真的对待,因为他还不具备分析判断真假的能力。你骗他一次不打紧,下次他可能就会怀疑一切,这对于他日后的发展是很不利的。诚信需要从娃娃做起,让孩子从小就树立诚信的概念,有百利而无一害。

再举一个例子,"南门立木"。商鞅是战国时期秦孝公的大臣,他倡议并负责进行的变法极大地提升了秦国的国力,为秦灭六国打下了坚实的基础。还在商鞅初变法时,怕法令颁布下来老百姓不相信,进而不去遵守,所以就想了个招儿:在南门外竖起一根木头,宣称谁能把木头扛到北门,赏五十两金子。木头并不太沉重,南门到北门也不遥远,五十两金子却能晃花几乎所有人的眼睛。所以大家都半信半疑。最后,一个人抱着试试看的态度,真把木头扛到了北门。结果,众目睽睽之下,商鞅当场兑现承诺,把五十两黄灿灿的金子给了扛木头者。围观的一干人众看到这里,后悔不迭。从此,商鞅出示政令,所有人纷纷奔走相告,深信不疑。

区区五十两黄金,对于一个立志发愤图强的国家来说,实在算不得什么。对于提高政府的公信力,让民众不惜为之赴汤蹈火的远大目标而言,五十两黄金仍然算不得什么。可商鞅只用五十两黄金,就买得了全秦国上下万众一心支持变法,靠的是什么?不外诚信二字。

古人讲究"言必信,行必果","一诺千金",奉行这些原则的人就算天涯亡命,也能得到不少人的同情和崇敬。说来说去还是一个"信"字。曾子为了不对黄口小儿失信,不惜杀掉一口肥猪。尾生为了不对自己的恋人失信,宁愿被滔滔洪水淹死也不离开约会地点半步。他们傻吗?乍一听是有点。可是为什么他们守信的故事就能千载流传呢?为什么那个号称"得千金不如得其一诺"的季布能在刘邦下令全国通缉他的险恶环境中毫发无伤呢?答案仍然是诚信二字。

我们讲古代事例绝对不是为了生搬硬套,而是要从"古"里面萃取出对今天的我们有指导或者借鉴意义的东西,以便让我们的生活更加多姿多彩、事业更加蒸蒸日上。

今天我们说诚信,它不仅仅是一种做人的基础和道德底线,同时还是一种社会的伦理道德;它也不仅仅是一般的社会道德,而且还包括了一些特殊的伦理道德,比方说政治伦理道德、各种职业的伦理道德等等。区分开说,对个人讲是说话算数,对企业讲就是信誉,对社会讲就是社会公信力。回想一下发生在我们身边的大事小情,你可能会大吃一惊,你可能已经好久没有领略过诚信行为的魅力了。朋友间的连篇谎话,商家耍弄的无良欺诈,充斥在你生活的方方面面,而你本人,也可能有意无意地扮演着一个视诚信如草芥的角色。

诚信要靠自己,要靠自觉,永远不可能有一种社会强制力逼迫着你诚信,但是生活和事业中的际遇会让你逐渐明白诚信的永恒魅力,也会送给你不诚信应该咽下的苦果。

从今天开始,从现在开始,做一个诚信的人。诚信不但可以为你赢得朋友、赢得生活,更能够为你赢得事业,赢得未来。或者也可以这么说,诚信能帮你赢得一切。

上九,翰音登于天,贞,凶。

象曰:翰音登于天,何可长也。

【语译】

上九,飞鸟的鸣叫声响彻天际,坚持如此,有凶险。

《象传》说,飞鸟的鸣叫声响彻天际,怎么可能长久呢?

【解读】

"翰音",有两种说法,一种说法是,"翰"字里面有羽毛,指鸟儿高飞,在这里就指飞鸟的鸣叫声。另一种说法,"翰"就是鸡,《礼记·曲礼》上也说"鸡曰翰音",《周易集解》上面说"鸡称翰音"。上九,"翰音登于天",飞鸟的鸣叫声能够到达于天,表示大声高喊自己是多么多么的诚信,实际上,越说自己诚信的人往往越没有诚信。

《象传》解释说:"翰音登于天,何可长也。"上九居中孚之极,表示诚信已到达最高位了,也就是说坚持诚信已经到极点了,物极必反,不可能再继续保持下去了。这时候的诚信实际上已经开始衰退了,但为了掩饰自己,于是就像飞鸟飞到天上去高歌、鸣叫,去宣扬自己的诚信。越是口口声声地说自己有诚信的人,就越有可能没有诚信,越应该对其提高警惕。

> 从中孚卦可以看出,诚信对于我们做人做事十分重要。孔子反复强调"信"德,"人而无信,不知其可也","敬事而信"。后来儒家提出了仁、义、礼、智、信五德,把"仁"排在第一位,把"信"排在最后一位,不是说"信"不重要,而是说它是做人的道德底线,人不可以超越这个底线,一旦超越了,那就不是人了。我们当代最大的危机,就是信仰的危机,因此,中孚卦在今天是非常有意义的。

小过卦第六十二——小处可为

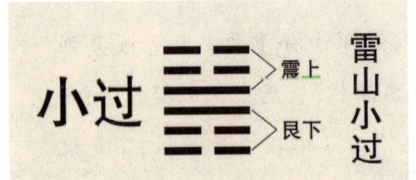

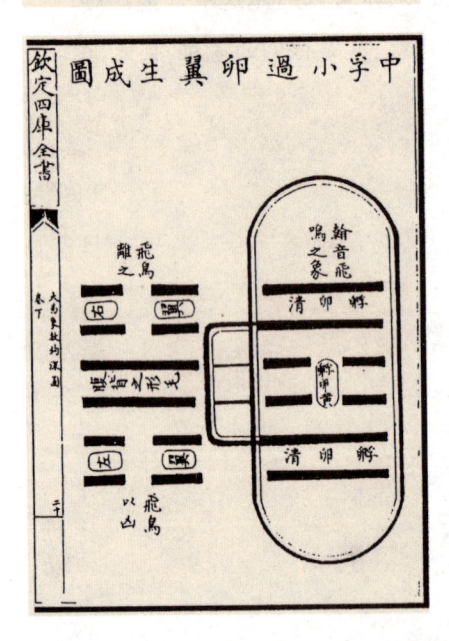

小过,亨,利贞。可小事,不可大事。飞鸟遗之音,不宜上宜下,大吉。

【语译】

小过卦,亨通,有利于守持正道。可以做寻常的小事,但不可以涉足天下大事。飞鸟留下哀鸣,不适宜往上飞,适合于往下飞,会大大吉祥。

【解读】

"小过"是什么意思呢?就是小有超过,小有过错。正如程颐先生所说的:"小者,过其常也。""小过"就是超过了正常。这一卦的卦象,中间是两根阳爻,外面是四根阴爻,与中孚卦正好相对,是说阴爻超过了阳爻,也就是小的超过了大的。我们马上会联想到大过卦,大过卦是第二十八卦,也就是上经的倒数第三卦,而小过是六十二卦,是下经的倒数第三卦。大过是中间四根阳爻,上下两根阴爻,阳刚过盛,阳刚为大,所以叫做大过。相比较而言,大过是指大的过错,而小过是指小的过错。小过卦就好比是一只鸟,中间两根阳爻好比是鸟的身体,上下各两根阴爻好比是鸟的翅膀,所以这一卦大都是用飞鸟来做比喻。《序卦传》说:"有其信者必行之,故受之以小过。"也就是说,坚守诚信的人,一定要果断地去实行、施行,可能会稍有过度,所以中孚卦之后就是小过卦。小过卦阐

明事物有时必须"小有过越"的道理。全卦的宗旨，一是此理必须用在处置"柔小之事"，二是"过越"的本质体现为谦恭卑柔。

卦辞说，"小过，亨，利贞"，小过卦，亨通，有利于守持正道。"可小事，不可大事"，"小事"无非就是普普通通的日常小事，"大事"自然是指经天纬地的军国大事。卦辞用了"可""不可"这么立场鲜明、坚定的字眼，说明态度是非常明朗的：大事绝对不可为，小打小闹地先混口饭吃就行了。这就告诫那些发奋图强，意欲一飞冲天、一鸣惊人的君子们，小过卦的时候，不是建功立业的好时机，当务之急是韬光养晦、保存实力，如果想要做大事，一定会栽跟头。"飞鸟遗之音"，飞鸟遗留下了悲哀的鸣叫声。"不宜上宜下，大吉"，这个飞鸟是不宜往上飞的，它适合于往下飞，如果往下飞，就大为吉祥了。因为鸟儿一直往高处飞，一定会有凶险，它必须退回来，停留在山谷，停留在树上，才能保全自己。所以整个小过都主张要谦虚，要柔弱，要居下，要居小。这一点为老子所发挥，《老子》第五十二章说："见小曰明，守柔曰强。"能够发现小的东西，能够守住小的东西，那就叫"明"，是一种智慧的人，聪明的人。《老子》第三十二章说："道常无名，朴，虽小，天下莫能臣也。"这个道虽然很小，但是天下人没有能够支配它的。《老子》第六十三章又说："是以圣人终不为大，故能成其大。"守住小的目的，是为了实现大的成就。老子还主张要往下，要处下，《老子》第六十六章说："江海所以能为百谷王者，以其善下之也，故能为百谷王。"可以说这是对小过卦思想的最好诠释。

彖曰：小过，小者过而亨也。过以利贞，与时行也。柔得中，是以小事吉也。刚失位而不中，是以不可大事也。有飞鸟之象焉。飞鸟遗之音，不宜上宜下，大吉，上逆而下顺也。

【语译】

《象传》说：小过卦，寻常的小事，有点过度，反能亨通。有点过度，反能亨通，是因为与时偕行。阴柔得处中位，所以做寻常小事吉祥。阳刚迷失了位置且居位不中正，所以不可以干大事。小过卦就像一只飞鸟，飞鸟飞过留下哀鸣，不宜往上飞，而是适合于往下飞。之所以大大吉祥，是因为上走违背大道，下走才顺承了大道。

【解读】

《象传》说，小过卦，"小者过而亨也"，在一些寻常的小事方面，有了超越了，就是做得有点过度了，却反而能够亨通。"过以利贞，与时行也"，有所超过，是有利于守持正道的，这是一种与时偕行的，适合于一定时机的行为，而不是随意妄为的。"柔得中，是以小事吉也"，因为柔爻得中位，阴柔居中，即六二与六五爻同时居上下卦的中位，柔爻为小，所以有利于去做那些柔小之事。"刚失位而不中，是以不可大事也"，刚健之爻没有在中位上，这是指九三与九四爻，这两根阳爻都不在中位上，也就是不在二和五这两个位置上，所以不可以干大事。"有飞鸟之象焉"，整个小过卦就像一只飞鸟，中间的两根阳爻是鸟的身子，上下四根阴爻就好比是鸟的翅膀。"飞鸟遗之音，不宜上宜下，大吉，上逆而下顺也"，飞鸟飞过遗留下了悲哀的鸣叫声，这时候它不能再往上飞了，适合于往下飞，这样才能大吉大利，因为往上走它是违背了大道的，往下走是符合大道的，往下做小事情才是安顺的，吉利的，往上走就会遇到阻力、阻碍。"上逆"的这个"上"可以看做是第五根爻，第五根爻是一根阴爻，它下面是一根阳爻，阴爻踩在阳爻的上面的，这是不符合正道的。"下顺也"，这个"下"是指第二根爻，第二根爻是踩在初六阴爻上，又在九三阳爻的下面，阴爻承阳爻，这是符合常道的。"上逆"，就是说一个人要行大志、做大事，在小过的时位绝对不行，时机还不成熟，前方肯定会有重重艰难险阻，想做也做不成。聪明的选择是依据"下顺"，不妨先做些小事情，这样才顺时顺势，一帆风顺。

古往今来，不少有志君子并非一出道就去干惊天动地的霹雳事业，事实上，在时机未成熟之前，他们有的已经蛰伏了很久，也就像我们普通人一样，柴米油盐酱醋茶地普普通通活着，只是他们从来没有磨灭过胸中一腔英雄志罢了。所以，只要志向不灭，君子不妨待时而动，暂做小事也无妨。

象曰：山上有雷，小过。君子以行过乎恭，丧过乎哀，用过乎俭。

【语译】

《象传》说,雷声在山的上面,就是小过卦之象。君子的行动超过一般的恭敬,丧事超过一般的悲哀,平常的花费要比一般的更节俭。

【解读】

《象传》说,"山上有雷",下卦为艮,艮为山,上卦为震,震为雷,雷本来应该是在天上,现在却在山的上面,这就说明雷响的声音非常大,已经超过了平常,超过了常规,这就是小过卦之象。君子看到这样的卦象,就要按照小过卦之道来"行过乎恭,丧过乎哀,用过乎俭",他的行为应该要比一般的恭敬超过一些,有丧事的时候应该比一般的悲哀超过一些,平时的花销、费用也要比一般的节俭一些。对这种谦恭柔顺的做法,朱熹解释说:"小过是过于慈惠之类,大过则是刚严果毅底气象。"小过是做一些柔弱慈惠的事情,大过则是做一些刚健刚毅的事情。朱熹又接着讲,这三件事情,"皆是过于小,后退一步,自贬底意思"。这个卦给我们的启发是,小事是可以超过一些的,而大事是大的原则,是不可以过分的、超越的。孔子说,"人非圣贤,孰能无过",小事是可以过的,但是这个过是要往下过,不可以往上过,就像上面说的,恭敬的时候超过了一般的恭敬,悲哀的时候超过了一般的悲哀,节俭的时候超过了一般的节俭,都是往下过,这都是后退的,如果反过来,进一步的,比如说你太怠慢了,太兴奋了,或者说太奢侈了,那这一些都是往上过,造成的后果就会是凶险的。

初六,飞鸟以凶。

象曰:飞鸟以凶,不可如何也。

【语译】

初六,飞鸟一直往上飞,会有凶险。

《象传》说,飞鸟一直往上飞,会有凶险,知道不可以又能如何呢。

【解读】

初六,"飞鸟以凶",飞鸟一直往上飞,会有凶险。

《象传》说:"飞鸟以凶,不可如何也。"初六爻的爻辞为"飞鸟以凶"。这句话横空出世,好像没头没脑的,飞鸟为什么就凶险了呢?"不可如何也。"就是说飞鸟不知道该怎么办好了,无可奈何,所以凶险。听起来似乎还是有些莫名其妙。

我们来想想看，一般情况下，小鸟都有往高处飞的习惯，除非是倦鸟投林或是遇到高处有危险的时候，而初六爻为小过第一爻，一切还都刚刚开始，不可能就到了倦鸟投林的黄昏时分，所以这只小鸟一定是想要高高飞翔、一直向上的，这样就要遭遇凶险了。

为什么呢？小过卦的卦辞里说，"不宜上宜下"才能"大吉"，就是说，这个时位是不利于飞鸟振翼高翔的，要明智地选择低飞，最好不要往高处去。而初六爻刚刚起步，又是阴爻，力量各方面的准备还很不充分，最要命的是这只鸟这个时候还犯着糊涂，它自己也不知道怎么办好了，不知道自己的实力，不晓得自己的品性，更没有自己明确的主意，只是一味依着鸟的天性，把辽阔高远的天空当做自己永恒的向往和追逐目标。就这么晕头转向、漫无目的地向高处乱飞，不遇到凶险才怪。

再从爻位上分析，初六爻阴爻居阳位，不中又不正，而且上面还有六二爻的阻挠，一切条件都对它完全不利，所以它要想不凶险就只能乖乖待在下面。

初六爻这个位置，需要甘居人下，不能头脑发昏，做出糊涂事来。此时此刻，最大的糊涂事是什么呢？就是不顾自己的客观实际，盲目乐观，简单认为天高就是为了任鸟飞，所以鼓足勇气，振翼而起，其结果必然的，是铩羽而归。或者根本就不管不顾，所有事情都不考虑，所有困难都不算计，所有后果都不在乎，就是要飞上高天，那后果也是可想而知的。

我们在事业之初的时候，往往也会头脑发热，不甘居人下，进而做出这样那样的糊涂事来，给自己的发展凭空制造出很多不必要的障碍。其实，世间事，一口吃成个胖子的情形是不多见的，大家都得遵循事物发展的一般规律，一步一步、按部就班地来。最开始的时候羽翼未丰，经验缺乏，资历不够，就得先稳住阵脚，擦亮眼睛，踏踏实实地向老前辈学习经验、增进技能。同时心态还要放平和，要有一种谦虚学习的态度，还要有甘居人下的心胸，千万不可心浮气躁，目中无人。"初生牛犊不畏虎"这句话指的是迎难而上的一股子冲劲，而不是心高气傲，盲目自信，在鲁班面前弄大斧，关老爷面前耍大刀，那样非但于你的事业和前途无益，反而会让你在入行之初就摔个大跟头。须知一句老话："多年的媳妇熬成婆。"诸葛亮虽然初出茅庐就烧了曹军几把大火，在刘备那里赢得了满堂彩，可他那样的不世出之才毕竟不多见。而且，高卧隆中时，他也并不是饱食终日，无所事事。天下大势他心里雪亮着呢，早已不是毛头小伙愣头青了。

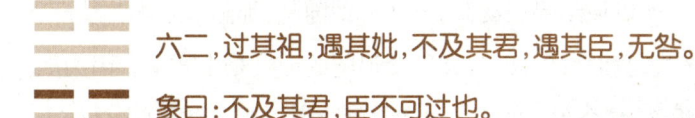

六二，过其祖，遇其妣，不及其君，遇其臣，无咎。

象曰：不及其君，臣不可过也。

【语译】

六二，超过了祖父，遇到了祖母；没有超过君主，遇见大臣，没有灾祸。

《象传》说，没有超过君主，因为臣子不可以超过君主。

【解读】

六二，"过其祖，遇其妣"，"祖"是"祖父"，"妣"就是祖母，超过了祖父，遇到了祖母。"不及其君，遇其臣"，不能超过君主，而应该去遇见大臣。"无咎"，这样的话，必无灾祸。六二，以祖父祖母、君主大臣作比喻，祖父是九四爻，祖母是六五爻；君主是六五爻，大臣是九三、九四爻。因为六二爻是又中又正，柔顺得中，这个时候做事情是最适合的，他只有超过九四爻才能遇到六五爻，得到六五爻的庇护。而六五爻又是一个君主，所以千万不要超过他，而要和大臣相遇合。当然历代对究竟哪一爻是祖父是祖母，哪一爻是君是臣，有很大的分歧，我们只要了解它的意思就行了。那就是要安守在自己柔中得正的位置上，不要去超过自己的上级，要安于本分，不要越位、越级，这样才能得到上级的保护。

《象传》解释说，"不及其君"，是因为"臣不可过也"。就是说，六二作为一个臣仆，作为一个大臣，是不可以超过君主的，超过了就是僭越，名就会不正，名不正，言就不顺，言不顺，做什么事就不会成。

这一爻告诉我们：过犹不及，凡事都不要做过头。尤其注意不要抢了上司的风头。要安守自己的本分，柔顺得中，上司自然会赏识提拔你。

九三，弗过防之，从或戕之，凶。

象曰：从或戕之，凶如何也。

【语译】

九三，不愿意过分防备，随从别人就会受到迫害，就会有凶险。

《象传》说，随从别人就会受到迫害，这是何等的凶险。

【解读】

九三，"弗过防之"，如果不能过分地来防备，来防御，"从或戕之，凶"，跟随着这个人就会受到他的伤害,所以说结果很凶险。"从"即随从,那随从谁呢? 从三、六爻相互呼应这个原则来看,我们可以确定,九三爻追随的无疑是上六爻。因为上六爻居于最高位,却是根阴爻,是个阴险的小人形象。而九三爻呢,是阳刚之爻处于下卦的最高位,在追随上六这个小人的过程中,自恃自身的阳刚和强盛,自恃自己的实力,往往会对上六疏于防范,甚至可能连一丝防范之心都没有,这样一来,上六爻稍微用些手段,猝不及防的九三就会横遭戕害,估计还会被戕害得莫名其妙。

《象传》说:"从或戕之,凶如何也。"随从上六这样的小人,凶险的程度还非常严重,虽然所处的时位是小过卦,也无法避免这种巨大的凶险。这就需要九三爻提高警惕,小心谨慎,以免到最后脑袋都搬了家,到阴曹地府都还稀里糊涂的。

俗话说:害人之心不可有,防人之心不可无。这绝对是经由无数个血的教训总结出来的至理名言。前半句用以自律,人只有坦坦荡荡,立得正,行得端,不用生害人之心也自有一种威严气度,也能傲然挺立于天地之间。后半句就有些"人心惟危"的意味了,人心隔肚皮,你永远也猜不透别人揣的是什么心思,所以,从这个角度说,还是时时处处存一些防人之心安全一些。对敌人,对陌生人,对一般人,说得再让人心寒齿冷一点,甚至对朋友,对亲人在某些时候、某些方面都要有防范之心。因为最好的朋友有时候摇身一变也可能成为你最致命的敌人,亲人也可能对你所做的事情根本无法理解。国民党统治时期,我们那些从事地下革命工作的共产党员有几个不是对自己的亲人都讳莫如深、守口如瓶的? 这是党组织铁的纪律,是无数革命先烈的鲜血换来的宝贵经验,也是这种铁的纪律在危急关头不知挽救了多少地下党员的性命。

历史上因缺乏防人之心而稀里糊涂脑袋搬家的例子也不鲜见,举两个最典型的,都是因为对自己的领导过于信任而被害的,很切合小过九三爻的情形。这两个人都大名鼎鼎:一个是韩信,一个是抗金名将岳飞。

大家都知道,韩信的主子是刘邦。刘邦地痞无赖出身,在反秦大起义中投机出位,最后居然打下了江山。看他的简历,基本没有什么信用可言。然而,用着韩信的时候,却也是登坛拜帅,解衣推食,封侯封王,关心体贴到了极致。就是这一点蒙蔽了在政治上本来就超级脑残的韩信。蒯通在天下未定之时劝他叛刘自立,和楚、汉先鼎足而三进再逐鹿中原,不听。建汉之后,刘邦立意要收拾异姓王,开始磨刀霍霍,杀气腾腾,路人皆知他的第一个目标就是功劳最大的韩信,而且韩信此时被一贬再贬,早已不复有往日风光。蒯通认为时机已到,又去对他摇唇鼓舌,韩信依然不听，而且对刘邦全无防范之心，最终被他骗去长信宫中害了性命。事实上，刘邦欺骗韩信，在他面前背信弃义，那不是一次两次的事了，可惜韩信不争气，记吃不记打，我们也只能说句可惜而已。

岳飞，他的光辉业绩我们就不提了，只说他在风波亭被冤杀一事。千载而下，绝大多数人都把害死他的屎盆子扣到奸相秦桧身上，其实宋高宗赵构才是真正的元凶首恶。很明白的道理。赵构是龙头老大，他要不点头，秦桧敢把这么一位国之干将给整死？除非他也不想活了。至于赵构害岳飞的原因，也很简单。岳飞口口声声要直捣黄龙府，迎接徽、钦二帝还朝，而且真的表现出了很大可能性。试想，那一对活宝要是回来了，至少有一个要当皇帝，到时候他赵构将置于何地？不但半壁江山不保，弄不好还会被复辟势力弄死。历代宫廷中父子相残、兄弟阋于墙的事情多了去了，他又怎会不知道？所以岳飞不识相地叫着要迎接二帝，那是自蹈死路，怨不得旁人。

这两位的故事讲完，估计不少朋友的后背已经凉飕飕的了。大可不必，今天的事情还严重不到封建社会那个程度。但是缺乏防人之心，有可能让你在前进路上摔大跟头，或给你的事业造成不可估量的损失，这一点也是确凿无疑的。

虽然说防人之心不可无，也并不是让你整天高度紧张、神经兮兮，一遇风声鹤唳，立时草木皆兵，拿任何人都当不共戴天的仇人看待。逢人遇事之时，多长个心眼，多一份小心即可。俗话说，小心驶得万年船，就是这么个意思。

九四，无咎，弗过，遇之，往厉必戒，勿用永贞。

象曰：弗过，遇之，位不当也。往厉必戒，终不可长也。

【语译】

九四，没有灾祸，不过分刚强就能遇到相和之人。前进会有危险，必须戒备，不可以随便施展才能，而要永远守持正道。

《象传》说，不过分刚强就能遇到相和之人，因为位置不正当。前行会有危险，必须戒备，终究不能长久保持。

【解读】

九四，"无咎"，没有灾祸。"弗过，遇之"，九四爻是刚爻，阳爻处阴位，说明他不过分地刚强，处柔居下，所以能遇到初六阴柔之爻，能和初六相呼应，得到阴柔之爻的支持。"往厉必戒"，如果他继续前往，准备越过六五爻，那就太过分了，就会有危险，因为六五是君位，大臣要越过君位，那是不合正道的。"勿用永贞"，这个时候一定要谨慎，要警惕，不能过于施展自己的才华，要永远守持着自己的正道。

《象传》解释说，"弗过，遇之"，是因为"位不当也"。九四爻是阳爻，处在阴位上，位置不正当，这实际上是说明九四失去了自己正确的品性，没有守着正道，他应该去与初六相应，但总想着去越过六五爻，与上六爻相应。在小过之时，"上逆下顺"，往上走肯定会遇到障碍，所以说是"往厉必戒，终不可长也"。九四如果继续前往，就会有危险，他现在的位置就不能够保持很久了。这个时候他必须静守，不要去施展自己的才华，也不能过分地张扬自己刚强的个性，一定要谦虚、柔顺，去和初六那个阴柔之人互相呼应，互相配合，而不要一味地往前走。

六五，密云不雨，自我西郊，公弋取彼在穴。
象曰：密云不雨，已上也。

【语译】

六五，乌云密布，从西郊而来却没有下雨，王公弓箭射杀藏在洞里的野兽。

《象传》说，乌云密布而没下雨，因为浓云往上飘走了。

【解读】

六五，"密云不雨，自我西郊"，与小畜卦的卦辞相同，是说乌云从西郊那里升起来，天空已乌云密布，因为六五爻居于最尊位，阴气非常的强盛，与其相应的六二爻也属阴，西边也是属阴的，所以就像乌云从西郊那里升起来，天空已乌云密布，但就是不下雨，为什么呢？因为阳阴还没有和调，这里是指六五爻没有阳刚之人与其相应。"公弋取彼在穴"，王公在这个时候要用弓箭竭力去射藏在洞里的狡猾的动物。洞里的动物在这里比喻一种隐藏得很深的祸患、弊端。在小过的时候，是不可以做大事的，虽然不能够做那些大事，但还是可以去做那些小事，可以去做一些防备的事，即使是做一些矫枉过正的事也是可以的。因此，六五这时候努力地除掉那些隐藏着的弊端，是适宜的。

《象传》解释说："密云不雨，已上也。"天空乌云密布，就是不下雨，因为浓云往上飘走了。这里是说，处于小过卦的时候，六五居尊位，应该更加谦卑守柔，宜下不宜上，所以往上走是不吉利的。

上六，弗遇过之，飞鸟离之，凶，是谓灾眚。

象曰：弗遇过之，已亢也。

【语译】

上六，不愿意遇合别人反而要超过他，飞鸟遭到射杀，有凶险，这就叫做灾殃祸患。

《象传》说，不愿意遇合别人反而要超过他，因为上六爻达到了亢盛的状态。

【解读】

上六爻，"弗遇过之"，不能遇到和自己相应和的阳刚之人，但是却要超过阳刚之人。"飞鸟离之"，"离"通"罹"，就是遭受的意思，就好比是那只飞鸟，它在不停地飞，结果落入了罗网，有凶险。"是谓灾眚"，这就叫做灾祸当头。《周易正义》上说，"以小人之身，过而弗遇，必遭罗网，其犹飞鸟，飞而无托，必离矰缴"，你只想着往上飞，一定会自投罗网。

《象传》说，"弗遇过之"，是因为"已亢也"。上六爻，是小过的最终了，阴爻处在最高的位置，表示他已经越过了所有的人，已经是竭尽所能了，这时候应该停下来，去与下面的人相应和，不要再一味地往上，再超越只能是超越自己，换种说法，就是与自己过不去，用现在时髦的话说，就是挑战自我的极限，乃至人类的极限。上六超越的想法已经达到了亢盛的状态，或者说接近疯狂的状态。处于这样的状态之中的人，是非常危险的，犹如飞鸟自投罗网。

> 整个小过卦说明在小有过错的时候，适合于做那种阴柔的事情、柔小的事情，不可以做那些重大的事情，以柔小、居下的心态可以改变小过的局面。要守住这个小，守住这个柔，以柔克刚，以小见大，同时自身是要建立在正道之上、中道之上。六二和六五这两个爻是阴柔居中，所以这两根爻是最吉祥的。我们如果参照道家的思想来理解这个卦，就能领悟其中的大智慧。《左传·桓公五年》上记载，郑伯说，"君子不欲多上人"，作为一个君子，他不能总是要居人之上，而是要居人之下，这是一种大智慧，他居下是为了要居上，他做小事，是为了要做大事，而不是一开始就是求这个大事。这就是小过卦告诉我们的道理，虽然比较难懂，理解起来有一点曲折，但是结合着道家的思想，会给我们以很大的启示。

既济卦第六十三——谨慎守成

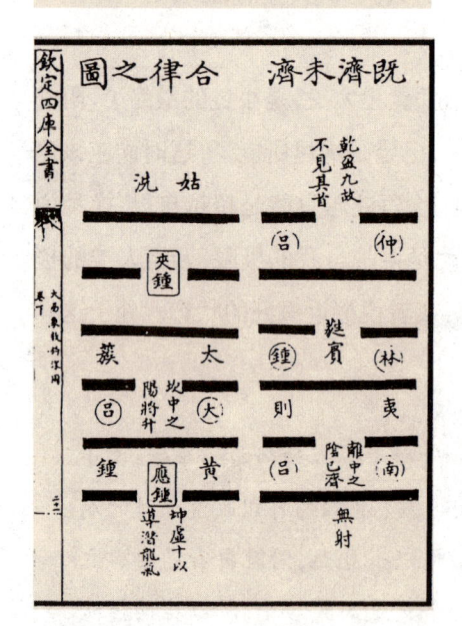

既济,亨小,利贞,初吉,终乱。

【语译】

既济卦,能使小事情亨通,有利于守持正道。开始的时候吉祥,最终会有祸乱。

【解读】

既济卦在小过卦之后,是全经的倒数第二卦,《序卦传》说:"有过物者必济,故受之以既济。"做事情有了过错,或做得过分了之后,就一定要来改正它,这样才能取得成功,所以小过卦之后接着就是象征事物成功的既济卦。"既济"这两个字,是已经渡河的意思,表示事物已经成功了,已经完成了。它的卦象,上面是水,下面是火,水在火的上面,表示水把火浇灭了,成功完成灭火这件事情了。《杂卦传》说:"既济,定也。""定"有已经完成的意思。此卦阳爻都在奇数位置上,阴爻都在偶数位置上,六爻皆当位有应,构成完整和谐的卦形,表明矛盾全部得以解决,事物发展到了穷尽,一切都定下来了。从乾坤到既济,表明了宇宙事物发展的一个大过程,既济表示斗争已经止息,旧的过程已经到此结束。

这一个卦和后面的未济卦被广泛用在很多方面,比如中医的水火既济就指心肾相交,火代表心,水代表肾,心肾相交了才能健康,如果未济则表示心肾不相交,表示一种疾病的状态。当然它也能用在管理上面,既济表示上下能够沟通,事情能够成功。而火水未济表示上下不能够沟通,不能互相帮助,表示一种还没有成功的状态。

卦辞说,既济卦,"亨小",就是能够使小事情都亨通,或者说柔小的、细微的事情都能够成功。"利贞",有利于守持正道。"初吉,终乱",开始的时候还是成功的,最终的时候就紊乱了,混乱了,有危险了。为什么说"初吉终乱"？这里主要强调了保住既济局面的艰难。这是劝诫人们事成之后应谨慎守成,否则会走向反面。既济卦象征事业已成功,但从发展的观点来看,事物总会不断地运动而相互转化。如果成功了不慎守,反而会以失败的大乱而告终。创业难,守业更难,这个卦就是要告诉我们怎样守住成功。唐朝宰相魏征在劝诫唐太宗时,说了一句非常有名的话:"创业难,守成更难。"又说:"善始者实繁,克终者盖寡。"就是说能善始的人实在很多,但是能够一直坚持到最后的实在太少太少了。所以要居安思危,只有这样才能避免初吉终乱的结局。孔夫子说"人无远虑,必有近忧",我认为"人有近忧,必无远虑",如果我们每时每刻都保持忧患意识,做到"吾日三省吾身",那就不会有大的灾祸发生。不要像李自成、洪秀全那样,他们能够速成,但不能够守成。

彖曰:既济亨,小者亨也。利贞,刚柔正而位当也。初吉,柔得中也。终止则乱,其道穷也。

【语译】

《彖传》说,既济,亨通,小事情能亨通。有利于守正道。因为刚爻和柔爻居正当位。初始的时候吉祥,因为柔小的时候能持守中道。如果终止了守持正道,就会出现混乱的局面,成功的道路就会走到尽头了。

【解读】

《彖传》说,"既济亨,小者亨也",既济的亨通,是连柔小的事物都能获得亨通,何况是大的事物呢？大事物更能成功。为什么"利贞",能利于守正道呢？因

为"刚柔正而位当也",既济卦的刚爻和柔爻全是正的、当位,这是六十四卦中唯一全部阳爻居阳位、阴爻居阴位的卦,每个爻都处在正位上,所以有利于守持正道。"初吉,柔得中也",初始的时候吉祥,是因为柔小的时候能持守中道,这里指六二爻柔爻居中位。"终止则乱",是因为"其道穷也"。这里是说,做任何事,要取得最终的成功,自始至终都应该守持正道,如果中途终止了守持正道,就会出现混乱的局面,那么通向成功终点的道路就会走到尽头了,困穷了,也就是不能取得最后的成功,或者说守不住成功的果实。我们平常说,坚持到底就是胜利,说的也是这样一种道理。可见善始容易善终难。

象曰:水在火上,既济。君子以思患而豫防之。

【语译】

《象传》说,水在火的上面,为既济卦之象。君子要时刻思虑祸患并且预先防备。

【解读】

《象传》说,"水在火上",下卦为离卦,离为火,上卦为坎卦,坎为水,水在火的上面,这是一种什么意象呢?水在火的上面,能够浇灭火,同时也可以说是火在烧水,火能够将水烧开,能够把米饭煮熟,这都表示事情能够成功,这就是既济卦之象。君子看到这样的卦象,就要按照既济卦之道来"思患而豫防之",应该要时刻思虑祸患并且预先要防备,要始终防微杜渐,防患于未然,要有一种深刻的忧患意识。不要以为事情已经完成,就可以坐享其成,高枕无忧了,这样不行,还必须始终警惕着,思虑着。所以既济卦是告诉我们怎样守住成功的。古人对创业与守成是有过深刻反思的。唐太宗在贞观年间经常与大臣们讨论创业与守成的难易问题。有一天他就问房玄龄、魏征等人,创业与守成哪一个更难,房玄龄的回答是,天下大乱的时候,群雄并起,攻城略地,创业的艰难是显而易见的。而魏征的回答则不同,他说,君主打天下是在混乱中歼灭敌人,能够得到百姓的拥护,因此并不是太难,而守成时,君主得到天下之后,容易骄傲自满,享乐腐化,国家的衰败由此开始。这就叫"失之以安逸,守成难矣",所以守成更难。这时候唐太宗说,房玄龄是随从自己定天下,出生入死,所以知道创业的艰难。而魏征则是与自己安天下,骄奢生于富贵,祸乱生于所忽,所以他知道守成的艰难。那么现在创业的艰难时期已经过去,现在主要是守成的困难了,所以诸公必须谨慎地对待。唐太宗是一个明君,他知道在不同的时期创业与守成的艰难。

初九,曳其轮,濡其尾,无咎。

象曰:曳其轮,义无咎也。

【语译】

初九,拖曳着车轮缓缓而行,小狐狸过河的时候沾湿了翘起的尾巴,没有灾祸。《象传》说,拖曳着车轮缓缓而行,从道义上来说是不会有灾祸的。

【解读】

初九,"曳其轮",在成功后的初期,要拖曳着车轮不让它跑得太快。"濡其尾",就像小狐狸过河的时候,让它沾湿尾巴,不要让它游得太快。"无咎",这样一定没有灾祸。这里有两个意象:车轮要拽着,这样就跑不快;狐狸一般是把尾巴翘起来跑,就跑得快,而现在让它的尾巴放下来,到水里沾湿,这样它也跑不快。这就说明在成功以后,要防止急躁,要谦虚稳重。

《象传》说,"曳其轮,义无咎也",从道义上来说是不会有灾祸的。"义"者,宜也,初九的做法是适宜的,是符合于谨慎守成的道理的。初九爻是一个阳刚之爻,但处于最下位,是事情的开始,要居于下,谦虚稳重不急躁才可以,在成功之初,不要过于亢进。

六二,妇丧其茀,勿逐,七日得。

象曰:七日得,以中道也。

【语译】

六二，妇人丢失了车幔，不要追寻，七天之后就会失而复得。

《象传》说，七天之后会失而复得，因为六二爻得居中正之道。

【解读】

"茀"，是古代车上的遮蔽物，即车幔。这个车幔是干什么用的呢？它是车的一种帘子，是车的一种装饰，妇女用来遮住车窗的。这种装饰非常重要，没有这个车幔，妇人是不敢乘车的，因为会露在外面，会被人看到，只有设了这个屏障她才能够出行。这是当时的一种礼节、礼仪。六二，"妇丧其茀"，这位妇人丢失了这个车幔，当然就不能出行了。"勿逐"，不过也不必急于去寻找。"七日得"，等到七天它就会失而复得。

《象传》说，"七日得"，是因为"以中道也"。六二爻是阴爻居于阴位上，并且居于下卦的中位，表明她能守住正道、中道、妇道。车幔是妇女用来遮住车窗的，表示隐藏含蓄。现在丢失了这个车幔，也不必急于寻找，七天后它就会回来，为什么呢？因为她执行的是中正不偏之道。这实际上是隐喻人们在成功以后容易生出一种浮躁的心，容易丢失一些东西，总想急切地去找回来，这里告诉我们要静下心来反思自己的过错，它就会在七天后回来。这里又提到"七日"，我们前面已经讲过，七天就是一个周期，这里是讲成功、得失都具有周期性，在自己有所失的时候不要急躁，要反思，要从自己身上找问题。

九三，高宗伐鬼方，三年克之，小人勿用。

象曰：三年克之，惫也。

【语译】

九三，商代的高宗讨伐鬼方部落，持续了三年才攻克它，小人不可以任用。

《象传》说，持续了三年才攻克它，因为到了疲惫的程度。

【解读】

九三，"高宗伐鬼方"，这是讲了古代的一个故事。商朝的殷高宗是一个明君，他曾经去讨伐鬼方这个小小的诸侯国，"三年克之"，但是打了三年之久才取得胜利。这就是说做事情不要太急躁，要像高宗讨伐鬼方那样沉稳冷静，有打持久仗的心理准备，如果急于求成去冒进，将是非常危险的。"小人勿用"，无论做什么事情,尤其是打仗的时候,浮躁冒进的那种"小人"是不能用的。

《象传》说,"三年克之",三年才取得胜利,说明要打持久战。"惫也",说明持久战是对人意志的一种考验,九三爻持久努力,已经到了疲惫的程度,但是他坚持住了,所以最终取得了成功。九三爻是处在下卦的最上一爻,下卦是离卦,离卦为火,它本身就急躁,而且又是阳爻处在阳位上,容易躁动冒进,所以一定要警惕,不要太急切。

六四,繻有衣袽,终日戒。

象曰:终日戒,有所疑也。

【语译】

六四,华美的衣服将要变成破旧的了,应当整天戒备。

《象传》说,整天戒备,因为有所疑惧。

【解读】

"繻",指华丽的衣服,彩色的丝绸。"袽",指破旧的衣服。六四,"繻有衣袽",是说华美的衣服将要变成破旧的衣服了。"终日戒",所以应当终日提高警惕,戒备这个祸患。通过衣服由华丽到破旧的变化,说明成功之后往往会有失败。成功与失败是相辅相成的,因此要时刻守正防范。

《象传》说,"终日戒,有所疑也",这个"疑"不是指怀疑,而是指疑惧,也就是要有那种警惕、恐惧的心理,居安思危,守正防范。六四爻是外卦的开始,外卦为坎卦,所以也是危险的开始,说明成功有向危险转化的可能。六四柔顺守正,守持正道,就是为了防范成功之后向"终乱"的转化。

九五,东邻杀牛,不如西邻之禴祭,实受其福。

象曰:东邻杀牛,不如西邻之时也。实受其福,吉大来也。

【语译】

九五,东边邻国杀牛祭祀,比不上西边微薄的祭祀,更能实实在在地受到神灵的福泽。

《象传》说,东边邻国杀牛祭祀,比不上西边简单的应时祭祀。西边更能实实在在地受到神灵的福泽,吉庆不断地到来。

【解读】

九五,"东邻杀牛",东边那个邻国杀牛祭祀,规模非常宏大。"不如西邻之禴祭",还不如西边那种不杀牛的微薄的祭祀。祭祀在古代是一件非常重大的事情,有的是非常隆重的,比如说杀牛、杀羊、杀猪,这叫牺牲、三牲。而有的是比较简单的,它不必要杀牛。主要是看祭祀者的主观愿望。东边的祭祀是非常盛大的,而西边的祭祀是非常微薄的,但结果却是东边还不如西边的。东边为阳西边为阴,这里九五居于尊位,这表示成功已经达到了最佳时机,它已经不必用那些外在的、盛大的祭祀。因为事物到达成功的顶点就要警惕灾祸的发生。这个采用东邻西邻不同祭祀的例子,就是告诫我们,九五之爻要警惕要守德,否则还不如像西邻那样,那么谦下、谦卑、卑微,反而能够实实在在享受到神明的降福。

《象传》说,"东邻杀牛,不如西邻之时也",为什么东边杀牛祭祀,还不如西边微薄的祭祀呢?因为西边的祭祀更适合时机。《周易》是非常强调时机的意义,做任何事都必须符合时机,否则你尽管怎么努力,其收效也是很微薄的。因此,这里东邻西邻的区别主要在一个"时"字上,东邻杀牛不合时宜,西邻薄祭非常合时宜。由于西邻合时宜,所以"实受其福,吉大来也"。物极必反,盛极则衰。达到成功的巅峰时更要始终不忘反思与进取,不忘修炼自己的道德,而不要再去做那种盛大的事情,一定要内收、内敛了。这样才能避免终乱的结局。

上六,濡其首,厉。

象曰:濡其首,厉,何可久也。

【语译】

上六,小狐狸渡河沾湿了自己的头,有危险。

《象传》说,小狐狸渡河沾湿了自己的头是有危险的,怎么可以长久呢?

【解读】

上六,"濡其首",这只小狐狸沾湿了自己的头,"厉",那是有危险的。

《象传》说,"濡其首,厉",是因为"何可久也"。上六是既济卦的最上一爻,说明成功已经到头了,不能保持太久了,马上就要向失败、向"终乱"方向转化,这里用狐狸渡河把头都弄湿了来表达将要有危险了。因此,这个时候如果不注意防范,沉湎于胜利、成功当中而不可自拔,是很危险的。

既济卦说明了创业之后守成之艰难，所谓"打江山易，守江山难"说的就是这个道理。从正道而且有忧患意识、时刻警惕就会吉；反之则会失败。卦里用了一些成语、意象解释成功后的各种做法，如果不那样做的话就会有危险，比如"濡其首，东邻杀牛，不如西邻之时也"，这就是危险的事情，你用了小人也是危险的事，所以一定要像《象传》所说的做到"思患而豫防之"。欧阳修曾经对既济卦进行过解释："人情处危则虑深，居安则易怠，而患常生于怠忽也，所以君子既济，思患而豫防之也。"是说人如果处于危险的时候或境地时他会思虑很深，而如果在平安的环境下则容易懈怠，这样祸患就容易发生了。所以一定要居安思危，充分意识到守成的艰难。

未济卦第六十四——事业未竟

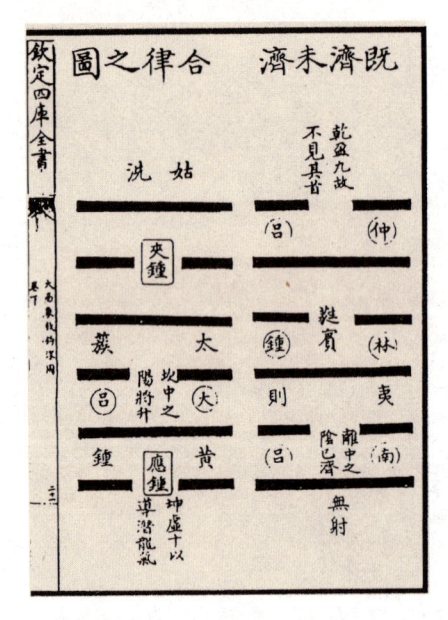

未济,亨,小狐汔济,濡其尾,无攸利。

【语译】

未济卦,亨通。小狐狸渡河快要成功的时候,尾巴不慎浸湿,没有什么好处。

【解读】

未济卦是《周易》的最后一卦,它正好和既济卦相反,"既济"是说渡过了河,"未济"就是没有渡过河。很多人认为应该未济卦在前,既济卦在后,这里是不是搞错了呢？其实不是,这是《周易》的高明之处,前面的既济卦表示事物发展的一个周期的结束,而未济卦则表示下一个周期又重新开始。这就是《周易》,讲的是周期的变化,前一个阶段的终点恰好是下一个阶段的始点,事物发生、发展永远都是这个规律,周而复始,变动不居。"未济"是未定、未完成的意思。六十四卦发展到既济卦,旧的矛盾消失了,但乾坤不能息,斗争不会止,所以既济之后有未济。六十四卦的排列蕴含变化的思想,以未济为结束卦,表现了《周易》中事物变化无穷尽、一个过程终止,正是另一个过程的开始、生生不息、永无休止的辩证思想。未济卦全部爻都不正,意味着一切事物都有待发展。《序卦传》说:"物不可穷也,故受之以未济终焉。"事物的发展是不可能穷尽的,成功之后又将带来新的没有成功的因素,所以既济卦之后就是未济卦。未济卦借"未能济渡"喻"事未成",说明"事未成"之时,若能审慎进取,促使其成,则"未济"之中必有"可济"之理。

未济卦从卦象来看,火在上,水在下,水还没有把火浇灭,象征着事物还没有成功。因此,未济卦是告诉我们事物没有成功之时,怎样去取得成功。龚自珍在他的一首诗中写道:"未济终焉心缥缈,百事翻从缺陷好。吟到夕阳山外山,古今谁免余情绕?"这首诗好像有点失意,有点忧愁,实际上是从未济卦当中体会到了一种哲理,从未济当中去求可济,化缺陷为完美,使得夕阳变成朝阳。可见既济和未济是相对的,失败和成功是相对的,缺陷和完美也是相对的。只要是相对的事物都是能够转化的,成功与失败也是能够转化的,既济转化为未济,未济又可转化为既济。

卦辞说,未济卦是亨通的。"小狐汔济,濡其尾","汔"是接近的意思,小狐狸快要渡过河的时候,尾巴还拖在水里,表示事情还没有完全成功。"无攸利",没有什么利益可言。事情快要成功的时候,会出现两种可能的结果,一种是继续努力,最终取得成功,就像小狐狸一样,再努力一下,尾巴就会完全从水里出来,成功渡河;另一种是这时候泄气了,懈怠了,功亏一篑,以失败告终,就像小狐狸不但尾巴没从水里出来,就连身子和头也慢慢地沉到水里去了,结果有凶险。既济卦是讲如何坚持到底,守住成功,避免初吉终乱的事。那么,未济卦就是讲如何坚持到底,取得最终的成功,避免功亏一篑的事。这两个卦告诉我们,坚持不懈地努力,顽强拼搏的精神,是事业取得成功的必要条件。

彖曰:未济亨,柔得中也。小狐汔济,未出中也。濡其尾,无攸利,不续终也。虽不当位,刚柔应也。

【语译】

《彖传》说:未济,亨通,柔顺守中道,小狐狸渡河快要成功的时候,还没有从水中游出来。尾巴不慎浸湿,没有什么好处,因为不能持续到最后。六爻虽然都不当位,但阴阳爻互相呼应。

【解读】

《彖传》说,"未济亨",未济卦为什么亨通呢?"柔得中也",是因为柔顺守中道,这里指六五爻阴爻居上卦的中位。"小狐汔济",小狐狸快要渡过河了,快要接近河岸了,但还没有渡过去。"未出中也",它还没有从水中游出来,这里是指九二爻,下卦为坎,坎为水,九二爻还在下卦的坎水里,就表示那个尾巴还拖在水

里。"濡其尾，无攸利"，由于尾巴还拖在水里，也就谈不上有没有利，也就是说，成功与否还无法定论。"不续终也"，是说明它不能持续到终了，它的努力不能自始至终地保持。这说明它前面可能是翘起尾巴渡河，一直在努力奋斗，到最后实在是不行了，就把尾巴放下来了。由于不能自始至终地持续努力，结果是功亏一篑。所以什么是成功？成功就是把简单的事情重复做，做到底，坚持到最后，就是人们常说的，"胜利往往在再坚持一下之中"。"虽不当位，刚柔应也。"未济卦刚好和既济卦相反，既济卦是六十四卦当中唯一的六根爻都当位的卦，而未济卦则是六根爻都不当位的卦，虽然六爻都不当位，但它们之间却都是互相呼应、阴阳相应的，因此这样也能促成成功。

象曰：火在水上，未济。君子以慎辨物居方。

【语译】

《象传》说，火在水上，水火不相交，这就是未济卦。君子要谨慎地分辨事物，找到合适的位置。

【解读】

《象传》说，"火在水上"，上卦为离卦，离为火，下卦为坎卦，坎为水，火性炎上而居上，水性润下却居下，水火不相交，那么这个火就烧不了水，不能煮食物了，比喻没有成功，这就是未济卦之象。君子看到这样的卦象，就要按照未济卦之道来"慎辨物居方"，要谨慎地分辨事物，使之找到合适的位置。这里强调一个"慎"字，要慎重地分辨事物，看出哪些是当位，哪些是不当位，要让他们各居其所，要改变各自的位置，使各自都处在自己最合适的位置上，在卦象上显示，就是使阳爻居阳位，阴爻居阴位，这样万事就能够成功。所以怎样由未济达到既济，这个"慎"字最重要了。

> 初六，濡其尾，吝。
> 象曰：濡其尾，亦不知极也。

【语译】

初六，小狐狸在渡河的时候沾湿了尾巴，有遗憾。

《象传》说，小狐狸在渡河的时候沾湿了尾巴，因为不知道终点（在什么地方）。

【解读】

初六，"濡其尾，吝"，在还没有成功的时候如果就像小狐狸那样把尾巴沾在水里，不去勉励自己，不想着要去摆脱这个艰险，那是遗憾的。未济卦初九爻与既济卦一样，也出现了"濡其尾"的意象，断语却是"吝"，不及既济卦的"无咎"好。按"无咎、悔、吝"的次序排列，中间还有个"悔"。为什么？因为两卦的意境不同。既济卦是已经成功，要以"濡其尾"降低行进速度来表示不要冒进，要谨慎守成。而未济卦尚未成功，仍需努力，小狐狸把尾巴沾湿，影响了前进速度，就不能更快地前进，在此表示不思艰险、不思进取。因为未济卦下卦为坎卦，坎卦为艰险。所以这个初六爻是遇到艰险的第一步，这个时候需要的是尽快摆脱艰险，向成功出发，而不是既济卦的故意放慢脚步，小心为上。

《象传》说，"濡其尾"，是"不知其极也"。"极"是终了、尽头的意思。这里是说，由于不知道成功的终点在什么地方，就把尾巴放下来了，表示不想再前进了，懈怠了，半途而废，前功尽弃，没有拼搏的精神，令人遗憾。

清代学者、编纂《古今图书集成》的陈梦雷对于既济卦和未济卦的初爻有相当精当的解释，他在《周易浅述》中说：既济是阳刚得正，黎明之体，当既济之时，知缓急而不轻进则无咎。因为初九是阳刚得正，它不冒进所以无咎。而未济是位柔不正，坎险之下，又当未济之时，冒险躁进而至于濡尾而不能进，故吝。就是说，未济卦的初六爻冒险躁进，所以它濡了尾巴，因而会有小灾祸。

综合以上，我们不难知道，不管任何时位，临事之初也好，决策决断也好，成功后守成也好，未成功努力也好，急躁冒进的毛病都切切要不得，轻则招灾致祸，重则功败垂成。必须慎重对待这个问题。

九二,曳其轮,贞,吉。

象曰:九二贞吉,中以行正也。

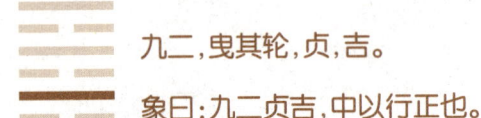

【语译】

九二,拖住车轮缓慢前行,坚守正道,吉祥。

《象传》说,九二爻之所以坚守正道是吉祥的,因为九二得居下卦正中位,推行正道。

【解读】

九二,"曳其轮",是指向后拖住车轮,不让它前进。"贞,吉",守持正道,吉祥。既济卦是第一爻说的"曳其轮",而这里是九二爻才说。未济的九二爻拖住车轮不让它迅猛前进,那是吉祥的,为什么呢?

《象传》说,"九二贞吉",是因为"中以行正也"。下卦为坎卦,有艰险,九二处于坎险当中,所以要像拖住车轮一样,要谨慎、小心,要量力而行,要把握时机,该动则动,不能轻易冒进,要守住中道,要按正道行事,才能走出艰险,取得成功。

六三,未济,征凶,利涉大川。

象曰:未济,征凶,位不当也。

【语译】

六三,事物还没有成功,激进有凶险,有利于渡过大江大河。

《象传》说,事物还没有成功,激进有凶险,因为六三所处之位不妥当。

【解读】

六三,"未济,征凶",事物还没有成功,如果急着去进取,那一定会凶险的,但"利涉大川",有利于渡过大江大河。

《象传》说,"未济,征凶",是因为"位不当也"。六三爻处于下卦的最上一爻,阴爻居阳位,位不当,又处于坎险之中,会有危险,又加上自己是一根柔爻,力量比较弱,所以不能冒进。但实际上这一卦的六根爻位置都不当,为什么单独只说这根爻呢?因为六三爻财力、人力都太弱,而且居于坎卦的最上面的位置。那么怎样才能"利涉大川"呢?六三爻即将要走出坎卦,渡过大江大河,这是从正面来勉励。六三能得到上九的帮助,所以能够排除艰难,脱离艰险,有利于走出大江大河。

九四，贞吉，悔亡，震用伐鬼方，三年有赏于大国。

象曰：贞吉，悔亡，志行也。

【语译】

九四，守持正道吉祥，悔恨消亡。以雷霆万钧之势讨伐鬼方，三年后取得胜利被封赏为大国的诸侯。

《象传》说，守持正道则吉祥，悔恨消亡，因为志向在实施。

【解读】

九四，"贞吉，悔亡"，守持着正道可以获得吉祥，而悔恨就会消亡了。"震用伐鬼方"，这里又一次提到了殷高宗伐鬼方的故事，意思是说，要像殷高宗那样以雷霆之势去征讨鬼方。"三年有赏于大国"，经过三年时间的战斗就会取得胜利，会被封赏为大国的诸侯。九四，从这一爻开始进入离卦，离为雷电，说明要以雷霆之势、雷霆之力气去奋进，才能取得成功。同时又要准备打持久战，经过三年之久才能取得成功。

《象传》说，"贞吉，悔亡"，为什么守持正道就会吉祥，而且悔恨就会消亡呢？因为"志行也"，说明九四爻寻求成功的志向正在努力地实施中，因为已经摆脱了危险，出现了光明的景象。上卦为离，离为光明，九四已经进入离卦。九四只要坚定自己的志向，持之以恒地努力奋斗，事业一定会取得成功。

六五，贞吉，无悔，君子之光，有孚，吉。

象曰：君子之光，其晖吉也。

【语译】

六五，守持正道则吉祥，没有悔恨。这就是君子的光辉，心中有诚信，吉祥。

《象传》说，君子的光辉，这样美德的光辉是吉祥的。

【解读】

六五，"贞吉，无悔"，坚持守住正道，当然就能吉祥，没有悔恨了。"君子之光，有孚，吉"，君子的心地很光明，心中有诚信，一定能够吉祥。

《象传》说："君子之光，其晖吉也。"六五，居于上卦的中位，是一个君子，处于离卦的中间,而离卦表示一种光明,表示这位君子心地善良、光明正大。君子这种光明正大的道德之光,闪耀在人间,说明人间充满了正气,当然是一种吉祥的状态。也可以说,六五居君位,要想平治天下,守业成功,就必须讲诚信,把自己这种光明正大的品德发扬光大,有如中天的太阳普照大地。

上九,有孚于饮酒,无咎。濡其首,有孚失是。
象曰:饮酒濡首,亦不知节也。

【语译】

上九,在与别人喝酒时坚守诚信,没有灾祸。如果像狐狸沾湿头部那样沉湎于其中,即使有一定的诚信也会失去正道。

《象传》说,喝酒沾湿头部,因为不知道节制。

【解读】

上九,"有孚于饮酒,无咎",六五爻取得了成功之后,要举杯来庆贺。喝酒既是庆贺的方式,又是一种感情的交流,取得胜利的喜悦之情跃然纸上。这个时候坚守住诚信,诚信地对待别人,与别人喝酒,是不至于造成危害的。"濡其首,有孚失是",但是成功者如果得意忘形,沉湎在酒肉的享乐之中,没有节制,就像到了酒都淹没了头一样,那就有损正道,就会有乐极生悲的事发生,成功也就会向失败的方向转化。

《象传》解释说,"饮酒濡首,亦不知节也",成功之后,安逸享乐,不知道节制自己,不知道创业难、守业更难的道理,就会造成灾祸,又会回到了未济,重新处于没有成功的状态。

未济卦告诉我们在还未成功时怎样努力成功,就是一定要谨慎,要进取,要节制,要守中道。未济卦六爻分别告诉我们该怎样做,之所以这样做的道理。这些都是未济卦和既济卦之间互相轮转换位的关键所在,就是得看自己能不能审慎进取,能不能守住中道,能不能诚信,能不能光明正大,能不能戒骄戒躁。如果能够做到这些,未济可以转换为既济;反之,即使是既济最后也可能成为未济。这个辩证关系非常值得我们去体悟,去深思。

系辞传上

第一章

天尊地卑,乾坤定矣。卑高以陈,贵贱位矣。动静有常,刚柔断矣。方以类聚,物以群分,吉凶生矣。在天成象,在地成形,变化见矣。是故刚柔相摩,八卦相荡,鼓之以雷霆,润之以风雨,日月运行,一寒一暑,乾道成男,坤道成女。乾知大始,坤作成物。乾以易知,坤以简能。易则易知,简则易从。易知则有亲,易从则有功。有亲则可久,有功则可大。可久则贤人之德,可大则贤人之业。易简而天下之理得矣,天下之理得,而成位乎其中矣。

【语译】

天尊贵,地卑贱,乾坤的地位得以确定。陈列低和高,贵贱的地位得以确定。动静运行有其常轨,并可用刚柔判断其性质。观念以门类相聚合,动植物以群体相区分,也因此产生了吉凶。天是无形的象,地是有形的形,事物的变化得以显现。刚柔相互推摩,八卦相互激荡,雷霆鼓动万物,风雨滋润万物,日月运行,寒暑交替。乾道成男,坤道成女。乾主管创始,坤主管成物。凭乾卦之理,容易了解万物,凭坤卦之理,简单有效能。简易则易于了解、遵从。容易了解,就非常亲近;容易遵从,就可以建立功业。容易亲近了,就能够持久;有了功德,就可以扩大。可以长久、可以扩大都是贤人的德业。《周易》简单明了,天下的道理就展现出来,知道了天下的道理,也就能遵从天地规律而居处适中的地位。

【解读】

《周易》里面学术成就最高、哲理性最强的就是《系辞传》。

《系辞传上》第一章一开头说的"天尊地卑"体现了儒家的观念,天是尊贵的,地是卑贱的,这样乾坤的位置就确定了。儒家从天高地低这个自然现象推导出崇阳抑阴的观念。实际上低不一定是卑,高也不一定是尊。在老子那里是越低的东西越接近于道。比如说水,水往低处流,"上善若水","水善利万物而不争",所以水是最了不起的。道家是崇阴抑阳的。儒家的思想主要发源于《周易》,道家的思想主要发源于《归藏易》,墨家的思想主要发源于《连山易》。《连山易》以艮卦为首,《归藏易》以坤卦为首,《周易》以乾卦为首。《系辞传》里有相当多的内容是儒家思想,但是也不能排除它含有道家思想。所以我说《周易》了不起,就在于它里面既有儒家思想又有道家思想,还有其他各家思想。可以说,《易传》是先秦诸子百家思想的汇总,是先秦哲学的高峰。

"卑高以陈,贵贱位矣",是说卑低、尊高一经陈列,事物的显贵和微贱就各居其位了。然后"动静有常,刚柔断矣",从天地、高低、尊卑、贵贱,得出了动和静,刚和柔,天的动和地的静有一定的规律,阳刚阴柔的性质就相当分明。这就是联想思维,我们要学会这种思维,中医就是这种联想、取象的思维,取相关的一串象,通过八卦来联想,联想到任何东西,都是可以的,因为它涵盖了万事万物。

"方以类聚,物以群分,吉凶生矣。""方"属抽象的范畴,指意识形态,也可指方位。"物"指具体的事物。这句话是讲天下各种观念以门类相聚合,各种动植物以群体相区分。吉凶正是不同门类的事物相互作用的必然结果,不同门类的事物相互作用,有的导致吉,有的导致凶的结果。类聚和群分是一种类分法,和西方的分析方法不一样。分析的方法可以说是从大到小,从整体到局部,是一种解剖的方法。类比推理、类比思维就是"象"思维,就是"易"的思维,它把复杂的问题简单化,就分成几大类,从小到大、从局部到整体的整体思维,是一种综合的方法。

"在天成象,在地成形,变化见

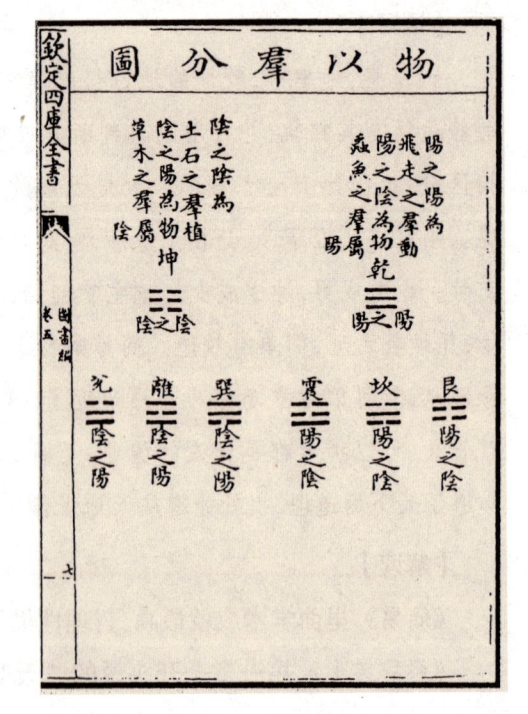

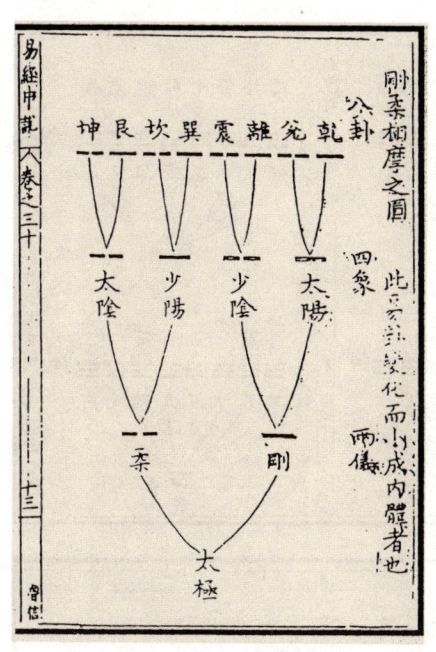

矣"，天是象，是看不见的无形的象；地是形，是看得见的、有形的形。这就是老子说的"大象无形"，道就是大象，是无形的。中医讲的气，也是无形的。处在地面的山川动植物等成为形体，事物变化的道理就从这些形、象中显现出来。

"是故刚柔相摩，八卦相荡。""刚柔"不就是阴阳、天地吗？从阴阳、天地里就得出了八卦。"相摩"、"相荡"就是相互作用。刚柔与八卦的相摩、相荡，在自然界里就显现为"鼓之以雷霆，润之以风雨"，"雷霆"和"风雨"实际上是指四个卦，雷就是震卦，霆实际上就是电，就是离卦，风是巽卦，雨是坎卦。雷霆是用来鼓动万物，风雨是用来滋润万物，在雷霆风雨的相互作用下，万物就充满了生机，呈现了一片欣欣向荣的景象。所以说刚柔、八卦的相摩、相荡，是造成天地万物运动变化的根源。

"日月运行，一寒一暑"，"日月"也可以看成是坎离二卦，日就是离，月就是坎。把坎离看成是日月，在道教的书里特别多，比如被奉为"万古丹经王"的《周易参同契》就讲到坎离。"寒"和"暑"，可以看成是什么卦？有人说寒是乾，暑是坤。乾卦可以看做是寒，乾为寒为冰，那么暑看成是坤，这种说法比较牵强。实际上寒暑也可以看成是坎离，坎卦为寒，这没有异议，坎为水，水在北方，为寒；暑为离，也没有问题，暑就是热的，离为南方，南方为热。

"乾道成男，坤道成女"，这是做一个总结，这些雷霆、风雨、日月、寒暑是天上物象的阴阳变化，都属于乾卦和坤卦，乾道可以成男，坤道可以成女，这是地面形体的阴

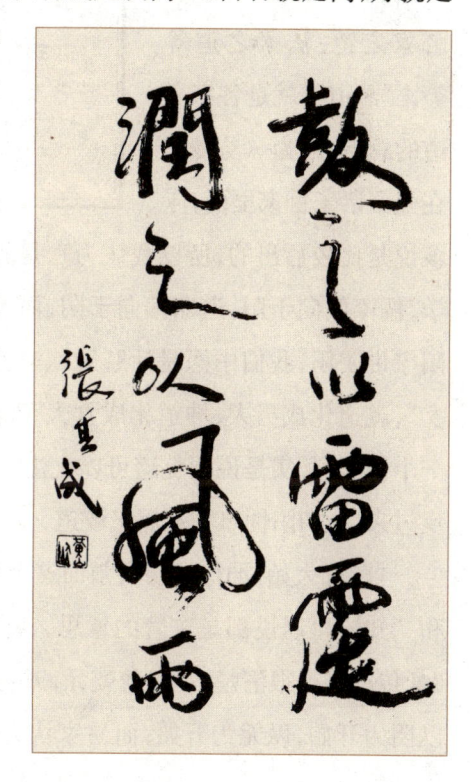

阳变化,男和女也都归结为乾坤,而乾坤就是阴阳,所以《系辞传》实际上是讲阴阳哲学。我曾经在讲"易"的时候说"易"这个字还有一种解释,就是魏伯阳的解释,他说"日月为易","易"字上面是"日",下面是"月",日月就是阴阳,所以"易"就是阴阳哲学,因此后面的第五章一开始就说"一阴一阳之谓道",这就是"易道"。各家有各家之道,有儒家之道、道家之道、墨家之道、名家之道、法家之道等等,"易道"就是各家之道的总纲,因为《易传》在先秦诸子百家里面,应该说是比较后出的,所以我认为它是先秦哲学的集大成,这个集大成就是阴阳哲学,儒家偏向于阳,道家偏向于阴,而易家讲阴阳的和合,也就是所谓的平和。阴阳家讲阴阳,我们中医是活脱脱地来源于易家,讲阴阳平和。"乾道成男,坤道成女",乾道化成男人,坤道化成女人。这是字面的意思,这只是举了男人和女人这一个例子,其实是说明乾道可以化生一切阳性事物,坤道可以化生一切阴性事物。反过来,一切阳性事物从属于乾道,一切阴性事物从属于坤道。

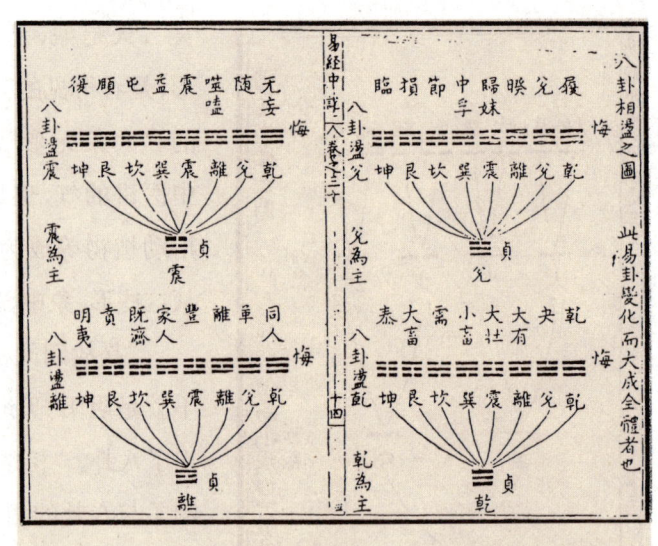

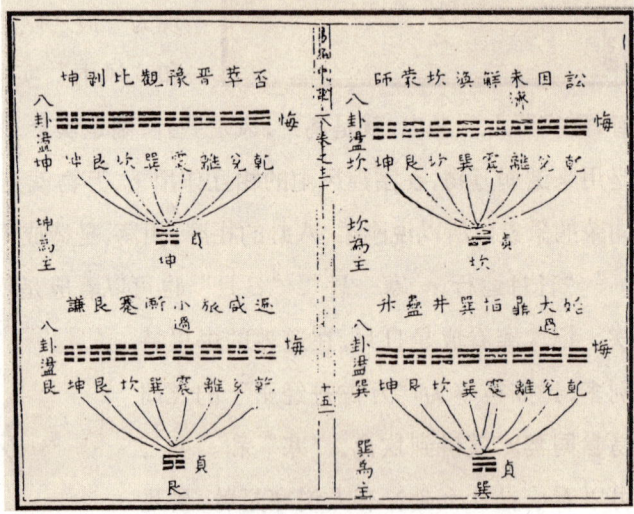

"乾知大始,坤作成物",前面这个"知"就是后面的"作",这是互文,"作"和"知"可以说都是主管的意思。乾主管创始,坤主管成物。乾的功能是创始,《彖传》讲得很清楚,"大哉乾元,万物资始,乃统天",这个跟道家不一样,道家是以阴为开始,以无为开始,而易家认为乾为开始。坤主管成物,坤成就万物,实际

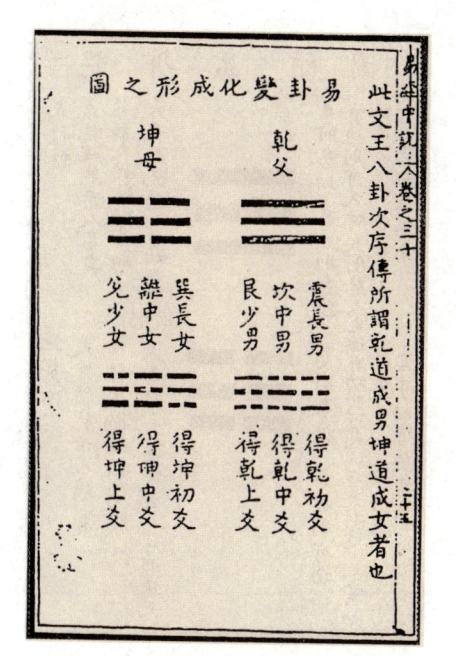

上易家强调的是乾坤的和合，光是乾不行，光是开始不行，必须要有坤的配合，才能形成万物。

"乾以易知，坤以简能"，这句话的意思是说，按照乾卦的原理，你就易知，很简单，容易了解万物，而按照坤卦的原理，也一样，是简单有效能的。"简能"和"易知"的意思差不多，"简能"按其本义来说就是功能非常简单。大易的原理非常简单，非常容易掌握，乾坤就是大易。这句话，不能单独地看成乾怎么样，坤怎么样，这种说法是互文，就是说两者要配合起来看，应该说"乾坤易知简能"，就像"秦时明月汉时关"，不能说是秦时的明月和汉时的关隘，而应该是秦时汉时的明月和关隘。这两句承接上文，说明了乾的创始纯发于自然，一点也不难；坤的成物顺从乾阳就行了，不需要费力烦劳。

"易则易知，简则易从"，因为容易和简单，所以就便于了解、便于遵从了。

"易知则有亲，易从则有功"，是说容易了解了，就非常亲近，如果一个东西很高深，那么你就不容易亲近它；又因为容易遵从，就能团结众多的力量，就可以建功立业，有所成就。

"有亲则可久，有功则可大"，容易亲近了，立身就能宏大，就能够持久；有了功德，有了作用，功业就可以扩大。

"可久则贤人之德，可大则贤人之业"，"可久"、"可大"那是贤人的德业。"易者，所以崇德广业也"，所以《易经》是干什么的？是让人"崇德广业"的。因此《易经》不纯粹讲一种德，它还讲了一种业，从"德"和"业"来看，"德"基本上是一种主观的、内在的品德、道德，是从主体上来说的；而"业"基本上是从客体上说的。德是

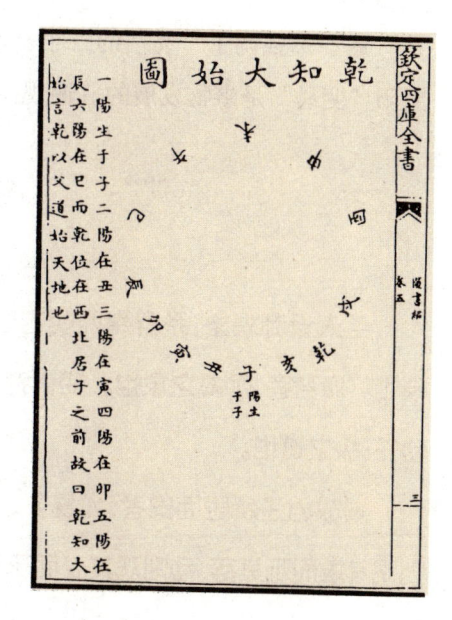

内在的，业是外在的。因此，《易经》不光是说内在的德，它还要成就事业，这个业就相当于"功"。易家跟儒家不太一样，儒家是重义轻利，有义利之辨，而易家是义利兼顾。"利者，义之和也"，要想取得大利，就必须用义。"义"和"仁"是密切联系在一起的，"仁"是内在的要求，"义"是外在的行为。易家主张以义取利，这个义可以看做是德，利可以看做是业。

"易简而天下之理得矣，天下之理得，而成位乎其中矣"，因为《周易》的原理非常简单明了，所以天下的道理就展现出来了，也就容易掌握了。这就是告诉我们天下的大道理、大规律都是简单的、易从的，掌握了就能遵从天地规律而居处适中的地位，"成位乎其中"，这个"其"代表了六十四卦，就是说天下的道理都在六十四卦的"时"和"位"当中。"位"不纯粹是一个空间概念，它还包括有时间的因素。

第一章是开宗明义，讲《周易》的大道理就是阴阳，而这个大道理是非常简单的，是容易遵从的，正因为简单，所以它是最接近于本质的，而这个规律，我们是可以找到的。

这一章强调了"易"的三个基本内涵：乾坤定位是宇宙间"不易"的法则，阴阳"变易"是事物发展的普遍规律，乾坤之道"简易"是易知易从的。

第二章

圣人设卦观象，系辞焉而明吉凶，刚柔相推而生变化。是故吉凶者，失得之象也。悔吝者，忧虞之象也。变化者，进退之象也。刚柔者，昼夜之象也。六爻之动，三极之道也。

是故君子所居而安者，《易》之序也。所乐而玩者，爻之辞也。是故君子居则观其象而玩其辞，动则观其变而玩其占，是以自天佑之，吉无不利。

【语译】

圣人创设六十四卦以观察万物之象，卦爻文辞以表明吉凶。刚柔相互推移而产生无穷变化。吉凶即是事物得失之象。悔吝即是忧虑、忧愁之象。变化即是权衡进退之象。刚柔即是昼夜之象。六爻的变动包含了天、地、人三极的道理。

因此君子居处能获得安稳，符合《周易》的位序。所喜爱而玩赏的是卦爻经文的文辞。因此君子平时居处时观察《周易》的卦象，把玩它的文辞，行动时观察《周易》的变化，玩味它的占卜，因此可得上天福佑，吉祥而无所不利。

【解读】

第二章讲取象。

圣人创设六十四卦是为了观察宇宙万事万物的物象，同时六十四卦又是按照万事万物的物象而设置的，六十四卦每个爻下面都撰写了文辞，这是为了表明吉和凶的征兆，不仅表明吉凶，而且表示如何趋吉避凶。刚爻和柔爻相互推移以产生无穷的变化。"吉"和"凶"是事物或失、或得的象征。"悔"和"吝"是忧虑、忧愁的象征。卦爻的变化是处事权衡进退的象征。刚爻和柔爻是白昼和黑夜的象征。六爻的变动包含有天、地、人三极的道理。

所以君子进出的时候能获得安稳，正是符合了《周易》的位序；所喜欢、喜爱而玩赏探究的，是卦爻经文的文辞。所以君子平时居处的时候就观察《周易》的卦象，把玩、玩味它的文辞，行动的时候就观察《周易》的变化，而玩味它的占卜，做到这一点，上天就能够降下福佑，吉祥而无所不利。

这一章从上一章的总说"乾坤"大意转到了对《周易》的直接论述，先是追溯了《周易》的创作过程，以及所包含象征的意义，接着就说明君子应该观象玩辞，观变玩占，不仅能明吉和凶的道理，更可以趋吉避凶。

第三章

彖者，言乎象者也；爻者，言乎变者也；吉凶者，言乎其失得也；悔吝者，言乎其小疵也；无咎者，善补过也。

是故列贵贱者存乎位，齐小大者存乎卦，辩吉凶者存乎辞，忧悔吝者存乎介，震无咎者存乎悔。是故卦有小大，辞有险易。辞也者，各指其所之。

【语译】

象辞总说象征之义，爻辞解释六爻的变化，吉凶说明得失，悔吝告诫要注意的小毛病，无咎说明要善于弥补过错。

因此排列贵贱就体现在爻位上，确定小大体现在卦体上，辨别吉凶存在于卦爻辞之中，忧患悔吝存在于细节之中，行动没有灾祸也要心存悔过。所以卦有小大之分，爻辞有险易之分。卦爻辞即是用来指示吉凶的方向的。

【解读】

象辞是总说全卦的象征意义，爻辞说的是六爻的变化，吉凶是告诉人们处事行为的得失，悔吝是要告诫人们行事虽然没有太大差失却要注意小的毛病，无咎是告诉人们做事情要善于弥补过错。

所以辨列贵贱就体现在一个卦的六个爻位上，而确定小大之分就体现在卦体上，辨别吉凶就存在于卦爻辞当中，而忧患悔吝就存在于细节当中。"介"通"芥"，细小、细节，又有界限的意思。也就是说悔和吝这两者的界限非常小，所以要有忧患意识，这样就能趋吉避凶。行动要没有灾祸就要心存悔过。总而言之，卦是分为小和大的，卦有小卦和大卦，卦爻辞也是有凶险和平稳的，也就是说卦爻辞是有吉和凶的。卦爻辞是用来分别指示趋吉避凶的方向的。

全章主要是论述卦爻辞的象征意义。文中一开始就说明象、爻的作用，接着举出三种常见的占卜之辞——吉凶、悔吝、无咎。然后结合卦体的大小、爻位的高低，说明其基本含义。最后指出卦爻辞的最基本的宗旨就是要告诉人们怎样趋吉避凶。

第四章

《易》与天地准，故能弥纶天地之道。仰以观于天文，俯以察于地理，是故知幽明之故。原始反终，故知死生之说。

精气为物，游魂为变，是故知鬼神之情状。

与天地相似，故不违。知周乎万物而道济天下，故不过。旁行而不流，乐天知命，故不忧。安土敦乎仁，故能爱。范围天地之化而不过，曲成万物而不遗，通乎昼夜之道而知，故神无方而《易》无体。

【语译】

《易》以天地为准则,所以能包罗天地万物的规律。圣人仰观天文,俯察地理,所以能知晓幽明变化的原理,能推源万事之始,又能复归万事之终,因此知晓了生死的规律。

精气凝聚为有形之物,灵魂游走造成了变化,因此可以知道鬼神的状况。

《易》与天地相似,因此不违背天地的规律。《易》使人能遍知万物而能够治理天下,处事不会有偏差。可以触类旁通而不滥用,乐其天然,知其命数,无所忧愁。安处在自己的环境当中,忠厚地去推广仁义,泛爱天下。涵盖包容天地的变化而没有差错,间接地成就万物而没有遗漏,会通昼夜的变化而无所不知。这种变化是神妙而没有固定空间方位的,《易》也因此不能拘泥于形体。

【解读】

《周易》所展示的道理,是以天地为准则的,是对天地的模拟,所以它能包罗天地万物的规律,能涵盖天地万物的规律。因为《周易》这本书是按照天地万物的规律来创作的,所以《周易》展示的道理、规律是与天地万物相等同的,与天地万物的规律是一致的,是对天地万物规律的一种模拟。因为创作《周易》的圣人仰观了天文,俯察了地理。天文,指天象;地理,指地形。也就是看到了天上的日月星辰的运行,地里水土草木的变化,因此,他就知道了阴阳、幽明的变化,有形和无形的变化。能推源万事万物的开始,又能够复归于它的终结,所以就知道了人和万物死生的规律。死生的规律就是万事万物初始和终结的规律的一种展示、一种体现。

《周易》考察了万物精气变化之后发现,精气凝聚而成为有形之物,神气灵魂游走了之后,就造成了变化,生就变为死,成就变为败,通过这种变化就可以知道鬼神的状况,鬼神的情况也不过是阴阳变化,一往一来,一屈一伸。有形和无形,精和气,都展示了《周易》阴阳变化的规律。

所以《周易》之道是与天地相似的,是对天地的

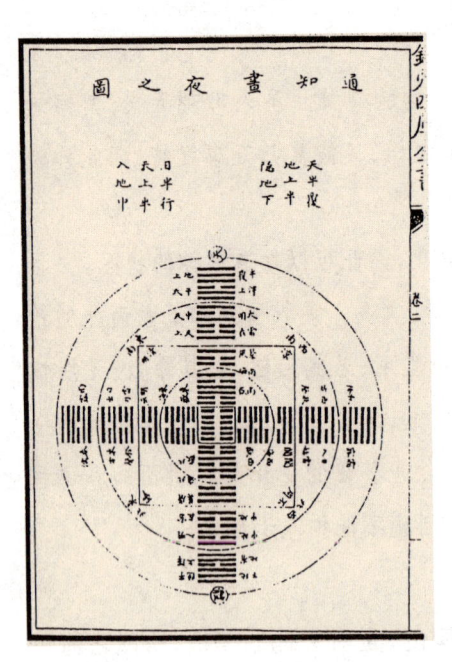

模拟,明白了《周易》的义理,就明白了天地的道理,所以人的行为也就不违背天地自然的规律。《周易》符合天地阴阳变化的规律,我们人不违背天地的规律,也就是不违背《周易》之道。《周易》这本书所展示的道理,就是人能遍知万物,看了这本书就能全面地了解万事万物的变化,并且能够"道济天下",能够去资助天下,去治理天下。所以按照《易》道来做,为人处世就不会有差错,行动就不会有偏差。推行《易》道的人,可以触类旁通、广泛推行,而又不会滥用,不会有流弊。能够乐其天然,知其命数,而快乐无忧。因为顺应了自然规律,知道命运的变化,当然能乐而不忧,无所忧愁。安处在自己的环境当中,忠厚地去推广仁义,所以能泛爱天下。《易》道的广大,可以涵盖包容天地的变化而没有差错,可以间接地去成就万物而没有遗漏,可以会通昼夜的变化而无所不知。所以《周易》之道是"神无方而《易》无体",这句话特别重要,是指《周易》反映的是道的变化,这种变化是神妙的,没有固定的方位、空间,没有固定的形体,不能拘泥于形体。《周易》讲的是象,而不是讲形,《周易》是象思维,而不是形思维,因为宇宙万事万物的变化是神妙莫测的,《周易》展示的卦爻也是神妙莫测的。

第四章是非常精彩的一章,重点是讲《周易》的伟大作用,以及学了《周易》、掌握《周易》的一种巨大的好处。

第五章

一阴一阳之谓道。继之者善也,成之者性也。仁者见之谓之仁,知者见之谓之知,百姓日用而不知,故君子之道鲜矣。显诸仁,藏诸用,鼓万物而不与圣人同忧,盛德大业至矣哉。富有之谓大业,日新之谓盛德,生生之谓易,成象之谓乾,效法之谓坤,极数知来之谓占,通变之谓事,阴阳不测之谓神。

【语译】

　　一阴一阳就是《易》之道。能够传承阴阳之道就是美善,能够成就阴阳之道就是本性。仁者看到了阴阳之道,就能体会出仁的含义;智者看到了阴阳之道,就体会出智的含义。百姓日常运用的也是阴阳之道却不自知,因此君子之道的含义也就很少有人懂得。阴阳之道能够显现为仁德,但是却潜藏在日常生活当中不易被察觉。能够鼓动万物,但是却不同于圣人的忧患之心。美好的品德和宏大的功业也就达到极致了。富有就是宏大的事业;创新就是美好的德性。万物生生不息,这就是易。首先化成的卦象就成为天的象征,叫做乾,接着效法天道的卦象就是坤,穷尽大衍之术,预知未来就叫做占。通晓万物的变化,就叫做事。阴阳的变化是不可预测的,这就叫做神。

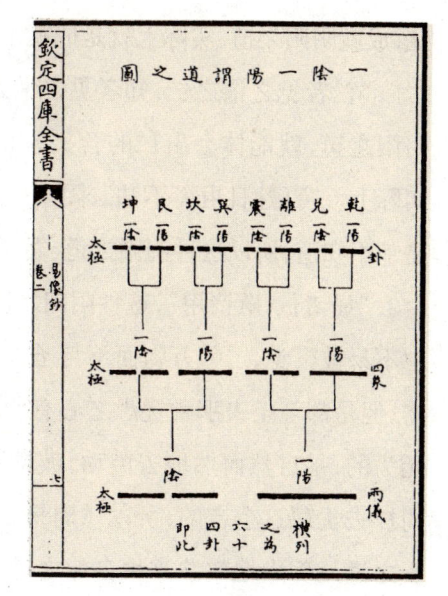

【解读】

　　这一章在《系辞传》当中有着非常重要的地位,因为它讲了《易》道的内涵,也是中华文化的基本内涵。

　　"一阴一阳之谓道",一阴一阳就是《易》之道,这就把《易》道的内涵揭示出来了。一阴一阳就是阴阳之间的变化、关系,这就是《周易》之道。好多人把阴阳看成是矛盾,把阴阳关系看成是矛盾、对立、互相转化关系。实际上阴阳不是矛盾。阴阳有对立的一面,但是它更强调了阴阳之间消长、和谐、转化的一面,对立、对待的事物或者一个事物对立、对待的两个方面之间不是偏于"斗",而是偏于"和",强调一个"和"字,而矛盾强调的是对立、对待的事物或者一个事物对立、对待的两个方面之间是一种"争"的关系,或者说是"斗"的关系。所以矛盾的思维应该说是西方的思维,而阴阳的思维是《周易》之道,是中国人的思维方式,由《周易》的两个基本符号构成的一种关系。

　　"继之者善也,成之者性也",能够传承阴阳之道就是美善,能够成就阴阳之道就是本性。前面说的"善",是指道的善良美好。后面说的"性"指道的本质属性,也就是阴阳之道,本来就应该是万事万物、天地自然包括人的一种本质属性,因此，成就阴阳之道，实际上就是成就了人的自我本性，也是天地的自我本性。

"仁者见之谓之仁，知者见之谓之知"，这就是见仁见知。这是说仁者看到了阴阳之道，就能体会出仁的含义。智慧者看到了阴阳之道，就体会出智的含义。实际上，"百姓日用而不知"，阴阳之道是老百姓日常运用的，每一天都在用的，但是却不知道，所以这种阴阳之道、君子之道的含义也就很少有人懂得了。

"显诸仁，藏诸用"，这种阴阳之道能够显现为仁德，但却是潜藏在日常生活当中不易被察觉。"鼓万物而不与圣人同忧"，阴阳之道能够鼓动、推动、化育万事万物，但是却与圣人那种忧患之心有所不同。为什么不同呢？因为阴阳之道是无思无为的，是自然而然地去鼓动、鼓舞万物的生成，而圣人是有思有为的，与老百姓同样去忧患这个吉凶，所以《周易》之道、阴阳之道是自然之道，而圣人之道、君子之道是努力地效法这种自然之道、宇宙之道。"盛德大业至矣哉"，圣人这种美好的品德、这种大德和宏大的功业也就达到极致了。

"富有之谓大业，日新之谓盛德"，何谓"大业"、"盛德"呢？按照阴阳之道去做就能广泛地获得万物，就能够富有，这就是宏大的事业、宏大的功业；而每一天都在创新，不断地创新，这就叫做美好的德性、盛大的美德。"生生之谓易"这个命题与"一阴一阳之谓道"是相辅相成的，"一阴一阳之谓道"的"道"就是指《易》道，而这里的"生生之谓易"的"易"同样也是指《易》之道。什么是"生生"呢？"生生"就是"生而又生"，生生不息，阴阳之间的交互关系、互相转化使得宇宙万物生生不息，生而又生，这就叫做"易"，这就是《周易》之道，所以《周易》之道就是生而又生，不断地创新。这在中国哲学史上是一个非常重要的命题。"成象之谓乾，效法之谓坤"，首先化成的卦象就成为天的象征，叫做乾，乾卦象征天；接着化出一个卦象，要效法天道的，就叫做坤，坤为大地，大地是效法天道的。"极数知来之谓占"，穷尽大衍之术，穷尽数理，预知未来就叫做"占"，这个术在这里可以看成古人的演化之术、测试之术。"通变之谓事"，能够通晓万物的变化,就叫做"事",能通晓阴阳乾坤变化的规律,当然就能干出一番大事业。"阴阳不测之谓神",这也是一个很重要的命题,提出阴阳的变化是神奇的,是神妙的,也是不可预测的,这就叫做神。《周易》可以用来预测,它预测了一个周期性大规律,阴阳的变化是符合大规律的,可是各种变化,各种微妙的、神奇的变化却是测不准的。这让我们想到当代的量子力学中有一条很重要的定律,那就是"测不准定律",从哲学的角度来看,这个测不准就是由于宇宙间万事万物都处在阴阳对立的变动当中。虽然测不准但仍然要测,所以测与不测、准与不准,看是一对矛盾,其实它们两者有着密切的关系,大规律是可以测的,具体细微的变化是不可测的,但是如果真正把握了阴阳变化的规律,它又是可以测的,所以可测与不可测本身就是相对而言的。

这一章提出了很多很多命题,实际上关键的一点就是,《周易》之道就体现在阴阳之间,体现在阴阳的交互关系、阴阳的微妙变化、阴阳的相互转化当中,掌握了这种变化就能成就大事业,成就大功德。

第六章

夫《易》广矣大矣,以言乎远则不御,以言乎迩则静而正,以言乎天地之间则备矣。夫乾,其静也专,其动也直,是以大生焉。夫坤,其静也翕,其动也辟,是以广生焉。广大配天地,变通配四时,阴阳之义配日月,易简之善配至德。

【语译】

《易》的道理十分广大,用它来比拟遥远的事物,是没有止境的;用它来比拟近处的事物,是宁静而可以验证的;从天地之间来说,它是无所不备的。乾卦静的时候是团在一起的,动的时候是挺直的,因此能够大生万物。坤卦宁静的时候是闭着的,动的时候是张开的,因此能广生万物。"易道"宽广、博大可与天地相匹配,阴阳变化流通的规律可以与四季的变化规律相匹配,阴阳的意义可以与日月的往来相匹配,乾坤阴阳是最易知的,其至善之理可与天地的至高美德相匹配。

【解读】

《周易》的道理十分的广大,用它来比拟遥远的事物,是没有止境的;用它来比拟近处的事物，是宁静而可以马上验证的。也就是说，从远处来说，它是没有止境的，"御"是止的意思；而从近处来说，把它比拟成近处的事物，那是宁静而端正的，"正"，可理解为端正、正确，又可理解为验证，"正"可通"证"。把它比拟于天地之间，从天地之间的事物来说，它是十分的完备，是无所不备万理具在的。所以乾卦静的时候是团在一起的，"专"通"抟"，就是"团"的意思，但它动的时候是直的，挺直不曲的，所以能生出刚大的气魄，能够大生万物；坤卦宁静的时候是闭着的，是合在一起的，是闭藏微伏的，动的时候是张开的，所以能生出宽柔的气质，能够广生万物。这两句话，实际上是说乾坤来源于男女生殖器，乾卦好比是男性生殖器，当它静的时候是团在一起，而动的时候就是直的；坤卦就是女性生殖器，静态时是闭着的，动态时是张开的。所以乾卦的卦象是三根阳爻，坤卦的卦象是三根阴爻，从乾卦的卦象当中可以看出刚直、刚大的气派，从坤卦的卦象当中可以看出宽柔的气质。所以一个是广，一个是大；一个是广生，一个是大生。接下来是四个"配"："广大配天地"，是说"易道"宽广、博大可与天地相匹配；"变通配四时"，是说阴阳的变化流通的规律可以与四季的变化规律相匹配。"阴阳之义配日月"，阴阳的意义又可以与日月往来相匹配；"易简之善配至德"，乾坤阴阳是最易知的，最简单的，它的至善的道理可以与天地创造万物的至高的美德、至高的道德相匹配。

由此可见，乾坤二卦取的是天地人三才之象，就是把天地之间的万事万物最终抽象成了两个卦爻符号。

第七章

子曰：《易》其至矣乎！夫《易》，圣人所以崇德而广业也。知崇礼卑，崇效天，卑法地，天地设位而《易》行乎其中矣。成性存存，道义之门。

【语译】

孔子说，《易》是至善至美的，已经达到极点了！《易》道就是圣人用来提高自己的道德，扩大自己的事业的。智慧贵在崇高，礼节贵在谦卑，崇高效法了天，谦卑效法了地，天和地定下了上下尊卑的位置，而《易》的道理就在天地之间。成就天地的本性，不断地保存，这就是通往道义的大门了。

【解读】

　　这里引用了孔子的话来说明《易》理与修身的关系。孔子说《易》道是至善至美的，已经达到极点了，《易》道就是圣人用来提高自己的道德，扩大自己的事业的，智慧贵在崇高，礼节贵在谦卑，崇高效法了天，谦卑效法了地，这样天和地就定下了上下尊卑的位置，《周易》的道理就在天地之间变化流行。这里的"知崇礼卑"，反映了要重视智慧与礼节教育的思想。最后这一句"成性存存，道义之门"是讲后天的修养，这实际上反映了孔子的思想。什么意思呢？"存存"，存而又存就是不断地涵养蕴藏、不断地保存下去。"成性"就是要成就美好的德性，成就天地的本性，并且使它永远地保存下来，这样就找到了通向道义的大门了。成就这种德性，就需要掌握《易》理，前面说过了，《周易》的卦爻符号就是反映天地万物以及人的本性，所以用《易》理修身就可以成就这种美好的本性，这样就通向道义了。

　　《易传》里多次提到"子曰"，《系辞传》当中引用了25条，《文言传》提到了6条，一共是31条。很多人认为这个"子"不是指孔子，但我们从材料思想上看，还是非常符合孔子思想的。从上世纪七十年代出土的马王堆汉墓帛书和上世纪九十年代出土的战国楚墓竹简的《周易》版本来看，有很多篇章直接点明是"孔子"。所以这些"子曰"基本上可以看成是孔子的言论，或者是他的弟子后学记录的孔子的言论，这些言论可以跟《论语》的文句配合起来看。

第八章

　　圣人有以见天下之赜，而拟诸其形容，象其物宜，是故谓之象。圣人有以见天下之动，而观其会通，以行其典礼，系辞焉以断其吉凶，是故谓之爻。言天下之至赜，而不可恶也；言天下之至动，而不可乱也。拟之而后言，议之而后动，拟议以成其变化。

　　"鸣鹤在阴，其子和之；我有好爵，吾与尔靡之。"子曰："君子居其室，出其言善，则千里之外应之，况其迩者乎？居其室，出其言不善，则千里之外违之，况其迩者乎？言出乎身，加乎民；行发乎迩，见乎远：言行，君子之枢机。枢机之发，荣辱之主也；言行，君子之所以动天地也，可不慎乎？"

"同人,先号咷而后笑。"子曰:"君子之道,或出或处,或默或语。二人同心,其利断金;同心之言,其臭如兰。"

"初六,藉用白茅,无咎。"子曰:"苟错诸地而可矣,藉之用茅,何咎之有?慎之至也。夫茅之为物薄,而用可重也。慎斯术也以往,其无所失矣。"

"劳谦君子。有终,吉。"子曰:"劳而不伐,有功而不德,厚之至也。语以其功下人者也。德言盛,礼言恭。谦也者,致恭以存其位者也。"

"亢龙有悔。"子曰:"贵而无位,高而无民,贤人在下位而无辅,是以动而有悔也。"

"不出户庭,无咎。"子曰:"乱之所生也,则言语以为阶。君不密则失臣,臣不密则失身,几事不密则害成,是以君子慎密而不出也。"

子曰:"作《易》者其知盗乎?《易》曰:'负且乘,致寇至。'负也者,小人之事也;乘也者,君子之器也。小人而乘君子之器,盗思夺之矣;上慢下暴,盗思伐之矣。慢藏诲盗,冶容诲淫。《易》曰:'负且乘,致寇至',盗之招也。"

【语译】

圣人看到了天下的复杂和幽深,就模仿它的形态画出卦、爻象,用它来象征事物的含义,这就叫"象"。圣人发现了天下万物运动变化的规律,就观察其中的汇合变通,按照它来制定并推行各种典章礼仪,用系辞判断事物变动的吉和凶,所以就称做"爻"。《易》言说天下至为复杂幽深的道理,因此不可以轻视它,鄙视它。《易》也说出了天下至为复杂的运动变化,因此不可以错乱违背。而都应该先比拟卦象,然后才能发言说话。先审议事物的运动变化,而后才能行动。

仙鹤在山的阴面鸣唱,它的同类与它声声应和,我有好酒想与你分享。孔子解释说:君子平常居住在家中,他的美好言论,远在千里之外的人也会去回应他,何况是近处的人呢?他平常居住在家中如果发出不善的言论,那么远在千里之外的人也将背离他,何况近处的人呢?所以言论是出于自身的,并施加于百姓;行为是发在近处的,但远方的人也看得见;言行就好比是君子的枢纽,这个枢纽一旦发动即是荣辱的关键。言论和行为是君子用来鼓动天地的关键,难道可以不慎重吗?

"和同别人,先是嚎啕大哭,后是大笑。"孔子解释说:君子为人处世之道,有时可以外出行事,有时则要安居静处,有时要沉默寡言,有时要阐发议论。两人如果心意相通,同心同德,就好比是利刃,可以把金属切断;心志相同的言论,气味也像兰草一样的芬芳。

"大过卦初六爻,用洁白的茅草做铺垫,没有灾祸。"孔子解释说:假如直接放在地上也是可以的,用茅草做铺垫然后放在上面,这样做怎么还会有灾祸呢?这是至为谨慎的行为。茅草作为一种物品是微薄的,但是可以发挥重大的作用。谨守恭敬谨慎的方法,才能够前往做事,没有过失。

"勤劳而谦虚的君子,有好的结果,是吉利的。"孔子解释说:勤劳但不自夸,有功劳了也不自以为是自己的功德,这是敦厚之至的表现。有功勋而谦虚的人,要甘居人之下。道德要隆盛,礼节要恭敬。所以谦虚就是要以极其恭敬的态度来保住自己的地位。

"龙太过亢盛,因此要悔过。"孔子解释说:太尊贵了就会没有地位,太崇高就管不到百姓,贤明的人在下位也就不会来辅助他了,所以过分地轻举妄动必将有所悔恨。

"不跨出门庭,就没有灾祸。"孔子解释说:危乱的产生往往是由于言语不慎。君主不守机密,臣子就会受到损失。臣子不守机密,自身就会受到损失。开始不守机密就不会成功,所以君子要慎守机密,不要随意开口。

孔子说:作《易》的人大概知道盗寇的道理。《易》说,背负贵重的东西坐在车上,会招来强盗。背负贵重的东西是小人的事情,大车是君子的工具。小人乘坐在君子的车上,盗寇就想要夺过来;在上位的国君玩忽职守,下面的百姓就会不堪忍受,盗贼就会乘机攻伐,取而代之。如果轻慢于收藏财物,就会招来盗贼;女子过分的打扮,就会招来别人的淫秽之心。所以《易》说,背负贵重的东西,坐在大车上,必将招来强盗抢夺,这是自己把盗贼招来的。

【解读】

这一章比较长,重点讲圣人是怎样比拟、象征客观的事物而作《周易》的,又讲了学习《周易》的人应当怎样按照卦爻辞、卦爻象所讲的道理来说话和行动,可分两部分,一开始交代卦象、爻象、卦爻辞的来源和作用,然后列举了七条爻辞加以说明。

第一句话中的"赜"字,读"责"音,幽深难见的意思,在句中指事物深奥的道理。圣人因为看到了天下的复杂和幽深,所以就模仿它的形状,来画出卦、爻象,用它来象征事物的含义、事物的意义,这就叫"象"。圣人发现了天下万事万

物的运动变化的规律,就观察其中的会合变通,按照它来制定并推行各种典章礼仪,并且在卦爻的下面写下了文辞,来判断事物变动的吉和凶,所以就称做"爻"。《周易》说出天下至为复杂幽深的道理,所以学《易》者不可以轻视它,鄙视它。《周易》又说出了天下至为复杂的运动变化的规律,所以学《易》者不可以盲目地错乱违背。作《易》者和学《易》者,都应该先比拟这个卦象,然后才能发言说话。先要审议事物的运动变化的规律,而后才能行动。也就是说,你的言语和行动都必须在比拟卦象和审视卦爻辞之后才能去说和做,这样的话,你的言语就简略有条理,你的行动也就符合事宜。我常说卦爻的最大作用就是把复杂的问题简单化,这是智慧,而把简单的问题复杂化,这叫知识。《周易》不是知识,而是智慧。你只要通过比拟、审议卦爻象就掌握了《周易》这本书所阐述的变化的哲学、变化的规律,这是一个总的概述。下面接着举出七条爻辞,然后进行比拟和审议,给我们做了一个示范。

　　第一条爻辞取自于中孚卦的九二爻,母鹤在山阴鸣唱,它的孩子就在远处应和它。我有一壶美酒,愿与你共饮同乐。孔子比拟这个卦象解释说,君子平常居住在家中,他能发出美好的言论,远在千里之外的人也将去响应他,何况是近处的人呢?他平常居住在家中如果发出不善的言论,远在千里之外的人也将背离他,不会跟他应和,何况近处的人呢?所以言论是出于自身的,最终要施加给老百姓;行为是发生在近处的,但是远方的人也能看得见。言论和行为就好比是君子开门和关门的枢纽,这个门户的枢纽一旦发动,就好比是荣和辱的关键,言论和行为也是君子用来鼓动天地万物的关键,因此难道可以不慎重吗?

　　第二条举的是同人卦九五爻的爻辞,和同于人,先痛哭号叫,然后就欣喜欢笑了。孔子解释说,君子为人处世之道,有时候可以外出行事,有时候要安居静处,有时候要沉默寡言,有时候要阐发议论。两个人如果心意相通,同心同德,就好比是利刃,可以把金属切断;心志心意相同的言论,它的气味也就会像兰草一样芬芳。

　　第三条举的是大过卦初六爻的爻辞,用洁白的茅草做铺垫,然后放上祭祀的物品,这样一定没有灾祸。孔子解释说,假如直接放在地上也是可以的,为什么用茅草做铺垫然后放在上面呢?这就说明要使祭品干净,那样的话哪里还有什么灾害呢?这是至为谨慎的一种行为。茅草作为一种物品是微薄的,但是可以发挥重大的作用,这说明要恭敬谨慎地守住这种方法,才能够前往做事,没有过失。

第四条是谦卦九三爻的爻辞，勤劳而谦虚的君子，就会有好的结果，大吉大利。孔子解释说，勤劳但不自己夸耀，有功劳了也不自以为是自己的功德，这是敦厚之至的表现。这是说明有功勋而谦虚的人，要甘居人之下。道德要隆盛，礼节要恭敬。所以谦虚的意思就是要以极其恭敬的态度来保持住自己的地位。

第五条是乾卦上九爻的爻辞，龙如果飞得太过、太高，飞到穷尽的天际，那么终究是有悔恨的。孔子解释说，太尊贵了就没有地位了，太崇高了就管不到老百姓了，贤明的人在下位也不会来辅助他了，所以过分地轻举妄动必将有所悔恨。

第六条是节卦初九爻的爻辞，要节制，要慎重，只要不跨出门户，就必无灾害。孔子解释说，危乱的产生往往是由于语言不守机密，言语不慎，如果君主不守机密就会使臣子受到损失，如果臣子不守机密，会使自身受到损失，开始如果不守机密就不会成功，所以君子要慎守机密，不要泄露机密，一定要谨慎，不要随意地开口，否则就会祸从口出。

第七条是解卦六三爻的爻辞，孔子引用了这个爻辞，解释说，创作《周易》的人大概是知道盗寇的道理，解卦六三爻说，背负着很重的东西坐在车上，就会招来盗寇的抢劫，背负重的东西是小人的事情，而乘坐的大车是君子的工具，小人乘坐在君子的车上，盗寇就要想着怎样夺过来。"上慢下暴"是说在上位的国君如果玩忽职守，不能选贤任能，下面的百姓就会不堪忍受，那当然就会发生暴力，所以盗贼就会乘机攻伐，取而代之，导致小人乘时得势而至于高位。"慢藏诲盗，冶容诲淫"后来就成为一个成语"诲淫诲盗"，意思是说：如果轻视轻慢于收藏财物，就会招来盗贼劫夺；如果女子过分地打扮，打扮得很妖艳，就会招来别人的淫秽之心。所以《周易》说，背负重的东西，坐在大车上，一定会招来盗贼的夺取，这不是盗贼的过错，而是自己的过错，是自己把盗贼招来的。

上面这七条爻辞，告诉我们要按照这些卦爻辞所说的道理去行动，要慎言慎行。

第九章

天一，地二，天三，地四，天五，地六，天七，地八，天九，地十。天数五，地数五，五位相得而各有合。天数二十有五，地数三十，凡天地之数五十有五。此所以成变化而行鬼神也。

大衍之数五十，其用四十有九，分而为二以象两，挂一以象三，揲之以四以象四时，归奇于扐以象闰，五岁再闰，故再扐而后挂。乾之策二百一十有六，坤之策百四十有四，凡三百六十，当期之日。二篇之策，万有一千五百二十，当万物之数也。是故四营而成易，十有八变而成卦。八卦而小成，引而伸之，触类而长之，天下之能事毕矣。显道神德行，是故可与酬酢，可与佑神矣。子曰："知变化之道者，其知神之所为乎！"

【语译】

天一，地二，天三，地四，天五，地六，天七，地八，天九，地十。天数有五个，地数有五个，五个天数和五个地数相互发生关系，各自组合，天数加在一起是二十五，地数加在一起是三十，天数和地数加在一起就是五十五。天地之数的组合变化，阐明了万物的变化，能像鬼神一样推演未来。

广为演绎的占筮之数是用五十根蓍草来表示。取其中四十九根。用四十九根蓍草演算一根爻，第一步是一分为二，以象两仪；第二步是从任意一堆里抽出一根来，挂在无名指和小指之间，代表三。第三步是把第一步中分开的其中一堆蓍草，四根四根的分出来。"四"就代表春夏秋冬四时。第四步是把两堆四根四根分出来的蓍草归到一起，合在一起。把两堆剩下的少数或等于四的蓍草合到一起，这就代表闰月。五年有两次闰，所以再来一次。乾卦的策数加起来是二百一十六，坤卦的策数加在一起就是一百四十四。这两个数加起来就是三百六十，正好是一年的天数。《易》上下两篇的策数是一万一千五百二十，代表了万物之数。所以通过四步而成一个爻，经过十八变而成一个卦。八卦是小成之卦，从八卦加以引申与扩展，按类别进行推广与演绎，发挥八卦的象征意义，到六十四卦，天下所有的事情就都可以讲全了。《易》完备地彰显出天下的道理，使品德行为发挥神妙的作用，因此就可以用来应对万事万物，神灵也就会来保佑你。孔子说：宇宙阴阳变化的规律是非常神妙的，是不可测的。

【解读】

这一章告诉我们，卦象是从数中演算而来的，还告诉我们一种占筮起卦的古老方法。

"天一,地二……天九,地十",这几句是说天地之数的,一、三、五、七、九是天数,二、四、六、八、十是地数。很简单,天数就是奇数、阳数,地数就是偶数、阴数。天数有五个,地数有五个,这五个数代表了五个位。这个位看上去好像是个空间概念,实际上它又隐含了时间的要素。五个天数和五个地数相互发生关系,各自配合、组合。那么怎么"合"?这里没有说,但我们马上就应该想到的是《尚书·洪范》里面讲的五行,所谓"洪范"就是大的范畴,"洪范九畴"就是九种治国的方略,其中第一种就是五行。五行究竟是什么呢?《尚书·洪范》里说,"一曰水,二曰火,三曰木,四曰金,五曰土",这是一个五行的次序,这个次序非常重要。"一曰水"是一个非常了不起的哲学命题,跟古希腊第一个哲学家——泰勒斯的哲学命题是一模一样的,水为万事万物的本原。郭店出土的竹简上就有"天一生水"的说法,"天一生水"就是这个"一曰水",大一生出水来,也就是《素问·上古天真论》讲的"天癸"。什么是"天癸"?"天癸"就是天水,就是"太一生水"、"大一生水",也就是"天一生水"。"生水"实际上就是一种创生力,所以"天癸"就是一种带有创生力的、有生命力的、能激发生命的这么一种液体样的东西。这就是中医所说的"肾精"。但是又有一点缺点,因为"女子二七天癸至",而"丈夫二八天癸至"。那么说肾精一生下来就没有吗?非要到二七、二八才有吗?那就要看这个肾精有没有创生力,有创生力的时候才叫"天癸"。"天癸"的"癸"字就是水的意思。

知道了五行的次序,我们再来看天地之数的相合。"合"就是一到五这五个数和后面的六到十这五个数相"合",就是后人说的"天一生水,地六成之","地二生火,天七成之","天三生木,地八成之","天四生金,地九成之",一直到"天五生土,地十成之"。这就是一张河图,河图就是五行的生成数图,即五行的生数和成数的方位排列图。这样我们就知道了,"五位相得而各有合",就是隔五个,以五为中心来合。"天数二十有五"就是一三五七九加在一起,二四六八十加在一起就是"地数三十","凡"就是总共,就是天数和地数加在一起,就是"天地之数"五十五。天地之数的组合变化就成就了万物的变化,也阐明了万事万物变化的量化的规律,而且能够"行鬼神",像鬼神一样能知道人不知道的东西。实际上这句话的意思,就是可以用数的推演来预测未来。

"大衍之数五十","大",指广大;"衍",指演绎;"数",指在占筮中用蓍草的根数来代表的数。这里介绍的是《周易》用五十根蓍草占筮成卦的方法。总的意思是说，广为演绎的占筮之数是用五十根蓍草表示。这个很奇怪，大衍之数为什么不是前面的天地之数"五十有五"呢？在这一点上，自古有两派观点，一派认为，"五十"是搞错了，应该是"五十五"，肯定后面漏掉了一个"五"；一派认为就是"五十"。后面有"其用四十有九"的说法，"五十五"的一派认为，从五十五到四十九，差六，这个"六"就是抽出了一个卦，这个卦就应该是乾卦；"五十"的一派认为，就差一，主张抽出的这个"一"就是太极。究竟谁对？不知道，都有道理。这两派的主张有一个共同点，就是抽出的这个"一"或者"六"，是一个"体数"，它是不用的，只是放在那里。"其用四十有九"，这五十根蓍草，我们用的就是四十九根，所以我们抽出一根来放着，代表太极，太极是不可用的，但是"无用"却有大用，我们用的四十九就是一（太极）的体现。

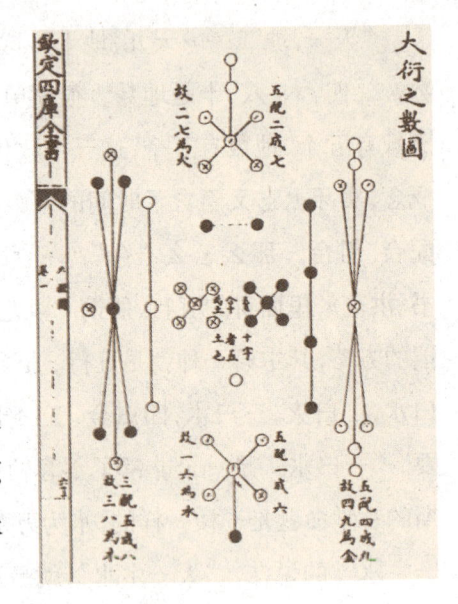

用四十九根蓍草演算一根爻，要经过四步、四个过程，也就是"分二、挂一、揲四、归奇"，这四个过程叫"四营"。我们一步一步来看。第一步是"分二"，就是你任意地把它一分为二。"分而为二以象两"，"两"就是两仪，就是阴阳、天地。所以它说的每一个数，都代表了一个象，主要不是用于定量，而是用于定性。第二步是"挂一"，"挂一以象三"，就是从任意一堆里，抽出一根来，挂在左手无名指和小指之间，代表三，"三"就是三才，挂的这个"一"就代表人。第三步是"揲四"，揲，念蛇音，用手成束地分数蓍草的意思，"揲之以四以象四时"，就是把第一步分开的其中一堆蓍草，四根四根地分数出来，分到最后剩下来的蓍草，必须等于或小于四的，另一堆也同样是四根四根地分数出来，最后剩下的也是等于或小于四。为什么要四根四根地分呢？这个"四"就代表春夏秋冬四时。第四步是"归奇"，"归奇于扐以象闰"，"奇"就是余数，"扐"，音勒，夹在手指之间的意思。把两堆四根四根分出来的蓍草归到一起，合在一起。把两堆剩下的少于或等于四的蓍草合到一起，这代表闰月。"五岁再闰"，五年有两次闰。"故再扐而后挂"，所以再来一次。

四步完成以后，还不能起一根爻，还要以同样的步骤再算两遍。第二遍当然

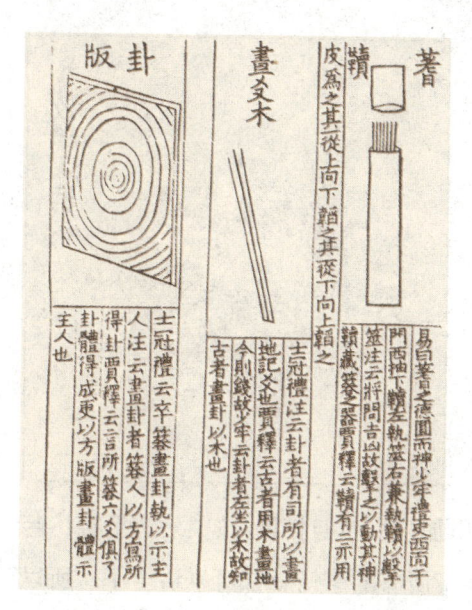

不是用四十九根蓍草,而是用第一遍最后归到一起的,即四根四根合起来的那一堆蓍草,同样要演算四步,第一步"分二",把这一堆蓍草又任意地一分为二,第二步"挂一",第三步"揲四",第四步"归奇"。第二遍之后再来第三遍,就是把第二遍归奇多的那一堆的蓍草再按以上的四步再演算一遍。这样一共演算了三遍,每一遍都要经过"四营"即四步,三遍共十二步,就得出一个爻。

经过这三遍演算也就是三个"四营"之后,最后剩下的多的这堆蓍草,肯定只有四种结果:36、32、28、24,不可能有第五种结果。把这四个数分别除以四,就得出了9、8、7、6这四个数。你每次肯定只能得出其中的一个数,按照这个数就可以确定一根爻。九就是阳爻,七也是阳爻,八是阴爻,六也是阴爻。九这个阳爻,它叫老阳,或者叫太阳,它是要变的,而六这个阴爻,叫太阴,太阴也是要变的。那八就是少阴,七就是少阳,少阴和少阳是不变的。《周易》是讲变的,所以《周易》就取了它的变数,因此以九和六这两个数来代表它的阳爻和阴爻。因此你在演算的时候,得到九或者六时,因为它是可变的,你就在旁边做一个记号。一共要这么演算十八遍,才能得出一个卦。每三变得出一根爻,所以你起一个卦要经过十八变,这就是所谓的"十有八变而成卦"。

"乾之策二百一十有六,坤之策百四十有四,凡三百六十,当期之日","期"就是一整年的意思,在这里念 jī。"策"就是策数,就是揲蓍之后所余下的蓍草数,即 36、24、28、32 四个数,其中 36 是阳爻的策数,24 是阴爻的策数。也就是说九的策数就是 36,六的策数就是 24。一个乾卦是六根阳爻,所有爻的策数加起来不就是 36×6=216 吗?坤卦是六根阴爻,所有爻的策数加在一起就是 24×4=144。这两个数加起来是 360,这刚好是一年的天数,"当期之日"。大衍之数代表了三才,代表了闰月,代表了四时,代表了一年的天数,还代表了万物之数。我们今天为什么说"万事万物",不说"千事千物"?就是从这里来的。你看"二篇之策,万有一千五百二十,当万物之数也","二篇"就是指六十四卦的上下二篇，六十四卦的策数加在一起就是一万一千五百二十，这就是万物之数。为什么？六十四卦一共是384爻，肯定是192根阳爻、192根阴爻，总策数就是192×36+192×24=11520。这就是说万物把天下所有的事物全部包括了，也可以说六十四卦把天下所有的事物全部包括了。所以"八卦而小成，引而伸之，触类而长之，天下之能事毕矣"，八卦还不能尽含万物的情理，所以是"小成"。从八卦这里加以引申与扩展，按类别进行推广与演绎，发挥八卦的象征意义，到六十四卦，天下所有的事情就都可以讲全了。所以八卦叫小成卦，六十四卦叫大成卦。

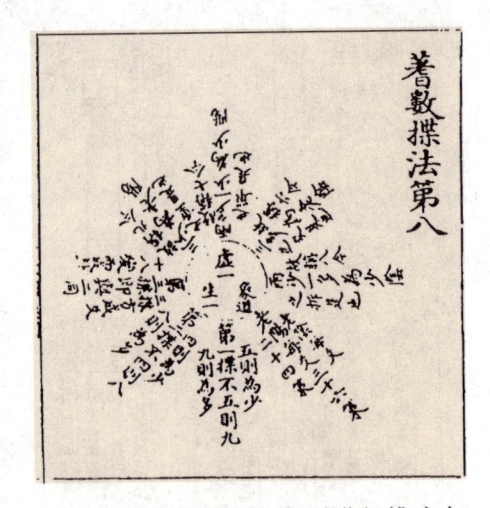

"显道神德行，是故可与酬酢，可与佑神矣"，《易》完备地彰显出天下的道理，使品德行为发挥神妙的作用，这是说你掌握了六十四卦的象与数，来应对万事万物，神灵就会保佑你，因为这就是一个天机。所以孔子说，"知变化之道者，其知神之所为乎"，知道"变化之道"大概也就知道了这是神灵的所作所为。这句话意思是说宇宙阴阳变化的规律是非常神妙的，是不可测的。"阴阳不测之谓神"，"神"有两个意思，一个是神妙，一个是神灵。《周易》是以不测为测，它要去预测这个神妙变化的规律，所以我说《周易》就是讲宇宙万事万物变化的大规律，讲我们怎么去知道这个变化、怎么去顺应这个变化的大法则。

第十章

易有圣人之道四焉：以言者尚其辞，以动者尚其变，以制器者尚其象，以卜筮者尚其占。

是以君子将有为也，将有行也。问焉而以言，其受命也如响，无有远近幽深，遂知来物，非天下之至精，其孰能与于此？

参伍以变，错综其数。通其变，遂成天地之文；极其数，遂定天下之象。非天下之至变，其孰能与于此？

《易》,无思也,无为也,寂然不动,感而遂通天下之故。非天下之至神,其孰能与于此?

夫《易》,圣人之所以极深而研几也。惟深也,故能通天下之志;惟几也,故能成天下之务;惟神也,故不疾而速,不行而至。子曰"《易》有圣人之道四焉"者,此之谓也。

【语译】

《易》蕴含圣人常用的道理,表现在四个方面:用来指导言论要崇尚它的文辞;用来指导行动要崇尚它的变化;用来制作器物要崇尚它的卦爻象;用来预测决疑要崇尚它的占筮。

因此君子将要有所作为,将要采取行动的时候,《易》就通过卦爻辞给我们作了具体的回答。《易》能够像响应着回声那样,来回答提问。不论是远近还是幽暗深奥,都能够推知将来的吉凶情况。如果不是天下至为精深的道理,那么它怎样能达到这样的程度呢?

三番五次地去探究它的变化,错综复杂地去推演它的数理。通晓了这种术和象的变化,才能成就天地的文采;穷尽了数的变化,才能定出卦象。如果不是通晓天下极为复杂的变化,那么谁能够达到这样的地步呢?

《易》是无思虑,自然无为的,寂静不动。只有当与它相感应的时候,才能通晓天下。如果不是通晓了天下最为神妙的事物,那么谁又能达到这个地步呢?

《易》是圣人用来穷尽深奥的道理,研究微妙变化的。只有穷极了深奥的道理才能通晓天下的思想和行为,只有研究了极其微小的运动变化,才能成就天下的事务。只有通晓事物的神妙变化,才能不需要急速,不需要行动就能达到目的。孔子说:《易》蕴含着圣人常用的四个方面的道理,说的就是这个意思。

【解读】

这一章进一步阐释《易》道。《周易》蕴含着一种圣人常用的道理,表现在四个方面,那就是辞、变、象、占:用来指导言论就要崇尚《易》的文辞;用来指导行动就要崇尚《易》的变化;用来制作器物就要崇尚《易》的卦爻象;用来预测决疑就要崇尚《易》的占筮。

所以君子将要有所作为,将要采取行动的时候,《周易》就通过卦爻辞给我们做了具体的回答。《周易》能够像响应着回声那样,来回答人们的提问。不论是远近还是幽暗深奥,它都能够推知未来的吉凶情况。如果不是天下至为精深的道理,那么它怎么能达到这样的程度呢?

"参伍以变,错综其数。"这两句的解释非常多,简单来说就是三番五次地去探究它的变化,错综复杂地去推演它的数理。当然这里的"三"和"五",也可理解为实指。"三"指三才,就是天地人,"五"可以指五行,"参伍以变"可以理解为利用三才五行的变化。"参"还可以理解为互相参合、参考,"五"就是指天数五和地数五。天数有五个就是一三五七九,地数有五个就是二四六八十。"参伍以变"就是参合这天地奇偶之数的变化。"错综其数"也可以理解为进行大衍之数的复杂错综的演算。总而言之,《周易》有数的变化和象的变化,所以只有通晓这种数和象的变化,才能成就天地的文采;只有穷尽了这种数的变化,才能定出卦象,进而用卦象定出天下万物的形象。如果不是通晓天下极为复杂的变化,那么谁能够达到这样的地步呢?上面使用了两个反问句来说明《周易》这部书是通晓了天地绝对精密的道理和绝对变化的法则。

《周易》是无情感的,无思虑的,它是自然无为的,它寂静不动,只有当它与天下万物相感应的时候,才能通晓天下。如果不是通晓了天下最为神妙的事物,那么谁又能达到这个地步呢?这里用的是第三个反问句,说明《周易》的这种变化是通晓了天下最神妙的变化规律。

所以《周易》是圣人用来"极深而研几"的东西。"极深"就是穷尽深奥的道理,"研几"就是研究极其微妙的变化。这个"几"有两个意思:第一个意思就是微妙,几微;第二个意思就是时机。所以《周易》是穷尽了深奥的道理,并且是研究了极其微妙的运动变化的时机。只有穷极了深奥的道理,才能通晓天下的思想和行为;只有研究了极其微小的运动变化,或者说只有把握了极其微妙的时机，才能判定天底下的具体事物，才能成就天下的事务；只有通晓了事物的神妙变化，才能不需要急速就能成功，不需要去行动就能达到目的。所以孔子说《周易》蕴含了圣人的四个方面的道理，说的就是这个意思。

第十一章

　　子曰："夫《易》何为者也？夫《易》开物成务，冒天下之道，如斯而已者也。"

　　是故圣人以通天下之志，以定天下之业，以断天下之疑。是故蓍之德圆而神，卦之德方以知，六爻之义易以贡。

　　圣人以此洗心，退藏于密，吉凶与民同患。神以知来，知以藏往，其孰能与于此哉？古之聪明睿知，神武而不杀者夫！

　　是以明于天之道，而察于民之故，是兴神物，以前民用，圣人以此斋戒，以神明其德夫。

　　是故阖户谓之坤，辟户谓之乾，一阖一辟谓之变，往来不穷谓之通。见乃谓之象，形乃谓之器，制而用之谓之法，利用出入民咸用之谓之神。

　　是故《易》有太极，是生两仪，两仪生四象，四象生八卦，八卦定吉凶，吉凶生大业。是故法象莫大乎天地，变通莫大乎四时，悬象著明莫大乎日月，崇高莫大乎富贵。备物致用，立成器以为天下利，莫大乎圣人。探赜索隐，钩深致远，以定天下之吉凶，成天下之亹亹者，莫大乎蓍龟。

　　是故天生神物，圣人则之。天地变化，圣人效之。天垂象，见吉凶，圣人象之。河出图，洛出书，圣人则之。《易》有四象，所以示也。系辞焉，所以告也。定之以吉凶，所以断也。

【语译】

　　孔子说：《易》有什么用呢？《易》开启智慧，成就事业，涵盖天地万物的规律，如此而已。

　　因此圣人用《易》来通晓天下的心志，确定天下的事业，决断天下的疑惑。

所以蓍草的性质是圆通而神奇的,卦的性质是方正而明智的,六爻的意义就在于通过变化而告诉人们吉凶。

圣人用卦爻辞来洗心,退藏在隐秘处之后,就能够预知自然运行的规律和吉凶祸福。蓍草的神奇作用是能够预知未来之事,而卦的智慧蕴藏了过去的道理。谁能够做到这样呢?只有古代那些聪明、睿智、神武而且不用刑罚、讨伐的人才能够达到这个地步。

所以能够明白天地的道理,能够察知百姓的事情,才能兴起神妙的蓍占之物,用来指导百姓的日常生活。所以圣人是用《易》来斋戒,是为了神妙地显明其道德。

《易》用乾和坤来揭示道理,关门就是"坤",开门就是"乾",一开一合就叫做"变",事物来来往往变化无穷就叫做"通"。表现出来的就叫做"象",有了具体的形象就叫做"器",制造器物而供人使用就叫做"法",有利于进出而反复使用,百姓都在使用,这就叫做"神奇"。

《易》有太极,生出了阴阳两仪,两仪又生出四象,四象又生出了八卦,八卦可以判定吉凶,判定了吉凶就能够创生伟大的事业。在万事万物当中,要效仿自然万物,没有比天和地更大的。变通变化没有比四时更大的。在万事万物中高悬显明没有比太阳、月亮更大的,崇高没有比富贵更大的。备置实物让人使用,设立器具而便利天下,也没有比圣人更伟大的。探明幽暗的事,探求隐藏的事,求索深奥的道理,钩取远幽的事物,定出天下事物的吉和凶,促成天下人奋勉、不懈地成就功业,没有比蓍占和龟卜更大的。

天生出了神奇的蓍草和灵龟,所以圣人效仿它。天地出现了四季的变化,所以圣人效仿它。天垂示了日月星辰之象,显示出吉凶的征兆,所以圣人模拟它。黄河当中出现了龙图,洛水中出现了龟书,所以圣人也效仿它。《易》确立了四象,是用来显示变化的征兆。在卦的下面写下文辞,用来告诉人们它的意义,帮助人们决断疑惑,从而趋吉避凶。

【解读】

这一章主要讲《周易》的用处。《周易》有什么用呢?一开始就用了一个问句。孔子说,《周易》是用来"开物成务,冒天下之道"的。"开物成务",就是开启智慧,成就事业。朱熹有一个解释,他说这个开物的"物"是指人物,成务的"务"是指事物。"开物成务"也可以理解为揭开事物的道理,而成就大的事业。"冒天下之道"就是涵盖天地万物的规律,如此而已,别无他意。

圣人使用《周易》来通晓天下的心智,确定天下的事业,决断天下的疑惑。所以蓍草的性质是圆通而神奇的,蓍草是圆形的,这里用来比喻圆的东西,它可以不断地滚动,不断地变化,所以是非常神奇的。而卦的性质在《周易》里是方正而明智的。六十四卦最后画出来的是方体,方形的东西是正直的、刚健的,所以它集中了人类的智慧。六爻的意义就在于通过变化告诉人们吉凶。

所以圣人用卦爻辞来洗心。"洗心"这个词特别重要,《周易》讲的就是洗心的方法。什么叫"洗心"呢？就是洗去、涤除人们的思虑和杂念,以净化人们的心灵。圣人在涤除了私虑,洗净了心灵,而且退藏在隐秘之处之后,就无思无为任其自然,就能够预知自然运行的规律和吉凶祸福,所以也就能够与老百姓共同忧患。蓍草的神奇作用是能够预知未来之事,而卦的智慧蕴藏了过去的哲理,"知"就是"智"。这里的"知来"、"藏往"不是分开来说的,而是指蓍草和卦象都可以预知未来,蕴藏过去的事物。那么谁能达到这样的地步呢？只有古代的那些聪明、睿智、神武而且不用刑罚、讨伐的人才能够达到这个地步。

所以能够明白天地的道理,能够察知百姓的事情,才能兴起神妙的蓍占之物,用以引导老百姓,用来指导老百姓的日常生活。所以圣人是用《周易》来斋戒的,这个斋戒不是指在祭祀之前要洁身,要隔离,而是指洗心和防患。洗心曰斋,防患曰戒,也就是说心灵要剔除杂念,要有警戒之心,这正是为了神妙地显明其道德,只有这样才能显示它的神妙作用。

《周易》就用乾和坤来揭示这样的道理的。所以说关门就是"坤",开门就是"乾",一开一合就叫做"变",事物来来往往的变化无穷就叫做"通"。表现出来的就叫做"象";有了具体的形象就叫做"器";制造器物而供人使用就叫做"法",也就是效法;有利于进进出出、反复使用,老百姓都在使用它,但却不知道它的道理,知其然而不知其所以然,这就叫做"神奇"。

接下来是一段非常有名的话,是讲八卦怎样形成的。《周易》具有太极。太

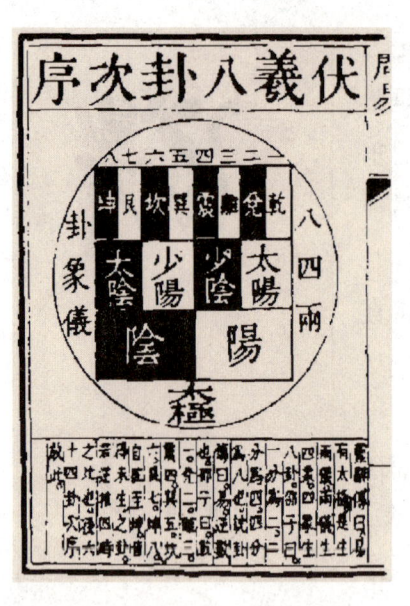

极是指浑沌未分的一团元气,而太极又生出了两仪,两仪就是阴阳、天地。两仪又生出了四象,四象就是太阳、太阴、少阳、少阴。四象又生出了八卦,八卦可以判定吉凶,判定了吉凶就能够创生伟大的事业。这个八卦形成的过程实际上是一个一分为二的过程,不断地二分。后来邵雍按照这个说法列了一张图,就叫做伏羲八卦次序图,从下往上先有太极,然后生两仪,然后四象,然后八卦,就是这么生出来的。当然六十四卦在八卦的基础上还要再生三次。所以在万事万物当中,要效仿自然万物,没有比天和地更大的。变通变化也没有比一年四季更大的。在万事万物中高悬显明没有比太阳、月亮更大的。崇高没有比富贵更大的。备置实物让人使用,设立器具而便利天下,也没有比圣人更伟大的。探明幽暗的事物,探求隐藏的事理,求索深奥的道理,钩取远幽的事物,定出天下事物的吉和凶,促成天下人奋勉、不懈地成就功业、事业,也没有比蓍占和龟卜更大的。上面对圣人怎样作八卦,怎样效仿天地、四时、日月,做了一个介绍,同时,又告诉人们蓍占和龟卜的目的实际上是探求万事万物的道理,在复杂当中提炼出简单的、接近本质的原因,在幽暗当中揭示出那种明显的道理。

天生出了神奇的蓍草和灵龟,所以圣人去效仿它创立了占卜;天地出现了四

季的变化,所以圣人效仿它制定了阴阳往来的变化;天垂示了日月星辰之象,显示吉凶的征兆,所以圣人模拟它,也就造出了这种测天仪器。黄河当中出现了龙图,洛水中出现了龟书,所以圣人也效仿它。有一种说法是圣人效仿它而作了八卦,这就是著名的河图和洛书。又有一种说法是伏羲氏看到了河图而作了八卦,大禹看到了洛书而作了洪范九畴,当然这种说法后人是有争议的,这只是一个传说。所以《周易》确立了这个四象,这个四象就是太阳、少阳、太阴、少阴,当然也可指东南西北,或者春夏秋冬,就是一分为四,是用来显示变化的征兆。在卦的下面写下文辞,是用来告诉人们它的意义,所以文辞当中确定的吉凶的断语,是用来帮助人们判断、决断疑惑,从而趋吉避凶的。

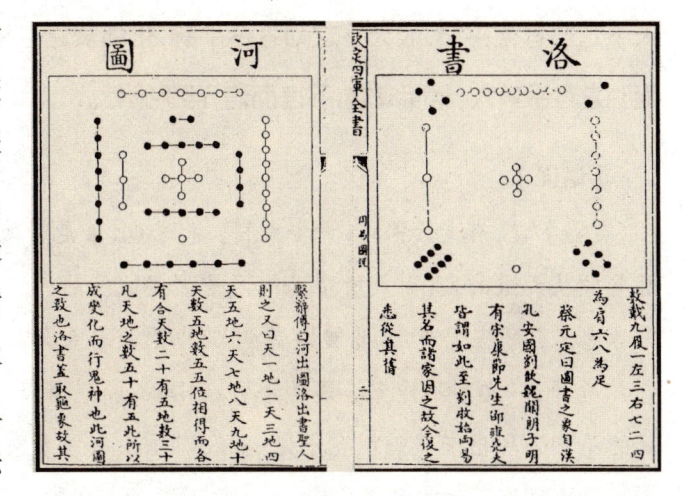

第十二章

　　《易》曰:"自天佑之,吉无不利。"子曰:"佑者,助也。天之所助者,顺也;人之所助者,信也。履信思乎顺,又以尚贤也,是以'自天佑之,吉无不利'也。"

　　子曰:"书不尽言,言不尽意。"然则圣人之意其不可见乎?子曰:"圣人立象以尽意,设卦以尽情伪,系辞焉以尽其言,变而通之以尽利,鼓之舞之以尽神。"

　　乾坤,其《易》之蕴邪?乾坤成列,而《易》立乎其中矣;乾坤毁,则无以见《易》;《易》不可见,则乾坤或几乎息矣。

　　是故形而上者谓之道,形而下者谓之器,化而裁之谓之变,推而行之谓之通,举而错之天下之民谓之事业。

　　是故夫象,圣人有以见天下之赜,而拟诸其形容,象其物宜,是故谓之象;圣人有以见天下之动,而观其会通,以行其典礼,系辞焉以断其吉凶,是故谓之爻。极天下之赜者存乎卦,鼓天下之动者存乎辞,化而裁之存乎变,推而行之存乎通,神而明之存乎其人,默而成之,不言而信,存乎德行。

【语译】

《易》说,有老天保佑,大吉大利。孔子说,佑是帮助的意思,天所帮助的人是那些顺从天道的人,而人所帮助的人是那些诚信的人。能够去履行诚信,并且常常考虑怎么顺应天道,又能够崇尚贤人,也因此老天会保佑你,大吉大利。

孔子说:文字不能完全表达语言,语言不能完全表达思想。圣人的思想难道真的不能表现出来了吗?孔子说:圣人确立了一种形象的东西表达思想,设计卦来尽情地反映万物的真假虚实,在卦象下面加上文字的说明,尽情表达它的意思,用卦爻的变化会通全面展示其利益,从而鼓舞其神奇的作用。

乾坤是《易》的精髓,蕴藏着极其深奥的道理。乾坤两卦一旦排列开来,《易》的所有的思想就确立在其中了;乾卦和坤卦如果毁灭了,就不可能出现《易》了,而《易》不能出现,乾坤这种生长化育的道理也差不多就停止了。

超越形体的就叫做道,有形体的就叫做器物。阴阳乾坤的转化、制约就叫变化,把阴阳的转化、制约推开来,并且用它作为行动的指南,就叫做通。将阴阳变通的道理,放在天下百姓当中让他们来使用,就叫做事业。

所谓的象,就是圣人发现了天下万物的复杂幽深的道理,而把它比拟成一种具体的形象和容貌,用来象征特定事物的涵义。圣人发现了天下万物的运动变化,观察它的会合变通,把它实行于典法礼仪,并且在卦爻辞下面撰写文字来判断事物变化的吉和凶,就称为爻。穷尽天下复杂艰深的道理在于"卦";鼓舞天下人的行动在于"辞";能够促使万物的生长化育,并且能够互相制约,就在于"变";把它推行到万事万物当中,并且让人们去实行,就在于"通"。使《易》乾坤发生变化,发生神奇的效用,让它显明出来,就完全在于运用《易》的人。默默地去实践,不需要言语就能取信于人,在于美好的德行。

【解读】

这一章里面提出了很多对中国哲学史和中国文化史具有重大影响的命题,比如说"书不尽言,言不尽意"、"形而上者谓之道,形而下者谓之器",这样的命题不仅仅在哲学史上,而且在文学修辞理论上都有着重大的影响。开头便引用了《周易》大有卦上九爻爻辞"自天佑之,吉无不利",从上天降下的保佑是吉祥的,"吉无不利"。孔子说,佑是帮助的意思,天所帮助的人是那些顺从天道的人,顺应正道的人,而人所帮助的人是那些诚信的人。你如果能够去履行诚信,并且常常考虑怎么顺应天道,又能够崇尚贤人,这样老天就会保佑你,是吉祥而无所不利的。朱熹认为这句话是错简,看起来好像应该是在第八章的最后,这是有一定道理的,因为这里引用的爻辞,从文意上、文气上看都不是很协调。这个意思是说,为什么上天能保佑你?这里表达了两方面的原因,一个原因是能顺应天道,另一个是有诚信,这是两个核心条件。只有你内心诚实守信,行为能顺应天道、顺应正道,这样老天才会保佑你。

孔子说,文字是不能完全表达语言的,语言也不能完全表达思想。那么圣人的思想难道真的就不能表现出来了吗?孔子又说,语言文字不能完全表达人的思想,圣人就确立了一种形象的东西来表达思想,设计卦象来尽情地反映万事万物的真真假假、虚虚实实,也就是万事万物的本来面貌。卦是象的一种,所谓系辞是在卦象的下面加上文字的说明,来尽情表达它的意思;用六十四卦、三百八十四爻的变化会通来全面展现《周易》带来的利益;鼓动它挥舞它以充分表现《周易》的神奇作用。以上这段话是说文字、语言、形象、卦爻,还有文辞之间的关系,充分表达了古人对象思维的重视,所以《周易》从某种意义上说就是一种取象,因为文字、语言都不能尽情表达圣人的思想,只有用形象,用画象才能表现出古圣先贤的思想。

下面重点讲乾坤,因为乾坤是《周易》里最重要的两个卦,所以说乾坤是《周易》的精髓,蕴藏着极其深奥的道理,乾坤两卦一旦排列开来,《周易》的所有思想就确立其中了,乾卦和坤卦如果毁灭了,就不可能出现《周易》了,而《周易》不能出现,乾坤这种生长化育的道理也差不多就停止了。这里反复强调了乾坤两个卦象对于《周易》的重要作用。

接下来是两句非常有名的话:"是故形而上者谓之道,形而下者谓之器。""形而上"就是形体以上,超越形体的,也就是没有形体,是无形的东西,比如说精神、道理这样的东西,就叫做道,而"形而下"是形体以下的,有形体的,看得见摸得着的,这样的东西就叫做器物。这里也是针对乾坤阴阳而言的,阴阳乾坤不是形而下的东西,而是形而上的东西,因为它不是有形的物质,而是无形的有规律性的道。阴阳乾坤的转化、制约就叫变化,阴阳是相对的,同时也是互相制约的,但是也可以转化的,在转化了之后,就是变了。把这种阴阳的转化、制约、对待、统一,推广开来,并且用它作为行动的指南,用来处理事情,就叫做通。"错"通"措",将阴阳变通的道理,放在天下老百姓当中让他们来使用,就叫做事业。

因此,所谓的象,就是圣人发现了天下万事万物的复杂幽深的道理,而把它比拟成一种具体的形象和容貌,用来象征特定事物的涵义。圣人发现了天下万物的运动变化,观察它的会合变通,把它实行于典法礼仪,并且在卦爻辞下面撰写了文字来判断事物变化的吉凶,就称为爻。穷极天下复杂艰深的道理在于"卦";鼓舞天下人的行动在于"辞";能够促使万物生长化育,并且能够互相制约,就在于"变";把它推行到万事万物当中,并且让人们去实行它,就在于"通"。使《周易》乾坤发生变化,发生神奇的效用,让它显明出来,就完全在于运用《周易》的人。默默地去实践它,并且有所成就,不需要言语就能取信于人,完全在于美好的德行和品格。这里是用这几句话来说明"书不尽言,言不尽意",不能完全用语言文字,只要默默地去做,按照卦象所表示的幽深的含义,做的时候能融会贯通,做的人又有着美好的品德和修养,《周易》的神妙作用就能显示出来。

系辞传下

第一章

八卦成列,象在其中矣。因而重之,爻在其中矣。刚柔相推,变在其中矣。系辞焉而命之,动在其中矣。

吉凶悔吝者,生乎动者也。刚柔者,立本者也。变通者,趣时者也。吉凶者,贞胜者也。天地之道,贞观者也。日月之道,贞明者也。天下之动,贞夫一者也。

夫乾,确然示人易矣;夫坤,隤然示人简矣。爻也者,效此者也。象也者,像此者也。爻象动乎内,吉凶见乎外,功业见乎变,圣人之情见乎辞。

天地之大德曰生,圣人之大宝曰位。何以守位曰仁,何以聚人曰财。理财正辞,禁民为非曰义。

【语译】

八卦排成序列,万物的象征就在当中。根据八个卦重叠成六十四卦,那么三百八十四爻也就在其中。刚爻和柔爻相互推移、变化的道理就在其中。在卦爻下面系上文辞来告知吉凶,该如何行动也就在其中了。

"吉"、"凶"、"悔"、"吝",产生于变动。刚爻和柔爻是卦象确立的根本。变通是去追求合适的时机。吉和凶,用来说明守正道才能取得胜利。天地之道要居正位才能得以观察。日月之道,只有按照正道运行才能焕发出光明。天下事物运动变化的规律最终是要正于一。

乾卦坚强刚健,但它却是以平易示人。坤卦柔顺,所以它以简约示人。爻就是仿效于此。象就是取法、模拟于此。爻和象变动于卦内,吉和凶就表现在卦外,事业的兴衰,表现在变动当中,圣人的思想就体现在卦爻辞当中。

天地最伟大的功德就是生。圣人最大的珍宝即是时位。怎样来守卫时位,这就叫做仁。如何能够汇聚人心,这就是财富。怎么管理财富,端正言辞,禁止百姓做坏事,这就叫做义。

【解读】

这一章概述了卦爻的变动和吉凶及其简易的道理,起到了承上启下的作用,尤其是这里面提出一个"贞"字,强调了"贞"的重要性。

八卦排成序列,万物的象征就在当中了。根据八个卦重成六十四卦,那么三百八十四爻也就在其中了。刚爻和柔爻的相互推移、变化的道理也就在其中了。在卦爻下面系上文辞来告知吉凶,那么占卜者该如何行动也就在其中了。

"吉"、"凶"、"悔"、"吝",产生于变动。"吉"、"凶"、"悔"、"吝"是《周易》的判断语,是完全根据六爻的刚柔变动来决定的。所以刚爻和柔爻也就是一阴一阳,是卦象确立的根本。变通是去追求合适的时机,追随时机的变化。一切变化都是根据当时的环境条件而变化的,这一点非常重要。《周易》重视空间但更重视时间,是时空合一,最终是按照这个"时"来决定吉凶悔吝的。下面接着就是讲四个"贞","贞"就是正,要居正位,走正道。吉和凶是用来说明守正道才能取得胜利。天地之道要居正位、守正道才能得以观察,才能被人们所崇敬所瞻仰。日月之道,只有按正道运行才能焕发出光明,也就是谁守持正道,谁就明亮就光明。天下事物的运动变化规律最终是要正于一,要守正位,要归于一。"一"很重要,在《周易》里就是太极,就是最本质的东西,这个东西一定要正。所以这四个贞最终贞于一,正于一。

下面就说乾坤和卦爻。乾卦是坚强刚健的,但是它却是以平易来告诉人的。"示人易"就是以平易来显示于人。坤卦是柔顺的,所以它是以简约来显示于人的。这两句就呼应着《系辞传上》的第一章"乾以易知,坤以简能。易则易知,简则易从"。乾为易,坤为简,总的来说乾坤是非常简易的。一个主刚健,一个主柔顺。而爻也分为刚爻和柔爻,就是仿效了乾坤的变动。这个象应该说是八卦之象,也是取法、模拟乾和坤的变动而产生的。"像"是个动词,即模拟、效

法的意思。所以爻和象变动于卦的里面,吉和凶就表现在卦的外面,事业的兴衰,表现在变动当中,圣人的思想就体现在卦爻辞当中。

"天地之大德曰生"是一个伟大的命题。天地最伟大的功德就是"生",生生不息,化生万物,这个"生"是《周易》的根本。圣人最大的珍宝是位置。这个"位"实际上是指时位,它既包括他所居的地位,即拥有的权位、权力,同时也包括了时机,是时空的合一,这是圣人最最重要的东西,所以叫珍宝。怎么样来守卫这样一个时位,这就叫做仁。这个"仁"和孔子《论语》所说的"仁"在内容上不完全一样,孔子说,"仁者爱人",仁主要是爱人。这里主要是偏向于怎样守住这个时位,守住了时位,符合了时位,实际上就是符合了天地的大德。当然时位里面也涉及人和人之间的关系,每一个人的时位都正了,就充分体现了一种仁爱。如何能够会聚人心,聚集人才,就叫做财富。《大学》里有一句名言:"仁者以财发身,不仁者以身发财。"就是说有仁德的人是用财富来充实自己的生命,而没有仁德的人却是用生命来聚敛财富。这里的"聚人"既包括别人又包括自己,也是强调财为人所用,财富不是目的而是手段。怎么管理、治理这个财富,端正这个言辞,或者说是颁布各项法令制度,禁止老百姓做坏事的就叫做义。义者,宜也,就是合适、正当、公平的意思。一个人对自己应当做和不应当做的事都清楚了,这就是义。这一章对于仁、义等儒家的重要概念进行了解释。这种解释跟《论语》的解释稍有不同,应该看成是对《论语》的一种发挥和补充,这也体现了先秦儒家的思想。

第二章

古者包牺氏之王天下也,仰则观象于天,俯则观法于地,观鸟兽之文与地之宜,近取诸身,远取诸物,于是始作八卦,以通神明之德,以类万物之情。作结绳而为网罟,以佃以渔,盖取诸离。

包牺氏没,神农氏作,斲木为耜,揉木为耒,耒耨之利以教天下,盖取诸益。

日中为市,致天下之民,聚天下之货,交易而退,各得其所,盖取诸噬嗑。

神农氏没,黄帝、尧、舜氏作,通其变,使民不倦,神而化之,使民宜之。《易》,穷则变,变则通,通则久,是以自天佑之,吉无不利。黄帝、尧、舜垂衣裳而天下治,盖取诸乾、坤。

刳木为舟，剡木为楫，舟楫之利以济不通，致远以利天下，盖取诸涣。

服牛乘马，引重至远以利天下，盖取诸随。

重门击柝以待暴客，盖取诸豫。

断木为杵，掘地为臼，臼杵之利，万民以济，盖取诸小过。

弦木为弧，剡木为矢，弧矢之利，以威天下，盖取诸睽。

上古穴居而野处，后世圣人易之以宫室，上栋下宇，以待风雨，盖取诸大壮。

古之葬者，厚衣之以薪，葬之中野，不封不树，丧期无数，后世圣人易之以棺椁，盖取诸大过。

上古结绳而治，后世圣人易之以书契，百官以治，万民以察，盖取诸夬。

伏羲像

【语译】

上古伏羲氏治理天下的时候，仰观天象，俯察地理，观察天文二十八宿的四象和大地如何一一相应，近的自我内观，远的取象于物，然后开始创作了八卦，用来通晓神明的德行，用来归类天下的万物。他还结绳为打渔的网，携着这个网打鱼，大概取自于离卦。

伏羲氏去世后，神农氏出现。神农氏削揉木头做成耒耜，教天下百姓用耒耜来耕田犁地，大概取自于益卦。

又规定中午为集市的时间，招徕天下的百姓，聚集天下的货物，让他们进行交易，交易成功后各自回家，各人都得到自己想要的东西，大概取自于噬嗑卦。

神农氏去世后，就是黄帝、尧、舜，他们改变了前代的器物，让人民不懈努力，在进取和实践中产生神奇的变化，从而适合百姓使用。易道发展到尽头了，必然要发生变化。有了变化就能够通达，通达就能够长久地发展下去。所以有老天保佑,大吉大利。黄帝、尧、舜他们制作衣服而垂示天下,使得天下大治,这大概取自于乾、坤两卦。

他们挖空树木成为船,削制木材做成船桨,船只和桨楫的好处,就是可以用来济渡难以通过的大江大河,能够直达远方而便利天下,这大概取自于涣卦。

他们架着牛,乘着马,拖着重物,直达远方而便利天下,这大概取自于随卦。

他们又设制了多重门户,半夜敲着更棒来防止暴徒和强盗,这大概取自于豫卦。

他们又砍断木头作成捣杵,挖掘地面做成捣臼,杵和臼的好处是能够使百姓舂米为食,生活便利。这大概取自于小过卦。

他们用弯曲的木条在两端系上这种弦绳,做成弓,然后又削尖树枝作为箭,弓和箭的好处是可以用来威慑天下。这大概取自于睽卦。

上古的人居住在洞穴里面,又散居于野外。后代的圣人就制造了房屋,上有栋梁,下有屋宇,用于防备风雨。这大概取自于大壮卦。

古人丧葬的办法是用厚厚的柴草裹着死者的尸体埋在荒野之间,不堆坟墓,也不种树,没有限定的丧葬时间。后代的圣人发明棺椁,这大概取自于大过卦。

上古的人通过结绳来记录事情。后代的圣人发明契刻文字,百官用它来治理政务,百姓用它来观察事物。这大概取自于夬卦。

【解读】

这一章非常有名,叫制器十三卦,就是说古代的帝王,古代的圣人按照十三个卦象来发明、创造各种器物。古代的帝王,这里列出了五位,就是伏羲氏、神农氏、黄帝、尧和舜。这就是古代所谓的三皇五帝,三皇就是伏羲氏、神农氏和黄帝,五帝就是在三皇的基础上,再加上尧和舜,这是《周易》关于三皇五帝的一种说法。与《史记》等有所不同。

这一章一开头讲伏羲氏是怎样创作八卦的。"包牺氏"就是伏羲氏,伏羲氏治理天下的时候是仰观天象,俯察地理,中通人事,会聚了天地人、万事万物的形状,然后才创作了八卦,用来贯通神奇光明的德性,用来归类天下万物的情态。传说上古之时,六千多年以前,伏羲氏因风而生,草生月、雨降日、河汛时,龙马负图,"伏羲氏坐于方坛之上,听八风之气,乃画八卦"。

"观象于天",古代"观象授时",就是观测天象以确定农时。上古观象,通常是"昏见",也就是在天刚昏黑时观天象。据传说,在颛顼时代,已设立专门的官员"火正","火正"的任务是对大火星(心宿二,天蝎座 α 星)进行观测,以黄

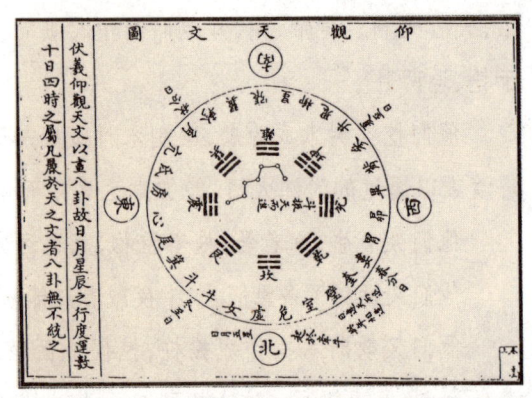

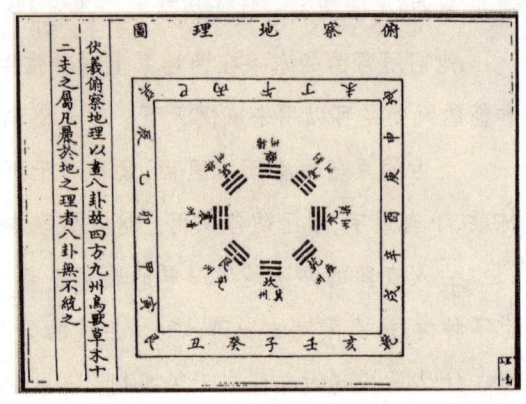

昏时分大火星正好从东方地平线上升起时，作为一年的开始，表明这一年的春天来临了。又据《尚书·尧典》记载，在尧帝时，命令羲和观测天象确定农时，观测的方法是，在黄昏时观察南中天出现星宿以此来判断什么时令。如果黄昏时南中天出现鸟星（星宿）便是春分，出现火星（心宿）便是夏至，出现虚星便是秋分，出现昴星便是冬至。

"观法于地"，"法"是古代的测量工具，《管子·七法》中说："尺寸也，绳墨也，规矩也，衡石也，斗斛也，角量也，谓之法。"古人用"法"来测量，比如用木杆来测量日影，以确定节气。一天中正午木杆影子最短时，说明白昼最长，其时为夏至；木杆影子最长时，说明白昼最短，其时为冬至。

"观鸟兽之文与地之宜"，"鸟兽之文"一说是天文二十八宿的四象——青龙、白虎、朱雀、玄武的经纬之象。这句话也可以理解为，观察天文二十八宿的四象和大地如何一一相应。

这一段我们一定要注意一个字，那就是"观"，"观"是古人认识事物的一种重要方法。八卦是"观"出来的。请问这是唯物还是唯心？其实既不是唯物，也不是唯心，而是物心合一的。这里指出"观"的对象只有三种，那就是天、地、人，天、地、人就是"三才"，所以说"易者非它也，三才之道也"。那么究竟怎么"观"？"观"的方法是什么？后人有很多说法，归纳起来无外乎两种，那就是有我的观和无我的观。有我的观就是"以目观物"、"以心观物"，带有个人的主观意识；无我的观就是"以物观物"，没有任何个人的主观意识，完全融入事物当中，"天地与我并生，万物与我为一"。

"观"这种方法，是古圣先贤所采用的重要方法。《老子》第一章就说："故常无欲以观其妙，常有欲以观其徼。"《论语》中孔子说："观过，斯知仁矣！""父在，观其志。父没,观其行。""今吾于人也,听其言而观其行。"再看佛经中,《心经》第一个字是"观":"观自在菩萨,行深般若波罗蜜多时,照见五蕴皆空,度一切苦厄。"《金刚经》最后一个偈子的最后一个字是"观":"一切有为法,如梦幻泡影,如露亦如电,应作如是观。"

伏羲氏不仅作八卦,他还"结绳而为网罟(gǔ)","网罟"就是打鱼的网,这是取自于八卦中的离卦"纲目相连而物能附丽的象征",他携着这个网打鱼。

接下来就是神农氏,神农氏削揉木头做成耒(lěi)耜(sì),教天下百姓用耒耜来耕田犁地,大概是受到益卦的启发。益卦的上卦为巽,巽为木;下卦为震,震为动,木体能入而下动。这是说神农氏发明了农业。

神农氏又规定中午为集市的时间,招来天下的百姓,聚集天下的货物,让他们进行交易,交易成功然后各自回家,各人都得到自己想要的东西,这大概是受到噬嗑卦的启发吧。噬嗑卦的上卦为离,离为光明,下卦为震,震为动,表示上下交往相合而各得其所。

神农氏之后,就是黄帝、尧、舜,他们改变了前代的器物,让人民不懈努力,不断进取,在进取和实践中产生神奇的变化,从而使老百姓适合使用。下面是一句名言:"穷则变,变则通,通则久。"这就是"穷则思变"成语的来源。"穷"不是贫穷,而是指走到头了,到极点了,必然要发生变化。有了变化就能够通达,通达了就能够长久,能够可持续发展了。因为穷而变,能够顺应天道,所以能够得到上天的福佑,也就吉祥而无所不利。黄帝、尧、舜他们制作衣服而垂示天下使得天下大治,这大概就是受到了乾、坤两卦卦象的启发。

"刳(kū)木"就是把树木的中间挖空。"剡(yǎn)木"就是把木头削尖。他们挖空树木成为船只,削尖木头做成船桨,能够直达远方而便利天下,这大概是受到了涣卦的启发。涣卦是上卦为巽,巽为风、为木,下卦为坎,坎为水,好比是木船在水上行走如风。

他们架着牛,乘着马,拖着重物,直达远方,而便利天下,这大概是受到了随卦的启发。随卦上卦为兑,兑为悦,下卦为震,震为动,表示下能运动而上者欣悦。

他们又设置了多重门户,半夜敲着更棒来防止暴徒和强盗,这大概是受到豫卦的启发。豫卦设双门敲小木而为豫备之意。

他们又砍断木头做成捣杵,挖掘地面做成捣臼,杵和臼的好处是能够使老百姓用来舂米为食,生活便利,这大概是受到小过卦"上动下止"的启发。小过卦

653

上卦为震，震为动；下卦为艮，艮为止。

他们用弯曲的木条在两端系上弦绳，做成弓。然后又削尖树枝作为箭，弓和箭的好处是可以用来威慑天下，使天下顺服。这大概是受到睽卦"事物乖睽而用威制服"的启发。

上古的人居住在洞穴里面，又散居在野外，后代的圣人就制造了房屋，这样就改变了过去的居住方式。上有栋梁，下有屋宇，用于防备风雨，这大概是受大壮卦的启发。中国古人最早是择穴而居，后来盖房子讲究选择环境、营造环境，这便有了风水。所以现在很多人认为，风水术就是取自《周易》的卦象。

古人丧葬的办法是用厚厚的柴草裹着死者的尸体埋在荒野之间，不堆坟墓，也不种树，没有限定的丧葬时间。后代的圣人发明了棺、椁两层，这样就改变了过去的丧葬习俗。这大概是受到了大过卦的启发。

上古的人是结绳而治，通过结绳来记录事情。后代的圣人发明了契刻文字，就改变了过去的结绳方式，百官就可以用它来治理政务，老百姓也可以用它来观察事物，这大概是受到夬卦的启发。

以上说明古圣先贤的发明创造多是借助了卦象。这些说法在今天看来觉得好像有一点牵强，好多人认为这是一种猜测。其实我们应该看出这是一种思维方法，一种取象思维，古人的发明创造是取象思维的结果，卦象实际上也是取象思维的结果。我们从卦象当中会受到启发，而不必要拘泥地一一去对应。卦象来源于万事万物，当然可以反推到万事万物，所以对人的发明创造会有启发作用。

第三章

是故《易》者，象也。象也者，像也。彖者，材也。爻也者，效天下之动者也。是故吉凶生而悔吝著也。

【语译】

《易》是讲象的，象就是推类取象。彖是才德。爻是效仿天下万物的运动变化。所以从卦和爻里面可以产生吉凶和悔吝。

【解读】

第三章可以说是对第二章的一个总结。

"易者,象也。象也者,像也。"前一个"象"是名词的象,后一个"像"是动词的象,就是取象。从这里我们可以看出《周易》就是讲象的,不是讲形的。中国人重象轻形,不管哪一家都讲象。比如道家,老子说他的道就是象,"大象无形"。"道"是象不是形。《庄子·齐物论》里有一句话"天地一指也,万物一马也",这里有一个"马"字。还有名家公孙龙的著名命题"白马非马"也是马,而在甲骨文、金文里,"象"字和"马"字的字形是很相近的,所以很可能"马"字就是"象"字。先秦哲学中,"马"往往可以理解为"象"。象与形是相对的,它有两个重要意思,一个是物象,一个是意象,当然《周易》里还有介于此两者之间的,就是卦象,这是就外延而论。从内涵而言,物象基本上是有形的,而意象基本上是无形的。中医、《周易》或者中国传统文化,更强调的是无形的意象,而不是看重有形的物象。物象,后来就用"形"来代替。人们也许会问:有形的是"象",无形的也是"象",那么什么不是"象"?当一个概念的外延无限大的时候,它的内涵就是无限小,等于没有了。有形的是象,这个没问题;而无形的是象,那就不一定,应该加一个限制,是"无形而可感"的,虽然没有形状但可以通过感官感知的就是"象"。这个无形就是超形态的,超形态的就是形而上,有形的就是形而下,"形而上者谓之道,形而下者谓之器",所以《周易》讲的是道,而不是器;讲的是象,而不是形。《周易》是象思维,不是形思维。而动词的"象"有两种方向,一种是从物象推出意象,另一种是从意象里面反推物象,最典型的代表就是八卦。八卦作为一种象,是从物象里提炼出来的,它当然可以反推到万事万物,这个来来回回的过程就是"取象"的过程。我在上世纪九十年代写了一本书叫《象数易学》,专门探讨了"象"的问题,那里面说得比较详细。《周易》这本书讲的就是象征,象征就是模拟外物。《周易》就是用卦象来模拟、类推万物。

"彖"是总说一卦的本质、才德的。"材",指才德。"爻"是效仿天下万物的运动变化。所以从卦和爻里面可以产生吉凶和悔吝,也就是说,人们通过占筮得到卦象,就可以认识事物的发展变化的结果,并且采取应对的行动。

第四章

阳卦多阴,阴卦多阳,其故何也?阳卦奇,阴卦偶。其德行何也?阳一君而二民,君子之道也。阴二君而一民,小人之道也。

【语译】

阳卦阴爻居多，阴卦阳爻居多，那是为什么呢？阳卦是奇数，阴卦是偶数。他们代表什么了品德？阳卦是一个君主两个百姓，符合君子之道。阴卦是两个君主一个百姓，符合小人之道。

【解读】

这一章告诉我们怎样区分阴卦和阳卦。"阳卦多阴，阴卦多阳"，在阳卦当中阴爻居多，阳爻居少；在阴卦当中阳爻居多，阴爻居少。阳卦是奇数，是一根阳爻；阴卦是偶数，是一根阴爻。阳爻是一根长线（奇数），阴爻是两根短线（偶数）。阳卦是一个君主两个百姓，符合君子之道。阴卦是两个君主一个百姓，符合小人之道。

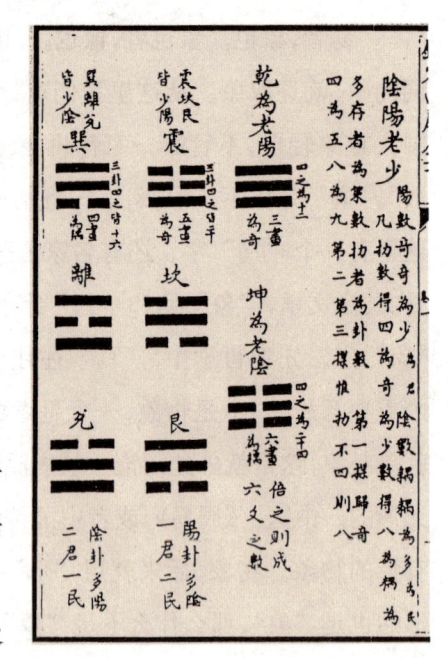

这一章是对八卦进行区分，哪四个是阳，哪四个是阴。八卦的特征是除了乾、坤两个卦是纯阴纯阳以外，其他六个卦都是有阴有阳，而且都是一比二。在区分的时候是少的重要，一个卦中就看一比二当中一是阳爻还是阴爻，如果是一根阳爻就是阳卦，如果是一根阴爻就是阴卦，越少越重要，物以稀为贵。阴卦是偶数，阳卦是奇数。后来就引申到一个国家，君少民多，这样君主就可以主事了。而反过来，阴卦代表两个君主一个百姓，这样国家就不稳定了。阳爻代表君主，阴爻代表百姓，这反映了一种治国君臣的布局之道。

第五章

《易》曰："憧憧往来，朋从尔思。"子曰："天下何思何虑？天下同归而殊途，一致而百虑。天下何思何虑？日往则月来，月往则日来，日月相推而明生焉。寒往则暑来，暑往则寒来，寒暑相推而岁成焉。往者屈也，来者信也。屈信相感而利生焉。尺蠖之屈，以求信也。龙蛇之蛰，以存身也。精义入神，以致用也。利用安身，以崇德也。过此以往，未之或知也。穷神知化，德之盛也。"

《易》曰："困于石，据于蒺藜，入于其宫，不见其妻，凶。"子曰："非所困而困焉，名必辱。非所据而据焉，身必危。既辱且危，死期将至，妻其可得见耶？"

《易》曰："公用射隼于高墉之上，获之，无不利。"子曰："隼者，禽也。弓矢者，器也。射之者，人也。君子藏器于身，待时而动，何不利之有？动而不括，是以出而有获，语成器而动者也。"

子曰："小人不耻不仁，不畏不义，不见利不劝，不威不惩，小惩而大诫。此小人之福也。《易》曰：'屦校灭趾，无咎。'此之谓也。"

"善不积不足以成名，恶不积不足以灭身。小人以小善为无益而弗为也，以小恶为无伤而弗去也。故恶积而不可掩，罪大而不可解。《易》曰：'何校灭耳，凶。'"

子曰："危者，安其位者也。亡者，保其存者也。乱者，有其治者也。是故君子安而不忘危，存而不忘亡，治而不忘乱，是以身安而国家可保也。《易》曰：'其亡其亡，系于苞桑。'"

子曰："德薄而位尊，知小而谋大，力小而任重，鲜不及矣。《易》曰：'鼎折足，覆公餗，其形渥，凶。'言不胜其任也。"

子曰："知几其神乎？君子上交不谄，下交不渎，其知几乎？几者，动之微，吉之先见者也。君子见几而作，不俟终日。《易》曰：'介于石，不终日，贞吉。'介如石焉，宁用终日，断可识矣。君子知微知彰，知柔知刚，万夫之望。"

子曰："颜氏之子，其殆庶几乎？有不善，未尝不知，知之，未尝复行也。《易》曰：'不远复，无祇悔，元吉。'"

"天地氤氲，万物化醇。男女构精，万物化生。《易》曰：'三人行则损一人，一人行则得其友。'言致一也。"

子曰："君子安其身而后动，易其心而后语，定其交而后求。君子修此三者，故全也。危以动，则民不与也。惧以语，则民不应也。无交而求，则民不与也。莫之与，则伤之者至矣。"《易》曰："莫益之，或击之，立心勿恒，凶。"

【语译】

《易》咸卦九四爻说："心意不定，频频往来，你的朋友终究会顺从你的思念，与你相感应。"孔子说:"天下之事何必要思念呢?天下万事万物,都是殊途同归的;天下的思虑有千万种,但有共同的目标。天下的事情何必去思念忧虑呢?太阳西往,月亮就会东来,月亮西往,太阳就会东来,日月交相推移,就产生光明。寒冷归去,暑热到来,暑热归去,寒冷到来,寒暑交相推移就形成年岁。往就是弯曲,来就是伸展。弯曲和伸展交相感应,就产生了利益。尺蠖弯曲身体,求得伸展。龙蛇蛰伏,为了保存自己。精研事物的义理,达到神妙的境地,是为了使用它。合理地利用它,是为了保全自己,以推崇德性。超过这些,再往更深的境地探寻,我还不知道它该怎么用。穷极事物神妙的道理,那就是才德最高的境界。"

《易》困卦六三爻说:"困穷于巨石之下,又躺在带刺的蒺藜之上,即使退入自家的居室,也见不到自己的妻子,这是很凶险的。"孔子说:"困穷在不妥当的地方,他的名声必然会受到侮辱,而居住在不适宜的地方,身体必会遭到危险。既受到侮辱又遭到危险,灭亡的日子也就要来临了,哪里还见得到自己的妻子呢?"

《易》解卦上六爻说:"王公射箭,射中了停留在高墙上的那只隼,射中了,无所不利。"孔子说:"隼是禽鸟,弓箭是武器,发箭射击的是人,所以君子身上要藏有武器,等待时机而行动,这样还有什么不利的呢?有所行动而不停顿,外出射击的时候一定会有收获,这就说明先要准备武器,然后才能行动。"

孔子说:"小人不知羞耻,不讲仁义,做了不义的事情也不觉得可怕,不见利益就不努力去做,不受到威胁就不能有所警戒。所以给小人以小小的惩罚,就会获得重大的告诫,这对小人来说是幸运的事情。《易》噬嗑卦初九爻的爻辞说:'脚上戴着刑具伤到了脚趾,但不至于有危害。'说的就是这个道理。"

"善行如果不积累的话,就不足以成就美名;恶行如果不积累的话,也不足以灭亡自己的身体。小人把小善看成无所获益的事情,不愿意去做,把小恶看成无伤大体的事情,而不愿意除掉,因此他的恶行就越积越多而无法掩盖,这样罪行发展极大,而难以解救。《易》噬嗑卦上九爻爻辞说:'肩扛着刑具,遭受耳朵受伤的惩罚,那就有凶险。'"

孔子说:"凡是危险都是因为安居其位;凡是灭亡都是自以为要保住自己的存在;凡是祸乱都是曾经自以为万事整治了。所以君子安居而不忘倾危,生存而不忘灭亡,太平时不忘祸乱,这样就可以身体平安,国家得以永保。《易》否卦九五爻爻辞说:'常要告诫自己将要灭亡了,将要灭亡了,这样反而就像系在牢固的桑树上一样安然无恙。'"

孔子说:"才德浅薄而地位尊贵,智慧低下但图谋宏大,力量微小但担负的责任很重,这样很少有不涉及灾祸的。《易》鼎卦九四爻爻辞说:'鼎器难以承受重负,而把脚给折断了,王公的美食倾覆了,说明不能胜任会遭遇灾难。'"

孔子说:"预知微妙的时机,那就达到了神妙的境界。君子与上交往而不要谄媚,与下交往也不亵渎,可以说知道微妙时机的道理吧?微妙的时机是事物变动微小的征兆,吉凶的变化也就在这里面隐约地显现出来。所以君子要见机而作,迅速地去行动,不要再等待一天。《易》豫卦六二爻爻辞说:'耿介得像石头一样,不要等待一天,要守持正道,一定会吉利。'既然有耿介得像石头那样的品德,还要等待一天吗?当时就能判断了。所以君子一见到微小的征兆就要知道显著的结果,知道柔就能够预测刚,这才是千千万万人所景仰的杰出人物。"

孔子说:"像颜渊这样的贤人,大概就是接近于见微知著的人,一有不善的苗头,他没有不自知的,一旦知道了,就没有再次发生的。《易》复卦初九爻爻辞说:'不要走得很远就复归,这就没有大悔过之事,就会得到大吉。'"

"天地二气缠绵沟通了,万事万物就化育成形了,而男人和女人阴阳交合了,万事万物也就化育生生不穷了。《易》损卦六三爻爻辞说:'三人同行,就会损失一人;一人行,就会得到朋友。'说明要专心致一。"

孔子说:"君子先要安定自己的身体,然后才去行动;要先平和自己的心态,然后才发表议论;要先确定自己的交往,然后才去求助于人。所以君子要修养这三种德性,这样就很完备了。如果危险就急于行动,百姓就不会赞同;如果内心尚疑惧,就发表言论,百姓就不会回应你;如果无所交往,你就想求助于人,老百姓也不会给予你想要的东西。没有人给你这个帮助,当然伤害你的人也跟着就来了。《易》益卦上九爻说:'没有人能够辅助他,有人还会攻击他,没有恒心,没有安心,那是凶险的。'"

【解读】

《周易》的最大作用是《易》理的生活化、世俗化。这里列举了《周易》的十一条爻辞,然后通过孔子的解释来说明《周易》怎么在日常生活当中的运用。第一条是《周易》咸卦的九四爻爻辞,爻辞的意思是说,心意不定,频频往来,你的朋友终究会顺从你的思念,终究会与你相感应。孔子解释说,天下之事何必要思虑呢?天下的万事万物,都是殊途同归的;天下的思虑千千万万种,但最终会有统一的目标,统一的理念。天下的事情何必去思念,何必去忧虑呢?太阳西往,月亮就会东来,月亮西往,太阳就会东来,太阳和月亮交相推移,就产生了光明。寒冷的季节过去了，就有暑热的季节来到，而暑热的季节过去了，寒冷的季节就会来到，寒暑交相推移就形成了年岁。"往"就是回缩、弯曲，"来"就是伸展，这里的"信"通"伸"。弯曲和伸展交相感应，就产生了利益。尺蠖这种虫，弯曲自己的身体，是为了求得伸展。巨蛇冬眠，是为了保存自己。因此，学习《周易》的人要精研事物的义理，达到神妙的境地，以便于在日常生活当中使用它，用它来处理事物就会是无所不利，用来修养自己就会使自己心安理得，也就能不断地提高自己的道德。超过了这些，再往更深更高的境地探寻，我还不知道它该怎么用，意思就是不要超过上面所说的屈伸往来进退的道理，掌握这些道理就足够了。穷尽事物神妙的道理，那你就知道什么叫变化了，那就是才德最高的境界。

　　第二条爻辞取自于《周易》困卦的六三爻，爻辞的意思是说，困穷于巨石之下，又躺在带刺的蒺藜之上，即使退入自家的居室，也只能独自一人，而见不到自己的配偶，这是很凶险的。孔子解释说，困穷在不妥当的地方，他的名声必然会受到侮辱，而居住在不适宜的地方，身体必然会遭到危险，既受到侮辱又遭到危险，灭亡的日子也就即将来临了，哪里还见得到自己的配偶呢？这是说要知道自己所处的位置。

　　第三条爻辞取自于《周易》解卦的上六爻，意思是说，王公射箭，射中了停留在高墙上的那只恶鹰，一箭把它射中了，这就无所不利。孔子解释说，恶鹰是一种禽鸟，弓箭是武器，发箭射击的是人，所以君子身上要藏有武器，等待时机而行动，这样还有什么不利的呢？有所行动而不停顿，又没有阻碍，外出射击的时候一定会有收获，这就说明先要准备着武器，然后才能有所行动。

　　孔子说，小人不知羞耻，小人行不仁义之事但却不以为羞耻，做了不义的事情也不觉得害怕，不见利益就不努力去做，不受到威胁就不能有所警戒。所以给这种小人以小小的惩罚，他就会获得重大的告诫，这对小人来说反而是幸运的事情。《周易》噬嗑卦初九爻的爻辞说，脚上戴着刑具伤到了脚趾，但不至于有危害，说的就是这个道理。这是引用爻辞来对小惩大戒进行说明。

　　孔子说，善行如果不积累的话，就不足以成就美名；恶行如果不积累的话，也不足以灭亡自己的身体。小人把小善看成无所获益的事情，不愿意去做，把小恶看成无伤大体的事情，而不愿除掉，所以他的恶行就越积越多而无法掩盖，这样罪行发展到极大，就难以解救。这跟刘备说的一句话非常相近，那就是"勿以善小而不为，勿以恶小而为之"。佛家说："众善奉行，诸恶莫作。"王阳明说："知善知恶是良知，为善去恶是格物。"庄子说："为善无近名，为恶无近刑。"儒释道三家都提倡止恶扬善的思想。《周易》噬嗑卦上九爻爻辞就说,肩扛着刑具,遭受耳朵受伤的惩罚,那就有凶险。

孔子说,凡是危险都是因为安逸、安居其位,凡是灭亡都是曾经自以为长保生存,都是自以为能保住自己的存在,凡是祸乱都是曾经自以为我都治理了,自以为天下太平、万事整治了。所以君子安居而不忘倾危,生存而不忘灭亡,太平时不忘祸乱,这样就可以身体平安,国家得以永保。《周易》否卦的九五爻爻辞说,心中常要告诫自己将要灭亡了,将要灭亡了,这样反而就像系在牢固的桑树上一样安然无恙。

孔子说,才德浅薄而地位尊贵,智能低下但图谋宏大,力量微小但担负的责任很重,这样很少有不遭遇灾祸的。《周易》鼎卦九四爻爻辞说,鼎器难以承受重负,而把脚给折断了,王公的美食也全部被倒出来了,这是说明不能胜任会遭遇灾难的道理。

孔子说,预知微妙的时机,那就达到了神妙的境界。君子与上交往而不献媚,与下交往而不轻慢、亵渎,否则就有凶险,正是说明君子要预知极微的事情,预知微妙的事理,能把握那些微妙的时机。微妙的时机是事物变动微小的征兆,吉凶的变化也就在这里面隐约地显现出来。所以君子要见机而作,迅速地去行动,不要等待一天,意思是不要等待到明天再去行动,一旦抓住时机要立即行动,时机往往是稍纵即逝的。《周易》豫卦六二爻爻辞说,耿介得像石头一样,不要等待一天,只要守持正道,一定会吉利。既然有耿介得像石头那样的品德,还要等待一天吗?还要等过了一天才知事理吗?当时就能判断了,就能明白了。所以君子一定要知晓这个微妙的变化,微小的征兆,一见到微小的征兆就要知道显著的结果,知道柔就能够预测刚,也就是说,知道了柔弱的作用,马上就能预知阳刚的作用,这样的人是千万人所景仰的杰出人物。

孔子说,像颜渊这位贤人,他大概就是接近于见微知著的人,一有不善的苗头,没有不自知的,一旦知道不善的苗头了就没有再次重发的。《周易》复卦初九爻爻辞说，不要走得很远就复归，这样就没有大悔过之事，就会得到大吉。

"天地氤氲，万物化醇。男女构精，万物化生"，这是非常有名的两句话，天地二气缠绵交合、沟通了，就使得万事万物化育成形了，而男人和女人阴阳交合了，万事万物也就化育生生不穷了。这是说阴阳相互感应、转化、交合、沟通才能产生万事万物，才能有一个大的变化，带来一种大的效果。《周易》损卦的六三爻爻辞说，三人同行，就会损失一人；一人行，就会得到朋友。这正是说明阴阳相求必须要专心致一，一人行的"一"，这里表示专一、守一，守一了就会得到朋友，当然也可以理解为，这个"一"就是指一阴或者一阳，一阴就会得到你的朋友一阳；如果是一阳，那就会得到你的朋友一阴，这样阴阳就会和合，合二为一。

孔子说，君子要先安定自己的身体，然后才去行动；要先平和自己的心态，然后才发表议论；要先确定自己的交往，然后才去求助于人。所以君子要修养这三种德性，即要安其身，要易其心，要定其交，这样就很完备了。如果自身有危险而急于行动，老百姓就不会赞同，不会帮助你；如果内心疑惧，就发表言论，老百姓就不去回应你；如果无所交往，你就想求助于人，老百姓也不会给予你想要的东西。没有人给你帮助，当然伤害你的人也就跟着来了。《周易》益卦上九爻爻辞说，没有人能够辅助他，有人还会攻击他，没有恒心，没有安心，那是凶险的。也就是上面所说的，危险的时候你就行动了，恐惧的时候你就说话了，没有交往你就有求于人了，这样当然就有凶险。

第六章

子曰："乾坤，其易之门邪？"乾，阳物也。坤，阴物也。阴阳合德而刚柔有体，以体天地之撰，以通神明之德。其称名也杂而不越，于稽其类，其衰世之意邪？夫《易》，彰往而察来，而微显阐幽，开而当名辨物，正言断辞，则备矣。其称名也小，其取类也大。其旨远，其辞文，其言曲而中，其事肆而隐。因贰以济民行，以明失得之报。

【语译】

孔子说，"乾坤是《易》的门户。"乾是阳性事物，坤是阴性事物，乾坤的德性相互配合，它的刚柔就成为形体了。用乾坤可以体现天地的运动变化，也可以去通晓神妙的变化规律。卦爻指称的名物虽然很繁杂,但是没有超越阴阳的道理,没有超越天地变化的规律。考察《易》当中的各类事物,可以看出处在衰世当中的思想。《易》可以彰知往事而察知未来,能够显现出细微之事,而阐发幽深的道理,《易》开列出六十四卦,使各卦各爻的名称和义理恰当,从而能辨别出它们代表和象征的事物。语言周正,措辞决断,无不具备。卦爻辞称述的物名很小,所比喻的事类却十分广大;旨意很深远,文辞很文雅;它的语言曲折但切中事理;典故宽泛,但哲理深刻。运用阴阳两方面的道理,可以指导百姓的行为能够在犹豫不决的时候给予指点。

【解读】

孔子说:"乾坤是《周易》的门户。"乾是阳性事物,坤是阴性事物,阴阳的德性相互配合,它的刚柔就成为形体了,也就是说,乾坤两个卦、刚柔两种爻画也就形成了。用乾坤可以体现天地的运动变化,也可以用它去通晓神妙的变化规律,所以六十四卦的三百八十四爻指称的名物虽然很繁杂,但是没有超越阴阳的道理,没有超越天地变化的规律。考察《周易》卦爻当中所说的各种事物、各种事例,可以看出这是作者处在危世当中、衰世当中流露出的思想。《周易》可以彰知往事而察知未来,能够显现出细微之事而阐发幽深的道理,所以《周易》开列出六十四卦,使各卦各爻的名称和义理恰当,从而能辨别出它们代表和象征的事物。语言周正,措辞决断,吉就是吉,凶就是凶,直言不讳,所以天下万事万物的道理无不具备。所以卦爻辞称述的物名虽然很小,但它所比喻的事类却十分的广大;它的旨意很深远,但它的文辞却很文雅,有文采;它的语言曲折,但是能切中事理;它所用的典故很宽泛,但蕴含的哲理却很深刻。所以运用《周易》阴阳两方面的道理,可以指导百姓的行为,可以让人们明确吉凶得失这样的应验。也就是说,它能够在老百姓犹豫不决的时候给以指导。"贰"可以指疑虑,也可以指阴阳两方面的道理。所以这一章重点在说卦爻的特点、意义和作用。

第七章

《易》之兴也，其于中古乎？作《易》者，其有忧患乎？是故履，德之基也。谦，德之柄也。复，德之本也。恒，德之固也。损，德之修也。益，德之裕也。困，德之辨也。井，德之地也。巽，德之制也。

履和而至，谦尊而光，复小而辨于物，恒杂而不厌，损先难而后易，益长裕而不设，困穷而通，井居其所而迁，巽称而隐。

履以和行，谦以制礼，复以自知，恒以一德，损以远害，益以兴利，困以寡怨，井以辨义，巽以行权。

【语译】

《周易》的兴起大概是在中古时期吧？作《易》的人大概心中有忧患吧？履卦是道德修养的基础。谦卦是道德的主干。复卦是道德的根本。恒卦是巩固道德的前提。损卦是修养道德的途径。益卦是使道德充满的方法。困卦是检验道德的标准。井卦是道德修养的处所。巽卦是展示道德的规范。

履卦教人和顺，这样就能达到最高的境界。谦卦教人尊敬，光大其德行。复卦是教人在微小的征兆时辨别万物。恒卦教人在繁杂的时候能守住品德不厌倦。损卦教人开始艰难后来容易的道理。益卦是教人使别人道德充裕，也是使自己道德充裕，既不夸张，也不造作。困卦教人在困穷的时候遵循正道，这样才能达到亨通。井卦教人安逸时，能迁养众人。巽卦教人不自我显露。

履卦按和顺的道理来小心地行走。谦卦用来节制自己符合礼节。复卦用来自知自觉。恒卦用来专心致志。损卦用来远离灾祸。益卦用来增加福利。困卦用来不怨天尤人。井卦用来辨别道义。巽卦用来行使权力。

【解读】

第七章列举了九个卦，分三次进行论述，这就是著名的三陈九卦，通过这九个卦论述了一种道德修养，处忧患之中而不失操守，防患于未然。《周易》兴起时，大概是在中古时期，中古指殷商的末年，也就是商周之际。据说《周易》是周文王作的，周文王就处于这个时候。作《易》的人大概就是心中有忧患吧？那么有

了忧患意识,应该怎样处忧患而不失操守呢？下面列举了九个卦,履卦是道德修养的基础,谦卦是道德的一个主干,复卦是道德的根本,恒卦是巩固道德的一个前提,损卦是修养道德的途径,益卦是使道德充满的方法,困卦是检验道德的标准,井卦是道德修养的处所,巽卦是展示道德的规范。这是第一遍说明这九个卦在伦理道德方面的意义。

下面是第二遍,进一步加以解释,履卦是教人和顺、和合、和而不争,这样就能达到最高的境界。谦卦是教人要谦虚,要有尊敬、恭敬之心,这样才能光大其德行。复卦是教人在微小的征兆时就能辨别善恶,辨别万物,及早回复正道。恒卦是教人在纷杂的时候,在浮躁、繁杂的时候能守住品德而不倦怠。损卦是教人开始艰难后来获益的道理。益卦是教人施益于人,使别人道德充裕,也是使自己道德充裕,而既不夸张,也不造作。困卦是教人在困穷的时候、走投无路的时候遵循正道而善于变通,这样才能达到亨通。井卦是教人处在安逸的时候,而能迁养众人,把自己的恩惠普施于别人。巽卦是教人衡量事物的轻重而不自我显露、自我夸耀。

第三遍又将这九个卦的功用论述一遍。履卦是按照和合、和顺的道理来小心行走。谦卦可以用来节制自己、控制自己符合礼节。复卦可以用来自我觉醒,自知自觉。恒卦可以用来始终不移,专心一致,保持长久。损卦是用来自损邪念、恶念、私欲,而远离灾祸。益卦可以用来增加自己的善念、善德,而增加福利。困卦可以用来处困守洁,不怨天尤人。井卦可以用来广育万物,而辨别道义。巽卦可以用来因势利导,行使权力。

第八章

《易》之为书也不可远,为道也屡迁。变动不居,周流六虚,上下无常,刚柔相易,不可为典要,唯变所适。其出入以度,外内使知惧。又明于忧患与故,无有师保,如临父母。初率其辞而揆其方,既有典常。苟非其人,道不虚行。

【语译】

《易》这本书,不可以将其看成与自己的生活远而认为其与己无关,它所体现的道理是不断地变迁的。这种运动变化是不停止的,是一种在各卦周期的运动变化,每个卦周期的上下往来也是没有定论的,阴阳刚柔都互相变化,不可以执着于典藏纲要,只有变化才是它所适用的方向。告诉了我们出入的行为要符合法度,无论是处内还是处外都要谨慎恐惧。又能明晓未来的忧患,明晓过去的缘故。虽然没有师长的监护教育,但也如同有父母在身旁一样,随时受到保护。处事之初遵守《周易》卦爻辞的意思来确定行动的方向,这样在无常的变化中把握恒常的规律和法则。所以说如果不是合适的人,那么易道就难以广泛地推行。

【解读】

《周易》作为一本书是不可以看成与自己的生活远而无关的,它所体现的道理是不断地变迁的。这种运动变化是不停止的,是一种在各卦六爻之间周期的运动变化,每个卦周期的上下往来也是没有定论的,阴阳刚柔都互相变化,不可以执着于典常纲要。只有变化才是它所适用的方向。《周易》的道理在于"出入",它告诉我们出入行为要符合法度,告诉我们无论是处内还是处外都要谨慎恐惧。"出"和"入"是有讲究的,每一个卦中从下往上叫做"出",反过来叫"入"。外卦指上卦,内卦指下卦。这里以一个卦上下二体六个爻位来表明为人处世,要掌握各种节度。又能明晓未来的忧患,明晓过去的缘故,这样就可以趋吉避凶。虽然没有师长的监护教育,但也如同有父母在身旁一样,随时受到保护。处世之初遵守《周易》卦爻辞的意思来确定行动的方向,就会在无常的变化中把握恒常的规律和法则。所以说如果没有贤人、圣人的研究和阐述,那么《周易》的道就难以广泛地推行。"虚行"的"虚"在这里可以理解为广泛普遍。

第九章

《易》之为书也，原始要终以为质也。六爻相杂，唯其时物也。其初难知，其上易知，本末也。初辞拟之，卒成之终。若夫杂物撰德，辩是与非，则非其中爻不备。噫！亦要存亡吉凶，则居可知矣。知者观其彖辞，则思过半矣。二与四，同功而异位，其善不同。二多誉，四多惧，近也。柔之为道，不利远者，其要无咎，其用柔中也。三与五，同功而异位。三多凶，五多功，贵贱之等也。其柔危，其刚胜邪。

【语译】

《易》这本书推演事物的初始，而探求事物的结果。一个卦是六个爻，相互错杂，那只是反映了特定的时宜物象。初爻的意义难以理解，上爻的意义容易理解，因为前者是本，是始，后者是末，是末尾。初爻的爻辞是比拟事物产生的开始、原因，到了最上爻，事物发展完结了，这样卦义就最终显现出来了。错综各种事物之象，判断阴阳的性质，辨别是非吉凶，如果撇开中间四根爻，也就不全面了。是啊！只要明白了中间四爻的意思，也就大体上把握存亡吉凶的规律了，那么坐在家里，也能知道事物的吉凶祸福。因此明智的人只要观察彖辞，就能把每一卦的卦义多半领悟了。第二爻和第四爻，它们功能相同，而具体的位置不同，第二爻，多获美誉，而第四爻多含恐惧，因为它接近了第五爻的君位。所以阴柔的道理不利于远大的作为。它的要旨在于慎求无咎，它的功用在于柔和守中。第三爻和第五爻，它们功能相同，但各自居位不同，第三爻多有凶险，第五爻多有功业，这是上下贵贱等级的差别。阴爻不居其位则危险，阳爻居于其位（三或五位）则吉利。

【解读】

《周易》这本书是推演事物的初始，而探求事物的结果，从而形成了卦的形体。一个卦是六个爻，相互错杂，那只是反映了特定的时宜、时机和阴阳的物象，初爻的意义是难以理解的，上爻的意义是容易理解，因为前者是本，是开始，后者是末，是末尾。初爻的爻辞是比拟事物产生的开始、原因，到了最上爻，事物发展完结了，这样卦义就最终显现出来了。错综各种事物之象，判断阴阳的性质，辨别是非吉凶，如果撇开中间四根爻，也就无法全面了解了。只要明白了中间四爻的意思，也就大体把握了存亡吉凶的规律了,那么你就是坐在家里,也能知道事物的吉凶祸福了。所以明智的人只要观察六十四卦的卦爻辞,就能把全卦的卦义多半领悟了。第二爻和第四爻都是阴柔之位,它们功能相同,但是具体的位置不同,一个在下卦,一个在上卦,所以这两根爻所象征的利害得失也不相同。第二爻,因为处在下面,但是居中,所以多获美誉,而第四爻处在上卦的最下位,所以多含有恐惧,因为它接近了第五爻的君位。所以阴柔的道理不利于远大的作为。它的要旨在于慎求无咎,它的功用在于柔和守中,也就是说二爻居中位,它刚好是处在柔和守中的位置,所以它大都有美誉。再看第三爻和第五爻,它们同为阳刚之位,所以功能也就相同,但各自居位不同,一个是在下卦,一个是在上卦,第三爻处在下卦的最尽头,所以多有凶险,第五爻处在上卦的中间,所以多有功勋,这是上下贵贱等级的差别。大略来说,如果阴爻处在三爻和五爻的阳位,那就有危险,如果刚爻处在三爻和五爻的阳位,那大多就能够胜任。

　　这一章重点是在讲六爻爻位的功能和意义。就是说,阳爻居阳位,阴爻居阴位,一般来说叫当位,往往是吉的,但是当位又比不过中位,如果是居在二爻和五爻那大多有美誉,有功勋。如果既当位又中位,那大多就更加吉利了,这给人们的启迪就是说,每一个人都要自知自己的性质,而且要居在符合自己的位置,这样就能趋吉避凶。

第十章

　　《易》之为书也,广大悉备,有天道焉,有人道焉,有地道焉,兼三才而两之,故六。六者非它也,三材之道也。道有变动,故曰爻。爻有等,故曰物。物相杂,故曰文。文不当,故吉凶生焉。

【语译】

《易》这部书,它的道理十分广大,无所不备,含有天的道理、人的道理、地的道理,兼和了天地人三才,并且是两卦相重,所以就出现了六画。六画没有别的意思,正是象征着天地人的道理。所以《易》的道理就在卦象的运动变化当中,也就是爻。爻有上下位次等级,也就是物象。而物象又是相互错杂,所以就叫做纹理。纹理有的适当,有的不适当,所以吉凶就产生了。

【解读】

《周易》这部书的道理十分广大,无所不备,含有天的道理、地的道理、人的道理,兼和了天地人三才,并且是两卦相重,所以就出现了六画,正是象征着天地人的道理。在六十四卦六个爻中上面两根代表天,中间两根代表人,下面两根代表地。所以《周易》的道理就在卦象的运动变化当中,而仿效模拟这种变化运动就形成了爻。这六根爻各有上下位次等级,所以就叫做物象。而物象又是相互错杂的,所以就叫做纹理。这种纹理是由六根爻阴阳交错形成的,纹理有的适当,有的不适当,所以吉凶就产生了。一般情况下,阳爻居阳位、阴爻居阴位叫做得当,反之就是不当。当位是吉,不当位是凶,这是爻位一般的通则。

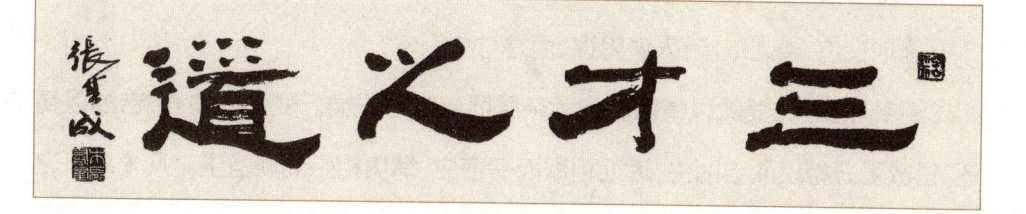

第十一章

《易》之兴也,其当殷之末世、周之盛德邪?当文王与纣之事邪?是故其辞危,危者使平,易者使倾。其道甚大,百物不废,惧以终始,其要无咎,此之谓《易》之道也。

【语译】

《易》的兴起大概是在商朝末年,周文王德业正隆盛的时候,大概说的就是周文王与商纣王之间的事情吧?所以卦爻辞包含着警戒的意思,警戒使天下平安,而常怀享受安乐之心,那必将导致国家的倾覆灭亡。这样的道理是至为广大的,因此各种事物就会昌盛不废。只有自始至终都保持着警戒之心、忧患意识,才会没有灾祸,这就是《易》的道理。

【解读】

《周易》的兴起大概是在商朝末年,周文王德业正隆盛的时候吧?大概说的就是周文王与商纣王之间的事情吧?所以卦爻辞包含着警戒的意思,只有知道了这种警戒才可以获得平安,而如果掉以轻心、常怀享受安乐之心,那必将导致国家的倾覆灭亡。所以这样的道理是至为广大的,按照这种道理来做,各种事物就会昌盛不衰。只要自始至终都保持着这种警惧之心、忧患意识,最终将是没有灾祸的,这就是《周易》的道理。

第十二章

夫乾,天下之至健也,德行恒易以知险;夫坤,天下之至顺也,德行恒简以知阻。

能说诸心,能研诸侯之虑,定天下之吉凶,成天下之亹亹者。是故变化云为,吉事有祥,象事知器,占事知来。

天地设位,圣人成能;人谋鬼谋,百姓与能。

八卦以象告,爻彖以情言。刚柔杂居而吉凶可见矣。变动以利言,吉凶以情迁,是故爱恶相攻而吉凶生,远近相取而悔吝生,情伪相感而利害生。凡《易》之情,近而不相得则凶,或害之,悔且吝。

将叛者其辞惭,中心疑者其辞枝。吉人之辞寡,躁人之辞多,诬善之人其辞游,失其守者其辞屈。

【语译】

乾卦是天下最为刚健的东西的象征,所以它的性质和行动是恒长平易的,而且能够知晓艰险;坤卦是天下最为柔顺的东西的象征,所以它的本性和行为是恒久简约的,而且能知晓阻碍。

乾、坤二卦的道理能够使人心情愉悦,能够使人揣摩思虑,能够判定天下万物的吉凶,能促成天下万物勤勉奋发。所以遵循《易》的变化规律而有所作为,那么吉祥的事情也就能呈现出来了。《易》是观察所比拟的物象,而明白器具的形成,观了象可以制定器具,占问眼前的事理就可推知未来的结果。

天地设下了刚柔尊卑的位置,圣人依照这个位置,也就创立了《易》的六爻,成就了天地。人的谋虑可以沟通鬼神的谋虑,就连同普通百姓也能掌握《易》的功用。

八卦是用卦象告诉人们易道,而爻辞、象辞通过事物的情状和实质来叙述易道。刚爻和柔爻交错排列在一起,吉凶的道理就可以显现出来了。各爻的变化运动实际上是告诉人们是利还是不利,而结局的吉凶也是依据事物的情状和实质决定的,也是随着比拟事物的情态来变化的,所以事物的相爱和相恶、喜爱和讨厌是互相推摩的,而从推摩当中就产生了吉和凶;远和近也是互为比应的,从比应的关系中产生悔和吝;而万事万物的真情和虚伪、虚和实,也是相互感应的,在感应当中产生了利和害。凡是《易》所比喻、象征事物的情状,如果该应的时候不应,该比的时候不比,就产生凶险或遭受伤害,也就难免有悔恨或遗憾了。

将要叛逆的人,他的言辞必然惭愧不安;内心疑惑的人,他的言辞必然模棱两可;具有贤美德性的人,他的言辞必然是少而精辟;浮躁的人,他的言辞必然很多;诬陷善良的人,他的言辞必然犹豫不定;失其操守的人,他的言辞必然没有主见。

【解读】

这是《系辞传》的最后一章,这一章与第一章遥遥相对,第一章一开始就讲到乾坤,这一章一开始也是讲乾坤,讲到乾坤的易简之谜,并且进一步说明卦位与爻位的关系,以及吉凶悔吝这些判断语所确定的依据,这样最后一章与第一章前后照应,一脉相承。

我们先来看开头是怎么讲乾坤的,乾是天下最为刚健的东西的象征,它的性质和行动是恒长平易的,而且能够知晓艰险;坤卦是天下最为柔顺的东西的象征,所以它的本性和行为是恒久简约的,而且能够知晓阻碍。实际上是说乾卦和坤卦之德是至简至易的,乾阳刚健、平易,但知道前进途中的艰险,不致妄为;坤阴柔顺、简约,但知道发展过程的阻碍,不致放逸。

掌握了乾、坤二卦的道理,就能够使人心情愉悦,能够使人揣摩思虑,能够判定天下万物的吉凶,能促成天下万物勤勉奋发。"说诸心"的"说"就是喜悦的"悦","诸"就是"之于"的连读。"研诸侯之虑"当是"研诸虑","侯"和"之"两个字是衍文。悦之于心,研之于虑,这是以乾、坤二卦为代表的《周易》六十四卦的一个重大作用,也就是能够开启人的智慧,所以遵循《周易》的变化规律而有所作为，那么吉祥的事情也就能呈现出来了。《周易》是观察所比拟的物象，而明白器具的形成，观了象就可以制定器具，占问眼前的事情就可以推知未来的结果。

　　天地设下了刚柔尊卑的位置，圣人依照这个位置，创立了《周易》的六爻，也就成就了天地，成就了《周易》的伟大的功用。按照卦爻，人谋可以通鬼谋，人的谋虑可以沟通鬼神的谋虑，就连同普通百姓也能掌握《周易》的功用。

　　八卦是通过卦象、卦的形体来告诉人们《易》道，而卦辞、爻辞是通过事物的情状和实质来叙述《易》道。爻指爻辞，象指象辞。六根爻中刚爻和柔爻交错排列在一起，吉凶的道理就可以显现出来了。各爻的变化运动实际上是告诉人们是"利"还是"不利"，而结局的吉凶也是依据事物的情状和实质来决定的，也是随着比拟事物的情态来变化的，所以事物的相爱和相恶、喜爱和讨厌是互相推摩的，而从推摩当中就产生了吉和凶；远和近也是互相相应、互为比应的，从比应的关系中产生了悔和吝；万事万物的真情和虚伪，或虚或实也是相互感应的，在感应当中产生了利和害。这是三种卦爻辞的判断语，也就是吉凶、悔吝和利害产生的原因。总而言之，凡是《周易》所比喻、象征事物的情状，如果两两相应相比，但是互不相得，也就是该应的时候不应，该比的时候不比，就产生凶险或遭受伤害，也就难免悔恨、遗憾了。

　　《周易》所比喻的事物的情态，有以下几种，比如说，将要叛逆的人，他的言辞必然是惭愧不安的；内心疑惑的人，他的言辞必然是模棱两可、支支吾吾的；具有善德的人，有贤美德性的人，他的言辞必然是少而精辟的；浮躁的人，他的言辞必然是很多的；诬陷善良的人，他的言辞必然是犹豫不定的；丧失职守或者失去操守的人，他的言辞必然是没有主见、随声附和别人的。这六种人，可以从他们言辞的不同特征上判断出他们的心理状态，这就是有诸内必行诸外，所以有了《周易》这本书我们就可以通过表象观察、推测实质。

说卦传

《说卦传》可以分作两部分，第一章、第二章是前一部分，主要讲的是通论，和《系辞传》差不多；第三章到第十一章是后一部分，讲八卦的取象，先是分门别类地讲八卦的象征意义，最后是综合地讲八卦的象征意义。

第一章

昔者圣人之作《易》也，幽赞于神明而生蓍，参天两地而倚数，观变于阴阳而立卦，发挥于刚柔而生爻，和顺于道德而理于义，穷理尽性以至于命。

【语译】

从前圣人创作《周易》，暗中受到神明的帮助，所以生出蓍草（以为占筮之用），将天奇地偶相互交错的道理借助数理展现，观察天地阴阳变化的规律而设立卦象，推荡刚柔交互而产生卦爻，（处事）和谐顺成天地的道德并应变合宜，穷究万事万物的道理与本性以通晓命运。

【解读】

第一章告诉我们这样一些概念：性命、道德、义理，这几个词对后世的影响是非常巨大的。

"圣人"指伏羲和周文王。"幽赞于神明而生蓍"是指圣人被神明暗地里帮助，然后排演蓍草产生卦爻。"参天两地而倚数，观变于阴阳而立卦，发挥于刚柔而生爻"，是讲圣人怎样作卦和爻。从这里，后代讲易学就分出两派，一派是义理派，一派是象数派。义理派认为《周易》是讲一个道理，讲道德、哲理，这主要是儒家，孔子说："不占而已矣。"荀子说："善为易者不占。"然后按照这个道理建立一个哲学体系，比如说宋代程颐就按易学建立了宋明理学，认为《周易》就是讲天理。

我以为这种义理和象数的对立是没有道理的，所以我主张把两者融合起来。象数和义理的关系，就是体和用的关系，象数是体，义理是用。易学如果离开了这些卦象和数，就不是什么易学了，你空谈道理就够了。象数里面就体现了"易"。"参天两地而倚数"，这里面又分出了象学和数学两派，象学派主张先有象后有数，即先有卦象，后有数。北宋时期周敦颐是象学派的代表。另一派重视"数"，主张先有数后有象，认为"参"就是"三"，"三天两地而倚数"，天圆，圆周率等于3.14，取约数就是三；地方，数就是二。"三天两地"就是"数"，然后就"倚"出其他的数，从这个数里面"观变于阴阳而立卦"，数学派的代表人物就是邵雍（邵康节）。我认为中国有一个数学派，而这个数学派跟古希腊的毕达哥拉斯学派有相似之处。从这个数创造一个卦，然后从这个卦去看事情的发展。

这一章的意思是说，从前伏羲、文王等圣人创作了《周易》，暗中受到神明的赞助，所以生出蓍草，以为占筮之用，把天奇地偶相互交错的道理揣摩出来确立《周易》的数理，观察天地阴阳变化的规律而设立卦形，立卦后又推荡其刚柔两画而产生变动的爻，把《易》理和人的道德和顺协调起来而运用合宜的方法治理天下，穷究万事万物的至理和本性，以至于通晓人与万物的先天禀赋及其命运。

第二章

昔者圣人之作《易》也，将以顺性命之理。是以立天之道，曰阴与阳；立地之道，曰柔与刚；立人之道，曰仁与义。兼三才而两之，故《易》六画而成卦。分阴分阳，迭用柔刚，故《易》六位而成章。

【语译】

从前圣人创作《周易》，是用它来显现万物天性和命运的变化规律的。因此将天的规律称作"阴"和"阳"，将地的规律称作"柔"和"刚"，将人的规律称作"仁"和"义"。圣人统合天、地、人三才，并将每两个卦相重，所以《周易》画六爻才成为一个卦。六爻分阴位阳位，交错重叠运用柔爻和刚爻，所以《周易》的卦体具备六位才蔚然成章。

【解读】

　　从前圣人创作《周易》的时候,是用它来顺应万物性质和自然命运的变化规律。这里讲的圣人,按古代的说法是指三个圣人,伏羲氏、周文王和孔夫子。所以他们确立天的道理是"阴"和"阳",确立地的道理是"柔"和"刚",确立人的道理是"仁"与"义"。作《周易》的人统合了天、地、人三才,并且每两个卦相重,二三得六,这样《周易》的卦体就必须是六画,才成为一个卦。卦中六画分阴位阳位,运用交错重叠的柔爻与刚爻来布居,所以《周易》的卦体必须具备六位才蔚然成章。

　　这一章里提出了三立,立天之道、立地之道、立人之道。儒家有非常有名的"三立三不朽"的说法,是《左传》上记载的,君子有三立:立德、立功、立言,这三立又叫做三不朽。而这里说的三个立,同样能构成三不朽,但气派更大,这是古代圣人写下的《周易》,给我们立下了天之道、地之道和人之道。如果从一个八卦来说,八卦是三根爻,最上一根爻就是天之道,最下一根爻就是地之道,中间一根爻就是人之道。如果就一个六爻卦来说,上面二根爻就是天之道,下面二根爻是地之道,中间二根爻是人之道。

第三章

天地定位,山泽通气,雷风相薄,水火不相射,八卦相错。数往者顺,知来者逆,是故《易》逆数也。

【语译】

　　乾坤依高低定位,山泽互通气息,雷风相互迫近,水火不相射害,八卦两两交错。度量过往的事物顺行,欲知未来的事物逆行,因此《周易》是逆数而行以推测未来的。

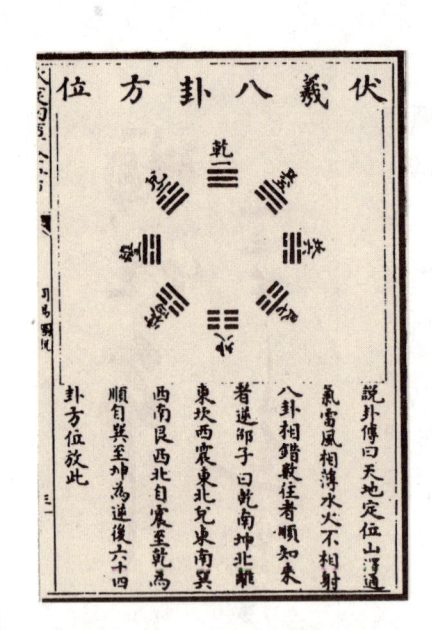

【解读】

第三章讲八卦取象，指出了八卦所取的大象，即根本之象，偏重于物象，而第四章就偏重于意象。

"天地定位，山泽通气，雷风相薄，水火不相射"，从文字上看，只是阐述了八卦的对立性，并没有言明八卦的方位。北宋的邵雍将它引申为先天八卦方位，认为"天地定位"就是乾坤依高低定位，天为乾，在上，在南方；地为坤，在下，在北方。"山泽通气"就是艮、兑相对，艮在西北，兑在西南。"雷风相薄"就是震和巽相对，震在东北，巽在西南。"水火不相射"这句有衍文，帛书本作"水火相射"，是说坎、离相对，离在东，坎在西。"八卦相错"就是指前面四组卦两两相对，相对不是相反，它是相冲中有相通。这样就构成了先天八卦方位图。

"数往者顺，知来者逆，是故《易》逆数也。"这里"逆数"有两种意思，一是作动词，一是作名词。邵雍《观物外篇》认为："数往者顺，若顺天而行，是左旋也，皆已生之卦也，故云数往也。知来者逆，若逆天而行，是右行也，皆未生之卦也，故曰知来也。夫易之数，由逆而成矣。此一节直解图意，若逆知四时之谓也。"朱熹解释："从震至乾为顺，从巽至坤为逆。"从震四至乾一为顺，表阳气上升过程，仿天道左行，故为顺行，犹从今日追数往日，为已生之卦；从巽五至坤八为逆，表阴气渐长过程，仿地道右行，即逆天而行，犹从今日逆计来日，为未生之卦。清何梦瑶《皇极经世易知》认为自乾一至震四为顺，不应倒数。邵雍以左行为顺，右行为逆，说明一年四季的变化为阴阳消长的过程。从一到四是"顺"，代表的是从过去到

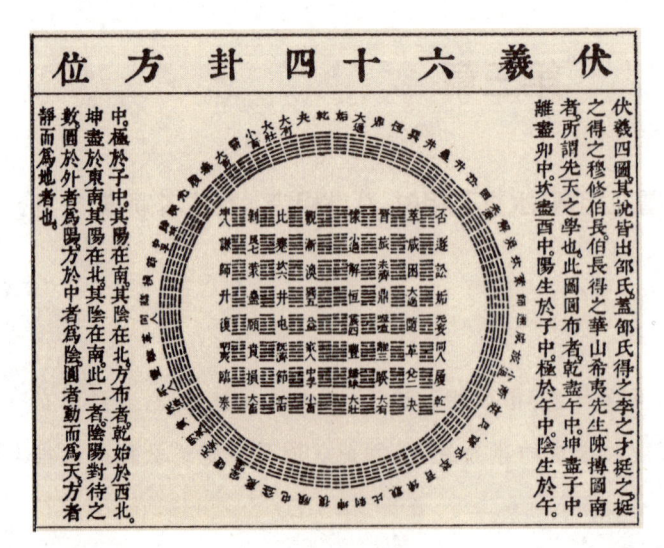

现在,是已经发生的;从五到八是"逆",代表的是从现在到未来,尚未发生,就是预测了。在方位图上沿从一到八卦序数的次第,画一条线,就可以看出这条线是"S"型的曲线,反映的是事物发展的螺旋式周期。这种伏羲先天八卦的排列方位是北宋才有的,总体上看它讲的是阴阳变化的规律,讲的是天道规律。在这一章中,其实并没有说八卦各自的具体方位,除了"天地定位"似乎可以看成是乾在南,坤在北,其余的"山泽通气,雷风相薄,水火不相射"都只是说了两个卦相对,没有说具体方位。先天八卦方位是邵雍的发明。

第四章

雷以动之,风以散之,雨以润之,日以煊之,艮以止之,兑以说之,乾以君之,坤以藏之。

【语译】

震雷用来鼓动万物;巽风用来发散万物;坎为雨水,用来滋润万物;离为太阳,用来干燥万物;艮山用来留止万物;兑泽用来欣悦万物;乾天用来统领万物;坤地用来藏养万物。

【解读】

正因为要立三才之道,而每一才又要一分为二,所以就用六根爻表示一个卦,这样才合情合理。《说卦传》第四章讲的是这八个卦的功能。震雷是用来振奋、鼓动万物的;巽风是用来散布、发散、流通万物的;坎为雨水,是用来滋润万物的;离为太阳,是用来干燥万物的;艮为山,是用来抑止万物的;兑为泽,是用来欣悦万物的;乾为天,是用来君临万物,统领、主宰万物的;坤为地,是用来储藏万物的。这里将八卦分成四对,用对举的方式来解释他们各自不同的功用。

第五章

帝出乎震,齐乎巽,相见乎离,致役乎坤,说言乎兑,战乎乾,劳乎坎,成言乎艮。万物出乎震,震,东方也。齐乎巽,巽,东南也,齐也者,言万物之絜齐也。离也者，明也，万物皆相见，南方之卦也。圣人南面而听天下，向明而治，盖取诸此也。坤也者，地也，万物皆致养焉，故曰致役乎坤。兑，正秋也，万物之所说也，故曰说言乎兑。战乎乾，乾，西北之卦也，言阴阳相薄也。坎者，水也，正北方之卦也，劳卦也，万物之所归也，故曰劳乎坎。艮，东北之卦也，万物之所成终而所成始也，故曰成言乎艮。

【语译】

元气自震位始出，在巽位整齐，在离位互相接触，在坤位劳作、长养，在兑位喜悦，至乾位逼近、融合，在坎位衰竭，在艮位完成。万物生成从震位开始，震指东方。在巽位时，万物长而齐，巽指东南，齐指万物整齐的样子。离是明亮的样子，万物茂盛得以全显，离是南方之卦。圣人坐南向北听闻天下政务，向着光明来治理天下，就是取离卦的光明之意。坤卦象大地，万物都会得到滋养，所以说在坤位时需要劳作来长养万物。兑象正秋时节，是万物成熟丰收的季节，所以说在兑位喜悦。在乾位逼近、融合，乾是西北之卦，战指阴阳相互迫近、融合。坎卦象水，是正北方之卦，是象征疲劳的卦，是万物衰竭归藏的时位，所以说在坎位衰竭。艮是东北方之卦，是象征万物发展的一个周期的完结与下一个周期的开始，所以说在艮位完成。

【解读】

这一章所说的八卦模型是中国传统思维方式的模型，对后世的影响巨大。这个模型就是被后人称为后天八卦的八卦模型。这个模型虽然在《说卦传》就已经排定了，但在当时并没有被称为"后天八卦"或"文王八卦"，直到邵雍在《观物外篇》中说"起震终艮一节，明文王八卦也"，认为这是文王八卦，是地道，是从伏羲八卦天道发展而来的，它才被命名为"后天八卦"或"文王八卦"。

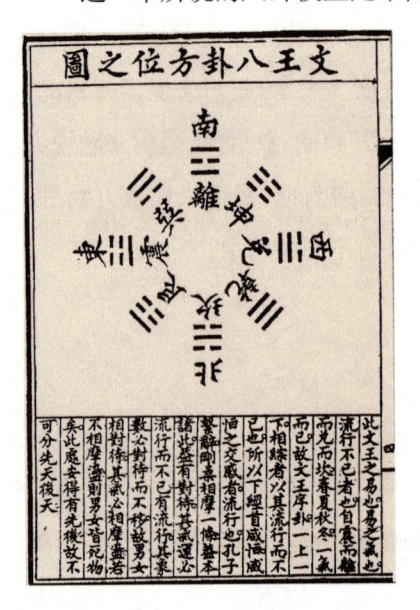

《说卦传》第五章，有六卦直接给定了方位，余下的坤、兑两卦，照顺序排也可以排定。这六卦是"震，东方也"，"巽，东南也"，"离也者……南方之卦也"，"乾，西北之卦也"，

"坎者，水也，正北方之卦也"，"艮，东北之卦也"。这六卦位置确定之后，坤在离卦后面，坤就应该在西南，坤之后是兑，兑就在正西方。这样就得出了后天八卦的方位排列，这就是一个思维模型，一个思维平台，中国人用的就是这个思维平台。

这种方位应该说是《易传》的代表性方位，这种方位与时序相配，用来说明万物产生和发展的时空合一的规律。以四正卦配上四时，四正卦是正东方震卦、正南方离卦、正西方兑卦、正北方坎卦，四时就是春、夏、秋、冬。所以东方震就代表春分，离卦就代表夏至，兑卦就代表秋分，坎卦就代表冬至。再以"四隅卦"分别配以"四立"，就是艮为立春，巽为立夏，坤为立秋，乾为立冬。这就是宇宙模型，宇宙就是时空，"上下四方曰宇，往古来今曰宙"。再配以五行，因为从文献考察来看，"五方"观念是"五行"的源头之一，五方早期就有了五行的规定性，所以依据八卦的方位是可以配以五行的。而且《说卦传》在阐述八卦的取象时，已经说了"乾为金"、"巽为木"、"坎为水"、"离为火"，而其他四卦也隐含了五行属性，如"坤为地"、"艮为山"，地和山都属土，"兑为毁折，为刚卤"，隐含具有金的属性，"震为决躁，为蕃鲜"，隐含具有木的属性。乾兑为金，坤艮为土，震巽为木，坎为水，离为火。还可以配上数字，这些数字依据洛书数的安排，就是乾六、坤二、震三、巽四、坎一、离九、艮八、兑七。

这也可以看成是二体三用模型，二体是阴阳，三用就是五行。阴阳和五行，应该说是起源于一个系统，五行来源于符号，阴阳来源于卦爻。阴阳五行是一个系统，水火是一对阴阳，金木是一对阴阳，加上中间的土，就是三，所以中间这个土很重要，它不占四时而统领四时，不占四方而统领四方。

回头来看，"帝出乎震"，"帝"可以指天帝、上帝，可以指北极星、北斗星，可以代表元气，代表创生力。"万物出乎震，震，东方也"，是说万物生成从东方开始，从木开始。这是有一定根据的，有人认为，中国人的文化始祖是伏羲，我们中国人都是伏羲和女娲交合生出的，而伏羲生于甘肃天水卦台山，他是属木的，所以从木开始。而女娲，有人考证，她就是西王

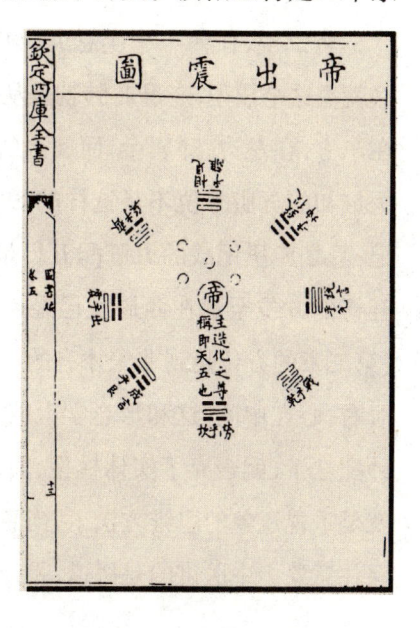

母,西王母的瑶池就在敦煌月牙泉。就方位而言,敦煌在西,天水在东,伏羲属木居东方,所以从木、从东方开始。

"齐乎巽","齐也者,言万物之絜齐也","齐"在象形字里,就是表示麦穗整齐的样子,所以到巽的时候(春末夏初),万物长而齐。

"相见乎离","离也者,明也,万物皆相见",离卦就表示万物相互见面,相互接触,万物长到最高、最盛处,再往下就下降了。圣人坐北向南而听理天下的政务,向着光明而治理天下,就是取离的光明。

"致役乎坤","万物皆致养焉,故曰致役乎坤","役"就是劳作,表示万物要茁壮成长,就要养,就要劳作。

"说言乎兑","兑,正秋也,万物之所说也,故曰说言乎兑",兑是正秋,到这时,万物都成熟而丰收了,所以喜悦。

"战乎乾","乾,西北之卦也,言阴阳相薄也","战"有两层意思,一是战斗,一是采战,这里阴阳相薄,应该是指采战,指阴阳相互逼近、融合,偏于指柔和的采战,而不是指你死我活的战争、战斗。

"劳乎坎","劳卦也,万物之所归也,故曰劳乎坎",表示万物极度的疲劳衰竭,进入冬藏阶段。

"成言乎艮","艮,东北之卦也,万物之所成终而所成始也,故曰成言乎艮",表示到了艮卦,万物发展的一个周期完结了,下一个周期开始了,艮既表示旧的终结,也表示新的开始。

可以说,任何一个全息元,只要它是二维的,都可以用这个模型来说明。中医就是这个模型,左肝右肺就是从这里来的,肝属木,在这个模型中,属木的震、巽在东方,在左边,肺属金,而属金的乾、兑在西方,在右边,所以是左肝右肺。而中医最初的五脏方位不是这样的,开始时的方位和形态学上的方位是一致的。《礼记·月令》里记载的五脏配五行是脾配木、肺配火、心配土、肝配金、肾配水,因为五行的方位至迟在西周就已经确立了,这个方位就是《说卦传》第五章的方位(第二章的方位是到北宋才有的),所以木在左边,脾就在左边,肺在上,肾在下,肝居右,心在中间,这和形态学上的方位是完全吻合的。到《黄帝内经》就不用这种配法了,就舍弃了实体模型,而采用思维模型,这在思维上是一个巨大的突破,就是重视意象的思维方法了,当意象与实体发生冲突的时候,宁可舍弃实体,也要保住意象。中医讲的是医道,是形而上,用的是意象。所以用左肝右肺,心居上为火,肾在下为水,中央是脾土,这里的五脏都是意象的五脏,而不是实体的五脏,左右上下也是模型的方位,而不是形态上的方位。

第六章

神也者,妙万物而为言者也。动万物者莫疾乎雷,挠万物者莫疾乎风,燥万物者莫熯乎火,说万物者莫说乎泽,润万物者莫润乎水,终万物始万物者莫盛乎艮。故水火相逮,雷风不相悖,山泽通气,然后能变化,既成万物也。

【语译】

神是使万物神妙的一种功能。没有比雷能更快地鼓动万物的了,没有比风能更快地挠乱万物的了,没有比火更能干燥万物的了,没有比沼泽更能使万物欣悦的了,没有比水更能滋润万物的了,没有比山更能承载万物之终始的了。所以水火相互济及,雷风不相违逆,山泽流通气息,然后自然才能变动运化,既而形成万物。

【解读】

第六章主要也讲了八卦的取象,因为它讲了"水火相逮,雷风不相悖,山泽通气"。首先,它讲到了神,告诉我们《易》就是神,这个命题非常重要。在《系辞传》里讲了"《易》,无思也,无为也。寂然不动,感而遂通天下之故,非天下之至神,其孰能与于此",《易》就是神。《黄帝内经》通篇讲的就是神,是神的学说,是在神的最高主持下产生的一些学问,而西方是在形的主宰下产生的学说。

那神是什么呢?神就是"妙万物而为言者也",这个"妙"字实际上是一个使动词,就是"使万物神妙",使万物产生"妙"的功能。从这里可以看出"神"不是一种物质,而是一种功能,是"妙万物"的功能,"而为言者也"是对"妙万物"这种功能的一个指称。中医讲的"神",应该说有几层意思,"心主神明"的"神",指的是意识、思维等一些心神活动,还有其他的一些意思,如指生命活动的表现等。实际上中医这个"神"是《周易》里"神"的一种演化,它的比较宽泛的意思是指人的生命活动的原创力一类的东西,它更宽泛的意思是指主宰宇宙万事万物的、带有原创力的、创生性的这么一类东西。在最广义上的这个"神",就接近宗教的"神"了,是外在的神。"神"可以分为外在的神和内在的神,中医上讲的主要是内在的神,《素问·天元纪大论篇》里说"神在天为风,在地为木,在天为热……"，在《阴阳应象大论篇》中说"东方生风……化生五味，道生智，玄生神，神在天为风……"，讲的就是内在的神。《系辞传上》第五章说"阴阳不测之谓神"，这个"神"可以是形容词性的神，也可以把"阴阳不测"看成是名词，那这个"神"也可以是名词性的神，就是能够"妙万物"者，这就是"阴阳不测"，所以这个"妙"带有"阴阳不测"的意思。这如同现代复杂性科学所说的测不准理论，就是"阴阳不测"。

有人考察了"神"与"电"有关系，神就是电，就是离卦。"动万物者莫疾乎雷"，"雷"就是神，就是雷神，这里就说明了为什么"帝出乎震"，震就是雷，就是雷神，以神为首，伏羲氏就是雷神。"挠万物者莫疾乎风"，"挠"是曲折的意思，这里指风吹拂万物或者使万物舒发，或者使万物摧折。能够挠动万物的没有比风更快的了。实际上就是讲八卦的功能属性，讲八卦的取象，雷具有"动万物"的功能，风具有"挠万物"的功能，风和雷的功能属性差不多，都属于"动"，风和雷都属于木。

"燥万物者莫熯乎火"，"熯"，读"汉"音，燥热、炎热的意思。这是说燥万物的，最大的就是"火"，那火的功能就是燥万物。

"说万物者莫说乎泽"，"说"，读"悦"音，喜悦的悦的通假字。"泽"的功能就是"说万物"，使万物喜悦。

"润万物者莫润乎水"，"水"的功能就是"润万物"。

"终万物始万物者莫盛乎艮"，到了"艮"就是一个周期的结束，也是下一个周期的开始。这讲的都是八卦的意象，或者结合前面的"神"字，这里讲的就是八卦的神妙的功能作用。

"故水火相逮，雷风不相悖，山泽通气，然后能变化，既成万物也"，这句话的意思和第三章的意思相同，所以水火异性而相互济及，雷风异动而不相违逆，山泽异处而流通气息，然后自然界就能变动运化而形成万物。这就是讲八卦的相对性，水火是相对的，雷风是相对的，山泽也是相对的，但是在相对中它们又是相通的。这里讲的是八卦之间的关系。

第七章

乾，健也；坤，顺也；震，动也；巽，入也；坎，陷也；离，丽也；艮，止也；兑，说也。

【语译】

乾卦,刚健;坤卦,柔顺;震卦,奋动万物;巽卦,无所不入;坎卦,险陷;离卦,火附于物;艮卦,静止;兑卦,悦泽。

【解读】

这一章说八卦的取象,对所取的意象用最简练的语言做出概括。乾象天,天体运转不息,是最刚健的东西;坤象地,地顺承于天是最柔顺的;震象雷,雷奋动万物就是动;巽象风,风行无所不入就是入;坎象水,水处险陷就是陷;离象火,火必附着在物上就是丽;艮象山,山体静止就是止;兑象泽,泽润万物就是悦。"离,丽也",这个丽有两种解释,一个意思是美丽,火是最美丽的东西;第二个意思是附着、依存的意思。

第八章

乾为马,坤为牛,震为龙,巽为鸡,坎为豕,离为雉,艮为狗,兑为羊。

【语译】

乾卦为马,坤卦为牛,震卦为龙,巽卦为鸡,坎卦为猪,离卦为野鸡,艮卦为狗,兑卦为羊。

【解读】

第八章讲了八卦所取的动物之象。"乾为马,坤为牛,震为龙,巽为鸡,坎为豕,离为雉,艮为狗,兑为羊",这八种动物,在当时是与人类关系最密切的。

为什么"乾为马,坤为牛"?因为马比牛走得要快,所以相比较而言,马就有迅速的意思,符合乾卦"健"的意思,那乾就"为马",坤就"为牛"了。那么乾一定为马,坤一定为牛吗?不一定,到了魏晋时期的王弼,按照他的注解,他有一个命题"乾坤何必为马牛",就是乾、坤不一定就是指马、牛,所以这都是相对的。如果是泛泛而言,那乾就是马,坤就是牛。单独就"乾"卦而言,在《说卦传》第十一章里说"乾为天……为良马,为老马,为瘠马,为驳马,为木果"。那么"小马"、"肥马"、"坏马"就肯定不是"乾"。这就是说乾可以为马,坤也可以为马;乾可以为牛,坤也可以为牛。如果是牛的话,乾就是"良牛"、"老牛"、"瘠牛"、"驳牛",都是相对而言的,指的绝对不是两个确切的东西,比如我们前面讲的乾卦,乾就是龙了,乾卦的六根爻就是六条龙。

"震为龙",因为龙是主"动"的,震的属性是"动",所以"震为龙"。

"巽为鸡",这是从卦的形象上来看,"巽"卦像鸡的形状,下面是两道,像两条腿。另外巽主号令,鸡能知时,应时而鸣,鸣声如风入人耳,恰合"入"的意象。

"坎为豕",坎卦两边虚,中间实,把中间实的拉长就成了两头尖,中间粗,像猪的形状。另外,猪喜欢待在水洼的地方,跟水有关,所以"坎为豕"。

"离为雉",雉就是野鸡,野鸡有一个特点,就是漂亮,比家鸡漂亮,"离,丽也",所以"离为雉"。

"艮为狗",这个狗是指家狗,狗的作用就是看门,就是守,守就是止,"艮,止也",所以"艮为狗"。

"兑为羊",因为羊在所有的动物里面,是最温顺的,"兑"主喜悦,所有从"羊"的字都非常的美好、喜悦。

第九章

乾为首,坤为腹,震为足,巽为股,坎为耳,离为目,艮为手,兑为口。

【语译】

乾卦为头,坤卦为腹,震卦为足,巽卦为大腿,坎卦为耳,离卦为目,艮卦为手,兑卦为口。

【解读】

这一章讲的是八卦的人体之象。"乾为首,坤为腹",因为"首"是人体中最高的,首尊高强健,居上不屈。"腹"是最低的,乾为天,坤为地,天是高的,地是低的,同样,在人体就是"乾为首,坤为腹"。那为什么"坤"不是脚?因为脚可以抬上来,可以抬到比腹高。腹是宽厚,顺容食物,合坤包藏含容的意象。

"震为足",因为"足"是让人体动的,走动要靠足。

"巽为股",这也是从卦的形象上来说的,"股"就是大腿,两条大腿,像"巽"卦的样子,因为从"巽"卦的"体"和"用"来看,少的、断开的阴爻为用,正好像两条大腿。股随于足,有巽顺的意思。

"坎为耳"，这和坎为肾有一定的关系，肾开窍于耳，因为肾为水是早就有的，肾之窍也为坎。顺便说一说，中医里人中的位置就是泰卦，正好是天地相交的位置，在人体的形体上也是，人中之上都是两个窍，两个眼睛，两个耳朵，两个鼻孔，人中之下都是一个窍，一个口，一个前阴，一个后阴。也可以从"坎"卦的形象上来看，坎的上下都是断开的阴爻，而人体的上下，耳朵是两个，肾也是两个。

"离为目"，主要是从形象上来看，因为人体的感官里，眼睛是最明亮的，"离"就是明亮，就是美丽。眼睛看东西必须附着在光明这一前提上，无光则难为视。

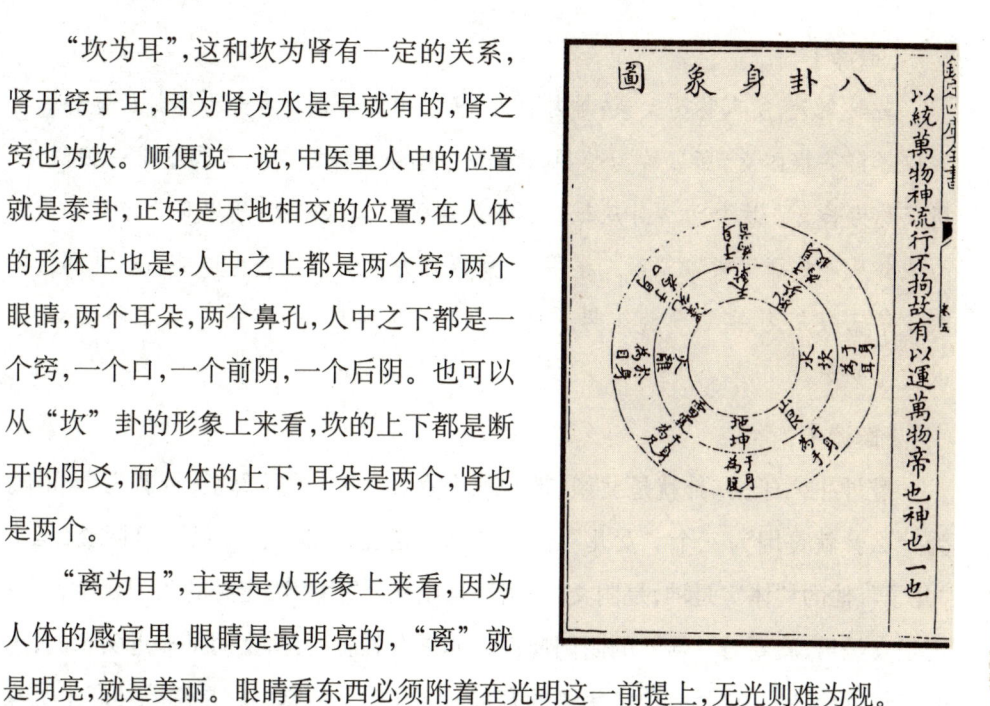

"艮为手"，这也是从形象上看，两只手在上，而且很灵活、有力，艮卦的"用"也是在上面的阳爻。艮有"止"的意象，而手也能止持物品。

"兑为口"，这个可以从人的体质特征、人格特征来看，八卦实际上就可以看成是讲八种人格、八种体质特征的人，而兑卦之人的特征就是"口"，能言会道，但也可以有口舌之争的意思，因为兑有两层意思，可以是喜悦，可以是毁折。兑主言语，口能以言辞悦人，所以合兑的意象。

后来，人们又将八卦和人体内脏相配，构成八卦脏腑之象，即乾为大肠，坤为脾，兑为肺，震为肝，巽为胆，离为心，坎为肾，艮为胃。初唐的杨上善就第一次用十二爻来解释十二经络，王冰用过，而到明清时期医家就用得更多了，后来的唐宗海有一本书《医易通说》，对中医的五脏六腑规律做了补充和修正。

第十章

乾天也，故称乎父；坤地也，故称乎母；震一索而得男，故谓之长男；巽一索而得女，故谓之长女；坎再索而得男，故谓之中男；离再索而得女，故谓之中女；艮三索而得男，故谓之少男；兑三索而得女，故谓之少女。

【语译】

乾卦象天,所以称为父亲;坤卦象地,所以称为母亲。震卦为坤卦从乾卦那里索取了第一根阳爻,所以称为长男。巽卦为乾卦从坤卦那里索取了第一根阴爻,所以称为长女。坎卦为坤卦从乾卦那里索取了第二根阳爻,所以称为中男。离卦为乾卦从坤卦那里索取了第二根阴爻,所以称为中女。艮卦为坤卦从乾卦那里索取了第三根阳爻,所以称为少男。兑卦为乾卦从坤卦那里索取了第三根阴爻,所以称为少女。

【解读】

乾坤生六子,乾卦就是父亲,带着三个女儿,坤卦就是母亲,带着三个儿子。为什么?就是因为三个"女儿",她的"体"是乾,是阳爻,"用"是阴爻;三个"儿子",他的"体"是坤,是阴爻,"用"是阳爻。"用"决定卦的阴阳属性,而决定是女是男,就要看"体"的阴阳属性。非常有意思的是,女的是靠近父亲的,男的是靠近母亲的,这就是弗洛伊德的恋母情结和恋父情结。就是说乾坤产生了八卦,然后在此基础上重合就产生了六十四卦,它只适合"六"的划分,这种说法影响很大。

这一章讲八卦分别代表父母子女及其相互之间的关系。意思是说:乾为天,天为阳,所以代表父亲;坤为地,地为阴,所以代表母亲。坤卦从乾卦那里索取了第一根阳爻,而生出震卦是男孩,所以震卦代表长男。乾卦从坤卦那里索取了第一根阴爻,而生出巽卦是女孩,所以巽卦代表长女。坤卦从乾卦那里索取了第二根阳爻,而生出坎卦是男孩,所以坎卦代表中男。乾卦从坤卦那里索取了第二根阴爻,而生出离卦是女孩,所以离卦代表中女。坤卦从乾卦那里索取了第三根阳爻,而生出艮卦是男孩,所以艮卦代表少男。乾卦从坤卦那里索取了第三根阴爻,而生出兑卦是女孩,所以兑卦代表少女。这里说明了六子卦的由来,六子卦的生成就是父母三次交合而生出六子。

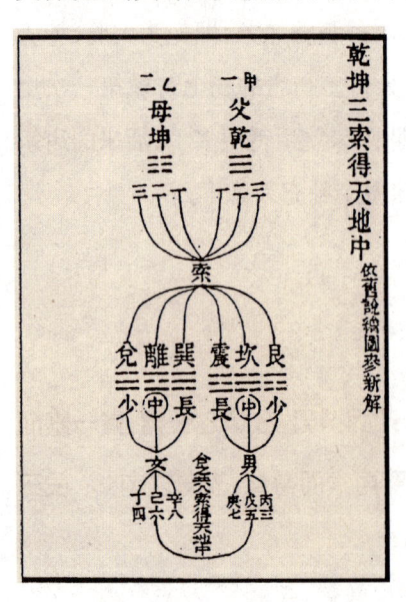

台湾有一部电影,名字叫《落山风》,我一看名字,马上就知道它说什么,尽管我没有看过。"落山风"这个名字所取的依据就是

六子卦,你如果知道六子卦,马上就知道它的意思是什么了。山是什么卦？是艮卦。风是什么卦？是巽卦。巽为长女,艮为少男。而这两卦构成什么卦呢？构成蛊卦。蛊卦是目前文献记载中最早的用卦象解释疾病的例子,这出自《左传》的《秦医缓和》,晋侯得了病,秦医就用蛊卦来给他解释这个病,那就是"落山风",落山风就是风落山,风落在山下,山风组成蛊卦。《落山风》就是讲一个年纪大的女人和一个年纪小的男人之间的故事,而且肯定是这个女的诱惑这个男的,男的被这个女的所迷惑而发生的哀怨凄婉的故事。如果不信的话,你可以去看,肯定是这样。

第十一章

乾为天,为圜,为君,为父,为玉,为金,为寒,为冰,为大赤,为良马,为老马,为瘠马,为驳马,为木果。

【语译】

乾卦为天,为圆,为君主,为父亲,为玉石,为金属,为寒,为冰,为大赤色,为良马,为老马,为瘦马,为勇猛之马,为树上的果实。

【解读】

这一章讲的是综合的八卦取象。"乾为天",乾卦全为阳爻,阳性刚健,健动不懈,天也健行不懈地运转,所以乾为天。"为圜","圜"即圆,古人认为天是圆的,天动圆环周转不息,无始无终。"为君,为父",乾为天,天是最高的,在国家,君是最高的统帅,在家庭,父是最高的统帅,君和父也取其尊道而为万物之始之意。"为玉,为金","金"是指金属,这是因为玉和金都是刚劲的,有刚、健的性质。"为寒,为冰",乾是西北之卦,时间上是深秋,接近冬天,所以有寒、冰的性质。"为大赤",这个和秋天有一定的关系,因为夏天是"赤",秋天的时候"赤"过去了,所以大赤,要是再过头,就至极而反了,就是黑了。"为木果","木果"就是树上的果子,因为果子是圆的,也可以说是和秋天有一定的关系。木以果为始,树木的果实心中包含阳健的"仁",春来复生,繁衍不止,正合万物以乾为始的意象。依此类推,那么这个人,男人,老人,圆头的人,就是"乾"。这里又取四种马为乾象,"瘠"是瘦的意思,瘦马骨多。"驳马"是一种健猛的马,牙齿像锯一样,能吃虎豹。所以乾取良马行健之善,取老马行健之久,取瘠马行健之甚,取驳马行健之至,都是典型的强健者,都合"健"的意象。

坤为地,为母,为布,为釜,为吝啬,为均,为子母牛,为大舆,为文,为众,为柄,其于地也为黑。

【语译】

坤卦为地,为母亲,为布帛钱币,为大锅,为吝啬,为平均,为小母牛,为大车,为纹饰,为众多,为柄,对于土地而言为黑色土地。

【解读】

"坤为地,为母,为布",古代讲的"布"是钱币,也可以理解为今天讲的布,这是因为"坤"是地,它最广大,而钱币流通也广大,所以坤为布。"为釜","破釜沉舟"这个"釜"是什么样的锅?是非常大的锅,因为它是煮膳给士兵吃的。既然大锅是坤卦,那么小锅就是乾卦。为什么大锅是坤卦?大锅是一个很大的东西,什么都往里放,具有归藏的属性,古代的《归藏》就是从坤卦开始,大地很大,又有收藏万物的功能,所以大锅就是坤卦。"为吝啬",这个人太吝啬了,在文学作品中有四大吝啬鬼,中国就有一个叫马二先生。为什么坤卦是吝啬?过分地收藏了就是吝啬。老子讲到"啬","啬"是一种非常重要的养生方法。除了"吝"和"啬"这两个字以外,古代有一个字表示"啬",那就是爱,"爱"这个字就是吝啬的意思,"爱"当然有我们今天所讲的意思,但它还有吝啬的意思。《孟子·梁惠王下》里就讲到了"宜乎百姓之谓我爱也",梁惠王认为,老百姓说他吝啬,那是说得对的。想一想母爱,它往往跟女子、女人联系在一起,女子就是坤卦,但是爱太过了那就是吝啬,所以任何事情都有乾坤两面。"为均","均"即平均,均等的意思。坤为大地,大地承载万物,是平等的,没有高低贵贱之分,所以"坤为均"。"为子母牛",因为这个牛是阴性的,就是小的母牛。既然坤卦是小的母牛,那言外之意乾卦就是一头老的公牛。"为大舆",大舆具有能承载的属性,跟刚才说的大锅是一个道理,它能载人,能载很多人!这都是具有坤卦的属性,所以坤卦之人具有包容之心。"为文,为众",文是纹路和花纹,它们都不是指一个东西,而是说纵横交错,纹就相当于交错,那么"纹"就是坤卦,"路"就是乾卦。在卦的形象上,乾三连,坤六断,所以说坤最多,为文,为众,乾就最少,就是孤家寡人,就是君主。"为柄","柄"就是兵器后面的部分,那前面的部分就是乾卦。"其于地也为黑",是说就大地而言,坤就是黑地,那白地就是乾卦了。八卦可以指同一个东西的八个方面、八个阶段等等。

震为雷,为龙,为玄黄,为旉,为大涂,为长子,为决躁,为苍筤竹,为萑苇,其于马也为善鸣,为异足,为作足,为的颡,其于稼也为反生,其究为健,为蕃鲜。

【语译】

震卦为雷,为龙,为黑黄色,为花朵,为大路,为长子,为躁动,为苍筤竹,为萑苇,对于马而言为善叫的马,为左足白色的马,为两足举起的马,为白额马,对于庄稼而言为反复生长的庄稼,归根到底为健动,为春天草木繁育而鲜明之象。

【解读】

"震为雷,为龙,为玄黄",玄黄就是黑黄,在坤卦里,有"龙战于野,其血玄黄",这个玄黄是阴阳采战以后的结果,是乾坤卦动的结果。"为旉","旉(fū)"就是花朵,刚开的花朵,这是就一个过程而言,开始的阶段是震卦,"帝出乎震"。"为大涂",就是大路,小路就是艮卦了。"为长子",这个在第十章已经说过了。"为决躁",也是动的意思。"为苍筤竹","筤(lāng)",这种竹子有个最大的功能,就是一见到风就摇摆不定。"为萑苇","萑(huān)苇"就是芦苇一类的东西,也是容易摇动。"其于马也为善鸣",它也可以为马,这个马是善叫的马。"为异足","异(zhù)"是指马的左边的脚上有白色,指一种善跑的马。"为作足","作足"就是两只脚举起来。"为的颡","的"是白色的,这个"颡"是什么?"颡"这个字有偏旁"页",所有"页"字旁的字都与头有关,如果说你发现有某个字与头没有关系,那它就是引申义,或者是假借义。我们要掌握汉字的规律,无论是合体字,还是独体字,都有表示形体的符号,这跟卦象一样,所以所有"页"字旁的字都与头有关。这个"颡"就是额头,"的颡"就是白色的额头,指白色额头的马,这些马都是善于奔跑,善于鸣叫的。在古代,马是和人类关系最密切的,如果是现在,那就要说车子了。"其于稼也为反生",在庄稼就是一种"反生"的庄稼,反复生长的庄稼,因为震为动,为春天,它具有这个属性。"其究为健,为蕃鲜",就是说归根到底,震卦也具有健动的功能,"蕃"可以理解为多,"鲜"就是新鲜,取春天草木繁育茂盛而鲜明之象,因为它刚刚开始。

巽为木,为风,为长女,为绳直,为工,为白,为长,为高,为进退,为不果,为臭,其于人也为寡发,为广颡,为多白眼,为近利市三倍,其究为躁卦。

【语译】

巽卦为木,为风,为长女,为准绳,为工匠,为白色,为长,为高,为进退不定,为不果断,为气味,对于人而言为头发稀少,为额头宽广,为眼白较多,为得近期利益较多,归根到底为躁动之卦。

【解读】

"巽为木,为风,为长女,为绳直","绳直"就是指木匠用墨斗拉绳弹线,和"木曰曲直"联系上,就是能把曲的东西弄直。"为工","工"就是一种匠人,是从职业来说的,我们医生也是一种工。"为白",取风吹掉尘土故而洁白之象。"为长,为高",这都是从绳而来的,另取风行之远,故为长;木向上向高处生长,故为高。"为进退,为不果",指巽卦之人性格犹豫不决,不果断。"为臭",取气味虽无形但无孔不入之象,巽卦之人,嗅觉灵敏。"其于人也为寡发,为广颡,为多白眼",这是讲巽卦之人的外在、内在的特征,内在和外在是统一的、一致的。"为近利市三倍",就是指巽卦之人会得近利而且得的多,远利就不一定了。"其究为躁卦",巽为木,是春天,也是属躁。

坎为水,为沟渎,为隐伏,为矫輮,为弓轮,其于人也为加忧,为心病,为耳痛,为血卦,为赤。其于马也为美脊,为亟心,为下首,为薄蹄,为曳。其于舆也为多眚,为通,为月,为盗。其于木也为坚多心。

【语译】

坎卦为水,为小水沟,为隐藏潜伏,为变化曲直,为弓与轮,对于人而言为多忧,为心中的病,为耳朵疼痛,为血卦,为赤色。对于马而言为健美的脊背,为忧心忡忡,为垂着头,为行走则迫地,为拖泥带水。对于车辆而言为多灾,为通达,为月亮,为盗贼。对于树木而言为坚硬多刺。

【解读】

"坎为水,为沟渎",因为沟渎就是灌水的。"为隐伏",因为水是往低处流的,所以水是潜伏的,水是善利万物而不争,虽然不争,但是莫之能胜。"为矫輮",弯曲变为直的为矫,直的变弯为輮,水没有具体的形状,所以可以变化矫輮,水接近于道。"为弓轮",取弓与轮的这种弯曲变形之象。"其于人也为加忧,为心病,为耳痛,为血卦,为赤",这是对人来说的,"加忧"就是多忧,加倍的忧愁,为什么呢？因为它跟心有关。这个坎卦为水，应该为肾，为什么是心呢？中医里说"肾为水，心为火"，那为什么坎为水，又表示心呢？这还是跟肾有关，中医里有一句著名的话"心肾不交"，就是肾水太浅了，肾水不够，引起忧愁，所以心和肾是一种关系思维。这就是中医的头痛不医头，它医脚，西医是头痛医头，脚痛医脚。"为血卦"，因为坎为水，血也为水。"为赤"，血就是红色的，所以赤。"其于马也为美脊，为亟心，为下首，为薄蹄，为曳"，这个马是忧心的，是耷拉着脑袋的，是拖泥带水走不快的。"其于舆也为多眚，为通，为月，为盗"，"为多眚"就是指多灾，水是容易造成灾害的。但是又"为通"，因为水是什么东西都挡不住的，所以"为通"。"为月"，坎卦为月亮，那么离卦就为太阳。另外这个"月"和后来道家的炼养有很大的关系。"为盗"，盗，取水行潜如盗贼，另可理解为于潜隐中施险设陷。就是坎卦之人有盗窃之心，这是一种说法。"其于木也为坚多心"，坎也可以表示树木，那么它是一种什么样的树木呢？"为坚多心"，是一种非常坚硬的树木，为什么？坎卦的卦象，中间不是一根阳爻吗？表示坚硬，多心，即多尖刺，触之则险的意思。

离为火，为日，为电，为中女，为甲胄，为戈兵。其于人也为大腹。为乾卦，为鳖，为蟹，为蠃，为蚌，为龟。其于木也为科上槁。

【语译】

离卦为火，为太阳，为电，为中女，为铠甲，为士兵，对于人而言为大肚子。为干燥之卦，为鳖，为蟹，为螺蠃，为蚌，为龟，对于树木而言为中空上枯。

【解读】

"离为火，为日，为电"，离取火的表阳里阴之象，观察火的形状就可知道。另外火燃烧必须附着在燃料上，所以含有附着的意象。火是明亮的，久明为日，暂明为雷电。另一种理解，日附着于天而悬挂，电附着于雷而发生，故都有离卦的附着之意。离卦为"中女"，因为第二根爻是阴爻。"为甲胄，为戈兵"，"甲胄"是什么？就是铠甲，为什么离卦为铠甲？这是从卦的形象上看，两边是阳爻，把中间的阴爻包起来，像甲胄。所以它后面的"为戈兵"，就是像穿着铠甲的士兵。"其于人也为大腹"，就人而言，离卦为大肚子的人。"为乾卦"，乾属于干，因为离属于火，火比较干燥。"为鳖，为蟹，为蠃，为蚌，为龟"，很简单，它们外面都有一个铠甲，外面硬里面软，就像卦象，都是从形象来的。"其于木也为科上槁"，"科"的意思是物体中空，树木中部已经空心，其上部必然已成为枯槁了。

艮为山，为径路，为小石，为门阙，为果蓏，为阍寺，为指，为狗，为鼠，为黔喙之属，其于木也为坚多节。

【语译】

艮卦为山，为小路，为小石头，为外门，为小果子，为守门人，为手指，为狗，为鼠，为喙是黑色的鸟类，对于树木而言为坚硬多节。

【解读】

艮为山，已经解释了。"为径路"，就是小路，大路是震卦，前面已经讲过了。注意，就有"路"这个意思的字而言，所有双人旁的字全指小路，如"径"，有小路肯定就有大路，大路就是这个偏旁"彳亍"，带有这个偏旁的字全指大路，四通八达，比如说街道的"街"，四通八衢的"衢"。"为小石"，就是小石头，艮卦跟小有关系。"为门阙"，门和阙都是外面的门，阙就是古代门楼前面的门。为什么艮卦跟大门有关？因为艮卦的属性是静止，门也是静止的，所以跟门有关系。"为果蓏"，"蓏（luǒ）"，《说文解字》里说："在木为果，在草为蓏。""蓏"就是草本植物的果实，颗粒比较小。"为阍寺"，"阍（hūn）"指阍人，守宫门的人；"寺"指寺人，古代执守宫中的小官，就像后世的宦官角色。所以艮卦之人也有一种宗教情结。"为指"，"指"就是手指，手指的指与脚趾的趾已经通用了。艮为什么又可以指小指和脚趾呢？指，取其执止物之象。那个"趾"没有说，因为艮本来就是指"止"嘛！这是谐音，这是一种联想性思维，相关的东西联系在一起，"同声相应，同气相求"，"方以类聚，物以群分"，这全是《周易》上的原话，比类取象，把同类的东西放在一起。这样八卦就是八个筐子，万事万物都可以往这个筐子里装，同样从这八个筐子里面就可以拿出万事万物。"为狗，为鼠"，狗与老鼠为什么是艮卦？狗是看门的，与门有关。鼠取它"小"的意思，它在跑的动物里面算是比较小的。"为黔喙之属"，"黔"就是黑色，"喙"就是嘴，"黔喙"就是黑色的嘴、乌鸦嘴。老鼠嘴是尖尖的，乌鸦嘴也是尖尖的。"其于木也为坚多节"，就树木而言，艮卦是指那些坚硬的、多节的树木。艮卦的最大特点就是宁静，所以现在大家都以"艮"来修行。有人认为《华严经》讲的就是一个字"止"，就是一个艮卦，这是有一定道理的。我们中国文化的最大特征就在于阴性文化，就在于静止。当然不能老是止，也有动，但是偏于止，动静一体，动静也是合一的，但是更偏于静。

中国人讲时空合一，又偏于时间，体用合一又偏于用，天人合一，这个不太好说，但是还是以人为本，说天道以寓人事，人必须按照天道来做。

兑为泽，为少女，为巫，为口舌，为毁折，为附决，其于地也为刚卤，为妾，为羊。

【语译】

兑卦为沼泽，为少女，为巫师，为口才，为毁坏折伤，为依附他人作决断，对于地而言为坚硬的盐碱地，为妾，为羊。

【解读】

兑为沼泽，为少女，前面都解释了。为什么兑为巫婆？因为兑为口，嘴巴太会说了，巫婆的嘴就是太会说了，律师、教师也是这一类的。"为口舌"，口舌有两个意思，第一个意思是有口才，第二个意思是搬弄是非，又叫"两舌"，这是佛家说的。不要一句话两边说，搬弄是非"为毁折"，你太搬弄是非，嘴巴太会说了不就"毁折"了吗？"为附决"，"附决"就是依附别人才能够判定，才能够裁定，他不像乾卦之人自己就可以判断。"其于地也为刚卤"，就地而言，兑卦是属于那种比较坚硬的盐碱地。"为妾"，"妾"就是小老婆，也和小有关。"为羊"，因为羊是一种令人喜悦、温顺的动物。

序卦传

　　有天地，然后万物生焉。盈天地之间者唯万物，故受之以屯。屯者，盈也。屯者，物之始生也。物生必蒙，故受之以蒙。蒙者，蒙也，物之稚也，物稚不可不养也，故受之以需。需者，饮食之道也。饮食必有讼，故受之以讼。讼必有众起，故受之以师。师者，众也。众必有所比，故受之以比。比者，比也。比必有所畜，故受之以小畜。物畜然后有礼，故受之以履。(履者，礼也。)履而泰，然后安，故受之以泰。泰者，通也。物不可以终通，故受之以否。物不可以终否，故受之以同人。与人同者，物必归焉，故受之以大有。有大者不可以盈，故受之以谦。有大而能谦必豫，故受之以豫。豫必有随，故受之以随。以喜随人者必有事，故受之以蛊。蛊者，事也。有事而后可大，故受之以临。临者，大也。物大然后可观，故受之以观。可观而后有所合，故受之以噬嗑。嗑者，合也。物不可以苟合而已，故受之以贲。贲者，饰也。致饰然后亨则尽矣，故受之以剥。剥者，剥也。物不可以终尽，剥穷上反下，故受之以复。复则不妄矣，故受之以无妄。有无妄然后可畜，故受之以大畜。物畜然后可养，故受之以颐。颐者，养也。不养则不可动，故受之以大过。物不可以终过，故受之以坎。坎者，陷也。陷必有所丽，故受之以离。离者，丽也。

　　有天地然后有万物，有万物然后有男女，有男女然后有夫妇，有夫妇然后有父子，有父子然后有君臣，有君臣然后有上下，有上下然后礼义有所错。夫妇之道不可以不久也，故受之以恒。恒者，久也。物不可以久居其所，故受之以遁。遁者，退也。物不可以终遁，故受之以大壮。物不可以终壮，故受之以晋。晋者，进也。进必有所伤,故受之以明夷。夷者,伤也。伤于外者必反于家,故受之以家人。家道穷必乖,故受之以睽。睽者,乖也。乖必有难,故受之以蹇。蹇者,难也。物不可以终难,故受之以解。解者,缓也。缓必有所失,故受之以损。损而不已必益,故受之以益。益而不已必决,故受之以夬。夬者,决也。决必有所遇,故受之以姤。姤者,遇也。物相遇而后聚,故受之以萃。萃者,聚也。聚而上者谓之升,故受之以升。升而不已必困,故受之以困。困乎上者必反下,故受之以井。井道不可不革,故受之以革。革物者莫若鼎,故受之以鼎。主器者莫若长子,故受之以震。震者,动也。物不可以终动,止之,故受之以艮。艮者,止也。物不可以终止,故受之以渐。渐者,进也。进必有所归,故受之以归妹。得其所归者必大,故受之以丰。丰者,大也。穷大者必失其居,故受之以旅。旅而无所容,故受之以巽。巽者,入也。入而后说之,故受之以兑。兑者,说也。说而后散之,故受之以涣。涣者,离也。物不可以终离,故受之以节。节而信之,故受之以中孚。有其信者必行之,故受之以小过。有过物者必济,故受之以既济。物不可穷也,故受之以未济终焉。

【语译】

有了天地,然后万物就诞生了。充盈天地之间的唯有万物,所以接下来是屯卦。屯就是充满的意思。屯卦为万事万物初生时的艰难之象。万物初生时,肯定是蒙昧的,所以接下来是蒙卦。蒙卦为启蒙之象,万物稚嫩之象,事物幼小时不能不养育,所以接下来是需卦。需卦为供养饮食之象。初有饮食便会有诉讼争辩,所以接下来是讼卦。争论到一定程度,便会聚众闹事,所以接下来是师卦。师卦为众人之象。因为众人在一起肯定要有所比较,所以接下来是比卦。比卦为比争之象。比较、相争的结果是有了积蓄,所以接下来是小畜卦。物资充足便知礼仪,所以接下来是履卦。遵守礼仪就会泰定、安康,所以接下来是泰卦。泰卦为通达之象,但是事物不会总处于通达的状态,所以接下来是否卦。事物不可能永远闭塞,所以接下来是同人卦。人与人同心了,外物必然来归附,所以接下来是大有卦。大有收获的人不可以自满,所以接着是谦卦。胸怀宽广又能谦逊的人必然快乐,所以接着是豫卦。快乐的人必然会有人来追随,所以接下来是随卦。为了获得喜悦而去追随他人一定会出现过度的事,所以接下来是蛊卦。蛊卦为被事蛊惑之象。有蛊惑之事然后才能整治以成就大业,所以接下来是临卦。临卦为大之象。事业大了然后可以被观察到,所以接下来就是观卦。可被观见然后有他方来会合,所以接下来是噬嗑卦。噬嗑卦为会合之象。万物不可以苟合,所以接下来是贲卦。贲卦为纹饰之象。纹饰太过就会使亨通之道华而不实,走向尽头,所以接下来是剥卦。剥卦为剥落之象。事物不可能完全剥尽,剥落(阳气)到了极点,(阳气)就会返回下方重生,所以接下来是复卦。复返之后就不虚妄了,所以接下来是无妄卦。不虚妄后事物便会进一步蓄积,所以接下来是大畜卦。大有积蓄然后可以养育万物,所以接下来是颐卦。颐卦为颐养之象。不修身养性就无法行动,所以接下来是大过卦。事物不能永远处于过失中,所以接下来就是坎卦。坎卦为险陷之象。陷入了危险后必然会有所附着,所以接下来是离卦。离卦为光明之象。

　　有了天地然后才有万物,有了万物然后才有男女,有了男女然后才有夫妇,有了夫妇然后才有父子,有了父母和子女然后才有国家君臣,有君臣然后才有上下之别,有上下之别然后形成了错综的礼仪。夫妻之道不可以不长久,所以接下来是恒卦。恒卦为长久之象。事物不可以长久居于同一住所,所以接下来是遁卦。遁卦为退隐之象。事物不可以永远隐遁,所以接下来是大壮卦。事物不可以不断壮大,所以接下来是晋卦。晋卦为前进之象。前进一定会受到伤害,所以接下来是明夷卦。明夷卦为受伤之象。在外面受到伤害一定会返回家中,所以接下来是家人卦。家道中落必然会离散,所以接下来是睽卦。睽卦为离散之象。分离必然会遇到艰难险阻,所以接下来是蹇卦。蹇卦为艰难之象。事物不可以永远处于艰难,所以接下来是解卦。解卦为缓解之象。缓解矛盾必然会产生损失,所以接下来是损卦。不断地减损到一定的程度,必然会转化为增益,所以接下来是益卦。不断地增益必然会需要决断,所以接下来是夬卦。夬卦为溃决之象。决断过后必会另有所遇,所以接下来是姤卦。姤卦为相遇之象。万物相遇后会聚一起,所以接下来是萃卦。萃卦为会聚之象。会聚后向上便称为上升,所以接下来是升卦。不断地上升肯定就会穷困,所以接下来是困卦。困于上方必定会反向下方,所以接下来是井卦。井不可以不革新,所以接下来是革卦。变革事物没有能比得上鼎的,所以接下来是鼎卦。主持鼎器祭祀的必须是长子,所以接下来是震卦。震卦为运动之象。事物不可以永远都动,需要止住它,所以接下来是艮卦。艮卦为停止之象。事物不可以永远静止,所以接下来是渐卦。渐卦为渐进之象。渐进必然会回归,所以接下来是归妹卦。得到了归来的少女一定会丰大起来,所以接下来是丰卦。丰卦为盛大之象。盛大到极点必定会失去自己的住所，所以接下来是旅卦。旅居在外而无人收容，所以接下来是巽卦。巽卦为进入之象。进入住所便感到喜悦，所以接下来是兑卦。喜悦太过便会信念涣散，所以接着是涣卦。涣卦为分离之象。事物不可以永远分离，所以接下来是节卦。节制而获得信任，所以接下来是中孚卦。诚信的人一定会履行职责，所以接着是小过卦。稍稍超越常规做事必然会得到帮助，所以接着是既济卦。事物的发展不可能穷尽，所以以未济卦作为结束。

【解读】

　　这一篇《传》是对六十四卦次序的解释。六十四卦的排列次序有多少种呢？这是个天文数字。我们不妨先看一下八卦的排列有多少种，有 40320 种，也就是 8 的阶乘。那么六十四卦的排列就是 64 的阶乘，那太多太多了。为什么《周易》只选了从乾卦开始到未济卦结束这样一种次序呢？这当然有秘密了，有深刻的含义！从六十四卦的符号上看，还是一个谜。这个谜只破解了一半，还有一半到今天也没能解开。这一半秘密是孔子的后代、唐代的孔颖达解开的，孔颖达用八个字解释了这个谜，那就是"二二相耦，非覆即变"（《周易正义·序卦传·疏》）。在六十四卦的次序中，两个两个组成一组，六十四卦就是三十二组，这三十二组每一组的两个卦之间，是反覆的关系，如果不能反覆了，那就要变卦，只有这两种关系——"反"和"变"。"反"就是相反、反覆、颠倒，后面一卦是前面一卦颠倒之后的卦。"变"就是变化，阳爻变阴爻，阴爻变阳爻，构成相对的关系。比如乾卦和坤卦，乾卦是六根阳爻，坤卦是六根阴爻，恰好相对，所以称为对卦。而屯卦和蒙卦，从符号上看，屯䷂和蒙䷃刚好是颠个个儿，那就叫"反"，即相反，因此这样的两卦，就称为反卦，又称为覆卦。六十四卦中有些卦是不能颠倒个儿的，因为颠倒过来还是它本身，比如乾卦倒过来还是乾卦，这样的卦有八个：乾、坤、坎、离、颐、大过、中孚、小过，所以它们只能构成相对的四组对

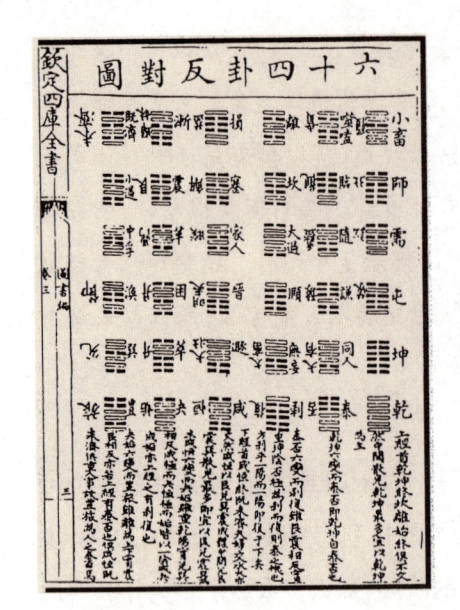

卦。

邵雍有一句诗"天根月窟闲往来，三十六宫总是春"，有人问我，为什么是"三十六宫"呢？这里三十六宫讲的就是对卦和反卦，对卦八个，反卦五十六个，也就是二十八对，二十八对反卦加上八个对卦就是三十六宫。还有一种说法，就是先天八卦之数全部加在一起等于三十六。

有人肯定会问了：《周易》六十四卦排列的秘密不是已经破解了吗？不对啊。当然没有全部解开。孔颖达解开的只是三十二组卦的秘密，而组与组之间的秘密还是没有解开，组与组之间的规律还没有找到，大家有兴趣的话可以继续找。

可是这个秘密，《序卦传》全部解开了，它不是从符号上解开的，而是从义理上解开的。当然，义理是紧紧围绕卦象符号的，没有符号是得不出义理的。这是我的一个基本观点，就是卦爻符号是根本。宋代的程颐（程伊川）在他的代表著作《程氏易传》里说了"体用一源，显微无间"的名言，我是非常赞同他的这个观点的。这个义理和符号就是一源的、无间的，只是在体和用的所指上我和他不同，我认为符号是体，义理是用。《周易》的神妙之处就在于通过卦爻符号来展现事物的义理、事物的规律，以及做人做事的规则。

《序卦传》依据卦的名称、义理，发现六十四卦排列的次序实际上反映了宇宙万事万物生成变化发展乃至于终止又复生的次序规律，所以它一开始就说了"有天地，然后万物生焉"。先有了天，有了地，然后万事万物就产生了，乾为天，坤为地，后面的卦都是指万事万物的生长。六十四卦从次序上来说主

要有两种规律,古人给它做了总结,一个叫相因,一个叫相反。相因就是说后面一卦是前面这一卦的延续,就是前面的一卦还没有发展到极点,所以后面的一卦来连续它,延续它。相反是什么意思呢?就是前面的卦走到极点了,就要变到反面了。

乾卦、坤卦之后为什么是屯卦?《序卦传》解释说,充满天地之间的只有万事万物,所以接下来就是屯卦了。屯卦就是充满的意思。这个解释比较牵强。屯卦还表示万事万物的初生、开始时的艰难情景。天地交合产生万物,产生万物的第一个阶段就是屯,困顿,是艰难的。如果把乾坤看成是父母也可以,父母交合,生出孩子,生孩子是非常艰难的。从屯的字形来看"ㄓ",好比一棵草,要从地面下生长出来,要冲破大地的时候,是很艰难的。"云雷屯",从卦象上也可以看出来,"云雷屯,君子以经纶",雷就是动,天空布满了乌云,云雷交加,就好比母亲生孩子的时候,非常艰难地生出孩子。

万物开始、初生的时候,肯定是蒙昧无知的,所以接下来就是蒙卦。蒙卦就表示蒙昧无知,既然是蒙昧无知,就要启蒙、发蒙,要教育,蒙卦的卦象是山水蒙,教育就要像山下出泉,像山泉水一样,"随风潜入夜,润物细无声"。

事物刚生下来时,幼小、稚气,太小太小了,不能不养育他、供养他,你要是不养他,他就死了,所以接下来就是需卦,"需"就是供养的意思。"需者,饮食之道也",需就是给他供养饮食。

有供养,有饮食,开始时饮食又不充足,所以大家一定会去抢,抢的话,就有诉讼,先是口头上的诉讼,所以接下来就是讼卦。

诉讼到了一定的时候,口头上争到一定的程度,就开始聚众闹事了,所以接下来就是师卦,"师"就是众的意思。师也可以叫军队,这样就开始动武了。

因为众人在一起肯定要比个高低,所以接下来就是比卦。"比"就是比较、相比、相争。

比较、相争的结果是,我争了一块,你也争了一块,争多了又吃不完,就有积蓄,先是小有积蓄,所以接下来就是小畜卦。

如果大家都没有,都不够的话,就只有抢,但是都有了之后,就可以相让了,"仓廪实而知礼节",饮食足了就知道礼仪了,所以接下来是履卦。

大家都遵守礼仪了,安分守己了,那不就安泰了,很安康了吗?所以接下来就是泰卦。泰卦就是通卦,万物处于一种通达、通泰的状态。

但是事物不能总处于通达的状态,通达到了一定的时候,肯定要走向反面,就要否塞、堵住了,所以接下来就是否卦,"否"就是堵塞。泰卦和否卦这两个卦很有意思,要说起来地在上,天在下,应该是否卦,而天在上,地在下,应该是泰卦,怎么恰恰相反呢?泰是通,否是不通,泰卦为什么是通?你看,天是阳气,地是阴气,阳气会上升,阴气会下降,所以泰卦刚好是天在下,地在上,阳气上升,阴气下降,这样上下就相互交流沟通了,交流沟通后就会出现安泰的局面,所以泰卦为通。而否卦天在上,地在下,阳气上升,阴气下降,上下背离,不能沟通,不能相互沟通了,也就会出现否塞的局面,所以否卦是不通。阴阳相交就是泰卦,阴阳不交就是否卦。

事物不可能永远地闭塞,永远处于分离的状态之中,必然会相互和同起来,分久必合,所以接下来就是同人卦。

人与人和同了,外物必然就纷纷来归附了,所以接着就是象征大有收获的大有卦。

大有收获的人,有大收获的人,不应当骄傲自满,所以接着就是表示谦虚的谦卦。

有广大的胸怀,又能谦逊的人,必然就能快乐,所以接着就是象征快乐的豫卦。

快乐、愉悦的人必然会有人来追随,所以接下来就是象征追随的随卦。

为了获得喜悦的心情而去追随于人,但是太为了追寻这种喜悦之情,过分追求喜乐,在喜悦、安乐的度的把握上出了问题,就会出现淫乱之事、蛊惑人心之事,所以接下来就是蛊卦,"蛊"为蛊惑。一味追寻、追随安乐,那当然就是坏事了,就会"蛊"了。如果不及时处理这种坏事,纠正这个坏事,就会出现灾祸。所以"蛊"字还有一个意思,就是纠正,纠正坏事、蛊惑之事。蛊卦本来是表示迷惑之事、混乱之事,这里是象征拯救乱事、治理乱世。

有了前人的蛊惑之事,然后后人进行整治、纠正,当然就可以成就大业,所以接下来就是临卦,临卦就是大的意思。临卦就是以上临下,以大临小,这个卦象是地泽临,上面是地,下面是泽,表示大地包容沼泽,沼泽又比喻成老百姓,君主能够像大地那样包容百姓,这样才能治理国家,所以临又有君临天下、治理国家的意思。

事业大了然后就可以观,"物大"既是指事业大,又是指品德大,这样就可以观于人，所以接下来就是观卦。"观"是什么意思呢？按照《象传》的解释，就是"省方观民设教"，观卦比喻君主施行教化于老百姓，观察四方，观察民情，观察时机。所以观卦在《周易》里有特殊的含义，因为八卦就来源于观察，"观"是古人的一种思维方式、行为方式，甚至是统治者的管理方式。

采用观察、观照的方法来考察民情，教化百姓，然后为使老百姓做到合情、合理、合法，必须用刑罚、制度、法律，所以接下来就是噬嗑卦。噬嗑卦就表示合，嗑就是合，就是使那些不合法的人来符合法制，强制他使他合法，前面的"观"是一种教化，后面的"噬嗑"就是一种刑罚，这是恩威并用，两种手段一起用。噬嗑卦是火雷噬嗑，上面是火，火表示雷电，表示君主明察事理，下面是雷，震雷，比喻刑罚的威严，这样就使得百姓合法，遵纪守法。

万事万物又不可以苟且地合，都来不得半点的虚假、苟且，所以接下来就是贲卦。贲卦表示一种纹饰，这是将噬嗑卦的合加以延伸，延伸为人与人的交合，人与人交合的时候是要有纹饰的，这个纹饰指行为规范，与人交往、交际的时候要有礼仪，要有行为规范，来不得半点的马虎、苟且。

纹饰是一种亨通之道，有了礼仪、有了纹饰，人与人的交往就有了一种礼节、秩序，但是如果纹饰得太过的话，就又会丧失它的实质，也就是所谓的华而无实，必然会产生一些弊病，这种亨通之道就会被剥夺停止，所以接下来就是剥卦，"剥"就是剥落的意思。这个剥卦下面是五根阴爻，上面是一根阳爻，事物的变化是从下往上变的，也就是说最上面的那根阳爻，就快要被剥落了，这个卦的阳爻快要被剥尽了。

事物也不可能完全地、永远地剥尽，剥卦剥落阳气到了极点，阳气被剥尽了，就要返回到下面重新生长出来，阳爻从下往上长，返上为下，一阳来复，所以接下来就是复卦。剥和复为一反一正，一乱一治，剥尽了就复，这叫阴阳的剥复。复卦是下面一根阳爻，上面五根阴爻，那么事物从下往上发展，表明阳气要逐渐地上升。从前面的否卦、泰卦，到这里的剥卦、复卦，经过了十二卦，这在六十四卦的变化当中，形成了一个发展、变化的循环系列，这是事物发展的规律，也就是物极必反的规律。

复之后，阳气来复了，那就无妄，就是不虚假，不虚妄，不虚伪了，所以接下来就是无妄卦。无妄卦是天雷在一起，天雷无妄，天和雷都是阳卦，表示真实的，不虚假的，这也引申为做人要质朴、要真实、要忠信。所以无妄卦又是从前面的剥卦、复卦而来，剥卦是指纹饰太过，而丧失了它的质朴，复卦表示质朴的本真又开始恢复，恢复之后就无妄了，又复归于那种真实的本质，那种质朴的本性。

有了无妄，复归了正道，不虚假了，事物就会进一步地继续聚集了，所以接下来就是大畜卦。"大畜"指积蓄得大，大有积蓄。前面已经讲了小畜，小畜是小有积蓄，发展到这里就是大有积蓄，这个积蓄不仅仅是指物质的积蓄，也是指人的德性、才能的积蓄和充实。它怎么来的呢？是从无妄当中来的，也就是说，要想有大的积蓄，就要不虚妄、不虚假、不虚伪。

有了大的积蓄之后，就可以去养育万物，去涵养百姓，所以接下来就是颐卦。"颐"是什么意思呢？"颐"就是养的意思，养育百姓，颐养百姓不仅仅要养口福，而且要养德性，而德性自己要先颐养，然后才能使别人得到颐养。

如果你自己不涵养不颐养，就不可能继续去颐养别人，不能有所行动，会有大的过失，所以接下来就是大过卦。"大过"就是有大的过错，大的过失。大过卦的卦象就好像是一座房子，它的栋梁开始塌下来了，非常危险。这是从反面来说颐养的重要性，养自己的德性和才能的重要性。如果不涵养，就会出现大的过失，出现大的危难。事物在有大的危难，出现大的过失的时候，一定要去拯救、纠正它，有句话叫"矫枉必须过正，不过正则不能矫枉"，要改变危机之事，必须要超越常规，要超过一般的做法。

但事物又不能永远用这种过正的方法，所以接下来就是坎卦，"坎"就是陷的意思，坎卦也表示危险，表示危机，这是指过正了之后，反而又会陷入另外一个极端。前面说过正了才能矫枉，才能改变危难，这里说如果过分地矫正了，就会陷入另外一种危险，就是坎卦的危险，所以要把握这个度，把握这个火候，把握这个时机。时机把握不对，比如说，已经矫正了之后，还要继续地过正，当然又陷入另外一种极端了，自身也会陷入另一种危险了。

陷入了危险之后，必然就会有所附着，凭借某种东西或一种信念才能摆脱危险，重见光明，所以接下来就是离卦。离卦表示光明，在艰险当中必然期盼光明的来临。"丽"不是美丽而是附着的意思。

上经的三十卦到这里为止，又出现一对转化的卦，前面的乾坤之后过了八个卦，到了泰否。泰否之后过了十个卦到了剥复，剥复之后又过了四个卦，到了坎和离。这些卦都是一入一出，一反一正，都表示对立的转化的过程，表示了物极必反的规律。那么到这里为止，上经三十卦就结束了。

上经三十卦从乾坤开始到坎离结束,乾坤是天地,坎离是日月,是水火。为什么上经是三十卦,下经是三十四卦?前人有各种各样的解释,一般的认为上经主要偏重于讲天道,而下经偏向于讲人道。古人认为天是圆的,天圆地方,所以它的基数是三,地是方的,所以地的基数是四。上经是三十卦,下经是三十四卦,三十四卦偏向于四,是指地道。而大地上是人,所以下经是讲人道。

我们先看下经的开头,"有天地然后有万物,有万物然后有男女"一直到"夫妇之道不可以不久也,故受之以恒",以及后面的解释。这种解释实际上就是把下经看成是"人道",把上经看成是"天道",就是说上经三十卦讲的是天道的规律,也就是自然的规律,而下经三十四卦,从咸卦开始,讲的是人之道,是人类社会或者人体生命的运行规律。

这种解释应该说有一定的道理,我认为,上经虽然偏于讲天道,但是不离人道,实际上是从天道开始讲人道,而下经是从人伦开始,也讲了天道,这样天道和人道是不分离的,只是有所侧重而已。所以下经一开始就说,有了天地然后才有万物,有了万物然后才有男女,有了男女然后才有夫妇,有了夫妇然后才能生儿育女,然后才有父子,有了父母和子女,有了家然后才有国,然后才有君臣,然后才有上下尊卑,礼仪也就形成了。一开始是从人伦方面来说的,所以下经的第一卦就是咸卦,上为兑,下为艮,兑卦表示少女,艮卦表示少男,咸卦是少男少女之卦,指少男和少女的互相感应,然后婚配。以这个卦开头,表示人伦的开始。为什么不直接提到人伦,而是从天地万物这里开始讲起呢,说明人伦离不开天道。

少男少女有了感应,结成了夫妻,夫妻之道不能不长久,所以接下来就是恒卦。如果说少男少女的咸卦还是结成婚姻,那么恒卦就是长男长女,因为恒卦上为震卦为长男,下为巽卦为长女。长男长女就是要结成恒久的夫妇了。"恒"的意思就是长久。

但是事物又不可能久居其所,万事万物不可能永恒不变,有进必有退,所以接下来就是象征归隐、后退的遁卦,"遁"是退的意思。这就是从夫妻人伦这里又推广到万事万物。遁卦是下面二根阴爻,上面四根阳爻,表示阴气开始往上升,小人道长,君子道消;上面是天,下面是山,天比作朝廷,山比作贤人,天下有山就比喻朝廷下有贤臣,贤人不在朝廷之上,而在朝廷之下,这就表示要归隐,后退。

万事万物又不可能永远后退,后退之后一定要前进,所以接下来是大壮卦。大壮卦的卦象与遁卦正好相反,是下面四根阳爻,上面两根阴爻,表示阳气要上升,阳壮于阴,君子道长,小人道消,君子不能再去隐退,而是要有所作为。大壮卦在这里指由终止后退转向前进。前进之后才能壮大,才能刚强。

事物又不可能始终都是大壮,不可能永远坚强,要保持坚强就要继续前进、上升,所以接下来是晋卦,晋卦就是前进上升的意思。晋卦的卦象就好比是太阳出现在地上,开始升起,上面的离卦就表示太阳,太阳已经升起在大地之上。

在前进的道路中,一定会受到一些阻挠和伤害,就太阳这一事物来说,太阳升到中天,肯定要下降,最后逐渐落到地下去了,所以接下来就是明夷卦。明夷这个卦象就是指太阳落到了地下,光明让给了黑暗。"明"是光明,"夷"就是伤害。从咸、恒到明夷都是进退、升降。三组卦咸和恒,遁和大壮,晋和明夷,都表示一正一反,一进一退,一升一降。

明夷卦之后,明夷之阳性受伤,也就是太阳受到伤害。就人而言,在外面受到伤害,一定会返回到家里来,所以接下来就是家人卦。返回家中,就是返归于根本,返归于正道、正理。家人卦告诉我们,要守正道,居正位,这样家人就和谐了。所以儒家强调,男女正则家道正,家道正则天下定。所以《象传》在解释这一卦时,特别强调了"女正位乎内,男正位乎外",要男女正,然后家道正,然后天下定。

反过来说,如果家道穷,"必乖",必然会离散。如果家道穷困不守正位,那一定会离心离德,会家破人亡,所以接下来就是睽卦。"睽"就是离散、分离的意思,是家人卦的反卦。睽卦表示对立面是排斥的,是分离的。这个卦的卦象是少女和中女共处一室,各怀心事,行为不一,离心离德,所以她们是互相排斥的,这样家道肯定是困穷的。

分离、离散了之后,必然会产生艰难险阻,所以接下来就是蹇卦。"蹇"就是艰难的意思,一事无成。

但是事物又不可能永远地艰难,始终地艰难,必然要去解除艰难,所以接下来就是解卦。"解"的意思就是缓解、缓和,缓和这个矛盾,矛盾到了一定的阶段如果不可调和了,最终就要把它排除掉,解除掉。解卦就是解除艰难,解决矛盾,表示雨过天晴,这个卦的卦象就是雷雨,雷雨大作之后,雨过天晴,就会云开雾散,矛盾就会缓解了。

缓解了矛盾之后,往往容易懈怠,懈怠就会招来损失,所以接下来就是损卦。损卦的卦象是山泽损,上面是山,下面是泽,表示山下面有泽水,水天天腐蚀山根,损坏山体,这座山就慢慢地减损了。

减损不停止，不断地减损，减损到头了，到一定的程度了，必然会转化会增益，必然向反面转化，所以接下来是益卦。损卦和益卦是一对反卦。"损"和"益"是互相制约的，在一定的条件之下又是互相转化的，损和益是一个从量变到质变的过程，损和益这一对关系，古人是特别看重的。《黄帝内经》里提到了七损八益，就是七种损的情况和八种增益的情况。孔子提到了"益者三友，损者三友，益者三乐，损者三乐"。老子也提到用益和损来区别为学和为道，提出了"为学日益，为道日损"，还提到了以益和损来区别天道和人道，"天之道，损有余而补不足"，人之道则不然，是"损不足以奉有余"。所以损益这两种做法的意义非常重大。

增益之后，不断地增加就必然会决断，所以接下来就是夬卦。"夬"就是溃决，决去。这个卦象是下面五根阳爻，最上面一根阴爻，上面为兑卦表示沼泽，沼泽里的水太满了，马上就要流出来了，大坝就要解体了，阳爻现在已经到了第五爻的位置了，最上面那根阴爻很快就会被决掉、断掉了，表示统一体马上就会分裂了。"益"也可以指水溢出来了，溢而不停止，肯定是因为太满了，太满了就会决掉了。我们看，从家人卦一直到这里，经过了分合损益，最后要分开了，解体了，这个家要破败了，分崩离析了。

解体、决裂之后，必须会有所遇，有所愈合。如果说从前面家人到这里，分开了指离婚的话，那么离了婚之后，又要进行重新的组合，所以必然有所遇，接下来就是姤卦。"姤"就是遇合，重新组合的意思。因为有分必有合，所以姤卦与夬卦恰好相反，最下边一爻是阴爻，上面五根都是阳爻，阴爻表示女子，表示这个女子会与五个男子相遇而结合，组成一个新的统一体，说明阴和阳是不能分离的，一旦分离，又会有新的组合。

姤卦讲的是"相遇"，相遇是分离之后的聚会了，分久必合，合久必分，所以接下来就是萃卦，萃卦就是会聚。

会聚之后就要慢慢地上升，所以接下来就是升卦。

但如果只是继续上升而不停止,那么物极必反,肯定就会穷困,"困"就是走到头了,非常地困顿,所以接下来就是困卦。

困于上那必定要反下,来找一口井,所以接下来就是井卦。

井是一定要维修的,井水一定是要不断更新的,所以接下来就是表示革新的革卦。

而变革事物没有比得上"鼎"这种东西的,"鼎"本来是一种祭祀的礼器,也是古代传国的重器,所以引申为建立新王朝、开创新局面。有一个成语叫"革故鼎新",就是来源于革卦和鼎卦。"革故鼎新"就是吐故纳新。

主持鼎器祭祀的必须是长子,长子继承父王主祭天地宗庙,传承国家社稷,所以接下来就是表示长子的震卦。

按照《说卦传》的说法,震卦是长子,震又表示运动。事物不可能永远都在动,动了之后必然要停止,所以接下来就是表示停止的艮卦。

事物又不可能永远是静止的,还要渐渐地前进,所以接下来是渐卦。"渐"是前进的意思。

渐进之后必然要回归,所以接下来就是归妹卦。"归妹"是什么意思呢?就是嫁女儿,就是出嫁少女。嫁女也是一种回归。女儿出嫁就是回到自己应该回去的地方。

得到了回归的少女,就一定会丰大起来了,所以接下来就是丰卦。

丰大了,大到极点了,大到极点的人必定会失去自己的住所,就要向外旅行、旅居了,所以接下来就是旅卦。

旅居在外而没有人能够收容他,所以他就回来了,回到家乡了,所以接着就是表示顺从和回归意思的巽卦。"巽"就是入、回归的意思,就是顺从地返回家中。

入了、回来了就能喜悦了,进入适宜的住所当然心中就喜悦了,所以接下来就是兑卦。"兑"就是喜悦的意思。

人心喜悦了，自然就舒散了，就轻松愉快了，就发散了，也能把这种喜悦的心情波及别人，所以接着就是表示涣散的涣卦。"涣"就是涣散、离散、涣发的意思。

　　但事物又不可能永远是涣散的，分离的，要加以节制，所以接下来就是节卦。

　　有了节制就能保持住一颗诚信之心，同时又要用诚信之心来守护、坚持它，所以接下来就是象征诚信和忠心的中孚卦。

　　坚守诚信的人，一定要果断地去实行、施行，一定要超出常规地、果断地履行职责，所以接着就是表示小有过错、稍稍超越常规的小过卦。

　　而稍稍超越常规常理地去做事，毕竟能获得成功，所以接着就是象征事物成功的既济卦。或者说事物有过错了、过分了之后，就一定要来救助它，所以"既济"又有救助的意思。

　　事物的发展是不可能穷尽的，成功之后又将带来新的没有成功的因素，所以接着就是象征事情还没有成功的未济卦。这个"未济"告诉我们的是，事物没有成功，怎样去取得成功。既济卦是告诉我们怎样去守住成功的道理，而未济卦则是告诉我们如何才能成功的道理。于是六十四卦，就有了一个周期的终结，而第一个周期的结束恰恰是第二个周期的开始，于是世界万物就这样周而复始、周而复始，这就是"周易"啊！

杂卦传

乾刚坤柔，比乐师忧。临、观之义，或与或求。屯见而不失其居，蒙杂而著。震起也，艮止也。损、益，盛衰之始也。大畜时也，无妄灾也。萃聚而升不来也。谦轻而豫怠也。噬嗑食也，贲无色也。兑见而巽伏也。随无故也。蛊则饬也。剥烂也。复反也。晋昼也，明夷诛也。井通而困相遇也。咸速也，恒久也。涣离也，节止也。解缓也，蹇难也。睽外也，家人内也。否、泰反其类也。大壮则止，遁则退也。大有众也，同人亲也。革去故也，鼎取新也。小过过也，中孚信也。丰多故也，亲寡旅也。离上而坎下也。小畜寡也，履不处也。需不进也。讼不亲也。大过颠也。姤遇也，柔遇刚也。渐女归待男行也。颐养正也。既济定也。归妹女之终也，未济男之穷也。夬，决也，刚决柔也，君子道长，小人道忧也。

【语译】

乾卦刚健，坤卦是柔顺。比卦喜乐，师卦忧愁。临卦、观卦的含义，或是施与或是营求。屯卦显现生机又不失去自己的处所，蒙卦交错而显著。震卦兴起，艮卦静止。损卦、益卦，盛衰转换的开始。大畜卦把握时机，无妄卦谨防灾祸。萃卦会聚，而升卦上升不返。谦卦轻己，豫卦懈怠。噬嗑卦进食，贲卦无固定色彩。兑卦外现，而巽卦潜伏。随卦毫无成见。蛊卦修治整顿。剥卦烂熟剥落，复卦一阳返来。晋卦白昼，明夷卦黑夜。井卦亨通而困卦前途被阻。咸卦迅速，恒卦长久。涣卦分离，节卦节制。解卦舒缓，蹇卦艰难。睽卦外乱，家人卦内和。否卦、泰卦是相反的事类。大壮卦知止，遁卦退避。大有卦众多，同人卦亲近。革卦除旧，鼎卦创新。小过卦超越，中孚卦诚信。丰卦多故旧，旅卦少亲朋。离卦炎上，坎卦趋下。小畜卦寡少，履卦位不当。需卦不冒进，讼卦难相亲。大过卦颠覆，姤卦不期而遇，阴柔遇到阳刚。渐卦象女子出嫁等待男子备礼而来。颐卦颐养守正。既济卦安定。归妹卦象女子终得依归，未济卦象男子行至尽头。夬卦决断，阳刚决除阴柔，君子之道盛长，小人之道困忧。

【解读】

《杂卦传》就是打乱了六十四卦的正常次序，重新排列，然后进行解释，解释它的意思。它把六十四卦分成三十二对、三十二组，然后一对一对地列出来进行解释。一般地说，每一对的前卦跟后卦构成了两种关系，一种关系叫错，一种关系叫综，也就是错综复杂。错卦又叫旁通卦，是指阴阳的反对，就是刚好相反，比如说乾卦（☰），它的错卦就是坤卦（☷）。综卦就是反覆卦，也就是前后两个卦的构成是倒过来的关系，就是后面这个卦是前面这个卦颠倒过来的卦，前面这个卦是后面这个卦颠倒过来的卦，如比卦（䷇）与师卦（䷆）。《杂卦传》从卦的形式上是构成了错和综的关系，卦义也都是反对的，刚好相对的意思。这就表明了事物发生发展的错综复杂的规律。但是，《杂卦传》中最后八个卦，也就是从大过卦往下的八个卦，却不是这种关系，它们既不是相对的卦，也不是相反的卦，这也说明了这种卦序排列的错综复杂的关系。

从总体上说，《杂卦传》跟《序卦传》在排列上还是有一定规律的。比如说《杂卦传》的前一部分开始于乾卦和坤卦，后一部分开始于咸卦和恒卦，前部分为三十卦，后部分为三十四卦，这种排列跟《序卦传》的排列都是吻合的。

《杂卦传》一开始说的是乾卦和坤卦，乾卦是刚强，坤卦是柔顺。比卦是喜乐，师卦是忧愁。临卦、观卦两卦的意思是或施与或营求。屯卦是生机显现，但不失自己的处所，蒙卦是交错于明暗而童贞显著。震卦是兴起，艮卦是禁止。损、益两卦是盛衰转换的开始。大畜卦是时时积蓄，无妄卦是谨防灾祸。萃卦是会聚，相处，而升卦是上升不返。谦卦是轻视自己而看重别人，而豫卦是过分从恶则一定懈怠。噬嗑卦是咬合，好比口进食物，贲卦是美饰，装饰自己，不需要色彩。兑卦是喜悦外现，而巽卦是顺从内伏。随卦是毫无成见，蛊卦是用心治乱。剥卦是烂熟剥落，复卦是返回本原。晋卦是如同白昼，太阳渐升，明夷卦是如同黑夜，光明受损。井卦是滋养亨通，而困卦是前途被阻。咸卦是感应迅速，恒卦是恒心长久。涣卦是表示离散、涣散，节卦是节制而禁止。解卦是松懈舒缓，蹇卦是坎坷艰难。睽卦是乖远违逆于外，家人卦是和睦于内。否卦、泰卦是相反的事类。大壮卦是强盛而知道禁止，遁卦是困穷的时候知道后退、退避。大有卦是表示众多，同人卦是与人亲近。革卦是除旧，鼎卦是创新。小过卦是小有超越，中孚卦是忠心诚信。丰卦表示丰大而多事，旅卦是亲朋寡少。离卦是火焰炎上，坎卦是水势流下。小畜卦是积蓄不多，积蓄很少，履卦是循礼而行。需卦是审慎而不冒进，讼卦是争讼而难相亲。大过卦是颠覆常理，姤卦是不期而遇，阴柔遇到阳刚。渐卦是如女子出嫁等待男子备礼而来，颐卦是颐养守正。既济卦是表示事情成功安定。归妹卦是女子终得依归，未济卦是男子的尽头。夬卦是处事决断，是阳刚决除阴柔，说明君子之道盛长，小人之道困忧。